Bernd Hüppauf
Was ist Krieg?

Histoire | Band 37

Bernd Hüppauf (Prof. Dr.) ist Emeritus für Deutsche Literatur und Literaturtheorie der New York University. Sein Forschungsschwerpunkt ist die Mentalitäts- und Kulturgeschichte der Moderne. Bei transcript erschien von ihm u.a. »Vom Frosch. Eine Kulturgeschichte zwischen Tierphilosophie und Ökologie« (2011).

Bernd Hüppauf

Was ist Krieg?

Zur Grundlegung einer Kulturgeschichte des Kriegs

[transcript]

Bibliografische Information der Deutschen Nationalbibliothek
Die Deutsche Nationalbibliothek verzeichnet diese Publikation in der Deutschen Nationalbibliografie; detaillierte bibliografische Daten sind im Internet über http://dnb.d-nb.de abrufbar.

Umschlaggestaltung: Kordula Röckenhaus, Bielefeld
Umschlagmotiv aus: Francisco de Goya, Ya no hay tiempo, aus: Desastres de la guerra, Museo del Prado, Katalog-Nr. G02331 a G02410
Korrektorat: Melanie Pärschke, Bielefeld
Satz: Mark-Sebastian Schneider, Bielefeld
Druck: CPI – Clausen & Bosse, Leck
ISBN 978-3-8376-2180-8

Gedruckt auf alterungsbeständigem Papier mit chlorfrei gebleichtem Zellstoff.
Besuchen Sie uns im Internet: *http://www.transcript-verlag.de*
Bitte fordern Sie unser Gesamtverzeichnis und andere Broschüren an unter: *info@transcript-verlag.de*

Inhalt

Vorwort

Wer im Zweiten Weltkrieg und den Jahren nach seinem Ende geboren wurde, konnte alt werden, ohne einen Krieg zu erleben. Das ist für Europa nicht nur eine historische Seltenheit, es ist die Ausnahme. Noch die vorausgehende Generation war genötigt, »den Krieg als eine Form des Lebens anzunehmen« (Knittermeyer). Krieg bildete über Jahrhunderte den Horizont der Lebenszeit, als Erfahrung auf einem Schlachtfeld für wenige und als das Lebensgefühl einer permanenten Bedrohung für viele. Dieser Horizont wanderte stets mit. Die Freiheit, sich aus ihm zu entfernen, gab es nicht. Nach dem grausamen Zweiten Weltkrieg hat sich das Verhältnis zum Krieg in Europa verändert. Meiner Generation ist der Krieg erspart geblieben. Sie konnte sich erlauben, was zuvor undenkbar war: Sie konnte den Krieg vergessen. Ist das ein Verdienst? Wem wäre dieses Verdienst gutzuschreiben?

Europa war seit je ein kriegerischer Kontinent. Das Schicksal teilte es mit anderen Weltregionen. Soweit wir Kenntnisse über deren Geschichte und über vergangene Zeiten haben, war das Leben selten friedlich. Formen von Krieg wurden weltweit erfunden. Aber Europa entwickelte eine besondere Form des Kriegs, und es blieb Europa vorbehalten, den Krieg des Massentötens mit vielen Millionen Opfern und einer Grausamkeit, die das Vorstellungsvermögen übersteigt, zu führen. Seit der Entdeckung Amerikas wurde er in die Welt getragen. Die Massaker an den Völkern Nord- und Südamerikas sind als ein Vorläufer der Gräuel des 20. Jahrhunderts verstanden worden (Tzvetan Todorov). Der europäische Krieg wurde zu einem Exportschlager und hat sich in der Welt einen sicheren Platz erobert.

Vor diesem Hintergrund ist es wie ein Wunder, dass Europa nach dem Ende des Zweiten Weltkriegs zu einem friedlichen Kontinent geworden ist. Gewiss: Es gab den Kalten Krieg. Dessen Preis soll nicht heruntergespielt werden. Aber er verlief blutlos, und die psychischen Traumata, die er verursachte, waren mild im Vergleich zu dem, was Millionen von Menschen in der ersten Hälfte des Jahrhunderts durchmachen mussten. Ob sich das Wunder in dauerhafte Geschichte überführen lässt? Am Ende des Jahrhunderts zerbrach Jugoslawien in seine heterogenen Einzelteile, und Kriege waren die Folge. Sie haben den Satz veranlasst, der Krieg sei nach Europa zurückgekehrt. Er scheint mir unangemessen zu sein. Es bedeutet keine Verleugnung oder auch nur Verkleinerung des Leids, wenn man feststellt, dass, gemessen an der Kriegsgeschichte Europas, diese Kriege, zu welchen Grausamkeiten sie auch geführt haben, die Waagschale Krieg nur wenig belasteteten. Sie bedeuteten, auch wenn sie den Vergleich mit dem Dreißigjährigen Krieg auslösten, keine Fortsetzung der schockierenden Kriegsgeschichte Europas. Die Perspektive der überlebenden Opfer ist davon nicht berührt. Sie hat ihre Berechtigung. Es ist aber eine Verzerrung der Geschichte, diese Kriege als Rückkehr des Kriegs nach Europa zu bezeichnen. Die unerwartet lange Friedensphase ist ungebrochen. Wir leben, trotz aller Kriege, die weltweit geführt werden und mit großer Wahrscheinlichkeit auf unabsehbare Zeit weiter geführt werden, in einer friedlichen Epoche. Eine Perspektive, die sich von außen auf den Krieg richtet, macht weniges so unwahrscheinlich wie die Fortsetzung der Geschichte des Kriegs, der über Jahrhunderte in Europa geherrscht hat.

Dennoch: Der Langzeitblick gibt Anlass zur Skepsis. Nicht nur wüten in Afrika grausame Kriege, sondern in der Welt ist Gewalt in vielfachen Formen und Verkleidungen auf dem Vormarsch. Einen Dämpfer erhält die Vorfreude auf eine Welt im Frieden durch neue Kriege, die in den achtziger Jahren des vergangenen Jahrhunderts entstanden. Sie tragen die Namen Cyberwar, Infowar oder Netwar. Abstraktion, Information und das World Wide Web sind ihr Omen. Moderne Elektronik führt nicht zum Ende des Kriegs, sondern gibt ihm neue Formen. Gleichzeitig mit seinem Entstehen wurde er von der Theorie entdeckt und von einer intensiven Debatte begleitet. Theorien über einen blutlosen Krieg der Zukunft haben Hoffnungen geweckt. Sie sind trügerisch. Es gibt kein Zeichen, dass der blutlose Krieg sich selbst beenden könnte. Er hat bisher stets in einen Krieg mit Leichen geführt. Der kommende Krieg der Drohnen verbindet hoch entwickelte Technologie und Elektronik mit dem Töten von Menschen. Ein Unterschied zu früheren Kriegen kann in einer neuartigen Asymmetrie gesehen werden: Eine Seite schont die eigenen Kämpfer. Sollte diese neue Ungleichheit eine Errungenschaft sein? Lassen sich diese Kämpfe als Krieg bezeichnen? Und wenn nicht: Welches Recht kann auf sie angewendet werden? Wichtiger scheint mir die Beobachtung zu sein, dass der Krieg durch keine Technologie ausgemerzt wird. Für die Lösung internationaler Konflikte ist der Krieg der regulative Bezugspunkt im Denken geblieben. Wir haben die Waffen verändert, es kommt nun darauf an, das Denken über den Krieg zu ändern.

Die Frage: *Was ist Krieg?* könnte in der langen Periode von abwesendem Krieg überflüssig wirken. Angesichts des Todes und der Leiden in den gegenwärtigen Kriegen jenseits der Grenzen Europas könnte sie banal wirken. Beides ist ein Irrtum. Krieg beschäftigt uns weiterhin. In der globalisierten Gegenwart nehmen wir seit einigen Jahren an Kriegen in fernen Regionen der Welt teil. Über Fernsehen, Zeitungen, Internet, Videos und elektronische Spiele gehören Kriegsbilder in unseren Alltag. Die Frage stellt sich, woran wir beteiligt sind und was wir auf diesen Bildern sehen und warum wir sie sehen wollen. Wir sehen Männer mit Waffen, die ständige Wiederholung von Kampf und Gewalt unter Menschen. Ist das Krieg? Die Frage bildet nicht nur eine intellektuelle Herausforderung, das ist sie gewiss, sondern betrifft auch unser Verhältnis zum Leben.

Wir erleben eine alltägliche und diffuse Gewalt, die wir für überwunden gehalten hatten. Darstellungen von Gewalt ist nicht zu entkommen. Diese Äußerungen der menschlichen Aggressivität sind vom Krieg zu unterscheiden. Ihnen muss unsere Aufmerksamkeit gelten, und sie müssen bekämpft und eingedämmt werden. Das geschieht jedoch nicht, indem wir sie als Krieg deuten. Im Gegenteil. Der »Krieg gegen Terror« demonstriert, wie aus einer mentalen Einstellung eine sprachliche Metapher entsteht, die eine fehlgeleitete Politik nach sich zieht, die wiederum militärische Mittel zu ihrer Verwirklichung einsetzt. Der Kampf gegen den Terror und alle Projekte, die den Frieden von innen bekämpfen, muss geführt werden. Dafür ist es wichtig zu verstehen, was Krieg ist. Denn Gewalt, Mord und Totschlag kann man nicht, mit einer Aussicht auf Sieg, den Krieg erklären. Ihre Bewältigung erfordert andere Mittel.

Es gibt mehr als eine Antwort auf die Frage. Die Antwort hängt von der Einstellung der Antwortenden ab. Im Zentrum der meisten Antworten stehen Kampf und Gewalt, seit Clausewitz die kaum bestrittene Vorstellung vom Krieg. Dieser Identifikation widerspreche ich und schlage vor, den Krieg auf andere Weise zu definieren.

Krieg hat sich über Jahrtausende gewandelt und ist in der Gegenwart erneut dabei, sich fundamental zu ändern – vom Schwert zur Drohne. Gibt es überhaupt die Einheit des Kriegs? Ist ein kohärenter Begriff *Krieg* gerechtfertigt? Der Blick zurück auf die Anfänge der Zivilisation in Mesopotamien und Ägypten führt zum ersten Schritt der Beantwortung der Frage. Lassen sich Kontinuitäten entdecken? Über Jahrtausende wurde die Frage nicht gestellt und bereitete kein Problem. Sie wurde allerdings zu einem drängenden Problem mit dem Entstehen des industrialisierten Kriegs und des Schlachtfelds der Massen. Im Zeitalter der Elektronik stellt es sich auf neue Weise und gewinnt an Dringlichkeit. Mit dem Blick auf die neuen Kriege der Gegenwart tritt die Grundsatzfrage, ob es eine Einheit des Kriegs über allen Wandel der Waffen und der Technologie hinweg gibt, aus der Sphäre der verstehenden Interpretation hinaus und gewinnt Bedeutung für das Bild vom Krieg als einer Voraussetzung für das Handeln. Cyberspace, Lawfare, Drohnen und Terrorismus geben gleichermaßen zur Frage Anlass, woran wir Krieg erkennen.

Krieg ist seit seinem ersten Auftauchen *wahrscheinlich*. Den Frieden wünschen wir; aber er ist, seitdem er zum ersten Mal verloren ging, unwahrscheinlich. Oder ist das Verhältnis umgekehrt? Wir wünschen den Frieden, seit er zum ersten Mal den Krieg verdrängt hat, aber der Krieg ist wahrscheinlich. Krieg wird verurteilt, sobald Friede erfahren wird. »'S ist leider Krieg« heißt es in einem Kriegsgedicht (1774) von Matthias Claudius. Warum bleibt er weiterhin wahrscheinlich?

Offensichtlich erscheint mir, dass das Denken des Kriegs nicht vom moralischen Urteil ausgehen darf. Damit wären viele Wege von Anfang an verschlossen. Das moralische Urteil mag am Ende stehen. Wenn es aber den Leitfaden der Untersuchung bildet, kann ein Zirkel der Bestätigung der moralischen Ausgangsposition nicht durchbrochen werden. Ebenso offensichtlich ist es jedoch, dass die Kulturgeschichte dem Krieg nicht nachlaufen und sich ihm nicht anvertrauen darf. Denn wenn auch ein Urteil nicht an ihrem Anfang stehen darf, so steht sie doch in der Pflicht der Ethik. Ohne von diesem Problem geleitet zu werden, wäre eine Kulturgeschichte des Kriegs überflüssig. Kann man aus der Geschichte eine Antwort auf dieses Dilemma erwarten? Marx' Satz: »Die Menschen machen ihre Geschichte nicht aus freien Stücken, aber sie machen sie selbst«, gilt für den Krieg mehr als für jede andere geschichtliche Situation. Er wird von Menschen gemacht, ist aber nicht die Folge ihrer freien Entscheidung. Wie sie ihn beenden und dauerhaften Frieden schaffen können, wissen sie daher nicht. Worin besteht der Zwang, der das *Machen* der Geschichte so beherrscht, dass es den Frieden verhindert?

Diese Frage wirft das Problem der Verantwortung auf. »*[...] Und ich begehre, [n]icht schuld daran zu sein*«, schrieb Claudius im zitierten Gedicht und gab damit einer Hilflosigkeit gegenüber dem Kriegsausbruch Ausdruck. Krieg erlaubte keine andere Reaktion als einen ohnmächtigen Wunsch. Liegt Verantwortung, wie Claudius Verse nahelegen, bei Einzelnen? Oder bei Organisationen, in der neueren Geschichte beim Staat? Oder lässt sich Krieg als ein System verstehen, das auf die Frage nach Verantwortung nicht reagiert, nach seinen eigenen Regeln abläuft und die Menschen zu seinem Appendix macht? Dass der Krieg sich selbst ernähre, wussten schon die Römer (Cato nach Titus Livius). Auch in dieser Sentenz steckt die Einsicht in eine Ohnmacht gegenüber dem Krieg, der als Selbstversorger autonom ist. Es kann nicht bezweifelt werden, dass Krieg von Menschen gemacht wird. Was hat es zu bedeuten, wenn sie ihn nicht aus freien Stücken machen? Krieg gehört zu den Problemen, die keine Lösung aber eine Geschichte haben. Die Frage nach Verantwortung für den Krieg rührt an die Grenze der Vernunft.

Krieg setzt sich aus Gewalt und Diskurs zusammen. Über Jahrhunderte hinweg verfolgte der Diskurs zwei Ziele, die er miteinander verknüpfte: Verstehen und Anwendungswissen. Die Kulturgeschichte richtet ihre Aufmerksamkeit auf beide, aber ihr Ziel ist nicht ein Beitrag zum Anwendungswissen. Von ihr sind keine Anleitungen zur effizienten Kriegsführung oder zur Kriegsvermeidung zu erwarten. Sie richtet sich auf eine andere Ebene als das

Anwendungswissen. Sie sucht nach Erkenntnis. Als einen Nebeneffekt produziert die Kulturgeschichte des Kriegs auch ein Wissen, das für das Handeln hilfreich sein kann.

Es ist leichtsinnig, Voraussagen zu machen. Doch man kann mit Berechtigung davon ausgehen, denke ich, dass der Welt eine friedlichere Zukunft bevorsteht, als die kriegerische Vergangenheit Europas noch vor wenigen Jahrzehnten befürchten ließ. Das Nachdenken über den Krieg, seine Vergangenheit und mögliche Zukunft, liefert einen Beitrag zu dieser Entwicklung.

Für tatkräftige Hilfe danke ich David Bordiehn. Ohne seine Mitarbeit wäre dieses Buch nie fertig geworden.

Für die Arbeit an den Illustrationen danke ich Anna Tautfest.

I. Einleitung

1. Krieg und Kultur – das Dilemma aus Vernunft und Anti-Vernunft

Darf es eine Kulturgeschichte des Kriegs geben? Eine solche Kulturgeschichte stellt eine skandalöse Zumutung an die Vernunft. Denn die Vernunft ist eine Erfindung der Kultur, durch die sich der Mensch seit dem Anfang der europäischen Kultur als Homo sapiens definiert. Seit dem 18. Jahrhundert schließt das Eigenbild der Moderne das Ideal der gewaltfreien Kultur ohne Krieg ein. Was wir als die große Leistung der Zivilisation begreifen, eine *zweite Natur* herzustellen, in der menschliches Leben erst möglich ist, wird durch Krieg zerstört. Die jüngsten Kriege, im zerfallenden Jugoslawien, im Irak, in Darfur, Afghanistan haben wiederum gezeigt: Krieg und Kultur sind Gegensätze. Krieg zerstört die zweite Natur des Menschen.

An der Wurzel einer Kulturgeschichte des Kriegs wirkt daher eine fundamentale Spannung. Wie kann eine Geschichte geschrieben werden, die den Krieg als Teil von Kultur beschreibt? Lässt es sich begründen, das Destruktivste, was die menschliche Geschichte hervorgebracht hat, Krieg, mit dem Begriff der Kultur in einen Zusammenhang zu stellen? Daraus entsteht ein unlösbares Dilemma: Die Kulturgeschichte des Kriegs ist dem Vernunftprinzip verpflichtet; aber sie handelt von der größten Anti-Vernunft in der menschlichen Geschichte. Ihr Gegenstand ist der Krieg, die Zerstörung der Vernunft.

Sie kann jedoch nicht umhin festzustellen, dass die Vernunft zu den Ursachen des Kriegs gehört. Vernunft hat sich in der Geschichte des Kriegs als so korrumpierbar erwiesen, dass der Historiker von ihr lieber nichts wüsste. Je tiefer er in die Kulturgeschichte des Kriegs eindringt, desto weniger kann er das Vertrauen in die Vernunft erhalten. Keine andere geisteswissenschaftliche Disziplin macht die Erfindung der Vernunft so ominös wie die Kulturgeschichte des Kriegs, die sie als Hure, wie sie im Anschluss an Luthers Wort von der frühen Kritik der Vernunft bezeichnet wurde, entlarvt. Es ist schwer zu akzeptieren, dass die Welt so ist, wie die Kulturgeschichte des Kriegs sie zeigt, verdorben, gewalttätig und grausam, wenn die Vernunft in ihr etwas zu sagen hätte. Der Blick auf die Kriegsgeschichte Europas führt zu einer Zumutung, die den Kulturhistoriker nicht nur zum Zweifler macht, sondern den Wunsch erregen kann, die Idee der Vernunft aufzugeben. Hatte Luther mit seinem denunziatorischen Wort über die Vernunft recht? Die Kulturgeschichte des Kriegs kann nicht anders, als das Scheitern der Vernunft aufzudecken und an ihm teilzuhaben. Das Erschrecken davor darf die Kulturgeschichte nicht überdecken.

In dieser Frage verfängt sich das Denken leicht in Widersprüche und gleitet in Unschärfen. Kant, der es sich mit *Krieg und Frieden* nicht leicht gemacht hat, schrieb vom »unvermeidlichen Widerspruch der Kultur mit der Natur des menschlichen Geschlechts als einer physischen Gattung«.[1] Er widersprach sich selbst, als er für den Frieden sprach, aber den Krieg *erhaben* nannte. Kant spricht vom *süßen Traum* des ewigen Friedens. Es wäre zu fragen, was er mit Traum hier meint. Gewiss nicht die bloße Illusion. Aber wohl auch nicht die enge Verknüpfung von Träumen, Erleben und Leben (handeln), die Freud postuliert. Er schiebt seine Verwirklichung an das Ende der Geschichte. Damit verwies er den Frieden in eine Zeit, für die Menschen keine Verantwortung tragen. Aber Kant wollte Frieden im Hier und Jetzt des gelebten Lebens.

Der Friede ist älter als die Geschichte. Für das christliche Europa galt und gilt, dass der Friede höher ist denn alle Vernunft (Paulus Brief an die Philipper). Er hat einen metaphysischen Ursprung, auch wenn wir in der säkularisierten Gesellschaft nicht mehr angeben können, wie dieser Ursprung begründet werden könnte. Noch in der frühen Neuzeit berief sich der Friedensgedanke des säkularen Diskurses (Erasmus) auf das Neue Testament.[2] Der theologische Friedensgedanke wurde im 18. Jahrhundert säkularisiert und zum Ideal der Vernunft erklärt. Die Aufklärung entwickelte das Projekt der friedlichen Kultur, die zum zivilisatorischen Auftrag erhoben wurde: Kultur *vor* Gewalt. Und als Fernziel: Kultur *statt* Gewalt. Dieser Entwurf von Zukunft versprach das Ende des Kriegs durch den Prozess der Vernunft. Diese Zielbestimmung hat sich in das Denken der Gegenwart fortgesetzt.[3]

---

1 | Immanuel Kant, Mutmaßlicher Anfang der Menschengeschichte, in: ders., Werke, Bd. 9,1, hg. von Wilhelm Weischedel, Wiesbaden (Insel) 1964, S. 93.

2 | Das Verhältnis der christlichen Kirchen zum Krieg war jahrhundertelang dubios. Sebastian Francks *Kriegbüchlin* dürfte die erste Friedensschrift eines Theologen sein. (Sebastian Franck von Donauwörth, Das Kriegbüchlin des Frides wider den Krieg. 1539) Der Titel bringt die Spannung treffend zum Ausdruck. Der ausführliche Titel spricht von »Unsinnigkait zu kriegen«, der »Vernunft« und nennt den Krieg »ein teuflisch, vihisch, unchristlich, unmenschlich ding [...] und ein offene thür aller laster, gewaltes und frevels [...]«.

3 | Viele Zentren für Friedens- und Konfliktforschung, die in der Bundesrepublik nach dem Vorbild von Johan Galtungs schwedischem Friedensforschungsinstitut in den sechziger Jahren gegründet wurden, verdanken sich der politisch definierten Opposition von

Kulturgeschichte und Friedensforschung

Die Friedensforschung der Gegenwart hat die Aufklärungsidee wieder belebt. Sie macht den Versuch, nach einem unvorhergesehenen Jahrhundert von Krieg und Gewalt den Pessimismus zu überwinden. Ihr Forschungsdesign ist am Fernziel der Aufklärung orientiert: das Abschaffen der Gewalt. Sie stellt pragmatische Fragen und verfolgt die Absicht, den Friedensbegriff zu operationalisieren. Zu diesem Zweck stellt sie dem *positiven* Frieden einen *negativen* Frieden gegenüber. Der negative Friedensbegriff hat sich im Gefolge von Galtungs Begriff der strukturellen Gewalt entwickelt. Er ist zutiefst fragwürdig und kann allenfalls in der engen Definition von Frieden als einem Begriff in Politik und Diplomatie benutzt werden. In der Gegenüberstellung eines positiven und eines negativen Friedens geht der Bezug auf den elementaren Friedensbegriff der Metaphysik verloren. Er ist ein absoluter Begriff des Positiven. Sobald der metaphysisch begründete Friedensbegriff vergessen wird, verliert der Friedensgedanke seinen Halt, wird relativistisch und zum Spielball von Interessen. Was Kant als den *süßen Traum* bezeichnet, die konkrete Utopie, verschwindet im Pragmatismus der Friedensforschung.

Der Versuch, die Friedlichkeit oder Gewalttätigkeit einer Zeit zu quantifizieren, etwa durch die Zahl von Gewalttaten oder der Kriege oder der Kriegstoten pro Jahr, ist verbreitet und fehlgeleitet. Mit quantifizierenden Methoden lässt sich das Urteil *friedlich* oder *unfriedlich* nicht belegen. Einstellungen zu Krieg und Frieden tragen zur Friedlichkeit oder ihrer Abwesenheit entscheidend bei. Im Eigenbild ganzer Epochen wirken Gefühle der Sicherheit und des Vertrauens, deren Abwesenheit oder die Erfahrung der Zerstörung von Vertrauen.[4] Sind diese Erwartungen und Vorstellungen die Folge von Kriegen? Ich denke, dass die Suche nach kausalen Zusammenhängen fehlgeleitet ist. Die Antwort ist abhängig von mentalen Einstellungen. Denken wir an die Kriege seit der frühen Neuzeit, als kaum ein Jahrzehnt ohne einen Krieg verging, so ist offensichtlich, dass der Zusammenhang von Krieg und dem Urteil über eine Zeit nicht durch Zahlen und Daten zu begründen ist. Diese Urteile haben unterschiedliche Ursachen und beruhen auf Gefühlen, die nicht aus der

---

Krieg und Kultur. Die Arbeit des Sipri Instituts in Stockholm ist vorbildlich gründlich, ideologiefrei und fördert durch diese Eigenschaften das Antikriegsdenken mehr als jedes *bekennende* Institut. Als Beispiele aus der umfangeichen Literatur seien genannt: Ekkehart Krippendorf, Staat und Krieg. Die historische Logik politischer Unvernunft, Frankfurt a.M. (Suhrkamp) 1985, 3. Aufl. 1987; Hans-Jürgen Häßler, Heiko Kauffmann (Hg.), Kultur gegen Krieg, Köln (Pahl-Rugenstein) 1986; Dieter Senghaas, Europa 2000. Ein Friedensplan, Frankfurt a.M. (Suhrkamp) 1990.

4 | Jan Philipp Reemtsma, Vertrauen und Gewalt. Versuch über eine besondere Konstellation der Moderne, Hamburg (Hamburger Edition) 2008.

Empirie gewonnen werden. Subjektive Sicherheit hat wenig mit Fakten und Statistiken zu tun und schützt nicht vor Krieg. Ist sie dadurch wertlos? Das Lebensgefühl einer Zeit, ihre Ängste und ihr Zukunftsvertrauen, ist ein Wert, der nicht unterschätzt werden darf.

Kann die Friedensforschung auf den metaphysischen Friedensgedanken als die regulative Idee verzichten? Das kann sie, denke ich, nicht. Die pragmatische Definition verhindert, dass er je verwirklicht werden könnte. Von *Frieden* gibt es keinen Plural. Gegen den Pragmatismus, der von Perioden des Friedens oder vom Frieden nach Kriegsenden spricht, um den für die Geschichte notwendigen Plural herzustellen, hat die Sprache recht. Der Gedanke des einen und unteilbaren Friedens muss erhalten bleiben und die regulative Idee des Denkens über die Zukunft bilden.

Die Kulturgeschichte des Kriegs entgeht diesem Dilemma nicht. Aber ihre Situation unterscheidet sich von der der Friedensforschung. Sie legitimiert sich nicht durch die Maxime, einen Beitrag zum Frieden zu leisten. Sie beschäftigt sich mit dem Krieg, weil sie nach einer Antwort auf die Frage, was der Krieg ist, sucht.

Ich will zunächst auf die konventionellen Oppositionen von Krieg und Frieden, Krieg und Kultur zurückgreifen, um sie in einem zweiten Schritt zu verwerfen.

2. Ein greller Gegensatz: Sigmund Freud und Folgen

Der Ausbruch des Ersten Weltkriegs veranlasste Sigmund Freud, eine grundsätzliche Klärung der Frage: *Was ist Krieg?* zu versuchen. In einem öffentlichen Vortrag, den er als Aufsatz mit dem Titel *Zeitgemässes über Krieg und Tod* (1915) publizierte,[5] bezog er Stellung im Kriegsdiskurs dieser Monate und betrachtete den Krieg zugleich von außen. Der Aufsatz geht über den aktuellen Anlass weit hinaus, gehört zu den grundlegenden Beiträgen zum europäischen Kriegsdiskurs und kann auch als ein früher Beitrag zu einer Kulturgeschichte des Kriegs gelesen werden.

5 | Sigmund Freud, Zeitgemässes über Krieg und Tod, in: ders., Studienausgabe, Bd. IX, hg. von Alexander Mitscherlich, Frankfurt a.M. (S. Fischer) 1974, S. 33-60. Im ersten Kriegsjahr erschien in Deutschland, Österreich und Frankreich (weniger in England) eine Flut an Aufsätzen und Broschüren, die sich die Aufgabe stellten, den Krieg zu *erklären* und ausnahmslos zu rechtfertigen. Die Bearbeitung des Kriegs, die nach 1918 einsetzte, knüpfte an dieser Literatur an. Die zahllosen Reden und Aufrufe deutscher Professoren sind dokumentiert und kommentiert: Klaus Böhme (Hg.), Aufrufe und Reden deutscher Professoren im Ersten Weltkrieg, Stuttgart (Reclam) 1975; den »Ideen von 1914« sind zahlreiche Studien gewidmet.

Freud bezog sich auf das aufklärerische Ideal und schrieb vom *grellsten Gegensatz* von Zivilisation und Krieg. Seine Parteinahme für das Aufklärungsideal scheint zunächst fraglos. Das ist sie nicht.

Ein immanenter Widerspruch

Freud schrieb nicht nur vom grellsten Gegensatz von Krieg und Kultur, sondern auch von der »Bereitwilligkeit zum Krieg«. Sie sei, äußert er in einem späteren Aufsatz an Albert Einstein, in dem er seine früheren Argumente zuspitzt, ein »Ausfluss des Destruktionstriebs«. Das ist keine überraschende Behauptung. Für Freud ist der Destruktionstrieb – er spricht von zwei Trieben, Eros und Todestrieb, und unterscheidet im Todestrieb nicht zwischen Aggression und Destruktion. Aggression will »zerstören und töten« (1933 an Einstein) – ein entwicklungsgeschichtliches Erbe, das bis in die Gegenwart unverändert wirksam sei. Zivilisierung, er spricht vom *Kulturprozess,* habe sie nicht überwunden, sondern nur zeitweise zurückgedrängt und verdeckt, während sie im Inneren fortwährend zu »kriegerischen oder kriegsähnlichen Kämpfen« führe. »Und es ist«, wie Thomas Anz formuliert, »die Seele selbst, die hier metaphorisch zum Kriegsschauplatz gemacht wird.«[6] Aber er sprach 1915 vom Krieg nicht metaphorisch, sondern vom realen Krieg, der seit einem halben Jahr tobte. Er schrieb diese Sätze während dieses Kriegs, dem er keineswegs von Anfang an mit Ablehnung begegnete. Seine Identifikation mit Österreich hatte er öffentlich ausgesprochen. Aber im Aufsatz hält er seine Formulierungen von Moral und Emotionen frei. Es geht ihm nicht um Urteil und Verurteilung, sondern darum zu verstehen, was in Europa gerade passiert.

In einer anthropologischen Spekulation verfolgt er den Krieg an seine Ursprünge in vorgeschichtlicher Zeit und lässt ihn zeitlos erscheinen, in den Formen der Vergesellschaftung des Menschen stets präsent als ein Erbe, das uns nicht die Freiheit einräumt, es abzulehnen. Wir müssen uns mit diesem Erbe arrangieren.

Freud zog im späteren Aufsatz zum Krieg die Folgerung: »Wir sind Pazifisten, weil wir es aus organischen Gründen sein müssen.« Und weiter: Wir müssen uns gegen den Krieg »empören, wir vertragen ihn einfach nicht mehr, es ist nicht bloß eine intellektuelle und affektive Ablehnung, es ist bei uns

6 | Thomas Anz, Psychoanalytische Transformationen antiker Emotionstheorien, in: Claudia Benthien, Hartmut Böhme, Inge Stephan (Hg.), Freud und die Antike, Göttingen (Wallstein) 2011, S. 187-201, hier S. 198.

Pazifisten eine konstitutionelle Intoleranz, eine Idiosynkrasie gleichsam in äußerster Vergrößerung«.[7]

Man darf seinen Hinweis *bei uns Pazifisten* nicht überlesen. Damit formuliert er eine drastische Einschränkung. Nicht den Geist der Zeit oder der Zivilisation hat er im Sinn, sondern die Einstellung einer spezifischen Gruppe, zu der er sich selbst und den unzweideutigen Pazifisten Albert Einstein zählt. Er fügt nicht hinzu, wie er zu seiner gegen den Destruktionstrieb der Natur gerichteten Überempfindlichkeit gekommen sein könnte, noch wie repräsentativ sie ist. Die Opposition gegen den Krieg bezeichnet er als eine Überempfindlichkeit und gibt ihr den medizinischen Namen *Idiosynkrasie*. Gegen Idiosynkrasie kann man sich nicht schützen und nicht wehren. Man muss sich mit allergischen Reaktionen einrichten, auch in der *äußersten Vergrößerung*.

Eine Therapie gegen den Krieg?

Der Widerspruch in Freuds Argumentation trifft das *Dilemma*. Die anthropologische Definition des Menschen als aggressives Wesen führt in den Gedanken der Unvermeidbarkeit des Kriegs, während der Mensch als Kulturwesen, das Produkt der Vernunft, den Krieg abwehrt und allergisch reagiert. Diese Argumentation nimmt Kants Gedanken vom »Widerspruch der Kultur mit der Natur des menschlichen Geschlechts« wieder auf.

Sein Aufsatz billigt den Krieg nicht, wie könnte er eine Krankheitsursache billigen? Aber verfügt Dr. Freud über eine Therapie? Seine Diagnose ist widersprüchlich, und so kann er keine vorschlagen. Seine Aufsätze zu Krieg und Todestrieb liefern nur sehr bedingt eine Stütze für den Anspruch, eine wirksame Therapie gegen den Krieg benennen zu können. Aber er liefert entscheidende Stichworte, wenn er von Identifikation und emotionalen Bindungen als einem Gegenmittel zum Trieb zu töten und zerstören spricht: »Alles, was Gefühlsbindungen unter den Menschen herstellt, muss dem Krieg entgegenwirken.« Er fügt einen zweiten Gedanken an, der sich ebenso auf ein Gefühl beruft: die *Liebe* zum Frieden. Das ist keine Therapie. Identifikation als Gefühlsbindung an Menschen und das Gefühl der Liebe bilden eine Übung in Resistenz, eine Linderung oder Verzögerung, aber keine Heilung. Liebe kann vergehen und Identifikation ist wetterwendisch, wie ja gerade der Kriegsausbruch von 1914 demonstrierte. Es gebe jedoch keinen Anlass für die Psychoanalyse, sich zu schämen, »wenn sie hier von Liebe spricht [...]«.[8] Und er fügt an: »Alles, was die Kulturentwicklung fördert, arbeitet auch gegen den Krieg.«[9]

---

7 | Freud, Zeitgemässes über Krieg und Tod, S. 46-48 und Warum Krieg?, in: ders., Studienausgabe, Bd. IX, hg. von Alexander Mitscherlich, Frankfurt a.M. (S. Fischer) 1974, S. 271-286, hier S. 285f.

8 | Freud, Warum Krieg?, S. 283.

9 | Freud, Warum Krieg?, S. 283, 286.

Auf Freuds Hinweise auf zwei Gefühle, Bindungen und Liebe als Gegenmittel im Umgang mit Krieg, komme ich zurück. Es sind, will ich hier nur andeuten, weiche Mittel im Unterschied zum harten Krieg. Lässt sich mit Brecht eine Regel der Natur annehmen, nach der das weiche Wasser den harten Stein besiegt? Der Krieg hat sich nicht nur als hart erwiesen, sondern ebenso als wandlungsfähig, ein wahrer Proteus. Mit der Härte logischer Argumente kann man ihm offensichtlich nicht beikommen. Freuds Hinweis auf die Emotionen weist in eine andere Richtung. Ihm wäre nachzugehen. Über *Gefühlsbindung* und *Liebe* nicht als subjektive Gefühle, sondern als Ausgang für eine Moral im Verhältnis zum Krieg wäre nachzudenken. Wenn die Vernunftmoral im Verhältnis zum Krieg versagt, könnte die Gefühlsmoral eine nachhaltigere Wirkung entfalten.

Als Karl Marx noch träumte, schrieb er vom *Traum als einer Sache, von der die Welt nur das Bewusstsein besitzen muss, um sie wirklich zu besitzen* (an Max Ruge, 1843). *Wie könnte die Welt zu dem Bewusstsein des Traums vom Frieden kommen?* Damit dieser in die Wirklichkeit eingreifen kann, muss er die Philosophie verlassen und so verbreitet werden, dass ein Konsensus über das Handeln hergestellt wird. Es ist nötig, organisatorische Grundlagen, die ein Zusammenwirken von vielen ermöglichen, herzustellen. Das haben Pazifisten und die Friedensbewegungen versucht. Diese Versuche gehören seit dem 19. Jahrhundert in den Kriegsdiskurs. Nach ihnen kann die Kulturgeschichte suchen. Dabei wäre zu berücksichtigen, dass der Pazifismus nicht daran gemessen werden darf, ob er sein Ziel, Kriege zu verhindern, erreicht hat. Diese Bilanz ist nicht ermutigend. Ein ebenso wichtiges Ziel ist jedoch eine Veränderung von Lebensstilen hier und jetzt. Gefühlsbindungen und Liebe zum Ideal der Lebenswelt zu machen, wäre eine Form der Friedenspolitik. Wichtiger noch wäre der Schritt darüber hinaus: Eine Moral, die den Gefühlen vertraut, ist für den Umgang mit dem Krieg zu bedenken. Pazifismus ist in den Kriegsdiskurs seit seinen Anfängen im antiken Griechenland als emotionaler Widerstand einbezogen. Ihm sollte die Kulturgeschichte Aufmerksamkeit widmen, zumal er in einem engen Zusammenhang mit dem Anteil des Femininen am Projekt des Pazifismus steht. Seit Euripides steht das *Vertrauen* in die Haltbarkeit der gesellschaftlichen Ordnung im Mittelpunkt dieses emotionalen Verhältnisses zum Krieg. Kulturspezifische Differenzen sind zu bedenken. Aber sie sind kein Einwand gegen einen Versuch, mit einer Gefühlsmoral dem Krieg die Zukunft zu verderben. Eine Kulturgeschichte des Kriegs kann an dieser Stelle in die Aufgabenstellung der praktischen Philosophie überleiten.

Krieg und Kultur – Mischungen

Es gibt gute Gründe, Freuds Analyse mit Skepsis aufzunehmen. Die ethnografische Basis seiner Kulturtheorie ist dubios, und die weitreichenden anthropologischen Folgerungen, die er über den Ursprung der menschlichen Gesellschaft im Vatermord anschließt, sind nicht frei von Willkür.

Auch wenn Freud sich in einen Widerspruch verstrickt und unser Vertrauen in die Erklärungskraft seines Argumentationsmusters eingeschränkt ist, kann man ihm Einsicht in die Tiefenstrukturen der europäischen Kultur nicht absprechen. Die späteren Fortführungen seiner Grundgedanken in Philosophie und einzelnen Wissenschaften machen evident: Krieg und Kultur schließen sich nicht aus. Im Gegenteil: Viele Argumente sprechen dafür, dass sie auf unlösbare Weise ineinander verflochten sind. Für das Verständnis sowohl der Gewalthandlungen der Vergangenheit und phantasierten Zukunft, die wir unter den Namen *Krieg* subsumieren, als auch der symbolischen Verarbeitung von Krieg im Diskurs ist eine Polarität unangemessen. Eine Polarität von Kultur, die sich um ihre Legitimität nicht zu sorgen braucht, da sie der Vernunft folgt, und Krieg als höchster Steigerung von Gewalt, deren Legitimität (ius ad bellum) geklärt werden muss, weist auf einen Irrweg. Wie in anderen Gegensätzen – Liebe und Hass, Gut und Böse, Licht und Schatten – sind die Oppositionen aufeinander angewiesen. Das eine gäbe es nicht ohne das andere, und das eine kann in das andere übergehen. Die friedfertige Gesellschaft lässt sich nicht als die Überwindung der kriegerischen Verfassung der Vergangenheit durch Vernunft verstehen. Der anhaltende Krieg zeigt die andere Seite des vernünftigen Menschen, den Furor, für den er im Diskurs Techniken der Rationalisierung entwickelt. In dem Dreieck Krieg, Kultur und Frieden ist das Verhältnis der Kultur zum Frieden dubios, und ihr Verhältnis zum Krieg ist nicht so eindeutig, wie es auf den ersten Blick scheint. Vielmehr stellen sich auf den zweiten Blick, den der Kulturgeschichte, vielfältige Abhängigkeiten und Mischungen ein. Wie sind die Zusammenhänge zu denken? Die Aggressions- und Kriegstheorien der pessimistischen Anthropologie sind kontrovers. Aber sie haben das 20. Jahrhundert beeinflusst und tiefe Spuren im Eigenbild der europäischen (weniger der amerikanischen) Zivilisation hinterlassen. Sie haben noch immer eine argumentative und suggestive Kraft, die Nachfolgetheorien angeregt hat, die zum Verständnis der Kontinuität der Aggression Gesellschaften wichtige Impulse liefern. Für Lawrence Keeley, Raymont Dart, Konrad Lorenz ist erwiesen, dass die Menschen der Frühzeit gewalttätig waren und sich in einem beständigen Kampf befanden. Für den neueren Diskurs über Gewalt und Krieg, der von Theoretikern wie Burkert, Girard, Enzensberger und anderen entwickelt wurde, wirkte der Kulturtheoretiker Freud als Ideengeber, auch wenn einige der Genannten eine Abhängigkeit von Freud heftig bestreiten.

Abb. 1: A.R. Penck, »20 Skizzen aus dem Jahr 1968«. Penck benutzt die Zeichentechnik der Strichmännchen, die an Kinderzeichnungen und an Höhlenmalerei erinnert. Seine Standart-Bilder *arbeiten mit einer Reduktion der Körperformen auf ein Minimum und machen Anleihen bei der Steinzeitkunst. Das Primitive der Strichmännchen strebt nach Expressivität, Bilder aus dem Paläolithikum in die Gegenwart übersetzend.*

Wolfgang Sofsky, um ein neueres Beispiel herauszugreifen, knüpft an Freuds Spekulation an, wenn er vom Überleben der Geopferten in den Opfernden spricht: »Ganz und gar nahmen Scham und Schuld von den Menschen Besitz [...]. Das Verbot, die Moral und Kultur – sie entspringen der Erfahrung gemeinsamen Tötens. Nicht Einsicht veranlasst Menschen zur Friedfertigkeit, sondern das Bewusstsein untilgbarer Schuld [...]. Der Preis des sozialen Friedens ist die innere Repression. Die Revolte der Freiheit führt geradewegs zur Unterjochung der Triebe [...]. Die Gewalt scheint gezähmt, der Drang zur Aggression erstickt. Aber im Untergrund wirken die Begierden fort [...].«[10] Die Tragweite dieser Diagnose sei nur angemessen zu verstehen, meint Sofsky, wenn man sich vom Irrglauben an die Versöhnlichkeit der Kultur verabschiedet.

Die Vorstellung eines Weges nach oben, aus der Gewalt in Mythologie und Kannibalismus über rituelle Opfer und Fetischismus, in einen Siegeszug der aufgeklärten und friedfertigen Gesellschaft widerspricht dem anthropologischen Wissen.[11] Für das Bild der schrankenlos gewalttätigen frühen Gesellschaften gibt es keine Evidenz. Gegen die verbreitete Auffassung haben andere, etwa Margret Mead und John Keegan, die Gegenmeinung mit ebenso überzeugenden Vermutungen gestützt.

Das ethische Gebot und das für die Lebenswelt gewünschte Ziel stehen im Widerspruch zum Erfahrungswissen und zu wissenschaftlichen Theorien vom Menschen. Dieser Widerspruch macht sich in der Gegenwart erneut bemerkbar. Wir erleben den Beginn einer neuen Epoche des Kriegs: den Cyberwar und den Krieg der Drohnen. Es geht uns nicht anders als Freud beim Ausbruch des Ersten Weltkriegs: Wir sind überrascht oder überrumpelt und konstatieren erneut den Widerspruch; und wir sind von einer Ethik so weit entfernt wie Kant, der zu Anfang des Kriegs der Moderne auf die Vernunft setzte. Aber zur Lösung des Widerspruchs hat die Vernunftmoral bisher wenig leisten können.

3. Drei Ebenen: Ereignisse, Diskurse, Kulturgeschichte

Im System Krieg lassen sich drei Ebenen unterscheiden: militärischer Kampf, Kriegsdiskurs und Kulturgeschichte des Kriegs. Das Wissen über die Trennungen ist für den Erkenntniswert einer Kulturgeschichte des Kriegs essentiell. Die Trennungen sind komplex und folgen keiner temporalen Abfolge. Die Ebenen entwerfen eine je eigene Zeitlichkeit und setzen unterschiedliche Definitionen des Gegenstands. Die Unterschiede werden nicht ohne negative Auswirkungen auf die Erkenntnisleistung missachtet. Nur wer Unterschiede und Grenzen kennt, kann sich verständnisvoll bewegen oder sie bewusst einreißen und die Folgen beurteilen und verwerten. Sie werden im Kapitel über Theorie

10 | Wolfgang Sofsky, Traktat über die Gewalt, Frankfurt a.M. (S. Fischer) 2005, S. 210ff.

11 | Darauf weist beharrlich René Girard in seiner Religionstheorie hin. René Girard, Das Heilige und die Gewalt, Düsseldorf (Patmos) 2006, zuerst Paris 1972; verknappt und zugespitzt in zahlreichen Aufsätzen und in: ders., Gewalt und Religion. Ursache oder Wirkung?, hg. von Wolfgang Palaver, Berlin (Matthes & Seitz) 2010.

näher ausgeführt. Aber die Grenzen sind durchlässig und Vermischungen der Ebenen produktiv. Einige Vermischungen der Ebenen will hier ich kurz aufzählen.

In jedem Feldpostbrief, der vom Kampfgeschehen an der Front berichtet, lassen sich Spuren von strategischem Wissen wie auch kulturgeschichtliche Einordnungen aus einem mentalem Abstand von der Front finden. Das Verhältnis von Krieg und Kriegsdiskurs kann nicht im Sinn zeitlicher Linearität verstanden werden. Der Kriegsdiskurs folgt dem Krieg auf dem Schlachtfeld und geht ihm ebenso voran. Kulturgeschichte kann nicht ohne den Bezug auf den Kampf selbst geschrieben werden und kommt auch nicht ohne die Übernahme von Aspekten des Kriegsdiskurses aus. So wäre zum Beispiel eine kulturgeschichtliche Interpretation der Kriegsrituale der Weimarer Republik ohne einen Bezug auf die Ereignisse, die sie symbolisch wiederholten, nicht nur relativistisch, sondern ihre Aussagen müssten willkürlich bleiben.

Auch für Zuordnungsfragen ist die Dreiteilung ungeeignet. Es wäre unfruchtbar, darüber zu streiten, wo Clausewitz einzuordnen ist. Gewiss: Er war ein theoretisierender General. Ebenso gewiss ist, dass *Vom Kriege* als Beitrag zum öffentlichen Kriegsdiskurs gelesen wird und einen Beitrag zum gesellschaftlichen Kriegsbild lieferte und noch immer liefert. Für die vom Reichsarchiv herausgegebene Reihe mit dem Titel *Schlachten des Weltkriegs*, um ein weiteres Beispiel für Überschneidungen anzuführen, ist die Verflechtung von Militärgeschichte und Kriegsdiskurs charakteristisch. Offiziere und Historiker haben einzelne Bände verfasst, aber auch Schriftsteller, die literarische Ansprüche stellen, haben beigetragen. Die Reihe kann als Beitrag zur Militärgeschichte ebenso wie als Beitrag zum populären Kriegsdiskurs gelesen werden. Auch bliebe eine Trennung von Ernst Jüngers Roman und Erzählungen über den Krieg von seinen journalistischen Aufsätzen für politische Zeitschriften, in denen er Urteile über Kriegsliteratur und über den zeitgenössischen Kriegsdiskurs fällt, künstlich und unproduktiv abstrakt. Exemplarisch lässt sich, um ein letztes Beispiel anzuführen, Brechts *Kriegsfibel* (1955) nennen. Ihr geht es um Dokumentation und um Didaktik. Brecht bildet Ereignisse durch eingeklebte Zeitungsausschnitte dokumentarisch ab. Zugleich spricht er von einer Abc-Fibel.

Trotz dieser Überschneidungen ist es wichtig, auf der Ebene der Theoriebildung die Dreiteilung in Ereignis, Diskurs und Kulturgeschichte zu beachten. Nur unter Berücksichtigung dieser Unterscheidungen lässt sich die Frage: *Was ist Krieg?* behandeln.

3.1 Ereignisse

Die militärhistorische Forschung hat sich in West- und Mitteleuropa entwickelt und stellt nahezu ausschließlich (symmetrische) Kriege zwischen Staaten (oder deren Koalitionen) seit der Zentralisierung der Gewalt in Nationalstaaten dar. Sie ist auf Praxis gerichtet, fragt nach Ereignissen und kausalen Abhängigkeiten und geht reduktionistisch vor. Ihr Interesse gilt spezifischen Kriegsverläufen, der Rüstung und militärisch-politischen Planung, Strategie von Kriegen und Schlachten und Schlachtfeldern als den Orten und geografischen Räumen von Kampf, Sieg und Niederlage.

Militärgeschichte ist an einer wissenschaftlichen Operation beteiligt, deren Ziel die Produktion von objektiv gültigem Wissen ist. Um zu einem objektiven Verständnis eines Aspekts der Wirklichkeit zu kommen, tritt der Historiker gleichsam einen Schritt zurück und suspendiert das vorwissenschaftliche Wissen.[12] Er zieht sich vom Ereignis zurück, um es zu einem Gegenstand zu machen, der eine Stelle im System des methodisch kontrollierten Wissens einnimmt. Zu diesem Zweck vertraut die Militärgeschichte dem Ideal der Objektivität von Fakten, und ihre Methoden benutzen Empirie als Beleg. Daran hält die Militärgeschichte trotz aller disziplinimmanenten Erweiterungen und Veränderungen fest. Ihr reduktionistisches Verfahren ist darauf angewiesen.

Es ist immer wieder beobachtet worden, dass die Militärgeschichte sich als Beratung für zukünftige Kriege versteht. Man könne, »[vorsichtig] auf die wahrscheinlichen Ziele der Akteure und [mit noch größerer Vorsicht] auf ihre wahrscheinlichen politischen Zwecke rückschließen. Beide Verfahren spiegeln das Entscheidungsverfahren wider, das dem Handeln des ›Feldherrn‹ zugrunde liegt [...].«[13] Das Applikationswissen ergänzt die Militärgeschichte nach Kriegsenden durch Rechtfertigungen. Zwischen den praktischen Aufgaben von Anleitung und Rechtfertigung hat die Militärgeschichte ein beachtliches Forschungsfeld erarbeitet.

Sie hat Forschungsverfahren entwickelt, durch die wir zu einem anderen Verständnis von Kriegen kommen als durch die Erinnerungen, die uns im kulturellen Gedächtnis auf unscharfe, schwankende oder verzerrte Weise gegeben sind. Sie macht den Versuch, Mittel zur Beschreibung der vergangenen

12 | Die folgenden Überlegungen zum Verhältnis von Objektivität wissenschaftlicher Erkenntnis und Subjektivität der Erfahrung sind von meinem Kollegen an der New York University, Thomas Nagel, angeregt. Er vertritt eine Position der analytischen Philosophie, die nach der Möglichkeit fragt, wie die subjektive Perspektive eines Beobachters im Erkenntnismodell erhalten werden kann, ein für das Projekt einer Kulturgeschichte des Kriegs zentrales Problem. Thomas Nagel, Mind and Cosmos. Why the Materialist Neo-Darwinian Conception of Nature is Almost Certainly False, New York (Oxford University Press) 2012; unter den deutschen Übersetzungen vgl. ders., Die Grenzen der Objektivität. Philosophische Vorlesungen, Stuttgart (Reclam) 1991.

13 | Thomas Jäger, Rasmus Beckmann, Carl von Clausewitz' Theorie vom Krieg, in: dies., Handbuch Kriegstheorien, Wiesbaden (SV Verlag für Sozialwissenschaften) 2011, S. 223.

Wirklichkeiten zu entwickeln, die über die Reduktion auf gesichertes Wissen davon unabhängig machen sollen, wie Kriege uns *erscheinen*. Das erfordert, die geschichtliche Welt nicht aus einer spezifischen Perspektive und ebenso wenig aus der Sicht eines generalisierten Subjekts wahrzunehmen. Beide sind durch Partialinteressen geleitet. Auch das generalisierte Subjekt, haben wir im nachidealistischen Zeitalter gelernt, produziert eine Konstruktion, deren Interessen oder Ideologie sich erfolgreich verbergen. Die doppelte Zurückweisung hat sich für die Geschichtsschreibung als eine produktive Ausgangsposition erwiesen. Das Verständnis der Vergangenheit wurde durch eine Semantik, die nicht an sinnliche und subjektive Wahrnehmung und nicht an Glaubenssätze (oder Mythen) gebunden ist, auf eine Basis gestellt, die eine einzigartige Einsicht in die Vergangenheit als kausaler Verknüpfung von Ereignissen erlaubt. Im Idealfall enthält diese geschichtliche Welt nichts, was nur aus einer partikularen Perspektive erkennbar ist. Alle ihre Teile können von einem rationalen Bewusstsein erfasst werden, das seine Informationen aus einer subjektlosen Perzeption bezieht. Zugespitzt lässt sich sagen, dass wir auch dann über ein Bild vom Krieg verfügen würden, wenn wir über keinen unserer fünf Sinne mehr verfügten, aber weiterhin des logisch-abstrakten Denkens fähig wären.

Für die Militärgeschichte bildet diese Entwicklung das (unerreichte) erkenntnistheoretische Ideal, für die Kulturgeschichte des Kriegs dagegen das Ende der relevanten Erkenntnis.

Solange die Episteme der Militärgeschichte von der Kulturgeschichte des Kriegs nicht getrennt wird, gibt es keine genuine Kulturgeschichte, auch keinen Dialog zwischen beiden. Aber es entstehen unfruchtbare Kontroversen. Die Frage: *Was ist Krieg?* und zentrale Fragen wie die nach Gewalt und Kampf sowie nach Macht und Herrschaft werden im jeweiligen Kontext auf so verschiedene Weisen beantwortet, dass eine Verständigung schwer möglich ist, oder die Kulturgeschichte muss ihre genuinen Fragestellungen aufgeben. Die Konzeptionen von Krieg sind auf eine Weise inkongruent, dass keiner der beiden Zugriffe im Kern betroffen ist, wenn die Grundprobleme des je anderen marginalisiert werden. Das Kategorienraster der Militärgeschichte hat keinen Ort für den Diskurs über Tod und Töten oder Grausamkeit. Auf das verengte Bild vom Krieg, das zum Beispiel den Tod und den öffentlichen Diskurs über Tod und Töten konzeptionell ausschließt, reagiert Kulturgeschichte. Es besteht kein Zweifel, dass das Töten im Krieg nicht aus psychischen Dispositionen allein erklärt werden kann; das ist, entgegen dem Vorwurf der Psychologisierung, nicht die Intention der Kulturgeschichte. Sie sucht nach Mitteln der Klärung, wie das Verhältnis von Krieg und Tod zu denken sei, die über Befehle und Statistiken hinaus gehen, aber auch den Psychologismus vermeiden. Ebenso gilt, dass die Kulturgeschichte des Kriegs die Bedeutung der zentralen Kategorien der Militärgeschichte wie Herrschaft und Strategie, Sieg und Niederlage nicht leugnet.[14] Aber sie fragt nach ihnen im Diskurs, und das ist eine grundsätzlich andere Ebene.

3.2 Diskurs

Mord ist nicht Krieg: Kain und Abel

Krieg ist nicht der kollektive Kulminationspunkt des individuellen Tötens und kann nicht als Verwirklichung eines Destruktionstriebs verstanden werden. Gewalt, auch Gewalt zwischen Gruppen, ist kein Krieg. Die, in der Sprache der Verhaltensforschung ausgedrückt, *Gruppenaggression* innerhalb einer Spezies, in der eine Gruppe gemeinsam handelt, um organisierte Gegner derselben Spezies zu bedrohen und zu töten, ist Feindseligkeit mit physischem Kampf, aber kein Krieg. Krieg beginnt nicht, wie Arther Ferrill argumentiert, sobald sich einzelne Kämpfer zu einer Gruppe mit Anführer zusammenschließen, um gewaltsam zu kämpfen.[15] Krieg ist ein gesellschaftlicher Zustand, und Sprache und Bilder waren von Anfang an Teil des Kriegs. Er hat eine spezifische Ordnung. Für einen limitierten Zeitraum stellt die Anti-Vernunft, die nicht als Mangel oder Abwesenheit verstanden werden kann, sondern ebenso elementar ist wie die Vernunft, eine Ordnung her, in der das Töten in Gemeinsamkeit ausgeführt wird, Regeln untersteht und von Diskurs, Reflexion oder Propaganda, begleitet wird. Zum Krieg gehört kollektive Repräsentation und Imagination. Der Mensch ist cin Wesen der Gewalt, das Gewalt durch Symbole repräsentiert. Die Unterscheidung zwischen Krieg und Frieden einerseits und Krieg und Gewalt andererseits machen bereits die Mythologie und frühe Ikonik. Die Gewalt im Krieg wird im Diskurs behandelt.

Als Kontrast zum Krieg will ich die Urszene der Gewalt aus Bibel und Koran erwähnen: Kain und Abel. Es ist eine Geschichte über den Anfang von Gewalt als Mord oder Totschlag, aber nicht über Krieg. Kains Nachkommen werden seit der Antike als gewalttätig, mordend, vergewaltigend, rachsüchtig und habgierig vorgestellt, und in der christlichen Überlieferung wird Gewalt gegenüber Unschuldigen auf diese Urtat zurückgeführt. Der falsche Weg ins Leben beginnt zweimal: mit Adam und Eva als Verstoß gegen Gottes Gebot und nach dem Ende des Paradieses noch einmal mit einem Verstoß, nun gegen die Regeln des Zusammenlebens, dem Brudermord. Allerdings werden diese Regeln erst nach diesem Mord aufgerichtet. In der Bibel wird der Mörder Kain unter den besonderen Schutz Gottes gestellt: Das Kainsmal soll ihn vor der Gewalt der anderen bewahren. Der Aggressor wird nicht ausgeschlossen, sondern

14 | Vgl. u.a. Jutta Nowosadtko, Krieg, Gewalt und Ordnung. Einführung in die Militärgeschichte, Tübingen (edition diskord) 2002, S. 192ff.

15 | Arther Ferrill, The Origins of War. From Stone Age to Alexander the Great, London u.a. (Thames & Hudson) 1985.

als Teil der Gemeinschaft bestätigt, zwar gezeichnet, aber beschützt. Gewalt und Totschlag werden als Elemente der menschlichen Geschichte gleichsam autorisiert und durch einen göttlichen Akt besiegelt. Gewalt und Totschlag auf dem Feld dürfen nicht mit dem Ursprung von Krieg gleichgesetzt werden. Die Unterscheidung nimmt die Apokalypse auf (Offenbarung 6,1-8). Unter den apokalyptischen Reitern gibt es den Krieg auf dem zweiten, dem blutroten Pferd, sowie Tod und Gewalt auf dem vierten, dem fahlen Pferd.

Abb. 2: Höhlenzeichnung aus der Mandjendje-Höhle, Simbabwe; Abbildung von Maria Weyersberg, um 1928-1930. Die geschätzte Entstehungszeit des Felsbildes ist 8000 v.Ch. Weyersberg gehörte zu einer Gruppe von Kunstmalerinnen und -malern, die in aufwendigen und langwierigen Verfahren Kopien von Felsbildern in Afrika für eine von Leo Frobenius groß angelegte Dokumentation herstellten (ca. 8600 Exemplare). Frobenius sprach von »gemalter Originalkopie«. Weyersberg ordnete die Fels-und Höhlenbilder einem »Gesamtkunstwerk« des Paläolithikums zu. Unter den Bildern von Tieren und Jagd finden sich auch Szenen, die offensichtlich einen Kampf unter Männern darstellen.

Krieg braucht mehr als den Konflikt zwischen einem Bauern und einem Nomaden der Mythe. Im Krieg bedient sich die spontane Gewalt der komplexen kulturellen Ordnungen und der Mittel zur öffentlichen Kommunikation und Aufzeichnung, die urbane Gesellschaften ersinnen. Kain, der Mörder auf dem Feld, wird nicht von ungefähr der Gründer der ersten Stadt. Allerdings spricht die Bibel nicht davon, dass er den ersten Krieg geführt habe. Aus Mord und Totschlag wird Krieg durch Bilder und Symbole, die eine Ordnung herstellen, sehr viel mehr als Sieg und Niederlage zum Ausdruck bringen und in der urbanen Zivilisation in Diskurse eingeführt werden. Theorien über den Ursprung des Kriegs in individueller Aggression verwischen diesen Zusammenhang, zum Schaden für das Verständnis des Kriegs.

Wahrscheinlichkeit und Bedeutung

Der Blick auf die Kulturen der Welt zeigt, dass es keine Gesellschaft ohne Gewalt gibt. Rousseau, so wird berichtet, stürzte sich auf jeden rückkehrenden Reisenden und Entdecker mit der erwartungsvollen Frage nach der friedlichen Gesellschaft in den europafernen Teilen der Welt. Er wurde stets enttäuscht. Er hörte Berichte über Gewalt, aber nicht über Kriege. Krieg, wie wir ihn kennen, ist eine europäische Erfindung mit Wurzeln in den urbanisierten Gesellschaften des Nahen Ostens. Das Auftauchen von Krieg hat eine hohe, aus der Psyche des Menschen in Verbindung mit der kulturellen Struktur der Gesellschaft (Stadt) stammende *Wahrscheinlichkeit*. Mit einer fragwürdigen Formulierung könnte man sagen: Das Entstehen von Krieg war zu erwarten. Krieg musste nicht entstehen, aber für sein Entstehen gab es im urbanisierten Europa zahlreiche Ursachen.

Was macht sein Entstehen bedeutend? Alles Bedeutende hat das Moment des Unerwarteten und Überraschenden, das es aus dem Fluss des Gewohnten heraushebt und Verwunderung auslöst. Bemerkenswert sind unerwartete Ereignisse, die meist plötzlich eintreten und bestaunt werden, etwa die Entdeckung Amerikas oder Napoleons Niederlage in Russland. Das gilt auch für Genialität und Innovation und steckt im Wort Geniestreich. Krieg ist aber bedeutend nicht im Sinn von unerwartet und überraschend und ist kein Geniestreich. Er ist bemerkenswert, obwohl er so wahrscheinlich aus den Umständen folgt, und er ist bedeutend, seitdem er sich nicht mehr gleitend in die Geschichte einfügt. Das macht ihn beunruhigend, beängstigend oder euphorisierend, in jedem Fall das Bedürfnis nach Verstehen und Erklärung des Rätselhaften provozierend. Von ihm geht eine besondere Herausforderung aus, seitdem es eine Aufklärung (in der Philosophie der Athener Polis und als gesellschaftliches Programm im 18. Jahrhundert) mit dem Ideal der Friedfertigkeit gibt. Die Spannung aus Wahrscheinlichkeit und Idiosynkrasie, um Freuds Wort zu benutzen, ergibt den Stachel, der zu ständig neuen Erklärungsversuchen in Kriegsdiskursen führt.

Krieg ist bedeutend auch in dem Sinn, dass er nicht als eine Nebenwirkung anderer, evolutionär entwickelter Eigenschaften des Menschen entstanden ist. Menschen sind in allen Gesellschaften aggressiv. Sie stellen Werkzeuge und Waffen her, um im Kampf ums Überleben erfolgreich zu sein. Der Krieg könnte als ein Nebenprodukt dieser Eigenschaften und Entwicklungen verstanden werden. Das ist unrichtig. Damit aus Aggression und Kampf der Krieg wird, sind komplexe gesellschaftliche Strukturen nötig, und die ersten Instrumente der Menschen waren als Waffen für den Krieg ungeeignet. Sie dienten der

Nahrungsgewinnung (Fleisch, Knochenmark und Pflanzen). Das Herstellen von Kriegswaffen benötigte eine andere Zwecksetzung, eine andere *Mentalität*, könnte man anachronistisch formulieren, und einen anderen Handlungszusammenhang als den Kampf ums Überleben und die Nahrungsgewinnung. Von diesen Zielen führt kein Weg in den Krieg.

Auch die Umkehrung dieses Gedankens gilt nicht. Der erste Theoretiker des Kriegs, Heraklit (um 500 v. Chr.), hat das Verdienst, Krieg nicht als eine isolierte Tat zu sehen, sondern ihn in Bewegung zu setzen (wahrscheinlich 200 Jahre nach Homers Ilias). Krieg könnte, wie sein Satz, der Krieg sei der Vater aller Dinge,[16] oft ausgelegt wird, einen Ursprung der zivilisatorischen Innovationen bilden, und Fortschritt könnte ein Epiphänomen des Kriegs sein. Diese (evolutionistische) Interpretation von Heraklits Satz wird durch Archäologie und Frühgeschichte nicht belegt. Er widerspricht unserer Kenntnis vom Krieg und seiner Stellung in der Geschichte der Menschen. Heraklit hatte in einer Hinsicht zweifellos recht: Der Mensch wurde zum Schöpfer durch Gewalt und Streit. Streit und Kampf sind durch sein Wort *pólemos* gedeckt. Aber er dachte an Streit als gesellschaftliches Prinzip und nicht an Krieg.[17] Auch die Jagd, das Töten von Tieren und andere Formen des Kampfs des Menschen gegen die Natur oder mit der Natur waren von Heraklit nicht gemeint. Diesen Kampf als Krieg zu bezeichnen, benutzt das Wort als eine unreflektierte Metapher.

Beide Argumentationslinien widersprechen dem historischen Wissen. Der Krieg ist kein Epiphänomen, und er ist nicht aus der Erfindung von Instrumenten und Werkzeugen zu Beginn der Zivilisation abzuleiten. Er ist bedeutend als Krieg. Das macht die Frage: *Was ist Krieg?* desto dringender.

Krieg gibt es nicht ohne Diskurs

Für die Kulturgeschichte ist es wichtig, von polemischen Bewertungen des Kriegs loszukommen und zu beschreiben, was sich beschreiben lässt.[18] Krieg,

---

16 | Heraklits Fragment lautet: »Krieg ist der Vater aller Dinge, aller Dinge König. Die einen macht er zu Göttern, die anderen zu Menschen, die einen zu Sklaven, die anderen zu Freien.« *Pólemos*, Heraklits Wort, hat eine militärische Bedeutung, ist aber ebenso metaphorisch zu verstehen als Konflikt im Gegensatz zu Harmonie.

17 | Populär geschildert in: Martin Kuckenburg, Als der Mensch zum Schöpfer wurde. An den Wurzeln der Kultur, Stuttgart (Klett-Cotta) 2001. In dieser Verwechslung liegt die Schwäche von Barbara Ehrenreichs Versuch, den Krieg aus der Angst des Menschen vor Tieren zu erklären. Der Kampf gegen das Tier, realer Löwe wie phantasierter Drache, gehört in die Gewaltgeschichte, aber bildet nicht den Beginn der Kriegsgeschichte.

18 | Zur Frühgeschichte des Kriegs: Maurice R. Davie, The Evolution of War. A Study of its Role in Early Societies, New Haven (Yale University Press) 1929; Lawrence H. Keeley,

das mag zunächst abwegig klingen, kann nicht direkt wahrgenommen werden. Es gibt keinen Krieg ohne einen gesellschaftlichen Diskurs aus Reflexion, Imagination und Gedächtnis. Der Diskurs ist im Krieg. Zugleich ist auch der Krieg stets im Diskurs.

Krieg gilt oft als eine Art von Wirklichkeitstest, da er allen Spielen mit der Wirklichkeit durch den Tod ein Ende setze. Zuletzt ist dieses Argument gegen konstruktivistische und dekonstruktivistische Theorien nach dem 11. September 2001 vertreten worden und in die Feuilletons vorgedrungen. Es beruht auf einem Missverständnis. Theorien können nicht mit der harten Wirklichkeit von Krieg konfrontiert werden. Krieg ist ein komplex zusammengesetztes Ganzes, das sich von Organismen, den Dingen der Natur oder einfachen Taten (wie Totschlag) auch dadurch unterscheidet. Biologischen Entitäten, etwa Körpern oder Bäumen, sprechen wir ohne Zweifel eine ontische Existenz gegenüber ihren Elementen zu. Nicht dem Krieg. Die Antwort auf die Frage nach der Eigenart des Kriegs ist sehr viel komplexer, da kulturelle Konstruktionen für ihn konstitutiv sind. Die Antwort ist abhängig von gesellschaftlichen Absprachen über die Kriterien für die Definition dessen, was als wirklich gelten kann. Der linguistische und erkenntnistheoretische Diskurs über Zeichen und Medien hat im 20. Jahrhundert keinen Zweifel an deren Wirklichkeit und wirklichkeitskonstituierendem Charakter gelassen. Krieg ohne den Diskurs aus Zeichen und Medien wäre kein Krieg, wäre nicht *wirklich*. Erst der Diskurs verleiht ihm Wirklichkeit. Er ist unter Einschluss von Technologie, Tod und anderen Realien eine Konstruktion, die aus Denken, Handeln, Imaginieren und kulturellen Interaktionen zusammengefügt wird. Diese Zusammensetzung macht den Krieg aus, der mehr ist als die Summe seiner Realien, und das Gedächtnis des Kriegs, das mehr ist als die Summe aller individuellen Erinnerungen, weil es die übergeordnete Ebene eines imaginierten Ganzen in einer zeitlichen Erstreckung einschließt.

Das Wort Krieg wird für Kämpfe unter Tieren verwendet. Das ist unbegründet. Versuche, das Entstehen von Krieg aus einer Analogie zu Kämpfen im Tierreich zu erklären, scheinen mir unberechtigt zu sein. Einen Ursprung des Kriegs sucht man hier vergebens. Tiere können keinen Krieg führen, da sie keinen Diskurs führen und keine Kriegsordnung entwerfen können. Beobachtungen von Kämpfen bei Ameisenvölkern oder Schimpansen werden

War before Civilization. The Myth of the Peaceful Savage, New York (Oxford University Press) 1996; John Carman, Anthony Harding (Hg.), Ancient Warfare. Archaeological Perspectives, Phoenix Mill (Sutton Publishing) 1999; Maurice Keen (Hg.), Medieval Warfare. A History, Oxford (Oxford University Press) 1999; Richard W. Kaeupper, Chivalry and Violence in Medieval Europe, New York (Oxford University Press) 1999; Chaim Herzog, Mordechai, Battles of the Bible. A Military History of Ancient Israel, Barnsley (Greenhill Books) 2006.

immer wieder als Krieg bezeichnet.[19] Sie lassen sich nur dann als Krieg bezeichnen, wenn Krieg als physischer Kampf verstanden wird, ohne das Diskursive und das Bewusstsein von zeitlicher Dauer einzubeziehen. Darin liegt eine naturalistische Verengung von Krieg. Wir wissen seit kurzem, dass manche Menschenaffen tun, was bisher für ausgeschlossen gehalten wurde: In koordinierten Kämpfen töten organisierte Gruppen Mitglieder ihrer eigenen Art, auch Kinder, die zu einer anderen Familie gehören. Ob solches Verhalten in einem Evolutionsmodell erklärt werden kann, will ich nicht diskutieren. Diese Entdeckung senkt die bisher hoch angesetzte Schwelle der Tötungshemmung und beseitigt dadurch eine Barriere, Tieren die Bereitschaft oder die Fähigkeit zum Töten ihrer Artgenossen zuzusprechen. Diese Bereitschaft zu töten, hat aber mit der Organisation von Krieg nichts zu tun. Reflexion, Imagination und Gedächtnis fehlen in den Kämpfen unter Tieren. Es wäre zum Beispiel abwegig, zwischen Töten im Krieg und Mord bei kämpfenden Tieren unterscheiden zu wollen.

Der Anfang macht bereits eines deutlich: Krieg ist ein planvoller, integrierter Zusammenhang, in dem der Kriegsdiskurs eine Ordnung schafft, die für die Zeit des Kampfs gilt und über die Zeiten der Anti-Vernunft hinaus wirksam bleibt. Der Kriegsdiskurs entsteht ebenso wenig zufällig wie der Krieg. Sie entstehen aus einem bereits komplexen gesellschaftlichen Leben, in dem sich das Tun und das Zeigen des Tuns gegenseitig bedingen. Es wäre vergeblich, das eine oder das andere auf eine Ursache zurückführen zu wollen. Die ersten Bilder vom Krieg waren mit dem Entstehen der Stadt verbunden. Die spärlichen Quellen geben einige kriegerische Ereignisse aus der Stadt Megiddo preis. 1457 v. Ch. hat offenbar Thutmoses III, um 1000 v. Ch. hat König David und dann haben Aramäer die Stadt eingenommen. Nach Berichten der Assyrer haben sie 733 v. Ch. die Stadt erobert. Über die Einzelheiten der Kämpfe wissen wir nichts. Aber sie gehören in das unmittelbare Vorfeld des Kriegs aus Kampf und Medien.[20]

Die frühen Gesellschaften und ihre Zivilisationen veränderten sich unter dem Einfluss von Krieg. Reflexionen und Narrationen begleiteten den Krieg von Anfang an und sind von ihm nicht zu lösen. Eine Erzählung aus der Zeit der ersten Städte verbindet alle Elemente des Zusammenhangs von Stadt, Zivilisation und Luxus, Krieg, Tod und Transzendenz. Sie endet mit lügenhafter

19 | Gerhard Neuweiler, Kriege im Tierreich?, in: Dietrich Beyrau, Michael Hochgeschwender, Dieter Langewiesche (Hg.), Formen des Krieges. Von der Antike bis zur Gegenwart, Paderborn (Schöningh) 2007, S. 503-520.

20 | Ralf Busch (Hg.), Megiddo – Tell el-Mutesellim – Armageddon. Biblische Stadt zwischen Krieg und Frieden, Neumünster (Wachholtz) 2002, Über die erste Schlacht um Megiddo: http://www.reshafim.org.il/ad/egypt/megiddobattle.htm. Vgl. auch Volkmar Fritz, Die Stadt im alten Israel, (C.H. Beck) München 1990.

Kriegspropaganda und Rechtfertigung. Semiramis, Königin Assyriens, will den schönsten Mann der Welt, den armenischen König Ara, heiraten. Als der das Angebot ablehnt, beginnt sie einen Krieg und fällt mit ihrer Armee in Armenien ein. Der schöne Ara wird beim Berg Ararat getötet. In der Nachkriegszeit entsteht eine Geschichte des Zaubers, in der Semiramis die Götter anruft, um die Folge des Kriegs zu heilen und Ara ins Leben zurückzubringen. Aber die Kriegsfolgen sind nicht zu beheben. Der Tote bleibt tot. Dennoch verbreitet Semiramis eine unwahre Geschichte über den Krieg, um sich zu rechtfertigen, und behauptet, Ara lebe. Die Geschichte lässt sich als eine frühe Version des Problems Tod und Töten und, mit dieser Frage stets eng verbunden, der rechtfertigenden Propaganda lesen. Sie hat sich, auch das ist Teil der Erzählung, bis in unsere Gegenwart erhalten und ist unmittelbar verständlich. Das gilt für Kriegsgeschichten aus anderen Kulturen oft nicht.

Wenig später war Assurbanipal Herrscher in Ninive. Er stellte die größte Bibliothek seiner Zeit mit Tausenden von Tontafeln zusammen, die vermutlich als Vorbild der Bibliothek von Alexandria diente. Zugleich zeigen riesige Wandreliefs seine Kriege mit einer Grausamkeit ohne Mitleid gegenüber dem Feind und den ungebrochenen Triumph über dessen Vernichtung. Die Reliefs gehören zu den frühesten Kriegsdarstellungen, in denen sich ein europäisches Bild vom Krieg vorbereitet. Wir wissen nicht, wie viel Propaganda und Unwahrheit sich in ihnen verbirgt.

Der Kriegsdiskurs braucht Medien, und sie vermitteln Krieg und Gesellschaft. In Assyrien war das, was sich mit dem Wort Gesellschaft bezeichnen lässt, überschaubar und bestand aus dem Adel und den Künstlern und Gelehrten, die an der Herstellung der Bilder beteiligt waren. Sie waren, im Rahmen der vom Herrscher gezogenen Grenzen, in der Lage, den militärischen Kampf in ein Bild zu verwandeln, und damit übten sie eine Deutungsmacht aus. In den frühen Beispielen sind die Verhältnisse übersichtlich: Der König verfügt über die Diskurshoheit. Sie wurde ihm, ebenso wie die Hoheit über Krieg und Frieden, von Gott verliehen. Die Diskurshoheit schließt Deutungsmacht ein, ist aber etwas anderes, umfassenderes. Das Zusammenspiel der Kräfte wird im frühen Griechenland komplexer und unübersichtlicher. Die komplexe politische Situation in der Athener Polis eröffnet der Tragödie die Freiheit, einen Diskurs zu entwickeln, der nicht mehr um einen Herrscher zentriert ist. Die Diskurshoheit wird dezentralisiert und in einen Prozess der Demokratie aufgelöst.

Die griechische Tragödie fügt dem frühen Bild des Kriegs eine neue Dimension hinzu. Sie lässt sich als Anfang des eigentlichen Kriegsdiskurses in Europa verstehen. Sie verändert die archaische Gegenüberstellung vom Triumph der Sieger und Tod der Besiegten. Aischilos war Teilnehmer und damit Augenzeuge der Kriege, auf denen sein Drama *Die Perser* beruht. Er hatte als *Soldat* (wenn das Wort für diese Zeit benutzt werden darf) 490 v. Chr. für

Athen an der Schlacht bei Marathon teilgenommen, in der sein Bruder Cynegirus das Leben ließ. Zehn Jahre später erlebte er auf einem griechischen Kriegsschiff die Schlacht von Salamis. Er kam aus dem Adel, und so würden wir in ihm eher den Autor von Kriegstheorie und triumphalen Texten, nicht den Beiträger zum nachdenklichen Kriegsdiskurs vermuten. In der Tat beginnt das Drama mit dem Monolog eines persischen Adligen über Fragen der Strategie: Das Heer des Xerxes macht sich auf den Weg nach Griechenland, um Rache für Marathon zu üben. Auch später im Drama wird Krieg als Frage von Sieg und Niederlage aus der Sicht der Herrscher eingeführt. Aber das Drama entwickelt auch die Topik der rituellen Klage und verbindet sie mit den im Krieg leidenden Frauen: Der Chor beklagt das Schicksal der Mütter und jungen Witwen. Neben dieser Bedeutung der Frauen und des Leids stellt ein anderer Gesichtspunkt das Stück an den Anfang des Kriegsdiskurses: Es verurteilt nicht den geschlagenen Feind als Unmenschen, sondern bezieht seine Seite und die Tragik der Niederlage in ein Gesamtbild des Kriegs ein und entwickelt eine Sicht von Tätern, die ebenso Leidende sind, und von Siegern, die ebenso Besiegte sein können. Damit erfüllt die Tragödie eine Voraussetzung des Kriegsdiskurses, der sich über zwei Jahrtausende erhält. Der Krieg wird nicht politisch oder militärisch als Kampf und Sieg, sondern als ein Problem des Gesellschaftlichen vorgestellt, in einem Stück der Sieger, das zugleich eine Warnung ausspricht: Auf jeden Sieg kann eine Niederlage folgen. Die Tragödie der Sieger ist ebenso ein Stück über Verlust und kann dadurch als Beitrag zu einem Kriegsdiskurs in Europa gelesen werden.[21]

Euripides setzt diese Reflexion des Kriegs fort. In den *Troerinnen* stellen Frauen die Frage nach dem Sinn von Krieg. Sie klagen über Tod und Vergewaltigung nicht als Folgen, sondern als Teil des Kriegs. Kassandra spricht davon, dass die siegenden Griechen auf fremdem Boden für ein ungeliebtes Ziel gestorben seien, während die unterlegenen Trojaner für ihre Vaterstadt starben und in heimatlicher Erde begraben würden. Dies Kriegsbild unterscheidet sich von dem der Kriegsreliefs und auch von dem Thukydides' und Xenophons. Im Vergleich mit dem frühen Kriegsbild setzte eine Humanisierung des Diskurses ein, und zwischen literarischem Kriegsdiskurs und gleichzeitiger Kriegsgeschichte entstand eine Spannung. Kriegsgeschichte und Kriegsdiskurs folgten bereits an den Anfängen unterschiedlichen Entwürfen vom Krieg und der eigenen Einstellung. Der Diskurs zeigt den Krieg nicht als Kette von konsekutiven Ereignissen, sondern als elementares Problem und lässt das Selbst in seiner Destruktion erscheinen. Er handelt von der Kultur, die einen Feind konstruiert und ihn bekämpft, aber zugleich einen Krieg mit sich selbst kämpft.

21 | Neuere Bearbeitungen von Heiner Müller oder eine Münchner Inszenierung in der Bayernkaserne mit Flüchtlingen aus den Kriegsländern Bosnien, Irak und Somalia machten in den letzten Jahren das Eingreifen in die Gegenwart explizit.

Durch die Wechselwirkung von Kampf und Diskurs lässt sich ein Zusammenhang mit der Gegenwart herstellen. Dieser Zusammenhang wirkt über Einschnitte hinweg, und es ist notwendig, Sprache und Bilder für unterschiedliche Bewertungen offen zu halten. Überarbeitungen, im 20. Jahrhundert so viele wie nie zuvor, zeigen das Potential der klassischen Tragödien, zu den Reflexionen über das Verhältnis von gesellschaftlicher Kultur und Krieg einen anhaltenden Beitrag zu machen, der auf der Unterscheidung von Töten im Krieg und Mord und auf einer Komplexität des Kriegsdiskurses beruht.

Bis in die Gegenwart gilt, dass die Diskurshoheit ein umkämpftes Privileg ist. Die Deutungsmacht von Einzelnen oder Gruppen und Nationen ist in der Diskurshoheit aufgehoben. Beispiele lassen sich in der neueren Geschichte finden, wenn mächtige Regierungen die Diskurshoheit erzwingen und Deutungsmacht an sich reißen, etwa Washington für den Ersten Golfkrieg oder Moskau für den *Großen Vaterländischen Krieg*, um die Kriegsdiskurse zu lenken, um *ihren* Krieg in die Erinnerung einzutragen. Die Informationspolitik des Pentagon entwickelte nach dem Vietnamkrieg Strategien, um die Kontrolle über die Berichterstattung und damit die eine Grundlage des öffentlichen Diskurses zurückzugewinnen. Die Politik des ›embedded journalist‹ soll dafür sorgen, die Diskurshoheit auch unter den unübersichtlichen Verhältnisses der neuen Kriege zu garantieren und damit die Deutung lenken.

Eine Ausnahme bildete das machtpolitische Vakuum Mitteleuropas im absolutistischen frühen 17. Jahrhundert. Eine dezentralisierte Diskurshoheit entstand, die ein von Politik weitgehend freies Kriegsbild entwarf, das bis heute Anteilnahme auslöst. Die *Vanitas* der Barockliteratur und das »Ach wie flüchtig, ach wie nichtig«, von Michael Franck (1652) populär gemacht und von Bach (1724, BWV 26) in den protestantischen Gottesdienst eingeführt, sind exemplarisch für eine von politischer Herrschaft gelöste Diskurshoheit. Sie bildet das Gegenteil des archaischen Kriegs und kann für die Geschichte des Kriegsdiskurses selten belegt werden.

Der Krieg der Moderne entstand mit Wissenschaft und Technologie, ist also nicht älter als 200 Jahre, und er wird zu Unrecht oft für exemplarisch gehalten. Der Krieg der nachindustriellen Gesellschaft, der in der Gegenwart im Gefolge der Elektronik und Digitalisierung entsteht, schafft eine vollkommen neue Lage für den Kriegsdiskurs. Die Frage ist nicht länger, wo die Hoheit über den Kriegsdiskurs liegt, sondern ob es der Technologie in Zusammenarbeit mit der Politik gelingt, den Kriegsdiskurs abzuschaffen. Der Krieg im Netz und der Krieg der Drohnen werden weitgehend unter Ausschluss der Öffentlichkeit geführt. Kehrt in der Folge der Technologie der Kampf zurück, wie er als willkürliche Gewalt vor dem Beginn des Kriegsdiskurses geführt wurde?

Auf diese Einschnitte werde ich eingehen.

Ordnung durch den Diskurs

Frühe Kriegsbilder schufen eine Ordnung mit dem Minimalprinzip einer räumlichen Teilung. Sie trennten oben und unten, vorn und hinten. Das Oben war für die Sieger reserviert und gab ihnen einen Platz in der Welt, der den Göttern nahe lag. Unten lagen oder knieten die Verlierer. Diese Bilder schufen Zeiten und Orte für das Eingreifen von metaphysischen Kräften, Götter und Schicksalsmächte. Von Gott zu einem bestimmten Zeitpunkt vorausgesagt, waren sie legitimiert. Ein Text Nebukadnezars I. enthält Sätze wie: »Mit meiner Hilfe wirst Du den Westen angreifen [...]. Beachte meine Weisungen. Ich, der Gott Babylons, werde dir Elam geben, allenthalben Deine Herrschaft zu rühmen.«[22] Die Prophezeiung des Gottes, die wir ähnlich auch im Alten Testament finden, gilt dem König und allen Männern, die für ihn kämpfen. In Babylon und Assyrien wie in späteren Wandlungen des Kriegsbildes wird die Bindung von Krieg und Seelenleben, Krieg und Zukunft sichtbar. Herrscher, Helden und politische Macht entstanden. Neue Dynastien etablierten sich im Krieg und waren durch Metaphysik gerechtfertigt. Die Predigten auf den Schlachtfeldern der Neuzeit und noch im Ersten Weltkrieg wiederholten Gottes Sätze an Nebukadnezar und imitierten die Prophezeiungen. Aber sie hatten ihre theologische Begründung eingebüßt. Die Literatur spricht despektierlich und oft satirisch über diesen theologischen Diskurs.

Krieg gibt es nur, wenn Gewalthandeln sich mit kulturellen Prinzipien wie Zeitmessung und planvolle Koordination verbindet und über die Ordnung gesprochen wird. Der Diskurs bildet eine Ordnung, die nach eigenen Prinzipien organisiert ist. Im Diskurs ist der Krieg eine herausgehobene Zeit. Dieses Herausheben setzt eine Vorstellung von Zeit als Ablauf, der unterbrochen werden kann, voraus. Destruktion und Töten schaffen sich im Krieg ein System für ihre Zeit. Am Anfang reichte die innere Uhr für die Koordination des Handelns, dann die Gestirne, der Sonnenstand, im Krieg der Moderne gewann die mechanische Uhr eine große Bedeutung, etwa die Armbanduhr des kommandierenden Offiziers im Ersten Weltkrieg, und in der Gegenwart regeln die Quarzuhr und die in Bruchteilen von Sekunden übermittelten Daten die Kampfhandlungen.

Aus der Ordnung, die der Krieg im Diskurs gewinnt, entsteht Bedeutung. Am Anfang waren es Bilder, denen die Reflexion anvertraut war. Sie verschwanden nicht aus dem Diskurs. Aber über 2000 Jahre hinweg bildete Sprache den Schwerpunkt des Kriegsdiskurses. Einiges spricht dafür, dass wir in der Gegenwart Zeugen eines Wandels werden, der das Reflektieren des Kriegs erneut dem Visuellen anvertraut. Der Krieg wird in Bildern nicht nur vorgestellt. Funktionen des sprachlich verfassten Diskurses wandern in Bilder aus.

22 | Enrico Ascalone, Mesopotamien. Sumerer, Assyrer und Babylonier, Berlin (Parthas) 2005, S. 47-53, 186-201.

Sind sie in der Lage, dem Krieg eine Ordnung zu geben, wie es der Diskurs durch Sprache leistete? Oder ist der Krieg der Zukunft auf diese Art der Ordnung nicht mehr angewiesen? Er könnte in die Medien gewandert sein. Kino ist Krieg und Krieg ist Kino, deklariert Virilio. Er könnte sich als Netwar oder Infowar tarnen. Oder Krieg könnte zum diskurslosen, stummen Ausbruch von Gewalt werden, der sich als humanes Töten verkleidet.

Ein konventionelles Beispiel liefert die Debatte über Denkmale und das öffentliche Gedenken, das kurz erwähnt sein soll. Eine neue Sprache für die bildliche wie für die verbale Behandlung wird gesucht. Nach 1945 setzte sich durch, von den *Opfern von Krieg und Gewalt* zu sprechen. Diese unscharfe Rede bringt eine Unsicherheit im Umgang mit den Opfern ebenso wie mit dem Krieg zum Ausdruck. Sie vermischt die Grausamkeit von Menschenvernichtung mit der Grausamkeit auf dem Schlachtfeld. Die Gemeinsamkeit des Sinnlosen kann keine Rechtfertigung für die Konjunktion von zwei Formen der Gewalt und die Kombination von Opfern mit unterschiedlichen Schicksalen, Opfern im Krieg und Opfern in Vernichtungslagern, sein. Die Notwendigkeit, Formen der Gewalt zu unterscheiden, lehren Mythos und Bibel, die zwischen dem Schicksal Abels und dem eines getöteten Kriegers, das mag Patroclos oder Hektor oder ein anderer Krieger sein, deutlich unterscheiden. Das Opfer von Mord oder Totschlag zu werden, ist etwas anderes als auf einem Schlachtfeld, es mag noch so verwahrlost sein, Gettysburg oder Stalingrad, sein Leben hinzugeben. Dem Tod geben ja nicht die Toten, sondern die Überlebenden eine Bedeutung. Das geschieht in den Bedeutungskonstruktionen öffentlicher Diskurse. Die junge Denkmals- und Gedenkdebatte entkoppelt sich vom Kriegsdiskurs, nicht ohne Schaden zu nehmen.

3.3 Kulturgeschichte

Kulturgeschichte und Sozialgeschichte

Die Kulturgeschichte des Kriegs ist häufig als eine Variante der Sozialgeschichte des Kriegs aufgefasst worden. Diese theoretische Verortung ist fehlgeleitet. Ich will ihr Verhältnis zur Sozialgeschichte kurz skizzieren.

Seit den achtziger Jahren des letzten Jahrhunderts erhebt die historische Sozialwissenschaft den Anspruch, eine allgemeine historische Theorie zu entwickeln.[23] Hans Ulrich Wehler vertritt die These, es sei ihm gelungen, historische Ereignisse durch die »Verbindung von ökonomischen, sozial- und politikwissenschaftlichen Theorien« auf eine Weise zu erkennen, dass sie abschließend erklärt werden können: funktional und kausal. Es ist konsequent,

---

23 | Eine frühe, repräsentative Anthologie ist: Jürgen Kocka, Thomas Nipperdey (Hg.), Theorie und Erzählung in der Geschichte. Beiträge zur Historik, Bd. 3, München (dtv) 1979.

dass er historische Theorien als *Instrumente* auffasst, mit Hilfe derer der Historiker geschichtliche Probleme erklären könne. Er stellt diesen Anspruch nicht explizit für den Krieg. Aber er spricht generell von der Sozialgeschichte des 19. und 20. Jahrhunderts, die durch eine solche, durch die Theorien der Soziologie und Ökonomie gestützte, eigene Geschichtstheorie erklärt werden könne.

Aus Wehlers Theorie lässt sich kein Forschungsprogramm einer historischen Sozialwissenschaft entwickeln. Er fordert eine Anwendung soziologischer Theorie auf Gegenstände, die der Soziologie nicht sehr nahe stehen wie Biografien, politische Systeme der Vergangenheit, Diplomatie oder eben Krieg. Die Erklärung historischer Probleme bleibt eine Zusammenstellung soziologischer und politologischer Hypothesen. Geschichte kann sich aus diesem Ansatz nicht ergeben. Sobald man den Krieg zum Gegenstand dieser Sozialgeschichte macht, wird er zu einem Ereignis, das auf Soziologie und Ökonomie zurückgeführt wird und damit erklärt werden soll. Krieg wird auf diese Weise zum Verschwinden gebracht. Denn eine Phänomenologie des Kriegs schließt aus, dass er sich auf die Entwicklung von Ökonomie und Sozialstrukturen reduzieren lässt. Selbst wenn man nicht weit in die Geschichte des Kriegs zurückgeht und Fragen des Ursprungs vernachlässigt, sondern sich auf den Krieg der Neuzeit beschränkt, kann dieses Modell von Sozialgeschichte nur wenig zum Verständnis des Kriegs beitragen.

Jürgen Kocka hat diese Theorie der Geschichte auf den Ersten Weltkrieg angewandt, allerdings weniger auf den Krieg selbst, sondern eher auf die Kriegsforschung.[24] Er ist vorsichtiger und vermeidet Begriffe wie *historische Theorie* oder *geschichtliches Gesetz* und ähnliche Konzeptionen auf einer sehr hohen Ebene der Theoriebildung. Auch spricht er nicht von einer allgemeinen Theorie des »organisierten Kapitalismus«. Während für Wehler die Sozialgeschichte aus der Anwendung sozialwissenschaftlicher Theorie auf den Gegenstand Geschichte (wobei offen ist, wodurch dieser Gegenstand dann konstituiert würde) folgt, denkt Kocka eher an eine Methode des Interdisziplinären, in der Sozial- und Politikwissenschaften zur Erklärung gesellschaftlicher Ereignisse wie Krieg zusammenarbeiten. Aber er verfolgt ebenso die Absicht, zu einer Sozialgeschichte ganzer Gesellschaften zu gelangen, in der dann Kriege sich als Unterabteilungen, »Teilbereiche« der Gesamtgeschichte als einer Sozialgeschichte eingliedern müssten. Aus der interdisziplinären Kollaboration kann allerdings eher eine historische Theoriebildung folgen, die dem Anspruch gerecht wird, einen genuin geschichtlichen Gegenstand zu entwerfen. Die Frage ist, ob die Geschichte einer Gesellschaft im umfassenden Sinn auch die Geschichte des Imaginären, der Mentalitäten und Vorstellungen einschließt. Die praktischen Arbeiten der historischen Sozialwissenschaft sprechen dagegen.

24 | Jürgen Kocka, Klassengesellschaft im Krieg. Deutsche Sozialgeschichte 1914-1918, Göttingen (Vandenhoeck & Ruprecht) 1973.

Der Gegenstand »Gesellschaft« wird durch die Perspektive und die Selektion von Soziologie bestimmt. Perspektiven, aus denen sich ein Geschichtsbild des Kriegs ergeben könnte, sind bisher zu Gunsten sozialwissenschaftlicher Theorien ausgeschlossen geblieben.

Fragen, Methode, Theorie

Kulturgeschichte ist aus der Skepsis gegenüber diesem wissenschaftlichen Ziel geboren. Sollen Erfahrungen und die Theoriedebatten des 20. Jahrhunderts aufgenommen werden, muss ein prinzipiell anderer Begriff von Krieg entwickelt werden, der den Zweifel an der Möglichkeit der Objektivität aufnimmt. Sie behandelt Fragen der Subjektivität, nach uns selbst, nach dem *Wir* im Krieg. Der Krieg der Kulturgeschichte greift in das Ich und seine Gefühle ebenso wie in gesellschaftliche Mikrostrukturen ein. Sie entwickelt den Krieg, an dem wir teilzunehmen gezwungen sind, aktiv oder passiv, oder auch den freudig begrüßten Krieg.

Soziologie und Politik werden durch Wissen über das Erleben und die Formen seiner Erinnerung, durch Marginales und Kleines, Emotionen und Stimmungen, Wahrnehmung und Repräsentation ersetzt. Was sich ändert, ist, mit einem Begriff Heideggers, das *Zuhandensein* des Wissens. An Stelle des *theoretischen Wissen* über das System des Kapitalismus bevorzugt sie ein Vorgehen, das nach konkreter Theorie sucht. Ein nicht-kausales Wissen, das dem Gedanken des Auftauchens folgt, ein seriell strukturiertes Wissen vom Konkreten entfernt den Krieg aus dem Paradigma logischer Folgerichtigkeit und macht Anleihen bei einem historischen Wissen aus Zeiten vor der Professionalisierung der Geschichtswissenschaft.

Sobald wir uns für ein Wissen über Alles und Jedes am Verhalten von Menschen im Krieg interessieren, rückt ein anderer Krieg ins Zentrum des Interesses als derjenige sozial- und politikwissenschaftlicher Theorien, die eine funktionale und kausale Erklärung liefern. Kulturgeschichte stellt die Frage nach dem Krieg auf andere Weise. Sie betrachtet Krieg nicht als Folge von politischen Entscheidungen und ökonomischen oder politischen Konflikten, sondern sie stellt die Frage nach dem Krieg als einem System im kulturellen Prozess.

Diese Zuwendung zum Krieg minimiert das Interesse an Strategie und Taktik. Es geht um ein Wissen, das Soldaten auf beiden Seiten der Front, Soldaten unterschiedlicher Dienstgrade, sozialer Herkunft und kultureller Prägungen vergleicht und verbindet. Wer eine Kulturgeschichte des Kriegs schreibt, stellt sich nicht in einen Zusammenhang, zu dem auch die Phantasie-Ingenieure, die an seiner Vorbereitung arbeiten, einen Beitrag leisten, und denkt nicht als deren Verbündeter, sondern ist als empathischer Beobachter beteiligt. Über Trench Art im Ersten Weltkrieg oder über Halsketten aus Zähnen oder Fingern erschossener Vietnamesen lässt sich keine Erklärung militärischer Fragen gewinnen. Aber Kulturgeschichte gewinnt aus ihnen Informationen für das Verständnis des Kriegs.

Krieg wird im Diskurs vorgestellt, halluziniert, erinnert, bewertet und vorbereitet. Im Mittelpunkt einer Kulturgeschichte des Kriegs steht die Analyse der Diskurse als Elemente im kulturellen Leben von Gesellschaften. Sie trennt Ereignisse nicht von symbolischen Repräsentationen.

Das Feld der Kulturgeschichte

Die Kulturgeschichte des Kriegs ist auf dem Weg, ein Forschungsfeld abzustecken. Sie geht von zwei Fragen aus: Wie produziert gesellschaftliche Kultur die Bedingungen der Möglichkeit von Krieg und seinen wechselnden Formen? Und wie wirkt Krieg im Prozess der Vergesellschaftung? Räumt man die Relevanz der beiden Fragen ein, bestimmt man die Kulturgeschichte des Kriegs als ein Gegenmodell zum Hegelschen Geschichtsentwurf. Er stellt Fragen nach Sinnkonstruktion und Geschichtslogik, aber landet in einer Sinnkrise, die seit dem Ersten Weltkrieg mit *Dissoziationsmentalität* gleichgesetzt werden kann. Hegel hatte durchaus einen Sinn für die Destruktivität des Kriegs, ordnete sie aber dem Fortschritt der Geschichte unter, so dass Krieg stets in der Dialektik einer Teleologie aufgehoben war. Die Kulturgeschichte will Licht in das Dunkel des Kriegs selbst bringen, macht ihn als eine Verletzung sichtbar und demonstriert mit jedem Krieg aufs Neue, dass die Verletzung anhält und sich als nicht heilbar erweist. In ihrer Geschichte gibt es kein Ziel. Ein Traum ist kein Ziel. So argumentiert die Kulturgeschichte des Kriegs aus einem Widerspruch in sich selbst.

Das Dilemma der Kulturgeschichte besteht darin, dass sie sich auf einem Feld der Widersprüche bewegt und keine Entscheidung treffen kann. Sie handelt von einer gesellschaftlichen Kultur, die den Krieg nicht besiegt. »Die Kultur erhöht die Potenz zur Zerstörung ihrer selbst.« Indem Kultur »Gewalt einzudämmen sucht, verstärkt sie die Neigung dazu [...]. Der Exzess lauert auf seine Stunde, und er drängt umso heftiger hervor, je schwerer die Ketten der Kultur auf dem Menschen lasten.«[25] Eine Kulturgeschichte des Kriegs gehört in diese Kultur, die Gewalt zu zähmen sucht und dabei unwillentlich zu einer Kette wird, und sie schmiedet an der Kette mit. Sie ist ohne eine Spaltung der Vernunft in Vernunft und Anti-Vernunft nicht möglich.

Die negative *Leistung* der Destruktion ist offensichtlich[26] und wird von der pazifistischen und kriegskritischen Literatur behandelt. Sie erweckt den An-

25 | Sofsky, Traktat über die Gewalt, S. 212.

26 | Erich Fromm spricht aus der Kritik an Freuds *Todestrieb* und Skinners *Behaviorismus* über Destruktivität als »bösartige Aggression«, die er den Leidenschaften und

schein, als ob nur uneinsichtige Bellizisten auch andere Seiten der Kriegsordnung wahrnehmen. Das ist eine Fehleinschätzung, die der Kulturgeschichte des Kriegs ihre Grundlage entzieht. Die Identifikation von Krieg mit Gewalt und Destruktion bestreitet der Kulturgeschichte des Kriegs einen Erkenntnisanspruch. Für die neuere Friedensforschung ist die These aufgestellt worden, nicht *Krieg* und *Frieden*, sondern *Frieden* und *Gewalt* seien die wahren Gegensätze.[27] Denn jede Beschäftigung mit dem Frieden setze stets eine Vorstellung der Gewalt voraus – Gewalt, die der Frieden ausschließt oder Gewalt, die der Frieden für seinen eigenen Schutz braucht. Aber eine Geschichte der Gewalt, in die Krieg eingeordnet werden könnte, gibt es nicht. Die Forschung muss am Gegensatz Krieg und Frieden festhalten und den Krieg und den Anteil der Gewalt am Krieg genauer definieren.

Ordnungen

Ich werde im Folgenden vier Ordnungssysteme vorstellen, in deren methodologischem Rahmen Kulturgeschichten des Kriegs entwickelt werden können und ansatzweise entwickelt worden sind.

Gesellschaft und *Naturzustand*

Es wäre weltfremd, von Gewalt und Destruktion überrascht zu sein, wenn wir an den Krieg unter den Fragestellungen von Macht- und Militärordnungen denken. Aus dieser Perspektive bilden sie eine selbstverständliche Einheit. Seit Hobbes Thesen zur Natur des Menschen als einem Wolf unter Wölfen ist die politische Theorie der Neuzeit mit dieser Einschätzung vertraut.[28] In der göttlichen Ordnung war der Friede der Naturzustand. Hobbes kehrt das ursprüngliche Verhältnis um und deklariert den bellum omnium in omnes (De cive I, 12) zum Naturzustand, der durch eine kulturelle Ordnung überwunden werden müsse. Diese Sicht des Verhältnisses von Natur und Gesellschaft ist seit dem 18. Jahrhundert umstritten. Als Einzelner mag der Mensch des Menschen Wolf sein. Aber eine Übertragung dieser politischen Sicht des Menschen auf Krieg und zwischenstaatliche Beziehungen ist nicht überzeugend. Es trennt Krieg und Zivilisation, den wilden und den zivilisatorisch gebändigten Menschen, der keinen Krieg (und Bürgerkrieg) führt. Das eine geht dem anderen voran.

Trieben menschlichen Handelns zuordnet, die ihre Höhepunkte nicht in archaischen Gesellschaften, sondern in den modernen Zivilisationen und insbesondere im Kapitalismus erreichten. Erich Fromm, Anatomie der menschlichen Destruktivität, Reinbek (Rowohlt) 1977.

27 | Benjamin Ziemann, Einleitung, in: ders. (Hg.), Perspektiven der Historischen Friedensforschung, Essen (Klartext) 2002.

28 | Vgl. Herfried Münkler, Thomas Hobbes, Frankfurt, New York (Campus) 2001.

Im frühen Zustand gibt es keine Kultur, und der Krieg hat keine Ordnung. Eine Kulturgeschichte des Kriegs ist in diesem Bild einer Gesellschaft, die sich aus wölfischen Individuen zusammensetzt, nicht vorgesehen.

Die Erfahrung des Kriegs der Moderne legt es nahe, Thomas Hobbes Bild umzukehren und nicht Macht, sondern Emotionen wie Angst und eine spezifische Ordnung als Ursprung des Kriegs anzunehmen.[29] Den Zusammenhang von Angst und Aggression, Krieg und Ordnung kennt Hobbes nicht. Krieg schafft die Gelegenheit zur Angstabwehr und zur Angst-Lust-Verbindung, die in eine Grausamkeit überleitet, die nicht nur Sadisten erfasst. Für diese Gelegenheit schafft der Krieg im Diskurs eine spezifische Ordnung. Für die Kulturgeschichte versprechen diese Fragen nach der emotionalen Grundlage des Kriegs, kollektive Ängste, Euphorie und Grausamkeit und nicht das politisch begründete Bild von der wölfischen Natur des Menschen einen Zugang zum Krieg. Die Frage rührt an die Bestimmung des Menschen als Gattungswesen.

Evolutionstheorie

Während sich die biologischen und physikalischen Bedingungen der Kriegführung über Jahrtausende hinweg kaum veränderten, haben sich die Kriegskodierungen grundlegend verändert. Durch Erfahrungen auf Kriegsschauplätzen und zwischen den Kriegen und deren kulturellen Kodierungen haben sie ihre spezifischen Ausformungen und Funktionen gewonnen: Deren Genealogie verfolgt die Kulturgeschichte. Eine offene Frage ist, ob Krieg und seine Veränderungen im Rahmen der Evolutionstheorie gedeutet werden können. Die Antworten der Sozialdarwinisten vom Beginn des 20. Jahrhunderts haben keine ernst zu nehmenden Verfechter mehr. Krieg als Kampf um das *survival of the fittest* war von dem Zeitpunkt an kein Thema mehr, als die politischen Motivationen hinter dieser Vorstellung benannt waren und sie als Ideologie der Sozialdarwinisten enttarnt wurden, die sich auf Darwins Theorie nicht zurückführen lässt. Die Übernahme des Sozialdarwinismus durch Ideologien des 20. Jahrhunderts, Faschismus und Nationalsozialismus, für ihr Kriegsbild und ihre Kriegspolitik hat zur endgültigen Diskreditierung geführt. Aber die neuere evolutionstheoretische Debatte gibt Anlass, die Frage auf der Grundlage der naturwissenschaftlichen Kenntnisse der Gegenwart und der erneuten Lektüre von Darwins Schriften wiederholt zu stellen. Mir scheint, dass die Geschichte des Kriegs mit der Evolutionstheorie prinzipiell vereinbar ist, aber viele Aspekte der Kriegsgeschichte, womöglich ihre bedeutendsten, lassen sich durch die Evolutionstheorie nicht erklären.

29 | Vgl. dazu die Kommentare in: Andreas Herberg-Rothe, Der Krieg. Geschichte und Gegenwart, Frankfurt a.M., New York (Campus) 2003, S. 112ff.

Das Verständnis vom Krieg als Kampf hat sich im Einklang mit dem Evolutionsmodell entwickelt. Es muss korrigiert werden. Krieg kann nicht auf Kampf allein zurückgeführt werden. Krieg als Kampf zu erklären ist aus historischer Perspektive falsch, und ihn in eine Geschichte als evolutionäre Entwicklung zu stellen, bemüht ein unzulängliches Modell. Wichtige historische Erscheinungen liegen außerhalb ihres Erklärungshorizonts. Krieg ist prinzipiell weiter als die Erklärungsmöglichkeiten des evolutionären Prinzips.

Immer wieder ist der Versuch unternommen worden, das sozialdarwinistische Missverständnis vom Krieg zu überwinden und eine Geschichte des Kriegs zu entwickeln, die den Krieg mit Kampf identifiziert, ohne aber in die Untiefen des Sozialdarwinismus zu fallen. Ein Versuch besteht in dem Argument, der an sich friedfertige Mensch werde durch die gesellschaftlichen Verhältnisse, den Kapitalismus und sein fundamentales Interesse an der Rüstungsindustrie, zum Gewaltmenschen. Jüngst bestimmte Hondrich das Wesenszentrum des Kriegs in diesem Sinn als Kampf, den er an die Kampfmetapher bei Clausewitz anlehnte.[30] Michael Geyer machte einen ähnlichen Vorschlag, ebenso mit Bezug auf Clausewitz, der ja des Sozialdarwinismus ganz unverdächtig ist. Eine Kulturgeschichte des Kriegs bildet die Motivation für diese Modelle.[31]

Es dürfte unmöglich sein, Moral und Kampfmoral evolutionistisch zu erklären. Über Altruismus gab es am Anfang bereits eine Debatte, an der sich Darwin beteiligte. Für das Gegenteil des Altruismus, die Kriegs- und Kampfmoral, gelten die gleichen Argumente: Warum wir die Moral haben, die wir haben, ist durch das Moment des *survival of the fittest* nicht zu erklären. Kulturen mit anderen Werten und einer anderen Moral, die zum Beispiel die Kampfmoral gar nicht kennen, haben sich als ebenso überlebenstüchtig erwiesen. Kriegsbilder zeigen eine große Vielfalt. Ihre Ethik und Ästhetik sind durch Evolution nicht zu erklären. Eine Kulturgeschichte des Kriegs muss sich dem Problem der Herkunft von Ethik und moralischen Werten und ihrer Funktion im Krieg stellen,[32] ohne dass die Evolutionstheorie ein Angebot zur Erklärung machen könnte.

30 | Karl Otto Hondrich, Wieder Krieg, Frankfurt a.M. (Suhrkamp) 2002, zuvor mit leicht veränderter Gewichtung: Hondrich, Lehrmeister Krieg, Reinbek (Rowohlt) 1992.

31 | Michael Geyer, Eine Kriegsgeschichte, die vom Tod spricht, in: Thomas Lindenberger, Alf Lüdtke (Hg.), Physische Gewalt. Studien zur Geschichte der Neuzeit, Frankfurt a.M. (Suhrkamp) 1995.

32 | Die Rolle der Kirchen ist nur teilweise aufgearbeitet. Die Editionen von Kriegspredigten bieten einen Schatz für die Forschung über diese wichtige Frage. Im ersten Kriegsjahr wurde eine Fülle an Broschüren publiziert, die evangelische und (in geringerer Zahl) katholische Predigten mit dem spezifischen Thema Krieg und insbesondere des gegenwärtigen Kriegs zusammenstellten. Die Zahl der Publikationen verringerte

Solange die Leistung des Diskurses nicht aufgenommen wird, setzen sich eine Naturalisierung oder Biologisierung des Kriegs durch einen (unerklärten) Darwinismus fort. Gibt es Regelmäßigkeiten der Entwicklung, im Idealfall gesellschaftliche Gesetze, nach denen Kriege entstehen und Kriegsdiskurse konstruiert werden?

Dialektik

Wenige Versuche der Erklärung von Krieg sind im Rahmen der Hegel-Marx-Konzeption von Geschichte entwickelt worden, und sie sind zersplittert und kontrovers. Die kapitalistische Klassengesellschaft ist gemäß dieser Konzeption dazu verurteilt, in regelmäßigen Zyklen in den Krieg zu führen, um die Überproduktion zu vernichten und damit Raum für neue Produkte des Industriekomplexes zu schaffen. Damit wird Krieg zu einem Epiphänomen der industriellen Produktion und ist über ein biologieartiges Gesetz auf ein ökonomisches Problem zurückgeführt. Eine eigene Geschichte hat der Krieg dann nicht. Eine geschichtliche Gesetzmäßigkeit besteht darin, dass Krieg in der langen Geschichte des Kapitalismus als notwendige Konsequenz der Ökonomie, gemeinsam mit den Widersprüchen der kapitalistischen Verteilung der Produktionsmittel, regelmäßig kommt. Der immanente Widerspruch der Theorie ist offensichtlich: Ist es das ökonomische System des Kapitalismus, das unweigerlich in den Krieg führt, oder bedienen sich die Kapitalisten und Profiteure des Kriegs als Mittel zur Herrschaft und Bereicherung?

In der jüngeren Debatte über die Fragen: *Was ist Krieg?* und *Wie funktioniert Gesellschaft?* hat dieses Modell an Überzeugungskraft verloren. In schwacher

---

sich im Lauf des Kriegs, hielt aber bis 1918 an. Wilhelm Pressel, Die Kriegspredigt 1914 in der evangelischen Kirche Deutschlands, Göttingen (Vandenhoeck & Ruprecht) 1967. Friedrich Graf, Die Nation – von Gott erfunden? Kritische Randnotizen zum Theoriebedarf der historischen Nationalismusforschung, in: Gerd Krumeich, Hartmut Lehmann (Hg.), »Gott mit uns«. Nation, Religion und Gewalt im 19. und frühen 20. Jahrhundert, Göttingen (Vandenhoeck & Ruprecht) 2000, S. 285-317. – Zur Illustration einige exemplarische Zitate: »Kriegertod ist kein Tod! Er ist umstrahlt vom Taborglanz der Unsterblichkeit und des ewigen Lebens.« (der evangelische Pfarrer Anton Worlitschek) Über Jesus: »Aus der ewigen Heimat brach er auf zur Mobilmachung und zog die Uniform der menschlichen Natur an, nahm das erste Quartier im Schoß Mariens, das zweite sehr feldmäßige in Bethlehem […] bis mit seinem 30. Lebensjahr das Biwakieren begann und er nach der Schlacht auf Golgatha sein jetziges Quartier im Himmel, im Tabernakel und im Menschenherzen hat.« Und noch 1917 predigte Pater Gaudentius Koch: »Was ist eine Fronleichnamsprozession gegen die Aufzüge an den Fronten, was sind alle Glokkengeläute und Hochamtsorgeln gegen den Donner der Kanonen und das Krachen der Mörser!«

Form findet es sich aber weiterhin in soziologischen Theorien der Geschichte, die sich als historische Sozialwissenschaft verstehen und den Anspruch erheben, Aussagen zu machen, die ihrer Struktur nach geschichtlichen Gesetzen ähneln.

Systemtheorie

Die *Leistung* einer Kulturgeschichte des Kriegs, lässt sich in Anlehnung an Luhmann formulieren, besteht in der Beobachtung der Reduktion von Komplexität, durch die Krieg und Kriegsbild sich elementar auszeichnen, und ihrer Übertragung in Erzählungen neuer Komplexität. Diese Übertragung wird umso kritischer und anspruchsvoller, »je komplexer die intersubjektiv konstituierte Welt ausfällt, und die Steigerungsbedingungen [...] im Code des Mediums institutionalisiert«[33] werden. Die Möglichkeiten der Steigerung werden durch die Differenzierung von Kodierungen und Anknüpfungsprozesse entwickelt oder, folgen wir Luhmanns Einschätzung, begrenzt.

Für eine Kulturgeschichte, die sich von Fragen der Politik, Strategie und Herrschaft zu lösen sucht, bieten sich Anleihen bei der Theorie selbstgesteuerter Systeme an.[34] Diese Systeme führen nicht zum Entstehen etwas ihnen Äußerem, zu keinem Produkt, das nicht in den Zirkel von Produzieren und Destruieren eingeschlossen wäre. Die Zusammenarbeit der Systemelemente konstituiert die Ordnung, in der sie funktionieren, und ihre Produkte sind die Elemente dieses Zirkels. Das Sein und das Produzieren des autopoietischen Systems sind ununterscheidbar. Mit Bezug auf das System-Beobachter-Verhältnis kann man mit Maturana von einer »operationalen Geschlossenheit des Systems« sprechen. Das selbstgesteuerte System ist aber nicht solipsistisch, wenn wir seine autopoetischen Prozesse mit der Wahrnehmung von Beobachtern korrelieren. Der Beobachter kann ein Teilnehmer oder ein Beobachter sein, der sich in das System hineinversetzt und eine Innenperspektive zu entwickeln sucht. Selbst wenn das nicht gelingt, gewinnt das System durch Beobachtung eine kommunizierbare Struktur.

Verstehen wir Krieg als ein solches System, ist er nicht die Summe von beobachteten und vom Beobachter unabhängigen Ereignissen und Objekten, sondern mit den Wahrnehmungsstrukturen des Beobachters konstitutionell verwoben. Sprache und Bilder des Diskurses sind interpretierende und nach innen wirkende, in das Zusammenwirken der Teile eingreifende Systemelemente. Kulturgeschichte kann Krieg als ein selbstreferentielles System, das

33 | Niklas Luhmann, Macht, Stuttgart (Enke) 1988, S. 31.

34 | Humberto R. Maturana, Francisco J. Varela, Der Baum der Erkenntnis. Die biologischen Wurzeln des menschlichen Erkennens, München (Goldmann) 1990; dies., Autopoiesis and Cognition. The Realization of the Living, Boston (D. Reidel) 1980.

seine eigene Struktur durch eine nicht-endende Arbeit von Produktion und Destruktion herstellt, konstruieren.

Die Möglichkeiten zu Außenbeziehungen von Systemen sind, argumentiert Luhmann, sehr beschränkt.[35] Das bietet eine Erklärung dafür an, dass die philosophisch-moralischen Ideale der Friedfertigkeit am Krieg gleichsam abprallen. Entgegen der Auffassung Luhmanns wäre aber die Leistung der Subjektivität zu berücksichtigen. Symbolisierung geschieht (bisher) nur über Subjekte. Noch gibt es keine Symbolisierungsmaschinen. Die Phantasie einer von einem Computer gesteuerten Drohne macht diese Maschine überflüssig. Wenn das Töten einem Algorithmus überantwortet werden kann, werden Fragen nach Sinn und Verantwortung obsolet. Noch ist diese Vorstellung eine Phantasie. Aber ihre Verwirklichung wäre konsequent (vgl. Kapitel 4).

Die Außenbeziehungen unter Systemen sind beschränkt. Das Eingreifen des Systems Krieg in andere Systeme, vor allem die gesellschaftliche Kultur, braucht handelnde, symbolproduzierende Akteure, wie auch umgekehrt Veränderungen des Systems Krieg auf seine Umwelt, etwa die Physik oder gesellschaftliche Moral, angewiesen sind. Nur wenn wir Subjekte in das Denken von Systemen zurückbringen, können Interaktionsverhältnisse so geordnet werden, dass Systeme nicht in einer operationalen Geschlossenheit erstarren. An dieser Ordnung der Systeme unter Einbeziehung von Subjektivität beteiligt sich die Kulturgeschichte des Kriegs.

4. Probleme: Ethik, Erkenntnisfragen, Medien

Die Kulturgeschichte des Kriegs setzt sich mit drei grundlegenden Problemen auseinander, die aus der Metaphysik kommen. Diese philosophische Problematik ist konstitutiv. Die ethische Frage nach Töten und Zerstören ist offensichtlich. Die zweite Frage ist erkenntnistheoretisch und eher verborgen: ›Was ist Krieg und wo liegt sein Ursprung (im Sinn von anthropologischem Beginn wie von fortgesetzten Kriegsausbrüchen)? Das dritte Problemfeld behandelt das Mediale: Auf welche Weise wird Krieg durch Zeichen und Bilder repräsentiert und vermittelt? Ich will diese Fragen nun nacheinander skizzieren.

35 | Luhmann betont die subjektlose Kommunikation für das Funktionieren sozialer Systeme. Um Systeme als nicht zielgerichtete Prozesse, die aus sich selbst heraus entstehen, zu beschreiben, ist die Annahme vom Tod des Subjekts nicht erforderlich. Von vielen Titeln seien zwei angeführt: Niklas Luhmann, Soziale Systeme. Grundriss einer allgemeinen Theorie, Frankfurt a.M. (Suhrkamp) 1984; ders., Ökologische Kommunikation. Kann die moderne Gesellschaft sich auf ökologische Gefährdungen einstellen?, Wiesbaden (VS Verlag für Sozialwissenschaften) 2008 (zuerst: 1986).

Eine Aufgabe der Kulturgeschichte besteht darin, die beiden elementaren Problemfelder zu verbinden: das philosophische, in dem Prinzipien wirken, die auch außerhalb des Schlachtfelds gelten, etwa Moral, und das pragmatisch-materiale, das einen Krieg des Konkreten entwirft, in dessen Mikrostruktur die Ethik kein Problem bildet.

4.1 Ethik

Es gibt keine andere wissenschaftliche Disziplin, in der sich Fragen von Ethik und Moral so dringend stellen wie in der Kriegsgeschichte. Die Militärgeschichte behandelt sie aus guten Gründen nur am Rand. Aus Fragen der Ethik macht sie Fragen des Rechts. Die Kulturgeschichte des Kriegs kann dagegen Fragen von Ethik und Moral nicht vermeiden.

Die Grundfrage scheint einfach zu sein: Was ist moralisch zulässig und was nicht? Es gibt keine auch nur annähernd gültige Antwort auf diese schlichte Frage. Es ist keine Übertreibung festzustellen, dass das moralisch bei weitem drängendste Problem am wenigsten bedacht worden ist. Für das Verhältnis von Ethik und Krieg ziehe ich eine dualistische Konzeption von Ethik heran und stütze mich auf Max Webers Unterscheidung von Gesinnungsethik und Verantwortungsethik. Sie sind nicht immer klar zu trennen, aber ihre Grundprinzipien sind unvereinbar und lassen sich in keine Hierarchie stellen. Ein Krieg kann aufgrund von Überzeugungen oder Werten geführt werden, die ihm voraus liegen und eine präskriptive Bedeutung haben, etwa ein Religionskrieg. Aus diesen Überzeugungen oder Werten werden Kriegshandlungen als gut oder schlecht bewertet. Eine Verantwortungsethik dagegen urteilt von den Folgen her und fragt, ob das erzielte Ergebnis wünschenswert ist. Die Kriege der Moderne waren von Prinzipien wie Freiheit oder Selbstbestimmung der Nation geleitet, und die postmodernen Kriege sind eher durch antizipierte Ergebnisse und Folgen gesteuert. Der Unterschied ist signifikant, denn was, gemessen an vorausliegenden Werten und Überzeugungen, gut ist, muss nicht gut sein, wenn es am Ergebnis des Kriegs gemessen wird. Der Erste Weltkrieg hat zur Verwirklichung des Ideals der Selbstbestimmung der kleinen Völker geführt, und hat damit auch die Voraussetzung für Konflikte und eine lange Phase von Kriegen geschaffen. Wenn der Irakkrieg, um ein anderes ein Bespiel zu nennen, mit dem Ziel geführt wurde, einen Diktator, der über Massenvernichtungswaffen verfügt, zu beseitigen, war er erfolgreich. Aber das Ergebnis ist dennoch ein Fehlschlag, auch und gerade, wenn man an dem motivierenden Wert festhält.

Werte erhalten sich in der Welt der Moderne paradoxerweise nicht nur, wenn sie sich erfolgreich durchsetzen, sondern gerade auch, indem sie Gefährdungen ausgesetzt werden, die ihren Bestand bedrohen. Für die Kulturgeschichte des Kriegs ergibt sich daraus die Aufgabe, Kriterien zur Wertung zu entwickeln, die sie nicht aus dem Kriegsdiskurs entnehmen kann.

Ethik und Moral in der Kulturgeschichte des Kriegs

Eine ethische Bewertung des Kriegs kann nicht die Aufgabe der Kulturgeschichte sein. Sie geschieht im öffentlichen Diskurs. Sobald Kulturgeschichte ihre Aufgabe in der Deskription von Diskursen sieht, behandelt sie Fragen der Ethik durch die Deskription der Urteile im Diskurs. Die Kulturgeschichte des Kriegs muss sich auf den Krieg im Diskurs einlassen, mit ihm eine Strecke mitgehen. Aber sie darf sich dessen Bewertungen nicht anpassen. Verstehen geht leicht in Billigung über. Sie kann dadurch zu einer Rechtfertigung des Kriegs werden, dass sie einen gegebenen Bestandteil der Kultur der Gesellschaft aus ihm macht, so dass er eingeordnet werden kann und Sinn gewinnt. Dafür liefert die Geschichte Beispiele, auf die ich zu sprechen kommen will.

Die Kulturgeschichte des Kriegs steckt in einem Dilemma. Sie wird ihrem Gegenstand nicht gerecht, wenn sie den präskriptiven Anspruch der Moral vernachlässigt. Aber wie können moralische Sätze mit normativem Anspruch mit einer wissenschaftlichen Behandlung von Krieg vereinbart werden? Letztlich kann eine Kulturgeschichte des Kriegs nicht umhin, im Austausch mit der Philosophie, ihren Gegenstand im Feld von Werten zu positionieren und selbst Position zu beziehen. Die Kulturgeschichte des Kriegs kann Werturteile nicht ausschließen. Aber es ist nötig, das Werturteil eine Zeitlang zu suspendieren und Deskription von Wertung frei zu halten. Enthaltsamkeit im Urteil ist eine Pflicht, wie der Theologe Otto Baumgarten mit Blick auf den Kriegsdiskurs des Ersten Weltkriegs betonte. Das moralische Werturteil darf nicht am Anfang stehen, sonst lähmt die Kulturgeschichte sich selbst. Eine aus ethischer Motivation betriebene Kulturgeschichte des Kriegs gerät in die Falle einer binären Opposition: Sie beschreibt den Krieg in Literatur, Kunst und in der Mentalität des Alltagslebens aus der Opposition von gut und böse, und die Bewertung liegt von vornherein fest, kann also immer nur aufs Neue bestätigt werden. Eine so konzipierte Kulturgeschichte wird steril. Die frühere Debatte über die Kriegsbücher Ernst Jüngers lieferte ein Beispiel für die Unfruchtbarkeit des moralischen Urteils als Ausgangsfrage.

Wo kann die Kulturgeschichte des Kriegs in Fragen des moralischen Urteils anknüpfen?

Sie zeigt eine Neigung, die Kategorien der Darstellung aus den untersuchten Phasen selbst zu übernehmen. Vor 1914 galt zum Beispiel der Glaubenssatz von der Unvermeidbarkeit des Kriegs in großen Teilen der bürgerlichen Gesellschaft, und die beständige Präsenz von gedachtem und phantasiertem Krieg ließ kriegerische Gewalt akzeptabel erscheinen. Nach 1918 wurde der Krieg im Frieden zur politisch-sozialen Wirklichkeit der Republik und zum Teil der kollektiven Einstellung. Eine Kulturgeschichte des Kriegs muss sich auf diese Positionen einlassen, ohne sich ihnen auszuliefern. Sie sinkt zu politischer Ideologie ab, sobald sie diese Phasen der gesellschaftlichen Beziehung zum Krieg nicht aus analytischer Distanz beschreibt.

Wie gewinnt die Kulturgeschichte des Kriegs eine Position, die sie nicht den Diskursen der analysierten Epoche entnimmt? Ist sie auf den bloßen Dezisionismus zurückgeworfen? Der ist im Diskurs zulässig. Aber der wissenschaftlichen Behandlung des Kriegs wäre damit die Begründung entzogen. Kann die Kulturgeschichte den Blick von der Beschreibung zum Ideal heben und vom Sein zum Sollen weiterleiten? Kann sie »Position beziehen«? Das ist nicht einfach. »Position zu beziehen, das heißt, etwas zu wünschen, etwas zu fordern, sich in der Gegenwart zu situieren und eine Zukunft in den Blick zu nehmen«, schreibt Didi-Huberman in der Interpretation von Brechts *Kriegsfibel*, dem Programm einer möglichen Kulturgeschichte unwissentlich eine Formulierung gebend.[36] Sie kann nur aus einer Position in der Gegenwart entspringen. Dazu muss der Historiker zwei sich ausschließende Positionen einnehmen: sich durch die Einbildungskraft in den Krieg begeben, aber zugleich einen Ort draußen beziehen. Denn Urteilen bedeutet, den Abstand des Wissens einzunehmen. (Ohne diesen Abstand entstehen Vorurteile, die für die Bewertung von Krieg besonders häufig und besonders folgenreich sind.) Die allzu große Nähe des In-Seins macht blind, aber der Abstand durch einen draußen liegenden Ort entfernt leicht in eine Beziehungslosigkeit. Um relevantes Wissen zu produzieren, muss der Kulturhistoriker Position beziehen, und diese Position muss zwischen Innen und Außen beweglich gehalten werden.[37]

Kann überhaupt zwischen gut und böse unterschieden werden?

Die einfachste Frage, die sich stellen lässt, lautet: Ist Krieg böse? Gibt es eine Antwort auf diese Frage, die unabhängig vom Standpunkt des Sprechers, also von Bedingungen in Zeit und Raum, gilt, also wahr ist? Ein unbezweifelbar wahrer Satz wäre von der Art: Ein Geschoss durchschlägt einen Lederhelm leichter als einen Stahlhelm. Er ist wahr, unabhängig davon, wann und wo er

---

36 | Georges Didi-Huberman, Wenn die Bilder Position beziehen. Das Auge der Geschichte I, München (Wilhelm Fink) 2011, S. 15.

37 | Didi-Hubermans Analyse der Texte und Bilder in Brechts *Kriegsfibel* und ihre Kontextualisierung sind exemplarisch für die Möglichkeiten der Kulturgeschichte des Kriegs als Reflexion von Kriegsdiskurs. Auch und insbesondere in der Kombination von »Position beziehen« und einer beständigen Beweglichkeit beider Beobachterpositionen, sowohl auf der Ebene des Diskurses (hier Brecht und seine Kommunikationspartner) als auch auf der von Kulturgeschichte.

gesagt wird und ob er geglaubt wird oder nicht. Solche Sätze sind wahr, aber sie haben keine Bedeutung und sind trivial. Die Kulturgeschichte macht ihre Aussagen nicht in solchen Sätzen. Nicht-triviale Aussagen enthalten Bedeutung. Sie können in einem reduktionistischen und evolutionstheoretischen Modell nicht oder nicht umfassend erklärt werden.

Eine Kulturgeschichte des Kriegs muss sich dem Problem der Herkunft und Funktion von moralischen Werten stellen. Sie muss sich beim Urteil äußerste Zurückhaltung auferlegen und bewusst machen, dass jedes Urteil vom kulturellen Kontext des Urteilenden abhängt.

Lässt sich begründen, dass Friede gut und Krieg böse ist? Dass Krieg böse ist, sagt uns ein Gefühl. Eine Begründung lässt sich für eine solche Wahl nicht angeben. Welche Autorität könnte in einer nachmetaphysischen Welt begründen, Krieg sei schlecht und Frieden gut? Das Urteil kann sich nur auf eine Moral berufen, die dem Wert des Lebens die oberste Priorität einräumt. Kann sich die Kulturgeschichte diese philosophische Position zu eigen machen? Sie ist in der Philosophie und Literatur umstritten (»Das Leben ist der Güter höchstes nicht.« Schiller, *Die Braut von Messina*), verfolgt kein Erkenntnisziel und kann keinen Anspruch auf Wahrheit erheben. Das Gefühl ist nicht alt, wie ich im Folgenden zeigen will. Ist es gerechtfertigt, auf dieses Gefühlsurteil eine universelle Urteilskategorie zu bauen? Aus der Geschichte ist der Wertmaßstab nicht abzuleiten. Die ethische Bewertung der *Pax Romana*, die etwa 200 Jahre lang (27 v. Chr. bis 200 n. Chr.) die Macht des Militärs einschränkte und Kriege selten machte, ist im Diskurs keineswegs so eindeutig, wie man meinen und hoffen möchte. Im 17. und 18. Jahrhundert entstand der juristisch-ethische Großversuch, Verantwortung zu definieren und den Krieg zu bändigen. Dieses juristische Programm im Weltmaßstab hatte eine moralische Grundlage, die sich auf nichts als den Appell an die Vernunft berufen konnte. Aber die Vernunft ist wankelmütig, vielleicht gar eine Hure, die mit jedem geht. Ist eine Kulturgeschichte, die sich aus der Metaphysik gelöst hat, berechtigt, aus diesen für den Frieden der Welt folgenlos gebliebenen Projekten ihre Urteilskriterien abzuleiten?

Die Kulturgeschichte steht vor dem Dilemma der Wertung. Das gilt nicht nur für die Bewertung des Kriegs, sondern auch für die des Handelns im Krieg. Die zweite Frage in Kants Trias: ›Was kann ich wissen, was soll ich tun, was darf ich hoffen?‹, ist unter den Bedingungen von Krieg nicht mehr Ausdruck der menschlichen Freiheit, sondern wird auf ein enges Spektrum von Möglichkeiten, die dem Menschen von außen vorgegeben werden, eingeengt. Sie gewinnt durch den Krieg den Ton eines Hilferufs, den das Animal rationale weniger im Kampf mit dem Homo furiosus als mit den Instanzen der Macht ausstößt. Ein Konflikt zwischen der Moral des persönlichen Gewissens und der verordneten Moral kann gefährlich sein und hat in der Vergangenheit zu schweren Strafen oder zu Todesurteilen geführt. Das perfide Wort *Kampfmoral* ist für dieses Dilemma symptomatisch. Die Moral der Kampfmoral kümmert sich nicht um moralische Werte, sondern fordert nichts anderes als die Bereitschaft zur Gewalt. Ein Verstoß gegen die Kampfmoral wird aber moralisch bewertet (zum Beispiel als Feigheit) oder zur juristischen Frage, die für den Einzelnen juristische Konsequenzen hat.

Im Krieg geraten Individualethik und Sozialethik in grundlegende Konflikte, und das persönliche Gewissen erfährt so wenig äußeren Halt wie in keiner anderen gesellschaftlich definierten Situation. Wenn, wie die Ethik seit Aristoteles argumentiert, das menschliche Leben grundsätzlich der Vernunft zugänglich ist, bildet die Frage nach der Moral des Handelns im Krieg eine besondere Herausforderung. Lassen sich gutes und böses Kriegshandeln nach Vernunftkriterien unterscheiden? Kann es im Krieg gutes Handeln im moralischen Sinn überhaupt geben? Oder bilden der Sieg und das möglichst rasche Ende des Kriegs, wie nicht nur Clausewitz argumentiert, die entscheidende Richtschnur der Beurteilung? Kann Handeln nur als gut oder schlecht, im Sinn von ineffizient, beurteilt werden? Ein Beispiel ist die Fortsetzung der erfolglosen Offensivstrategien auf einem vom Maschinengewehr beherrschten Schlachtfeld seit 1915. Das ist eine empirische Beobachtung, die aber Interpretation braucht, um etwas zu bedeuten. Die Beobachtung, haben Historiker geschlossen, konnte sich nicht gegen eine übernommene Einstellung, einen traditionellen Glauben durchsetzen. Der Glaube war weder richtig noch hilfreich (zum Siegen oder zum Überleben), er war desaströs und amoralisch. Er kann im Muster einer reduktionistischen Argumentation nicht erklärt werden. Er beruhte auf anderen Maßstäben der Beurteilung von Handeln. Die lassen sich als moralische bezeichnen, die Kampfmoral. Sie schließen das häufig gebrauchte Argument der *Lernunfähigkeit der Generale* nicht aus. Aber das bietet keine Erklärung. Waren alle Generale auf beiden Seiten der Front drei Jahre lang unfähig zu lernen? Es erklärt nicht, warum Generale gerade an diesem Wert festhielten, während sie andere aufgaben, zum Beispiel den Glauben an die Kavallerie, oder andere wie das unheroische und egalisierende Maschinengewehr begierig aufnahmen. Eine Antwort auf das Problem der Unmöglichkeit von zureichender Erklärung in einem reduktionistischen Modell ist: Kampfmoral ist/war ein Wert, der zur Handlungsanleitung erfunden worden war und weiterhin als praktische Norm diente. Aber er ist ungeeignet, etwas zu erklären. Eine andere Erklärung ist nötig, und es ist unwahrscheinlich, dass sie auf dem Weg des Reduktionismus gefunden werden könnte. Es dürfte unmöglich sein, Kampfmoral evolutionistisch zu erklären. Hilft sie im Lebenskampf? Ist sie gut oder böse? Warum der Krieg der Moderne die Kampfmoral entwickelte, ist durch das Moment des *survival of the fittest* nicht zu erklären. Die Frage nach der Kampfmoral kann nur in einer Außenperspektive beantwortet werden, und sie macht die Frage nötig, wie sie ihre Kriterien gewinnt.

Das Desaster der moralischen und juristischen Versuche der Zähmung des Kriegs im Ersten Weltkrieg hat dem Krieg alle Sympathie geraubt. Aber der Krieg setzt sich fort, auch ohne dass Probleme seiner Ethik diskutiert würden. Ein internationales Verbot *gezielter Tötung* ist vor kurzem als Reaktion auf eine neue Form von Krieg vorgeschlagen worden (s. Kapitel 4). Ein solches Verbot, lässt sich vermuten, hat in der absehbaren Zukunft keine größere Chance, durchgesetzt zu werden als die Konventionen des Völkerbunds, der Briand-Kellogg-Pakt (1928) oder das Programm der rationalistischen Aufklärung. Wie behandelt Kulturgeschichte dieses moralische Problem des Kriegsdiskurses?

Das Werturteil als Erbe des 18. Jahrhunderts

Vom 18. Jahrhundert haben wir die Idee einer Welt »zum ewigen Frieden« geerbt. Sie kann ein pragmatisches, ökonomisches Ziel benennen, denn der Preis für den Krieg ist hoch, oder ein ethisches Ideal formulieren. Das Urteil ist seit dem philosophischen Diskurs im 18. Jahrhundert eindeutig: Frieden ist gut und Krieg ist böse. Kann die Kulturgeschichte des Kriegs aus dem moralischen Urteil eine Anleitung beziehen? Kann das 18. Jahrhundert für die Beurteilung einzelner Handlungen in einem Krieg und das allgemeine Urteil über den Krieg die Richtschnur liefern?

Das 19. Jahrhundert, als Gesellschaftstheoretiker den Ausbruch eines großen Kriegs in Europa auf Grund der ökonomischen Verflechtungen und Interessen für unwahrscheinlich hielten, setzte sich über die Moral hinweg. Es war eine Zeit, in der die Frage nach dem moralischen Recht, Krieg zu führen, vergessen wurde oder vielmehr hinter Machtinteressen und Ökonomie zurückgesetzt wurde. Konflikte zwischen Staaten wurden durch Machtpolitik ausgetragen, und deren Ultima Ratio war der Krieg. Fragen der Moral im Krieg wurden als belanglos abgetan. Diese Tendenz galt für Kolonialkriege, war aber in Preußen und Deutschland nicht schwächer als in Westeuropa. Krieg als Mittel der Politik blieb legitim, und wenn er vermieden wurde, waren nicht ethische oder religiöse, sondern pragmatische und ökonomische Gründe ausschlaggebend. Kolonialkriege *lohnten* sich.

Die Idee der Soziologen und Sozialtechniker, Krieg sei für die bürgerliche Handelsgesellschaft eine Störung und daher unattraktiv und der Frieden in der Zukunft vorprogrammiert, war der Konsensus einer kleinen homogenen Gruppe, vorwiegend französischer und englischer Theoretiker des späten 19. Jahrhunderts. Diese Vorhersage einer Lösung des Problems Krieg durch gesellschaftliche Praxis hat sich nicht verwirklicht. Begeisterte Nationen haben Kriege gegen ihre ökonomischen Interessen gekämpft, und es war ein leichtes, ökonomische Argumente auf die Mühlen der Kriegsbefürworter zu leiten. Kriege werden weiter geführt, auch gegen die ökonomische Vernunft. Aber die Idee ist noch immer wirksam. Münkler geht von ökonomischen Interessen aus und meint, dass Kriege zwischen Staaten sich nicht mehr lohnen, da jeder denkbare Vorteil geringer wäre als der vorhersehbare Schaden. Der Krieg zwischen Iran und Irak, Religionskriege in Afrika oder das Falklandabenteuer Großbritanniens sind aber Beispiele für die Stärke von nicht-ökonomischen Motiven.[38]

Die große Ausnahme ist das Europa nach dem Ende des Zweiten Weltkriegs. De Gasperi, Adenauer, Schumann, de Gaulle neigten nicht zum Träumen, weder im Sinn von Marx noch von Freud. Die Anfänge der vorbildlos langen Friedensphase nach 1945 lagen in einem europäischen Interessenausgleich über Kohle und Stahl in der Montanunion (1951). Die ökonomische Vernunft war aber ein erster Funke, und von Anfang an war die Entwicklung durch eine größere Idee gesteuert: die Einheit Europas, die einen neuen europäischen Krieg verhindern sollte. Sie hat über ein halbes Jahrhundert getragen, und die Hoffnung scheint nicht unbegründet, dass sie die Zukunft Europas weiterhin bestimmen wird. Diese Idee führt in die andere Argumentation, in die Ethik. Ohne das grundsätzliche Befragen und Bewerten der Behandlung von Tod und Töten durch den Kriegsdiskurs lässt sich eine Kulturgeschichte des Kriegs nicht schreiben. Sie darf der Frage nicht ausweichen, ob sie die Herstellung von Bindungen, von *Gefühlsbindungen unter den Menschen,* von denen Freud sich Hilfe gegen den Krieg erhoffte, fördern will und kann. Mit dem »mehr«, das Freud mit dem Wort »Gefühlsbindung« verknüpft, stellt er einen Auftrag. Kann die Kulturgeschichte des Kriegs aus ihm eine Forschungsperspektive entwickeln?

Während die Nationalstaaten das Recht, Krieg zu führen, aus ökonomischen Gründen in Anspruch nahmen und moralisch verbrämten, wurden im europäischen Diskurs Fragen nach dem *Innenleben* des Kriegs gestellt. Der Lieber-Code 1863, die Brüsseler Deklaration 1874 und die Haager Landkriegsordnung 1899/1907 formulierten Regeln eines *ethischen* Verhaltens auf dem Schlachtfeld, für die Behandlung von Kriegsgefangenen, Verwundeten und Zivilisten. Allmählich wurden Fragen nach der Innenansicht des Kriegs zu einem internationalen Problem. Die Verschiebung des Interesses auf das Innere des Kriegs bereitete den Boden für die Bedeutung, die den Fragen der Moral und Einstellung zu Gewalt und Grausamkeit im Ersten Weltkrieg zugesprochen wurde. Allerdings konnte sich die *Gefühlsbindung* nicht gegen den traditionellen Diskurs der Rechtfertigung des Tötens durchsetzen. Eine Debatte über die Frage nach dem Recht, diesen Krieg zu führen, wurde auf beiden Seiten geführt, vor allem von Professoren und Intellektuellen. In diesem

38 | Herfried Münkler, Die neuen Kriege, Reinbek (Rowohlt) 2002, S. 128f. Wenn jedoch, »wie in den neuen Kriegen, Warlords, Bürgerkriegsparteien und regionale Milizen eigene Rechnungen aufmachen«, gilt diese Kalkulation nicht. Kosten und Nutzen sind dann asymmetrisch verteilt, und Bereicherung Einzelner kann zur Triebfeder werden.

Professoren-Diskurs stand das Recht grundsätzlich auf der eigenen Seite. Es wurde nicht im juristischen Sinn verstanden, sondern in einem existenzialistisch-moralischen Sinn als das Recht auf das spezifisch Eigene, auf Identität. Die relative Bedeutungslosigkeit der juristischen Frage erwies sich in der Kriegspraxis. Es war nicht zu erwarten, dass die sich moralisch im Recht glaubende Seite die Regeln einhalten würde, wenn sie damit der Gegenseite und also dem Unrecht zum Erfolg verhelfen würde. Sobald der Sieg der Gegner, der auf beiden Seiten als Unrecht empfunden wurde, nur durch Regelverletzung zu verhindern war, nahm sich jede Seite das Recht, die Regeln zu brechen. Die professoralen Reden über das Recht der Nation, sich zu verteidigen, täuschten darüber hinweg, dass sie die juristische Frage des Kriegs ignorierten oder als Vorwand einführten. Aber sie empfanden die Notwendigkeit der moralischen Argumentation. Dieses Bedürfnis hatte es in früheren Kriegen nicht gegeben.

Friedensbewegung und Moral

Die Friedensbewegung setzt seit der Zeit des Ersten Weltkriegs auf den Appell an den als grundsätzlich gut konzipierten Menschen, in Freuds Zweiteilung: auf den Eros. Dieser Appell setzt gesellschaftliches Miteinander voraus, soll er verwirklicht werden. Lässt sich in großen und amorphen Gruppen, die nur durch ein moralisches Ziel, das Vermeiden von Krieg, zusammengehalten werden, Bindung herstellen? Ein Konsens in solch einer lockeren Verbindung, hinter der keine Institution von Macht steht, muss das demokratische Prozedere von einer Mehrheit, die ihre Ansichten durchsetzt, und einer Minderheit, die ihre Niederlage akzeptiert, außer Kraft setzen. Um dem Traum zum Bewusstsein und damit der Liebe zur Wirklichkeit zu verhelfen, wäre eine Regelung nötig, die nicht auf den Sieg einer Gruppe setzt, sondern mit einem vagen Konsens zufrieden ist, solange das eine gemeinsame Ziel damit erreicht werden könnte. Diese Hoffnung auf Verzicht auf gesellschaftlichen Kampf zu Gunsten von Moral hat sich als Illusion erwiesen. Die Kompromissbereitschaft mit dem einen Ziel, dem Krieg ein Ende zu setzen, war und bleibt anderen Interessen und gesellschaftlichen Techniken unterlegen. Gesellschaften sind nicht bereit, die Präferenz für Streit zu Gunsten von Kompromissen und des Ideals der Liebe aufzugeben.

Da sich Konsens über den moralischen Imperativ nicht herstellen lässt, hat sich dieser Weg zur Verwirklichung des Traums vom Frieden im Ungewissen verloren. Die Begründung des Ziels und womöglich das Ziel selbst haben sich als zu schwach erwiesen, um die anderen Interessen und Motive zu überwinden. Dieser Versuch verwandelte den Traum nicht in gesellschaftliches Bewusstsein, sondern in Utopie, und die ist politisch schwach, wie Karl Marx wusste und die UNO in Krisen- und Kriegsgebieten immer wieder erfährt. Setzt sich in der Beurteilung von Krieg und in der Haltung zu Krieg womöglich stillschweigend die ökonomische Kalkulation durch, für die ethische Positionen ohne Belang sind? Bisher war noch kein Krieg einer Regierung zu teuer, wenn sie ihn wollte. Und noch immer steigen die Kosten für die Rüstung ins Unermessliche, von keinem moralischen Argument berührt. Aber die neuesten Metamorphosen des Kriegs, Cyberwar und Drohnen, weisen in die Richtung des ökonomisch induzierten Wandels in der Kriegstechnologie und im Typus des Kriegs der Zukunft. Aber auch nach diesem Wandel ist die Frage der Ethik des Tötens nicht obsolet geworden.

Ein Tötungsverbot im Krieg?

Im Kriegsdiskurs wird mittlerweile, angeregt durch neue Waffen- und Kommunikationssysteme, eine radikale Frage gestellt: »Dürfen Soldaten überhaupt töten?«[39] Albin Esers Frage hätte vor einigen Jahrzehnten nicht gestellt werden können, sie wäre nicht ernst genommen worden. Für die Veränderung in der Einstellung zum Krieg scheint mir diese Frage symptomatisch zu sein. Sie setzt den Diskurs des 18. Jahrhunderts über das ius in bello für eine Gesellschaft, in der das Töten auf tiefe Abneigung stößt, konsequent fort und fragt, ob die »Tötung im Krieg als menschheitsgeschichtliche Selbstverständlichkeit« weiterhin hingenommen werden müsse. Ist im Krieg alles erlaubt, was nicht explizit verboten ist? Auf völkerrechtlicher Ebene würde das voraussetzen, dass »das Leben im Kriegsfall prinzipiell rechtlos wäre und erst durch das Verbot seiner Vernichtung Rechtsschutz erlangte«. Es wäre weltfremd anzunehmen, meint Eser, »dass dem Töten im Krieg generell die Rechtmäßigkeit abzusprechen« sei. Aber es müsse gesetzlich geregelt und gut begründet werden. Eine ungeregelte Aufhebung des Tötungsverbots im Krieg könnte in den neuen Kriegen, etwa dem Krieg gegen den Terrorismus, der ohne Frontlinie und ohne Schlachtfeld mitten in der Gesellschaft geführt wird, die Grenze der kriegsrechtlichen Erlaubnis zu töten leicht verwischen. Was durch die rechtliche Definition des Kriegs für die kämpfenden Soldaten an humanitärem Schutz gewonnen wird, könnte durch kriegsrechtliche Suspendierung des Tötungsverbots für alle anderen verloren gehen und die Erlaubnis zu töten in die Zivilgesellschaft eindringen.

39 | Albin Eser, Dürfen Soldaten überhaupt töten?, in: FAZ 27.12.2011. Eser schreibt aus der Erfahrung des Richters am Internationalen Strafgerichtshof in Den Haag. Vgl. auch Gerd Hankel, Das Tötungsverbot im Krieg. Ein Interventionsversuch, Hamburg (Hamburger Edition) 2011, der von einer Moralisierung der Kriegsführung in den internationalen Einsätzen mit humanitärem Auftrag ausgeht und eine Revision des internationalen Rechts vorschlägt.

Eser spricht von einer *menschheitsgeschichtlichen* Frage und legt die Verbindung mit dem anthropologischen Problem des Tötens nahe. Damit ist die Frage nach dem Verständnis von Krieg als Gewalthandeln oder als System aufgeworfen. Aus juristischer Sicht ist es unzweifelhaft, dass am Prinzip der persönlichen Schuld festgehalten werden muss. Sobald das Prinzip der persönlichen Haftung aufgegeben würde, wäre das Ende der Zivilgesellschaft absehbar. Es ist andererseits offensichtlich, dass sich das Töten im Krieg aus dieser Sicht nicht mehr verstehen lässt. Denn es ist ein Teil des Systems Krieg, für das der Einzelne keine Verantwortung trägt. Es ergibt sich die Notwendigkeit, ähnlich wie beim Begriff der *Kampfmoral*, zwischen Anleitung zum Handeln und Verstehen zu unterscheiden und den juristischen Diskurs von dem der Moral zu entkoppeln.

Der Krieg setzt sich fort und findet, immer noch voller proteischer Kraft, stets neue Formen. Die Entwicklung neuer Waffensysteme und verborgener Kampftechniken gibt diesem Argument eine unerwartete Brisanz. Das Ende des traditionellen Staatenkriegs, argumentiert Armin Krishnan, leite in eine Phase der politisch-militärisch motivierten *gezielten Tötungen* über.[40] Aus der Strategie des gezielten Tötens entstehe das Problem eines rechtsfreien Raums. Wir steuern auf eine geheime Kriegsführung hin, in der über das Töten durch elektronische Waffen und den Einsatz von Minidrohnen (die kleinsten sind weniger als einen Meter lang, und kleinere sind im Entstehen) unkontrolliert und von der Öffentlichkeit unbeobachtet vom Militär nach eigenem Ermessen entschieden wird. Sobald Kriegshandlungen nicht mehr als solche zu erkennen sind und hinter einer Wand des Schweigens oder der Fehlinformationen durch die Exekutive verschwinden, werden sie von Menschenrechtsorganisationen nicht beobachtet und können nicht als Kriegshandlungen behandelt werden. Krishnan spricht, etwas unklar, von der Möglichkeit des *Missbrauchs* von Tötungen. Es ist offensichtlich, dass er die Möglichkeit bezweifelt, die Unterscheidung zum Mord, die auch Esers Gedanken auslöst, treffen zu können. Geheimdienste, Regierungsstellen und militärische Spezialeinheiten sind keinen demokratischen und juristischen Kontrollen unterworfen, und die Neigung der Generale war stets, moralisch gerechtfertigt zu finden, was der eigenen Sache dient. Daran hat sich, wie die Debatten über Lawfare und Cyberwar zeigen, nichts geändert. Wie viel leichter wird diese Haltung in einem Krieg, der von internationalen Organisationen nicht wahrgenommen werden kann und lautlos in einem Nirgendwo stattfindet. In diesem Nirgendwo organisiert die Exekutive das Töten und ist keiner juristischen oder moralischen Beschränkung unterworfen und niemandem Rechenschaft schuldig. Die Folge sollte sein, das Nirgendwo durch juristische Regeln abzuschaffen. Aber die

40 | Armin Krishnan, Gezielte Tötung. Die Individualisierung des Kriegs, Berlin (Matthes & Seitz) 2012.

Erfahrung mit juristischen Regulierungen in der Vergangenheit stimmen nicht hoffnungsfroh. Wer könnte die Regeln durchsetzen, etwa gegen den Widerstand einer Großmacht wie Amerika oder China?

Bewaffnete Drohnen werfen eine juristische und moralische Frage auf, die ein für die Kulturgeschichte des Kriegs, der ohne das Töten (noch) nicht zu denken ist, fundamentales Problem vorführt.[41] Alle Kriegswaffen werden zum Töten erfunden. Welche verfallen dem ethischen Verbot und welche dürfen zum Töten von Kriegsgegnern eingesetzt werden? Sollen Waffen Menschen töten und Sachen (Gebäude, Waffen usw.) erhalten (Neutronenwaffen) oder sollen sie, umgekehrt, den Krieg des Verderbens der frühen Neuzeit fortsetzen? Gibt es eine Pflicht der Kulturgeschichte, Stellung zu beziehen? Oder operiert sie in einem anderen Relevanzrahmen, in dem Erkenntnis den obersten Wert bildet und der Konflikt zwischen *gezielter Tötung* und dem *Verbot* gezielter Tötung aus einer distanzierten Perspektive und ohne ein Urteil beschrieben wird?

Fragen nach moralischer Bewertung von Krieg und Töten im Krieg behandle ich im Kapitel über Praxis. Ich will mich nun der zweiten, der erkenntnistheoretischen Frage zuwenden.

4.2 Der Gegenstand: Krieg als Vorstellung

Zu den von der Kulturgeschichte nicht zu klärenden epistemologischen Grundannahmen gehört, dass der Krieg, der eine Analyse lohnt und rechtfertigt, nicht als Ding an sich gedacht und nicht mit Sätzen über das Faktische (die die Wahr-falsch-Alternative erlauben) beschrieben werden kann. Sie spricht nicht von militärischen Planungen und Entscheidungen, und sie liest nicht subjektive Dokumente im Licht eines objektiven Kriegsbildes. Sie handelt von Erscheinungsweisen des Kriegs und dem praktischen und symbolischen Verhältnis der Gesellschaft zum Krieg.

Die Kulturgeschichte des Kriegs macht das Denken einer Beziehung, die den Menschen übersteigt, nötig: Mensch – Gott, Mensch – Maschine. Die Frage nach dem Mensch-Gott-Verhältnis im Krieg war von den Anfängen in Ägypten, Mesopotamien und Israel und noch bis in die Neuzeit hinein entscheidend. Mit der Säkularisierung und der Industrialisierung der europäischen Gesellschaften trat sie in den Hintergrund. Sie verschwand jedoch nicht und tauchte noch in den Kriegen des späten 20. Jahrhunderts in verschiedenen Metamorphosen auf. Aber die andere Frage, die nach dem Mensch-Maschine-Verhältnis, wurde wichtiger, auf dem Schlachtfeld wie in den Köpfen. Die Kriegsmaschinen sind menschengemacht, aber auf dem Schlachtfeld wird ihr

41 | Krishnan hält ein internationales Verbot von gezielter Tötung für die Lösung des Problems.

Ursprung vergessen, und sie gewinnen magische Kräfte. Seit dem Ersten Weltkrieg radikalisierte sich die Frage zu der nach einer Mensch-Maschine-Symbiose, die durch die enormen Fortschritte der Technologie der Gegenwart zu beängstigenden Hybridkonstruktionen führt, die nun Stahl und Elektronik an die Stelle des Tiers in den mythischen Zwischenwesen setzt.

Man kann von einer *Dialektik der Verzauberung* sprechen. Sie dient der Kulturgeschichte des Kriegs, um dem in der Militärgeschichte entzauberten Krieg seine Geheimnisse zurückzugeben. Sie spricht den Körpern, den Dingen, den Geräuschen ein eigenes Leben zu. Ihre Absicht ist nicht, den Unterschied zwischen konkreter Vorstellung und Vorstellung des Konkreten zu verwischen. Sie geht der Transformation des Konkreten in die Vorstellung nach und sucht nach einer beschreibenden Sprache für diese Verschiebung in der kulturellen Praxis. Das eingerissene Foto und das zerfledderte Album, das zerbrochene Kochgeschirr oder der mürbe Rucksack gehören in den Müll, aber sie haben Geschichten, die erzählt werden wollen. Sie sind der Stoff, aus dem Kulturgeschichte den Krieg konstruiert.

In welchem Verhältnis steht dieser *Stoff* der Erzählung zu *Fakten*? Für die Wissenschaften der Objektivität ist ein Faktum dadurch ausgezeichnet, dass niemand es konstruiert hat. Es existiert gleichsam autonom. Für die Kulturgeschichte sind wissenschaftliche Fakten jedoch Konstruktionen innerhalb eines Symbolsystems. Sie sind real in dem Sinn, dass sie für eine bestimmte Zeit eine Wirklichkeit im Begriff erfassen. Wie Bruno Latour konsistent argumentiert: Wenn wir die Konstruktion von Fakten in den Wissenschaften als Realität anerkennen, gibt es keinen Grund, die Realität der *faits sociaux*, wie die Gesellschaftswissenschaften sie konstruieren, zu bezweifeln.[42] In diesem zweiten Sinn nimmt die Kulturgeschichte des Kriegs den Diskurs als Faktum für das Verständnis von Krieg in Anspruch.

Realitätsverweigerung ist ihr daher vorgeworfen worden; das ist ein abwegiger Gedanke. Die Behandlung von Krieg als Vorstellung widerspricht nicht der Realität von Krieg. Kulturgeschichte macht über die Unterscheidung von Krieg, wie er wirklich ist, und Krieg, wie er erscheint, keine Aussage. Das Problem der Ontologie ist für sie ohne Belang. Sie bestreitet nicht, dass der Krieg außerhalb des Denkens und Vorstellens existiert, sondern die Annahme, ein Krieg könne außerhalb von Vorstellungen oder ohne den Diskurs etwas bedeuten oder überhaupt etwas *für uns* sein. Ob Krieg als Folge von Politik oder als ein Naturereignis oder als Zornausbruch eines Gottes oder als Verkettung von Zufällen vorgestellt wird, hängt von Bedingungen außerhalb des Kriegs ab. Diese Bedingungen stellen den kulturellen Horizont her, in dem der Krieg als Faktum gedacht wird. Die Kulturgeschichte behandelt sie als Faktum. In

42 | Zuletzt: Bruno Latour, On the modern Cult of the Factish Gods, Durham (Duke University Press) 2011.

einem Versuch, das epistemologische Problem zu lösen, führe ich den Begriff einer *partiellen Objektivität* ein.

Wenn es der Kulturgeschichte um Vorstellungen geht, muss sie sich methodisch in die Lage versetzen, Vorstellungen nachzuvollziehen, die nicht davon abhängen, dass wir selbst die Erlebnisse gehabt haben, die den Vorstellungen zugrunde liegen. Ermöglichen Methoden uns diesen Schritt, so sollten wir in der Lage sein, Vorstellungen fremder Subjekte zu verstehen, uns selbst in diesen Prozess einzuschließen und Vorstellungen so zu betrachten und zu kommunizieren, dass sie einem Dritten, der diese Vorstellungen selbst nicht hat, verständlich werden. Daraus ließe sich eine Art von Objektivität, die man partielle Objektivität nennen kann, im Hinblick auf das Bewusstsein, das eigene und das fremde, begründen. In dem Maß, in dem das möglich ist, können wir unser Bewusstsein als eine Fähigkeit begreifen, die nicht bloß Teil einer subjektiven und subjektiv bewerteten Welt ist. Der vortheoretische Begriff des Bewusstseins umfasst eine Form von Objektivität, die es erlaubt, über die eigenen Vorstellungen hinauszugehen. Diese partielle Objektivität entsteht aus Perspektiven. Die Idee von *Perspektive* für die Wahrnehmung von Wirklichkeit anzuerkennen, ohne sie auf Formen einzuschränken, mit denen wir subjektiv vertraut sind, ist die notwendige Bedingung dafür, Methoden zur Beschreibung des erlebten Kriegs zu entwickeln.

In der Gewalt als dem vermeintlich harten Faktum des Kriegs stecken stets soziale und kulturelle Konstruktionen. Sie banden die frühen Kriege in Metaphysik ein. Damit waren Inhalte und Grenzen der Gewalt festgelegt. Gegen den Spruch der Götter waren kein Krieg und keine Fortsetzung von Kriegen denkbar. Die Interpretation der Göttersprüche übertrugen diese Gesellschaften ihren Experten für das Jenseits. In säkularisierten Gesellschaften zersetzt der Skeptizismus diese Bindung. Sie holen diese Transzendenz in die Immanenz der Erfahrungswirklichkeit und fordern emotionale Beteiligung und Identifikation auf Grund von Vorstellungen wie Nation oder Freiheit oder Sozialismus. Die postindustriellen Kriege des elektronischen Zeitalters, deren Entwicklung gerade beginnt, beruhen auf extremer Abstraktion und Distanz, in denen die Gewalt sich verbirgt. Führen sie ans Ende der Kriege als Vorstellungen?

Koselleck bezeichnet einmal als Ziel des Erinnerns an den Zweiten Weltkrieg die Paradoxe, »das Unausdenkliche denken zu müssen, das Unaussprechliche aussprechen zu lernen und das Unvorstellbare vorzustellen versuchen«.[43] Diese Paradoxe stehen in weniger extremer Ausprägung, am Beginn der Geschichte des Kriegs. Krieg als die gesellschaftliche Zeit, die das Unausdenk-

43 | Reinhart Koselleck, Formen und Traditionen des negativen Gedächtnisses, in: Volkhard Knigge, Norbert Frei (Hg.), Verbrechen erinnern. Die Auseinandersetzung mit Holocaust und Völkermord, Bonn (Bundeszentrale) 2005 (zuerst: München [C.H. Beck] 2002), S. 21-32, S. 29.

liche, Unaussprechliche und Unvorstellbare hervorbringt, stellt der Kulturgeschichte Aufgaben, die für die Militär- und Politikgeschichte kein Problem bedeuten. Krieg ist die Zeit des Unausdenklichen, in dem zum Beispiel Heldentum ins Staunen versetzt. Heldengeschichten oder euphorische Zukunftsbilder oder apokalyptische Visionen werden nicht als Phantasien, sondern als Realität gedacht. Das Unvorstellbare und Unaussprechliche beschäftigten den Kriegsdiskurs schon vor dem Kriegsbeginn. Kulturgeschichte untersucht sie als kulturell konstruierte Fakten des Kriegs.

Der Erste Weltkrieg der Kulturgeschichte beginnt nicht 1914 und endet nicht 1918, sondern er beginnt lange vorher, etwa in Kinderzimmern von Jungen oder literarisch in erwartungsfrohen Kriegsphantasien (Georg Heyms Tagebücher und Gedichte)[44] oder Albträumen vom Krieg (Wilhelm Lamszus, *Das Menschenschlachthaus*, 1912) und er endet erst Jahrzehnte später, womöglich 1933 oder 1939. Über die Frage, wann und wo ein Krieg beginnt und endet, muss die Kulturgeschichte sich mit den Teilnehmern am Krieg, genauer: mit dem kulturellen Gedächtnis, abstimmen. Das Gespräch führt die Militärgeschichte nicht, und sie hat keinen Anlass dazu. Es ist für ihre Fragen irrelevant. Für den Kriegsdiskurs aber ist diese Frage von großer Bedeutung. Die Antwort ist für das Verständnis von Krieg in der Kulturgeschichte grundlegend. Probleme der Erfahrung, des Tötens und Sterbens, Mordens und Opferns können nur behandelt werden, wenn die Frage, wann der Krieg endet und was Krieg und Frieden unterscheidet, beantwortet wird. Das gilt bedingt bereits für die archaischen Kriege und gilt gewiss im 20. und 21. Jahrhundert.[45] Zugespitzt kann man über den Ersten Weltkrieg sagen: Die wichtigsten Ereignisse fanden in der Kulturgeschichte des Kriegs nach dem Waffenstillstand statt, als das Kriegserlebnis zur Welt kam.

Erst durch die Entdeckung dieser Fragen entstand ein Bewusstsein davon, wie eng der Kriegsbegriff der Militärgeschichte war und ist. Der Begriff der Friktion, auf den Clausewitz und seine Interpreten großen Wert legen, soll die Kriegsgeschichte gegenüber dem Nicht-Rationalen öffnen. Aber er schließt Fragen der Subjektivität, Zeitempfindung, Identität, Mentalität, des Selbstwertgefühls und der Leiblichkeit nicht ein. Es ist schwer, von dem Kriegsverständnis in der Tradition von Clausewitz einen Zugang zur Kulturgeschichte zu finden und wohl unmöglich, einen Zusammenhang mit den neuen For-

44 | Walter Falk, Der kollektive Traum vom Krieg. Epochale Strukturen in der deutschen Literatur zwischen Naturalismus und Expressionismus, Heidelberg (Carl Winter) 1977.

45 | Dirk Husemann, Als der Mensch den Krieg erfand. Eine Spurensuche, Ostfildern (Thorbecke) 2005; Barbara Ehrenreich, Blutrituale. Ursprung und Geschichte der Lust am Krieg, Reinbek (Rowohlt) 1999, S. 17.

men des Kriegs herzustellen.[46] Sie lassen sich nur verstehen, wenn sie nicht im Rahmen von Politik, sondern als Elemente des Politischen betrachtet werden. Die Unterscheidung zwischen der Politik und dem Politischen, die für das Verständnis der neuen Kriege gemacht werden muss, führt über den Begriff der Politik, den Clausewitz und die Militärgeschichte anwenden, weit hinaus. Clausewitz macht einen der ersten Versuche, den Krieg aus dem rein Militärischen zu lösen, wenn er ihn als Fortsetzung der Politik mit anderen Mitteln bezeichnet. Es ist ihm dann aber um nichts als die anderen Mittel in der Definition des Militärischen zu tun.

Hier stößt die Kulturgeschichte an eine Grenze. Nicht jeder Diskurs, den eine Gesellschaft zu Kriegszeiten führt, ist vom Krieg gezeichnet oder für die Analyse von Krieg relevant. Wie gewinnen wir dann Kriterien für die Unterscheidung zwischen Relevanz und Bedeutungslosigkeit? Muss eine Vorstellung von dem, was berechtigterweise als Krieg bezeichnet wird, immer schon vorhanden sein, ohne dass sie sich begründen ließe? Was berechtigt dazu, Bilder (etwa des Dreißigjährigen Kriegs, vgl. Kapitel 4), Filme oder literarische Werke, in denen vom Krieg nicht die Rede ist, dennoch in den Kriegsdiskurs einzureihen? Auch können die Konstruktionsbedingungen von Krieg nicht beständig Bewusstseinsinhalte sein, nicht in der Heimat und schon gar nicht an der Front. Zeichen und linguistische und ikonische Symbolisierungen repräsentieren sie und kreieren eine Kultur der Repräsentationen. Der gekämpfte Krieg ist mit diesen Repräsentationen und ihren Verschiebungen verflochten. Wie bestimmt Kulturgeschichte, was in diesen Verschiebungen zum Kriegsbild gehört?

Animal rationale, Homo necans, Homo furiosus

Am Anfang stehen anthropologisch-psychologische Annahmen. Die allgemeinste Definition, hinter die nicht zurückgegangen werden kann, ist die Bestimmung des Menschen als Animal rationale. Der Mensch denkt diskriminierend und entwirft sich aus der Unterscheidung zum Tier. Er unterscheidet sich von den Tieren durch die Ratio, das heißt Vernunft und Verstand. Der Mensch ist in dieser Auffassung ein Tier, aber das einzige Tier, das die Mittel entwickelt, die es ermöglichen, sich auf sich selbst zurückzubeziehen, also die Frage nach dem Selbst zu stellen. Das durch die Ratio ausgezeichnete Lebewesen erkennt sich in der Reflexion als Tier, das Sprache und Bilder erfindet, mit deren Hilfe es Repräsentationen und Imaginationen von sich selbst und seiner Wirklichkeit zu entwickeln und weiterzugeben in der Lage ist.

---

46 | Armin Nassehi, Der Erste Welt-Krieg oder: Der Beobachter als revolutionäres Subjekt, in: Dirk Baecker, Peter Krieg, Fritz B. Simon (Hg.), Terror im System. Der 11. September 2001 und die Folgen, Heidelberg (Carl Auer Systeme Verlag) 2002, S. 175-200, hier S. 178f.

Dieses Eigenbild, das nicht von Funktionen in konkreten Zusammenhängen, etwa Krieger, Bauer oder Priester, handelt, schließt seit den Anfängen Gewalt ein. Burkert spricht vom Menschen als tötendem Wesen, Homo necans. Aber diese Gewalt ist kein Krieg.

Der Homo necans kann der kalkulierende Totschläger, der planende und einsam tötende Held, sein. Der tötende Mensch unterscheidet sich vom tötenden Tier. Denn er tötet nicht nur wegen der Beute, sondern aus anderen, durch Zwecke nicht leicht zu begründenden Motiven (Wunsch nach Gottes Liebe). Psychologie und Anthropologie machen Aussagen über Gewalthandeln. Aber nicht über den Krieg. Der tötende Mensch ist noch nicht der kriegsführende Mensch. Erst wenn die Ratio und ihr Gegenteil zusammengedacht und in Erzählung oder Theorie übertragen werden, ist das Bild aus der Rückbeziehung des Menschen auf sich selbst vollständig und schließt den Krieg ein. Das Animal rationale muss sich mit einem Homo furiosus verbinden, damit der Krieg erfunden werden kann.

Der Blick auf die Kriegsbilder gibt Veranlassung, die Bestimmung des Menschen als Animal rationale aus der Statik der philosophischen Definition zu lösen und sie um eine anthropologische Bestimmung zu ergänzen. Das rationale Tier ist ebenso ein verrücktes, leidenschaftliches Triebwesen, das als *Homo furiosus* handelt. Seine Ratio erweist sich in der Dialektik, die die Freiheit einschließt, ›Nein‹ zur Vernunft sagen zu können. Der Irrsinn hat eine konstitutive Bedeutung. Die Kulturgeschichte deckt sie über die Kombination von Kämpfen und Abbilden im Diskurs auf.

Der Erste Weltkrieg führte zu der bislang intensivsten Debatte über die Beziehungen in der Dreierkonstellation von Krieg, Kultur und Frieden. Die optimistische Einschätzung des Verhältnisses von Zivilisation und Krieg des 18. Jahrhunderts war nur noch schwach vertreten und kam aus Amerika. Die Gründung des Völkerbunds und das mit dieser internationalen Einrichtung verbundene Denken knüpften am Friedensprojekt der Aufklärung an. Aber die dafür notwendige internationale Kultur der Friedfertigkeit fehlte. Der Schwerpunkt in der Dreierkonstellation lag weiter auf der Privilegierung von Krieg. Der Grundtenor der europäischen Debatte handelte nicht von einer Störung im Prozess der Zivilisierung. Sie selbst wurde in Frage gestellt und der Mensch als Produkt der Rationalität löste sich auf. Eine pessimistische Anthropologie und Philosophie des Menschen gaben den Ton an. Der Homo furiosus schien nun der *wahre* Mensch zu sein. Das machte die Fragen nach dem Wesen des Kriegs und ob Krieg zum Wesen des Menschen gehört, unabweisbar.

4.3 Medien

Gehen wir vom Krieg als einer Kombination von Kampf und Diskurs aus, reicht die Verbindung von Krieg und Medien an die Anfänge der urbanisierten Gesellschaften des Nahen Ostens zurück, zu den Hethitern, Assyrern und Ägyptern. Gegen 1000 v. Chr. entstehen in Ägypten Reliefs auf Tempelwänden mit Bildern, die das Töten von Menschen mit einer Waffe abbilden und nun durch Hieroglyphen ergänzt werden. Mit dieser Beteiligung von Medien können wir von Krieg ausgehen.

Nun entsteht ein Krieg, der sich von Bildern auf Felswänden oder in Höhlen, die Menschen mit Waffen zeigen, unterscheidet. Diese Bilder sind Zeichen der Gewalt in der Frühgeschichte des Menschen. Aber nicht jede Gewalt ist Krieg. Die Gewaltgeschichte und die Kriegsgeschichte sind nicht identisch. Die Bilder der Gewalt mit Waffen in Ägypten und Assyrien sind eine Form der Reflexion von Krieg und der Beginn des medialen Kriegs (nicht des Kriegs als Medienereignis). Sie sind ein Anfang vor dem Anfang des Diskurses, der später, als der Kriegsdiskurs im eigentlichen Sinn in der griechischen Tragödie begann, sich in der Sprache des Theaters der athenischen Demokratie entwickelte.

Wir können von einer Kontinuität von diesem Anfang bis in unsere Gegenwart ausgehen. Eine gewundene Linie aus Ikonografie und Schrift zieht sich bis ins 19. Jahrhundert und schließlich ins digitale Bild und zu CNN-Fernsehberichten. Die Beziehung von Krieg und Medien hat jedoch tiefgreifende Veränderungen erlebt, etwa im 17. Jahrhundert mit Flugblättern, Kriegsbroschüren und dem Entstehen einer urbanen Öffentlichkeit. Einen der tiefen Einschnitte bildete die Erfindung der neuen Medien, zunächst Fotografie und Film, später der elektronischen Medien. Die ersten Fotos vom Schlachtfeld stammen aus dem Krimkrieg. Sie bilden eine Vorgeschichte des Kriegs der modernen Medien und waren noch immer Teil der Kunstgeschichte. Den Ersten Weltkrieg kann man als Eklipse in der langen Bahn von Krieg bezeichnen, eine Kreuzung vieler Linien: Wissenschaft, Technologie, Volkswirtschaft, Mentalitäten und in ganz besonderer Weise die Massenmedien. Dieser Krieg war eine Innovation und zugleich eine Verdunkelung. Er setzte ein Ende und entwickelte einen Anfang und war, zeigt sich aus der späteren Sicht, für die Mediengesellschaft eine Phase destruktiver Produktion.[47] Im Ersten Weltkrieg machte Fotografie den Krieg zum Teil der neuen Mediengeschichte. Zu der Zeit kam der Film hinzu. Durch diese Medien entstand ein neuer öffentlicher Kriegsdiskurs und mit ihm ein neuer Krieg in der beinahe 3000-jährigen Geschichte des europäischen Kriegs. Die Beziehung von Krieg und Medien für den Krieg im Kopf birgt noch immer Geheimnisse.

---

47 | Joseph A. Schumpeter, Capitalism, socialism, and democracy, New York, London (Harper) 1942, dt.: Kapitalismus, Sozialismus und Demokratie. Einführung von Eberhard K. Seifert, Stuttgart (UTB) 7. Auflage 1993; Kapitel 7 über »schöpferische Zerstörung« bezieht sich nicht auf Krieg, sondern auf ein Grundprinzip des Kapitalismus als ökonomisches System.

4.4 Fort von der Reduktion – Emergenz

Als letzten Punkt dieser einleitenden Skizze von Krieg als einem epistemologischen Problem der Kulturgeschichte will ich die Methodenfrage anschneiden. Ein Buch über das Thema Krieg ist nicht der Ort, um erkenntnistheoretische Argumente über die reduktionistische Wissenschaft zu entwickeln. Ich versuche lediglich zu zeigen, in welcher Hinsicht und mit welchen Konsequenzen diese Epistemologie unzureichende und in mancher Hinsicht falsche Ergebnisse in der Kriegsforschung produziert (vgl. Kapitel 4), und will eine Gegenposition skizzieren.

Eine Kulturgeschichte des Kriegs ist nur zu begründen, wenn sie sich aus dem methodischen Rahmen des Reduktionismus löst. Nur aus der Befreiung vom Objektivitätsideal der Wissenschaft und über das Wiedergewinnen des Konkreten gegenüber dem abstrakt Systemischen kann die Kulturgeschichte die Wirklichkeit des Kriegs erfassen.

Der Emergenzbegriff ist hilfreich für die Bezeichnung der theoretischen Position der Kulturgeschichte des Kriegs. Er ist in den Sozial- und Kulturwissenschaften bisher kaum erprobt (was nicht durch das grässliche Wort zu erklären ist). Emergenz bezeichnet eine theoretische Position in Opposition zum soziologischen Reduktionismus.[48] In der Physik hat sich die Opposition von Reduktion und Emergenz entwickelt. Für die Physik ist Emergenz kein Problem. Denn sie kennt keine Selektion und keine Entwicklung, sondern nur selbstorganisierte Systeme ohne Veränderung. Der Emergenzbegriff, seit einigen Jahren in der Wissenschaftstheorie und in einzelnen Disziplinen diskutiert, ist »noch wenig trennscharf«[49] und muss für die Sozial- und Kulturwissenschaften gemäß ihrer Gegenstände und Theoriekonstruktionen ausgearbeitet werden. Er ist entwicklungsfähig und scheint mir für die Aufgaben einer Kulturgeschichte des Kriegs grundlegend zu sein, da er das Denken in den Kategorien kausaler Abhängigkeit überwindet: statt Kausalität – Temporalität und statt reduktionistischer Ableitung – Kontextualisierung (vgl. Kapitel 3).

Emergenztheorien knüpfen oft an das lateinische *praecipitium*, also das Steile und Abrupte, an. Die Bedeutung des methodischen Prinzips des Emergenten darf aber nicht im plötzlichen Auftreten, im abrupten Bruch gesucht werden. Das Entstehen des Neuen in Systemen kann als emergierend verstan-

---

48 | Vgl. Achim Stephan, Emergenz, Komplexität und die Zukunft der Soziologie, in: Jens Greve, Annette Schnabel (Hg.), Emergenz. Zur Analyse und Erklärung komplexer Strukturen, Berlin (Suhrkamp) 2011, S. 187-213; und ausführlich: Bettina Heintz, Emergenz und Reduktion. Neue Perspektiven auf das Makro-Mikro-Problem, in: Kölner Zeitschrift für Soziologie 56, 2004, S. 1-31.

49 | Jens Greve, Annette Schnabel, Einleitung, in: dies. (Hg.), Emergenz. Zur Analyse und Erklärung komplexer Strukturen, Berlin (Suhrkamp) 2011, S. 9.

den werden, ohne dass es abrupt wäre. Es ergibt sich aus dem Widerspruch zur Kausalität, und der erfordert nicht notwendig Plötzlichkeit. Das Neue ist in der Kulturgeschichte selten jäh, sondern, im Gegenteil, Teil eines langsamen und schleichenden Prozesses.

Das Bemerkenswerte in der Geschichte, zum Beispiel Krieg, erfordert Erklärung. Erklärungen haben das Ziel zu zeigen, dass das Unerwartete und Überraschende aus Zusammenhängen folgt, die ihr Erscheinen nahe legen und es uns einleuchtend machen. Wenn die Wahrscheinlichkeit des Entstehens und Weiterwirkens eines Ereignisses einleuchtend gemacht und in Zusammenhänge gestellt ist, wird das Bemerkenswerte verständlich und gewinnt allein schon aus dem Ursprung Sinn.

Das erste Auftauchen von Krieg wie dessen spätere Veränderungen zeigen keine Zeichen des Abrupten und Plötzlichen, sondern sind Teil schleichender Prozesse, die den Anschein des Natürlichen haben, nicht die Folge bloßer Zufälligkeit, sondern der Kontingenz als Eigenschaft von Systemen. Die Wahrscheinlichkeit wird durch Emergenztheorie beschrieben. Sie macht das Auftauchen von Krieg nicht notwendig, aber doch naheliegend, nicht plötzlich und nicht sonderlich überraschend, auf alle Fälle weder zu einem unwahrscheinlichen Zufall noch zu einer für das Überleben hilfreichen Mutation. Mit Hilfe der Emergenztheorie kann die Kulturgeschichte neue Kriege an Schnittstellen von Militärgeschichte und Geschichte der Wahrnehmung und der Ästhetik auftauchen sehen.

Für die Kulturgeschichte ist Krieg ein Beispiel für die Theorie, dass das zusammengesetzte Ganze mehr ist als die Summe seiner Teile. Die Differenz dieses *mehr* ist nicht eine Addition. Es ist vielmehr ein Prinzip des Zusammenwirkens. Es wirkt wie ein immaterielles Band, das den Zusammenhang stiftet. Das Kriegsbild der Kulturgeschichte fordert vor jeder Erklärung durch Faktoren eine Vorstellung dieses Zusammenhangs, aus dem einzelne Elemente des Ganzen auftauchen. Etwas entsteht, und wir müssen uns vor der Versuchung hüten, sogleich nach dem Warum und Woher zu fragen. Die Beschreibung des Auftauchens ist keine Erklärung, und nach ihr sucht die Kulturgeschichte nicht. Die epistemologische Grundlage bildet das Emergenzprinzip.[50]

50 | Vorschläge machen: Achim Stephan, Emergenz. Von der Unvorhersagbarkeit zur Selbstorganisation, Paderborn (mentis) 2007; ders., Emergenz in kognitionsfähigen Systemen, in: Michael Pauen, Gerhard Roth (Hg.), Neurowissenschaften und Philosophie, München (Wilhelm Fink) 2002, S. 123-154 und Rainer Greshoff, Strukturtheoretischer Individualismus, in: G. Kneer, M. Schroer (Hg.), Soziologische Theorien. Ein Handbuch, Wiesbaden (Verlag für Sozialwissenschaften) 2009, S. 445-467, sowie das Kapitel: Emergenz und Sozialwissenschaften, S. 133-317. R. Keith Sawyer vertritt darin die These, »dass die Soziologie zur Basiswissenschaft sozialer Emergenz werden sollte« (S. 205).

Interdisziplinarität und Ausblick

Durch eine Verbindung von Phänomenologie und Emergenztheorie gewinnt die Kulturgeschichte des Kriegs »ihre Eigenart als Forschungsrichtung durch die Tendenz, die Abstraktionsbasis der Begriffsbildung näher an die unwillkürliche Lebenserfahrung heranzulegen, tiefer in sie einzudringen, sie in ihrer Fülle und Ursprünglichkeit besser zu begreifen«.[51] Eine Kulturgeschichte, die sich von der politisch-militärischen oder soziologischen Definition des Kriegs löst und sich der *unwillkürlichen Lebenserfahrung* nähert, so belegen die gelungenen Studien der letzten Jahrzehnte, fördert Kriege zu Tage, die zuvor unbekannt waren.

Der Blick auf den Krieg als Phänomen aus dem Blickwinkel der Emergenz fordert das Zusammenwirken verschiedener Disziplinen. Diese Kulturgeschichte muss sich interdisziplinär entwerfen und ihr Programm in ständigem Austausch mit den Disziplinen Psychologie, Anthropologie, Ethnologie, Literatur- und Medienwissenschaften und den entstehenden Bildwissenschaften verfolgen. Interdisziplinarität kann nicht bedeuten, dass sie sich auf Ergebnisse dieser Disziplinen beruft, sondern sie muss in eine kritische Auseinandersetzung mit deren Forschungsprozessen treten, um sie in die Bestimmung der eigenen Methoden und Gegenstände einzubeziehen. Ein schlichtes Beispiel ist die Arbeitswelt nach 1914. Sehen wir auf das Ganze der Arbeitswelt, taucht Frauenarbeit auf, nicht plötzlich, sondern allmählich, in manchen Regionen und in machen Sparten mehr in anderen weniger. Sie war funktional und kann aus den Notwendigkeiten der Kriegsökonomie erklärt werden. Wenn wir den Blick ändern, sehen wir etwas anderes: Unterschied sich diese Arbeitswelt von der der Männer, und worin lagen die Unterschiede? Alltag und Lebenswelt änderten sich durch den Krieg: Was trug die Frauenarbeit dazu bei? Hielten sich Spuren nach der Rückkehr der Männer? Und wie geschah deren Rückeroberung der Arbeit, gleichsam die Umkehrung des Auftauchens? Das war *kein natürlicher* Vorgang, der sich rein funktional erklären ließe. Die im Alltag des Zusammenlebens eingebettete Macht zeigt sich dem phänomenologischen Blick, der allerdings, will er mehr als bloße Beschreibung liefern, der Anleitung und Schärfung durch das Wissen etwa der Ethnologie, Psychologie oder Verhaltensforschung bedarf.

Wenn es, um ein kompliziertes Bespiel zu erwähnen, einen Zusammenhang zwischen abstrakter Landschaftsmalerei und den Luftbildern der militärischen Aufklärung gibt: Wie wäre der zu beschreiben und welche Folgerungen ließen sich daraus für die Besonderheit der Wahrnehmung von Landschaft und Naturraum im 20. Jahrhundert ziehen?

---

51 | Hermann Schmitz, Kurze Einführung in die Neue Phänomenologie, Freiburg, München (Alber) 2009, S. 13.

5. Grundfragen

Kulturgeschichte denkt die beiden Begriffe Krieg und Kultur von Anfang an in einem Wechselverhältnis. Um eine unfruchtbare Hierarchie zu vermeiden, muss die Methode sicherstellen, dass es keinen (logischen oder temporalen) Vorrang des einen über den anderen gibt. Das eine wird als Umwelt des anderen vorgestellt und die Art der Beziehung aus Beobachtung bestimmt. Ich will nun vier Komplexe dieses Wechselverhältnisses vorstellen, die in den folgenden Kapiteln ausgeführt werden: Subjektivität, Identität, das Unerschließbare und Raum.

Subjektivität

Der Wissenschaft fehlt die Sprache für das Verstehen und Erklären von Subjektivität. Als eine erste Antwort auf die Frage: ›Darf es eine Kulturgeschichte des Kriegs geben?‹, kann daher gelten, dass sie in dem Maß eine Berechtigung gewinnt, wie sie sich als eine Theorie versteht, die das Denken und die Affekte von Individuen unter den Bedingungen von Kriegsordnungen verständlich macht und mit Zukunft verknüpft. Damit ist die Frage nur auf einem abstrakten Niveau beantwortet. Kulturgeschichte kann der konkreten Frage nicht ausweichen, wie das Verhältnis einer Gesellschaft zum Krieg mit dem kulturellen Entwurf des Lebens und letztlich mit dem eigenen Leben vereinbart werden kann.

Fragen der Subjektivität öffnen die Kulturgeschichte des Kriegs wie wenige andere geisteswissenschaftliche Disziplinen gegenüber Psychologie und Psychoanalyse. Verbindende Begriffe sind *Erleben*, *Erlebnis* und *Erfahrung*. Sie gehören zu den weichen, aber offensichtlich nicht zu beruhigenden Fragen der Wissenschaften vom Leben, über die in der Philosophie seit ihren Anfängen nachgedacht wird. Seit dem späten 19. Jahrhundert erforschen die methodischen Wissenschaften sie, und seit einigen Jahrzehnten stellen die Neurowissenschaften sie neu und führen sie mit Hilfe von elektronischen Apparaten und digitalen Programmen auf physikalisch-chemische Prozesse in Gehirn und Nervensystem zurück. Die Ergebnisse sind so kontrovers wie je.

Das Problem der Bedeutung von Subjektivität im Krieg und im Bild vom Krieg liegt außerhalb der methodischen Reichweite von Militärgeschichte. Eine grundlegende Annahme der reduktionistischen Wissenschaft ist die Rückführbarkeit aller geistigen Phänomene auf das Physische. Subjektivität als Differenz der Individuen kann dann auf physische Unterschiede zurückgeführt werden. Wenn zwei Menschen unterschiedliche psychologische Eigenschaften haben, müssen sie auch physische Unterschiede aufweisen. Dem widersprechen die Phänomenologie der Wahrnehmung und die einschlägige Gestalttheorie. Kulturgeschichte, die ihren Gegenstandsbereich absteckt, muss sich diesem Widerspruch anschließen. Die reduktionistische Geist-Hirn-Beziehung fasst Subjektivität so eng, dass die entscheidenden Fragen des Erlebens nicht gestellt werden können. Das reduktionistische Erklärungsdenken macht die Einsicht in Subjektivität prinzipiell unmöglich. Die Metaebene der Kulturgeschichte ist in Subjektivität verflochten und Subjektivität ist bei aller Abhängigkeit des Geistes vom Gehirn im Kern kulturell definiert.

Die Beiträge der psychologischen Hermeneutik und der Phänomenologie sowie eines durch Anleihen bei der Phänomenologie geöffneten Versuchs der analytischen Philosophie, die Perspektive als Grundlage der Subjektivität der Wahrnehmung zu bestimmen, will ich im Folgenden exemplarisch entwickeln und zusammenführen, um Subjektivität ins Zentrum der Kulturgeschichte zu rücken. Ich beziehe mich auf Diltheys Arbeiten zur Struktur der geschichtlichen Welt als Ausgangspunkt, den ich mit Thomas Nagels Versuch, Subjektivität zu retten, verknüpfe. Nagels suggestiver Aufsatz über Mensch und Fledermaus entwickelt die Argumente, dass Subjektivität in spezifischen Erlebnissen besteht, zu denen ein Beobachter nur einen sehr limitierten Zugang hat. Wir können nur wenig über das Innenleben des anderen wissen, und wir wissen noch weniger über den Zugang zum Erleben eines anderen. Was tun wir, wenn wir diesen Zugang suchen? Für eine Erfahrungsgeschichte des Kriegs liegt hier ein fundamentales Problem, und die Frage ist berechtigt, ob das in der Zukunft – mit den Mitteln der philosophischen Theoriebildung und der Neurowissenschaften – gelöst werden kann. Die bisherige Entwicklung legt die Vermutung nahe, dass Wahrnehmung und die damit verbundenen psychischen Prozesse Eigenschaften haben, die grundsätzlich irreduzibel sind und daher nicht erklärt werden können, auch wenn sich diese Prozesse mit den Mitteln der Neurowissenschaften abbilden und in Formeln repräsentieren lassen.

Subjektivität bildet bei der Konstruktion aller Fragen der Kulturgeschichte des Kriegs ein konstitutives Element. Die Perspektiven und Konstruktionsregeln, aus denen Kriegsbilder entworfen werden, sind in Subjektivität verankert. Krieg als Erlebnis ist abhängig von subjektiver Perspektive und verändert Subjektivität. Für die Kulturgeschichte des Kriegs ist diese Beziehung fundamental. Kulturgeschichte untersucht Repräsentationen des Kriegs als Ausdruck von Subjektivität in kulturellen Verflechtungen und darf diese Spannung nicht übertünchen. Die Erinnerung an Erlebnisse ist stets unsicher und fragwürdig, und Erfahrung gibt es nur in einem Netz aus wandelbaren Beziehungen zu den Erfahrungen anderer. Über die Erfahrung sagt Adorno, dass sie in ein »Geflecht von Vorurteilen, Anschauungen, Innervationen, Selbstkorrekturen,

Vorausnahmen und Übertreibungen« eingebettet und dicht, aber nicht transparent sei.[52]

Kulturgeschichte versteht Gedanken und Bilder des Kriegs in Büchern, auf Leinwänden, in Bronze und Stein, in Museen und Ausstellungen nicht als Ausdruck bloß individueller Erlebnisse, sondern als Krieg. Alles, was wir über den Krieg denken, vorstellen und nach außen kehren, also objektivieren, ist durch Regeln geformt und folgt Bedingungen, die sich unserer Kontrolle entziehen und uns im Allgemeinen nicht einmal bekannt sind. Zur Aufgabe der Kulturgeschichte gehört es, diese mit der Subjektivität verwobenen Schichten freizulegen, um die Bedingungen zu verstehen, unter denen ein Krieg im Subjekt Gestalt annimmt. Es gilt festzuhalten, dass damit nicht nur Bedingungen beschrieben werden, die Subjekte entmächtigen und dazu bringen oder zwingen, in bestimmter Weise zu denken und zu handeln, sondern durch die Einbettung der Subjektivität in gesellschaftliche Kultur entstehen Beziehungen, die von den Zwängen militärischer und politischer Strukturen und wissenschaftlicher Disziplinierung entlasten.

Kulturgeschichte kann sich nicht als die Reflexion von Subjektivität verstehen, ohne dadurch den Anspruch auf allgemeingültige Aussagen in Frage zu stellen. Es ist also zu fragen, wie das Verhältnis von Subjektivität und wahrem Wissen im Kriegsbild bestimmt werden kann. Das erfordert eine theoretische Klärung des Begriffs der Perspektive (Kapitel 1).

Identität

Gewalt ist ein Mittel des Kriegs, nicht sein Kern. Krieg ist stets destruktiv, aber er schafft auch affektive Bindungen und Zukunftsorientierung für die im Krieg zusammengezwungenen Einheiten. Wenn wir nach einer *den* Krieg zusammenhaltenden Funktion suchen, stoßen wir auf einer elementaren Ebene auf seine Identitätsstiftung. Krieg bildet die stärksten, weil gefährlichsten geschichtlichen Momente der Identitätsbildung. Die Einheit des Kriegs beruht auf keiner immanenten Homogenität, sondern ist eine zeitgebundene Konstruktion, deren labiler Zusammenhang über Brüche und Wandel hinweg durch das Identitätsproblem gestiftet wird. Selbst Kriege, die als Raubzüge begannen, warfen bald Identitätsprobleme auf. Krieg macht Identität zum Zentrum eines Raums, den er erzeugt und mit Gewalt erfüllt, die dem Einzelnen mit der radikalsten Form der Ausschließung, dem Tod, und der Gemeinschaft oder Nation mit der Niederlage und möglichen Vernichtung droht.

52 | Theodor W. Adorno, Minima Moralia. Reflexionen aus dem beschädigten Leben, in: Theodor W. Adorno, Gesammelte Schriften Bd. 4, hg. von Rolf Tiedemann, Frankfurt a.M. (Suhrkamp) 1980, S. 89.

Nicht jeder Krieg ist durch die Identitätsfrage charakterisiert. Es gibt Ausnahmen, etwa die Erbfolgekriege zwischen 1650 und 1789. Die gehören in die Leidensgeschichte der Menschen, sind aber für die Kulturgeschichte des Kriegs unerheblich.

Unerschließbarkeit

Für die Philosophische Anthropologie und Lebensphilosophie war und ist ein Diskurs über den Topos der *Unergründlichkeit* zentral.[53] Seine Wurzeln liegen in der Theologie, wo die Frage nach dem der rationalen Analyse des Verschlossenen und Unzugänglichen seit Nikolaus von Cues behandelt wird. Die Säkularisierung dieser theologischen Debatte schuf die Gefahr, im Irrationalismus zu enden. Um der Nähe zum Irrationalismus, der sich im frühen 20. Jahrhundert in der Debatte über Grund und Abgrund des Lebens einnistete, zu entgehen, spreche ich nicht von Unergründlichkeit, sondern vom *Unerschließbaren*. Damit wird keine Aussage über den Gegenstand gemacht, sondern der Akzent wird auf die Methode verschoben. Ihr kann es grundsätzlich nicht gelingen, den Krieg in seinem vollen Umfang zu erschließen, jetzt und in aller Zukunft.

Der Anspruch der Militärgeschichte liegt nicht darin, die Paradoxe aufgelöst und das Unergründliche des Kriegs erschlossen zu haben, sondern in der Überzeugung, die Auflösung sei dem Historiker grundsätzlich möglich und erstrebenswert. Diese Erwartung teilt sie mit dem Projekt der Entzauberung der Welt, das Max Weber als mentalen Kern der Moderne beschreibt, das aber von der Kulturgeschichte des Kriegs nicht geteilt wird. Sie erhält die säkularisierte theologische Idee des unerschließbaren Geheimnisses. Damit ist keine Aussage über den Krieg, sondern über diesen Krieg in der Vorstellung gemacht. Über den Krieg in der Vorstellung kommt die Erkenntnis grundsätzlich nicht hinaus.

Prinzipiell unentscheidbare Fragen bilden den wandernden Horizont, auf den Kulturgeschichte sich zubewegt. Sie unternimmt den Versuch, dem Unerschließbaren, das die Vorstellungen vom Krieg seit je durchsetzt hat, seine Legitimität zurückzugeben. Daraus entsteht eine Spannung zur Geschichtsschreibung und anderen benachbarten Disziplinen. Die Gefahr eines agnostischen Irrationalismus macht eine theoretische Positionsbestimmung und methodologische Klärung nötig.

Der Krieg in der Moderne wird, nicht anders als der Krieg archaischer Kulturen, mit Mächten aufgeladen, die über uns, seine Urheber, hinausgehen. Der Übergang von der Beobachtung zum Mythos ist gleitend und ereignet sich in Erzählungen, die beständig wiederholt werden. Die erneuerte Präsenz des Ver-

53 | Vgl. jetzt: Volker Schürmann, Die Unergründlichkeit des Lebens. Lebens-Politik zwischen Biomacht und Kulturkritik, Bielefeld (transcript) 2011.

gangenen in der Imagination reicht in den Kriegsdiskurs auf der Bühne des klassischen Griechenlands zurück, hat sich in die Gegenwart hinein erhalten, womöglich verstärkt, und hat stets die Dimension des Unerschließbaren eingeschlossen. Man muss von einem Spiel des Einschließens im Diskurs und dem Unbegrenzten in der Phantasie ausgehen. In der Literatur des Ersten Weltkriegs war, um nur dieses Beispiel zu nennen, Walter Flex' Bestseller-Roman *Wanderer zwischen beiden Welten* (1916) lange Zeit ein verführender Text, der mit starken Gefühlen und suggestiven Bildern aus der Ästhetik des Unerschließbaren einen Kult machte. Die visuellen Medien sind dafür besonders geeignet, wie frühe Kriegsdarstellungen und auch Filme oder Videos zeigen.

Die Ideologiekritik an der Ästhetik des Unerschließbaren als Irrationalismus schließt nicht an die Erkenntnisinteressen der Gegenwart an, sondern erweist sich als unbegründbarer geschichtstheoretischer Anspruch. Fragen nach dem Unerschließbaren im Bild der gesellschaftlichen Kultur führen nicht auf einen Holzweg bei der Suche nach einem Verständnis von Krieg, sondern in die Offenheit von Bildern ohne Rahmen, die den Krieg in die Kultur einführen. Konstruktion, auch wenn sie die offene Stelle des Unerschließbaren enthält, bereitet nicht den Boden für Illusionen. Sie zielt darauf, Krieg als die Zeit einer spezifischen Kultur zu verstehen, deren Ordnung als Zeit von Gewalt, Grausamkeit und Tod ebenso wie als Zeit von Mut, Heldentum und Hingabe von immanenter Widersprüchlichkeit zerrissen wird. Sie transzendiert die Empirie der Schlachtfelder und verweist auf einen Zusammenhang von Krieg und Kultur, der sich bis an die Anfänge von urbaner Zivilisation zurückverfolgen lässt. Wenn Krieg und Kultur als Umwelten füreinander verstanden werden sollen, bildet das Unerschließbare eine Verbindung.

Raum

Zu den jüngsten Fragen der Kulturgeschichte des Kriegs, die noch in der Anfangsphase stecken, gehören Probleme des Raums. Wie in der Historiografie generell, haben auch in der Geschichte des Kriegs die Probleme von Zeit stets Priorität gehabt. Es wäre allerdings ein Missverständnis, wollte man Raumprobleme gegen Zeit ausspielen. Sie sind beide unlösbar miteinander verbunden. Die Erfahrung von Raum und deren begriffliche Durchdringung hat eine Geschichte, in der die Zeit wirkt und den Raum verändert. Die theoretischen Besonderheiten von Kulturgeschichte und ein neues Interesse der Gegenwart am Raum[54] haben zu Versuchen geführt, Krieg vom Raum her zu denken.

54 | Die Rede von einem *spatial turn* der Gegenwart ist allerdings nicht zu begründen. Das neue Interesse an Raumfragen ist mit dem *linguistic turn* in keiner Weise zu vergleichen. S. Doris Bachmann-Medick, Cultural Turns. Neuorientierung in den Kulturwissenschaften, Reinbek (Rowohlt) 2006, S. 284-327; vgl. die Anthologien Stephan Günzel

Raum ist eine elementare Kategorie für den Krieg. Erst wenn die Offenheit des nomadischen Raums ohne Grenzen verschwindet, entsteht der Krieg, der einen umgrenzten Raum, ein Feld als Schlachtfeld, braucht. Mit dem Sesshaftwerden entsteht der Raum mit Grenzen, und wenn die Zentralisierung durch Machtkonzentration in Städten hinzukommt, entsteht der organisierte Raum im Kopf, in dem sich ein Schlachtfeld bilden kann. Seit den frühen Zeiten gab es keinen Krieg ohne Schlachtfeld. In unserer Gegenwart wird diese Verbindung zum ersten Mal in Frage gestellt.

Die Kulturgeschichte des Kriegs stellt nicht die ontologische Frage, wie das Schlachtfeld beschaffen ist. Sie versteht Raum nicht als objektiv gegeben, sondern untersucht den kognitiven und emotionalen Raum, in dem das Kriegsbild gemacht wird, sowie die Räumlichkeit der Kriegsbilder selbst. Wie kommt der Mensch dazu, Raum zu schaffen oder, enger gefasst, wie hat er den Kriegsraum gebildet? Für die Neuzeit gilt es zu zeigen, auf welche verschiedenen Weisen das Denken unter dem andauernden *potential de guerre* (Plessner) einen geografischen in einen mentalen Raum transformiert. Der imaginierte Raum, der sich im Diskurs zeigt, lässt sich wiederum als eine mentale Landschaft verstehen.[55] Sie ist einerseits durch eine innere Spannung zwischen den Orten, an denen sich ein Körper befindet, gezeichnet und andererseits durch die weiten Raum- und Zeitstrukturen, die durch monate- oder jahrelange Kriegserfahrung entstehen. Solange sie es nicht ermöglichen, aktuelle Situationen und regionale Erlebnisse in den weiteren Kontext des Raumentwurfs einzuordnen, bleiben Erinnerung und Zukunft gestört.

Ich will, vereinfachend, drei Raumkonzeptionen vorstellen.

(Hg.), Raumwissenschaften, Frankfurt a.M. (Suhrkamp) 2009 (Krieg kommt in der anregenden Aufsatzsammlung nicht vor); Jörg Dünne, Stephan Günzel (Hg.), Raumtheorie. Grundlagentexte aus Philosophie und Kulturwissenschaften, Frankfurt a.M. (Suhrkamp) 2006; Rudolf Maresch, Niels Werber (Hg.), Raum, Wissen, Macht, Frankfurt a.M. (Suhrkamp) 2002; Stephan Günzel (Hg.), Lexikon der Raumphilosophie, Darmstadt (Wissenschaftliche Buchgesellschaft) 2012.

55 | Edward Soja, Postmodern Geographies. The Reassertion of Space in Critical Theory, London (Verso) 1998; theoretische Untersuchungen von jüngeren amerikanischen Historikern schließen meist an phänomenologische Raumtheorien an: Theodore R. Schatzki, Wolfgang Natter, The Social and Political Body, New York (Guilford Publication) 1996. Für Deutschland: Jörg Echternkamp, Wolfgang Schmidt, Thomas Vogel (Hg.), Perspektiven der Militärgeschichte. Raum, Gewalt und Repräsentation in historischer Forschung und Bildung, München (Oldenbourg) 2010.

Der Raum militärischer Operationen

Raum stellt für jeden Krieg grundlegende Probleme. Desto erstaunlicher ist es, dass Raumfragen in der Militärgeschichte kaum behandelt worden sind. Kriege werden im Raum geführt, der von planenden und kommandierenden Offizieren als Schlachtfeld gesehen wird. Kriegsplanung versteht Raum als eine geometrische und physikalische Struktur, eine Topografie, die mit anderen physikalischen Determinanten wie Wetter, Tag- und Nachtzeit zusammenwirkt. Dieser Raum setzt sich aus der Summe seiner Orte zusammen. Dinge existieren gleichzeitig, aber nebeneinander an separaten Orten. Die Beziehung der Dinge untereinander ist problemlos, und die Ordnung ergibt sich aus einem Abstand, der stets gleich bleibt und sich nur als Folge einer von außen wirkenden Kraft durch Bewegung ändert.

Dieser Raum der militärischen Planung und Operationen ist der *absolute Raum*, wie er seit Newton in der Physik gedacht wird: homogen, und er existiert unabhängig von den Dingen im Raum und vom Bewusstsein, denn er liegt vor allen Raumvorstellungen. Eine häufig gebrauchte Metapher bezeichnet diesen Raum als *Behälter*, in dem sich ausgedehnte Dinge befinden. Er liegt der militärischen Planung zugrunde, im Kleinen wie der Berücksichtigung von Hügeln, Bäumen oder Wasserläufen auf dem vorgesehenen Schlachtfeld, und im Großen wie zum Beispiel der Raum im Schlieffenplan. In diesen vorgegebenen Raum setzt der planende Offizier die Körper von Soldaten und ganze Armeen ein, um sie in einer Richtung in Bewegung zu setzen.

Relationaler Raum oder Region

Im Unterschied zum absoluten Raum der Militärgeschichte geht Kulturgeschichte von einem Raum aus, der nicht unabhängig von den Dingen in ihm ist, sondern aus den Dingen, ihrem Abstand voneinander und ihren Bewegungen entsteht. Raum nennen wir dann die Beziehungen von Dingen oder ihrer Eigenschaften untereinander. Ohne Dinge – kein Raum. Heidegger unterscheidet Raum und Gegend, und der Raum der Kulturgeschichte ist Gegend, vielleicht zutreffender als Region bezeichnet, abgeteilt von einer größeren Einheit wie Nation und durch spezifische Dinge in ihr konstituiert. Regionen unterscheiden sich vom Raum, insoweit sie keinen Behälter für Objekte bilden, sondern Zusammenhänge herstellen, in denen gehandelt wird und Beziehungen unter Dingen (oder handelnden Menschen) sich verändern. Sie ermöglichen Identifikation und eine Regionalpolitik.

Mit dem Begriff der Semiotik kann man diesen Raum indexikalisch nennen: Ein Zeichen, das einen logischen und räumlichen Bezug zum Referenten unterhält. In der Region geht es nicht um die Lokalisierung von isolierten Positionen im Raum, sondern er ist beweglich, da er aus Handlungen entsteht.

Er wird aus wandernden Stellen oder Positionen konstituiert. In Abhängigkeit von Eingriffen in die Ordnung dieses Raums entsteht ein ›Hier‹. Diese Stellen des jeweiligen ›Hier‹ lassen sich als Zentren der Aktivitäten verstehen, aus denen sich Raum als Beziehungsgeflecht ergibt.

Damit wird der Weg in eine anthropologisch-psychologische Raumkonzeption eingeschlagen, die einen Raum entwirft, in dem nicht länger (politische) Herrschaft das Handeln lenkt. Seine Grundlage ist die begrenzte und zeitlich festgelegte Sicht von Handelnden, die an ausgedehnte Körper gebunden ist. Diese Funktionalität ist nicht die Eigenschaft von Menschen, die sich in einem Raum ohne unmittelbare Beziehung zu ihm befinden und Eigenschaften dem Behälter hinzufügen, sondern eine intrinsische Eigenschaft von Raum als Region, die sich in die Körper fortsetzt.

Auf welch komplizierte Weise der Ort des Kriegs und der Körper miteinander verschränkt sind und doch stets durch eine Differenz getrennt werden, zeigt bereits eines der frühesten Beispiele einer Kriegsgeschichte, die den geografischen Raum der Heeresbewegungen und Schlachten berücksichtigt, Caesars *De bello Gallico*. Die Verschränkung der physischen und militärischen Orte mit politischen Interessen und einem aus der Perspektive Roms phantasierten Raum des Nordens führt diesen Text weit über den eines Militärberichtes hinaus. Die Schilderungen dieses genialen Militärschriftstellers lehren eine Lektion über die Konstruktion von Raum aus dem Handeln in einer Region.

Neueren Studien über kriegerische Gewalt liegt diese Raumkonzeption zugrunde. Timothy Snyder gibt einer solchen Region den Namen *Bloodlands* und beschreibt sie aus Handlungsgeflechten, die irgendwann und irgendwie in ihn hineingetragen worden sein müssen. Über diesen Anfang können wir nur spekulieren. Aber Snyder zeigt, dass in den Jahren, die seine Studie erfasst, der Raum sich aus Gewalthandeln aufbaut. Diese Region entwickelt eine Topografie aus Eigenschaften. Die signifikante Eigenschaft ist die Grausamkeit. Die Region wird von einer *Kriegsordnung* durchsetzt, die dort, wo sie herrscht, keinen Frieden zulässt (vgl. Kapitel 4). Eine Kriegsordnung baut in solchen Regionen ihren Ort auf, der den Gewalthandlungen ihr Stigma nimmt oder, mit der Bibel gesprochen, das Kainsmal verleiht und sie autorisiert.

Imaginierter Raum

Einen weiteren Schritt fort von einer Ontik des Raums machen wir, sobald wir uns des Unterschieds zwischen den Aussagen: *Wir leben im Raum* und *Leben ist räumlich* bewusst werden. Der zweite Satz bezieht sich auf etwas anderes als der erste. Die Räumlichkeit des Lebens entsteht erst in der Einbildungskraft, in der sich jedes Subjekt einen Raum erfindet, in dem es sich als Körper und als Ich vorstellt. Diesen Raum gibt es nicht unabhängig vom denkenden und vorstellenden Subjekt.

Die Auswirkungen des Kriegserlebnisses auf diesen Raum im Kopf wie auch umgekehrt: Die Bedeutung des imaginierten Raums auf die Planung und Ausführung sowie das Erleben des Kriegs, führt in eine grundlegende Ebene der Frage: *Was ist Krieg?* Auf welche Weise dringt Krieg in die Ordnung des zivilen Lebens, in die Kultur einer Gesellschaft ein? Militärische Planung legt einen Ort als Schlachtfeld fest. Aber zum Raum wird er erst durch die Imagination, die ihn bewertet, mit Gefühlen durchsetzt und als einen erlebten Raum schafft. Diese Produktion von Raum unter den Bedingungen des Kriegs, so vermutet die Kulturgeschichte, endet nicht mit dem Ende der Kriegshandlungen und dem Verlassen des Schlachtfeldes, sondern wird in die Zeit danach mitgenommen und nicht wieder vergessen.

Im Diskurs der Türkenkriege bildete Kahlenberg einen geografischen Ort, der in den imaginierten Raum der Konfrontation von Christentum und Islam transformiert wurde; und in der mentalen Verarbeitung des Ersten Weltkriegs, um ein weiteres Beispiel anzuführen, waren die Forts von Verdun der Ort in einer Topografie und Architektur, der für die Erinnerung lediglich die äußere Voraussetzung für ein existenzielles Erleben bildete. Die Erinnerung an den geografischen Ort verblasste, während der imaginierte Raum so stark blieb wie am ersten Tag und über Jahre hinweg *Verdun* zum Namen für einen Schwerpunkt der Mentalitätsgeschichte des Jahrhunderts machte. Fröschle weist darauf hin, dass große Schlachten, die mit der Erwartung der Kriegsentscheidung verknüpft sind, »mythische Grundmuster mit Langzeitwirkung auszubilden schienen und diese auch politisch besonders intensiv benutzt werden«.[56] Mythen verbanden mit Ortsnamen von Schlachten die nationale Geschichte, im Ersten Weltkrieg in Deutschland die Trias Langemarck, Tannenberg, Verdun. »Der Umstand, dass in den Frontvisionen immer auch die affektive Verfasstheit der Subjekte nach außen projiziert wird«,[57] wird in der Literatur explizit angesprochen. Zahlreiche Texte hüllen das gefürchtete Fort Douaumont in Gerüchte und Legenden, Todesangst und Apokalypsephantasien ein, die das Leben in der Erinnerung zu einem Raum machen.

56 | Ulrich Fröschle, »Vor Verdun«. Zur Konstitution und Funktionalisierung eines ›mythischen‹ Orts, in: Ralf Georg Bogner (Hg.), Internationales Alfred-Döblin-Kolloquium, Saarbrücken 2009. Im Banne von Verdun. Bern u.a. (Peter Lang) 2010, S. 255-275, hier S. 269ff.

57 | Misia Sophia Dom, »In Wolken über Sacré Cœur... Paris«. Visionen vom und Visionen am Kriegsschauplatz in literarischen Auseinandersetzungen mit der (West-)Front, in: Ralf Georg Bogner (Hg.), Internationales Alfred-Döblin-Kolloquium Saarbrücken 2009: Im Banne von Verdun, Bern (Peter Lang) 2010, S. 99-130, S. 121.

Kahlenberg und die Forts von Verdun bedeuteten vieles für viele. Aber die mit diesen Namen verbundenen Raumentwürfe wurden von Gegnern im Kriegsdiskurs geteilt und behielten einen anhaltenden und tiefgreifenden Effekt auf das Erleben von Welt. Ein neueres Beispiel bildet der Dschungel Vietnams für die militärischen Operationen, für die Erinnerung der Kämpfer und, wie ich zeigen will, für Kinogänger. Vietnam löst für Amerikaner bis in die Gegenwart das Empfinden einer angstbesetzten Region aus.

Auf allen Ebenen der mentalen Raumproduktion ist die Region des Kriegs konstitutiv für die Konstruktion von Wirklichkeit. Das lässt sich wohl für alle Schlachtfelder außer denen der frühen Stammesfehden, Beutezüge und der animistischen Kulturen sagen. Krieg schafft einen Raum von Tod und arbeitet im technischen Krieg der Moderne an der Destruktion von Raum.[58] Aber er schafft auch einen Raum der Phantasien, der in das Imaginäre von Gesellschaften hineinwirkt. Der imaginierte Kriegsraum gehört zu den größten Herausforderungen der Kulturgeschichte des Kriegs.

6. Angelpunkt Erster Weltkrieg: Ende und Anfang

Der gegenwärtige Zeitgeist einer Identitätspolitik ist nicht nur regressiv,[59] sondern öffnet die Zeit auch für Fragen nach der Bewertung von Krieg ohne Verharmlosung oder Verkitschung und ohne moralische Vorentscheidung. Der Erste Weltkrieg lässt sich als Eklipse auf den Bahnen der europäischen Geschichte bezeichnen. Die Überschneidungen der Bahnen führten zu einer Verdichtung und zugleich verdunkelten sie das Bild. Man hat von einem Zivilisationsbruch im 20. Jahrhundert gesprochen. Das war der Erste Weltkrieg. Er bedeutete zugleich den grausamen Beginn einer neuen Phase der Moderne.

Es gibt keine Kriterien, die es erlauben würden, die Bedeutung einzelner Kriege für die Geschichte zu gewichten. Die Bedeutung ist Wandlungen unterworfen. In Deutschland nahm der Krieg von 1870/71 lange Zeit eine überproportionale Bedeutung ein. Wir können noch heute in deutschen Städten durch Gravelotte- oder Sedan-Straßen gehen. Aber wer verbindet mit diesen Namen noch Wissen oder gar Emotionen? Die Bedeutung des Dreißigjährigen Kriegs ist verzerrt. Welche Modernisierungstheorie gesteht ihm die angemessene Bedeutung zu? Bei Marx und in der marxistischen Gesellschaftstheorie wird er kaum erwähnt. Ähnliche Diskrepanzen gelten für andere Kriege im kollekti-

58 | Bernd Hüppauf, Räume der Destruktion und Konstruktion von Raum, in: Krieg und Literatur/War and Literature, Vol. III, Nr. 5/6, 1991, S. 105-123.

59 | Mary Kaldor, Neue und alte Kriege. Organisierte Gewalt im Zeitalter der Globalisierung, Frankfurt a.M. (Suhrkamp) 2007, S. 121-138.

ven Gedächtnis. In der europäischen Perspektive der Gegenwart ragt der Erste Weltkrieg heraus.[60]

Gründe für die Stellung des Ersten Weltkriegs lassen sich benennen. Er war historisch bedeutend, weil er die Karte Europas veränderte. Er war ein tiefer Einschnitt und stellte die Weichen für die weitere Entwicklung des Kontinents. Der Krieg vom Herbst 1914, in den französische Soldaten in roten Hosen und preußische Soldaten mit schmucken Pickelhauben zogen, war vorhersehbar. Der Krieg, wie er sich seit 1915 entwickelte, war in hohem Maß unwahrscheinlich. Die Bilanz kann noch heute Angst machen: annähernd zehn Millionen Tote, Grausamkeit, Vernichtungsschlachten, Gas, Panzer, Flugzeuge.

Im Hinblick auf die Ökonomie sprach Schumpeter von *produktiver Destruktion* und führte damit einen Begriff ein, der generalisiert und auf das Verhältnis von Krieg und Gesellschaft übertragen werden kann. Im Rahmen einer solchen gesellschaftlichen Kulturtheorie kann ein Bild vom Krieg gebildet werden, das zum Ideal des ewigen Friedens in krassem Gegensatz steht. Eine Kulturgeschichte, die den Krieg in eine gesellschaftliche Ordnung stellt, die durch *produktive Destruktion* gekennzeichnet ist, verknüpft Krieg und gesellschaftliche Kultur über ein den beiden gemeinsames Daseinsprinzip. Denn der Krieg hatte die Destruktion aus dem Verborgenen geholt und Zerstörung zu einem Prinzip der Zukunft gemacht. Die Produktion der kapitalistischen Welt war offen zur Destruktion geworden.

Dieser erste Massenkrieg, ausgefochten mit den Waffensystemen der technologischen Moderne, auf riesigen, entleerten Schlachtfeldern führte zu einer Krise der Zivilisation und mit ihr zu einer Krise der Erinnerung.[61] Die verstört

60 | Die Literatur zum Ersten Weltkrieg ist nicht zu überblicken. Eine kurze und konzentrierte neue Darstellung: Wolfgang Kruse, Der Erste Weltkrieg, Darmstadt (Wissenschaftliche Buchgesellschaft) 2009.

61 | Diese Einschätzung ist nicht ohne Widerspruch. Ein Kenner dieses Kriegs, Jay Winter, kommt in seinen Studien zur Erinnerungskultur nach 1918 zum entgegengesetzten Schluss. Vgl. Jay Winter, Sites of Memory, Sites of Mourning. The Great War in European Cultural History, Cambridge (Cambridge University Press) 1995: »[...] ›seeing‹ the war meant more a return to older patterns and themes than the creation of new ones«. (S. 7) Er betont, dass Rückgriffe auf konventionelle Formen des Erinnerns die Gesellschaft in die Lage versetzt hätten, den Krieg zu verwinden: »To live their losses, and perhaps to leave them behind.« (S. 5) Es ist die grundsätzliche Anmerkung zu machen, dass aus der ikonografischen Auslegung von Bildern allein keine Kulturgeschichte zu gewinnen ist. Vgl. auch The Experience of World War I, New York (Oxford University Press) 1989. Winter war maßgeblich an der Produktion der vorbildlichen TV-Serie: 1914-1918. The Great War and the Shaping of the 20th Century. (TV und Video 1996) beteiligt, deren Bilder und Zeugnisse allerdings in weiten Teilen seine Grundthese nicht stützen. Für eine Beschreibung des Projekts als Teil einer »public history«: ders., Remembering War. The

aus dem Krieg Zurückkehrenden hatten die Gefahr des Wahnsinns im Feld bewältigt und kämpften nun mit dem Problem, das neue, der Katastrophe entronnene Ich in die Gesellschaft einzufügen. Das Gefühl breitete sich aus, dass es keine Ursache geben könne, die dieses Leid und Blutbad rechtfertige.

Extreme wie Gewalt oder Apathie und Indifferenz gehörten zum neuen Menschen, von dem die Literatur berichtete. Eine von früheren Kriegen unbekannte öffentliche Auseinandersetzung um die Erinnerung und Bewertung dieses Kriegs und von Krieg schlechthin fand in einer ungeahnten Fülle und Intensität von hoch kontroverser Literatur, Kunst, philosophischer Reflexion, öffentlichen Zeremonien und Ritualen statt.

Der Erste Weltkrieg war ein Schock, weil er jedes bekannte Bild von Krieg und Frieden sprengte. Die jahrtausendealte Funktion des Kriegs, Identität durch Identifikation zu schaffen, geriet in die Krise. Sie hielt nach 1918 an.

Bedeutung im Diskurs

Der Kriegsdiskurs, dessen Anfänge in die griechische Antike zurückreichen, wurde als Folge dieser Verletzung aller Erwartungen neu erfunden. Er zeugt von einer Erschütterung der europäischen Gesellschaften und insbesondere der deutschen, deren Tiefe nicht nur auf die griechische Tragödie oder, wenn man mit den Augen von Simone Weil und Rachel Bespaloff liest, auf die *Ilias* zurückverweist, sondern sie durch den Universalitätsanspruch einer Weltuntergangsphantasie überbietet.[62]

Er ist auf extrem unterschiedliche Weisen erinnert worden: als das Ende der Belle Époque, als Krise der Zivilisation, als Sieg der Demokratie und der westlichen Ideale, als das Ende der politischen und kulturellen Vielfalt des Habsburger Vielvölkerstaats, als Wiedergeburt der *kleinen Nationen*, als Bedrohung oder Untergang der deutschen Identität, als Labor der industrialisierten Gewalt und Auftakt der Epoche der Extreme und noch immer als Zeit der Heldenbildung, die es ermöglichte, sich durch Gefühle der Bewunderung von der gefühllosen Technik zu verabschieden. Der Erste Weltkrieg produzierte einen imaginierten Raum, in dem Zukunft phantasiert werden konnte, und der sich mit Entwürfen vom neuen Menschen und mit Horrorbildern von Luftschlachten und den Massakern des totalen Kriegs füllte.

Die Kontroversen über Krieg wurden zu einer gesellschaftlichen Herausforderung, und der Kriegsdiskurs führte zu Konflikten, in denen die Zukunft der Nationen und der Zivilisation erörtert wurde. Auf die Konflikte bezieht

Great War between Memory and History in the 20th Century, New Haven (Yale University Press) 2006, S. 201-221.

62 | Simone Weil, Rachel Bespaloff, War and the Iliad, übersetzt von Mary McCarthy, New York (New York Review of Books) 2003.

sich das beliebte Wort der »Urkatastrophe« (Kennan). Aber der Krieg und seine Diskurse werden damit verdeckt. Zerrissene Diskurse und antagonistische Kriegsbilder und nicht der Krieg als Katastrophe können als exemplarisch gelten. Zwischen Pazifisten und Bellizisten gab es keine Verständigung. Für Deutschland können die politischen Antipoden Walter Benjamin und Ernst Jünger genannt werden, deren Kriegsbilder auf erstaunliche Weise konvergieren und sich zugleich unversöhnlich gegenüber stehen. Während sie den Weltkrieg als Beginn einer neuen Ära mit einem neuen Menschen verstanden, fasste Karl Kraus' Drama *Die letzten Tage der Menschheit* die Zeitanalyse der pessimistischen Geister zusammen: In diesem Krieg habe man das Ende des Menschen erlebt.

Hobsbawm sprach vom Zeitalter der Extreme. Seine Formel bezeichnete eine Epoche, die in radikalerem Sinn extrem war als seine eigene Charakterisierung nahelegt. Sie sollte die Epoche der Radikalität genannt werden. Denn die Ahnung, eine Grenze des Menschseins zu überschreiten, wirkte in diesem Krieg. Das Gewissen, Produkt einer jahrhundertelangen christlich fundierten Erziehung, ließ sich nicht vergessen oder überwinden. Es wurde isoliert, gleichsam in einen mentalen Behälter gesperrt, so dass die Moral dieses Schlachtfelds ins Bodenlose versank. Die Legalisierung des Tötens galt für die Ausnahmesituation Krieg. Wenn aber Krieg nicht mehr als Ausnahme erlebt wird, verschiebt sich die Grenze. Eine Nähe zum Töten in der Archaik, bevor das ethische Denken erfunden worden war, entsteht. Ich werde auf dieses Problem zurückkommen.

Das Jahrhundert stellte sich darauf ein und entwickelte eine Ordnung, in der das Destruktive als Pseudo-Normalität der Industriegesellschaft erschien. Das 20. Jahrhundert, so beobachteten zahlreiche Zeitanalysen, habe die Unterschiede von Kriegsgesellschaft und Zivilgesellschaft eingeebnet. Helmut Plessner sprach von der »Aufhebung des normalen Verhältnisses zwischen Krieg und Frieden« als Eintritt in die permanente Friedlosigkeit und der zur Normalität des 20. Jahrhunderts gewordenen Unordnung als Ordnung.[63] In dieser gesellschaftlichen Ordnung stehe »alles zwischenstaatliche und innerstaatliche zivile Leben, soweit es sich überhaupt noch entfalten kann, im Zwielicht des potential de guerre [...]«. Von dem dahinschmelzenden Unterschied von Krieg und Zivilisation in der Gesellschaftsordnung des 20. Jahrhunderts meinte Plessner 1939, vor dem Ausbruch des Zweiten Weltkriegs: »Zivilisierung bzw. Kodifizierung und Verwilderung streiten um den Vorrang.«[64] Sie stritten in

63 | Helmut Plessner, Über das Verhältnis zwischen Krieg und Frieden, in: ders., Gesammelte Schriften V: Macht und menschliche Natur, Frankfurt a.M. (Suhrkamp) 1981, S. 248; den Grundgedanken führt unter Verschiebung der Gewichte zugunsten des Militärischen aus: John Keegan, Die Kultur des Krieges, Reinbek (Rowohlt) 1997.

64 | Plessner, Über das Verhältnis zwischen Krieg und Frieden, S. 253.

einer zur Arena verformten Zivilisation und von Gleich zu Gleich. Krieg verliere seine Ausnahmeposition und entwickle sich als ein gesamtgesellschaftlicher Zustand. »Typus und Geist des Facharbeitertums« vermischten sich mit dem Soldatischen, so dass eine unauflösbare Ordnung entstehe, die das Industrielle und Militärische integriere.[65] Diese Analyse war repräsentativ für die Anschauung vieler Beobachter der Jahre nach dem Ersten Weltkrieg.

Diese Integration in eine Ordnung öffnet der Kulturgeschichte den Weg, dem Krieg nachzugehen und seine destruktiven wie seine zukunftsweisenden *Leistungen* zu erfassen

Der Erste Weltkrieg bildet den Ausgangspunkt der neuen Kulturgeschichte des Kriegs, und die überwiegende Mehrzahl der Arbeiten bleibt weiterhin diesem Krieg gewidmet. Die nachfolgende Studie übernimmt diese Wertung.

7. Neue Kriege

Wenn wir seit einigen Jahren feststellen, dass ein neuer Typus von Krieg entsteht, der sich von denen des vergangenen Jahrhunderts grundlegend unterscheidet, so dient der Erste Weltkrieg weiterhin als Fluchtpunkt und Vergleichsmaßstab. Er führte in eine Krise der Erinnerung, und der Kriegsdiskurs wurde am Ende des 20. Jahrhunderts wiederum in eine Krise hineingezogen, die gesellschaftliche Identität in Frage stellt.

Terrorakte als Krieg zu definieren und dem Terrorismus den Krieg zu erklären, ist die Folge eines anhaltenden Denkens in den Kategorien der Militärgeschichte. Aber Terrorismus ist kein Krieg und kann nicht durch Kriegführung besiegt werden. Ein psychologisches Verständnis von Gewalt, das sich bereits nach 1914 ankündigte, hätte eine größere Chance, Terrorismus vom Krieg zu unterscheiden und aus dem mentalen Horizont der Gegenwart zu verstehen. Aus der Kriegsanalogie lassen sich keine angemessenen Mittel zu seiner Bekämpfung entwickeln. Die seit 2001 anhaltende Erfolglosigkeit führt in die Angst, selbst wenn, von wenigen Ausnahmen abgesehen, Terrorakte in der westlichen Welt verhindert werden konnten. Die Angst, dass er zurückkommt, bleibt bestehen, und die Ahnung, auf das unpassende Mittel zu seiner Bekämpfung zu setzen, verstärkt die Angst. Ich will Terrorismus von den neuen Kriegen strikt getrennt halten.

Die Frage: *Was ist Krieg?* war noch nie so unsicher und die Antworten noch nie so widersprüchlich wie in der Gegenwart. Es lassen sich zwei, auf den ersten Blick unvereinbare Konzeptionen beobachten, die jedoch im Innersten verknüpft sind: die »Privatisierung und Kommerzialisierung« von Krieg,[66] auch

65 | Plessner, Über das Verhältnis zwischen Krieg und Frieden, S. 248f.

66 | Münkler, Die neuen Kriege, S. 46.

von kleinen oder wilden Kriegen ist die Rede, und zugleich entsteht der unsichtbare Krieg des elektronischen Zeitalters und der Krieg im Cyberspace und der Drohnen ohne verantwortliche Täter.

Der eine Krieg kennt keine Grenze der unmittelbaren, physischen Grausamkeit, und der andere intendiert einen unterkühlten Kampf der Apparate und Computerprogramme. Asymmetrisch sind beide. Es treffen Strategien, Ideologien und Mentalitäten sowie Waffen und Technologien aufeinander, die durch Welten getrennt sind. Beide zielen auf die Destruktion des Gegners. Aber Destruktion betrifft zwei unvergleichliche Zustände: eine ökonomisch-technologische Struktur oder Moral und Selbstbewusstsein. Daraus ergibt sich für eine Kulturgeschichte des Kriegs die Aufgabe, die Frage nach dem Verhältnis von Mensch und Technik, emotionaler Bindung und Indifferenz neu zu denken.

Kaldor beobachtet, dass sich in den achtziger Jahren vor allem in Afrika, Osteuropa und Südostasien ein neuer Typus organisierter Gewalt herausbildete. Primitive Formen roher Gewalt werden lokal und regional praktiziert. Sie führte den Begriff *Neue Kriege* ein (1999), der eine internationale Debatte über die Frage: ›Was ist der Krieg der Gegenwart?‹ auslöste.[67] Beide Wörter sind fragwürdig, wie sie selbst einräumt. Mit guten Argumenten ist darauf hingewiesen worden, dass die *Neuen Kriege* mit den Mitteln der ältesten Kriege und vormodernen Einstellungen gefochten werden. Das Wort *Krieg* bezeichnet eine Mischung aus regional begrenzten, militärischen Einsätzen, organisiertem Verbrechen, Raub, Erpressung, Drogenhandel, Massenvergewaltigungen und massiven Menschenrechtsverletzungen, eingebunden in ein Netz aus unübersichtlichen transnationalen Beziehungen, so dass die Unterscheidung zwischen Krieg und Morden bedeutungslos wird.

Gleichzeitig entsteht ein Krieg des elektronischen Zeitalters als blutloser Krieg im Cyberspace. Wir werden Zeugen von Veränderungen des Kriegs durch Technologie, die wir nicht verstehen, und die etwas Unheimliches haben. Der immer dichtere und immer unentbehrlichere Informationsfluss in modernen Gesellschaften könnte, so die Erwartung von Zukunftsdenkern, den Tod im Krieg überflüssig machen. Dieser Krieg wäre eine Funktion des Umbruchs im kulturellen System der Gegenwart, ausgelöst von den revolutionären Neuerungen der Informationstechnologien. Schlachten und ihre Räume und Topografien werden unbedeutend. Die Systeme Technologie und Krieg werden in diesen Theorien weitgehend identifiziert. Ein grundlegend neuer Krieg entsteht, für den das angemessene Bild erst entwickelt werden

67 | Kaldor, Neue und alte Kriege, S. 7ff.

muss,[68] so dass Baudrillard die provozierende These aufstellen konnte (1995), der Golfkrieg habe nicht stattgefunden.

Betont werden soll, was die bisherige Argumentation nahelegt: Gewalt, Kampf und Töten sind kein Krieg. Sie abschaffen zu wollen, wäre ein müßiges Unterfangen. Sie können eingedämmt werden. Aber Gesellschaft lebt mit Konflikten und Antagonismen. Kain steht am Anfang. Aber brauchen Gesellschaften Krieg?

Die kulturgeschichtliche Analyse kann von einem Blick in die psychologischen und neurologischen Forschungen über die Traumaverarbeitung und die Physiologie von Erinnerung profitieren.[69] Von Versuchen, den von Freud fallengelassenen Begriff der *Dissoziation* für die Beschreibung und Analyse traumatischer Erlebnisse zu beleben, kann die Kulturgeschichte profitieren.

8. Die Kapitel des Buches

Einige Grundfragen der Kulturgeschichte des Kriegs, etwa Subjektivität, Perspektive, Raum, Erlebnis, Identität, Kontinuität, werden unter verschiedenen Gesichtspunkten behandelt und tauchen daher in den folgenden Kapiteln mehrfach auf. Ich habe mich bemüht, Redundanzen zu vermeiden. Kontinuität ist für die Konzeption des Kriegs bedeutend, und so ziehen sich die Bezüge auf frühe Kriege, die der frühen Neuzeit und der ersten, urbanisierten Gesellschaften im Nahen Osten als Untermauerung einer zentralen These durch das Buch.

Einige Kriege aus der europäischen Kriegsgeschichte, die, wenn auch oft nur rudimentär, im kollektiven Gedächtnis geblieben sind, dienen als Beispiele. Ich konzentriere mich auf wenige, vor allem den Dreißigjährigen Krieg, die Türkenkriege und immer wieder auf den Ersten, seltener auf den Zweiten Weltkrieg. Für den europäischen Krieg sind die frühen Kriege der ersten urbanisierten Gesellschaften konstitutiv. Sie lassen sich als das Ende der archaischen Kämpfe und den Beginn des Kriegs verstehen. In der Diskursgeschichte gab es einige tiefe Einschnitte. Der Krieg der Moderne bildet, obwohl sein Zeitalter gerade zu Ende geht, die größte Herausforderung für die Beschäftigung mit dem Krieg. Aus der Sicht der Gegenwart war der Erste Weltkrieg ein ganz besonderer Einschnitt und Angelpunkt, und sein Diskurs dient bis heute als Stichwortlieferant für die Kulturgeschichte des Kriegs. Ich will aber betonen,

68 | Lawrence Freedman, The Revolution in Strategic Affairs, Oxford (Oxford University Press) 1998.

69 | Zusammenfassend und mit Literaturverweisen: Peter Fiedler, Dissoziative Störungen und Konversion, Weinheim (Beltz) 1999, S. 79-103.

dass er als Muster für frühere Kriege und für die zu erwartenden Kriege im Zeitalter der Elektronik ungeeignet ist.

8.1 Theorie

Kriegstheorien lassen sich bis in die griechische Antike zurückverfolgen. Aber die Versuche, Krieg zu erklären oder zu verstehen, sind so heterogen, dass man zweifeln kann, ob sie alle vom selben Thema handeln. Die einflussreichste Erklärung hat Clausewitz beigesteuert. Seine Metapher von Krieg als »erweiterter Zweikampf« reduziert den Krieg auf »physische Gewalt«. Die Vernachlässigung des Diskurses ist der zentrale Mangel und beschränkt, argumentiere ich, die Erklärungskraft seiner Kriegstheorie. Die Bedeutung des Kriegsdiskurses für den Krieg soll zunächst theoretisch geklärt und später praktisch erprobt werden.

Eine Ausgangsthese betrifft das Verhältnis von Kulturgeschichte und Militärgeschichte, die ich als theoretische und konzeptionelle Gegensätze behandle. Kulturgeschichte behandelt nicht den Krieg auf dem Schlachtfeld. Der Kulturhistoriker sucht keinen unmittelbaren Zugang zum Krieg. Die Reflexion im Diskurs liefert die Grundlage der Kulturgeschichte des Kriegs. Sie ist auf eine weite Strecke (aber nicht vollständig) eine Diskursanalyse.

Was bedeuten die Wörter Krieg, Kultur und Militär und vor allem: Auf welche Weise sind sie miteinander verknüpft? Ihre theoretische Durchdringung fällt in verschiedenen Wissenschaften sehr unterschiedlich aus. Die geringste theoretische Klärung hat *Militär* erfahren, während eine umfangreiche Literatur den Begriff *Kultur* seit dem späten 19. Jahrhundert zu klären sucht. Militärgeschichte ist eine reduktionistische Wissenschaft und behandelt den Krieg in der Nachfolge von Clausewitz als zweckgerichtete und (meist staatlich) geplante und organisierte physische Gewalt.

Die Wendung zu einer Soziologisierung scheint mir für die Aufgabe, eine Kulturgeschichte zu entwickeln, ungeeignet. Von den Methoden anderer Disziplinen wie Psychologie und Ethnologie oder Anthropologie kann die Kulturgeschichte profitieren. Sie sträuben sich gegen die Natur des Gegenstandes und stehen quer zum Krieg. Sie verschieben den Gegenstand in andere, aus der militärgeschichtlichen Sicht betrachtet, fremde Kontexte. Die *unpassende* Perspektive ist jedoch aus der Sicht der Kulturgeschichte gerechtfertigt oder gar gefordert. Heteronome Perspektiven führen zu unerwarteten Fragen, etwa zur Frage, ob die nationale Perspektive obsolet ist, wie Kinder oder Aborigines den Krieg sehen oder wie Krieg und Gefangenschaft oder wie Krieg und Körperbeherrschung zusammenhängen. Sie korrespondiert mit den psychologischen und neurowissenschaftlichen Forschungen über Subjektivität, Wahrnehmung und Repräsentation, zentrale Themen der Kulturgeschichte.

Krieg lässt sich als eine durch zumindest drei Charakteristika bestimmte *Ordnung* verstehen. Sie ist begrenzt und aus dem Fluss der Zeit herausgehoben; sie wird durch Bedeutung zusammengehalten, die aus einem Zusammenwirken von Ereignissen und Zuschreibungen konstruiert wird und weniger auf Sachen als auf Sachverhalten und Dingbezügen beruht; und die Bedeutung ist »binnendiffus in dem Sinn, dass in ihr nicht alles (eventuell gar nichts) einzeln ist [...]«.[70]

Für die Kulturgeschichte ist die dritte Charakteristik entscheidend. *Binnendiffuse* Bedeutsamkeit hält die Ordnung innen offen und instabil und verhindert, Elemente zu isolieren und erschöpfend zu erklären. An der Ordnung wird vieles verstanden oder rudimentär verstanden, aber nur weniges wird im erlebten Augenblick einzeln bewusst. Die zweite Charakteristik gilt für die Militär- und die Kulturgeschichte, aber in unterschiedlichen Bedeutungen. Die erste Charakteristik gilt für die Militärgeschichte. Die Kulturgeschichte beschäftigt sich programmatisch mit der Auflösung dieser Grenzen.

Der Krieg im Diskurs ist der Krieg aus Perspektiven. Er wird oft mit einer Perspektive *von unten* gleichgesetzt. Das ist ein Fehler. Die Umkehr erhält das Muster der Militärgeschichte und vertauscht lediglich die Gewichtung von oben und unten, Urhebern und Opfern. Mir scheint aber eine prinzipielle Veränderung des theoretischen Rahmens notwendig. Die Bedeutung der Perspektivik liegt in ihrer Vielfalt. Dafür ist eine Klärung der Begriffe Perspektive und Diskurs nötig.

Im Mittelpunkt stehen die Begriffe *Erlebnis* und *Erfahrung*. Ihre Klärung erfordert einen Rückblick auf die Geschichte der Erlebnistheorien und der Lebensphilosophie(n), um sie aus dem Missverständnis der Ontologisierung zu lösen. Denn ein Verständnis von Erlebnis als unhintergehbares Fundament einer Kulturgeschichte vernachlässigt eine komplexe Theoriebildung und bleibt unterkomplex.

Die Betonung von Erlebnis und Perspektivik für das Kriegsbild der Kulturgeschichte wirft die Frage nach der Konsistenz und Kohärenz auf. Kann es *den* Krieg überhaupt geben? Am Weiterleben der *Ilias* zeigt das Kapitel die Konsistenz und am Verhältnis zur Identität die Kohärenz von Krieg.

Kann eine so verstandene Kulturgeschichte den Anspruch erheben, wahre Aussagen über den Krieg zu machen? Der entscheidende Begriff in dieser Debatte ist *Authentizität*. Dem Verhältnis von historischer Wahrheit und Authentizität widme ich einige ausführlichere Überlegungen. Sie leiten über zur Frage nach dem Zerfall von Identität und Erinnerung, die für das Kriegsgedächtnis seit dem Ersten Weltkrieg fundamental geworden ist. Nicht die

70 | Hermann Schmitz, Kurze Einführung in die Neue Phänomenologie, Freiburg, München (Alber) 2009, S. 47.

Psychoanalyse, sondern Dissoziationstheorien scheinen mir geeignet, die Zersetzung von Authentizität und Gedächtnis mit Begriffen zu fassen.

Über all dem schwebt eine Unsicherheit: Gibt es eigentlich *den* Krieg? Denken wir an die Veränderungen in der Waffentechnologie: vom Schwert zur Minidrohne, könnte es abwegig erscheinen, von einer Einheit auszugehen. Was könnte die Kontinuität des Kriegs begründen? Kampf und Gewalt können es nicht sein. Auf sie ließ sich bereits der Krieg der Moderne, der die Wissenschaft einschloss und den Kampf auf den Kampf der *nationalen Geister* ausdehnte, nicht reduzieren. Cyberwar oder Lawfare wären nach dieser Bestimmung kein Krieg. Ich versuche zu zeigen, dass die Kohärenz des Kriegs über Jahrtausende im Kriegsdiskurs hergestellt wird. Die neuen Formen des Kriegs drohen mit dem Ende des Kriegsdiskurses. Die Folgen für Kriegs- und Gesellschaftstheorie sind kaum abzuschätzen.

8.2 Methode

Erkenntnis ist seit Descartes aufs engste mit dem Bedürfnis nach Sicherheit durch Objektivität verwoben. Der Glaube an die Möglichkeit des objektiven Abbildes von vergangener Wirklichkeit aus einer Dritte-Person-Perspektive sorgt für diese Sicherheit. Kulturgeschichte entsteht aus dem Zweifel.

Es ist keine Frage der Entscheidung, ob wir den Glauben aufgeben oder an ihm festhalten wollen. Diese Freiheit gegenüber dem Erkenntnisideal haben wir nicht. Die Frage kann nur sein, auf welche Weise wir den Objektivitätsbegriff definieren. Für die Kulturgeschichte des Kriegs liegt hier eine grundlegende Herausforderung, wenn die Existenz von Qualitäten des Wirklichen, die sich nicht als objektiv verstehen lassen, eingeräumt werden soll.

Ist es möglich, fragt das Kapitel, psychische Zustände wie Erlebnisse, eigene wie fremde Vorstellungen, aus einer Außenperspektive zu denken, ohne das Wissen preiszugeben, dass es sich um eine subjektive Perspektive handelt? Oder verlangt die Außenperspektive grundsätzlich distanzierte Objektivität? Erst wenn wir eine erste und vage Vorstellung eines Erlebnistyps, zum Beispiel einer Verschüttung oder eines Trommelfeuers, gebildet, sie mit einer gewissen Menge an Eigenschaften ausgestattet und zu unserer Vorstellung gemacht haben, haben wir die Voraussetzung geschaffen, das fremde Erlebnis nachzuleben, ohne es selbst erlebt zu haben. Wie nahe wir dem fremden Erlebnis kommen, lässt sich aus dieser Voraussetzung nicht folgern. Eine Gratwanderung zwischen Innenperspektive und objektivierender Außenperspektive ist die (bisher) einzige Antwort, die sich auf die Frage nach dem wissenschaftlichen Status einer auf Subjektivität, Erlebnis und Identitätsbildung gerichteten Forschung geben lässt.[71]

Vergangene Wirklichkeit ist weder *meine* Wirklichkeit noch im Sinn von Objektivität *die* Wirklichkeit. Objektivität ist eine unter anderen Möglichkeiten, Wirklichkeit verständlich zu machen. Kulturgeschichte fragt nach anderen Möglichkeiten, zum Beispiel der perspektivischen Vorstellungen von Krieg. Die Sicht auf Krieg von Frauen, Künstlern, Soldaten, Offizieren und Kriegsherren verfolgt dieses Kapitel über die Jahrhunderte seit den ersten Kriegsbildern und fügt die Frage nach der Perspektive von Kindern hinzu. Es geht davon aus, dass diese Perspektiven nicht subjektiv sind, sondern Facetten der Kriegswirklichkeit wiedergeben. Der sterile Realismus kann vermieden werden, wenn es gelingt, eine Theorie des Wissens einer *partiellen Objektivität* zu entwickeln. Der Gedanke, es gebe einen Krieg, unabhängig von seiner Erscheinung für uns, braucht nicht preisgegeben zu werden. Der Historiker muss sich lediglich von dem Ideal lösen, dass die Welt mit dem Gegenstand von objektivem Wissen zusammenfällt.

Der radikale Konstruktivismus (und die Dekonstruktion) hat mit seiner Radikalkritik am Objektivitätskonzept und dem Wissenschaftsrealismus eine große Leistung für die Wissenschaftsgeschichte erbracht. Aber die Konsequenz einer *Vernichtung* von Wirklichkeit in der Theorie macht ihn dubios. Er kann verabschiedet werden, sobald wir die Wirklichkeit mit Dimensionen ausstatten, die von keiner Auffassung, über die ein erkennendes Subjekt verfügt, objektiviert werden können. Die Welt, wie sie ist, enthält auch Vorstellungen und Phantasien. Die Wirklichkeit des Kriegs ist extrem, und diese Extremität zeigt sich auch im kollektiven Imaginären. Keine andere gesellschaftliche Situation fordert die Phantasie so heraus wie der Krieg. Er ist prädestiniert für Methoden einer partiellen Objektivität.

Das Kapitel behandelt Methodenfragen der Kulturgeschichte des Kriegs aus einer Verbindung von psychologischer Hermeneutik nach Dilthey und neuen Bewusstseinstheorien.

Die Hermeneutik fragt traditionell nach dem Subjekt und dessen Leistung für die Produktion von Sinn. Die Kulturgeschichte des Kriegs verleiht der Subjektivität eine herausgehobene Stellung in der Konstruktion des Kriegs. Aber dieses Ich, das schon bei Dilthey und Ernst Mach *unrettbar* war, muss aus dem Identitätsdenken befreit werden. Kulturgeschichte kann den Zerfall der Subjektivität nicht ignorieren und muss das Handeln aus den traditionellen For-

71 | Ein interessantes Gedankenexperiment führt Coetzee durch. Er erfindet Elisabeth Costello, die in einem Roman einen Vortrag hält, der weitgehend mit Vorträgen übereinstimmt, die Coetzee selbst an einigen Universitäten gehalten hat. Sie stellt die Behauptung auf zu wissen, wie es sich im Inneren eines Tieres fühlt. John Maxwell Coetzee, Elizabeth Costello. Acht Lehrstücke, Frankfurt a.M. (S. Fischer) 2004.

men von Subjektkonzentrierung lösen. Ich ziehe Theorien der *Emergenz* heran, um die Subjektkonzentrierung zu überwinden, ohne in den Objektivismus der Dritte-Person-Perspektive zu verfallen. Das Verhältnis der verstehenden Hermeneutik zur Emergenztheorie bedarf der Klärung.

Neuere Fassungen der Hermeneutik lassen das psychologische Subjekt hinter sich und betrachten Subjektivität als eine kulturelle Konstruktion und das Erlebnis als komplexe Konstruktion unter der Mitwirkung der Medien. Die Diskursanalyse wird oft als unvereinbar mit der Hermeneutik dargestellt. Das beruht auf einem Missverständnis. Die Hermeneutik in diesen reformierten Fassungen ist anschlussfähig. Die Fragen der Diskursanalyse nach symbolischen Systemen im Prozess der Konstruktion von Gesellschaft lassen sich als Fortsetzung der hermeneutischen Frage nach Sinn in Texten verstehen und auch wieder zurückführen.[72]

Im Zentrum der Kulturgeschichte als hermeneutisch grundierter Diskursanalyse steht das methodische Problem der Analyse von Erlebnis. Das Kapitel geht der Frage nach, ob es eine Innenperspektive fremder Erlebnisse geben kann.

Philosophische Theorien des Erlebens von Dilthey bis Thomas Nagel lassen sich mit neurologischen Theorien verbinden. Die Frage nach Wahrnehmung und Erlebnis lässt sich nicht mehr ohne die Berücksichtigung neuerer Forschungen der Neurowissenschaften behandeln. In einem elaborierten theoretischen Rahmen lässt sich das problematische Verhältnis der Subjektivität des Erlebnisses zum Objektivitätsideal der Wissenschaft zwar nicht ausräumen, aber doch in einen Begriffsrahmen überführen, der den oft erhobenen Vorwurf einer willkürlichen Innenperspektive unhaltbar macht. Die komplizierten Fragen der Bedeutung von Gehirn und Nervensystem für die Repräsentation oder Konstruktion von Krieg in Bewusstsein und Erinnerung können nur gestreift werden. Der Begriff der Dissoziation, den die experimentelle Psychologie und Traumaforschung vor einigen Jahren dem Vergessen entrissen hat und seitdem systematisch ausbaut, liefert eine notwendige Erweiterung des hermeneutischen Verstehens, das den neuen Kriegsschauplätzen nicht mehr gerecht wird.

72 | Der Einbettung von Diskursanalyse in hermeneutische Wissenstheorie sind Versuche gewidmet worden. Reiner Keller, Wissenssoziologische Diskursanalyse. Grundlegung eines Forschungsprogramms, Wiesbaden (Verlag für Sozialwissenschaften) 2005 versucht die »Übersetzung von Theoriesprachen bzw. Sprachspielen« in »hermeneutische Wissenssoziologie« (S. 11f); vgl. auch Hans-Georg Soeffner, Auslegung des Alltags – Alltag der Auslegung. Zur wissenssoziologischen Konzeption eine sozialwissenschaftlichen Hermeneutik, Frankfurt a.M. (Suhrkamp) 1989 und ders., Die Ordnung der Rituale. Die Auslegung des Alltags 2, Frankfurt a.M. (Suhrkamp) 1992.

Die Anfänge der Kulturgeschichte des Kriegs waren in literarische Hermeneutik eingebettet, ohne dass diese Einbettung als methodische Entscheidung reflektiert worden wäre. Paul Fussells Lektüre von literarischen Texten und Kriegsbriefen ist symptomatisch. Er nahm die Frage, wie die Lektüreerlebnisse englischer Gymnasiasten ihr Erlebnis der Westfront geprägt haben mochten, so wichtig wie Militärhistoriker die Fragen des Drills oder der Kommandostrukturen und basierte sein Kriegsbild auf Texthermeneutik. Aber er stellte nicht die Frage, warum das eine Thema durch das andere ersetzt werden sollte und welche Folgen diese Verschiebung für das Kriegsbild hat. Seine Arbeit hat keine direkte Nachfolge gefunden, aber Schule gemacht.

Die unbefragte Hermeneutik muss problematisiert werden, soll die Kulturgeschichte des Kriegs weiter entwickelt werden. Eine Kulturgeschichte des Kriegs, die den Sprung vom Krieg der industriellen Epoche und ihrer Erlebnistheorie in das elektronische Zeitalter mitmacht, erfordert einen eigenen methodischen Rahmen.

Gibt es eine Pflicht, Kriege zu erinnern, möglicherweise auch gegen ein inneres Widerstreben? Wie sollte dieses Erinnern beschaffen sein?

Den Krieg der Militärgeschichtsschreibung zu überlassen, wäre eine Form des öffentlichen Vergessens. Der Wunsch nach Erinnerung hat zwei Wurzeln: Es gibt noch immer das Bedürfnis, einen Sieg zu feiern. Archaische Gesellschaften erinnerten sich nur an siegreiche Kriege. Die Schmach der Niederlage ging nicht in das kollektive Gedächtnis ein. Kriegserinnerung war triumphale Erinnerung. Dieses Bedürfnis hat sich trotz des Ersten Weltkriegs und anderer Brechungen erhalten. Es scheint in der Natur des Gedächtnisses angelegt zu sein. Ebenso wirksam ist jedoch das Verlangen, zu einer aufgeklärten Gemeinschaft zu gehören. Sie fordert, sich vor der Wahrheit des Kriegs nicht zu drücken, sondern Erinnerung zu bilden und in die Verpflichtung zu überführen, Krieg, den diese Gesellschaft ächtet, aber nicht bewältigt, abzuschaffen. Die Fähigkeit, sich an eine Niederlage zu erinnern, kann geradezu als Maßstab für die Aufklärung und Modernität einer Gesellschaft dienen. Diese beiden Bedürfnisse liegen im Konflikt miteinander. Die heftige Kontroverse in den USA über die Enola Gay Ausstellung im *Smithsonian Institut* (Washington 1995) ist ein Zeugnis dieser beiden gegensätzlichen Konzepte von Erinnerung und Vergessen. Auf andere Beispiele des Kampfs der Erinnerung mit dem Vergessen komme ich zu sprechen.

Auch in der neueren Geschichte sind Erinnerungen an Niederlagen selten und geschönt. Es gibt Ausnahmen. Eine ist die Erinnerung an die Zerstörung des Tempels in Jerusalem. Ein Sonderfall ist die Erinnerung an den Dreißigjährigen Krieg. Unter den Kriegsteilnehmern gab es keine Sieger, nur Verlierer. Eine Ausnahme bildet auch die Erinnerung an den Zweiten Weltkrieg in Deutschland. Die Niederlage im Ersten Weltkrieg wurde in einen (moralischen) Sieg umgedeutet. An dieser Geschichtsklitterung waren nicht nur hohe Offiziere und Politiker beteiligt, sondern sie erfasste weite Teile des öffentlichen Gedächtnisses. Anders nach 1945: In einem weltgeschichtlich seltenen Vorgang arbeitete die Gesellschaft der Bundesrepublik an der negativen Erinnerung. Dieser schmerzhafte Prozess traf auf Widerstand (die Reaktion auf die *Wehrmachtsausstellung* war ein spätes und aberwitziges Beispiel), zog sich über Jahrzehnte hin und ist noch immer nicht so abgeschlossen, dass keine Emotionen mehr erregt würden.

Kann es eine europäische Kriegserinnerung geben? Für die Methodendiskussion der Kulturgeschichte des Kriegs liegt hier eine Herausforderung. Lässt sich ein konzeptioneller Rahmen entwerfen, in dem die antagonistische Geschichte der Kriege nicht geglättet wird, aber dennoch die Einheit der europäischen Geschichte den Leitfaden abgibt?

8.3 Praxis

Die Ausgangsfrage: *Was ist Krieg?* wird auf die Forschungspraxis eingeengt zu: ›Welche Fragen *kann* und *soll* die Kulturgeschichte des Kriegs behandeln?‹ Dabei ist zwischen vorliegenden Ergebnissen und den Möglichkeiten und Wünschbarkeiten zu unterscheiden. Die Darstellung der gegebenen Forschungspraxis kann nicht umhin, eine Auswahl zu treffen, die auf Widerspruch stoßen wird. Das gilt ebenso für Vorschläge für eine zu entwickelnde Forschungspraxis.

Die Kulturgeschichte des Kriegs braucht eine Typologie, die nicht der Politik oder Soziologie folgt. Sie muss sich vielmehr auf kulturell definierte Interaktionen und Symbolisierungen beziehen. Kriegstypen sind Abstraktionen, die der kulturwissenschaftlichen Praxis als Modelle dienen, wenn sie den Krieg als System in die Bewegung der Geschichte überführen will.

Ich mache den Versuch, Kriegstypen gemäß der Beziehungen zwischen Kampf und mentalen Strukturen ihrer Epochen zu bestimmen. Von den frühen Kriegen im Vorderen Orient über die Türkenkriege bis in die Gegenwart lassen sich Formen der Kriegführung unterscheiden, in denen subjektive Wahrnehmung und kulturelle Konditionierung zu einem Diskurs zusammenwirken, der nicht evolutionär fortschreitet, aber doch eine Entwicklung durchläuft. Moralische Wertungen sind in ihn verflochten. Das Verdikt, Soldaten seien Mörder, stammt aus dem Kriegsdiskurs nach dem Ersten Weltkrieg und dient als Schlüssel für die Frage nach dem Diskurs über Ethik und Krieg im 20. Jahrhundert.

Für eine Kulturgeschichte des Kriegs ist der Zusammenhang von Krieg und Zeit signifikant. Kriegszeit läuft nach ihrem eigenen Rhythmus ab, entfernt sich mit der Modernisierung der Schlachtfelder von der Zeit der Natur und führt in den Takt des industrialisierten Schlachtfelds und schließlich rigiden Takt der Zeit in der entstehenden Epoche der Elektronik. Ich frage nach der Beziehung von Krieg und Zukunft und ziehe die Waffentechnologie heran. Waffen wirken nicht nur als Verstärkung und Verlängerung des kämpfenden Körpers, sondern schaffen die psychische und räumliche Konstellation, die wir als Krieg bezeichnen. Die Kulturgeschichte des Kriegs ist nicht die Geschichte der technischen Entwicklung von Waffen, aber die Geschichte der Einstellungen zu Zeit und Raum, die sich im Kontext von Technologie und Waffenentwicklungen ausbilden und wandeln.

Über Waffentechnik und Innovationen hat der Krieg seit je das Versprechen gemacht, Zukunft zu erobern. In dem Maß wie Krieg und Zukunft entkoppelt werden, verliert der Krieg seine Dynamik. Die Einschätzung von Gegenwart und Zukunft zeigt sich am Verhältnis zu Waffen und ihrer Technologie. Die Einführung neuer Waffen hat stets Umstellungen und Anpassungen erfordert und zu einem Verhalten im *Geist der Waffen* geführt. Davids Steinschleuder, das Schwert, das Steinschlossgewehr und die Kalaschnikow dienen als Beispiele.

Die Entstehung des Kriegs ist mit Medien verschlungen. Von Wandreliefs und Tontafeln für die ersten Aufzeichnungen über Malerei und Grafik zu Fotografie und Film und schließlich zu gigantischen Datenspeichern ist die Geschichte des Kriegs unlösbar mit der Entwicklung der Medien verbunden. Mit der Kriegsfotografie begann eine neue Epoche des Kriegsbilds. Nicht mehr ein Bild (etwa ein Schlachtengemälde), sondern erst das Sehen von vielen Bildern führte zu einem Kriegsbild. Das Serielle im Kriegsbild entstand. Kriegsfotos erzählen eine Geschichte, wenn sie seriell betrachtet und mit schriftlichen Quellen verbunden werden. Mit der Krise der Dokumentation im 20. Jahrhundert, ausgelöst durch die Fotografie, wurde auch das Bild des Kriegs fragwürdig. Mit den wackligen Bildern aus dem Handy kommt gerade eine neue Ästhetik des Vagen und Unprofessionellen auf. Sie steht in engem Zusammenhang einer Auflösung von Raum. Neue Konzeptionen von Krieg entwickeln sich. Wenn der Krieg des elektronischen Zeitalters durch bewaffnete Drohnen tötet, geschieht das heimlich. Zugleich führen Fundamentalisten und Terroristen einen Krieg der extremen Grausamkeit für die durch Medien weltweit verbreiteten Bilder. Noch nie war die Antwort auf die Frage: *Was ist Krieg?* so unsicher wie in der Gegenwart.

Das Verhältnis von Grausamkeit und Krieg zählt zu den Herausforderungen der Kulturgeschichte des Kriegs. Wir verbinden es mit der Unterwerfung Amerikas, den Kolonialkriegen, dem Dreißigjährigen Krieg, den Türkenkriegen und vielen späteren Kriegen. Es wurde aber erst durch die Gewaltexzesse des 20. Jahrhunderts zu einem elementaren Problem der Zivilisation. Historiker haben das alltagssprachliche Adjektiv *brutal* aufgegriffen und für den Versuch der begrifflichen Klärung das Substantiv *Brutalisierung* gebildet. Diese Begrifflichkeit ist fehlgeleitet, verstellt das Problem und hat zu Fehlinterpretationen geführt. Ich schlage vor, den Begriff der Brutalisierung fallen zu lassen und durch *Grausamkeit* zu ersetzen.

Die Grausamkeiten des 20. Jahrhunderts übersteigen die Fähigkeit zu verstehen. Zur Kulturgeschichte des Kriegs gehört folgerichtig seit dem Ersten Weltkrieg das Kapitel *Der Krieg und die Nerven*, das sich mit dem Zusammenhang von Angst, Aggression, Grausamkeit und Neurasthenie beschäftigt. In der zweiten Jahrhunderthälfte kam als zentraler Begriff *Trauma* hinzu. Noch ist der Begriff umstritten, und es ist fraglich, ob es in der näheren Zukunft zu einer Einigung über Fragen der Definition und Symptomatik unter den verschiedenen Schulen und Fächern kommen wird. Ich mache den Vorschlag, Anleihen bei der Dissoziationstheorie zu machen. Traumatheorien im Begriffsrahmen der Dissoziationstheorie scheinen mir für die spezifischen Probleme der Kriegsgeschichte angemessener zu sein als der Rückbezug auf frühkindliche Verletzungen.

Kann es einen Raum der kriegerischen Gewalt geben? Der Anfang des Kriegs ist mit einem Raum verknüpft, der sich durch Struktur und Begrenzung vom unstrukturierten und offenen Raum des Nomadischen unterscheidet. Krieg fand nicht in Städten statt. Aber der abgegrenzte mentale Raum des Urbanen war nötig, damit aus Fehden und Beutezügen der Krieg mit einer bestimmten Ordnung werden konnte. Ermöglicht das Denken in Räumen, die aus Geografie und mentaler Konstruktion zusammengesetzt werden, eine Einsicht in Exzesse von Gewalt und Grausamkeit im 20. Jahrhundert? Ich stelle diesen, im Entstehen begriffenen Versuch an neuerer Literatur vor.

8.4 Ausblick

Die neuesten Formen des Kriegs verstehe ich als einen Bruch und Einschnitt in der annähernd 3000-jährigen Geschichte des europäischen Kriegs. Sie sind Produkte der Elektronik und tragen Namen wie Netwar, Cyberwar oder Infowar. Eine Besonderheit ist Lawfare, der die Regeln des internationalen Rechts in Mittel zum Krieg verwandelt – pervertiert, wie die einen sagen oder, aus der Sicht der kleinen und schwachen Nationen, zur Kompensation von Schwäche dient. In diesen Kriegen gibt es keine Leichen. Auch der Krieg der Drohnen gehört in die Familie des elektronischen Kriegs. Aber er tötet Menschen. Es gilt zunächst zu verstehen, was diese Kriege sind und was sie tun – mit unseren Gegnern und mit uns selbst. Sie werden seit einigen Jahren praktiziert – ohne rechtliche Beschränkungen und ohne eine ethische Reflexion. Ich denke, dass diese Fragen nur im Horizont der Kulturgeschichte des Kriegs angemessen behandelt werden können.

Eine Entwicklung der Waffentechnologie hat eingesetzt, die einen Beitrag zur Entdemokratisierung leistet. Davon ist im folgenden Buch nur am Rand die Rede. Es befasst sich mit einer Frage, die sich als komplementär bezeichnen lässt: Ethik, genauer die Beziehung von Waffen, Krieg und Ethik und macht den Versuch, eine Kontinuität dieses Verhältnisses von den Anfängen des Kriegs bis in die Gegenwart zu konstruieren.

Ich stelle ins Zentrum die Erfindung und Anwendung von intelligenten Waffen im Kontext von Ökonomisierung und Eigennutz. Die neuen Kriege und ihre Waffen stellen die Demokratie auf die Probe. Wenn sich in der Gegenwart die Tendenz zur Entdemokratisierung bemerken lässt, so nehmen sie daran aktiv Anteil. Auf dieses Problem gehe ich nur am Rande ein und behandle Fragen der Verantwortung und Ethik. Die Verantwortung für das Töten im Krieg bildet ein juristisches und ein Moral-Problem. Sie sind nicht leicht zur Übereinstimmung zu bringen.

Die Kulturgeschichte des Kriegs kann nicht umhin, die Probleme der Vernunftethik offenzulegen, und so endet diese Studie mit Hinweisen auf eine alternative Konzeption von Ethik: Gefühlsmoral.

II. Theorie

Nimmt man für die Geschichte des Kriegs Ebenen der Theoriebildung an, lässt er sich auf drei Ebenen untersuchen: Ereignisse, Kriegsdiskurs und Kulturgeschichte.

Ein Begriff lässt sich über seine Grenzen bestimmen. Oppositionen sind gebildet worden: Krieg und Liebe, Krieg und Zivilisation, Krieg und Kreativität, Krieg und Leben. Sie stellen spezifische Gegensätze heraus, aus denen der Diskurs verschiedene Antworten auf die Frage nach dem Krieg ableitet. Sie bleiben partiell. Die entscheidende Opposition ist Krieg und Frieden. In dieser Opposition wirkt eine konstitutive Ungleichartigkeit. Es gibt nur einen Frieden. Krieg ist ein Wort für geschichtliche Zustände von Gesellschaften, von Menschen gemacht. Er ändert sich mit den Zeiten, ihren Techniken und Definitionen. Er hat zu unterschiedlichen Theorien geführt. Ich skizziere nun den theoretischen Rahmen der Militärgeschichte, für die der Kriegsdiskurs ohne Bedeutung ist, um ihr die Kulturgeschichte des Kriegs gegenüber zu stellen.

1. Reduktionismus und Kriegsdiskurs

Die Klärung ihrer Methoden und Begriffe und damit des Gegenstandsbereichs gehört in die Kompetenz der Militärgeschichte als akademischer Disziplin. Die theoretische Frage, was Krieg ist, gehört nicht in ihren Gegenstandsbereich. Wie Krieg als ein immanenter Zusammenhang und diachron als ganzer bestimmt werden kann, liegt außerhalb der theoretischen Grenzen der Militärgeschichte.[1] Diese Fragen erfordern philosophische Reflexion auf der Metaebene. Die Militärgeschichte sucht den »weitesten Abstand« vom Erlebnis, um Wissen über den Krieg zu gewinnen. Sie hat die Tendenz, sich vom erlebten Krieg zu entfernen und »das letzte und zugespitzteste der Resultate des Denkens

1 | Bis heute ist lesenswert Quincy Wright, A Study of War, Chicago (Chicago University Press) 1942.

darzubieten«, um Georg Simmel zu paraphrasieren.[2] Sie setzt sich nicht mit dem *Rätsel Krieg* auseinander, sondern folgt der Absicht, es zum Verschwinden zu bringen.

Die Militärgeschichte findet ihren Gegenstand, die Kriege, nicht auf Grund vorgegebener Fakten, sondern sie konstruiert ihn. Diese Konstruktion ist ein intrinsischer Prozess, der aber von externen Voraussetzungen abhängt, auf die die Militärgeschichte keinen oder nur sehr geringen Einfluss nehmen kann. Die Voraussetzungen werden in der Politik und in gesellschaftlichen Diskursen geschaffen. In ihnen wird darüber verhandelt, was die Gesellschaft für relevant erachtet. Die Frage nach der Einschätzung von Krieg gehört dazu. Aufgrund kollektiver Erfahrung und in einem Austausch mit der Philosophie bildet sich in der Öffentlichkeit ein bewertetes Bild vom Krieg. Auch das Eigenbild einer Gesellschaft gehört zu den unausgesprochenen Voraussetzungen der Militärgeschichte. Das Bedürfnis der Gesellschaft, ein Bild von sich als ganzer, in dem sie sich wiedererkennt, herzustellen, muss von der Militärgeschichte anerkannt und berücksichtigt werden. Für die Konstruktion von Militärgeschichte muss ein Weg gefunden werden, auf dem Krieg in dieses Bild integriert wird und Würde und Selbstachtung erhalten, erhöht oder wieder hergestellt werden. Verlorene Kriege, zum Beispiel die beiden Weltkriege in Deutschland, der Algerienkrieg in Frankreich oder der Vietnamkrieg in Amerika, stellen die Existenzfrage. Für deren Behandlung durch die Geschichtsschreibung wird im kulturellen Diskurs ein Rahmen entworfen, in dem Grundbegriffe und Wertpositionen bestimmt werden. Diese Voraussetzungen gehen in die Konstruktion der Militärgeschichte ein und können von ihr nicht ohne negative Folgen ignoriert werden. Denn über die Relevanz von Kriegsgeschichte wird nicht innerhalb des Systems Wissenschaft, sondern in seinem diskursiven Umfeld entschieden. Die Abhängigkeit der Militärgeschichte von Diskursen, die sich in ihrer Umwelt bilden und von ihr nicht beherrscht werden, gilt auch für die empirische Forschung.

Sobald Militärgeschichte ihre Gebundenheit an den kulturellen Diskurs *vergisst* und für sich einen Anspruch auf Zeitlosigkeit erhebt, wird sie marginal oder zu Ideologie und verliert durch den Anspruch auf Wissenschaftlichkeit ihre gesellschaftliche Relevanz. Ohne den Bezug zum außerwissenschaftlichen Diskurs kann kein relevanter Wissenschaftsdiskurs über den Krieg erzeugt werden. Aufschlussreich ist der Beginn der Militärgeschichte. Man kann ihn in den Kriegstheorien sehen, die seit dem 17. Jahrhundert entstanden. Ihren Relevanzrahmen bestimmten – vor der Ausbildung des kulturellen Diskurses der Moderne – lesende Experten: hohe Offiziere, Politiker und Professoren. Das waren wenige Leser, alle hoch kompetent. Zwischen ihnen

2 | Georg Simmel, Hauptprobleme der Philosophie, Leipzig (Göschen) 1911, Einleitung, S. 5-7, hier S. 5f., die folgenden Zitate ebd.

und dem allmählich entstehenden öffentlichen Kriegsdiskurs gab es zunächst wenig Verbindung. Im Lauf des 19. Jahrhunderts entwickelte sich in Übereinstimmung mit der Wissenschaft der Zeit ein reduktionistisches Modell, in dem Theorie weiterhin auf Beobachtungen zurückgeführt, aber nun in einen kausal determinierten Begriff von Wirklichkeit eingebettet wurde.

Ein exemplarisches Beispiel für den Beginn sind Moritz von Sachsens *Nouvelles Rêveries* von 1763,[3] um einen einzigen Text aus dieser Traditionskette zu erwähnen. Der Herausgeber macht die Absicht dieser »Theorie der Kriegskunst« mit Nachdruck klar und spricht explizit von einer systematischen Darstellung von Taktik und Strategie für den Heerführer. Der wiederholte Leitsatz lautet: »Der General muss [...]«. Der Text spricht vom soldatischen Alltag und der Psyche. Aber sein Interesse gilt ausschließlich der militärischen Anwendung und Planung. Diese *Theorie*, die das Ziel verfolgt, Krieg zu beschreiben, die Beschreibung aber dem Nutzen unterordnet, kann nur von einem aktiven Offizier verfasst werden, denn entscheidend ist die Kampferfahrung auf dem Schlachtfeld. Der Kriegstheoretiker schreibt aus der Perspektive des Teilnehmers, der aber distanziert und aus einer beobachtenden und bewertenden Distanz an die Zukunft denkt.[4] Aus der Kombination von Reflexion und eigener Erfahrung will der Traktat den *Nutzen der Theorie im Krieg* erweisen.[5] Eine Anleitung wie: »Ein Soldat muß nothwendig arbeiten [...]. Durch den Müßiggang gerathen sie auf allerhand unnütze Gedanken über ihren Zustand und über ihr Schicksal. Sie werden hierauf faul, sie fangen an zu murren, und ihre Seele wird weibisch, wenn vorher ihr Körper weichlich geworden ist [...]«,[6] ist aus der Perspektive des kommandierenden Offiziers formuliert, der sich zugleich zum Beobachter macht und seine Beobachtungen als Anwendungswissen für die Erwartungen einer bestimmten Zielgruppe formuliert. Dadurch gewinnt der Text seine Relevanz. Seine These wäre in der Kulturgeschichte unpassend, ein Kategorienfehler. Denn sie entwirft sich aus der Opposition zu einer Anwendungstheorie. Sie macht von der Freiheit einer offenen Gesellschaft Gebrauch, eine Tradition abzulehnen und eine eigene zu begründen. Aus ihr kommen die Erwartungen an die Beiträge zu dieser Theoriebildung, und sie bestimmt die Grenzen der Relevanz, also was aufgenommen und was ignoriert wird.

Der Gebrauch von *Traum* im Titel von Moritz von Sachsens *Nouvelles Rêveries* ist symptomatisch. Der Traum nimmt in der Kriegstheorie und im Kriegs-

3 | Moritz von Sachsen, Nouvelles Rêveries, 1763, i.e. Die Kriegskunst des Grafen von Sachsen, obersten Feldmarschalls Sr. Allerchristlichsten Majestät aus dem Französischen übersetzt und mit einer Vorrede herausgegeben von Carl August Struensee, Leipzig, Liegnitz 1767.

4 | Moritz von Sachsen, Nouvelles Rêveries, S. XIX, XXVIf. u.ö.

5 | Moritz von Sachsen, Nouvelles Rêveries, S. XXXIIIff.

6 | Moritz von Sachsen, Nouvelles Rêveries, S. 304.

diskurs eine erstaunliche Position ein.[7] Die Bedeutung, die wenige Jahre später Rousseau und dann Kant dem Wort geben, unterscheidet es grundlegend von der in Moritz von Sachsens Kriegsschrift von 1763. Moritz träumt von zukünftigen Kriegen, die beiden Philosophen aber sprechen vom Krieg, um vom Frieden zu träumen. Beide Träume reagieren auf die Erwartungen der Diskurse ihrer Zeit. Die Wendung ist für die Veränderung im Kriegsdiskurs dieser Jahre und weit darüber hinaus signifikant. Für die Militärgeschichte, kann man ein wenig vereinfachend sagen, bildeten die angewandte Theorie des Kriegs und für den kulturellen Diskurs der philosophische Traum vom Frieden die Ausgangsfelder. Ihre Unterschiede lassen sich nicht nur, aber auch aus den unterschiedlichen Voraussetzungen verstehen, die durch die Rezipienten bestimmt werden.

In dem auf diese Anfänge folgenden reduktionistischen Theoriemodell der Militärgeschichte lässt sich prinzipiell Theorie auf Beobachtungen zurückführen, und ihrem logischen Zusammenhang liegt, so die theoretische Grundannahme, eine kausal determinierte Realität zugrunde. Die Theorie der kausal determinierten Realität, mit der sie konstruiert sind, stellt sie in den Rahmen der reduktionistischen Theoriebildung. In Folge dieses Zusammenhangs kann Theorie das Versprechen machen, allgemeine Handlungsanweisungen oder zumindest Handlungsorientierungen aus der Vergangenheit abzuleiten. Wenn Krieg mit einer reduktionistischen Theorie erfasst wird, ist er für den Diskurs verschlossen, und Fragen der Kulturgeschichte werden unbedeutend. Die Frage nach einer *Erweiterung* der Militärgeschichte lässt sich zwar stellen, aber nur in einem theoretischen Rahmen, der einen genuinen Begriff der Kultur ausschließt. Der Relevanzrahmen marginalisiert die Fragen der Kulturgeschichte. Clausewitz' *Vom Kriege* oder die späteren Schriften von Offizieren wie von Bernhardi,[8] bieten keinen Raum für den Traum, und sie selbst sind kein lohnendes Objekt für Fragen der Kulturgeschichte des Kriegs (sondern für Theorie- und Methodengeschichte).

Die Militärgeschichte hat vor einigen Jahrzehnten ihr Monopol am Thema Krieg verloren. Sie verfolgt weiterhin bedeutsame Fragen, die sich auch den

7 | Helmut von Moltke schreibt an Bluntschli: »Der ewige Friede ist ein Traum, und nicht einmal ein schöner. Ohne den Krieg würde die Welt im Materialismus versumpfen.« (1880) Zur gleichen Zeit bezieht sich der Titel »Träumereien an französischen Kaminen« (1871, 32. Aufl. 1914) des Chirurgen Volkmann-Leander auf den Krieg von 1870/71, der ihm auf dem Vormarsch in besetzten französischen Schlössern den Anlass für Phantasien lieferte. Ernst Jünger nimmt den Topos des Träumens an französischen Kaminen im Ersten Weltkrieg auf und erweitert ihn um beachtliche Mengen an Rotwein aus den Kellern des Gegners.

8 | Friedrich von Bernhardi, Deutschland und der nächste Krieg, Stuttgart (Cotta) 1912.

»sicherheitspolitischen Herausforderungen« stellen,[9] also auf applizierbare Theorie zielen, aber, auf die Veränderungen im sozialen Umfeld reagierend, in einer sehr viel indirekteren Weise als in der Vergangenheit und häufig mit einem kriegskritischen Ansatz. Wenn es das offen deklarierte Ziel der älteren Militärgeschichte war, den kommenden Krieg erfolgreicher führen zu helfen, so hat die jüngere Militärgeschichte in Deutschland diesen Auftrag umgekehrt und will zu einer anderen Praxis beitragen: einen künftigen Krieg vermeiden.

Diese Veränderung, die für die Militärgeschichte eine veritable Innovation bedeutet, ist in Deutschland unlösbar mit der Leistung des *Militärgeschichtlichen Forschungsamtes* verbunden, das seit den siebziger Jahren zahlreiche gewichtige Arbeiten veröffentlichte, in denen die methodische Angleichung der Militärgeschichte an die allgemeine Geschichtswissenschaft propagiert und praktiziert und eine auf Kriegsvermeidung zielende Perspektive entwickelt wurden.[10] Auch andere Arbeiten sind vom Wunsch nach politisch verwendbarem Wissen geleitet. Sie setzen auf eine reduktionistische Theoriebildung mit der Absicht, Kriege aus der Analyse ihrer Einzelteile zu erklären.

Die Suche nach Anwendungswissen produziert in der Gegenwart eine eigene Literatur. Psychologische und ethnologische Forschung wird zum Beispiel zur Hilfe für die Kriegsführung benutzt. »Wenn, wie das Field-Manual es ausdrückt, ›cultural knowledge‹ essentiell für den Erfolg« von Kriegen ist,[11] werden auch Fächer wie Ethnologie und Psychologie in die Kriegsführung einbezogen und zu instrumentellem Wissen. Dieses *cultural knowledge* wird wegen seines unmittelbaren Nutzens gesammelt und schafft ein eigenes Genre der Kriegsliteratur, das weder einen Beitrag zur Militärgeschichte noch zur Kulturgeschichte des Kriegs leistet.

Der Kriegsdiskurs muss in Relation zur akademischen Geschichte und zum gesellschaftlichen Diskurs bestimmt werden. In ihm bildet Gesellschaft ihre Vorstellung vom Krieg aus. Er ist Teil des kulturellen Diskurses, den eine Gesellschaft über sich, über ihr Eigenbild führt, und er steht in einem gespannten Verhältnis zur Militärgeschichte.

9 | Herfried Münkler, Der Wandel des Krieges. Von der Symmetrie zur Asymmetrie, Weilerswist (Velbrück) 2006, S. 15. Münkler schreibt Geschichten vom Krieg so, dass auch Politiker sie verstehen können.

10 | Markus Funck, Militär, Krieg und Gesellschaft, in: Thomas Kühne, Benjamin Ziemann (Hg.), Was ist Militärgeschichte?, Paderborn (Schöningh) 2000, S. 157-174.

11 | Stefan Kaufmann, Counterinsurgency and Human Terrain. Zum cultural turn in der Kriegführung, in: Ästhetik & Kommunikation 152: Kriegsvergessenheit in der Mediengesellschaft (Frühjahr 2011), S. 41-49, bes. S. 46f.

Diskurs und Kriegsgeschichte – Zwei Beispiele: Clausewitz und Delbrück

Die Beziehung von Kriegstheorie und Militärgeschichte zum öffentlichen Diskurs und die Grenzen ihrer Gegenstandsbestimmung will ich an zwei Autoren exemplarisch zeigen. Die Korrespondenzen, Spannungen und Widersprüche, die sich an diesen Beispielen zeigen, bilden das Arbeitsfeld von Kulturgeschichte, das ich im Anschluss besprechen will.

Am Übergang der Staats- oder Kabinettskriege in den Volkskrieg entwickelt Clausewitz seine Theorie. Sie bildet, fragt man nach dem Verhältnis zum Diskurs, einen Übergang. Nach verstreuten Bemerkungen über das Wesen des Kriegs seit der Antike legt er eine systematisch begründete Antwort vor, die den Krieg der Moderne durch eine deduktive Ableitung aus wenigen Begriffen zu verstehen sucht. Er spricht über Motive, und sieht das Wesen des Kriegs in einer Grundmotivation, einem »Akt der Gewalt, um den Gegner zur Erfüllung unseres Willens zu zwingen«. Sein Begriff von Gewalt bezeichnet manifeste, physische Gewaltausübung. Diese generelle Bestimmung des Kriegs wird immer wieder zitiert und oft als zeitlose Antwort auf die Grundfrage verstanden. Es gilt aber zu bedenken, dass Clausewitz' Antwort zeitgebunden und selektiv ist. Seine Betonung von Motivation und Intention war neu und folgte dem Geist der Zeit. Die Erfahrungsgrundlage waren die von der Revolution und Napoleon ausgelösten Kriege zwischen den Monarchien und dem revolutionären Frankreich um die Vorherrschaft politischer Prinzipien in Europa. Mit den Kriegen dieser Zeit und der folgenden Epoche korrespondiert Clausewitz' Studie. Aber sie ermöglicht nur sehr bedingt Einsicht in Kriege außerhalb dieser Epoche. Wörter wie *Zwang* oder *eigener Wille* gelten für andere Kriege eingeschränkt oder gar nicht. Sein Satz über den Krieg als »eine bloße Fortsetzung der Politik mit anderen Mitteln« betont die Unterstellung des Kriegs unter die Regeln der Politik, also die grundlegende und im Krieg weiterwirkende Rationalität von Regeln. Er geht davon aus, dass aller Krieg letztlich auf politische Ursachen, deren Zwecke sich trotz aller Verschleierungen bestimmen lassen, zurückgeführt werden könne. Diese Annahme ist dem Denken des 18. Jahrhunderts verpflichtet und gilt nur bedingt für frühe Kriege oder die Kriege des 20. Jahrhunderts.

Clausewitz spricht aber auch über den Krieg als einem »wahren Chamäleon« mit einer »wunderlichen Dreifaltigkeit«. An anderer Stelle führt er den Begriff der *Friktion* ein, der die Spannung zwischen Plan und seiner Ausführung auf dem Schlachtfeld bezeichnet. Seine Studien *Vom Kriege* setzen zwar den dem Rationalismus verpflichteten Versuch, Krieg im rationalen Denkmodell zu konzipieren, fort. Aber die Metapher vom Krieg als Uhrwerk gilt nicht mehr. Das rationalistische Grundmodell bleibt erhalten, aber der »bloße Verstand« verliert mit dem aktiven Eintritt des Volkes in den Krieg gegenüber dem »blinden Naturtrieb«, Hass und Feindschaft, an Bedeutung, bemerkt Clausewitz. Unter den zahlreichen Eigenschaften des Kriegs nennt er vier, die für alle Kriege zuträfen: Er besteht aus Handlungen von Akteuren, also kämpfende Soldaten, er erfordert den Zusammenschluss von Kollektiven, er braucht physische und mentale Reziprozität (jeder Kämpfer braucht den anderen), und er lebt von der Gewalt. Damit wird der statische Ordnungsbegriff der Kriegstheorien durch Dynamik abgelöst. Wille, Trieb und Zufall treten ins Wesen des Kriegs ein, und Clausewitz spricht in Übereinstimmung mit dem Zeitgeist der Romantik sogar gelegentlich von einem »blinden Naturtrieb« als Eigenschaft des Kriegs.

Damit scheint er den Kriegsbegriff zu öffnen. Das ist jedoch nicht der Fall. Er geht nicht von einer strukturellen Unvorhersagbarkeit aus, sondern nimmt an, dass Friktionen grundsätzlich vermieden werden können. Sie bilden einen Rest, der im Prinzip erklärbar ist. Die Erklärung erfordert ein hohes Maß an Informationen, das unter den Bedingungen des Schlachtfelds nicht zu erreichen ist. Für den handelnden Offizier ist die Unterscheidung zwischen prinzipieller und akzidentieller Unerklärbarkeit ohne Bedeutung. Für die Kriegstheorie ist sie jedoch von prinzipieller Bedeutung. Denn sie macht eine Aussage über die *Natur* des Kriegs. Im einen Fall wirken Elemente der Schlacht in einem logischen und auf Rationalität gebauten System zusammen, das lediglich Störungen unterworfen ist. Die Abweichungen sind Teil eines im Prinzip durchschaubaren Spiels, das, wie die Anpassungen des Chamäleons, durch Bedingungen der Umwelt gesteuert wird und rationalen Zwecken dient. Im anderen Fall ist das Zusammenspiel der Systemelemente grundsätzlich undurchschaubar und daher unvorhersagbar, gleichgültig wie groß die Menge der verfügbaren Informationen ist. Diese Unvorhersagbarkeit kann ontisch oder wahrnehmungspsychologisch sein, ihren Grund in der Wirklichkeit des Kriegs oder in der Wahrnehmung haben. Diese Unterscheidung ist für die Diskurs- und Kulturgeschichte des Kriegs ohne Bedeutung. Denn für sie ist der Krieg immer der wahrgenommene Krieg.

Sollte, wie Kleemeier mit guten Gründen annimmt, Clausewitz' »Theorie der Friktionen« das pragmatische Korrelat seiner »Theorie der moralischen Größen« sein[12] und bei Kant anschließen, so kann sie nicht den Weg in den Diskurs, der das Unerschließbare einschließt, weisen. Sie steht einer Analyse des (willkürlich verfahrenden) Willens und der Emotionalität fern.[13] Den Begriff des Willens versteht Clausewitz noch im rationalistischen Verständnis

12 | Ulrike Kleemeier, Grundfragen einer philosophischen Theorie des Krieges. Platon-Hobbes-Clausewitz, Berlin (Akademie) 2002, S. 216. Kleemeier führt allerdings gute Argumente für einen Zusammenhang mit Fragen der Emotionalität an.

13 | Dem steht die von Kleemeier herangezogene Spieltheorie, die der Clausewitz'schen Konzeption vom Krieg zu viel modernes Denken attestiert, entgegen.

des 18. Jahrhunderts. Aber mit einer rein empirischen und reduktionistischen Analyse ist er nicht mehr vereinbar. Clausewitz' Berücksichtigung von Motivation, Wille und Zufall öffnet, im Unterschied zu den militärischen, juristischen oder staatstheoretischen Definitionen seiner Zeit, einen ersten Spalt im Bild vom Krieg für den Kriegsdiskurs.

Wenn Krieg eine gesellschaftliche Ausnahmesituation ist, sind Regeln für die Normalsituation nötig, damit er als Ausnahme kenntlich wird. Kann die Regel ohne Ausnahme auskommen? Clausewitz, der die Frage nicht stellt, müsste sie mit ›Nein‹ beantworten denn er folgt den Forderungen des Aufklärungsdiskurses seiner Zeit. Für eine Regellosigkeit als Normalsituation und für die Trennung von Diskurs und Realität sowie den Gedanken des Arbiträren im Diskurs war die Zeit noch nicht reif. Das Nicht-Planbare des Kriegs als Teil ontologischer *Unergründlichkeit* von Welt taucht im kulturellen Diskurs wenig später auf. Die Romantik und Friedrich Schlegel lieferten den mentalen Kontext, dem Heinrich von Kleist in Kriegsdramen Anschauung verlieh. Von diesem kulturellen Diskurs ist Tolstois Kriegstheorie abhängig. Er antwortet mit ›Ja‹, denn seine Kriegstheorie korrespondiert mit dem kulturellen Diskurs, der in der russischen Romantik entsteht. In Tolstois Kriegsbild machen Zufall, Verwirrungen und Sinnlosigkeit den eigentlichen Krieg aus. Für ihn ist die Ausnahme, paradox formuliert, die Regel. Wenn die Ausnahme zur Regel wird, ist keine Ausnahme mehr nötig oder möglich.

Es ist bemerkenswert, dass dic Befreiung der Kriegstheorie aus dem Gedanken der militärischen Ordnung von einem preußischen Offizier begonnen wurde. Ein Weg in die Diskursgeschichte des Kriegs lässt sich auf dieser Grundlage aber nicht finden. Das Festhalten an einem rationalistischen Kriegsbild, die Vernachlässigung der technischen Mittel, etwa der Waffensysteme, und der Subjektivität machen Clausewitz' Abwendung von der kriegstheoretischen Tradition für die kulturgeschichtliche Analyse des Diskurses nicht interessant. An Tolstois Bild kann die Militärgeschichte nicht anknüpfen, wohl aber bei Clausewitz, während die Kulturgeschichte des Kriegs aus Tolstois Beobachtungen über Verwirrung und Unverständlichkeit einen Anstoß für ihre Arbeit am Kriegsbild gewinnen kann.

Auf der Schwelle von Kriegsgeschichte und gesellschaftlichem Kriegsdiskurs bewegt sich etwa 30 Jahre später Hans Delbrücks *Geschichte der Kriegskunst*, die einen Einschnitt in der Entwicklung der Militärgeschichte bildet. Mit diesem Werk beginnt die systematische Behandlung von Krieg, die sich programmatisch von der rein militärischen Definition des Kriegs löst und von der Suche nach Anwendungswissen distanziert.[14] Die Nähe zum öffentlichen Diskurs war aus der Sicht der Disziplin diskreditierend, und so traf diese Kon-

14 | Hans Delbrück, Geschichte der Kriegskunst. Das Altertum, Hamburg (Nikol Verlag) 2003, S. 1, 1. Auflage, Berlin (Georg Stilke) 1900.

zeption von Kriegs- und Militärgeschichte weitgehend auf Ablehnung und zeitweise heftigen Widerstand sowohl der Militärs als auch der Historiker.[15] Die Geschichte des Ersten Weltkriegs wurde ohne die Berücksichtigung von Delbrücks Ideen geschrieben. Es hat bis zum Ende des 20. Jahrhunderts gedauert, bis sein Ansatz wiederentdeckt wurde, ohne jedoch nennenswerten theoretischen oder institutionellen Einfluss zu gewinnen. Die Zeit war über dieses Werk hinweggeschritten. Seine Beziehung zur akademischen Geschichtsschreibung und zum öffentlichen Diskurs macht es wissenschaftsgeschichtlich aufschlussreich.

Er setzt mit dem Krieg in Europa ein, der durch schriftliche Quellen als Anfang gelten kann, dem Kampf zwischen Griechen und Persern, weil dann, wie er schreibt, »das Quellenmaterial beginnt, einen vollen, wirklichen Einblick in die Dinge zu gewähren [...]. Von ihr an aber können wir bis in unsere Tage mit ununterbrochenen Zeugnissen die Entwicklung verfolgen, und jede nachfolgende Periode hilft, die vorangehende zu erklären.«[16] Es geht ihm um Quellenkritik, die Forderung der universitären Historiografie der Zeit, und ebenso um eine Abfolge mit immanenter Logik, in der im Verständnis Hegelscher Geschichtsmetaphysik, das Spätere aus dem Früheren mit Logik folgt. Diese Genealogie beruhe auf der »Einheit von Politik und kriegerischer Aktion, die das Wesen der Strategie ausmacht«.[17]

Der Begriff *Kunst* im Titel deutet in die Richtung des Kriegs als Element im Prozess der Zivilisierung. Er spricht explizit von seiner Absicht, dass er Kriegsgeschichte »in die Kategorie der kulturgeschichtlichen Werke einordnen« will. »Denn Kriegskunst ist eine Kunst wie die Malerei, die Baukunst oder die Pädagogik, und das ganze kulturelle Dasein der Völker wird in hohem Grad bestimmt durch ihre Kriegsverfassungen [...]. Alles steht in Wechselwirkung miteinander, der Geist jeder Epoche offenbart sich in ihren wechselseitigen Einzelerscheinungen, und die Erkenntnis jedes einzelnen, wie in meinem Falle der Kriegskunst, fördert die Erkenntnis der Menschheits-Entwicklung im ganzen.«[18] Der Begriff der Kriegskunst wurde wohl zum ersten Mal von einem

---

15 | Wilhelm Deist, Bemerkungen zur Entwicklung der Militärgeschichte in Deutschland, in: Thomas Kühne, Benjamin Ziemann (Hg.), Was ist Militärgeschichte?, Paderborn (Schöningh) 2000, S. 315-323.

16 | Delbrück, Geschichte der Kriegskunst. Das Altertum, S. 1.

17 | Diese Charakteristik von Delbrücks Geschichte arbeitet heraus: Ulrich Raulff, Politik als Passion. Hans Delbrück und der Krieg in der Geschichte, in: Hans Delbrück, Geschichte der Kriegskunst im Rahmen der politischen Geschichte, Bd. 1, Das Altertum, Vorwort zur Neuauflage, Berlin (Walter de Gruyter) 2000, S. IX-XLVI, hier S. XX.

18 | Hans Delbrück, Geschichte der Kriegskunst. Die Neuzeit, Hamburg (Nikol Verlag) 2003, S. Xf.; vgl. auch: Tim Newark, Kriegskunst. Eine illustrierte Geschichte von 3000 v. Chr. bis zum Ende des 19. Jahrhunderts, München (Bassermann) 2010 (zuerst: The Grammar of Warfare, East Sussex [Ivy Press] 2009).

chinesischen Theoretiker vor über 2000 Jahren gebraucht und hatte in Europa eine lange Geschichte hinter sich, als Delbrück ihn aufgriff und zum letzten Mal einer ernsthaften Arbeit über Krieg unterlegte.[19] Schon im Titel von Delbrücks Werk wirkt der Begriff wie ein Zitat, das dem Kriegsdiskurs entnommen war. Wenig später war das Wort in der ernsthaften Literatur zum Krieg nicht mehr möglich. Der Kriegsdiskurs und die Einschätzung von Gewalt hatten sich verändert und erforderten eine neue Semantik für eine neue Theorie, die auf die Veränderung reagierte. Inzwischen ist *Kriegskunst* banalisiert und in die Popkultur abgesunken.

Delbrücks Position hat Raulff als einen »geschichtsphilosophischen Gedanken des Hegelianers« bezeichnet.[20] In der »Verbindung von naturwissenschaftlicher Beobachtungsgabe und analytischem Scharfsinn, man könnte auch sagen: von Positivismus und Geschichtsdialektik«, die Raulff an der *Kriegskunst* hervorhebt,[21] lässt sich eine unausgearbeitete Spannung von Hegelscher Geschichtskonzeption und Sozialdarwinismus erkennen, die für seine Epoche charakteristisch war. Delbrück versteht Krieg als Teil von teleologischer Geschichtsphilosophie und versetzt ihn zugleich in einen (nie so bezeichneten) evolutionären Selektionsprozess.

Der hegelianische Entwicklungsgedanke und der Primat der Politik unterscheiden Delbrücks *Kriegskunst* von der Militärgeschichte und stellen eine Nähe zum Diskurs her. Wenn er von *Erscheinungen* spricht, liegt dem Begriff die Hegel'sche Dialektik von Wesen und Erscheinung zugrunde. Die Beziehungen zwischen Krieg und den Rechts-, Besitz- und Produktionsverhältnissen, dem Staat und der gesellschaftlichen Moral beschreibt er im Rahmen einer gesellschaftlichen Totalität. Er spricht von einer *Kriegsverfassung* und versteht sie als einen Ausdruck gesellschaftlicher Dialektik. Krieg als ein System mit einer eigenen *Verfassung* ist in der Hegel'schen Teleologie schwer, aber im soziologischen Diskurs der Zeit leichter unterzubringen.

19 | Die Editionen dieses klassischen Werkes sind problematisch. Es gibt wohl nur eine deutsche Übersetzung aus der Originalsprache. Sun Zi, Die Kunst des Krieges, (Droemer/Knaur) 1988; Sun Tzu, Wahrhaft siegt, wer nicht kämpft. Die Kunst des Krieges, hg. von Thomas Cleary, München (Piper) 2001. Sun Tsu: Über die Kriegskunst (aus dem Chinesischen von Klaus Leibnitz), Darmstadt (Wissenschaftliche Buchgesellschaft) 1989. In der gegenwärtigen Theoriebildung über Krieg spielt dieses Buch keine Rolle. In den metaphorischen Gebrauch von Krieg, etwa Ehekrieg, haben einzelne Aphorismen aus Sun Tzus Abhandlung Einzug gehalten. Vgl. Marie France Hirigoyen, Die Masken der Niedertracht. Seelische Gewalt im Alltag und wie man sich dagegen wehren kann, München (dtv) 2011 (zuerst 1998).

20 | Raulff, Politik als Passion, S. XXII-XXV.

21 | Raulff, Politik als Passion, S. XXXII.

In diesen Jahren löste Ernst Mach das Ich in ein Bündel aus Sinnesdaten auf, Husserl konstruierte es in der Lebenswelt, und die ersten Medientheoretiker verlegten es in den Wahrnehmungsprozess. Davon bleibt Delbrücks Konzeption von Krieg unberührt. Den Beitrag des Kriegs zur Dekomposition des modernen Ichs will und kann Delbrücks Studie über Krieg als Kunst nicht erfassen. Der an Hegels Geschichtskonzeption geschulte Blick auf den Krieg lässt, auch wenn er bereits durch Methoden der positivistischen Epoche zersetzt wird, keinen Raum für eine Kulturgeschichte.

Die Identitätstheorie, aus deren sprachlicher und performativer Macht das idealistische wie das evolutionistische Kriegsverständnis entsteht, hat konservierende und affirmative Wirkungen. Erst die Auflösung des Begriffs Krieg in den Diskurs ermöglicht das Verständnis von Krieg als einer kulturell begründeten Konstruktion im Wandel von Gesellschaften. Delbrücks *Kriegskunst* rückt den Krieg auf die Schwelle zu einer Kulturgeschichte. Um den Übergang vom Krieg in den Krieg im Diskurs zu denken, kam sie zu früh.[22] Will man vor dem Hintergrund dieses großen Werks von einer Aufgabe der Kulturgeschichte des Kriegs sprechen, so wäre es ein Beitrag zur Überwindung des Identitätsdenkens als Kategorie und als politische Praxis.

Diskurs und Zweifel

Aus der Perspektive der Militärgeschichte wie der des unreflektierten Alltagswissens erscheint der Krieg im Diskurs als subjektiv und weist statt *richtiger* Rekonstruktion, in der sich das Objekt als Summe seiner Ereignisse zeige, Beliebigkeit auf. Der Diskurs sät Zweifel an der Identität und Sicherheit des Wissens. Das Unternehmen der Geschichtsschreibung, im unordentlichen Geschehen auf den Schlachtfeldern eine Logik und im Irrationalen eine Ordnung zu finden, stößt im Kriegsdiskurs auf Skepsis. Er bezweifelt die Möglichkeit, *hinter* die Repräsentation zu blicken und dort Wahrheit zu finden. Der Kriegsdiskurs löst den essentiellen Begriff vom Krieg auf. Was setzt er an seine Stelle?

22 | Die verdienstvolle Deutsche Militärgeschichte in sechs Bänden, hg. von Militärgeschichtliches Forschungsamt, Herrsching (Pawlak Verlag) 1983, stellt grundsätzlich klar, dass sie sich diese Aufgabe nicht stellt. In seiner »Einführung« wehrt Manfred Messerschmidt die Erwartung ab, mit den Forschungsergebnissen zugleich auch applizierbares Wissen zu produzieren und verortet das Werk in der spezifischen deutschen Nationalgeschichte, die von dem tiefen Einschnitt der bedingungslosen Kapitulation von 1945 geprägt sei (S. III-VII). Die wohltuende Distanz zu nationalistischen und militaristischen Traditionen der deutschen Militärgeschichte verbleibt mit guten Gründen im militärisch-politischen Rahmen der Geschichtsschreibung. Anthropologisch-philosophische Fragen bleiben ausgespart.

Der Kriegsdiskurs wird, im Unterschied zur akademischen Militärgeschichte, in einem imaginären Raum geführt. In diesem öffentlichen Raum entsteht er durch Selektion, Interpretation und Wertung, das Zusammenwirken ähnlicher Aussagen, Wiederholungen und Popularisierung. Der Kriegsdiskurs nimmt sich das Vorrecht, Wirklichkeit nicht nur zu begleiten, sondern eine eigene, bewertete Wirklichkeit zu erzeugen. Er wirkt, wie Foucault den Diskurs charakterisiert, als eine gesellschaftliche Praxis, die systematisch die Gegenstände bildet, von denen sie spricht. Der Kriegsdiskurs besteht aus Zeichen, aber er benutzt »diese Zeichen für mehr als nur zur Bezeichnung der Sachen. Dieses *mehr* macht sie irreduzibel auf das Sprechen und die Sprache. Dieses *mehr* muss man ans Licht bringen und beschreiben.«[23] Zu ergänzen ist, dass der Kriegsdiskurs nichtsprachliche Praktiken und Institutionen wie Museen, Denkmäler, Rituale und Zeremonien einschließt.

Der Diskurs löst den Krieg aus den Fesseln der Determination. So fallen zum Beispiel Kriegsausbruch oder Kriegsende im Diskurs nicht mit den politisch-militärisch definierten Daten zusammen, sondern lösen sich in ein Beziehungsgeflecht auf, das aus weit gefächerten Aussagen und widersprüchlichen Urteilen über Krieg und Frieden besteht. Die Frage nach dem Ende des Ersten Weltkriegs wurde in Australien, wo er zur Nationbildung führte, anders beantwortet als in Frankreich, wo Versailles die Restitution der Großmacht bestätigen sollte und eine Fortsetzung des Kriegs bis zur Besetzung des Rheinlands (1919) und des Ruhrgebiets (1923) begann. Wiederum anders erfuhren die Völker der neuen kleinen Nationen das Ende des Kriegs als den Anfang ihrer Unabhängigkeit. Noch einmal anders wurde die Frage in Russland, wo das Jahr 1917, und in Deutschland, wo das Jahr 1933 mit der Frage nach dem Ende des Kriegs vermischt wurde, beantwortet. Dieses unfeste Ende gilt für die große Welt und auch für die kleine Welt der Erlebnisse. Er ist nicht einmal zu Ende, wenn der letzte aktive Teilnehmer gestorben ist. Um an ein Ende zu kommen, ist es notwendig, dass er aus der Erinnerung verschwindet und nur noch in Geschichtsbüchern zu finden ist. Dafür gibt es zahlreiche Beispiele. Homers Krieg, die Türkenkriege oder der Erste Weltkrieg sind Beispiel für das Gegenteil, die *Endlosigkeit* des Kriegs in einer Erinnerung, die mit sich selbst im Streit liegt.

Viele Diskurse machen der Wahrheit ein Ende

Historische Ereignisse und Strukturen wie Kriege sind von ihren symbolischen Repräsentationen nicht zu trennen. Es gibt keinen Krieg ohne gleichzeitige, vorauslaufende und nachträgliche Bilder und Reflexion. Als *Kriegsdiskurs* lässt sich bezeichnen, auf welche Weise Ereignisse zu öffentlichen Repräsentationen und in Medien kommunizierbar und bewertet werden. Der Diskurs macht einen Teil des Kriegs aus, nicht anders als die Kämpfe auf dem Schlacht-

23 | Michel Foucault, Archäologie des Wissens, Frankfurt a.M. (Suhrkamp) 1981, S. 74.

feld. Er stellt erst her, was wir als Krieg bezeichnen und fragt nicht, wie Krieg zu führen sei, effizienter, schneller, mit wenig Toten, sondern macht den Krieg zum Phänomen, an dem er teil hat und das er zugleich bedenkt. Wahrheit ist für diesen Prozess eine untergeordnete Kategorie. Er fragt nach Sinn und Bedeutung und gibt Antworten auf diese Fragen. Mentale Einstellungen, persönliche und kollektive Erfahrungen, Erinnerungen und Reflexionen stehen im Zentrum des Kriegsdiskurses. Sie machen sein Verhältnis zur Geschichtsschreibung (und Politik) oft gespannt.

Im Kriegsdiskurs, als Teil des generellen gesellschaftlichen Diskurses, befreit sich der Mensch aus den Zwängen der Ereignisse. Ein durch Kommunikation und Imagination hergestellter Raum schafft den Unterschied zu einem Denken über Krieg als Natur oder in kausalen Zwängen. Aus der Distanz zur Notwendigkeit entsteht die mentale Freiheit, um den Krieg aus einer urteilenden Perspektive wahrzunehmen.

Es wäre jedoch ein Fehler, aus der Offenheit auf Beliebigkeit zu schließen. Der Freiheit des Diskurses sind Grenzen gesetzt. Der Kriegsdiskurs folgt impliziten Regeln und kulturellen Geboten und Verboten. Er ist seit seinen Anfängen im klassischen Athen den Verboten und Beschränkungen des Sagbaren ausgesetzt, die festlegen, was über Krieg im Allgemeinen und über spezifische Kriege ausgesprochen werden kann und soll und was nicht gesagt wird oder auszusprechen verboten ist.

Politik und Moral binden den Kriegsdiskurs an ihre Kategorien. Lösen kann er sich nicht von ihnen, und er nimmt sie entweder als Regulative in sich auf oder unterwirft sich oder sagt ihnen den Kampf an. Auch im Widerspruch bleibt er gebunden, selbst wenn er das Recht des Kriegs und der Kriegführenden in Frage stellt.

Diskurs und Zeit

Ein kurzer Hinweis auf die Zeit des Diskurses muss hier genügen. Er hängt vom kommunikativen Gedächtnis ab, erhält sich aber länger als die Lebenszeit von Zeitzeugen dauert und kann über Jahrhunderte anhalten. Im Kriegsdiskurs zwischen dem Jetzt und einem kollektiven Langzeitgedächtnis entwickelt sich das Bild vom Selbst einer Zeit in Relation zur Gewalt und zum kollektiven Töten. Die Kulturgeschichte entwickelt die theoretischen Grundlagen, um die Zusammenhänge zu verstehen, die im Diskurs zwischen Lebenszeit und Kriegszeit hergestellt werden und das Kommende zum Vorschein sehr unterschiedlicher Lebensentwürfe machen.

Die Zeit des Kriegsdiskurses ist nicht die der Uhr und des Kalenders. Er schafft seine eigenen Zeitverhältnisse. Die objektiv gemessene Zeit verschwindet in einem Innenraum, der Kriege der Vergangenheit ebenso wie phantasierte Kriege der Zukunft zu anders strukturierten Zeiträumen macht. Das verflüssigte Zeitempfinden löst feste Takte auf. Der Krieg wird in Gedanken und Träumen vorweggenommen und nach dem Ende der Kriegshandlungen in Köpfen und Seelen weitergeführt.[24]

Der Diskurs hält fest, wie die erlebte Zeit der Schlachtfelder eigenen Gesetzen folgt. Er handelt vom Verhältnis der Kriegszeit zur Lebenszeit. Die extrem gedehnte Zeit der Kämpfe, in denen wenige Minuten sich dehnen und in der Erinnerung wie Ewigkeiten erscheinen, und die langen Phasen des Wartens, in denen öde Stunden und Tage sich in der Erinnerung kondensieren, finden sich in persönlichen Dokumenten wie Briefen und Tagebüchern.

Nach dem Ersten Weltkrieg war immer wieder die Rede davon, wie aus enthusiastischen Jünglingen in wenigen Jahren gehärtete und ergraute Männer geworden seien. Das ist ein Bild, und es ist symptomatisch für das Zeitempfinden, in dem in einer kurzen Zeitspanne eine neue Welt entstehen kann. Das Ende des vertrauten und emotional gefärbten Kriegs und sein Wandel zum industriellen, dem (feld-)grauen Krieg war ein Großereignis in einer langen Geschichte. Für die Soldaten zog es sich auf wenige Monate des eigenen Lebens zusammen. Für die Linke, vertreten durch Barbusse, Rolland, Arnold Zweig, drückt sich in dieser kurzen Phase des persönlichen Erlebens die Periode des Kapitalismus aus, die ihrem Ende entgegen gehe. Der gläubige Soldat werde in den entfremdeten Industriearbeiter verwandelt, und in diesem persönlichen Erlebnis mache er in kondensierter Zeit die Erfahrung einer ganzen Epoche. Die Rechte und der Faschismus sahen in der Industrialisierung dagegen das Versprechen der Zukunft. Der stählerne Mensch Ernst Jüngers oder der Mensch als Maschine bei den Futuristen oder der ergebene, ergraute Kämpfer in Hitlers *Mein Kampf* sind ebenso die Kondensation geschichtlicher Entwicklungen. In dem kurzen Moment der erlebten Gegenwart konzentriert sich die Zeitspanne eines geschichtlichen Wandels.

Diskurs und Schlachtfeld

Der Kriegsdiskurs ist ein Machtfaktor im Feld konkurrierender, politischer Deutungsmacht. In dem Maß, wie der Diskurs den Krieg erst herstellt, muss er sich eine Position regelrecht erkämpfen. Diese Kämpfe wurden gelegentlich nicht weniger erbittert geführt als die militärischen Kämpfe. Lassen sich Subjekte bestimmen, die diesen Kampf um das Schlachtfeld führen, oder schaffen diese Kämpfe sich ihre Subjekte? Kulturgeschichte muss von diversen, sich oft grundlegend unterscheidenden Kriegsdiskursen, die nach objektiven Kriterien nicht hierarchisiert werden können, ausgehen und Fragen nach der Macht, die einem Diskurs zur Dominanz verhalf, stellen. Dabei geht es um die Inhalte von Vorstellungen und um Gefühle, aber auch um finanzielle Beute. So wird

24 | Falk, Der kollektive Traum vom Krieg (1977).

der Diskurs, lässt sich zugespitzt formulieren, die Fortsetzung des Schlachtfelds mit anderen Mitteln.

Was sind die Folgen, wenn unterschiedliche Erinnerungen an gemeinsam erlebte Ereignisse sich nicht zu einer geteilten Erinnerung zusammenfügen, sondern in verschiedene Diskurse auseinanderdriften? Die Aufgabe der Kulturgeschichte kann nicht sein, richtig und falsch zu unterscheiden. Es gibt kein falsches Erlebnis. Die Spannung zwischen beschreiben und werten ist ein theoretisches Problem, das nicht endgültig gelöst werden kann.[25] Kulturgeschichte stellt immanente Widersprüche fest und kontextualisiert die Positionen miteinander. Sie erfindet Ordnungen, in denen diese Beziehungen Bedeutung gewinnen. Museen, Ausstellungen, Kino und öffentliche Foren setzen eine Erinnerungsarbeit in Gang, die nicht nach dem richtigen Bild strebt, sondern Differenzen bewahrt, aber dennoch einen gemeinsamen Rahmen schafft, der Kommunikation ermöglicht oder auch Konflikte auszutragen erlaubt. Museen, um ein Beispiel herauszugreifen, beschreiben nicht, sondern stellen Exponate aus und machen sichtbar. Zugleich beschriften sie und stellen Zusammenhänge her, die nicht ohne wertende Interpretation auskommen. Diese Kombination macht sie vom Diskurs abhängig und zugleich leisten sie einen Beitrag zur Entwicklung des öffentlichen Kriegsdiskurses. Wenn sie es an der Beschriftung fehlen lassen, leisten sie durch das bloße Ausstellen keinen Beitrag zur Objektivität, wie oft argumentiert wird, sondern verfehlen ihren Auftrag. Die Wertung kann nicht aus dem Gegenstand abgeleitet werden, und so verlagern sie die Wertung in die Köpfe der Besucher. Damit bereitet diese Konzeption des Museums dem Diskurs ein Ende. Die reine Präsentation von Objekten erzeugt die gefürchtete Willkür der Subjektivität und öffnet den willkürlichen Auslegungen Tür und Tor. Daraus entsteht keine Freiheit, sondern die Verweigerung des Diskurses setzt Willkür oder die Herrschaft der Politik an seine Stelle.

Eine folgenreiche Bedrohung des Diskurses stammt aus den rasanten technologischen Entwicklungen des 20. Jahrhunderts. Sie bringen die Gefahr mit sich, dass die Ereignisgeschichte sich mit einer solchen Geschwindigkeit bewegt, dass der Diskurs den Anschluss verliert. Technologie, so ist argumentiert worden, breche über die Menschen herein und mache sie zu orientierungslosen Objekten ohne Sprache. Die Produkte der Technologie sind, meist vage, bekannt, aber für ihre verstehende Einordnung fehlen die Kompetenz und die Zeit. Der Diskurs, der vom technologisch avancierten Krieg der Gegenwart entkoppelt wird, läuft Gefahr, Beziehungslosigkeit und Willkür aufzuweisen. Gewöhnlich

25 | Sie teilt diesen Widerspruch mit der Phänomenologie, für die Merleau-Ponty einen solchen Widerspruch konstatiert, den er jedoch für lösbar hält: Maurice Merleau-Ponty, Phänomenologie der Wahrnehmung, Berlin (de Gruyter) 1966 (zuerst: Phénoménologie de la perception, 1945), besonders die Einleitung.

verharrt er in den Grenzen der Konventionalität und verliert die Beziehung zur Kriegswirklichkeit. Dann wird er historisierend und irrelevant. Es lässt sich, ausgehend von der Technikbegeisterung vor allem in den USA, auch die gegenteilige Tendenz beobachten: Ein wildes Phantasieren, das die vagen Kenntnisse von technischen Innovationen zum Ausgangspunkt nimmt und einen euphorischen Kriegsdiskurs beginnt. Dessen Fortschrittsglaube macht ihn ebenso irrelevant und degradiert ihn zur kurzfristigen Unterhaltung. Der Kampf um Anteile am riesigen Markt für elektronische Kriegsspiele ist eine kommerzialisierte Fortsetzung der Kämpfe um Diskurshoheit über den Kriegsdiskurs.

In beiden Fällen scheitert der Kriegsdiskurs, auch wenn das wilde Phantasieren eine breite Öffentlichkeit gewinnt und über Kriegsspiele Millionen junge Menschen erreicht. Das Schlachtfeld geht verloren. Es ist kein Spielfeld, und wenn es von Medien zu einem gemacht wird, stellt sich die Frage nach der Verantwortung für diese Transformation mit sozialen Folgen. Von der Freiheit des Diskurses kann nicht die Rede sein. Er unterliegt den ökonomischen Interessen. Sie sind schwer zu greifen, so dass scheitern ein fragwürdiges Verb ist. Auch das Urteil über das Verhältnis von Diskurs und Schlachtfeld ist eine Frage der Perspektive und ihrer Begründung.

Diskurs und Medien

Der Kriegsdiskurs entsteht in Medien.[26] Eine theoretische Klärung dieses Verhältnisses hat begonnen. Ich muss mich mit einigen Hinweisen auf das schnell wachsende Arbeitsfeld von grundlegender Bedeutung begnügen.

Das Kriegsbild des 17. Jahrhunderts will ich als Beispiel für das frühe und noch überschaubare Verhältnis von Krieg und Medien heranziehen. Der kriegskritische Diskurs des 20. Jahrhunderts suchte in Fragmenten der Vergangenheit nach Bestätigung und fand sie in der Medienpräsenz des Kriegs, die ins 17. Jahrhundert zurückgeht. Für die Theorie steckt bereits in diesem Anfang der bürgerlichen Öffentlichkeit eine Herausforderung.

Der Dreißigjährige Krieg hat in Deutschland zu einer Literatur über Tod und Vergänglichkeit geführt, die sich als Beginn der Präsenz von Krieg in Medien wie auch als Beitrag des Kriegs zur Formung der Medien verstehen lässt. Bereits an diesem Anfang waren sie keine neutralen Vermittler zwischen Krieg und Betrachter. Ihr eigener Beitrag zum Kriegsbild ist kaum bemerkbar. Denn er ist in der Natürlichkeit des Kriegs versteckt. Zu erkennen ist er zum Beispiel in der Verschiebung von Bibelszenen in Kriegsbilder. Noch wurde der Krieg nicht problematisiert. In Grimmelshausens Roman Der abenteuerliche Simplicissimus Teutsch (1668/69) und den Erzählungen, die während des Kriegs

26 | Im letzten Jahrzehnt sind einige Titel zum Thema Krieg und Medien erschienen, vgl. Heinz-Peter Preusser (Hg.), Krieg in den Medien, Amsterdam, New York (Rodopi) 2005.

handeln, erscheint der Krieg als eine Form der Vergesellschaftung des gewalttätigen Handelns, aber die bleibt unbefragt und wird ohne ersichtliches Staunen hingenommen. Das wird noch offensichtlicher an der Kunst der Zeit.

Die Kunst des 17. Jahrhunderts entwickelte sich zu einer populären visuellen Theorie des Kriegs. Ihre Spur reicht bis in die Gegenwart. Die Sicht des Kriegs entstand ohne eine Beteiligung von Frauen. Die Druckgrafik und Malerei zum Dreißigjährigen Krieg war reine Männersache. Frauen wurden von Männern als Opfer des Kriegs der Männer dargestellt. Aber eine feminine Perspektive lässt sich, sobald man die Frage stellt, doch erkennen. Denn diese Kunst ist eine ausdrucksstarke Klage, und Klage ist traditionell eine kulturelle Praxis von Frauen nach Tod und Verlust. Die Klage ist keine Anklage und zeigt keine Moralität, sondern die deiktische Geste: Schaut her! Sie gibt den Gefühlen und somatischen Reaktionen einen ikonischen Ausdruck. Der Topos der Klage, von Aischilos und Euripides in den Kriegsdiskurs eingeführt, wiederholt sich in dieser Kunst und ist ein Aspekt, der auch einen Zusammenhang dieses Kriegsbildes mit dem nichtmoralischen Kriegsdiskurs des 20. Jahrhunderts, also, um Namen zu nennen, nicht mit Käthe Kollwitz, aber mit Bruno Taut, Otto Dix, Kurt Schwitters, Max Beckmann oder dem exzentrischen Guillome Apollinaire, herstellt.

Die Bilder dürfen nicht mit dem am Pazifismus geschulten Blick des 20. Jahrhunderts, der mit den Massenmedien verknüpft ist, betrachtet werden. Wollen wir eine anachronistische Lesart vermeiden, müssen wir uns bewusst bleiben, dass diese Kriegsbilder aus Zeiten kommen, in denen der Krieg seinen vorgeblichen Naturzustand noch nicht verloren hatte. Er gehörte zur Natur des Menschen, und die Medien seiner Repräsentation korrespondierten mit dieser Natürlichkeit. Man kann von Individualmedien sprechen, die Grausamkeit ohne moralisches Urteil zeigten. Der Zweifel am Krieg als Institution entstand nicht vor dem 20. Jahrhundert und war mit den Massenmedien verknüpft.

Die Massenmedien sind eine Fortsetzung und zugleich ein Bruch der Geschichte des Kriegs. Sie haben die dubiose Tendenz, Antagonismen zugunsten einer historischen *Logik* zu glätten. Die Vielfalt der Motive und Ziele der Kriege fallen dieser Tendenz zum Opfer. Auch die Intentionalität, die den Erlebnissen und Emotionen unterlegt wird, verzerrt das Bild. In den Massenmedien zeigt sich die Tendenz zur Homogenisierung aus einer zugrunde gelegten Geschichtslogik. Von solchen Homogenisierungen muss die Kulturgeschichte des Kriegs sich frei halten. Sie darf über der Macht der Medien nicht die Konstruiertheit des Kriegsbildes vergessen und muss die Differenz zwischen Bild und Gegenbild bedenken und auch die Einsicht bewahren, dass der Krieg etwas Unerklärliches hat,[27] das nicht an der Oberfläche der Bilder des Handelns wahrgenommen werden kann.

27 | Hannah Arendt, Elemente und Ursprünge totaler Herrschaft, Frankfurt a.M. (Europäische Verlagsanstalt) 1955 (zuerst engl.: New York 1951), S. 266f.

Es ist immer wieder festgestellt worden, dass das Internet der *Arabellion* der letzten Jahre zur Organisation gedient habe. Es hatte eine weitere Funktion und war bedeutend als Mittel der Selbstverständigung. In der unübersichtlichen Lage wurde im Internet die Frage diskutiert, was eigentlich vorgehe. Das wussten die Handelnden nicht, und sie konnten es aus ihrer notwendig engen Perspektive nicht wissen. Eine spontane Kommunikation trat an die Stelle von Schrift, und Beteiligte, die die Aufgabe von Journalisten, Leitartiklern und Kommentatoren übernahmen, entwickelten ein Bild vom Krieg mit Informationen, Interpretationen und Bewertungen. Laizistische, pluralistische, multikulturelle und religiöse Interpretationen schwirrten durchs Internet und lösten Debatten aus. Bis zu 70 Videoclips pro Tag wurden zu Beginn des Syrienkriegs gezählt. In Ägypten waren es offensichtlich noch mehr. Aus dieser spontanen Kommunikation, die Bürger, Kämpfer, Jugendliche und auch die Alten der Gesellschaft einbezog, entstand durch neue Medien eine neue Form des Diskurses.[28] Die Journalisten bedienten sich seiner für ihre Nachrichten in Zeitungen und Fernsehen. Sie stützten sich auf eine bereits gefilterte und interpretierende zweite Ebene, die den Kriegsdiskurs der Beteiligten und Zeitzeugen bildete. Die Erinnerungen, die von diesen Kriegen im Gedächtnis bleiben werden, wurden in den Videoclips und den schnellen Kommunikationswegen im Internet vorbereitet und in einem hohen Maß bestimmt. Für die Kulturgeschichte des Kriegs entsteht ein Diskurs, der nach neuen Prinzipien geregelt ist und mit den Medien noch enger und vielschichtiger verknüpft ist als in früheren Epochen.

2. Der Kriegsdiskurs in der Geschichte

Sucht man nach den Anfängen des Kriegsdiskurses, lassen sich drei benennen: Der eigentliche europäische Kriegsdiskurs beginnt in der griechischen Kunst. Aus Athen ist die wohl sublimste Form der Integration des Kriegs in den gesellschaftlichen Diskurs bekannt, die Pyrrhika: Junge Männer, nackt aber mit Helm und Schild, führten bei hohen Feierlichkeiten öffentlich Tänze auf, in denen Schlachtszenen nachgeahmt wurden. Eine rotfigurige Schale des Eucharides-Malers zeigt einen tanzenden Jüngling mit Helm, Schild und Speer, und ihm gegenüber einen Flötenspieler zu einer Pyrrhika-Zeremonie vereint (um 480 v. Chr.). Das ist wohl die früheste Darstellung einer Kriegsszene im Diskurs als expressives Ritual kombiniert mit Musik.

Die griechische Tragödie initiiert den Kriegsdiskurs im engen Sinn, wenn Frauen die Klage einführen und der Gegner nicht nur als der zu tötende Feind, sondern als Mensch vorgestellt wird. Die griechische Tragödie macht

28 | Johanna Roering, Krieg bloggen. Soldatische Kriegsberichterstattung in digitalen Medien, Bielefeld (transcript) 2012.

den Krieg, seine Voraussetzungen und seine Folgen, zum Thema öffentlicher Debatten in einer urbanen Demokratie. Die Kriege werden von Männern gekämpft, aber das Kriegsbild gibt es nicht ohne Frauen: Sie sind Opfer, aber selbst nicht frei von Gewalt. Sie stehen am Rand der Männergesellschaft, aber sie sind betroffen und nehmen eine Innenperspektive ein, von der sie Urteile über den Krieg abgeben. Damit beginnt der europäische Kriegsdiskurs. In den folgenden Jahrtausenden hat sich sein Charakter verändert. Einige Charakteristika haben sich aber durchgehend erhalten. Ich will sie im Folgenden an ausgewählten Beispielen in die jeweiligen kulturellen Zusammenhänge einordnen, um aus dem Diskurs eine Grundlage für die Kulturgeschichte des Kriegs zu gewinnen, die diachron vorgehen muss.

Sieht man von dieser entscheidenden Differenzierung durch die Tragödie einmal ab und verengt den Blick auf eine Repräsentation, die den Krieg unter der reinen Frage von Sieg und Niederlage versteht, so beginnt er einige Jahrhunderte zuvor mit erzählenden Bildern in Kleinasien. Durch viele 1000 Jahre zuvor, von der Steinzeit an, zogen sich Repräsentationen einzelner Krieger aus Ton, Stein, Holz, Bronze. Sie legen den Gedanken an einen bewaffneten Kampf unter Männern nahe, lassen aber keinen Rückschluss auf seine Formen (außer seiner Maskulinität) zu. Nach welchen Prinzipien der Kampf ausgeführt wurde und wie die gesellschaftlichen Formen seiner Verarbeitung gedacht werden müssen, können wir an den Figuren nicht ablesen. Über den Krieg sagen sie uns nichts. Man kann in ihnen das Rohmaterial sehen, aus dem das frühe Kriegsbild aus der Verbindung Kampf und Rede vom Kampf zusammengesetzt wurde.

Als Beispiel für das Rohmaterial sollen die Sao erwähnt werden. Wenig ist bekannt über diese Kultur südlich des Tschadsees, die vermutlich nach dem Zerfall des assyrischen Reichs gegen Ende des 7. Jahrhunderts v. Chr. durch Einwanderung aus dem Norden entstand.[29] Im 16. Jahrhundert, womöglich bereits früher, gingen sie in Folge einer kriegerischen Eroberung durch islamische Araber unter.[30] Grabungen belegen, dass die Sao in Städten lebten. Den Stadtbau hatten sie vermutlich aus Kleinasien übernommen. Sie bauten Häuser aus gebrannten Ziegeln in befestigten Städten, von Lehm- oder Ziegelmauern umgeben. Sie betrieben Handwerk und Kleinindustrie, stellten Metalllegierungen her, importierten Bronze und produzierten Kunst. Die mündliche Überlieferung charakterisiert sie als Giganten oder aggressive Riesenmenschen, die den Kampf mit ihren Nachbarn suchten und mit den Zaghawa um Hegemonie fochten. Diese

29 | Allerdings ist auch vermutet worden, es habe sich um das indigene Volk, das seit je in dem Becken südlich und westlich des Sees siedelte, gehandelt.

30 | Andere Gründe sind vorgeschlagen worden, die alle auf der Annahme von Wanderungsbewegungen aus dem Norden beruhen. Annie Lebeuf, Les principautés Kotoko, Paris (Centre national de la recherche scientifique) 1969; dies., Jean Paul: Les arts des Sao. Cameroun, Tchad, Nigeria, Paris (Chêne) 1977.

Riesen kommen nicht mit einer Keule aus dem Wald, sondern aus einer urbanen Kultur. Es ist bemerkenswert, dass diese Bewohner von Städten in der oralen Überlieferung über Jahrhunderte hinweg mit Krieg assoziiert wurden.

Abb. 3: Sao-Krieger mit Säbel, Rundschild und Helm. Bronze. 22 cm, ca. 6. Jahrhundert v. Ch. Südlich des Tschadsees, heute Nigeria.

Zu den erhaltenen und ausgegrabenen Ton- und Bronzefiguren gehören auch bewaffnete Männer. Sie sind nicht individualisiert, haben kein Gesicht mit einem Ausdruck, sind nackt, tragen aber eine spitze Kopfbedeckung, die den Bronzehelmen, die aus Urartu überliefert sind (8. Jahrhundert), gleicht. Sie sind mit rundem Schild und kurzem Schwert bewaffnet. Es handelt sich nicht um Jagdwaffen, sondern um Kriegswaffen, die denen der Griechen im Bronzezeitalter ähneln. Aus solchen Einzelfiguren lassen sich Schlüsse auf den Entwicklungsstand der Technologie und das Vorhandensein von Waffen in dieser Gesellschaft ziehen. Aber Schlüsse auf organisiertes Gewaltverhalten und Formen von Krieg erlauben sie nicht. Alle Hypothesen über Kriege der Sao sind Spekulation. Aber wir können feststellen, dass es ein Bedürfnis gab, neben den anderen Menschen- und Tierskulpturen auch Krieger herzustellen. Welch anderem Zweck sollten sie gedient haben, als Krieg visuell zu thematisieren, um durch die Repräsentation eines Körpers mit Waffen im Betrachter eine Vorstellung von Kampf auszulösen? Diese Figuren geben einen Hinweis darauf, dass es eine kollektive Verarbeitung von Krieg gegeben haben muss. Die kann nicht nur aus der Produktion von Figuren bestanden haben. Denn die technisch aufwendige Herstellung von Bronzefiguren hat sich zweifellos nicht in kollektiver Stummheit vollzogen. Diese Kriegerfiguren kommen aus einer *Kunstszene*, die, so lassen verschiedene Grade der Perfektionierung der Körperformen und Metallbehandlung vermuten, eine Entwicklung durchlaufen hat. Ohne gesellschaftliche Kommunikation sind diese Entwicklungen der Kriegerfiguren nicht denkbar. Interpretierende Verbildlichung und Kommunikation sind, so zeigt diese afrikanische Stadtkultur, seit den Anfängen mit Waffen und Krieg verbunden. Im Umkehrschluss lässt sich sagen, dass es keinen Krieg ohne Stadtkultur und ihre Kommunikationswege, Deutungseliten und haltbare Aufzeichnungen gibt.

Andere Kulturen aus dem Raum südlich des Kaukasus bestätigen diese Beobachtung. Aus dem Königreich von Urartu haben wir Figuren und Steinreliefs, unter anderem auch Krieger in Kriegskleidung und mit Waffen, Bogenschützen, Kriegswagen mit Pferden bespannt, und Fußsoldaten aus dem 9. Jahrhundert. Sie belegen die enge Verbindung der frühen Stadt mit der Repräsentation von Krieg in Kunst.

Frühe Neuzeit

Von den Anfängen springe ich in die Neuzeit. Seit dem 16. Jahrhundert entstand in Deutschland und den Niederlanden ein Bilddiskurs über Krieg. In der Zeit des Dreißig- bzw. Achtzigjährigen Kriegs entwickelte sich eine Bildgattung der Darstellungen von Plünderung, Mord und Verwüstung in Gemälden, Stichen und Holzschnitten, als Einzelblätter oder als Bücher verbreitet.

Als Begründer des ikonischen Beitrags zum Kriegsdiskurs kann man Pieter Bruegels d.Ä. Gemälde Kindermord zu Bethlehem bezeichnen.[31] Das Bild, das den Krieg nicht thematisiert, wird doch als Kriegsbild gedeutet. Das Bildthema ist eine biblische Szene der Gewalt gegen Kinder und nicht Krieg. Klagende und flehende Mütter stehen neben den Soldaten in diesem Winterbild aus Holland im Zentrum. Aber die Betrachter tragen eine Vorstellung vom Krieg an das Bild heran, und die sagt ihnen, worum es eigentlich geht. Das mentale Bild vom Krieg erweist sich als ein produktives Vorurteil. Das Bild über Bethlehem zeigt dann die Reaktion auf die Schreckensherrschaft Herzogs Alba und Kriegsgräuel, und die geharnischten Reiter mit Spießen verweisen, im Unterschied zu früheren Bildern des Kindermords (und dem Text der Bibel), auf Krieg. Auch Peter Paul Rubens malte Gemälde, die nicht den Krieg zeigen, aber deren Gewaltszenen, mit einem kenntnisreichen Blick betrachtet, doch auf Krieg Bezug nehmen. »Im Janus-Bogen reduziert er die gewaltsame Begegnung zwischen Soldat und Zivilisten auf eine zentrale Szene: Im linken Bildfeld reißt ein Soldat eine Frau an den Haaren mit sich. Das Kind in ihren Armen droht zu Boden zu fallen und von dem Soldaten zertreten zu werden [...]. Durch die antikisierende Rüstung des Soldaten rückt Rubens die Szene vom aktuellen Kriegsgeschehen ab, aber das Motiv als solches ist bereits aus früheren Plünderungsdarstellungen im zeitgenössischen Gewand bekannt.«[32] In dieser Verschiebung der Zeiten und Themen liegt ein genuiner Beitrag der Bilder als Medien zum Kriegsdiskurs.

David Teniers d.J. malte 1648 ein Bildpaar Bauernhochzeit und Soldaten überfallen ein Dorf. Das Bildthema ist die Hochzeit, aber der Betrachter hat eine Vorstellung vom Krieg im Kopf und weiß unmittelbar, worum es in dem Bild eigentlich geht. Im Vordergrund des Überfalls wird ein altes Paar, hinter dem ein klagender Jüngling kauert, mit einer Pistole bedroht. Im Mittelgrund liegen erschossene Männer am Boden, im Hintergrund wird ein Haus mit einem Rammbock bestürmt. Das Bild lässt an ein Strafgericht denken und greift das Motiv des Bethlehemitischen Kindermords von Bruegel auf.[33] Anfang der zwanziger Jahre des 17. Jahrhunderts schuf Sebastian Vrancx mehrere

31 | Pieter Bruegel d.Ä., Kindermord zu Bethlehem, um 1566, auf Holz, Hampton-Court, Königliche Sammlungen und Kunsthistorisches Museum, Wien. Dieses Bild gilt heute als eine Kopie Pieter Breughels d.J.

32 | Eckhard Kluth, Kriegsgewalt zwischen historischer und allegorischer Darstellung. Plünderungen in der flämischen Malerei zur Zeit des Achtzigjährigen Krieges, in: Bußmann, Klaus, Heinz Schilling (Hg.), 1648. Krieg und Frieden in Europa (Ausstellungskatalog: Münster/Osnabrück 1998), München 1998, Textband 2, S. 539-546; vgl. auch Waltraud Maierhofer, Hexen, Huren, Heldenweiber. Bilder des Weiblichen in Erzähltexten des Dreißigjährigen Kriegs, Köln (Böhlau) 2005.

33 | Kluth, Kriegsgewalt, S. 543f.

Gemäldevarianten, unter dem Titel Die Plünderung des Dorfes Wommelgem (1615-1620) bekannt. Sie zeigen Szenen von Raub und Brandschatzung, die man als Darstellungen einer Plünderung des Dorfes nahe Antwerpen durch die Truppen der Generalstaaten am 26. Mai 1589 identifiziert hat. Man kann nicht sagen, dass das Bildthema der Krieg ist, aber die Gemälde zeigen typische Handlungen der Söldner, aus denen ein Kriegsbild entsteht.[34]

Jan Martszen de Jonge, Rudolf Meyer, Hans Ulrich Franck und andere Grafiker verbreiteten Blätter in kleinen Auflagen für ein bürgerliches Publikum in den Städten. Sie zeigen Mord und Totschlag, Streifer und marodierende Landsknechte mit Säbeln und Pistolen, aber auch die ebenso gnadenlose Rache der Bauern, die mit Äxten und Heugabeln über Soldaten herfallen.[35] Ein (mit CR, vermutlich Christian Richter, gezeichneter) Stich zeigt einen Soldaten, der eine fliehende Frau mit Säugling bedroht. In Richters Soldatenbüchlein (1642) findet sich ein weiterer Stich mit dem Motiv der bedrohten Frau.

Mit der Neubewertung des Barock wurden diese Bilder im 20. Jahrhundert wieder entdeckt und als Kriegsbilder interpretiert. Vergleichbare Kriegsbilder entstanden wieder mit Goyas Radierungen *Desastres de la Guerra.* Wie die Bilder und Grafiken aus dem 17. Jahrhundert gehören sie in die Gründung des visuellen Kriegsdiskurses der Moderne, der sich ins 20. Jahrhundert zog und bis heute anhält.

Es lässt sich annehmen, dass unser Kriegsbild von dieser Ikonografie beeinflusst ist. Ein Blick auf diese Bilder zeigt, dass dieser Krieg nicht vergangen ist, sondern von einer Kontinuität des Kriegs im Diskurs zeugt. Brechts Stück *Mutter Courage* nimmt die Präsenz im visuellen Diskurs auf und transformiert sie für das Theater in Sprache verbunden mit dem Gestus. Er zeigt am Beispiel des Dreißigjährigen Kriegs *den* Krieg als selbstgesteuertes System. Ich komme auf den weiten Zeitbogen und seine schwer zu erklärende Konstruktion eines Kriegsdiskurses in der medialen Präsentation zurück.

In dieser Zeit entstand die für die Kriegstheorie bedeutende Verrechtlichung des Kriegs. Hugo Grotius, der bedeutendste Gründungsvater des Völkerrechts, publizierte *De jure belli ac pacis* (Paris 1625), *Über das Recht des Krieges und des Friedens,* und eröffnete eine neue Epoche des Denkens über den Krieg in Europa, zu der auch andere, etwa Francisco de Vitoria und die Schule von Salamanca, wesentliche Beiträge leisteten. Eine Ausstrahlung auf den öffent-

34 | Klaus Bußmann, Heinz Schilling (Hg.), 1648. Krieg und Frieden in Europa, Ausstellungskatalog Münster/Osnabrück 1998, S. 154-185.

35 | Eine Auswahl zeigt der Ausstellungskatalog Klaus Bußmann, Heinz Schilling (Hg.), 1648. Krieg und Frieden in Europa, München (Bruckmann) 1998; auch: Herbert Langer, Hortus Bellicus. Der Dreißigjährige Krieg. Eine Kulturgeschichte, Gütersloh (Prisma) 1978; auch: Städtische Kunstsammlungen Augsburg (Hg.), Krieg. Viel Ehr, viel Elend. Ausstellung zum 40. Jahrestag der Zerstörung Augsburgs, Augsburg 1984

lichen Kriegsdiskurs lässt sich beobachten. Sie trugen zum Entstehen eines Erwartungshorizonts bei, in dem aus dem juristischen Begriff vom Krieg die Erwartung entstand, Kriege beherrschen zu können. Tiefer reichende Auswirkungen auf den Kriegsdiskurs hat diese Verrechtlichung des Kriegs aber nicht gehabt. Man muss sich vor dem häufig gemachten Fehler hüten, das Kriegsbild des 17. und 18. Jahrhunderts in den juristischen Theorien der Zeit zu suchen.[36]

Abb. 4: Hans Ulrich Franck: »Zwei Landsknechte in einem eroberten Dorf«, Radierung (1643).

Die Grenze zwischen politischer Philosophie und Kriegsdiskurs war wenig durchlässig. Hobbes Staatsphilosophie setzte sich in der Kriegstheorie und, soweit es sich erschließen lässt, im Denken über den Krieg nicht durch, jedenfalls nicht in dem Umfang, wie die Literatur, die Hobbes oft umstandslos als

36 | Joas und Knöbl benutzen einen Begriff der Psychoanalyse und sprechen von der Verdrängung des Kriegs aus der gesamten Sozialtheorie. Ihre Analysen von Texten der Sozialtheorie seit Thomas Hobbes legt allerdings eine solche Fülle untereinander verbundener Reflexionen des Kriegs offen, dass an dem Titel Zweifel aufkommen. Hans Joas, Wolfgang Knöbl, Kriegsverdrängung. Ein Problem in der Geschichte der Sozialtheorie, Frankfurt a.M. (Suhrkamp) 2008, S. 60-86.

einflussreichen Theoretiker des Kriegs liest, gemeinhin nahelegt. Die kulturelle Zähmung des Naturzustands durch gesellschaftliche Institutionen, die Hobbes als Schutz vor dem Bürgerkrieg forderte, blieb eine Frage der politischen Philosophie und wurde in den Schriften zur Kriegstheorie auf dem Kontinent nicht aufgenommen. Sie gingen weiterhin von einer *unproblematischen* Beziehung von Natur, Kultur und Krieg aus. Eine wesentliche Veränderung der Auffassung vom System lässt sich aus den philosophischen und juristischen Theorien nicht ableiten, und das Handeln und Erdulden im Krieg war nicht ihr Thema.[37] Kriegerische Konfliktlösung wurde als Teil der menschlichen Natur behandelt, auch wenn unter dieser Oberfläche traditionellen Denkens das Verhältnis von Krieg und Zivilisation, Krieg und Recht schon nicht mehr als naturgegeben empfunden wurde.

Von Grotius ist der Satz überliefert, dass es zwischen Krieg und Frieden kein Drittes gebe. In dieser Sentenz verbirgt sich eine Art von Wunschdenken des Juristen, der seine Definition vor der Erosion durch die Erfahrungen der eigenen Gegenwart schützen möchte. Schon der Krieg seiner Zeit widersprach der These einer binären Opposition und zeigte ein unklares Verhältnis zum Frieden. Die kommenden Jahrhunderte setzten diese Unklarheit fort. Für die Moderne wurde die Tendenz signifikant, die Unterscheidung aufzuheben und Krieg und Frieden zu vermischen. Nicht die klare Opposition von Krieg und Frieden und nicht die Präferenz für den Frieden, wie die Philosophen der Aufklärung nicht müde wurden zu betonen, sondern die Verwirrung von Krieg und Frieden, Gewalt und Zivilität zeichneten die kommende Entwicklung aus.[38] Die Idee vom gerechten Krieg, der den Frieden kurzfristig unterbricht, und die sich daraus entwickelnde juristische Lehre existierten neben

37 | Ich behandle den Krieg nicht unter politischen (vgl. dazu Johannes Burkhardt, Der Dreißigjährige Krieg, Frankfurt a.M. [Suhrkamp] 1992; Georg Schmidt, Der Dreißigjährige Krieg, München [C.H. Beck] 6. Aufl. 2003; Johannes Arndt, Der Dreißigjährige Krieg 1618-1648, Stuttgart [Reclam] 2009; Geoffrey Parker, Der Dreißigjährige Krieg, Frankfurt a.M., New York [Campus] 1987), sondern ausschließlich unter kulturgeschichtlichen Fragen. Die Tendenz, Krieg als eine juristische Kategorie zu fassen, geht auf Carl Schmitt zurück. Ich sehe darin einen Kategorienfehler. Münkler macht den Versuch, das Entstehen des Staatenkriegs aus ökonomisch-pekuniären Zwängen abzuleiten. Münkler, Der Wandel des Krieges, S. 37-47, 51ff. u.ö.

38 | Die Grundlagen der juristischen *Hegung* des Krieges im 17. Jahrhundert wirkten in die Zeit nach dem Ersten Weltkrieg weiter bis zum Kellogg-Pakt (1928). Eine völkerrechtliche Ächtung des Angriffskriegs gab es zuvor nicht. Nun wurde der Angriffskrieg zu einer Verletzung des Völkerrechts, aber nicht zu einem Verbrechen erklärt, für das die Verantwortlichen juristisch zur Rechenschaft gezogen werden müssten. Roman Schnur, Weltfriedensidee und Weltbürgerkrieg 1791/1792, in: Roman Schnur, Revolution und Weltbürgerkrieg. Studien zur Ouvertüre nach 1798, Berlin (Duncker & Humblot) 1983,

dem Kriegsbild im öffentlichen Diskurs, auf das sie wenig Einfluss hatten. So fiel es kaum auf, dass sie sich überlebten. In der Gegenwart haben sie keine Bedeutung mehr.[39]

Eine Welt ohne Krieg: ein Diskurs des 18. Jahrhunderts

Im 18. Jahrhundert setzte, vor allem im vorrevolutionären Frankreich, ein Kriegsdiskurs ein, der eine breitere philosophisch denkende Leserschaft ansprach. Er reflektierte die Möglichkeit, in absehbarer Zukunft den Krieg abzuschaffen. Die Debatte orientierte sich, den Idealen der Aufklärung entsprechend, an der Utopie des ewigen Friedens und wurde von Intellektuellen und Philosophen ohne einen engeren Bezug zur Kriegsrealität geführt.[40]

1766 veranstaltete die Akademie in Paris ein Preisausschreiben für Arbeiten, die »die Vorteile des Friedens herausstellen, Abscheu gegen die Verwüstungen des Kriegs einflössen« und »alle Nationen auffordern, sich zu vereinigen, um die allgemeine Ruhe zu sichern«. Eine Reihe politisch-philosophischer Studien zum Thema Krieg und Frieden folgten in den nächsten Jahren, die das »projet de la paix perpétuelle« (1788) ausloteten, wie d'Alambert an den Diskursinitiator Abbé de Saint-Pierre erinnerten (1775) oder wie Rousseau in einer Auseinandersetzung mit dem umfangreichen Werk von Saint-Pierre Kritik am Menschbild dieser Schriften übten und als Mittel zur Überwindung des Kriegs die Abschaffung des absolutistischen Herrschaftssystems und die Einführung von Republiken forderten. Die Gegensätze waren einfach. Der Krieg hatte keine Ordnung. Frieden war Ordnung und Krieg Ordnungslosigkeit, Frieden war Gleichgewicht und Ruhe und Krieg Störung und Unruhe, Frieden war die Verwirklichung von Vernunft und Moral, Krieg die Zeit der Anti-Vernunft und Unmoral.

S. 11-32; Wilhelm Grewe, Epochen der Völkerrechtsgeschichte, Baden-Baden (Nomos) 1988.

39 | Die Bellum-iustum-Debatte ist in den USA ausführlicher geführt worden als in Deutschland. Vgl. Michael Walzer, Just And Unjust Wars. A Moral Argument With Historical Illustrations, New York (Basic Books) 2006; Paul Ramsey, The Just War. Force and Political Responsibility, New York (Charles Scribner's Sons) 1968; Jeff McMahan, Kann Töten gerecht sein? Krieg und Ethik, Darmstadt (WBG) 2010 (zuerst: Killing in War, Oxford [Oxford University Press] 2009). Vgl. für die deutsche Debatte u.a. Karl Bähr, Bellum iustum, Heidelberg 1948; Rainer Steinweg (Hg.), Der gerechte Krieg. Christentum, Islam, Marxismus, Frankfurt a.M. (Suhrkamp) 1995.

40 | Hg. von Anita Dietze, Walter Dietze, Ewiger Friede? Dokumente einer deutschen Diskussion um 1800, Leipzig, Weimar (Gustav Kiepenheuer), München (C.H. Beck) 1989; vgl. auch die Rekonstruktion in Hans Joas, Wolfgang Knöbl, Kriegsverdrängung. Ein Problem in der Geschichte der Sozialtheorie, Frankfurt a.M. (Suhrkamp) 2008, S. 60-86.

Ein vergleichbarer Theoriediskurs entwickelte sich unter den besonderen politischen und territorialen Bedingungen im deutschen Sprachraum erst spät. Es ist bezeichnend, dass Kants *Zum ewigen Frieden* (1795) in einer Zeit entstand, in der durch die Revolution die von Philosophen des optimistischen 18. Jahrhunderts ausgeführte Opposition bereits obsolet geworden war. Die Kriege der revolutionären Republik ließen die Opposition als ungerechtfertigt und unglaubwürdig erscheinen. Kants Schrift machte den Schritt in die Zukunft eines generellen Kriegsbegriffs, dennoch war sie eher ein Endpunkt als die Initiation eines neuen Kriegs-/Friedensdiskurses. Das schmälert nicht ihr Verdienst, die Idee des ewigen Friedens gegen die Skepsis erhalten und ihr die Flügel der Hoffnung gegeben zu haben. Kant betont in der Friedensschrift, dass es sich beim ewigen Frieden um einen Traum handelt, weniger um den Gegensatz zum Krieg, sondern den Frieden, der höher ist denn die Vernunft, evoziert.[41] In den anthropologischen Schriften und der *Kritik der Urteilskraft* ist von dem »süßen Traum« des ewigen Friedens nicht die Rede. In der dritten *Kritik* rechtfertigt er den Krieg mehrfach. Denn er entwickle »alle Talente, die zur Kultur dienen, bis zum höchsten Grade«, und er subsumiert ihn unter das Erhabene. Aus diesen immanenten Widersprüchen kann die Kulturgeschichte eine Aufgabe ableiten. Krieg kann nicht isoliert vom Gedanken des Friedens gedacht werden – aber wie entsteht der Zusammenhang? Nebukadnezar und König David erhielten den Auftrag zum Krieg von ihrem Gott. Die philosophisch-theologische Möglichkeit der Anwesenheit Gottes im Krieg wird von den Kriegsbildern der Moderne bestritten. Der Schöpfer von Krieg und Frieden ist bei Kant nicht Gott. Aber ebenso wenig, obwohl Kant gelegentlich den Anschein erweckt, ist der moderne Handelsstaat die Quelle des Friedens. Sind es die politischen Institutionen oder der kategorische Imperativ? Wenn er den Krieg erhaben nennt, weist er über den Menschen hinaus, und der Friede folgt aus einer Kraft, die den Menschen übersteigt. Ist der Monarch, der nicht nur aufgeklärt ist, sondern auch noch die sakrale Begründung des Königtums erhält, der Ursprung des Friedens?

Bis heute wirken die theoretischen Oppositionen des 18. Jahrhunderts nach und werden, der Erfahrung von Jahrtausenden zum Trotz, in der Debatte über Krieg und Frieden benutzt. Sie behindern das Entstehen einer Diskussion, die den Wunsch nicht mit der Realmöglichkeit verwechselt. Für eine Kulturgeschichte des Kriegs, die nach den Konkreta, auch den Konkreta des Imaginären, fragt, ist das Denken in abstrakten Gegensätzen, die aus der Kriegstheorie des 18. Jahrhunderts stammen, ein Hindernis. Die Ursachen von Krieg lassen sich, meinen wir, aus der Analyse von Gesellschaft erkennen. Über den Grund

41 | Den Topos vom Frieden als Traum hatte Rousseau erneuert, vgl. Alfred Hirsch, Rousseaus Traum vom ewigen Frieden, München (Wilhelm Fink) 2012, der von den »Träumereien eines Vernünftigen« spricht (S. 18ff.).

des Friedens können wir seit dem Zerfall der Religion aber keine begründete Aussage machen. Wie kommt er in einer Welt der Aggression und des Destruktionstriebs in die Geschichte?

Wenn diese Frage gestellt wird, ist damit nicht gemeint, was Benjamin Ziemann zu Recht als Maßlosigkeit im Anspruch der akademischen Friedensforschung kritisiert: für »Existenzerhaltung der Menschheit« zu forschen (Detlef Bald).[42] Im Gegenteil: In dem Verweis wirkt implizit die Trennung von Geschichtsschreibung und Diskurs. Denn dem Wissen von der Beschränkung im Umgang mit dem nur partiell erschließbaren Teil der Wirklichkeit, Frieden und Krieg, muss die Forschung Rechnung tragen, nicht aber der Diskurs.

Industriezeitalter und Massenkriege: der Beginn eines neuen Kriegsdiskurses um 1800

Die Lösung aus der vorgeblichen Natürlichkeit, die auch noch in der juristischen Hegung wirksam geblieben war, geschah langsam und im Gleichschritt mit der Genese der bürgerlichen Öffentlichkeit. Erst sie machte einen generellen Kriegsbegriff möglich, der über die Fokussierung auf einzelne Facetten und einzelne Kriege hinaus theoretisch begründet war und damit den Krieg in übergreifende gesellschaftliche und kulturelle Zusammenhänge wie Gewalt, Emotionalität, Wille, Macht (nicht Herrschaft) oder Volk stellte.

Für den Kriegsdiskurs begann um 1800 ein neues Zeitalter oder, wohl zutreffender: Jetzt entstand ein Kriegsdiskurs, der den modernen Krieg nicht nur begleitete, sondern zur Ausprägung der Moderne beitrug. Dieser neue Kriegsdiskurs begann mit der Einebnung des Unterschieds zwischen Kriegsordnung und Friedensordnung. Er gewann mit den Napoleonischen Kriegen größere Popularität und mobilisierte durch die Beteiligung weiterer, vorwiegend bürgerlicher Bevölkerungskreise, die auf die emotionale Bezeichnung »Befreiungskriege« ansprachen, zum ersten Mal eine breite Öffentlichkeit.

Die Ordnung der Gesellschaft glich sich an die *Kriegsordnung* an, deren präskriptive Kraft zur Regelung eines zeitlich und räumlich fixierten Zustands generell wurde. Der Übergang von einer juristisch und politisch geordneten Welt in die Welt als Kriegsordnung wurde gleitend. Mit dem Entstehen des wissenschaftlich-technologischen Kriegs wurde die Kriegsordnung zu einer Spiegelung der Ordnung des Industriezeitalters. Im neuen Kriegsdiskurs wurden die Begriffe, Metaphern und theoretischen Grundpositionen, die bis dahin die Welt des Kriegs konstituiert hatten, nicht durch gänzlich neue Diskursformationen ersetzt. Vielmehr fanden eine Transformation der Beziehungen der Diskurselemente und der Austausch einzelner Elemente statt, etwa die

42 | Vgl. Benjamin Ziemann, Perspektiven der Historischen Friedensforschung, in: ders. (Hg.), Perspektiven der Historischen Friedensforschung, Essen (Klartext) 2002, S. 13-39.

Einführung des Begriffs *Wille,* der den Begriff der Ordnung obsolet machte. Macht trat an die Stelle von Herrschaft, und Machtverhältnisse wurden neu bestimmt; der Begriff des Staatskörpers verschwand und die biologische Körpermetapher (Clausewitz' Ringkampf) tauchte auf.

Der mächtigste Beitrag zum Kriegsdiskurs der Zeit waren Goyas Radierungen. Sie können als eine ungeschriebene Kriegstheorie gelesen werden. Sie sind nicht moralisch, sondern machen das Irrationale und das unverständlich Geheimnisvolle des Kriegs, von dem Soldaten wie Zivilisten mitgerissen werden, auf irritierende Weise sichtbar. Diese Bildserie wirkt wie Kommentare zur bekanntesten Radierung Goyas: *Der Schlaf der Vernunft.* Sie zeigt Grausamkeit, Schrecken und Destruktion aus kalter Distanz. Aber die aufgerissenen Augen, irrlichternden Blicke und irren Körpergesten machen die psychischen Reaktionen auf Vergewaltigungen, Leichenberge, Massaker, Folterungen sichtbar. Die Bilder erzeugen auch einen Traum, aber nicht den Rousseaus und Kants. Dieser Traum ist ein Albtraum, ein visueller Schrei, Aufschrei, ausgelöst durch die Grausamkeit, die im Krieg selbst liegt, der sich die Menschen untertan macht und über sie herrscht. Damit unterscheiden sich diese Bilder von früheren, etwa denen der *Les misères de la guerre* (Jaques Callot) und anderer Grafik aus dem Dreißigjährigen Krieg, die, das ist erstaunlich für das Jahrhundert, keine Allegorie des Kriegs zeigen. Die gibt es bei Goya.

Das Kriegsbild des 17. Jahrhunderts zeigt Handelnde als verantwortliche Akteure und erlaubt, Schuld und Leid klar zuzuweisen und Täter und Opfer eindeutig zu unterscheiden. Goyas Kriegsbildern liegt eine andere Theorie des Handelns und der Gesellschaft zugrunde. Seine Radierungen sind nicht moralisch und verteilen die Rollen von Tätern und Opfern nicht national zwischen Franzosen und Spaniern. Zwar sind die französischen Besatzungssoldaten an ihren Uniformen zu erkennen, und sie üben stets Gewaltakte aus; aber die spanischen Zivilisten, einschließlich der Frauen, sind Opfer und Täter zugleich. Eine von einem Franzosen mit dem Säbel bedrohte Frau (Buchcover) hält einen Dolch in der Hand. Diese Radierungen visualisieren eine Gewalt, die sich verselbständigt, und mentale Dissoziation als Folge traumatisierender Gewaltakte. Der Nullpunkt des verantwortlichen Ichs wirkt im Zentrum der Ästhetik des Siegs. Er ist auf einem Blatt (Nr. 36) an der Körperhaltung des Uniformierten und seinem taxierenden Blick auf den Toten ausgedrückt und wiederholt den mitleidlos sezierenden Blick, den die Epoche der Herrschaft über die Natur ausbildete. Der Blick des Bildbetrachters fällt auf den Siegerblick und ist fasziniert und zugleich abgestoßen. Denn er nimmt, mit dem Wissen des 20. Jahrhunderts, einen jammervollen Tod durch Erhängen und kalte Gefühllosigkeit wahr. Der Zyklus bildet einen Vorgriff auf Kommendes.

Der Krieg der Rechtshegelianer

Im 19. Jahrhundert entstanden in England und Frankreich soziologische und politikwissenschaftliche Kriegstheorien (Comte, Spencer),[43] auf die ich hier nicht eingehen will, während ohne Beziehung zu ihnen in Deutschland philosophische Kriegstheorien verfasst wurden. Hegels Staatstheorie bildete ihren konzeptionellen Rahmen.

Das Entstehen von Krieg war in diesen Theorien nicht wahrscheinlich, sondern gehörte in die Natur und war deshalb notwendig. Daraus folgte mit Notwendigkeit der Schluss, dass er nicht abgeschafft werden könne, sondern, wie andere natürliche Anlagen des Menschen, ausgebaut werden müsse. Die Beziehung dieser Kriegsbilder zum Sozialdarwinismus ist offensichtlich. Für die Sprache der banalisierten Evolutionstheorie in der Fassung Ernst Haeckels und anderer Populärwissenschaftler lieferte Krieg ein ideales Feld für die Übertragung von naturwissenschaftlichen Ideen in Gesellschaftstheorie.

Die Berufung auf vormoderne Traditionen wurde als ein Schritt zum genuinen, anthropologisch fundierten Wesen, das bisher unterdrückt worden sei, bezeichnet. Die falschen Ideale der modernen Rationalität sollten durch ältere – und vorgeblich authentische – Muster abgelöst werden, wodurch die Ablehnung der politischen, westlichen Werte der Freiheit und Gerechtigkeit eine genuine Grundlage gewinnen sollte. Diese Makroebene einer Geschichtsphilosophie darf nicht als bloße Propaganda herabgesetzt oder vernachlässigt werden.

Die Grundtendenz dieser Kriegstheorien aus anthropologischen Phantasien lag darin, den Beginn des Menschen, der Gesellschaft und des Staates aus dem Krieg abzuleiten. Er steht an allem Anfang. Gesellschaften mit Geschichte sind aus dieser Sicht grundsätzlich kriegerische Gesellschaften. Ohne Krieg keine Geschichte. Den primitiven Kulturen wurde die Geschichte abgesprochen, weil sie die Sublimierung des Kampfs ums Überleben in den edlen Krieg der Helden nicht vollzogen hätten.

Der streitlustige Professor, Publizist und preußische Abgeordnete Heinrich Leo (1799-1878), der zeitweise zu den Rechtshegelianern gehörte, gab den Ton an, wenn er in den sechziger Jahren vom Krieg als Ursprung des Staates und seiner Notwendigkeit als reinigendes Gewitter für den vom Verfall bedrohten Staat der Gegenwart sprach.[44] Er hielt den Krieg für notwendig, damit Staaten entstehen und Kulturen ihre Identität gewinnen und erhalten. Den Krieg aufzugeben, war seiner Meinung nach gleichbedeutend mit politischem

---

43 | Günther Wachtler (Hg.), Militär, Krieg, Gesellschaft. Texte zur Militärsoziologie, Frankfurt a.M. (Campus) 1983.

44 | Heinrich Leo, Studien und Skizzen zu einer Naturgeschichte des Staats, Halle 1833.

Selbstmord. Adolf Lasson (1832-1917) rechtfertigte den Staat und seine Kriege mit größerem philosophischen Anspruch. In einer verbreiteten Schrift *Das Kulturideal und der Krieg* formulierte er 1868, im Krieg verlange der Staat für seine Zwecke alles Hab und Gut seiner Bürger, »und er verlangt noch mehr: Er verlangt die Preisgebung ihrer gesamten Existenz [...]. Der Staat im Frieden ist kein wahrer Staat; seine volle Bedeutung offenbart er erst im Kriege [...]. Der Friede mag ein emsiges, liebenswürdiges Geschlecht erzeugen; aber die Kraft verkümmert, der Nerv erschlafft.«[45]

Ein Lob des Nahkampfs folgte der Bewertung von menschlichen Eigenschaften im Kampf ums Dasein. Mut, Ehrgefühl, Kampfesfreude, Opferbereitschaft seien von den »vaterrechtlichen Kulturen« ausgeformt worden und hätten den höchsten Wert bedeutet. Darin sahen diese Autoren den entscheidenden Schritt zur Menschwerdung und die Grundlage für den Sieg des Menschen im Überlebenskampf. *Tierische* Eigenschaften wie Raubgier und Vernichtungstrieb seien zu Gunsten eines *edlen* Kriegs der Mutigen und Starken überwunden worden. Durch diese Verkehrung der Verhältnisse konnte der Krieg aus dem bloßen Überlebenskampf erlöst und ihm eine eigene *Würde* verliehen werden. In diesem enthusiastischen Kriegsbild, in dem die kulturelle Errungenschaft Krieg aus der beständigen Überwindung der Natur folgt, entwickelt sich aus primitiven Anfängen das Zeitalter der Helden und Götter, aus dem der eigentliche Krieg, der das Wesen der Kultur ausmache, entstehen konnte. Die aus dem Ersten Weltkrieg zu ziehende Lehre sei: »Es gibt eine Politik als Friedensführung und eine Politik als Kriegführung. Beide unterscheiden sich nur dadurch, dass der letzteren ein gewaltsames Verfahren beigemischt ist, wie es die erstere nicht besitzt, der gewaltsame ›Krieg‹ als ein Werkzeug in der Hand der Politik. Im übrigen sind sie wesensgleich [...]. Beide können sich auf den ganzen Umfang des Daseins erstrecken.«[46]

Es ist nicht erstaunlich, dass sich diese Vorstellung, die im Krieg die Quelle der Auslese und Höherentwicklung der Menschheit erblickt, später ins Umfeld des Nationalsozialismus verfolgen lässt. Sein militantes Gesellschaftsbild entwickelte mentale Strukturen aus der Wiederkehr vormoderner Ideale wie Führer und absolute Unterwerfung sowie, komplementär, den tötenden Helden oder, genauer betrachtet: Sie kehrten nicht zurück, sondern sie wurden neu entworfen.

45 | Adolf Lasson, Das Kulturideal und der Krieg, Berlin (Neelmeyer) 1868, S. 16f.

46 | Paul Schmitthenner, Politik und Kriegführung in der neueren Geschichte, Hamburg (Hanseatische Verlagsanstalt) 1937, S. 9. Auf den ersten Blick erinnern diese Sätze an Clausewitz. Das ist beabsichtigt. Bei genauerem Hinsehen zeigt sich jedoch, dass sie mit Clausewitz' Begriff von Politik nichts zu tun haben. Der Gewaltbegriff folgt der nationalsozialistischen Verherrlichung.

Der Professor für Philosophie in Tübingen, Theodor Haering (1884-1964), entwickelte mit Hegel und Darwin eine philosophisch-anthropologische Rechtfertigung des Kriegs, die er als aktiver Nationalsozialist verbreiten konnte. Er war an der *Aktion Ritterbusch*, dem Kriegseinsatz der Geisteswissenschaften, führend beteiligt. Seine Auslegung von Hegel als Philosoph des Kriegs setzte er in den Jahren nach dem Zweiten Weltkrieg fort. Es wäre aber zu eng, diesen halb öffentlichen und halb akademischen Diskurs über den Ursprung der Gesellschaft und des Staates und seiner Selbstbehauptung im Krieg ausschließlich als Wegbereiter des Nationalsozialismus zu identifizieren. In Zeiten des Kolonialismus und Imperialismus waren anthropologisch argumentierende, positive Kriegsbilder europaweit und in unterschiedlichen Parteiungen verbreitet. In England und Frankreich sollten eine Theorie der zivilisatorischen Überlegenheit eine politische Legitimation und sozialdarwinistische Argumente eine historische Tiefe geben.

Lässt man den Zusammenhang dieser Kriegstheorie mit den Kriegsverbrechen der Nationalsozialisten beiseite, liegt der entscheidende theoretische Mangel ihrer Genealogie in der Statik. Krieg wird aus den diskursiven Beziehungen gelöst und als eine Urszene verstanden, deren Kern sich am Anfang der Zivilisation gebildet und unwandelbar bis in die Gegenwart erhalten habe. Der Diskurs gilt nicht als integrales Element von Krieg, sondern als sein Gegenteil. Dieser Krieg ist stumm und stets derselbe, *nichts als ein erweiterter Zweikampf.* Die Berufung solcher Gedanken über das veränderungslose Wesen des sprachlosen Kriegs auf Nietzsches metaphorische Rede vom Krieg war eine verbreitete, aber ideologisch gezwungene Fehlinterpretation. Es sei angemerkt, dass diese statische Kriegstheorie in eklatantem Widerspruch zur dynamischen Kriegführung des Nationalsozialismus stand.

Anthropologisierung und Psychologisierung von Krieg um 1900

Gegen Ende des 19. Jahrhunderts wurden die hegelianisch inspirierten Kriegstheorien von Anthropologie und psychologischen Theorien verdrängt. Sie eroberten den öffentlichen Kriegsdiskurs und schufen eine populärwissenschaftliche Argumentation, in der die Zivilordnung des Friedens nahtlos in den Krieg als Zeit der gestörten Psyche überging. Den soziologischen Theorien zum Trotz standen sich Krieg und Frieden nicht gegenüber, sondern vermischten sich. Die Seele oder die phantasierte Seele der Menschheit wurden zum Kriegsschauplatz. Die Gesellschaft tabuisierte mit der Rhetorik der Zivilisation die kriegerische Gewalt, und zugleich entwarf sie ein Kriegsbild, das von den Prinzipien der Wissenschaft und rationalen Planung, etwa den neuen Transportsystemen (Eisenbahn), der Rohstoffversorgung und den Kommunikationstechnologien, durchdrungen war und sich auf Anthropologie berief, da sie, so lautete das Argument, den Zusammenhang von Innovation und Krieg seit den Anfängen in allen Kulturen belege.

Schmitthenner war einer der bellizistischen Autoren, die sich auf Anthropologie beriefen, um dem Krieg den Anschein von Natürlichkeit und Notwendigkeit zu geben. Sein Verständnis von Krieg war die Folge einer ideologischen Verabsolutierung von Gewalt im Gewand pseudo-anthropologischer und sozialdarwinistischer Argumente. »Wie früher der Primitive allein seinen Gegner anfiel, so taten es jetzt [mit dem Zusammenschluss größerer Verbände] die vielen gleichzeitig und nebeneinander, doch ein jeder für sich, ohne planvolle Ordnung, ohne sichere Führung [...] meist den Nahkampf vermeidend, sich mit der Fernwaffe anfallend. Nur langsam trat der offene Angriffskrieg hervor, der den Nahkampf zur Regel machte. Ihm sollte die Zukunft gehören.«[47] Die angeborene Aggression habe als Grundlage nicht nur des Kampfs um Beute und Herrschaft, sondern als Verwirklichung eines elementaren Naturtriebs gedient. Aus dem Nebeneinander kleiner Einzelgefechte habe sich, lautet das spekulative Argument, durch Zusammenschluss von einzelnen der Krieg der Stämme entwickelt. »Auf der politisch, gesellschaftlich und technisch noch primitiven Kulturstufe begann der *Urkrieg als Kampf der Stämme* sein geschichtliches Leben. Er war ein vervielfältigtes Einzelgefecht, ein Kampf vieler gegen viele.« Aus der Sicht dieser optimistisch positiven Anthropologie entstand Krieg *organisch* aus kleinen und lokalen Anfängen und führte in den großen Krieg der Nationen, der den Kampf ums Dasein in eine Praxis der Menschenwürde übersetzt habe. Im edlen Krieg erreiche der Mensch den Höhepunkt seiner Gattungsbestimmung.

Auch Freud las die Arbeiten der Ethnologen, allerdings mit der entgegengesetzten Einstellung und kam in seiner Spekulation über den Ursprung von Krieg und Gesellschaft zu anderen Wertungen. Auch er stellt Gewalt und Mord an den Anfang. Aber, anders als Schmitthenner, meidet er die triumphale Geste. Auch er schließt sich dem Hang an, mit der deutschen Vorsilbe »ur-« spekulative Theorien über den wahren Anfang zu entwickeln, und einen Anfang des Anfangs zu denken. Sein Beginn der Zivilisation liegt in einem Gewaltakt, der dem Zusammenschluss der Brüder zur Urhorde folge: Die Söhne führen einen kollektiven Mord am Vater aus. Freud geht von der Gewalttat der Urhorde übergangslos in den Krieg über. Unter einem dünnen Firnis von Zivilisation habe sich diese Gewaltbereitschaft bis in die Gegenwart erhalten und breche im Krieg wieder hervor. In dem Gewaltakt sah Freud den Ursprung der Zivilisation *und* des Kriegs. Im Ersten Weltkrieg sei diese Gewalt erneut freigesetzt worden. Freuds pessimistische Anthropologie definiert die Bewältigung und Sublimierung der Gewalt als Grundlage des Kulturprozesses. Krieg

47 | Paul Schmitthenner, Krieg und Kriegführung im Wandel der Weltgeschichte, Wildpark-Potsdam (Akademische Verlagsgesellschaft Athenaion) 1930, S. 3.

und Gewalt könnten aber durch Sublimierung nicht abgeschafft werden. Die Stärkung der Gefühlsbindungen bezeichnet er als das einzige Mittel gegen den Krieg.

Einen anderen Weg schlägt Barbara Ehrenreich ein. Viel diskutiert und in mehreren Auflagen erschienen, ist ihr Buch über den Ursprung des Kriegs symptomatisch für den Kriegsdiskurs der Gegenwart. Auf eine Verstörung durch die Fortsetzung des Kriegs im 20. Jahrhundert, auf die die Wissenschaft keine überzeugende Antwort anbietet, offeriert sie eine anthropologische Spekulation, die auf ein populäres Bedürfnis trifft. Sie verspricht Theorie, aber überschreitet die Grenze zur Fiktion und zum Romanhaften. Nicht Aggression, sondern Furcht stehe am Anfang des Kriegs. Die Furcht des Menschen, anderen Tieren, die von der Natur besser ausgestattet sind, als Beute zu dienen, habe zu Blutritualen geführt, die in den sich wandelnden Formen von Krieg beständig wiederholt würden. Die Leidenschaften (»passion« steht im englischen Untertitel), die wir im Krieg entwickeln und erleben, hätten einen anthropologischen und quasireligiösen Ursprung. Nicht Machthunger oder konstitutionelles Irresein, sondern die Kompensation von Schwäche habe zum Krieg geführt. Von den Stammeskriegen bis zum Krieg der Gegenwart, von Beutekriegen zu religiösen Kriegen zieht sie eine ungebrochene Entwicklungslinie, die das anpassungsfähige Ungeheuer Krieg in Jahrtausenden durchlaufen habe. Kriege wiederholten als Blutrituale den ursprünglichen Kampf und zelebrierten den Zusammenschluss mit den anderen potentiellen Opfern im Kampf ums Überleben in einer feindseligen Natur. Auch das Geschlechterproblem hat in ihrer anthropologischen Spekulation einen Platz: Krieg habe den in sesshaft gewordenen Gesellschaften durch eine Entwertung der Jagd arbeitslos gewordenen Männern eine Aufgabe gegeben, die, zusätzlicher Vorteil für das Patriarchat, den Jünglingen eine zweite Geburt, unabhängig von der biologischen Geburt durch die Frau, beschere.

Es spricht nichts dafür, den Krieg aus der Furcht vor dem wilden Tier zu erklären und ihm als Gelegenheit einer sozialen Geburt eine psychologische Rechtfertigung zuzusprechen. Wie sollte Krieg mit seiner eigenen Ordnung und dem hohen Anteil an Diskurs aus der Konfrontation von zwei fleischfressenden Lebewesen entstehen? Furcht vor Tieren würde eher zu Schutzmaßnahmen führen und könnte als Anfang der Stadt mit schützenden Mauern gedacht werden. Gegenseitige Hilfe und Solidarität wäre eher als Krieg mit den Tieren eine evolutionär gedachte Reaktion auf die Bedrohung durch Tiere.

Gegenwart

Für den Beitrag der Gegenwart zum Kriegsdiskurs will ich mit Elain Scarrys *The body in pain* beginnen. Es ist bezeichnend, dass Scarry den Körper im Schmerz als Ursprung der gesellschaftlichen Ordnung versteht. Das größte Leid, das der Mensch dem Menschen zufügen kann, sei die Folter, der es um die Zerstörung der Person geht.[48] Körper werden auf eine Weise malträtiert, dass sie so lange wie möglich auf der Schwelle zum Tod erhalten werden. Der Schmerz aus diesen Verletzungen sei sprachlos und habe keinen Diskurs, allenfalls den Schrei, und in der größten Todesnähe verstumme selbst der Schrei.[49] Die Verletzung der Tortur versteht Scarry auch als Ziel des Kriegs. Ihre zweite Bestimmung des Kriegs ist der Kampf. Kampf versteht sie als eine Konstante des menschlichen Lebens, und der Kampf im Krieg unterscheide sich von sportlichen Wettkämpfen durch das Ziel: das Töten.

Im Zentrum der modernen Gewaltexzesse macht Scarry den leidenden Körper aus. Gewalt gegen den Körper folge im Frieden wie im Krieg einer einheitlichen Struktur. In ihrer ausgefeilten Studie beschreibt Scarry die Depersonalisierungsprozesse, die extreme Gewalt auslösen, und zeigt, dass sie einer immanenten Logik folgen. Der Schmerz, argumentiert sie in offensichtlicher Anlehnung an Freud, werde im Frieden zu Kreativität sublimiert; der Mensch werde aus Schmerz zum Schöpfer. Diesen Prozess verkehre der Krieg ins Gegenteil. Im Krieg entständen die Schöpfer der komplementären Techniken der Destruktion.[50]

Susan Sontag schließt sich an, auch wenn es ihr weniger um den Krieg als um Bilder zu tun ist, zu denen auch Kriegsfotos gehören. »Das über-vertraute und das über-zelebrierte Bild – von Qual und Zerstörung – ist eine unvermeidbare Eigenschaft unseres Kamera-vermittelten Wissens vom Krieg.«[51] Sie spricht zwar über einen Bruch in der Bildgeschichte des Kriegs, den die

48 | Unter den Berichten ragt heraus: Jan Philip Reemtsma, Im Keller, Reinbek (Rowohlt) 1998.

49 | Die Nähe von Folter und Krieg, die Scarrys Buch durchzieht, ist fragwürdig. Nicht jede Beteiligung am Krieg zerstört die Würde des Menschen. Folter gibt es nicht ohne diese Zerstörung. Vgl. auch Jan Philip Reemtsma, Die Gewalt spricht nicht. Drei Reden, Stuttgart (Reclam) 2002.

50 | Elaine Scarry, The Body in Pain. The Making and Unmaking of the World, New York, Oxford (Oxford University Press) 1985, dt: Der Körper im Schmerz. Die Chiffren der Verletzlichkeit und die Erfindung der Kultur, Frankfurt a.M. (S. Fischer) 1992. Ähnlich argumentiert auch Joas, der von Verwandtschaft und zugleich der Unvereinbarkeit von Gewalt und Kreativität spricht: Hans Joas, Krieg und Werte. Studien zur Gewaltgeschichte des 20. Jahrhunderts, Weilerswist (Velbrück) 2000, S. 66.

51 | Susan Sontag, Regarding the Pain of others, New York (Farrar, Straus and Giroux) 2003, S. 24.

Fotografie ausgelöst habe, aber unterhalb dieses Bruchs nimmt sie Kontinuität wahr. Für ihr Buch über das Erinnern des Leids der anderen, das von Kriegsfotografie handelt, hat sie ein einziges Bild ausgewählt: keine Fotografie, sondern Blatt 36 aus Goyas Radierzyklus *Los Desastres de la Guerra*. Ein entspannt zurückgelehnter Offizier betrachtet, den Kopf in die Hand geschmiegt, aus großer Nähe einen am Baum erhängten Zivilisten in einem einfachen, langen Hemd und heruntergezogenen Hosen. Während andere Blätter (etwa die Nummern 29, 31, 33, 37) eine Nähe zu Scarrys Vergleich von Krieg und Folter zeigen, ist dies eine Illustration von Simone Weils Beobachtung, dass Gewalt den Menschen depersonalisiert, ihm Gefühle raubt und ihn zu einer Sache macht. Goyas Blatt zeigt den Offizier am Nullpunkt der Empathie, eine Sache nicht anders als der steife Körper vor seinen Augen.

Nicht erst durch die Wiederkehr der Folter, sondern als generelle Militarisierung war eine Kriegsordnung in das Innerste der Zivilgesellschaft eingedrungen und hatte ihr Denken und ihre Zukunftsentwürfe erfasst. Der Erste Weltkrieg machte einen großen Schritt in diese Richtung. Alle Bereiche der Gesellschaft sollten für die Zwecke des Kriegs mobilisiert werden. Der Begriff des totalen Kriegs entstand, mit dem Namen Ludendorff in Praxis und Theorie verbunden. Der Gedanke des Absoluten in der Totalität von Krieg war für viele Intellektuelle attraktiv und wurde in seiner Spiegelung in Carl Schmitts Thesen zum Politischen und zum Feind zu einem einflussreichen Denkmuster. Der militante nationalistische und nationalsozialistische Gewaltdiskurs hat sich in die Theorie eines dezentralisierten und gewalttätigen Partisanentums verwandelt.

Die Theorie vom Körper im Schmerz als dem Zentrum von Folter ist überzeugend. Aber kann Krieg damit erklärt werden? Kann Krieg als eine Form der Folter verstanden werden? Gewiss nicht die frühen Kriege. Die Schmerzen und Qualen, die sie auslösten, hatten nichts zu tun mit der Verzögerung des Todes in den Praktiken der Folter. Kann die Analogie von Krieg und Folter den Krieg der Gegenwart verständlich machen? Ich denke nicht, unter anderem, weil die Folter keinen Diskurs hat, der ihr eine Ordnung geben könnte.

Von dieser Fortsetzung des Kriegsbildes, dessen Anfänge sich in den anthropologischen Kriegsdiskurs nach 1900 zurückverfolgen lassen, wird der Krieg des beginnenden elektronischen Zeitalters kaum berührt. Der Kriegsdiskurs des elektronischen Zeitalters ist in Amerika weit entwickelt. Generale, Professoren, Journalisten und interessierte Laien tragen zu einer öffentlichen Debatte bei. Die ist in Deutschland unterentwickelt. Auf den Diskurs des technologisch konstituierten Kriegs der Gegenwart komme ich später zu sprechen.

3. Grundfragen

Die *Kulturgeschichte* des Kriegs kann man als dritte Dimension in der Erforschung von Krieg bezeichnen. Für die Militärgeschichte und Militärtheorie bildet die Kulturgeschichte des Kriegs eine Herausforderung. Sie macht es schwer, sich darüber zu verständigen, wovon die Rede ist, wenn vom Krieg gehandelt wird.

Braucht die Kulturgeschichte des Kriegs eine Theorie? Die Theorievergessenheit macht es ihr schwer, zu sich selbst zu finden. Nur eine theoretische Klärung der Frage, was sie will, was sie kann und was sie soll, ermöglicht der Kulturgeschichte des Kriegs einen selbstbestimmten Beitrag zum Verstehen von Krieg.

Im Abstand zwischen Diskurs und Militärgeschichte errichtet die Kulturgeschichte ihre Baustelle. Auf ihr baut die Imagination, die in der Militärgeschichte den Handlanger spielt.

Um etwas über die Bedeutung von Krieg zu erfahren, reicht es nicht, die Quellen gründlich zu lesen. Will die Geschichte sich aus der Abhängigkeit vom Faktenfetischismus befreien, muss sie sich die Freiheit nehmen, in Alternativen zu denken, Verläufe auszumalen, die sich nicht ereignet haben, aber bei geringfügiger Veränderung der Konstellation hätten ereignen können. Musil hat aus einer Abneigung gegen den Faktenglauben in der Geschichte (und in Geschichten) das hilfreiche Wort *Möglichkeitssinn* erfunden. Der Möglichkeitssinn lässt nicht der Phantasie freien Lauf, sondern hält sich an die Erfahrung des Alltagslebens, so dass er im Gedankenexperiment generalisiertes, vorgestelltes Wissen von einer Wirklichkeit, die es ebenso geben könnte, produziert. Der Unterschied zwischen wirklich und möglich ist nie absolut, sondern die Wahrscheinlichkeit lässt sich abstufen in größere und geringere Wahrscheinlichkeit.

Es wäre unfruchtbar, den Möglichkeitssinn in die Geschichte einzuführen, wollten wir am Ziel festhalten, Ursachen besser zu begründen und Kausalitätsketten abzusichern. Er kann nur durch eine andere Konzeption von Geschichte gerechtfertigt werden. Die Kulturgeschichte konstruiert den Krieg aus dem Diskurs, um ihn aus dem naturalistischen Missverständnis zu lösen und an die Stelle von Identitätsaussagen die Beweglichkeit und die perspektivische Vielfalt zu gewinnen, die den erlebten Krieg ausmachen. An die Stelle von Kausalketten setzt die Kulturgeschichte ein Feld oder auch ein Netz von Beziehungen.

Zu den Aufgaben der Kulturgeschichte des Kriegs gehört es, nach dem Grad der Wahrscheinlichkeit des Entstehens und des weiteren Verlaufs von Ereignissen zu fragen und herauszufinden, was den Wahrscheinlichkeitsannahmen entgegenwirkte und etwa einen Krieg entstehen ließ oder länger in Gang hielt, als pragmatische Wahrscheinlichkeitsannahmen erwarten ließen. (Zum

Beispiel der Fenstersturz von Prag [1618], die ganz unwahrscheinliche Länge des Ersten Weltkriegs, dessen Sieger nach einem halben Jahr feststanden, oder das unbegreifliche Hinausschieben des Endes eines offensichtlich verlorenen Kriegs durch die Politik und die Generale nach 1942.) Um diese Frage stellen zu können, ist es nötig, sich in die Ausgangsposition zu versetzen, wenn die Zukunft noch offen ist und das Folgende noch nicht bekannt sein kann, sondern erst entsteht.

Um die Offenheit des Kriegs in der Kulturgeschichte zu erklären, wähle ich die methodische Operation, Geschichte probehalber umzudenken, indem man ein Ereignis wegdenkt, um über die Folgen dieser Abwesenheit nachzudenken. Aus Abwesenheit lassen sich Rückschlüsse auf die Bedeutung des weggedachten Ereignisses für den Zusammenhang der Geschichte ziehen. Wenn wir fragen, welche Bedeutung die Schüsse von Sarajewo im Juli 1914 für den Verlauf der Geschichte hatten, ist es hilfreich, sie wegzuphantasieren und zu fragen: Wie wäre der Rest des Jahres 1914 und das folgende Jahrzehnt voraussichtlich verlaufen? Hätten die Soziologen recht behalten, die von der Unwahrscheinlichkeit des Kriegs im Europa der intensiven Handels- und Industriebeziehungen ausgingen? Oder hätten die Politik- und Kriegstheoretiker recht behalten, die von der Unvermeidbarkeit des Kriegs überzeugt waren? Lassen sich auf diese Weise Einsichten in die Relation von Taten einzelner Akteure, Handlungen und der Geschichte gewinnen?

Ich wähle ein anderes Beispiel aus der Kriegsgeschichte, das uns zeitlich fernerliegt und daher größere emotionale Distanz ermöglicht. Am 23. Mai 1618 stürzten Mitglieder der protestantischen Stände vier Repräsentanten des Wiener Hofs aus dem Fenster des Hradschin mit der Absicht, sie zu töten. Alle vier überlebten wie durch ein Wunder. Nach dem *Defenestrieren*, wie die Tat nicht ohne Ironie bald genannt wurde, gab es einen Aufstand der böhmischen Protestanten gegen die Herrschaft des katholischen Kaisers, und dann begann ein Krieg, der 30 Jahre lang das Deutsche Reich und weite Regionen Mitteleuropas verwüstete. Der *Prager Fenstersturz* gilt als der Beginn des Dreißigjährigen Kriegs. Seit wann? Und was kann *Beginn* bedeuten? Die Diskrepanz der leicht skurrilen Ereignisse auf der Prager Burg und der folgenden europäischen Katastrophe hat zu Hypothesen und zur Geschichte eines Kriegs geführt, deren Konstruktion ich als exemplarisch vorstellen und ein wenig generalisieren möchte.

Als die vier Kaiserlichen aus dem Fenster gestürzt waren und, weil sie überlebt hatten, noch aus dem Fenster beschossen wurden, konnte niemand ahnen, dass gerade ein mörderischer Krieg begonnen hatte. Er war nicht die Absicht der Handelnden, und er war zu dem Zeitpunkt nicht einmal vorstellbar. Dennoch denken wir aus der späteren Sicht an das Ereignis als die Ouvertüre der folgenden 30 Jahre Krieg. Wie entsteht der Zusammenhang zwischen dem Sturz auf dem Prager Hradschin, dem Ausbruch eines Kriegs und den folgenden 30 Jahren? Aus der Perspektive eines die Fakten aufzeichnenden Chronisten kann es keinen Zusammenhang geben. Ist der Zusammenhang eine Zugabe zu den Ereignissen? Zusammenhang entsteht erst durch Interpretation. Woher bezieht sie ihre Regeln? Muss sie einer Vorstellung von Kausalität folgen? Kann man den Sturz als die oder als eine Ursache des Kriegs verstehen? Wenn wir für einen Augenblick den Sturz aus der Geschichte entfernen, können wir phantasieren, dass der Dreißigjährige Krieg auch ohne den Fenstersturz ausgebrochen wäre. Der Anfang würde dann irgendwo anders gelegen haben. Was berechtigt die Historiker dann, den Fenstersturz als *Anfang* zu bezeichnen? Nichts berechtigte uns, den Sturz in die Position des Beginns einer Kausalkette einzusetzen. Wir können aber auch annehmen, dass der Dreißigjährige Krieg ohne den Sturz nicht ausgebrochen wäre. Dann versetzen wir ihn in die Position einer Kriegsursache. Das wäre eine Ursache, die nichts erklärt. Selbst wenn wir zugestehen, dass der Sturz keine zureichende Ursache ist, sträubt sich die Empfindung dagegen, überhaupt von dem skurrilen Zwischenfall als Ursache für die Entvölkerung Mitteleuropas zu sprechen.

Verstehen wir dieses Ereignis als exemplarisch für den Zusammenhang von Geschichte und Handeln, stellt sich die Frage nach Relationen. Hat die einzelne Handlung eine bewirkende Kraft mit Auswirkungen auf die große Geschichte? Stecken die Folgen bereits in der Tat? Die Teilnehmer konnten im Mai 1618 keine Relation sehen. Sie hatten eine Sicht des Ereignisses, die *authentische* Sicht der Beteiligten: Vier Kaiserliche waren in den Burggraben gestürzt worden und entkommen – zum Bedauern der einen und zur Genugtuung anderer: Eine bizarre Anekdote für Erzählungen im kleinen Kreis. Augenzeugen erinnerten sich nach wenigen Jahren, in denen ein blutiger Krieg gewütet hatte, an ein anderes Ereignis, wenn sie an den 23. Mai zurückdachten. Von ihm unterschied sich wiederum der Sturz, den sich Schiller vorstellte, und mit beinahe 400 Jahren Abstand hat sich das Ereignis und die Einschätzung für uns wiederum verändert. Diese Veränderungen sind nicht so zu erklären, dass sich die Perspektiven im Lauf der Zeit änderten, sondern das Ereignis selbst veränderte sich. Daraus folgt zunächst die Frage: Können wir überhaupt eine authentische Aussage über das Ereignis machen? Wäre die notwendig identisch mit der Wahrnehmung der Beteiligten im Mai 1618? Dann könnte keine Geschichte geschrieben werden, sondern nur eine chronologische Abfolge von Ereignissen. Wenn nicht das originale Ereignis aus der Sicht von 1618, welche Perspektive lässt sich dann begründen? Aber die entscheidende Frage reicht tiefer.

Kann sich ein Ereignis in der auf das Ereignis folgenden Zeit ändern? Für die Militärgeschichte gilt die Faktizität der Verursachung. Die Kulturgeschichte befreit sich von dem Prinzip der kausalen Verursachung. Dennoch will sie verstehen, und das heißt, sie muss Zusammenhänge herstellen. Im Mai 1618 war der Sturz die Ursache für schwere körperliche Verletzungen von vier

Katholiken in Prag. Erst im Lauf des folgenden Aufstandes der Protestanten konnte überhaupt die Idee entstehen, ein Krieg könnte im Entstehen begriffen sein, der in einer Beziehung zu dem kleinen Zwischenfall auf dem Hradschin stand. Nun wurde aus dem Sturz etwas anderes als ein paar Knochenbrüche von vier Katholiken. Um den Zusammenhang herzustellen, ist es nötig, eine lange Kette von Ereignissen zu bilden, die miteinander in Beziehungen gesetzt werden müssen. Welche Art der Beziehung stellen wir aus der Perspektive der Nachgeborenen und Unbeteiligten her? Hatte der Kaiser in Wien die Nachricht über die Knochenbrüche im fernen Prag als Kriegserklärung aufgenommen? Veranlasste die Information aus Prag den Kaiser, die folgende Ereigniskette in Gang zu setzen? Auch er konnte nicht wissen, was sich aus dem von ihm initiierten Beginn entwickeln würde. 1648 konnte dann die Frage gestellt werden, ob der bizarre Fenstersturz irgendwie mit der Entvölkerung Mitteleuropas in Verbindung gebracht werden könnte.[52] Wie stellen wir uns die Relationen von zeitlich und räumlich getrennten Ereignissen vor, so dass ein Zusammenhang entsteht? Hatte das Schicksal eingegriffen (Schillers Geniegriff macht Wallenstein von der Astrologie abhängig) oder Gott oder politisches Kalkül, oder gab es eine Verkettung von Zufällen? In anderen Worten: Im Nachhinein, im Lauf der Jahre folgten Ereignisse, die dem Fenstersturz eine Bedeutung gaben, die er nicht hatte und ohne die das winzige Ereignis längst vergessen wäre. Aber wie ist die neue Bedeutung mit dem Ereignis von 1618 verbunden? Die Erinnerung verändert offensichtlich die Ereignisse der Vergangenheit.

Wäre ein Krieg, können wir weiter phantasieren, nicht zeitlich unmittelbar gefolgt, aber ein Konfessionskrieg zehn Jahre später ausgebrochen, wäre der Fenstersturz ohne Bedeutung (abgesehen von seiner Bedeutung für die Verletzten) und längst vergessen. Kriege brauchen, damals wie heute, keinen Fenstersturz, um auszubrechen, und nicht jedem Fenstersturz folgt ein Krieg, auch wenn Würdenträger stürzen. Ein Verursachungsverhältnis besteht nicht. Wäre dann die Relation von Fenstersturz und Krieg ein Zufall? Oder eine bloß hinzugedachte Phantasie der interpretierenden Nachgeborenen?

Dass sich ein historisches Ereignis erst Jahre nach dem Ereignis bildet, ist nicht die Folge von nachträglicher Interpretation, sondern gehört zu dem Ereignis selbst. Wir können es nicht anders denken, weil es als Ereignis diese Bedeutung in sich aufgenommen hat. Einen anderen Fenstersturz als den mit 30 Jahren Krieg verbundenen gibt es für uns nicht. Wir mögen uns noch so bemühen, die Erinnerung freizuräumen und in die Rolle der Handelnden oder Stürzenden zu schlüpfen. Das kann nicht gelingen. Mit den folgenden Ereignissen hat sich der Sturz selbst verändert. Wie ist es zu verstehen, dass

52 | Historiker machen die Unterscheidung zwischen Ursache und Anlass. Die beiden Begriffe sind ungeklärt, und sie schaffen das hier behandelte Problem nicht aus der Welt.

die Eigenschaften eines Ereignisses sich ändern, nachdem es abgeschlossen ist? Eine zeitlich rückwärts gerichtete Verursachung können wir nicht denken. Wie aber kommt der Zusammenhang zustande? Nicht aus einer intrinsischen Kausalität, argumentiert die Kulturgeschichte. Relationen benötigen einen vom Sturz unabhängigen Kontext, der den späteren Beobachtern bekannt sein muss oder den sie selbst in der Imagination herstellen: Religiöse Gegensätze, Territorialkonflikte, Rivalitäten von Herrscherhäusern und andere in zeitlicher und phänomenaler Ferne zum Sturz stehende Faktoren werden herangezogen und zu einem Beziehungsnetz kombiniert, während andere Eigenschaften der Zeit, zum Beispiel ihre medizinischen Verfahren bei Knochenbrüchen, ihre Hygiene oder ihr Aberglaube, nicht berücksichtigt werden. Diese Kombinationen sind besonders irritierend, wenn wir an zeitlich nach dem Sturz liegende Ereignisse denken, etwa die Schlacht bei Wittstock. Sollte sie, die zu diesem Krieg gehört, irgendwie im Sturz schon angelegt gewesen sein?

David Teniers malte das Bild *Soldaten überfallen ein Dorf*, das die Gewalt einer Plünderung durch Landsknechte zeigt. Wenn wir den Fenstersturz als Ursache des Kriegs verstehen, war er gleichsam *verantwortlich* für die Plünderung und die Ereignisketten, die zum Leid der Dörfler geführt haben, und müsste dann auch umgekehrt gelten: Diese Grausamkeiten im Dorf bestimmen unser Kriegsbild, das dem Fenstersturz seine Eigenheit verleiht? Die Bilder dieser und vieler anderer Plünderungen tragen zur Bedeutung des Jahre zurückliegenden Fenstersturzes bei. Darf die Bedeutung des Sturzes vom späteren Verlauf der Kriegsereignisse abhängen? Eine reduktionistische Geschichtstheorie, die sich nicht auf Chronologie beschränkt und den Begriff der Erklärung nicht eliminieren will, gerät in die unhaltbare Lage, ein früheres auf ein späteres Ereignis zurückführen zu müssen. Die Beziehung zwischen den Ereignissen soll aber in der empirisch-reduktionistischen Geschichte gerade nicht willkürlich subjektivistisch, also nicht wie in phantastischer Literatur, in der die Richtung von Zeit sich ändern lässt, verstanden werden.

Dieses Beispiel aus der Mikrostruktur von Geschichte lässt sich auf die Konzeption von Kulturgeschichte ausdehnen: Kann es einen Zusammenhang zwischen Assurbanipals Krieg und den Kriegen der Gegenwart geben? Sie liegen im Raum und in der Zeit so weit auseinander, dass eine innere Beziehung auf den ersten Blick vollkommen implausibel ist. Ist es gar möglich, dass unsere heutige Sicht des Kriegs im Medienzeitalter die Kriegsbilder aus dem 7. Jahrhundert v. Chr. beeinflusst? Um diesen Gedanken über den historischen *Abstand*, den bereits die Hermeneutik entwickelt hat, konkret zu machen, muss die Frage gestellt werden: Was verändert sich eigentlich am früheren Ereignis, wenn es aus dem Horizont der späteren Geschichte betrachtet wird? Der phänomenale Gehalt des Ereignisses ändert sich. Die Veränderung liegt nicht in der Perspektive des Beobachters (jedenfalls nicht ausschließlich), sondern im Gehalt des Ereignisses. Worin besteht dieser Gehalt? Den können wir nicht als ein stabiles und isoliertes Faktum denken. Der Fenstersturz stand, bereits in den Augenblicken, als er sich ereignete, in Relationen und hatte Bedeutungen. Außerhalb dieser Relationen gab es ihn lediglich als einen Vorfall der Newton'schen Physik von fallenden Körpern. Der phänomenale Gehalt bestand von Anfang an aus Relationen. Sie änderten sich in den Jahren nach 1618.

Über die kriegsimmanente Beziehung des Prager Sturzes zu der 20 Jahre jüngeren Schlacht bei Wittstock lässt sich nichts sagen. Es ist nicht richtig und nicht falsch, das eine Ereignis mit dem anderen über die lange Kriegsgeschichte hinweg irgendwie zu verbinden. Das Problem liegt darin, dass wir über die Art dieser Verbindung keine begründbare Aussage machen können. Eine ursächliche Wirkung der Schlacht auf das Ereignis Fenstersturz verstößt gegen unsere Begriffe von Zeit und von Logik, mit denen wir auch die Vergangenheit konstruieren. Die Alltagserfahrung und ein Grundprinzip der Logik widersprechen der Annahme, die Schlacht von 1636 könnte einen Einfluss auf den Fenstersturz von 1618 gehabt haben, so dass wir sie gern ausschließen. Der Schlacht bei Wittstock gestehen wir daher keine Wirkung auf den Fenstersturz zu. Ebenso kann der Sturz nicht als eine ihrer Ursachen bezeichnet werden. Der Sturz hatte nicht die Reichweite, 20 Jahre zu überspannen und noch immer den Krieg zu beeinflussen. Das schafft ein Dilemma.

Wir können nicht davon ausgehen, dass der Dreißigjährige Krieg nicht die Eigenschaften gewonnen hätte, die zur Schlacht bei Wittstock geführt haben, auch wenn der Fenstersturz ausgeblieben wäre. Anders gesagt: Der Fenstersturz mag zum Kriegsausbruch beigetragen haben, und die Schlacht bei Wittstock ereignete sich im Lauf dieses Kriegs. Aber wir wissen nicht, wie ein Zusammenhang logisch und methodisch hergestellt werden kann, wenn die Schlacht sich auch ohne den Fenstersturz so ereignet hätte, wie wir sie aus den Geschichtsbüchern kennen.

Die Frage nach der Relation kann sich nicht an die reduktionistische Ereignisgeschichte richten, ohne deren Grundfesten zu erschüttern.

Wollen wir Ungereimtheiten vermeiden, müssen wir den Krieg aus dem Muster der reduktionistischen Empirie lösen. Deren Kausalität ist die Folge des Paradigmas und seiner impliziten Kausalitätsannahme. Ein integrierter Zusammenhang muss angenommen werden, der sich aus vielen Kriegen, im nicht zu erreichenden Idealfall aus allen je gefochtenen Kriegen, zusammenfügt, und den wir als Feld oder Beziehungsnetz bezeichnen können. Der Zusammenhang im Netz kann sich vom Kausalitätsprinzip befreien und die Konzeption einer *partiellen Objektivität* einführen. Sie folgt dem Prinzip der Perspektivik. So kann Imagination, die Zusammenhänge ohne das Prinzip kausaler Verursachung denkt, sondern aus Facetten zusammensetzt, in die Geschichte zurückkehren. Die Kulturgeschichte des Kriegs behandelt die Relationen im Rahmen des vorgestellten Kriegs, dem der Diskurs Zusammenhang verleiht.

Beschreibung und Perspektivik

Eine erste Antwort auf die Frage, was eine Kulturgeschichte des Kriegs *kann*, lässt sich aus diesem Beispiel gewinnen. Es lenkt den Blick auf Grenzen. Sie lassen sich aus dem Verhältnis zum Objektivitätsideal der Wissenschaft einerseits und zur Freiheit der Imagination im kulturellen Diskurs andererseits bestimmen.

Die Erweiterung der Militärgeschichte ist als Auftrag zur Soziologisierung verstanden worden.[53] Kulturgeschichte lässt sich aber in der Sprache der Soziologie nicht schreiben. Sie will anderes. Ihre eigentliche Aufgabe findet die Kulturgeschichte weder in einem soziologisch erweiterten Horizont der Militärgeschichte noch im Postulat einer »strategischen Kreativität«.[54] Eine Soziologie organisierter Gewaltverhältnisse erfasst nicht den Krieg in den Köpfen, Seelen und Diskursen.[55] Krieg ist mehr und anderes als organisierte Gewalt von Gesellschaften, die Gewalt als Problemlösungsmittel akzeptieren. Die Beschreibung seiner Ordnung erfordert andere Theorien, und sein Schlachtfeld sieht anders aus als das einer soziologischen Militärgeschichte.

Kulturgeschichte und Objektivität

Wenn die Militärgeschichte einen Zusammenhang konstruiert, ist es nicht der unsere, sondern ein politischer, diplomatischer oder strategischer, der uns nichts angeht und allenfalls kognitiv anspricht. Er löst geringes emotionales Engagement aus und hat kaum Berührungspunkte mit dem Selbstbild und der Einstellung zu Krieg und Frieden. Das problematische Verhältnis des Ichs zum Homo furiosus liegt außerhalb seiner Reichweite. Ihr Reduktionismus bestreitet die Berechtigung, Aussagen über Sachen und Sachverhalte zu machen, die sich der Objektivitätsforderung (im Prinzip) nicht fügen. Reduktionistische Forschung scheint durch die sukzessive Erweiterung des Wissens über die Eigenschaften der geschichtlichen Welt, die durch den Fortschritt der Forschung aufgedeckt würden, ein immer wahreres Bild der Vergangenheit zu erzeugen. Das ist schmeichelhaft.

---

53 | Vgl. Anne Lipp, Diskurs und Praxis. Militärgeschichte als Kulturgeschichte., in: Thomas Kühne, Benjamin Ziemann (Hg.), Was ist Militärgeschichte?, Paderborn (Schöningh) 2000, S. 211-228.

54 | Münkler, Der Wandel des Krieges, Einleitung, S. 81 u.ö. Als Gegensatz nennt Münkler »strategische Einfallslosigkeit«.

55 | Auch trifft diese Bestimmung auf viele andere Situationen und Verhaltensweisen zu: organisierte Gewalt im Drogenhandel, in der Mafia, in der Massentierhaltung oder in der Institution Ehe.

Der Objektivitätsanspruch versetzt den Historiker in die Position eines virtuellen Urhebers von Geschichte, die durch kausalen Zusammenhang durchsichtig wird. Im Nachhinein laufen alle Stränge des Kriegs im forschenden Historikersubjekt zusammen. Er befindet sich im Zentrum des Geschehens und kann sich der Vorstellung hingeben, Krieg zu erklären, wenn nicht als Ganzen, so doch einzelne Kriege. Je mehr Wissen über einen Krieg, seine Ereignisse und innere Dynamik, er ansammelt, desto eher kann er sich in die Lage dessen versetzen, der ihn lenkt oder beendet. In eine Zeitmaschine versetzt, wäre er, mit seinem nachträglichen Wissen ausgestattet, in der Lage, jeden Krieg zum Sieg zu führen oder in der Zukunft einen ähnlichen Krieg zu verhindern.

Verstärkend wirkt, dass die Geschichtsschreibung auf den Krieg im Industriezeitalter fokussiert ist. Dadurch fördert sie diese Illusion, beschränkt aber ihre Erkenntnismöglichkeiten. Theoriebildung über den Krieg muss die frühen Kriege einschließen, um die Prinzipien zu verstehen, die den Krieg ausmachen und auch im Krieg der Moderne wirken.

Methode und Gegenstandsbestimmung der Kulturgeschichte

Wenn man den Anspruch der wissenschaftlichen Objektivität vertritt, ist die Kulturgeschichte ein Irrläufer, den es *eigentlich* gar nicht geben sollte. Ihr wird der Vorwurf gemacht, sie verwische die Grenze zwischen Fakt und Fiktion, Krieg und Vorstellungen vom Krieg.[56] In der Tat verletzt sie diese Grenze. Eine Skepsis, die den Unterschied zwischen gefundenen und erfundenen Fakten in Frage stellt (nicht aufgibt), liegt ihr zugrunde. Darin liegt keine Schwäche, die behoben werden müsste, sondern ganz im Gegenteil: Die Kulturgeschichte des Kriegs durchlöchert diese Grenze aus prinzipiellen und erkenntnistheoretischen Gründen. Sie nimmt vom Ideal kausaler Verursachung und der Objektivität Abschied. Für sie gibt es den Krieg nicht ohne die Vorstellungen und Bilder, die sich Menschen von ihm machen – vor, während und nach den Kampfhandlungen. Eine Trennung ist künstlich und postuliert eine Wirklichkeit von Krieg, die es außerhalb der Studierstube von Historikern nicht gibt.

Der Ausgangspunkt der Kulturgeschichte des Kriegs ist die Skepsis am tradierten Gehalt und an der reduktionistischen Methode, mit der er gewonnen wird. Ihren Ausgangspunkt nimmt sie in einer subjektiven Wirklichkeit.

56 | Unter vielen anderen hat Wolfgang J. Mommsen die falschen Alternativen beschworen und vor dem Verlust der Realgeschichte und einer Beliebigkeit in einer Geschichtsschreibung, in der die Kontrolle durch Empirie missachtet werde, gewarnt: Wolfgang J. Mommsen, Die Geschichtswissenschaft am Ende des 20. Jahrhunderts, in: Christoph Cornelißen (Hg.), Geschichtswissenschaft im Geist der Demokratie. Wolfgang J. Mommsen und seine Generation, Berlin (Akademie) 2010, S. 26-37.

Sobald wir mit Ethnologie und Psychologie einräumen – und das ist die Folge eines Wissenschaftsprogramms und nicht einer Vorliebe für das Spekulative –,[57] dass die geschichtliche Welt mit objektivierenden Methoden nur partiell verstanden werden kann, müssen wir nach anderen Wegen des Verstehens suchen, wollen wir nicht den Gedanken der Einheit der geschichtlichen Welt aufgeben.

Das Wissensfeld der Kulturgeschichte des Kriegs ist anders strukturiert als das der Militärgeschichte. Sie macht selten Aussagen über den Krieg auf dem Schlachtfeld, sondern sie richtet sich auf die Konstruktion von subjektiven und kollektiven Erfahrungen und Reflexionen des Kriegs und behandelt kognitive und emotionale Akte, in denen der Krieg zur Erscheinung wird. Sie befragt den Diskurs nach Sinn und Bedeutung, nicht nach geschichtlicher Wahrheit, die er enthalten könnte.

Das Problem einer Grundlegung besteht nicht in einer Präzisierung des Gegenstandsbereichs und nicht darin, im Rahmen einer objektiven Konzeption von Geschichte auch subjektive Perspektiven und Erlebnisse anzuerkennen und unterzubringen. Auch wenn diese Möglichkeit eingeräumt wird, bleibt der Konflikt erhalten. Perspektivik und der Diskurs als Wirklichkeitsproduzent lassen sich nicht mit dem Erkenntnisideal der Objektivität vereinbaren. Die Frage ist nicht, ob die Ebene der Vorstellungen in die Geschichte einbezogen werden soll, sondern wie ihr Status als Epiphänomen vermieden wird.

Soll eine Kulturgeschichte des Kriegs begründet werden, ist es notwendig, das Theorieideal der Objektivität als Einschränkung der erkennbaren Wirklichkeit zu relativieren. Sie kann nur mit der Konzeption einer *partiellen Objektivität* Aussagen machen. Damit verabschiedet sie sich vom Gedanken eines virtuellen Urhebers. Sie verfolgt nicht das Ziel, den Krieg in der Theorie nachträglich überschauen und beherrschen zu wollen und strebt nach einer Art des Wissens, das sich zur Anwendung nicht eignet. Aber sie schließt ein, im Krieg einen Abgrund zu sehen, um den die Militärgeschichte einen Bogen macht.

Die Ergebnisse einer solchen Kriegsgeschichte bleiben unverfügbar.

Nicht Erklärung, sondern Beschreibung

Was Kulturgeschichte freilegt, liegt auf einer anderen Ebene als die Fakten der Ursachenforschung. Ihre Fragen richten sich nicht auf die Ursachen von Krieg, sondern was es über die innere Verfassung der Vorkriegsgesellschaft aussagt, wenn im kulturellen Diskurs seit dem letzten Jahrzehnt des 19. Jahrhunderts widerstreitende Diskurse, die von der Unvermeidbarkeit des Kriegs

57 | Bruno Latour, Die Hoffnung der Pandora. Untersuchungen zur Wirklichkeit der Wissenschaft, Frankfurt a.M. (Suhrkamp) 2002; ders., Elend der Kritik. Vom Krieg um Fakten zu Dingen von Belang, Zürich, Berlin (Diaphanes) 2007.

sprechen, vom Schlachthaus phantasieren, dem wissenschaftlichen Zeitalter das endgültige Ende des Kriegs zuschreiben oder Kriegsbegeisterung schüren, gleichzeitig und ohne die Aussicht, diese Widersprüche aufzulösen, in denselben Kommunikationsstrukturen Wirkung entfalten. Vorstellungen vom Krieg als Schrecken und Apokalypse oder als Reinigung und Erlösung waren prominent vertreten. Die Beschreibung dieser Haltungen und unbewussten Einstellungen leistet einen Beitrag zur Analyse einer Gesellschaft mit Kriegsmentalität, für die der Kriegsausbruch keinen Schock und die Anfangsphase kein Trauma bildeten.[58] Diese Widersprüche zu beschreiben, zu fragen, welche Mittel Gesellschaften entwickeln, um sie auszuhalten, und was geschieht, wenn sie sie nicht mehr aushalten, und das ist nicht notwendig der Beginn von Krieg, gehört zu den Aufgaben der Kulturgeschichte des Kriegs.

Sie bescheidet sich damit, den Krieg als eine Lebenswelt zu beschreiben. Sie geht von einem Im-Krieg-leben aus, das sie zum eigentlichen Problem macht. Sie versetzt den Forscher in eine Spannung aus Verstehen und Machtlosigkeit. Schlachtfeld und subjektives Erleben, Politik und Erfahrung, gesellschaftliche Strukturen und vorgestellte Welten bringen sich im Krieg gegenseitig hervor. Wie kann die Geschichte des Kriegs dieser Wechselwirkung gerecht werden? Der Kriegsdiskurs spricht von einem Arkanum des Kriegs, und das kann die Kulturgeschichte nur durch die Suspension einer Sicht, die eine grundsätzliche Erklärbarkeit des Kriegs annimmt und damit ihre Verfügbarkeit ermöglicht, in den Blick bekommen.

Kein Arrangement mit dem Bestehenden

Die Kulturgeschichte findet sich mit dem Zustand einer Pseudo-Normalität, die der Krieg aus der distanzierten Perspektive des Historikers leicht gewinnt, nicht ab, sondern stellt das vorgeblich Selbstverständliche in Frage und blickt auf diesen Zustand durch den Diskurs. Diese Sicht ermöglicht, das Uner-

58 | Die Ebenen von Mentalitätsgeschichte und der nach Kriegsursachen forschenden Militärgeschichte vermischt Wolfgang Mommsen, Der Topos der Unvermeidbarkeit des Kriegs. Außenpolitik und öffentliche Meinung im Deutschen Reich im letzten Jahrzehnt vor 1914, in: ders., Der autoritäre Nationalstaat, Verfassung, Gesellschaft und Kultur im Deutschen Kaiserreich, Frankfurt a.M. (Fischer) 1992, S. 380-406; vorsichtiger ist Stig Foerster, Im Reich des Absurden. Die Ursachen des Ersten Weltkriegs, in: Bernd Wegner (Hg.), Wie Kriege entstehen. Zum historischen Hintergrund von Staatenkonflikten, Paderborn (Schöningh) 2000, S. 211-252; auf die Frage nach einer Kontinuität der mentalen Einstellungen konzentriert sich: Matthias Schöning, Versprengte Gemeinschaft. Kriegsroman und intellektuelle Mobilmachung in Deutschland 1914-1933, Göttingen (Vandenhoek & Ruprecht) 2009. Bernd Wegner (Hg.), Wie Kriege entstehen. Zum historischen Hintergrund von Staatenkonflikten, Paderborn (Schöningh) 2000; Dieter Ruloff, Wie Kriege beginnen. Ursachen und Formen, München (C.H. Beck) 2004.

schließbare am Krieg zu erhalten. Ist die Kulturgeschichte des Kriegs eine Disziplin der Hoffnungslosigkeit? Eine Geschichte, die beschreibend und erzählend bleibt, arrangiert sich leicht mit dem Bestehenden und wird zum Komplizen. Sie muss sich, will sie sich dem Krieg nicht ausliefern, über den Gegenstand der Erzählung auf eine analytische Ebene erheben. Dafür benötigt sie Kategorien, die nicht aus der Kriegsgeschichte abgeleitet werden. Ein anthropologisch-psychologischer Rahmen öffnet einen Raum, der über das Verstehen und Nacherzählen hinausreicht und die Perspektive eines Ethnologen der eigenen Welt einnimmt.

Die Kulturgeschichte des Kriegs erhält damit eine Eigenschaft, die der Historiografie leicht abhanden kommt: zu stören und beunruhigen. Ohne diese Störung könnte die Kriegsgeschichte der Militärgeschichte überlassen werden. Kulturgeschichte wird von der Frage getrieben, ob es nötig ist, sich mit einer Gesellschaft zu versöhnen, für die Krieg und Gewalt eine konstitutive Bedeutung haben, die zu mentaler Dissoziation führen, oder ob die Kultur einer Gesellschaft mehr als ein resigniertes Sich-Abfinden mit der gewaltsamen Realität, mit der *Tragödie der Kultur*, wie Georg Simmel diese Realität bereits vor dem Ausbruch des Ersten Weltkriegs nannte (1911), zulässt. Freud, in einen argumentativen Widerspruch verstrickt, aus dem sich auch die Kulturgeschichte des Kriegs nicht befreit, zweifelte an der Möglichkeit, den Krieg abzuschaffen und hielt dennoch an der Aufgabe der Gegenwart fest, auf die Bewältigung der Kriegsgewalt in der Zukunft hinzuarbeiten.

Es lässt sich mit guten Gründen argumentieren, dass die Existenz und Wirkung des vorgestellten Kriegs eines der Grundprobleme der Geschichte bildet. Ich will im Folgenden die Notwendigkeit von Theorie an der Behandlung zentraler Begriffe wie Kohärenz und Kontinuität, Erlebnis und Erfahrung, Authentizität, das Unerschließbare und Dissoziation klären,[59] aber zuvor die Ebene der Theoriebildung von Kulturgeschichte bestimmen.

Perspektiven der Kulturgeschichte

Kulturgeschichte wäre abstrakt und hohl ohne eine Bindung an Empirie. Zum Beispiel wäre es leer und irrelevant, vom Wandel des Kriegserlebnisses zu sprechen, ohne die Veränderungen der Militärtechnik, Strategien und der Organisation des Schlachtfelds zu berücksichtigen. Andererseits entwickelt die Militärgeschichte Forschungsfragen in der Auseinandersetzung mit dem Kriegsdiskurs. Schlachtverläufe lassen sich, zum Beispiel, nicht ohne das Einbeziehen der Motivation der Soldaten und des Willens erklären, und der hängt

59 | Erinnerung und Gedächtnis haben zahlreiche Arbeiten in den Kulturwissenschaften angeregt, auf die sich die folgende Argumentation bezieht. Im Hinblick auf den Ersten Weltkrieg intensiv: Winter, Remembering War (2006).

von individual- und gesellschaftspsychologischen Entwicklungen ab, die im Diskurs behandelt werden.[60] Ohne die Bedeutung, die der Vietnamkrieg im Diskurs gewonnen hatte, wäre die Militärgeschichte nicht motiviert, ihn intensiver zu erforschen als Frankreich den Indochinakrieg.

Die Verbindungen dürfen aber nicht über den Unterschied von Kulturgeschichte und Militärgeschichte hinwegtäuschen. Nur wenn die grundsätzlichen Unterschiede erkannt und beachtet werden, kann sich Kulturgeschichte auf eine Weise ausbilden, die eine Kooperation ermöglicht.[61]

Für die Kulturgeschichte kann Krieg prinzipiell nicht unabhängig von den Wandlungen des gesellschaftlichen Diskurses gedacht werden, so dass sich das Ereignis stets im Wandel befindet. Sie relativiert die Bedeutung, die die Daten für die Militärgeschichte hat. Für den Kriegsdiskurs sind die mentalen Vorbereitungen von Kriegen und die Nachkriegszeit ebenso bedeutsam wie die Kampfhandlungen. So ist zum Beispiel die Anfangsphase des Ersten Weltkriegs ohne die mentalen Einstellungen in den europäischen Gesellschaften nicht zu verstehen. Der verbreitete Topos von der »Unvermeidbarkeit des Kriegs« eröffnet eine genuin kulturhistorische Frage nach den kollektiven Mentalitäten, die sich in Reden, Essayistik, Prosa, Lyrik und im Alltagsleben manifestierten, den gesellschaftlichen Rahmen der Kriegsbereitschaft formten und sich in den Kriegshandlungen der ersten Monate auswirkten. Die Kriegsbegeisterung vom August 1914 und die Kampfmoral der Soldaten sind ohne diese Vorbereitung im gesellschaftlich Imaginären nicht zu verstehen. Sie wurde zu der Begeisterung, die wir heute kennen, erst durch die folgenden Erfahrungen und Reflexionen. Musils Essays über das Gemeinschaftserlebnis von 1914 entstanden nach dem Ende des Kriegs. Nicht eher existierte die

---

60 | Die Geschichte der Berufsbezeichnung »Soldat« (im Unterschied zu Krieger oder Söldner und der Bedeutungsverschiebung im englisch-amerikanischen ›warrior‹) ist für die Kulturgeschichte des Kriegs höchst aufschlussreich. Hinweise in: Herberg-Rothe, Der Krieg, Kapitel »Waffenträger: Vom Söldner bis zum Terroristen«, S. 60-83. *Soldat* entsteht allerdings nicht erst in den Revolutionskriegen, wie Herberg-Rothe meint, sondern ist bereits im 17. Jahrhundert verbreitet. Bei Moritz von Sachsen heißt es in einer modern anmutenden Formulierung: »Ein Soldat muß nothwendig arbeiten […].« (1763) Der Soldat als Arbeiter steht seit dem Ersten Weltkrieg dem Heldenideal entgegen, das nicht militärisch zu sein braucht, wie das Heldenideal des großen, starken, sonnengebräunten Soldaten der Kriegsbilder inAustralien von 1914 bis in die Gegenwart demonstriert.

61 | Jay Winter meint, es bestehe keine Spannung, sondern ein Ergänzungsverhältnis zwischen beiden. Er findet an der Kultur der Gegenwart besonders interessant nicht die Geschichte und nicht das Gedächtnis, sondern die Überschneidungen und die produktiven Räume, die sie teilen. Winter, Remembering War, S. 288.

Augustbegeisterung, die wir kennen. In ihr sucht die Kulturgeschichte daher nicht nach Kriegsursachen. Sie lassen sich nicht im Kriegsdiskurs finden.[62]

Die Kulturgeschichte des Kriegs stellt Fragen der Metaebene

Die Kulturgeschichte des Kriegs stellt die Fragen einer Metaebene. Die Frage, ob es einen dem erscheinenden Krieg zugrunde liegenden Krieg, einen Krieg objektiver Faktizität gibt, stellt sie nicht. Denn die Klärung der Begriffe *Wirklichkeit* und *Wissen* gehört nicht in den Aufgabenbereich der Kulturgeschichte. Das Problem des Wissens und wie es möglich ist, überlässt sie der Wissenschaftstheorie.[63] Sie schließt bei den Wissenstheorien an, die den Reduktionismus überwinden und partielle Objektivität im Bild der Wirklichkeit zulassen. Als Beispiel für die Metaebene der Kulturgeschichte führe ich das Entstehen der *Kriegsordnung* an.

Drei Stadien, die sich zeitlich überschneiden, lassen sich unterscheiden: der Gegensatz von Kriegsordnung und Friedensordnung mit einer Privilegierung von Krieg, die Vermischung von Kriegsordnung und Friedensordnung mit dem Höhepunkt des totalen Kriegs, und schließlich die Umkehrung des Anfangs: Nun gilt der Friede als das Ideal.

Seit dem 16. Jahrhundert gibt es einen dünnen Strom an Beiträgen zur Kriegstheorie, die um den Begriff der Ordnung kreisen. Sie verstehen Krieg nicht aus gesellschaftlichen Handlungszusammenhängen, sondern als einen militärischen Handlungskomplex.

Das Auftauchen der *Kriegsordnungen* war das Zeichen einer Veränderung. Das Verhältnis von Krieg und Frieden wurde problematisch, war aber als Problem noch nicht explizit. Noch erregte Krieg kein Staunen, aber er war nicht mehr so selbstverständlich wie noch im vorausliegenden Jahrhundert. Die Notwendigkeit wurde empfunden, eine Ordnung für die Kriegszeit zu entwerfen. Die Unterscheidung von Kriegsordnung und Friedensordnung blieb bis ins 18. Jahrhundert erhalten. Der Vorrang der Kriegsordnung bedurfte keiner Begründung. Denn Krieg bedeutete Bewegung und war ein Mittel zur Eroberung der Zukunft. Krieg schuf Zugewinn an Macht, Territorien, nationalem Stolz.

---

62 | Anknüpfungspunkte gibt es allerdings bei dem originellen Ansatz in: Jost Dülffer, Martin Kröger, Rolf-Harald Wippich, Vermiedene Kriege. Deeskalation von Konflikten der Großmächte zwischen Krimkrieg und Erstem Weltkrieg (1856-1914), München (Oldenbourg) 1997. Die Studien verfolgen die Frage, wie ein großer Krieg in den Jahrzehnten vor 1914 gegen alle Wahrscheinlichkeit vermieden wurde.

63 | Unter zahlreichen neueren (vor allem amerikanischen) Arbeiten zu der Grundlagenfrage verweise ich auf Markus Gabriel, An den Grenzen der Erkenntnistheorie. Die notwendige Endlichkeit des objektiven Wissens als Lektion des Skeptizismus, Freiburg, München (Karl Alber) 2008.

So lag es nahe, der Friedensordnung eine Kriegsordnung nicht nur gegenüber zu stellen, sondern überzuordnen.

Albrechts von Brandenburg-Ansbach (1490-1568) »Kriegsordnung« ist exemplarisch für die im 16. Jahrhundert einsetzende Gattung. Sie entwickelt die Ordnung, der der Krieg folgen soll, allerdings im Modus der Faktizität formuliert (und nicht mit dem ius in bello zu verwechseln).

Die fünf umfangreichen und prachtvoll bebilderten Bücher behandeln praktische Fragen des Aufbaus eines Heeres, die Aufgaben einzelner Posten, einschließlich der zum Nähen und Reinigen der Uniformen zuständigen Frauen, und die Kriegsführung.[64] Die Vorrede führt Krieg und Kriegstheorie auf das antike Griechenland zurück, leitet aus der Geschichte die Natürlichkeit von Krieg ab und stellt den Krieg gegen die Türken als eine Selbstverständlichkeit dar. An den Anfang stellt Albrechts Kriegsordnung einen kurzen Teil mit allgemeinen Bemerkungen über den Nutzen seiner Schrift.

»Kriegsordnung bin ich genannt,
Wer kriegt und ist in mir bekant,
Der kann nach der Zeit und gestalt,
Als sein schlacht ordnung machen balt,
Auch brauchen manchen vorteil gut,
Dem feindt zu stilln sein ubermut.«

Der Autor empfindet keine Notwendigkeit, seine Reflexion über den Krieg zu begründen. Der Krieg als Teil des status naturae wird nur implizit in Frage gestellt, indem der Unterschied zwischen Krieg und anderen Formen der Konfliktbewältigung erwähnt wird. Die Berechtigung von Krieg soll sich aus Genese und Deskription ergeben. Ein genereller Begriff vom Krieg und eine

64 | Die Kriegsordnung des Markgrafen zu Brandenburg-Ansbach und Herzogs zu Preußen Albrecht des Älteren, Königsberg 1555. Im Auftrag des Militärgeschichtlichen Forschungsamtes, Potsdam, und in Zusammenarbeit mit dem Deutschen Historischen Institut Warschau, hg. von Hans-Jürgen Bömelburg, Bernhard Chiari, Michael Thomae, Braunschweig (Archiv Verlag) 2006, S. 41-46; vgl. Staatsbibliothek zu Berlin, Ms. boruss. fol. 441 und Ms. boruss. fol. 1254. Zur Besonderheit und Einordnung der Handschrift s. Matthias Rogg, Die Kriegsordnung Albrecht des Älteren von Brandenburg, Herzog in Preußen, in: Die Kriegsordnung des Markgrafen zu Brandenburg-Ansbach und Herzogs zu Preußen Albrecht des Älteren, Königsberg 1555. Im Auftrag des Militärgeschichtlichen Forschungsamtes, Potsdam, und in Zusammenarbeit mit dem Deutschen Historischen Institut Warschau, hg. von Hans-Jürgen Bömelburg, Bernhard Chiari, Michael Thomae, Braunschweig (Archiv Verlag) 2006, S. 19-27, bes. S. 23-27 und darin auch: Tadeusz Marian Nowak, Die polnische Fassung der Kriegsordnung Albrechts vor dem Hintergrund der preußisch-polnischen Beziehungen, S. 29-38, bes. S. 31-35.

Distanz, die die Voraussetzung der Reflexion bildet, hatten sich noch nicht entwickelt. Kriegsordnung ist noch identisch mit Schlachtordnung, und die hat eine feste Gestalt. Albrecht spricht vom Krieg wie von Naturgeschichte, nicht im Sinn einer anthropologischen Definition des Menschen, sondern als Folge einer von Gott gestifteten *Ordnung* der menschlichen Gesellschaft, die als *natürlich* und *zeitlos* erschien. Auch das Genre der Schlachtbeschreibungen entstand nun. Es erlaubte durch mehr oder weniger zutreffende Schilderungen von Schlachten einen gewissen Einblick in die praktischen Seiten der Kriegsführung und Kriegsplanung. Zu einem kontroversen Kriegsdiskurs führten diese Publikationen nicht. Noch war das Auftauchen eines Kriegs, auch in der eigenen Welt, wahrscheinlich und nicht überraschend genug.

Das gleiche gilt für andere Schriften zur Kriegstheorie von adligen Heerführern wie Johann von Nassau, Moritz von Kassel, Moritz von Sachsen und bürgerlichen Schriftstellern sowie Professoren wie Machiavelli, François de la Noue oder Justus Lipsius,[65] die Kriegstheorie an der Schwelle zum entstehenden öffentlichen Kriegsdiskurs schrieben. Sie wandten sich an Spezialisten des Kriegs.

Später wurde der Kriegsdiskurs von Fragen nach Deutung und der Suche nach Sinn angetrieben.[66] Die Kulturgeschichte des Kriegs blickt auf den Diskurs, und der erfordert einmal, die Sinnfrage zu suspendieren, sie aber unter anderen Bedeutungen ins Zentrum zu rücken. Sie hat eine Perspektive, die sie vom Kriegsgeschehen wie vom Diskurs distanziert. Sie liefert sich dem Frage-Antwort-Spiel des Diskurses über Zweck und Sinn gleichsam aus, aber sie gibt sich den Antworten nicht hin, sondern befragt und analysiert sie. Kulturgeschichte lässt sich als die wissenschaftliche Erfahrung der in Theorie und Diskurs konstruierten und reflektierten Kriegsordnungen verstehen. Sie ist zunächst eine Methode der Diskursanalyse und -kritik, die sich auf Symbole und Zeichen richtet, die den Krieg repräsentieren, ihn durchsetzen, in Zusammenhänge des Denkens, Nachdenkens und Phantasierens stellen und von anderen geschichtlichen Ereignissen unterscheiden.

Sie macht das *Wie* bedeutend und fragt: Wie beantworten Theorien, öffentliche Reflexionen, Kunst und Literatur die Frage: *Was ist Krieg?* Welche Mittel

65 | Aus dem ersten Jahrhundert der Kriegsordnungen sind mir über 20 Titel bekannt. Im 4. Band von Delbrücks *Geschichte der Kriegskunst*, der sich mit der frühen Neuzeit befasst, findet sich kaum ein Hinweis auf diese umfangreiche Literatur über den Krieg. Diese Leerstelle ist nicht zufällig und findet sich ebenso im 1. Band der *Deutschen Militärgeschichte (1648-1807)* des Militärgeschichtlichen Forschungsamtes. Vgl. u.a. Martin Hobohm, Machiavellis Renaissance der Kriegskunst, Berlin (K. Curtius) 1991.

66 | Vgl. Niklas Luhmann, Sinn als Grundbegriff der Soziologie, in: Jürgen Habermas, Niklas Luhmann, Theorie der Gesellschaft oder Sozialtechnologie. Was leistet die Systemforschung?, Frankfurt a.M. (Suhrkamp) 1971, S. 25-100, hier S. 41ff.

benutzt der Diskurs, um die Unübersichtlichkeit des Kriegs zu ordnen oder aber in symbolischen Repräsentationen zu erhalten, Sinn zu konstruieren oder zu sabotieren sowie die Beziehung der Repräsentationen zu Ereignissen und die Beziehungen der Repräsentationen untereinander herzustellen? Die spezifischen und für Krieg symptomatischen Diskursanteile, Begriffe, Metaphern und Bilder werden herausgehoben, kontextualisiert und schließlich zu theoretischen Aussagen synthetisiert.

Diese Reflexion des Kriegsdiskurses wurde mit dem Entstehen des generalisierten Kriegsbegriffs, also um 1800, möglich, blieb aber zunächst selten. Es ist bezeichnend, dass der Erste Weltkrieg den Stoff für ihren Aufstieg lieferte.

Mentalität oder Ideologie

Für die Kulturgeschichte ist die Unterscheidung von Mentalität und Ideologie elementar. Der Begriff der Erfahrung ist symptomatisch. Ideologie ist erfahrungslos. Mentalität ändert sich durch Erfahrung. Aber die Kulturgeschichte entkoppelt Erfahrung und ihre Repräsentation und schafft neue Formen der Beziehung.[67] In dem Maß wie Erfahrung zum Problem wird, gerät die Unterscheidung von Mentalität und Ideologie ins Fließen.

Die Kriegsfotografie liefert ein Beispiel für Entmischung und neue Kombination in der Ausbildung von Mentalität. Die Amateurfotografie und die Zusammenstellung von Fotos zu Alben zeugen von der Suche nach subjektivem Sinn. Die offizielle und die meiste veröffentlichte Fotografie der Weltkriege wirkte dagegen an einer politisch geplanten Konstruktion von Bedeutung mit, die sich als Ideologie bezeichnen lässt. Die beiden Typen von Fotografie müssen daher getrennt betrachtet werden. Die Kulturgeschichte deckt das Ideologische der offiziellen Bilder auf. Es greift aber zu kurz, sie als Propaganda und damit als eine Form der Lüge abzuwerten (oder zu ignorieren). Denn eine Rückwirkung dieser *Bilder-Ideologie* auf die Perspektive der Amateure und damit auf ihr Kriegsbild ist nicht zu bezweifeln. Sie trugen, ihrer Unwahrheit zum Trotz, zum Entstehen eines Horizonts visueller Darstellung und Deutung bei, in dem die privaten und vorgeblich authentischen Fotos gemacht wurden und Sinn gewannen. Der Blick durch den Sucher der Kamera und der Blick auf

67 | So lässt sich sagen, dass ein Vorläufer der Kulturgeschichte des Ersten Weltkriegs Norton Cru war, der selbst an der Westfront gekämpft und darüber berichtet hatte, aber zwei Bücher publizierte, die auf der Lektüre von mehreren 100 Memoiren und anderen Kriegszeugnissen beruhten, die er in kritischer Perspektive lesen wollte, um sie vor den Entstellungen und politischen Lügen, also vor Ideologisierung, zu bewahren und *wahrheitsgemäß* einzuordnen. Von der Kulturgeschichte trennt ihn ein starres System von Werturteilen, die er auf christliche Glaubenssätze sowie ein krudes System von Wahrheit zurückbezieht. Sie führen ihn dazu, den Kriegsdiskurs nach 1918 zu verwerfen und enden in steriler Negativität.

Amateurfotos waren vom Einfluss der Propagandafotografie nicht frei. Dieses Verhältnis von Gegensatz und Wechselwirkung aufzudecken, führt die Kulturgeschichte in das Denken und die Affekte von Zeiten, die durch heterogene Bilder vom Krieg geprägt sind und einen Kampf um Diskurshoheit, der von Ideologie geleitet werden kann, ausfechten.

3.1 Erlebnis und Erfahrung

Die Abwendung von der Militärgeschichte stellte einen Begriff ins Zentrum, der bis dahin in der Geschichtsschreibung marginal gewesen war: *Erlebnis*. In der Ermüdung der Militärgeschichte am Ende des Jahrhunderts boten sich die beiden Wörter *Erlebnis* und *Erfahrung* als Gegenbegriffe an. Viele Projekte zur Geschichte des Ersten Weltkriegs reklamierten eine Differenz zur konventionellen Militärgeschichte dadurch, dass sie *Erlebnis* oder *Erfahrung* im Titel einführten. Sie enthalten ein Versprechen. Eine theoretische Reflexion der beiden Wörter hat bisher nicht stattgefunden.[68]

Es ist verfehlt, in ihnen einen Gegenstand der veränderten Fragestellung zu sehen. Das *Erlebnis* soll der neueren Kriegsgeschichte als letzte Gewissheit dienen. Wenn von einer Bewegung fort von der Strukturgeschichte und hin zum Konkreten »als erlebter und wahrgenommener Realität« gesprochen wird,[69] liegt dieser Bewegung oft eine Ontologisierung von Erlebnis zugrunde.[70] Auf einen fundierenden Boden darf die Kulturgeschichte aber nicht hoffen. Erlebnis bildet kein stabiles Fundament für eine Kulturgeschichte und ist in verzerrender Weise unterkomplex verstanden, wenn es als »unmittelbar,

---

68 | Zu den Ausnahmen gehört Klaus Latzel, Vom Kriegserlebnis zur Kriegserfahrung. Theoretische und methodische Überlegungen zur erfahrungsgeschichtlichen Untersuchung von Feldpostbriefen, in: Militärgeschichtliche Mitteilungen, 56, 1997, Heft 1, S. 1-30.

69 | Ute Daniel, Der Krieg der Frauen 1914-1918. Zur Innenansicht des Ersten Weltkriegs in Deutschland, in: Gerhard Hirschfeld, Gerd Krumeich, Irina Renz (Hg.), »Keiner fühlt sich hier mehr als Mensch [...]«. Erlebnis und Wirkung des Ersten Weltkriegs, Essen (Klartext) 1997, S. 158.

70 | Auf verdienstvolle Ausnahmen komme ich im Lauf der Diskussion über Methodenfragen zurück. Genannt sei hier Nikolaus Buschmann, Horst Carl (Hg.), Die Erfahrung des Krieges. Erfahrungsgeschichtliche Perspektiven von der Französischen Revolution bis zum Zweiten Weltkrieg, Paderborn (Schöningh) 2001, S. 67-95 mit zahlreichen Beispielen gelungener diskurstheoretischer und semiotisch informierter Analysen. Informativ ist die Einleitung: dies., Zugänge zur Erfahrungsgeschichte des Krieges. Forschung, Theorie, Fragestellung (S. 11-26); vgl. auch Aribert Reimann, Semantiken der Kriegserfahrung und historische Diskursanalyse. Britische Soldaten an der Westfront des Ersten Weltkriegs, in: ebd., Paderborn (Schöningh) 2001, S. 173-194.

lebendig, als erlebte Realität« in subjektiven Überresten und *Ego-Quellen* gesucht wird.[71]

Für die Klärung der Begriffe eignen sich weniger die Theorien der Soziologie als die Entdeckung von Erlebnis in der Theorie der Geisteswissenschaften.[72] Eine Kulturgeschichte des Kriegs, die sich an der Soziologie orientiert, ist durch eine »empiristische Verkürzung«, vor der die Kritische Theorie seit den zwanziger Jahren warnte, gefährdet. Ihr sind, mit Adorno gesprochen, die »subjektiven Reaktionsweisen« nicht fremd, aber sie versteht sie als »zusätzliche Auskünfte«, während es doch darauf ankommt, die »subjektiven und objektiven Momente im Ernst« miteinander zu verbinden, soll Kulturgeschichte der Gefahr des Empirismus entgehen und nicht »Erfahrung im empirisch kontrollierten Wissenschaftsdenken [...] als gegängelt und gefesselt« praktizieren. Erfahrung sei gegen den Empirismus zu verteidigen, um einen »minder eingeschränkten, minder engen und verdinglichten Begriff« auszubilden.[73] Dafür muss anerkannt werden, dass das Erleben den Horizont des begrifflichen Wissens übersteigt und wir etwas erleben, was wir nicht wissen können oder, anders gewendet, dass wir, wie der moderne Skeptizismus herausstellt, einiges nicht wissen können, aber dennoch seine Realität nicht in Frage stellen dürfen. Die Erinnerung von Erlebnissen ist eine Kulturtechnik, die den Krieg des Einzelnen in das Kriegsbild der Gesellschaft transportiert. Wie kann der Weg, der von der einen in die andere Lebenswelt führt, oder anders gewendet, die eine zur Umwelt der anderen macht, beschrieben werden? *Erlebnis* und *Erfahrung* stellen die Forderung, den Übergang theoretisch zu fassen. Wenn es der Kulturgeschichte des Kriegs um den Übergang von der Ereignisgeschichte in den Diskurs geht, braucht sie eine Theorie, die eine Opposition von Fakt

71 | Wilhelm Dilthey, Ideen über eine beschreibende und zergliedernde Psychologie (1894), in: ders., Gesammelte Schriften Bd. V. Die geistige Welt. Einleitung in die Philosophie des Lebens. Erste Hälfte, hg. von Georg Misch, Göttingen (Vandenhoeck & Ruprecht) 1990, S. 139-240, hier S. 151. Den Beginn der Proliferation des Wortes lieferte wohl Ernst Jäckh (Hg.), Der Große Krieg als Erlebnis und Erfahrung, Bd.1: Das Erlebnis, Gotha 1916.

72 | Laut Gadamer taucht das Wort *Erlebnis* nicht vor der Mitte des 19. Jahrhunderts auf. Gadamer, Wahrheit und Methode, Tübingen (Mohr Siebeck) 1990 (zuerst 1960), S. 56f. Anleihen beim Erlebnisbegriff der Religionspsychologie, und zwar eher bei Karl Girgensohn als bei dem bekannteren aber hoch spekulativen Rudolf Otto, können hilfreich sein. Karl Girgensohn, Der seelische Aufbau des religiösen Erlebens. Eine religionspsychologische Untersuchung auf experimenteller Grundlage, hg. von Werner Gruehn, Gütersloh (Bertelsmann) 1930 (zuerst Leipzig 1921).

73 | Theodor W. Adorno, Gesellschaftstheorie und empirische Forschung, in: Theodor W. Adorno, Gesammelte Schriften Bd. 8: Soziologische Schriften I, hg. von Rolf Tiedemann, Frankfurt a.M. (Suhrkamp), 1980, S. 538-547, hier S. 545.

und Vorstellung vermeidet und das Subjekt und sein Erlebnis weder den Ereignissen und gesellschaftlichen Strukturen gegenüberstellt noch es zu einem Epiphänomen macht.

Das Kriegserlebnis hat zwei gleichbedeutende Ursprünge: das subjektiv erlebte Ereignis und den kulturellen Diskurs. Im Kriegserlebnis ist kognitives und affektives Wissen wirksam, das die gegebene Situation und die subjektive Perspektive übersteigt. Das Kriegserlebnis, lässt sich formulieren, ist dadurch ausgezeichnet, dass es sich aus der Subjektivität auf dem Weg zum Ganzen des Kriegs, zur Beantwortung der Frage: *Was ist Krieg?* befindet, ohne je ans Ziel kommen zu können. Kann es eine *Theorie des Erlebnisses* geben, die es auf Begriffe bringt und kommunizierbar macht, ohne das Subjektive zum Verschwinden zu bringen?

Ich will den beiden Wörtern genauer nachgehen, da sie an der Wurzel der Unterscheidung zwischen der Kulturgeschichte und der reduktionistischen Geschichte vom Krieg liegen. Auch scheint ein Grund für die Popularität der Kulturgeschichte des Kriegs in der Bedeutung des Erlebnisses zu liegen.

Der Unterschied lässt sich auf drei Ebenen bestimmen:
(1) Strukturen des Erlebnisses, (2) die Grenzen des Erlebnisses, (3) die Konstruktion von Subjektivität. Diese theoretischen Komplexe will ich, von Dilthey ausgehend, etwas genauer entwerfen.

Die doppelte Bedeutung von Erlebnis

Zunächst eine Vorbemerkung. *Kriegserlebnis* wird zweideutig benutzt. Es entsteht im Krieg. Es ist aber auch ein Wort, das für das Herstellen eines mentalen Zustands oder einer Erinnerung an Nichterlebtes durch Medien, etwa Film, Literatur oder Museen, benutzt wird. Die beiden Bedeutungen hängen zweifellos zusammen, aber ihr Zusammenhang ist unklar. Wie lässt sich das Erlebnis eines Kinobesuchers in einem auf Einfühlung und Nachvollzug zielenden Film mit dem Kriegserlebnis der im Film gezeigten Soldaten korrelieren? Oder geht es um zwei grundsätzlich verschiedene Erlebnisse, so dass es ein Fehler wäre, eine Verbindung zwischen den mentalen Zuständen der Subjekte der beiden Erlebnisse herzustellen? Auf die Kulturgeschichte übertragen, stellen sich die Fragen nach ihrer Subjektkonstruktion und Zielbestimmung. Will sie das Kriegserlebnis für ein Verstehen aus der betrachtenden Distanz rüsten oder will sie es affektiv nachvollziehbar machen? (Das Stichwort wäre Collingwoods Reenactment, das allerdings für allerhand Scharlatanerie herhalten muss.)[74]

Zunächst sollen die beiden Begriffe Erlebnis und Erfahrung unterschieden werden. Ich beginne mit einigen Bemerkungen ex negativo. Von *Kriegserfah-*

74 | Robin George Collingwood, The Principles of History. And other Writings in Philosophy of History, hg. von William H. Dray, W. J. van der Dussen, Oxford u.a. (Oxford University Press) 1999.

rung war nach 1918 floskelhaft in Vorworten von Memoiren höherer Offiziere die Rede. Auch im öffentlichen Diskurs tauchte *Erfahrung* auf, inflationär bedeutungslos und oft mit anekdotischen Berichten gleichgesetzt. Auf diesen Gebrauch des Wortes im Diskurs der Zeit kann die Theorie der Kulturgeschichte des Kriegs nicht zurückgreifen. Er bildet vielmehr das Objekt von Kulturgeschichte. Erfahrung als Kategorie der Erkenntnis kann sich nicht auf die Umgangssprache beziehen, sondern erfordert die Klärung auf der Ebene philosophischer Begriffsbestimmung.

Erfahrung kann nicht das Ergebnis einer Akkumulation von erinnerten Erlebnissen, die »vergegenwärtigte Vergangenheit« (Koselleck) von Erlebnissen sein. Nicht jede Erinnerung wird zu einer Erfahrung. Ob es ein vor- oder außersprachliches Erleben gibt, lässt sich nicht sagen, jedenfalls wäre es der Beobachtung und wissenschaftlichen Analyse unzugänglich. Erlebnis und Erfahrung stehen nicht in einem zeitlichen Nacheinander, so dass zwischen das rohe Erlebnis und die reflektierte Erfahrung eine Bewusstseinsinstanz rückte, die den Erlebnissen eine Ordnung verliehe, um eine Erfahrung aus ihnen zu machen. Erlebnisse können nicht, nachdem sie zu Erfahrungen geworden wären, »mit dem gesellschaftlichen Wissen abgeglichen« werden.[75] Wir haben keinen Zugang zu Erlebnissen und Erfahrungen vor ihrer Vergesellschaftung. Für die Kulturgeschichte gibt es Erlebnis und Erfahrung nur in kultureller Kodierung.

Dass Erfahrung »sowohl den Gegenstand als auch die Methode wissenschaftlicher Erkenntnis bezeichnet,«[76] ist eine bedeutende Feststellung der Phänomenologie, die Folgen für die Kulturgeschichte hat. Die beiden Erfahrungsbegriffe müssen unterschieden werden, um Kategorienfehler zu vermeiden.

Der Begriff taucht auf – Erlebnis gegen den Rationalismus

Dass Erlebnis einmal das Schlüsselwort einer Epoche war, ist nicht aus dem Kriegsdiskurs, sondern aus der Lebensphilosophie und Jugendbewegung des frühen 20. Jahrhunderts zu verstehen. Die Bedeutung von *Erlebnis* entstand und steigerte sich mit der Skepsis gegenüber dem Fortschrittsdenken und dem Ideal der Verwissenschaftlichung des Lebens. Der Begriff stand in einem Spannungsverhältnis zur Abstraktion durch die Wissenschaften. Erlebnis ge-

75 | Latzel, Vom Kriegserlebnis zur Kriegserfahrung, S. 14.

76 | Jutta Nowosadtko, Erfahrung als Methode und als Gegenstand wissenschaftlicher Erkenntnis. Der Begriff der Erfahrung in der Soziologie, in: Nikolaus Buschmann, Horst Carl (Hg.), Die Erfahrung des Krieges. Erfahrungsgeschichtliche Perspektiven von der Französischen Revolution bis zum Zweiten Weltkrieg, Paderborn (Schöningh) 2001, S. 27-50, hier S. 31.

hörte in den Kontext der Kritik am Rationalismus und zum Protest gegen den Kapitalismus, der zu Beginn des 20. Jahrhunderts die Wörter Erlebnis und Erleben zu Leitwörtern von beinahe religiösem Klang überhöhte. Der antibürgerliche Protest der bürgerlichen Jugendbewegung, gestützt auf Nietzsche und Hölderlin, auch die *geistige Bewegung* um Stefan George, von Georg Simmel aufgegriffen und theoretisiert, sorgten für eine emphatische Bedeutung des Begriffs Erlebnis. »Das ist in dem Ton, den das Wort Erlebnis bis zum heutigen Tag hat, deutlich vernehmbar.«[77] Die Abwehr der Verwissenschaftlichung und Mechanisierung des Lebens und die Opposition zum Begriff des objektiven Wissens kam nicht aus Agnostik und wollte kein naives Unwissen. Das Erleben von Welt sollte einen eigenen, von der Erkenntnistheorie nicht erfassten Status des Verstehens gewinnen.

Wenige Jahre nach Kriegsende bezog sich Benjamin auf diesen Begriff von Erlebnis und Erfahrung (in einer Rezension Ernst Jüngers) und sprach vom Ende dieser bürgerlichen Mentalität, die auch Jünger konstatierte (und herbeigesehnt hatte). Die Soldaten seien verstummt aus dem Krieg zurückgekommen und Erfahrung gehöre nicht zum Erbe dieses Kriegs. Andere Zeitdiagnostiker schlossen sich an. Robert Musils Projekt diagnostizierte eine Krise der Erfahrung (*Das hilflose Europa*, 1922), und in seinem Riesenroman entwickelte er Linien dieser Krise, die, wie er in einem Interview sagte, alle auf den Krieg zuführten.

Die neue Kulturgeschichte hat nicht dort angeknüpft und auch die Fragen der neueren Rezeptionstheorie, die von Erfahrung und ihrer Krise ausging, nicht berücksichtigt. Die Aufnahme der beiden Wörter durch die Geschichtsschreibung hat die *Abwehr der Mechanisierung* vergessen. Wenn die Erlebnisferne als Folge der modernen technischen Zivilisation zum Hunger nach Erleben geführt hatte und das *Erlebnis* im philosophischen und allgemeinen Diskurs aufsteigen ließ, so stellte die historische Forschung, sobald sie den Begriff Erlebnis aufnahm, eine Distanz zum Leben her, die eine erkenntnistheoretisch fixierte Position ermöglichte.

Sie macht, könnte man meinen, die Mechanisierung geradezu zu ihrem Programm. Erlebnis soll in die Wissenschaftssprache einer empirisch disziplinierten Theorie eingebaut werden. So hat man, um ein Beispiel zu nennen, vorgeschlagen, die Erfahrung des Ersten Weltkriegs als ein vom Menschen gemachtes Erdbeben zu verstehen, das sich vom Epizentrum durch eine Reihe von konzentrischen Kreisen nach außen an die Peripherie fortgesetzt habe. Der Abstand zum Zentrum sei durch den Zugang zu den Instrumenten der physischen Gewalt – Armee, Polizei und Justiz – definiert gewesen. Den innersten Zirkel hätten die Politiker gebildet, die Generale den zweiten, die kämpfenden

77 | Gadamer, Wahrheit und Methode, S. 59f.

Soldaten den dritten und die Zivilisten den äußeren Kreis des Erlebens.[78] Die Sprache der Geologie macht aus komplexen psychischen Prozessen des Erlebnisses die Mechanik eines zentrierten Systems, das sich über das Erleben legt und seine komplexe Struktur auf Linearität reduziert.

Dürfen Kriegserlebnisse mit Mitteln behandelt werden, die auf die Erste-Person-Perspektive vertrauen und eine Semantik erfordern, die den Objektivitätstest nicht passiert? Oder darf sich der Historiker Erlebnisse nur in generellen Kategorien denken und muss die Dritte-Person-Perspektive einnehmen? Sobald der subjektive Nachvollzug ausgeschlossen wird, geht das Wesentliche der Erlebnisse verloren, verwandeln sie sich in abhängige Variable eines nach politisch-militärischen Regeln ablaufenden Systems. Solange Wissenschaft darauf besteht, dass die reduktionistische Erklärung der geschichtlichen Welt die einzig richtige Erklärung sei, werden Fragen des Bewusstseins an den Rand geschoben. Dieser Gefahr gilt es zu begegnen, und ein Blick auf die Debatte um Diltheys Erlebniskonzept kann hilfreich sein.

Diltheys Konzept von Erlebnis: Zwischen Positivismus und Hermeneutik

Eine Formulierung Diltheys variierend: Die erste Bedingung für die Möglichkeit einer Erfahrungsgeschichte liegt darin, dass ich selbst ein erfahrendes Wesen bin, dass jeder, der Erfahrungen erforscht, derselbe ist, der Erfahrungen macht.[79] Diese postulierte Gleichheit der Subjekte liegt dem Aufstieg des Erlebnisbegriffs in der neueren Kulturgeschichte zugrunde. Aber Diltheys Postulat der Identität ist nicht zu halten. Es gilt nur für das Nacherleben des individuellen Erlebens, und nicht einmal diese Möglichkeit der Identität ist gesichert, wie Dilthey selbst später einräumen musste. Unter seinem Wort *derselbe* verbergen sich zwei nicht identische Egos, von denen eines gegenüber dem anderen den Status des Beobachters einnimmt. Die Erwartung an den Begriff und das Begriffsfeld ist nicht berechtigt, solange die Frage nicht beantwortet ist, wie das Erlebnis des Einzelnen zu einer Erfahrung werden kann, die im Diskurs in das Kollektive überführt wird und von dort zurückwirkt. Es geht in der Geschichte der Erfahrung nicht um einen Zusammenhang, der vom Einzelnen als solcher erlebt wird. Der Lebenszusammenhang des Einzelnen (Kämpfer oder Historiker des Kampfes) kann nicht die Grundlage für den Zusammenhang bilden, den die Kulturgeschichte konstruiert, um aus Erlebnissen historische Erkennt-

78 | Winter, The Experience of World War I., S. 7.

79 | Wihelm Dilthey, Der Aufbau der geschichtlichen Welt in den Geisteswissenschaften, Gesammelte Schriften Bd. VII, hg. von Bernhard Groethuysen, Göttingen (Vandenhoeck & Ruprecht) 1992, S. 27f., S. 230. Er spricht an dieser Stelle nicht von Erfahrung, sondern von Geschichte.

nis zu gewinnen. Hier muss die epistemologische Reflexion beginnen und den Übergang vom subjektiven Erlebnis zur Erfahrung im Diskurs, vom Soldaten auf der Leinwand zum Betrachter im Kinosessel, um das Beispiel aufzugreifen, klären. Was Dilthey zur Lösung des Problems vorschlägt, die Identität von Erleben und Beobachten, entpuppt sich als ein grundlegendes Problem.

Erlebnis als ein Fluss oder Erlebnis als Gegebenheit

Die Einheit des Erlebnisses und nicht die gegebenen Elemente, in die es sich zergliedern lässt, verleihe ihm Wirklichkeit. Es sei stets in ein veränderliches Ganzes, in Biografie oder Situationen wie Krieg eingebunden. Nicht aus Sinnesreizen oder Daten bilde sich Bewusstsein, wie die Kantische und die empiristische Erkenntnistheorie bis zu Ernst Mach (und weiter ins 20. Jahrhundert) annimmt, sondern aus dem unfesten und immer schon bewerteten Erlebnis. Auch die »reine Vernunft« entspringe dem Erlebnis. Allein aus dem Zusammenhang des Lebens könne Erkenntnis gewonnen werden.

Das Erlebnis transzendiert nach Dilthey grundsätzlich jede Bedeutung, derer sich der Erlebende bewusst ist, und es bleibt so lange lebendig, wie es in die Sinnkonstruktion des Lebens nicht vollständig eingefügt ist. Durch dieses Überschreiten steckt etwas vom Abenteuer im Erlebnis. Das Erlebnis ist eine Ausnahmesituation und vom Abenteuer abgeleitet. Es muss *bestanden* werden wie eine Probe, aus der man verändert und bereichert hervorgeht.[80]

Das Erlebnis kann nicht in dem aufgehen, was sich als bestimmte Bedeutung kommunizieren lässt. Es lässt sich im strengen Sinn nicht dokumentieren. Es repräsentiert das Gegenteil der Dokumentation, die das Bewegte still stellt. Das Erlebnis ist stets wandelbar und unerschöpflich. Es hat für Dilthey und die Tradition der Kritik am Rationalismus den Vorzug, stets unverfügbar zu bleiben.[81] Die Unverfügbarkeit des Subjekts bildet die idealistische Hintergrundannahme.

Zugleich sei aber zu bemerken, dass aus dem Fluss der Ereignisse, die uns als *Welt* umgeben, Erlebnisse erst durch eine kognitive und affektive Leistung entstehen, die Einschnitte setzt und trennt. Ein Erlebnis ist von anderen Erlebnissen, die andere Inhalte haben, ebenso getrennt wie von dem Leben, in dessen Verlauf *nichts* erlebt wird, was herausragen würde.

Diese Isolation bedeutet, dass der Fluss in der nach vorn unabsehbar offenen Zeit durch Trennungen in der Vergangenheit geteilt wird, so dass einzelne Situationen durch einen Eingriff *gemacht* werden. In einer solchen, durch eine

80 | Gadamer, Wahrheit und Methode, S. 65f.

81 | Ingrid Kasten, Einleitung zu: Unverfügbarkeit, Paragrana, Bd. 21, 2012, Heft 2, S. 11-22.

kognitive Leistung gewonnenen zeitlichen Ordnung im Fluss entsteht das Erlebnis. Dilthey spricht von den *Gegebenheiten*, auf die die Deutung geschichtlicher Gegenstände zurückgehe. Das Erlebnis entstehe als Gegebenheit durch Isolation. Aber die Gegebenheiten können, seiner eigenen Definition zufolge, nicht die Daten einer Messung oder objektiven Beobachtung wie die Wellen eines Erdbebens sein, sondern sie haben bereits Bedeutung und sind daher wandelbar. Ein unmittelbares Wissen vom Erlebnis kann es gemäß Diltheys Bestimmung von Leben nicht geben.

Diltheys Paradox: Erlebnis als Fluss und zugleich als Gegebenheit

Das Erlebnis gehört in den Fluss des Lebens, macht aber zugleich Trennung und Differenz nötig, um überhaupt zu einer Einheit zu werden. Zum Erlebnisbegriff gehört damit das Paradox, den Gegensatz zum Fluss des Lebens in den Fluss des Lebens einzuschließen. Wie kann in diesem Dilemma ein Erlebnis konzipiert werden, das seine Eigenart erhält und zugleich zur Grundlage von Wissen wird? Diltheys Ziel ist es, das epistemologische Paradox zu überwinden, das Erleben als elementare Schicht des Lebens zu denken, es aber trotz seiner Unfestigkeit für das Verstehen festzustellen.[82]

Er geht zunächst von einer Nähe von Erlebnis und Einbildungskraft aus. Aber ein »zusammenphantasiertes Erlebnis« passt, wie er bemerkt, nicht zum Begriff Erlebnis, den er im Lauf seiner theoretischen Bestimmung im Sinn von *etwas im Leben Gegebenes* entwickelte, das den *Gegenstand* der Phantasiebildung ausmache. Aber das Erlebnis kann nicht der Gegenstand von Erkenntnis sein und gleichzeitig das In-der-Welt-Sein ausmachen.

Dilthey verbindet die Abkehr von der kantischen Tradition mit einer Unmittelbarkeit im Zugang zur Erlebniswelt. In einem immanenten Widerspruch macht er den Versuch, »von diesem unmittelbaren Wissen über die Wirklichkeit aus die Leistungen des Denkens verständlich zu machen«.[83] Das Instabile der Erlebnisse steht Diltheys Wunsch entgegen, eine Größe zu finden, die Sicherheit bietet und der erlebten Wirklichkeit eine unvermittelte Gewissheit als Grundlage von Wissen gibt. »Dilthey verfolgt nun, wie aus diesem Element der geistigen Welt, das unmittelbar gewiss ist, Zusammenhang sich bildet

---

82 | Gadamer kritisiert, dass eine, entgegen der Absicht, erhalten gebliebene Bindung an ein cartesianisches Wissenschaftsideal das Erreichen dieses Ziels verhindere: Gadamer, Wahrheit und Methode, S. 244.

83 | Wilhelm Dilthey, Wilhelm Dilthey, Grundlegung der Wissenschaften vom Menschen, der Gesellschaft und der Geschichte. Ausarbeitungen und Entwürfe zum zweiten Band der Einleitung in die Geisteswissenschaften (ca.1870-1895). Gesammelte Schriften, Bd. 19, hg. von Helmut Joach, Frithjof Rodi, Göttingen (Vandehoeck & Ruprecht) 1982, S. 58-173, S. 85.

und eine Erkenntnis solchen Zusammenhangs möglich wird.«[84] Aus diesem Grund postuliert er die Identität von Bewusstsein und Objekt im Erlebnis. Was die Geisteswissenschaften zu verstehen suchen, lasse sich grundsätzlich auf die im Bewusstsein gegebenen Qualitäten, die nicht fremd sind, sondern aus menschlichem Handeln und Erleben folgen, zurückführen.

Struktur und ungelöster Widerspruch

Die *Kategorien*, *Gestalten* und *Formen*, in denen sich das Erleben vollzieht, können, argumentiert Dilthey, nicht an einer Einzelperson wahrgenommen werden. Denn das Subjekt in Isolation sei künstlich. Erinnerungen an Erlebnisse sind nie die eines isolierten Subjekts. Dilthey führt den Begriff der *Struktur* ein, um zu einer geschichtlichen Welt zu kommen. Im *Aufbau der geschichtlichen Welt* spricht er von einer Struktur, die er von der psychologischen Erkenntnis des Subjekts unterscheidet. Nicht der innere, psychische Prozess, sondern ein von der Entstehung getrennter, ein »ablösbarer Zusammenhang« mache das Erlebnis aus.[85] In dieser Struktur des in Zeugnissen, für Dilthey in erster Linie schriftliche Texte, objektivierten Seelenlebens sieht er das Leben nicht als Strom des Erlebens, sondern im Rahmen einer Struktur der geschichtlichen Welt.

Diese Unentschiedenheit macht Diltheys Zwischenstellung zwischen dem Gleiten der Interpretation und dem fixierenden Ideal der Objektivität aus. Gadamer kritisiert, dass er durch eine Verschiebung zu Gunsten der Objektivität in diesem Verhältnis in einen letztlich positivistischen Realitätsbegriff abgleite. Die Folge sei, dass er ein »Ergebnis« statt des Prozesses betone. Es sei letztlich die Vorstellung eines positiv Gegebenen, die Diltheys Erlebnisbegriff leite. Das Erlebnis ermögliche aber gerade nicht den Rückgang auf eine Sicherheit in der Vergangenheit als einer letzten Bewusstseinsgegebenheit. Es ist nicht sinnvoll, nach dem »wahren Erlebnis« und der »wahren Erfahrung« zu suchen. Denn Erlebnis und Erfahrung sind abhängige Variable der Bewegung. Sie entstehen aus einer Bewegung fort von Daten und hinein in die unfesten Erscheinungen, zu den Phänomena im Bewusstsein.

Dilthey verfing sich in einem Widerspruch, der bis heute nicht aufgelöst ist. Seine Zwischenstellung, die vom Erlebnis im Fluss des Lebens ausging, sich aber von einem positivistischen Erlebnisbegriff nicht frei hielt, nahm die Positionen einer gegenwärtigen Kontroverse vorweg. Das Problem, mit dem Dilthey kämpfte und das sich bis in Luhmanns Systemtheorie zieht, wirft die Frage nach dem Ende des Subjekts im Denken auf. Mit diesem Problem muss sich die Kulturgeschichte des Kriegs auseinandersetzen, wenn sie sich auf das

84 | Gadamer, Wahrheit und Methode, S. 209.

85 | Wilhelm Dilthey, Der Aufbau der geschichtlichen Welt, S. 85.

Kriegserlebnis bezieht. Sie baut auf einem Erlebnis von Subjekten auf, kann aber nicht umhin, das Ende des Subjekts in verflüchtigenden Prozessen zu konstatieren.

Diltheys Grundgedanke vom Aufbau der geschichtlichen Welt kann für die Frage nach dem Kriegsbild einen Anknüpfungspunkt bilden, solange die Kulturgeschichte des Kriegs sich vor dem wissenschaftlich-positivistischen Falle hütet, aber einen Kontakt zur gegenwärtigen Wissenschaft herstellt und den Erlebnisbegriff gegenüber neueren psychologischen Theorien öffnet. Wenn Dilthey von einem »Zusammenhang« spricht, den wir nicht in Begriffen ausdrücken können, »den wir aber erleben«, so kann sich die Kulturgeschichte der Begriffsskepsis des Lebensphilosophen anschließen. Das Zusammenwirken von Begrifflichkeit, die durch die Naturwissenschaften ausgearbeitet wird, und vorbegrifflicher Metaphorologie, wie Hans Blumenberg diesen Pol der Repräsentation genannt hat, ist konstitutiv.

Erfahrung

Erfahrung in der Kulturgeschichte beruht auf Generalisierungen der im Diskurs bearbeiteten Erfahrungen, die wiederum auf individuelle und kollektive Erlebnisse verweisen. Erfahrung bezeichnet einen Vorgang im gelebten Leben und ist zugleich eine Kategorie der Geschichtsschreibung. Dieser Unterschied darf nicht verwischt werden. Wissenschaftliche Erfahrung wirkt, mit dem etwas fragwürdigen Wort Kosellecks gesprochen, wie ein *Filter*, selegierend und purifizierend. Aber, und das ist wichtiger, der Prozess hat, anders als ein Filter, selbst eine Wirkung. Er beeinflusst die Beziehung des subjektiven Sinns zur gesellschaftlichen Bedeutung des Kriegs. Will man auf den Begriff der *wissenschaftlichen Erfahrung* in der Kulturgeschichte nicht verzichten, muss der Unterschied der Argumentationsebenen bedacht werden. Die Kulturgeschichte liefert eine Art der wissenschaftlichen Erfahrung, die sich aus Erlebnissen und Erfahrungen im Krieg aufbaut. Die dürfen nicht in einem Sinn von Unmittelbarkeit verstanden werden, sondern sind bereits kulturell kodiert. Wenn der Unterschied verwischt wird und partikulare Kriegserfahrung auf der Ebene der Kulturgeschichte als Erfahrung erscheint, besteht die Gefahr, dass Wertung und Parteinahme in den Erkenntnisprozess einfließen, die Aussage der Kulturgeschichte kompromittieren und sie gegebenenfalls zur Ideologie hypostasieren.

Gehen wir davon aus, dass *Erfahrung* und *Kritik* die Kulturgeschichte mit dem Kriegsdiskurs verbinden, lassen sich allerdings Interferenzen nicht vermeiden. So ist eine kulturgeschichtliche Untersuchung zum Pazifismus von den im Pazifismusdiskurs wirkenden Erlebnissen und Forderungen nicht zu trennen; oder, um ein anderes Beispiel zu wählen, die Kategorie des *Willensmenschen* für den deutschen Offizier des 20. Jahrhunderts und ihre Analyse durch die Kulturgeschichte[86] müssten ohne den Rückbezug auf Kriegserfahrung leer bleiben und wären vor ideologischem Missbrauch nicht geschützt.

Präsenz

Neuere psychologische Forschung betont, dass die Einheit des Erlebnisses auf *Präsenz* beruht. Die mentale und emotionale Anwesenheit ist nicht einfach gegeben, sondern als eine Handlung zu denken, die gelegentlich als *Präsentifikation*, als ein Bemühen, »im Augenblick gleichzeitig zu *sein* und zu *handeln*«, bezeichnet wird. Präsent zu sein, bedeutet mehr als das Gewahrsein des Augenblicks, nämlich die Konstruktion des Kontextes und der subjektiven Bedeutung des gegenwärtigen Augenblicks innerhalb der persönlichen Biografie. Mentale Präsenz erfordert mentale Energie.

Das Erlebnis schließt das Erleben des »Präsentseins« ein, das heißt »das Erleben des Augenblicks subjektiven Erlebens in seinem Erscheinen. Wir sind präsent, wenn wir aktuelle innere und äußere Reize, die für unsere augenblicklichen Interessen wichtig sind, synthetisieren [...]« und zugleich dieses Tun erleben.[87] Es ist nicht leicht, sich im gegebenen Augenblick auf Reiz und Handlung zu konzentrieren, ohne die Aufmerksamkeit abschweifen zu lassen. Das Bewusstsein braucht ein »mentales Niveau« (Nijenhuis), das es ermöglicht, die volle Aufmerksamkeit aufrechtzuhalten. Wir reflektieren darüber, was wir gerade erleben und stimmen zu: ein wichtiger Aspekt für die mentale Integration, oder wir weisen ab: Bedingung für das negative Erlebnis. Es geht »primär darum, dass wir unsere eigenen Handlungen beobachten und darüber reflektieren, zum Beispiel über Gefühle und Gedanken«.[88] Man kann auch sagen, das Erlebnis ist nicht spontan, sondern fordert eine praktizierte Theory of Mind.

Das Kriegserlebnis entsteht mit dem Krieg der Moderne und stellt das Problem des Individuums und seiner Präsenz. Es bildet sich erst im Rückblick. Im Augenblick des Angriffs gibt es kein Erlebnis, nur die Tat. Die Suche nach dem authentischen Erlebnis jenseits der mentalen Konstruktion und der Aufzeichnung ist illusorisch. Es gibt die Unmittelbarkeit der reflexionslosen Tat. Aber um von einem Erlebnis sprechen zu können, ist Abstand nötig. Wer den Angriff überlebt hat, kann nach dessen Ende zurückblicken und ein Erlebnis entwickeln. Dieser Akt, in dem sich Wahrnehmung, Erinnerung und Reflexion

86 | Ursula Breymeier, Bernd Ulrich, Karin Wieland (Hg.), Willensmenschen. Über deutsche Offiziere, Frankfurt a.M. (S. Fischer) 1999.

87 | Onno van der Hart, Ellert R.S. Nijenhuis, Kathy Steele, Das verfolgte Selbst. Strukturelle Dissoziation und die Behandlung chronischer Traumatisierung, Paderborn (Junfermann) 2008, S. 192.

88 | van der Hart, Nijenhuis, Steele, Das verfolgte Selbst, S. 194.

mischen, ist privat und subjektiv und benötigt einen weiteren Schritt, um für die Kulturgeschichte gegenwärtig zu werden, die Aufzeichnung durch Schrift oder Bild oder unter den besonderen Umständen des Interviews das gesprochene Wort. Die Präsenz des Kriegserlebnisses ist medial.

Intentionalität

Die phänomenologische Auffassung von Erlebnis betont die Intentionalität. Es gebe Erlebnisse nur insoweit etwas in ihnen *gemeint* ist, das sich aufschlüsseln lässt. Das Erlebnis sei bestimmt durch eine innere Einheit und eine Richtung. Trotz der unterschiedlichen Positionen von Dilthey und Husserl in der Frage der Konstitution der Objektwelt, gibt es in dieser Hinsicht Gemeinsamkeit.

Diese intentionale Ausrichtung des Erlebens ist fragwürdig. Erleben könnte gerade in einer Richtungslosigkeit und Intentionslosigkeit bestehen. Wie im Verhältnis von Vergangenheit, Gegenwart und Zukunft die Gegenwart der dunkle Augenblick ist, so ist auch in der Kriegsgeschichte die Gegenwart des Erlebens die dunkle und undurchsichtige Zeit, in der Intentionalität vom Nebel der Gefühle verschluckt wird. Das Wort Erlebnis tauchte im Kontext der biografischen und autobiografischen Literatur auf und war in der Kulturgeschichte des Kriegs mit der Entdeckung der Textsorten Brief und Tagebuch verknüpft. Sie machen deutlich, in welchem Maß Erlebnis nicht intentional ist. Verschiedene Versuche, die Phänomenologie aus dem Dilemma der Intentionalität zu befreien, sind gemacht worden. Ich mache Anleihen bei der Neuen Phänomenologie, wie Herman Schmitz sie formuliert hat.[89] Sie öffnet phänomenologische Theoriebildung für Fragen der Kulturgeschichte des Kriegs, die mit der Intentionalität ein Problem hat.

Philosophie und Neurologie

Kulturgeschichte fragt nach dem Krieg, der im Diskurs eingeschlossen ist und zu dessen Wirklichkeit der Diskurs entscheidend beiträgt. Für sie sind die Fragen zentral, nach welchen Kriterien ein Erlebnis aus dem Ereignisfluss ausgeschnitten, also eine kognitiv und emotional begründete Trennung vorgenommen wird, wie Erlebnisse sich in ein Kriegsbild verwandeln und ein emotionales Wissen entsteht, und wie Bilder einen Zusammenhang herstellen, der als Krieg erkannt und durch Bilder wiederum bestätigt wird. Ohne diese Beziehungen sind Erlebnisse in den Zeiten des Kriegs nichts als ein Nebeneinander amorpher Sinnenreize. Was es bedeutet, sich im Krieg zu orientieren, also

89 | Das grundlegende Problem kann hier nicht entwickelt werden. Schmitz behandelt das Problem der Bewusstseinskonstitution für die Phänomenologie ausführlich als Kritik des Psychologismus; zusammenfassend: Schmitz, Kurze Einführung in die Neue Phänomenologie (2009).

Erfahrung zu machen (in der Schlacht wie im Kinosessel), ist nur über dezentralisierte Agenten und im Kontext sich ändernder Kategorien zu verstehen.

Eine Geschichte des Kriegs, die vom erlebten Krieg handelt, muss sich dem Widerspruch zwischen der Erste- und der Dritte-Person-Perspektive stellen. Den objektiven Zuschreibungen aus einer Dritte-Person-Perspektive steht die Subjektivität von Sätzen der Erste-Person-Perspektive gegenüber. Sätze mit subjektiven Erlebnisinhalten machen Identitätsaussagen. Diese Sätze sind nicht übersetzbar in Aussagen, die von der Dritte-Person-Perspektive Gebrauch machen. Aber sie enthalten doch nicht-beliebige und nicht-triviale Wahrheiten, die nicht in der selbstreferentiellen Beziehung auf einen Sprecher mit seiner nur subjektiven Geschichte aufgehen. Können sie für die Kulturgeschichte nutzbar gemacht werden? Kann Kulturgeschichte dem Blick nach innen vertrauen, und wie weit darf sie sich auf diesen Weg einlassen? Worin liegt der historische (nicht der psychologische) Erkenntnisgewinn der Introspektion?

Erlebnis und Erfahrung stellen kein rein philosophisches Problem mehr, sondern werden in der Neurologie und Psychologie bearbeitet. Die Gefahren der Introspektion werden durch sie nicht behoben aber eingeschränkt. Die Neurophysiologie hat gezeigt, dass das menschliche Gehirn kognitive Zustände erzeugen kann, die *fremdsubjektiv* sind, aber im phänomenalen Bewusstsein als eigene erlebt werden. Sie werden als *multipel* bezeichnet. Sie lassen sich physiologisch erforschen, seitdem der Informationsfluss im Gehirn mit Apparaten und bildgebenden Verfahren nachgebildet werden kann.

Eine Kulturgeschichte, die sich die Mittel der Naturwissenschaften zunutze macht, hat sich im Umgang mit dem Thema Krieg bisher nicht entwickelt.[90] Systematische Beobachtung physiologischer Prozesse und psychosomatischer Reaktionen gibt es in der angewandten Psychologie, aber nicht in der Kulturgeschichte. Nagels Frage nach dem *wie es ist* wird noch immer gestellt, aber in der Kriegspsychologie erscheint sie in einem anderen Licht. Ihr geht es nicht um Erkenntnis, sondern um die psychologische Vorbereitung auf den Krieg und die Therapie kriegsbedingter Schäden, um die soziale Wiedereingliederung eines Kriegsheimkehrers zu erleichtern. An dieser Forschung kann die Kulturgeschichte des Kriegs nicht vorbeigehen. Neurologische Untersuchungen an Patienten mit traumatischen Erlebnissen können für eine Kulturgeschichte des Kriegs aufschlussreich werden. Lassen sich Methoden finden, die das Subjektive des Erlebnisses kommunizierbar machen, ohne sein Eigentliches in Wissenschaftssprache verschwinden zu lassen?

90 | Auch die Wissenssoziologie (Schütz, Berger/Luckmann, Goffman), die allerdings kaum Anleihen bei empirischen Wissenschaften gemacht hat, hat in der Kulturgeschichte kaum Spuren hinterlassen.

Ich will auf Forschung hinweisen, die sich zur Kooperationen zwischen Kulturwissenschaft und Neurologie anbietet.

Die experimentellen, empirischen Erkenntnisse der letzten Jahrzehnte, etwa durch Untersuchungen der Dissoziationspsychologen und Beobachtungen an *Split-Mind*-Patienten, belegen, dass Subjektivität physiologische Eigenschaften hat. Im Umkehrschluss lässt sich sagen, dass die Mentalitätsgeschichte sich auf die Beschreibungen solcher neurologischen Eigenschaften stützen kann, um Aussagen über historische Subjekte zu machen. Fraglich ist, ob die repräsentationalen Inhalte solcher Prozesse, also das, was sie für das Subjekt bedeuten, verstanden und in kommunikativer Sprache beschrieben werden können. Die relevante neurologische Forschung steckt in den Anfängen und kann die Frage, wie wir Wissen über fremde Erlebnisse gewinnen, nicht beantworten. Ihre Erkenntnisse lassen nicht entscheiden, ob wir qualitativ dasselbe empfinden wie das fremde Bewusstsein, ob also die in den gleichen Regionen des Hirns ausgelösten Zellaktivitäten identische Empfindungen signalisieren und zum Beispiel die Schmerzempfindung des einen Subjekts mit der eines anderen Subjekts übereinstimmt. Wird die Entwicklung von Apparaten und Methoden in der Zukunft diesen Zusammenhang erschließen und Empathie einem quantitativen Analyseverfahren zugänglich machen? Erst wenn das vage *wie es ist* inhaltlich gefüllt, durch Kategorien strukturiert und durch wissenschaftliche Beobachtungen aufgeschlüsselt werden kann, wäre der Schritt getan, diese zentrale Frage der Kulturhistoriker durch die Verfahren der Neurowissenschaften zu klären oder gar zu beantworten.

Die Entdeckung der Spiegelneurone hat der seit Dilthey diskreditierten Einfühlung und der Introspektion eine unerwartete neurophysiologische Unterstützung eingetragen. Die Entdeckung ist umstritten. Aber erste empirische Forschungen tragen zur Veränderung der Problemlage bei. Bestimmte Neuronen werden aktiviert, wenn ein Subjekt eine Handlung ausführt. Die Beobachtung dieser Handlung durch eine andere Person löst dieselben neuronalen Hirnaktivitäten aus. Unabhängig, ob eine Person einen Schmerz empfindet oder ob sie eine Person beobachtet, die sichtbar unter Schmerz leidet, werden dieselben Neurone im Gehirn aktiviert. Gallese, Rizzolatti und andere sind überzeugt, mit dieser und einer Reihe ähnlicher Beobachtungen gezeigt zu haben, dass Spiegelneurone es ermöglichen, das Erleben anderer im eigenen Gehirn nachzuvollziehen.[91]

91 | Giacomo Rizzolatti, Laila Craighero, The mirror-neuron system, in: Annual Review of Neuroscience 27, 2004, S. 169-192; Giacomo Rizzolatti, Corrado Sinigaglia, Friedrich Griese, Empathie und Spiegelneurone. Die biologische Basis des Mitgefühls, Frankfurt a.M. (Suhrkamp) 2008.

Die Theorie der Spiegelneurone muss ausgearbeitet werden. Sollte sie das erste Versprechen erfüllen, könnte von der Kooperation mit der neurologischen Forschung die Konzeption und Überzeugungskraft der Kulturgeschichte abhängen.

3.2 Kontinuität und Unterbrechung

Krieg scheint per se Unterbrechung zu bedeuten: der Normalität und Zivilität des Lebens. Er ist die Zeit des Todes, die das Leben unterbricht. Aber in der Unterbrechung erschöpft der Krieg sich nicht. Für die Kulturgeschichte gehört die Frage der Kontinuität zu den großen Herausforderungen.

Ihr Paradox besteht darin, dass sie nach dem Konkreten fragt und Unterschiede betont, die das Synchrone brauchen, aber zugleich an der Idee des Kriegs als einer diachron, über den Wandel während einiger Jahrtausende hinweg erhaltenen Einheit festhält. Die Wandlungen der Kriegstechnologie und ihre strategischen, taktischen und mentalen Folgen stellen für eine zusammenhängende Theorie und Geschichte des Kriegs ein kategoriales Problem. Homers Krieg der Bronzezeit ist etwas anderes als die mittelalterlichen Kreuzzüge, der Dreißigjährige Krieg der primitiven Feuerwaffen oder der Irakkrieg. Ist es dennoch berechtigt, von *dem* Krieg zu sprechen?

»Die Geschichte der Kriegskunst«, so formuliert Hans Delbrück, »ist ein einziger Faden in dem Zusammenhange der Universal-Geschichte und beginnt mit dieser.« Woraus besteht der Faden? Was wären die Prinzipien des Zusammenhangs? Die Grundlage der Einheit kann nicht in seinem Wesen und nicht im Krieg als physischem Kampf gefunden werden. Krieg bezieht seine Struktur aus dem nichtmilitärischen Umfeld. Delbrück spricht von Kriegskunst und meint die Kunst der Kriegführung. Kunst gibt es nur durch Medien. Wenn die Kriegführung eine Kunst ist, verändert sie sich wie die Kunst, braucht Verstehen, Imagination und veränderliche Medien zur Darstellung und Tradierung. Der Faden kann, anders als Delbrück meint, der an den Kampf denkt, nur auf der diskursiven Ebene gesponnen werden. Er entsteht im Diskurs durch Sprache, wenn die Sprachlosigkeit der Gewalt unterbrochen wird und wir Geschichten über den Krieg erzählen.

Kaldor, Münkler und andere sprechen von Neuen Kriegen als militärischen Kämpfen. Von *neuen* und *alten* Kriegen lässt sich aber nur sprechen, solange die Einheit des Kriegs angenommen wird. Nur wenn es Kontinuität im Kriegsdiskurs über lange Zeiträume hinweg gibt, kann der Krieg altern und »alt« werden. »Ist das Ende des klassischen Krieges das Ende von Kriegen überhaupt? Oder hat der Krieg nur seine Erscheinungsform geändert? [...] Das ist freilich ein so bedeutender Unterschied, dass darüber in den letzten Jahrzehnten ein kontroverser Disput geführt werden konnte.«[92] Mit dem Entstehen der Neuen Kriege endet nicht der Krieg, und das Wissen über die alten Kriege wird nicht irrelevant. Im Gegenteil. Die Kontinuität über den Bruch hinweg demonstriert die Kulturgeschichte des Kriegs, die seine Anfänge mit der Gegenwart verknüpft. Die alten Kriege sind, seitdem wir die neuen Kriege des elektronischen Zeitalters kennen, nicht mehr dieselben wie zuvor. Auf dieses Wechselverhältnis von neu und alt komme ich im 4. Kapitel zurück. Hier geht es um die theoretischen Implikationen der Konzeption der Neuen Kriege. Sie stützen den Gedanken der Kontinuität.

Eine Zäsur

Bevor ich die Frage nach Kontinuität aufnehme, will ich auf eine Zäsur in der über nahezu 3000 Jahre währenden Kontinuität des Kriegsdiskurses eingehen. Sie folgte aus dem Diskurs. Einen generischen Begriff vom Krieg gab es nicht vor dem späten 18. Jahrhundert. Zuvor bezeichnete das Wort Krieg lediglich einzelne Kriege. Das wird leicht übersehen. Der Gegenbegriff *Frieden* ist nicht teilbar. Das kann zu der Annahme verleiten, dass es auch einen unteilbaren Begriff *Krieg* gebe. Das ist unzutreffend. Die beiden Begriffe liegen nicht auf derselben Ebene. *Krieg* gibt es im Unterschied zu *Frieden* partiell, zu bestimmten Zeiten, in Stückchen, mehr oder weniger intensiv. Es gibt aber nur einen Frieden. Er ist absolut.[93]

Lässt sich der Begriff des Friedens in biblische Ursprünge zurückverfolgen, so entstand der generelle Begriff vom Krieg um 1800. Er konnte sich auf keine Begriffstradition berufen. Bei den Autoren des klassischen Altertums war nicht anzuknüpfen, denn für sie war Krieg gleichbedeutend mit den eigenen Kriegen: zur Verteidigung der Polis, zur Ausdehnung des Imperium Romanum usw. Ein generischer Begriff vom Krieg setzte die Entnaturalisierung des Kriegs voraus, die im 18. Jahrhundert begann.

Standardwerke dieses Jahrhunderts wie von Nicolai, *Versuch eines Grundrisses zur Bildung des Officiers* (Ulm 1775) oder Fleming *Der vollkommene Teutsche Soldat* (1726) kennen keinen allgemeinen Begriff vom Krieg. *Den* Krieg gibt es noch nicht. Flemings *Kriegs-Wissenschafft* verspricht, den Krieg *ordentlich* – also gemäß seiner Ordnung – vorzustellen.[94] Die umfangreiche Ab-

92 | Münkler, Der Wandel des Krieges, S. 30.

93 | Clausewitz hat diese Ungleichheit bemerkt und führt den Begriff *absoluter Krieg* ein. Er könne nicht erreicht werden, da der praktische Krieg zu viele Störungen (*Friktionen*) aufweise. Er ist das begriffliche Pendant zu Friede.

94 | Hanns Friedrich von Fleming, Der vollkommene Teutsche Soldat welcher die gantze Kriegs-Wissenschafft, insonderheit was bey der Infanterie vorkommt, ordentlich und deutlich vorträgt, Leipzig 1726, Faksimile mit einer Einleitung von W. Hummelberger,

handlung beginnt mit allgemeinen Aussagen über das Wesen des Menschen und ethnologischen Spekulationen, um nach wenigen Seiten übergangslos in Fragen der *Fortification* zu springen.[95] In Lexika beziehen sich die knappen Charakterisierungen von Krieg auf aktuelle Kriege; ein genereller Begriff vom Krieg liegt ihnen nicht zugrunde. Pierre Bayles einflussreiche Enzyklopädie, die *Rüstkammer* der Aufklärung nannte Dilthey sie einmal, führt den Krieg am Beispiel König Davids ein, der durch einen Krieg die Welt in den Zustand der Verwirrung zurückgestürzt habe, »den man den Naturzustand nennt, wo allein das Recht des Stärksten gilt«.[96] Eine generelle Aussage über den Krieg ist aus diesem Hinweis auf einen Naturzustand, der nicht sozialdarwinistisch verstanden werden darf, sondern eher eine Anspielung auf Hobbes knapp 50 Jahre alten *Leviathan* macht, nicht abzuleiten. Auch Zedlers *Universal Lexicon Aller Wissenschaften und Künste* (1731-1754) kennt den Begriff Krieg nicht. Lemmata über einzelne Aspekte wie Kriegs-Befestigung, Kriegs-Gerätschaft, Kriegs-Gerichte, auch einzelne Kriege (der Dreißigjährige Krieg) listen konkrete Einzelheiten auf. In Diderots *Encyclopédie* findet sich ein Eintrag *Guerre* von 18 Spalten. Er beginnt mit einer allgemeinen Definition von wenigen Zeilen, die sich auf juristische Fragen bei Grotius und Montecuccoli bezieht, und springt dann unvermittelt zu technischen Detailfragen und Einzelkriegen.

Auch in anderen Enzyklopädien fehlt der Begriff, und das Wort schleicht sich in anderen Lemmata ein. Jablonskis *Allgemeines Lexikon* nennt den Krieg als einen »Zustand der Menschen, in welchem sie einander Schaden und Abbruch zu thun befugt sind. In dieser Beschreibung können bürgerliche Kriege, und die ein Fürst wider seine empörten Unterthanen führet, mit begriffen werden.« Nach diesem Satz, der Krieg und Bürgerkrieg vermischt, wendet er sich den juristischen Fragen des ius in bello zu, sich auf Grotius und dessen

Osnabrück 1967. »Wenn die Menschen gegeneinander im Zorn ergrimmt gewesen, bevor das Gewehr aufgekommen, so haben sie theils mit Zähnen um sich gebissen, wie die bösen Hunde, theils mit denen Händen um sich geschlagen, theils auch mit Füssen um sich gestossen, und die Beleidigte haben sich denn auch hernach mit Händen und Füssen so gut gewehrt als sie gekont. Nach diesem haben sie sich von den Ästen der Bäume Prügel ausgeschnitten, oder Spiesse von Holz gemacht, und die andern haben ihnen mit grossen Bäumen und Stangen ausparirt. Von Weitem gebrauchten sie die Steine oder Schleudern.« (S. 3) – In Wittstock an der Dosse befindet sich seit 1998 im Turm der Alten Bischofsburg das Museum des Dreißigjährigen Kriegs, dessen vier Abteilungen zu der Frage Krieg und Gesellschaft im 17. Jahrhundert aufschlussreiche Exponate zusammenstellen.

95 | Fleming, Der vollkommene Teutsche Soldat, S. 46.

96 | Bayle, Dictionnaire historique et critique (1697), Übersetzung von Günter Gawlick, Lothar Kreimendahl (Hg.), Pierre Bayle, Historisches und kritisches Wörterbuch, Darmstadt (Wissenschaftliche Buchgesellschaft), S. 51.

Kritiker beziehend. Der Schaden sei zu beschränken, »so daß die Verwüstungen durch Brand oder Durchbrechen der Wasserdämme eingestellet, keine Wegführung des Volkes verübet, wehrlose Leute verschonet, und die bewehrten selbst, wenn sie keinen Widerstand mehr thun können, wo es nicht die höchste Noth fordert, beym Leben gelassen, Vergiftungen auch gewisse Arten des Gewehrs verworfen, und nicht geduldet werden«.[97] Aus diesen einzelnen Taten, die charakteristisch für den Krieg seiner Zeit sind, ist nicht auf einen generellen Begriff vom Krieg zu schließen.

Die Ausbildung des generellen Kriegsbegriffs um 1800 bedeutete einen Einschnitt in der Kriegsgeschichte. Der Krieg veränderte sich, sobald er nicht nur als Einzelner mit seinen Besonderheiten und zeitlichen Grenzen, sondern als Teil eines zivilisatorischen Gesamtzusammenhangs wahrgenommen wurde. Erst mit dem Entstehen des generellen Begriffs konnte *der* Krieg in der Lebenswelt erscheinen und die erlebte Gegenwart mit einem Rückblick und einer Vorausschau verbinden. Clausewitz' Versuche über *den Krieg* knüpfen an dieser Neuerung im Denken über den Krieg an und wollen zum neuen generischen Begriff beitragen. Die Metapher vom Ringkampf kann man in der Tat auf jeden Krieg beziehen, so dass sich aus der empirischen Vielfalt die Abstraktion Krieg ableiten lässt. Die Militärgeschichte entstand als Folge dieser mentalen Innovation im Laufe des Jahrhunderts. Die Kulturgeschichte des Kriegs war dann das Produkt eines nachmodernen Geschichtsdenkens, dem diese Einheit zum Problem wurde. Es unterscheidet sich von der Militärgeschichte auch dadurch, dass es den generellen Kriegsbegriff nicht fraglos voraussetzt, sondern einen Zerfall der Einheit der großen Kriegserzählung konstatiert. Kann es der Kulturgeschichte des Kriegs gelingen, über alle Veränderungen der Technik, Strategie und des Denkens hinweg die diachrone

97 | Johann Th. Jablonski, Allgemeines Lexikon der Künste und Wissenschaften. Von neuem durchgesehen, verbessert und stark vermehret von Johann Joachim Schwaben, 2 Bd., Königsberg, Leipzig 1767 (1. Aufl. 1721). Eine Auswahl: keinen Artikel zu *Krieg* enthalten: Luis Moréri, Le grand Dictionnaire (Lyon 1674); Iselin, Historisch- und geographisches Allgemeines Lexikon Basel (3. Aufl 1742-1744); Buddeus, Allgemeines historisches Lexikon (1709-1714); Hübner, Reales Staats- Zeitungs- und Conversationslexicon (1709-1714); Nehrings historisch-politisch-juristisches Lexicon (1725): unter »Bellum civile« wird die juristische Frage nach dem »Recht Krieg zu führen«, abgehandelt. Die »Kleine Encyklopedie oder Lehrbuch aller Elementarkenntnisse« (dt. Übersetzung des frz. Originals durch Johann Samuel Halle, 1780) enthält einen Artikel zum Krieg, der sich auf Taktik, Aufbau der Armee etc. beschränkt. Der Eintrag *Naturrecht* enthält den Satz: »Die gewaltsame Verfolgung seines Rechts, um ein drohendes Unrecht von sich abzuhalten, oder wenn wir den andern mit Gewalt zu seiner Pflicht gegen uns zwingen, wird Krieg genannt.«

Einheit des Kriegs, die im späten 18. Jahrhundert erstmals konsistent gedacht wurde, aus dem Diskurs zu konstruieren?

Die Ilias von Homer (um 680 v. Chr.) und von Weil (um 1940)

Ich will die Frage nach Kontinuität mit einem Beispiel einleiten, das 2500 Jahre umspannt. Homers *Ilias* entstand viele Jahre nach dem Ende des Kriegs um Troja und regte bereits in der Antike eine Auseinandersetzung über Inhalt und Form, die Mythen und das Kriegsthema an, die sich in die Gegenwart zog.[98] Den weiten Bogen von Homer zum Krieg seiner Gegenwart schlägt Kleists Drama *Penthesilea*, das vor dem Hintergrund des männlichen Kriegsmonopols um 1800 die für den Kriegsdiskurs fundierende Frage nach dem Geschlechterverhältnis am Stoff einer Homerischen Mythe aufwirft. Elementare Fragen der Kulturwissenschaft des Kriegs führt das Drama vor: Leidenschaft und Grausamkeit und in dieser Kombination eine Liebe, die, anders als Sigmund Freuds Beschwörung der Liebe des Neuen Testaments, den Homo furiosus vorführt. Girodoux' *La guerre de Troie n'aura pas lieu* (1936) nimmt die Frage auf, aber handelt von einem anderen Krieg vor Troja. Es zeigt den absurden Kampf um eine schöne und kalte Frau sowie fragwürdige Werte wie Mut und Ehre. Das verwundbare Troja schien die Lage Frankreichs, das noch immer mit den Folgen des Ersten Weltkriegs beschäftigt und nun von der mächtigen Diktatur im Osten bedroht war, zu spiegeln. Girodoux' ironische Interpretation des Verhältnisses von Antike und Gegenwart konnte aber nur kurze Zeit den realen Verhältnissen widerstehen. Seine Satire wurde von den militärischen Ereignissen überholt. Ein Zusammenhang von Ereignisgeschichte und Diskurs zu Lasten des Diskurses wurde schmerzhaft spürbar. Nach dem September 1939 war eine andere Interpretation des Verhältnisses von Griechenland und Troja gefragt, in der sich das kriegerische und gewaltbereite Europa über den Abstand von Jahrtausenden hinweg wiedererkennen konnte. So schrieben zwei junge jüdische Französinnen, unabhängig voneinander, Essays über den ersten im kulturellen Gedächtnis überlieferten Krieg Europas (1940/43)[99] und trafen den

98 | Eine Zusammenfassung unter der zeitüberspannenden Globalthese des Kriegs als Zeit der Umwertung von Moral und Umkodierung der Geschlechterrollen: Ortrud Gutjahr, Der andere Kampfplatz. Der Trojanische Krieg und seine Beziehungsmuster im Gedächtnis der Literatur, in: Waltraud ›Wara‹ Wende (Hg.), Krieg und Gedächtnis. Ein Ausnahmezustand im Spannungsfeld kultureller Sinnkonstruktionen, Würzburg (Königshausen und Neumann) 2005, S. 92-120.

99 | Simone Weil, *L'Iliade, ou le poème de la force*, Cahiers du Sud 1940, drei Jahre später, nachdem sie in die USA geflohen war, ins Englische übersetzt von Mary McCarthy. Bespaloffs Essay *On the Iliad* wurde, um einen substantiellen Aufsatz von Hermann Broch erweitert, 1947 in New York publiziert.

Geist der militanten Zeit. Simone Weil und Rachel Bespaloff stellten die brisante Frage nach der Kontinuität des Kriegs als Problem von Gewalt und Zivilisation. Die Folgen der Gewalt haben sich ihrer Ansicht nach nicht verändert. Die grundsätzliche Unabschließbarkeit des Kriegs macht die Konstruktion des Zusammenhangs möglich. Wäre der Krieg um Troja beendet, wäre seine Wiederaufnahme im 20. Jahrhundert keines Gedankens wert.

Im Sinn der Grundfragen der Kulturgeschichte behandeln diese Essays kein Spezialproblem, sondern zielen mitten ins Zentrum. Weil las die *Ilias*, wie Susan Sontag feststellt, nicht als eine fortlaufende Erzählung, sondern als eine lose zusammenhängende Sammlung von Einzelberichten über Schreckensszenen.[100] Das gab ihrer Imagination mehr Spielraum. Sie hatte Goyas Zyklus über die Kriegsdesaster (1810-14), der 1863 posthum veröffentlicht worden war, in einer Ausstellung in Genf gesehen. Einzelne Blätter hatten einen tiefen Eindruck auf sie gemacht. Goyas Bilder wurden zu einer Brücke, die einen Zugang zwischen ihrer Zeit und der lange zurückliegenden Vergangenheit bildete. Die Leichen, Folterszenen, verstümmelten Körper, Erschießungen und Massengräber aus Goyas Blättern lenkten Weils Blick aus der Gegenwart auf den Anfang, den Krieg vor Troja, so dass sich die Kriege zu einem Krieg fügten, dessen Aspekte *den* Krieg sichtbar machten. Vermittelt durch Goyas Bilder las sie die *Ilias* als eine Ansammlung von typisierten Kriegsszenen, in denen die Helden nicht für die Verwirklichung von Recht und Ordnung sorgten. Weil nimmt die Ordnungslosigkeit wahr und sieht eine Analogie zu ihrer eigenen Gegenwart, die von Willkür, Gewalt gegen Zivilisten und Deportationen gezeichnet war. Dieser Gegenwart entnahm sie existenzielle Fragen, um sie am Gegenstand des antiken Kriegsepos zu klären.

In einer radikalen Abkehr von konventionellen Interpretationen des Epos bestimmt Weil die Gewalt als den eigentlichen *Helden* der Ilias: »Der wahre Held, das wahre Subjekt, das Zentrum der Ilias ist die Gewalt: Gewalt, angewandt von Männern, Gewalt, die den Menschen versklavt, Gewalt, vor der menschliches Fleisch schrumpft. Für alle Träumer, die glaubten, dass die Gewalt als Folge des Fortschritts bald nur noch in die Vergangenheit gehören würde, kann die Ilias wie ein historisches Dokument wirken; für andere, deren Kraft, Gewalt wahrzunehmen, ausgeprägter ist und die daher die Gewalt heute wie gestern im Zentrum der menschlichen Geschichte wahrnehmen, ist die Ilias der reinste und treueste Spiegel.«

Mit solchen Sätzen betreibt Weil keine Exegese. Sie liest den Text aus ihrer eigenen zeitgenössischen Sicht. Sie liest Homer nicht als Sänger eines Kriegs, sondern sie stellt über den zeitlichen Abstand eine Übereinstimmung her. Die Schmerzhaftigkeit der Folterszenen wird uns, schreibt sie, von Homer unverdünnt gezeigt. Wenn Weil Homers Bilder zitiert, spricht sie über *ihre eigenen*.

100 | Sontag, Regarding the Pain of other, S. 44.

Aus dieser Perspektive entsteht eine *Ilias*, die in der Tradition eines Kriegsdiskurses steht, in den Homers Text nicht gehört. Weil unternimmt ein subtiles Umschreiben des Heldenepos in einen Beitrag zum Kriegsdiskurs und spricht vom Krieg ihres Jahrhunderts im Spiegel des frühen Epos.[101] Es ist bemerkenswert, notiert Christopher Benfy, wie wenig Berichte der *Ilias* Weil tatsächlich behandelt und wie viel sie auslässt und modifiziert. Homers mildernde Worte und Gesten unterschlägt sie, tilgt etwa das Adjektiv *sanft* im Zitat und baut das Bild eines erbarmungslosen Kriegs in die *Ilias* ein. Es ist für ihre Lesart symptomatisch, dass sie Achilles als den Prototyp des mitleidlosen Helden vorstellt und Züge seiner Menschlichkeit unterschlägt. Die Aussage über Kontinuität ist für ihr Verhältnis zum literarischen Werk wichtiger als die Gerechtigkeit gegenüber dem Text und einer einzelnen Figur.

Es täte Weils Text Unrecht, ihm philologische Ungenauigkeit vorzuhalten. Die Reflexionen zum Trojanischen Krieg wären als Beitrag zur Philologie oder historischen Kriegsforschung falsch verstanden.[102] Sie müssen im Rahmen des Kriegsdiskurses und damit unter anderen Kriterien verstanden werden. Die Interpretin liest einen Text, den sie mit kontroversen Thesen über die Gegenwart verknüpft, um ihn zu verrätseln, und in diesem Rätsel sucht sie die Wahrheit über den Krieg im 20. Jahrhundert. Diese Wahrheit lässt sich ebenso wenig gegen die philologische Wahrheit aufrechnen, wie das Gerücht nicht zur bloßen Unwahrheit schrumpft, wenn man es an den Fakten misst.

Die Rechtfertigung für ihren freien Umgang mit Homers Text ist auf einer anderen als der philologischen Ebene zu suchen. Weil war auf der Suche nach Wahrheit, der zentrale Begriff in ihren Gedanken zur Gewalt. Die Wahrheit findet sie in der Wirklichkeit der eigenen Gesellschaft verborgen, aber offen im Bericht über den fernen Krieg der Antike. Weil ist mit Homer vertraut, aber sie schreibt nicht für klassische Philologen und Frühhistoriker. Ihre Konstruktion einer Einheit des Kriegs hat keine philologische Grundlage und keine andere Berechtigung als den Glauben. Sie ist den Weg des Sacrificium Intellectus gegangen und gehört in den beachtlichen Kreis der Mystikerinnen unter den modernen Kriegsgegnern. Sie weiß, dass die Kulturgeschichte des Kriegs nicht ohne Deduktion auskommt, und der vertraut sie ihre Auslegung an. Sie spielt mit dem Unterschied der Beständigkeit des kulturellen und der Beweglichkeit des kommunikativen Gedächtnisses und ebnet den Abstand zwischen dem Text und ihrer eigenen Gegenwart ein. Sie wagt den Versuch, die Kontinuität der Konstante: Krieg schafft Strukturen, in denen *Gewalt entmenschlicht,* am spezifischen Text zu demonstrieren.

---

101 | Christopher Benfy, A Tale of two Iliads, in: Simone Weil, Rachel Bespaloff, War and the Iliad, übersetzt von Mary McCarthy, New York (New York Review of Books) 2003, S. XII-XV.

102 | Weil, Bespaloff, War and the Iliad.

Sie versteht Gewalt als eine in der menschlichen Natur angelegte Kraft (ihr Wort *force* ist der eher naturwissenschaftlich definierte Begriff), eine anthropologische Universalie, die jederzeit zum Krieg führen kann und die jeden, der ihm ausgeliefert wird, in eine seelenlose *Sache* verwandelt. Die Verwandlung des Menschen in eine Sache ist in Weils Interpretation das alle Kriege vereinigende Übel. Die Kriegsgewalt verwandle den Menschen in eine Sache im wörtlichen Sinn: Sie produziert Leichen. Aber der Mensch sei bereits vor dem physischen Tod ein Körper ohne Leben, da der Krieg ihm das Leben nehme, indem er ihn in eine Sache verwandle. Weil bestimmt den Krieg im Sinn einer Folter für alle: Er nimmt dem Menschen die Würde, indem er ihn als Nicht-Menschen behandelt. In dieser Hinsicht sind Griechen und Trojaner aus Weils Sicht gleich, wie grundsätzlich alle Kriege die Menschen durch Gewalt in Sachen verwandeln. Ihre zurückhaltende Verwendung der Heldennamen baut nicht auf die Vertrautheit der Leser mit ihnen, sondern spielt im Gegenteil auf den Verlust der Person an, zu dem der Krieg jeden Menschen verurteilt. »Jemand war hier, und in der nächsten Minute ist da niemand mehr – das ist das Schauspiel, das die Ilias nicht müde wird uns vorzuführen.«[103] In dieser Depersonalisierung sieht sie die Wahrheit des Kriegs.

Durch die Vermittlung gemeinsamer Bekannter wurde Bespaloffs nicht weniger intensive Arbeit über die *Ilias* zu einer Reaktion auf Weils Essay. Ihr war ebenso klar wie Weil, dass aus der Lektüre der *Ilias* kein Pazifismus destilliert werden konnte. Der Krieg dient ihr zu einem anderen Zweck. Homer verteilt nicht Recht und Unrecht, behandelt die Kämpfer beider Seiten gleich und zeigt kämpfende, leidende und siegreiche Kämpfer auf beiden Seiten, ohne Anklage. Trotz dieser modernen außermoralischen Perspektive findet Bespaloff im Unterschied zu Weil einen Helden. Ihr Held ist nicht negativ, nicht die Gewalt, sondern ein Kämpfer: kein Gott, kein Halbgott, sondern ein Mensch, Hector. Er hat viele Eigenschaften, ist der Schutz Trojas, hat Frau und Familie und ist ein mutiger Mann, der nach den Maßstäben der modernen Welt viel zu verlieren hat. Bespaloff macht ihn nicht zu einer allzeit bereiten Kampfmaschine, sondern zu einem Kämpfer aus Not, der persönlichen Mut zeigt. So wird der Kampf zwischen dem archaischen Racheengel Achill und dem gezwungenen Kämpfer Hector zum Zentrum dieser *Ilias*. Legt Weil den Akzent auf die Verwandlung des Menschen in eine Sache, so verschiebt Bespaloff den Akzent von der Gewalt der mitleidlosen und eitlen Helden auf ein zeitgenössisches Ideal: Verteidigungskrieg, Schutz der Nichtkämpfer, der Zivilisten mit dem Wort der Moderne und zwar, das war ein Novum der Interpretation, unter der ausdrücklichen Berücksichtigung von Frauen, die, Bespaloff spricht diese Wahrheit am Beispiel Helenas aus, im Krieg nur verlieren können.

103 | Weil, Bespaloff, War and the Iliad, S. 3.

Diesen beiden Konstruktionen von Kontinuität lassen sich andere Konstruktionen entgegenstellen. Der antike Mythos der Amazonen soll kurz angeführt werden. Die erste schriftliche Erwähnung findet sich wohl in der *Ilias*. Zahlreiche literarische Fassungen, Bilder und Skulpturen folgen und reichen von den Historikern der griechischen Antike über Rom bis in die Neuzeit. Der antike Mythos vom Volk der kriegerischen Frauen setzt sich bis in die Gegenwart, wo es eher um die Frage von Frauenmacht gegen Männermacht geht, fort.[104] Homer gibt den Grundton der Überlieferung an: Priamos spricht von »männergleichen« Frauen. Männer sind Krieger, Frauen sind keine Krieger, also müssen kriegerische Frauen als Männer oder den Männern ähnlich vorgestellt werden. Ihre Beteiligung am Krieg, der männlichen Arbeit, schafft diese Gleichung. Ihre Eigenschaften: beritten, bewaffnet, meist mit Speer und Bogen. Besiegt werden die Amazonen von Griechen und zwar von herausragenden Helden, denen sie ebenbürtig sind – oder beinahe: Sie werden stets besiegt.

Die Amazonen sind Teil des griechischen Mythos, aber nie Griechinnen. Sie leben nicht im eigenen Raum, sondern kommen vom Rand der Welt, aus dem Kaukasus, vom Schwarzen Meer, der Wildnis oder der Steppe, wo auch die kriegerischen und unverständlichen Skythen hausen. Ihre Herkunft aus der Fremde erfüllt das Idealbild des Gegnerischen. »Die Gegnerschaft der Amazonen ist ein wesentlicher Bestandteil des Mythos.«[105] Sie sind nicht nur die Gegner im Kampf, sondern Gegner in einem umfassenderen Sinn: Sie bilden einen kulturellen Gegensatz zum Griechischen. Sie stehen für eine Verkehrung der Ideale der gesellschaftlichen Ordnung und »verkörperten eine reine Gegenwelt zur hellenischen Kultur«.[106] Diese Verkörperung zeigte sich nicht im Kampf, sondern in dessen Interpretation. Der Diskurs macht sie zu Feinden und zugleich zu Projektionen des Selbst. In manchen Fassungen des Mythos verstümmeln sie männliche Nachkommen oder töten sie sogar. Vasenbilder zeigen sie als Objekte der Bewunderung: schön, elegant, schlank und kräftig. Sie sind nicht nur männergleich, sondern ähneln den idealisierten Jünglingen. Diese positiven Eigenschaften entfalten sie in einer Gegenwelt.

104 | Historisches Museum der Pfalz, Speyer (Hg.), Amazonen. Geheimnisvolle Kriegerinnen, Speyer 2010. Die Ausstellung und dieses Begleitbuch enden, gewagt aber konsequent, mit Amazonen im gegenwärtigen Kampf um Anerkennung, etwa im Pferdesport und in der Popkultur. Könnte man darin eine frühe Form von Lawfare sehen?

105 | Lars Börner, Als die ›männergleichen‹ Amazonen kamen, in: Historisches Museum der Pfalz, Speyer (Hg.), Amazonen. Geheimnisvolle Kriegerinnen, Speyer 2010, S. 16-25, hier S. 19.

106 | Jochen Fornasier, Ein Sieg wie kein anderer? – Athens Triumph über die Amazonen, in: Historisches Museum der Pfalz, Speyer (Hg.), Amazonen. Geheimnisvolle Kriegerinnen, Speyer 2010, S. 52-57, hier S. 55.

Die Gegenwelt entwerfen Bilder und Tempelfriese durch Giganten, Zentauren und die Trojaner, zu denen sich die Amazonen gesellen. Sie schaffen eine Abgrenzung der eigenen Zivilisation vom Fremden aus einer Konstruktion von Gegnern, die als Angstobjekte konstruiert werden und zugleich dem eigenen Selbst korrespondieren. Diese Verbindung aus Nähe und Distanz, dem Eigenen und dem Fremden als der Umkehrung des Eigenen bildet ein symptomatisches Kriegsbild, auf das ich für den Krieg der Moderne am Beispiel des Ersten Weltkriegs zurückkommen werde. Hier sei der Unterschied zum Kriegsbild von Weil herausgehoben: Kriegerische Gewalt führt nicht zur Verwandlung des Menschen in eine Sache, sondern im Kampf mit den Amazonen entsteht das eigene Ich aus der Gleichzeitigkeit von Differenz und Verwandtschaft. Aus der Konfrontation mit den männergleichen Frauen beziehen die Griechen, genauer die Athener, ihre Identität. Dazu diente der Krieg, und diesen Dienst leistete er den Europäern die folgenden 2000 Jahre.

Einen anderen Weg betritt Carl Schmitt und entwirft eine einflussreiche Gegenposition. Er dekretiert lakonisch: »Der Krieg hat seinen Sinn durch Feindschaft.« Er spricht zwar vom modernen Völkerrecht, das einen Feind konstruiere, um »damit einem sonst sinnlosen Krieg einen Sinn zu geben«.[107] Aber sein Satz beansprucht universelle Geltung und will den gemeinsamen Nenner aller Kriege benennen, indem er *Feind* als eine überzeitliche Metapher in das mentale Bild vom Krieg einsetzt. Dieser Anspruch auf Absolutheit basiert auf der juristischen Definition vom Krieg. Für eine Geschichte des Kriegs ist er zu dogmatisch und eng. Dieser Feindbegriff gilt für die Neuzeit und auch für sie nur bedingt. Einen Weg zum Verständnis des komplexen Systems Krieg eröffnet diese Vereinfachung nicht.

3.3 Perspektivik

Was Krieg ist, lässt sich nicht aus direkter Beobachtung erschließen. Der Beobachtung sind immer nur Facetten eines bestimmten Kriegs zugänglich. Die Kulturgeschichte handelt nicht vom Krieg, sondern vom Krieg in der Vorstellung. Das erfordert einen Blick auf die Perspektiven, aus denen der Krieg zur Vorstellung und als ein Problem wahrgenommen wird. Sie handelt von *Ansichten des Kriegs* im doppelten Wortsinn: von Ansichten als den Facetten des Kriegs selbst und von Ansichten, die Beobachter vom Krieg entwickeln. Diese beiden Ansichten sind unlösbar miteinander verflochten. Die eine gibt es nicht ohne die andere.

---

107 | Carl Schmitt, Der Begriff des Politischen. Text von 1932 mit einem Vorwort und drei Corollarien, Berlin (Duncker & Humblot) 1963, S. 63.

Innenperspektive – Außenperspektive

Erkenntnis ist, wie Dilthey und Husserl argumentieren, in Lebenswelt eingebettet. Der europäische Krieg gehört in die europäische Lebenswelt. Dem daraus entstehenden Problem der Perspektive kann die Kulturgeschichte nicht entkommen. Wir sind als die von der langen Geschichte des europäischen Kriegs und Kriegsdiskurses geprägten Subjekte nicht in der Lage, ein objektives Bild zu entwickeln und den Beitrag des Kriegs zur gesellschaftlichen Mentalität aus einer *neutralen* Perspektive zu beschreiben.

Kulturgeschichte betrachtet den Krieg und Kriegsdiskurs in einem Kontext, der sich innerhalb der europäischen Kriegserfahrung aufbaut, aber dem Bedürfnis nach kausaler Ableitung zur Erklärung entgegentritt, und sie sucht, in einer Spannung zum Erklärungsideal, das Subjektive bereits in die Ausgangsfrage einzuschließen. Aber sie darf sich nicht von der spezifischen Eigenart des Beobachters als Subjekt abhängig machen.

Die Kulturgeschichte, die sich vom Objektivitätsideal abkehrt, macht den Versuch, Krieg durch mentale Phänomene zu verstehen. Dabei muss sie davon ausgehen, dass der phänomenale Gehalt das wesentliche Merkmal ist. Wie kann ein verstehender Zugang konzipiert werden? Was wir als Kriegserlebnis bezeichnen, kann nur erfasst werden, wenn wir uns eine subjektive Vorstellung machen. Können wir erwarten, sein inneres Wesen zu erfassen, es nachzuerleben oder uns selbst zuzuschreiben? Wenn die Objektivierung das eigentlich Erfragte verschwinden lässt – können wir eine Perspektive entwickeln, die aus Subjektivität kommt, ohne durch bloße Subjektivität den Anspruch auf generelles Wissen zu verlieren? Ist der in Zeugnissen gespeicherte erlebte Krieg *von innen* nachvollziehbar? Wenn eine Innenperspektive nicht möglich ist - lassen sich heterogene Perspektiven zu einer Ansicht zusammenziehen, die das *Aspektsehen* aufhebt? Auch dürfen die subjektiven Zeugnisse nicht bloß Marginales und Allerweltswissen (das die meisten Ego-Dokumente füllt), also aus anderen Kontexten Bekanntes, enthalten.

Ist es möglich, eine Perspektive zu entwickeln, die von der Welt, wie sie unabhängig von meinem Blick beschaffen ist, die Erfahrungen anderer eingeschlossen, Kenntnis nimmt und dennoch ihre Subjektqualität erhält? Gibt es die Möglichkeit einer Nicht-willkürlich-subjektiven-Perspektive auf den Krieg, die zugleich nicht das Wissen negiert, dass es sich um subjektive Perspektiven handelt? Ist eine Innenperspektive auf das Bewusstsein anderer möglich, die nicht aus der Replikation des Beobachterbewusstseins folgt? Darauf gibt es keine Antwort. Aber die neuere Theoriedebatte macht skeptisch. Die kritische Analyse hat den Idealismus unglaubwürdig gemacht und seinen Solipsismus gezeigt. Die Innenperspektive auf das Bewusstsein anderer dieser philosophischen Tradition hat sich als Fiktion disqualifiziert. Die neuere Hirnforschung ist uneins und liefert bisher keine haltbaren Argumente.

Ein Historiker kann versuchen, sich in ein fremdes Kriegserlebnis *einzufühlen.* Was bedeutet diese mentale Operation, die wir nach dem heutigen, durch die Hirnforschung erweiterten Kenntnisstand, nicht mehr als Divination, also einen Akt, der sich nicht zerlegen und aufschlüsseln lässt, verstehen können? Die Möglichkeiten, unseren eigenen Erfahrungshorizont mit den mentalen Vorstellungen anderer zu verschmelzen, sind beschränkt. Das gilt generell, und es gilt gewiss für die meisten Historiker des Kriegs, vor allem für die in der jüngeren Kulturgeschichte des Kriegs zahlreich vertretenen jungen Historikerinnen. Ihnen allen sind Kriegserlebnisse erspart geblieben.

Wenn man von phänomenologischer Beobachtung zur Erkenntnistheorie des Bewusstseins übergeht, entsteht das Problem einer *epistemischen Asymmetrie.* Denn das Bewusstsein unterscheidet sich von allen anderen Untersuchungsgegenständen dadurch, dass wir auf zwei grundverschiedene Weisen Wissen erlangen, nämlich durch eine Innen- und eine Außenperspektive, aus der Erste-Person-Perspektive des erlebenden Subjekts und aus der Außenperspektive der Wissenschaft.

Es gibt ein Wissen, das sich nicht in objektiven Aussagen wissenschaftlicher Beschreibungen der Welt wiederfindet, weil es nur der Erste-Person-Perspektive zugänglich ist, zum Beispiel ein Gefühl, eine Stimmung. Dem Gehalt der internen Zustände schreiben wir spezifisch private und emotionale Qualitäten zu. Sie machen das eigentlich Interessante an ihnen aus. Die grundlegende Qualität besteht darin, dass es, wie Nagel sagt, für das Individuum stets *irgendwie ist* (leiblich und psychisch), sich in bestimmten Zuständen zu befinden oder die Erinnerung an einen bestimmten psychischen Zustand wachzurufen.

Zum Beispiel der Schmerz. Vom Schmerz hat jeder Mensch ein vages Wissen. Jeder weiß, *wie es ist,* Schmerz zu empfinden. (Allerdings gehört Schmerz zu den Gefühlen, die vergessen werden und sich aus dem Gedächtnis nicht aufrufen lassen.) Lässt sich dieses Wissen als objektive Aussage formulieren? Selbst wenn es der Schmerzforschung eines Tages gelingen sollte, eine ausgefeilte Phänomenologie des Schmerzempfindens zu entwickeln und ein ausgeklügeltes Messgerät für Schmerzempfindung zu konstruieren, wird der kognitive Zugang zum Schmerz das Verstehen nicht den kleinsten Schritt befördern. Es ist offensichtlich, dass keine objektive Auffassung vom Schmerz irgendwie klären könnte, was Schmerz ist oder was von einer Person als Schmerz empfunden wird.

Es ist uns unmöglich, Empfindungen wie den Schmerz anderer aus der Innenperspektive wahrzunehmen. Wenn wir aber Empfindungen oder Erlebnisse aus einer Perspektive zu verstehen suchen, die nicht mit der Perspektive der Subjekte dieser Erlebnisse zusammenfällt, werden wir die spezifischen Qualitäten dieser Erlebnisse, also das, was sie authentisch macht, mit großer Wahrscheinlichkeit verfehlen, da wir nur wahrnehmen, was der Erinnerung unserer eigenen Wahrnehmung entspricht. Wir können nie Sicherheit über das Erlebnis eines anderen haben und werden nie *wissen* und nie nachvollziehen können, wie es sich anfühlte, als Patroclos von der Lanze oder Snowden vom Granatsplitter getroffen wurden.

Wenn sich zeigt, dass sich der phänomenale Gehalt dem Fremdverstehen entzieht, wir also nicht erklären können, wie mentale Phänomene ihrem vollen Gehalt nach ein Teil der Welt sind, dann muss das Projekt einer Geschichtsschreibung, die sich auf das Mentale als kulturelles Faktum richtet, bereits auf der Ebene der Theorie als gescheitert gelten. Wenn sich *Erlebnis* nicht verstehen lässt, ist das Projekt Kulturgeschichte unmöglich. Denn Kriegserlebnisse, die nicht aus der Innenperspektive vorgestellt werden, verstehen wir als Teil der aus anderen Quellen bekannten Außenwelt; dann werden sie bedeutungslos, bloße Illustration von Wissen aus anderen Quellen.

Die Frage ist, ob wir einen Begriff von Erlebnis bilden, der substanziell über die Grenzen eigenen Erlebens hinausgeht, oder ob ein solcher Begriff gebildet werden *kann*, die Gegenwart also auf seine Entwicklung hinarbeiten sollte. Perspektiven sind, wie ein Blick in die Vergangenheit der Kriegsdiskurse zeigt, wandlungsfähig. Sie gehören zur Plastizität des Wahrnehmungsapparats. Die Kulturgeschichte des Kriegs steht vor einer grundsätzlichen Aufgabe. Die Alternative wäre, das Projekt einer Kulturgeschichte des Kriegs, die ohne einen genuinen Begriff von Erlebnis nicht auskommt, aufzugeben und sie der Epistemologie der Militärgeschichte zu übergeben.

Perspektivik und Dezentrierung des Subjekts

Geisteswissenschaftliche Theorie muss eine Erklärung für das Entstehen der Charakteristik mentaler Phänomene, die sich der Dritte-Person-Perspektive entziehen, anbieten. Kulturgeschichte kann das Problem nur lösen, wenn sie für sich das Objektivitätsproblem beseitigt.[108] Für die Theorie der Kulturgeschichte des Kriegs ist das Verhältnis von Objektivität und subjektivem Erlebnis grundlegend.

Die Neurologie demonstriert, dass unser Bewusstsein offenbar die Empfindungen anderer simulieren kann und die Steuerung des Informationsflusses im Gehirn gleichsam *von unten* geleistet wird. Wenn uns die Innenperspektive verschlossen ist, so scheinen Experimente zu belegen, dass die physiologische Basis für ein Erleben von innen entwickelt ist. Die Fähigkeit zur Empathie wird von der Hirnforschung aus der bloßen Vermutung gelöst, und die Möglichkeit gewinnt eine gewisse empirische Evidenz. Die neuen bildgebenden Verfahren erlauben differenzierte Lokalisierungen von Hirnaktivitäten. Der vagen Theorie der Einfühlung hat die Entdeckung der Spiegelneurone eine offenbar

108 | Einen Versuch beschreibt: Linda Supik, Dezentrierte Positionierung. Stuart Halls Konzept der Identitätspolitiken, Bielefeld (transcript) 2005.

belastbare Grundlage gegeben, auf der die Erste-Person-Perspektive und die Dritte-Person-Perspektive zwar nicht zur Deckung gebracht werden, aber doch die Aussicht entsteht, fremde Wahrnehmungen und Erregungen nachvollziehend zu erfassen. Können diese Forschungen einen Weg aus dem Dilemma weisen? Die Möglichkeit eines verstehenden Zugangs zu fremden Bewusstseinszuständen allein ist, denke ich, ein hinreichender Grund für den Versuch, an dieser Theorie einer Praxis zu arbeiten. Der mögliche Beitrag einer Kulturgeschichte des Kriegs zur Zukunft des Kriegs ist bedeutend genug, um den Versuch zu machen und die nicht einmal 200 Jahre alten Objektivitätsforderungen nicht als unüberwindliche Hürde zu akzeptieren.

Für die Klärung dieses epistemologischen Problems, das für die Praxis einer Kulturgeschichte des Kriegs fundamental ist, ziehe ich Thomas Nagels Theorie und damit eine philosophische Position heran. Seine Subjektphilosophie macht den Versuch, die Dimension des Subjektiven sowohl gegen reduktionistische Problemvergessenheit als auch gegen den philosophischen Angriff (der Dekonstruktion und des radikalen Konstruktivismus) auf die Wirklichkeit zu verteidigen. Ich konzentriere mich auf seine Konzeption von Objektivität und die Grenzen des Wissens über die Welt, die ihn zu einer Rehabilitation des Ichs und einer Theorie der Perspektive führt.

Erkenntnis, die Erkenntnis von Vergangenheit eingeschlossen, ist seit Descartes dem Ideal der Objektivität unterstellt. Es ist keine Frage der Entscheidung, ob wir es aufgeben oder an ihm festhalten wollen. Auch wenn die Existenz von Qualitäten des Wirklichen, die sich nicht objektivieren lassen, eingeräumt wird, bleibt das Bedürfnis nach der Sicherheit einer objektiven Wirklichkeit erhalten. Wir werden es so bald nicht los. Die Frage kann nicht die nach richtig oder falsch, sondern nur die sein, auf welche Weise wir Objektivität definieren.

Die Erste-Person-Perspektive greift auf eine suspekte Erkenntnismethode zurück: die Introspektion. Das Bewusstsein wird dem direkten Blick ausgesetzt. Es ist ein innerer Blick, der sich auf das Innen des eigenen Bewusstseins richtet. Aber was heißt »innen« und »direkt«? In dem Innen gibt es eine Spaltung, ohne die dieser Blick nicht möglich wäre. Was bedeutet diese Spaltung für die Beziehung des inneren Blicks zum Subjekt? Wird er durch subjektive Willkür gelenkt oder durch die Introjektion einer objektivierenden Instanz? Und was geschieht, wenn die Erste-Person-Perspektive und die Dritte-Person-Perspektive miteinander in Konflikt geraten, zum Beispiel, wenn ein Kriegsteilnehmer von seinem Kriegserlebnis spricht, das der Wissenschaftler aufgrund der objektiven Daten anzweifelt und fragt: »Sind Sie sich wirklich sicher? Das würde allen Kenntnissen des Kriegs widersprechen.« Und der neurowissenschaftliche Gedächtnisexperte fügt hinzu: »Tut mir leid, aber mit der Wirklichkeit hat Ihre Erinnerung nichts zu tun. Nach den Statistiken und belegten Daten täuschen Sie sich.« Auf welche Autorität könnte sich die Erinnerung der Erste-Person-Perspektive gegenüber den objektiven Einwendungen berufen?

Objektive Methoden zur Feststellung eines Ereignisses haben die Autorität der Wissenschaft auf ihrer Seite. Sie sind dennoch zum Scheitern verurteilt. Je objektiver die Aussagen werden, die wir über die internen Zustände anderer machen, desto mehr entfernen wir uns von der Perspektive desjenigen, dessen innere Erlebnisse diese Zustände sind. Sie stehen zweifellos mit den objektiv beschreibbaren elektrochemischen Vorgängen im Gehirn in einem festen Zusammenhang. Aber die Reduktion auf solche Reaktionen macht diese inneren Zustände nicht verständlich.

Körperliche Zustände können im Prinzip mit naturwissenschaftlichen Mitteln aus der Außenperspektive erschöpfend beschrieben werden, nicht aber mentale und psychische Prozesse wie Schmerzempfindung, das Erleben von Geräuschen und komplexere Zustände wie Emotionen. Wissenschaft nimmt stets die Dritte-Person-Perspektive auf Subjekte ein und sucht nach objektiven Kriterien für den Nachweis, dass im Gehirn ein bestimmter Erlebnisinhalt aktiv oder im Gedächtnis abgerufen wird. Auf diese Weise sind mentale Zustände jedoch nicht zu erfassen.

Ein Beispiel aus dem Ersten Weltkrieg soll den Konflikt erläutern. Objektivität bekamen die Opfer psychischer Störungen im Ersten Weltkrieg als Mangel an Verständnis zu spüren. Die behandelnden Ärzte glaubten den Aussagen ihrer Patienten über ihre Erlebnisse nicht und bezweifelten den Zusammenhang zwischen den Erzählungen der Soldaten und ihren körperlichen Symptomen wie Erblindung, Gefühllosigkeit, Zittern und andere unkontrollierbare Bewegungen. Sie wussten aus der Theorie, was die Soldaten *wirklich* erlebt hatten. Denn was im neurologischen System sich abgespielt hatte, hielten sie für das wahre Erlebnis. Aufgrund ihres Glaubens an dieses überlegene Wissen hatten sie keine Bedenken, den subjektiven Erinnerungen die Wahrheit abzusprechen. So fühlten sie sich gerechtfertigt, Elektroschocks und andere schmerzhafte und entwürdigende Methoden zur Heilung der Patienten, die sie mit der Rückendeckung der Wissenschaft für Opfer eines Irrglaubens hielten, anzuwenden. Für sie waren die Zitterer Opfer der subjektiven Sicht der Erste-Person-Perspektive, die sich selbst zu verstehen nicht in der Lage und darum einem Aberglauben erlegen waren, oder schlicht *Simulanten*. Dass ihre wissenschaftlich untermauerte Sicht nicht wahrer war als die Erste-Person-Perspektive ihrer Patienten, konnten sie nicht bemerken, solange sie sich aus ihrem Bezugsrahmen nicht lösten. Erst die weitere Entwicklung der Psychologie belegte, dass ihr Wissen keine größere Berechtigung hatte als das der Patienten.

Schließen sich perspektivisches Wissen und Objektivität prinzipiell aus? Muss *Objektivität* preisgegeben werden, sobald anerkannt wird, dass sie nicht den einzigen legitimen Zugang zur Vergangenheit definiert?[109] Die theoretische Grundfrage ist: Gibt es einen Erkenntnisrahmen, der es ermöglicht, dass das Ich und seine Vorstellungen als Teile der beobachteten Wirklichkeit eingeschlossen werden? Gibt es einen *dritten Weg*? Nur unter der Voraussetzung, dass wir selbst und die Subjekte mit Bewusstsein Teile einer umfassenderen Welt sind, die wir erkennen können, wird das Verfahren möglich, zu einem Verständnis der Dinge und ihrer Erscheinungen für uns zu kommen.

Stellen wir Kriegserlebnisse nicht aus der Innenperspektive vor, wird das Wissen über sie leicht belanglos, nicht falsch, wie ja das Wissen der Militärpsychologen im Ersten Weltkrieg nicht falsch war, aber es war irrelevant.

Die Frage: ›Wie es ist, ein Anderes (Tier oder Mensch) zu sein?‹, richtet sich auf den qualitativen Gehalt der mentalen Zustände eines Ichs und ist eng verbunden mit dem *Identitätserlebnis*. Denn in Bewusstseinszuständen und Erinnerungen sind innere Prozesse immer meine Prozesse. Der innere Blick zeigt mir ein Besitzverhältnis.[110] Dieser Besitz ist die erkenntnistheoretische Charakterisierung einer der wichtigsten Eigenschaften mentaler Zustände. Das Ich kann über diesen Besitz verfügen. Dieser Bezug auf eine vorsprachliche Gegebenheit unseres psychischen Lebens ist vortheoretisch einsichtig. Allen Subjekten ist gemeinsam, dass sie ein Gefühl und ein vages Wissen davon haben, wie es *irgendwie für sie ist*.

Dieses Gefühl ist die leibliche Grundlage der *Perspektivik*. Sie ist zunächst nicht mehr als eine metaphorische Anleihe bei Nietzsche und der Phänomenologie des visuellen Sinnes. Das visuelle Erleben der Welt ist um ein Zentrum herum aufgebaut. Dieser Punkt, *punctum stationis* oder *punctum visus* der Kunstgeschichte und Erkenntnistheorie bildet, wie Husserl in Übereinstimmung mit Erwin Panofskys Thesen zur Zentralperspektive in der Kunst argumentiert, den Mittelpunkt des erlebten Raumes. Von ihm können wir imaginäre Linien zu den Dingen ziehen, die wir in den Blick nehmen. Dieses strukturelle Merkmal des durch unseren Blick erzeugten Bildes der Welt, das *räumlich* und um ein *Zentrum* herum aufgebaut ist, ist auf eine Konzeption von Subjektivität angewiesen, von der die vormoderne Theorie nichts wusste

109 | Nagel, Die Grenzen der Objektivität.

110 | Man hat von einer logischen Primitivität des Personbegriffs gesprochen, da er nur in Abhängigkeit von einem biologischen Körper und nicht ohne Rekurs auf kollektive Personeneigenschaften gedacht werden könne. Wenn man dagegen wie Wittgenstein eine quasi buddhistische Besitzlosigkeit, eine »*No ownership*«-Theorie für die Beziehung zwischen Subjekt und den inneren Zuständen vertritt, erkauft man die Auflösung des Problems mit einer psychologischen Unplausibilität. Eine naturalistische Theorie der Subjektgebundenheit mentaler Zustände muss dagegen vor aller begrifflichen Analyse verständlich machen, wie es überhaupt zum Entstehen der mentalen Eigenschaft im Organ Gehirn kommen kann.

und die von der Wahrnehmungstheorie der Gegenwart wieder aufgelöst wird. Perspektivik entsteht aus einer Auflösung und wird zum erkenntnistheoretischen Programm. Sie kennt den punctum visus nicht, und mit dem stabilen Zentrum der Wahrnehmung verschwindet auch die veränderungslose Kategorie der Objektivität. Aus diesem Verschwinden folgt eine Pluralität von Wirklichkeiten.

Hat die Kulturgeschichte die Möglichkeit, multiperspektivische Wahrnehmungsweisen nicht nur festzustellen und von außen als subjektive Perspektiven zu rekonstruieren, sondern zur Grundlage ihrer eigenen Methodik zu machen und eine Innenperspektive zu entwickeln, die nicht subjektiv-willkürlich ist und einen eigenen Wert für die Erkenntnis hat?

Objektivität und partielle Objektivität

Die Fähigkeit, eine fremde Perspektive einnehmen und fremde Wahrnehmung von innen nachvollziehen zu können, scheint eng mit der Fähigkeit, die Gefühle anderer zu empfinden, verwandt zu sein. Nagel unternimmt ein interessantes Gedankenexperiment. Er fragt nach der Möglichkeit, ein fremdes Bewusstsein von innen zu erfahren. In einem Aufsatz mit dem Titel *What is it like to be a bat?* fragt er nach der Struktur der mentalen Zustände und argumentiert, dass sie einen intentionalen und einen phänomenalen Gehalt, der ihnen inhaltliche Qualitäten gibt, haben.[111] Zu beiden Aspekten der Wahrnehmung des Anderen können wir keine fundierten Aussagen machen. Weder ist uns das Intentionale der Perspektive auf die Welt noch sind uns die im Hirn verarbeiteten Inhalte zugänglich.

Zwei zentrale Fragen sind: Sind Systeme intentionale Systeme? Und was kann die Referentialität von mentalen Bildern bedeuten?[112] Wenn die Innenperspektive ausgeschlossen wird, gibt es in diesen Systemen keine Instanz, die erlebt, wie es ist, ein bestimmtes Erlebnis zu haben und dessen Repräsentation (in

111 | The Philosophical Review 8, 1974, wieder abgedruckt in: Mortal Questions, Cambridge 1979, deutsch: Thomas Nagel, Wie ist es, eine Fledermaus zu sein?, in: Peter Bieri (Hg.), Analytische Philosophie des Geistes, Königstein (Beltz) 2007 (1.Aufl 1981), S. 261-276.

112 | Vgl. Daniel Dennett *Content and Consciousness*, London (Routledge & Keegan Paul), New York (Humanities Press) 1969; Daniel Dennett, Douglas R. Hofstadter, The Mind's I. Fantasies and Reflections on Self and Soul, New York (Basic Books) 1981, (dt. Einsicht ins Ich. Fantasien und Reflexionen über Selbst und Seele. 5. Aufl., Stuttgart [Klett-Cotta] 2001), fragt, was es meint, einem System intentionale Zustände zuzuschreiben und geht davon aus, dass wir stets eine bestimmte Einstellung einnehmen: eine *intentional stance*.

Sprache oder Bildern) auf das System zurückbezieht. Sobald wir einräumen, Erlebnisse nicht aus der Innenperspektive nachleben zu können, sieht es so aus, als müssten wir sie als Teil einer objektiven Welt verstehen. Ist diese Opposition notwendig? Oder ist sie ein Irrtum der Objektivitätstheorien? Nachdem sich im 19. Jahrhundert die Methoden der Geschichtsschreibung ausgebildet haben, kann sie nicht umhin, nach Objektivität zu streben. Sie ist die Folge von Ausschluss. Die Einbildungskraft und die Einfühlung im Verhältnis zu den Erlebnissen werden dem Objektivitätsstandard geopfert.

Objektivität ist aber nicht die Wirklichkeit, sondern, diese Einsicht des Skeptizismus darf nicht aufgegeben werden, eine unter anderen Möglichkeiten, Wirklichkeit in der Theorie zu reproduzieren und verständlich zu machen. Der radikale Konstruktivismus war die Formulierung eines Skandals der menschlichen Wahrnehmung von Welt. Sein Kampf gegen die Idee der Objektivität war provokante Häresie gegen die profane Religion der Wissenschaft. Er (wie die Dekonstruktion) kann für die Historie verabschiedet werden,[113] sobald wir die Wirklichkeit mit Dimensionen ausstatten, die von keiner Auffassung, über die ein erkennendes Subjekt verfügt, objektiviert werden können.

Es gibt Grenzen der Objektivität, und es gibt Grenzen eines objektiven Kriegsbildes. Sie fallen nicht mit den Grenzen der Kriegswirklichkeit zusammen. Die ist weiter. Die Unterscheidung ist für die Grundlegung von Kulturgeschichte notwendig. Mit Vorsicht lässt sich ein Prinzip aus ihr ableiten: Objektivität ist nicht absolut, und der Begriff einer partiellen Objektivität muss für die Beschreibung von Krieg ausgearbeitet werden.

Die Wirklichkeit der Vorstellungen

Der Anspruch auf Objektivität ist an das Subjekt gebunden. Gabriel ist zuzustimmen, wenn er die wichtigste Einsicht der Erkenntnistheorie seit Descartes darin vermutet, dass die theoretische Einstellung durch einen Skeptizismus motiviert ist,[114] der einen Übergang vom Vertrauen auf Objektivität zu einem Wissen des Ungewissen, das unverfügbar bleibt, und zum Ich der wechselnden Identitäten fordert. Beim erkenntnistheoretischen Skeptizismus, der Wis-

113 | Die Abwendung von Konstruktivismus und Dekonstruktion wird oft mit 9/11 und dem Irakkrieg in Verbindung gebracht. Ich halte diese Verbindung für wenig überzeugend. Sie geht von einem Missverständnis von Theorie aus. Ein Beispiel für die theoretische Begründung der Abwendung sei genannt: Siegfried J. Schmidt, Geschichten und Diskurse. Abschied vom Konstruktivismus, Reinbek (Rowohlt) 2003.

114 | Markus Gabriel, An den Grenzen der Erkenntnistheorie. Die notwendige Endlichkeit des objektiven Wissens als Lektion des Skeptizismus, Freiburg, München (Karl Alber) 2008, S. 13.

sen von dem vorgeblich voraussetzungslosen Wissen der Wissenschaft unterscheidet und von der Ichidentität löst, kann die Kulturgeschichte anknüpfen.[115]

Der Skeptizismus trennt eine Wirklichkeit, die wir in den Wissenschaften konstruieren, von einer Welt, die die Grenzen der Wissenschaft transzendiert. Er unterscheidet zwischen »der Wirklichkeit und der objektiven Wirklichkeit sowie zwischen der Objektivität und bestimmten Objektivitätsauffassungen«.[116] Die Unterscheidung erlaubt es, über eine Welt der Erscheinung Aussagen zu machen und dennoch den Gedanken einer Welt, die unabhängig von der Erscheinung für uns existiert, nicht preiszugegeben. Der Kulturhistoriker muss sich von dem Ideal lösen, dass die Wirklichkeit mit dem Gegenstand von objektivem Wissen zusammenfällt. Die vergangene Wirklichkeit ist weder nur meine Wirklichkeit noch in einem unspezifischen Sinn eine objektive Wirklichkeit. Sie ist weiter, und sie enthält auch subjektive Welten, Vorstellungen, Phantasien und Halluzinationen. Sie sind Elemente dessen, was wir als Wirklichkeit erfahren, aber aus dem distanzierten und nach Objektivität schielenden Blick nicht wahrnehmen.

Perspektive und Einfühlung

In der neueren Forschung wird der Begriff der Empathie oft für Perspektivenübernahme gebraucht. In der experimentellen Psychologie wird die Perspektivenübernahme gern als Mentalizing bezeichnet und die Theory of Mind behandelt sie als die Einschätzung von Intentionen der anderen, während der Begriff der Empathie sich auf das Mitempfinden von Gefühlen der anderen richtet. Es ist hilfreich, die Unterscheidung zwischen Mentalizing und Empathie zu erhalten, zumal es sich offenbar um verschiedene neuronale Prozesse handelt, die in unterschiedlichen Hirnarealen ablaufen. Empathie und Mentalizing sind in Arealen lokalisiert, die ontogenetisch zu unterschiedlichen Zeiten entstehen und im evolutionären Prozess durch großen zeitlichen Abstand getrennt sind. Die Strukturen des limbischen Systems, in denen Regungen der Empathie lokalisiert sind, stammen aus einer früheren Phase der Phylogenese als die des präfrontalen Cortex, dem das Mentalizing zuzuordnen ist.

Dem Verständnis der Intentionalität sind im Mentalizing enge Grenzen gesetzt. Nagel denkt sich im Gedankenexperiment einen *Blick von Nirgendwo*.[117]

115 | Zur Wende der Skepsis in der Geschichte der Imagination, Literatur und Geisteswissenschaft vgl. Bernd Hüppauf, Klaus Vieweg (Hg.), Skepsis und literarische Imagination, München (Wilhelm Fink) 2003: Einleitung.

116 | Thomas Nagel, Grenzen der Objektivität, S. 36.

117 | Thomas Nagel: Der Blick von nirgendwo, Frankfurt a.M. (Suhrkamp) 1992, (zuerst: The View from Nowhere, 1981). Es ist eine Variante der Idee von Erkenntnis als »geistige Anschauung«, die der Idealismus des frühen 19. Jahrhunderts entwickelt hat,

Damit überführt er seine antireduktionistische Argumentation in ein letztlich transzendentales Problem. Das Aufgeben der Perspektive ist eine räumliche Metapher, die sich von der *visuellen* Wahrnehmung ableitet aber deren Ichzentrierung vermeidet. Der *Blick von nirgendwo* ist der eines psychologisch definierten Subjekts. Es braucht eine Biografie, damit das Subjekt den Perspektivenwechsel einleiten und mit Bewusstsein begleiten kann. Wenn das Ich sich nicht an diese mentale Operation und an die aus ihr resultierenden Veränderungen des phänomenalen oder repräsentierenden Gehalts im Realitätsmodell erinnern könnte, wäre es unmöglich, es retrospektiv zum Gegenstand von Wissen und dessen Reflexion zu machen.[118] Der Rückgriff auf eine Ichkonzeption, die an Identität gebunden ist, nicht auf das transzendentale Ego Husserls, sondern an Diltheys Ich als einer Schnittstelle, erlaubt eine Theorie des qualitativen Gehalts von Vorstellungen und der mentalen Repräsentate von Subjekten.

Gilt für den Erfahrungsbegriff der Kulturgeschichte des Kriegs Diltheys epistemologische Feststellung, dass die »konstruktive Phantasie aus Erfahrungselementen [...] einen Typus von Person hervorbringt, der über die Erfahrung hinausgeht und durch den wir diese doch besser begreifen«? (1887)[119] Versteht die Kulturgeschichte des Kriegs sich als intelligibles Forum für die *konstruktive Phantasie*, die sich auf einen *Typus von Person* richtet? Das Kriegserlebnis konstituierte dann Subjektivität, die zugleich als kultureller Schnittpunkt typisiert wäre und über die Erfahrung hinausgeht.

Die mentalen Strukturen zur Verarbeitung von Informationen, die andere gewinnen (zum Beispiel die Fledermaus durch Ultraschall), sind beschränkt,

---

und läuft ebenso Gefahr, ein transzendentales Subjekt in die Position des Beobachters zu schmuggeln. Nagels *objective self* besitzt Ähnlichkeit mit dem Subjekt der Romantik und in Diltheys Philosophie. Der Unterschied ist aber gravierend und vermeidet das transzendentale Identitätspostulat.

118 | Nicht ohne Berechtigung ist kritisiert worden, dass damit der Zentralbegriff dieser Subjekttheorie inkonsistent werde. Vgl. u.a. William G. Lycan, Consciousness and Experience, Cambridge (MIT Press) 1996; Thomas Metzinger, Ganzheit, Homogenität und Zeitkodierung, in: Thomas Metzinger (Hg.), Bewußtsein. Beiträge aus der Gegenwartsphilosophie, Paderborn (Mentis) 1995, S. 595-639; ders., Subjekt und Selbstmodell. Die Perspektivität phänomenalen Bewusstseins vor dem Hintergrund einer naturalistischen Theorie mentaler Repräsentation, Paderborn (Mentis) 1999.

119 | Wilhelm Dilthey, Die Einbildungskraft des Dichters. Bausteine für eine Poetik, in: ders., Die Geistige Welt. Einleitung in die Philosophie des Lebens, Zweite Hälfte. Abhandlungen zur Poetik, Ethik und Pädagogik. Gesammelte Schriften Bd. VI, Göttingen (Vandenhoeck & Ruprecht) 1994, S. 103-241, hier: S. 139; vgl. Tim Crane (Hg.), The contents of Experience. Essays on Perception, Cambridge 1992, darin: ders., The nonconceptual Content of Experience, S. 136-157.

und die Möglichkeit einer Perspektivübernahme ist ausgeschlossen. Die Einbildungskraft kann einspringen. Sie erlaubt Fiktion, aber die bietet keine Kompensation für die erfragte Perspektivübernahme. In Abwandlung einer These Nagels lässt sich formulieren: Insoweit ich mich in eine fremde Perspektive versetzen kann (was nicht weit geht), erfahre ich im coniunctivus potentialis, wie die Wahrnehmung *für mich* gewesen wäre. Das aber ist nicht die Frage. Ich möchte wissen, wie sie für einen anderen war und welche Qualitäten sie dem Erlebnis des anderen gegeben hat. Wenn ich mir dies vorzustellen versuche, bin ich auf die Ressourcen meines eigenen Bewusstseins zurückgeworfen und muss scheitern. Die Wahrnehmungen von Mensch und Fledermaus sind vermutlich zu unterschiedlich, um eine Übernahme möglich zu machen. Nicht einmal das kann ich wissen. Die neuronalen Strukturen der Verarbeitung von Erlebnissen legen es nahe.

Der *Blick von nirgendwo* würde es ermöglichen, den Krieg von innen zu erleben. Aber es gibt ihn nicht, er kann nur zum Gedankenexperiment dienen.

Kriegsperspektive

Ein objektives Bild vom Krieg, das den subjektiven Ansichten gegenübergestellt werden könnte, ist eine Illusion. Aus den Facetten lässt sich kein objektives Bild und kein Wesen des Kriegs zusammenfügen, und es wäre ein Verlust, wenn die Subjektivität der Ansichten diesem einheitlichen Bild geopfert würde. Subjektivität ist das Kapital der Kulturgeschichte. Mit dem muss sie wuchern. Aber Krieg darf nicht in den Relativismus subjektiver Ansichten aufgelöst werden. Der Zusammenhang, der es rechtfertigt, von *dem* Krieg zu sprechen, muss hergestellt werden. Diesen Drahtseilakt muss die Kulturgeschichte des Kriegs bewältigen.

Die Kulturgeschichte des Kriegs muss die Frage stellen: Was können wir über Perspektiven wissen? Können sie kombiniert werden? Kombinationen von Perspektiven zeigen mehr und anderes als ihr isoliertes Nebeneinander. Können die Perspektiven der Sieger und der Verlierer, Befehlenden und Gehorchenden, Frauen, Männer und Kinder, der Opfer, Gewinner und Davongekommenen und anderer, möglicherweise gar der Turner,[120] zusammengestellt

120 | Philipp Münch, Bürger in Uniform. Kriegserfahrungen von Hamburger Turnern 1914-1918, Freiburg (Rombach) 2009. Die Studie benutzt das obskure Thema für den Versuch, durch Induktion ein Kriegserlebnis aus den Quellen zu rekonstruieren und bleibt aus Gründen der Methode auf der Strecke. Gewagt und erhellend ist die Kategorie *Radfahrer*: Konrad Kwiet, Auftakt zum Holocaust. Ein Polizeibatallion im Osteinsatz, in: Wolfgang Benz, Hans Buchheim, Hans Mommsen (Hg.), Der Nationalsozialismus. Studien zur Ideologie und Herrschaft, Frankfurt a.M. (S. Fischer) 1993, S. 191-208. Allerdings ist das Ziel dieser Arbeit nicht das Kriegserlebnis, sondern das Entstehen von

werden, also über das Nebeneinander von Facetten hinausgehen? Das Erhalten der Unterschiede verspricht ein reicheres Wissen über den Gegenstand, also in unserem Fall über den wahrgenommenen Krieg.

Wir haben die Fähigkeit, den Gedanken von Phänomenen und von Erlebnissen zu denken, von denen wir nicht wissen, auf welche Weise wir sie bilden können.[121] Nagel macht plausibel, dass wir in der Lage sind, auch das uns Unbekannte oder in der Gegenwart noch nicht oder nicht mehr Vorhandene denken und bis zu einer gewissen Grenze verstehen zu können. Die Kreativität der Einbildungskraft erlaubt es, Erlebnisse und ganz allgemein psychische Zustände zu denken, auch zu erhoffen oder zu fürchten, die wir selbst nicht gehabt haben. Das ist für die Literatur- und Theaterwissenschaft und die Psychologie nicht neu aber doch eine grundlegende Beobachtung für die Frage nach einem generalisierten Begriff von Erlebnis in einer Kulturgeschichte des Kriegs.

Nehmen wir eine Wirklichkeit außerhalb der den objektivierenden Methoden zugänglichen Realität an, muss es möglich sein, ein Bild vom Selbst und der geschichtlichen Welt zu entwerfen, das über die Subjektivität von Konstruktionen hinausweist und nie abgeschlossen oder vollständig ist. Partikulare Perspektiven, Erlebnisse und Wahrnehmungen einschließlich der kognitiv-emotionalen Leistung, ein neues Bild der geschichtlichen Welt gegen die normative Kraft des Überlieferten auszubilden, gehören in die geschichtliche Welt. Die Folgerung kann nur sein, dass eine solche Welt weiter ist und mehr umfasst als unter der Objektivitätsnorm subsumiert werden kann. Diese Weite darf nicht als störender Aspekt aus der Erkenntnis ausgeschlossen werden.

Wenn es das Ziel der Kulturgeschichte ist, ein Bild von vergangener Wirklichkeit zu erzeugen, in dem unser eigenes Ich nicht im Mittelpunkt steht, in dem es idealerweise gar keinen Mittelpunkt gibt, ist ein Entwurf von Wirklichkeit gefordert, der alle Menschen und ihre Perspektiven zu möglichen Mittelpunkten macht und die Fähigkeit, das Mögliche zu denken, das nicht reproduziert, sondern Unbekanntes und Fremdes imaginiert, einschließt.

Will die Kulturgeschichte sich vom Ideal der einen und objektiven Wirklichkeit befreien und nach einer Form der Repräsentation streben, die ihrem unfesten Gegenstand angemessen ist, muss sie das Wissen erhalten oder eher entwickeln, dass keine Definition von Objektivität erlaubt, den Untersuchungsgegenstand vollständig zu erfassen. Sie kann auf die Konzeption einer *partiel-*

Gewalthandeln. Aufschlussreich könnte die Umkehrung des Wegs sein. Jan Peters (Hg.), Ein Söldnerleben im Dreißigjährigen Krieg, Eine Quelle zur Sozialgeschichte, Akademie Verlag Berlin 1993, ist ein anonymer Erlebnisbericht, dessen Interpretation den impliziten Erzähler erfassen, wie auch den Autor als Person konstruieren kann.

121 | Thomas Nagel, Die Grenzen der Objektivität, S. 26; für die Fortsetzung des Gedankens ebd., S. 27ff.

len Objektivität gebaut werden. Lässt sich ausarbeiten, was man eine *partielle Objektivität* nennen könnte? Das käme einem Bedürfnis von Kulturgeschichte nach, die gegen eine verengte Wirklichkeitskonzeption opponiert und, will sie zu sich kommen, ihr tertium datur entwickeln muss. Sie sucht nach einem Verständnis von Wirklichkeit, das die Subjekte des Erlebens einschließt, aber dennoch nicht von der Tatsache abhängig ist, dass sie keine anderen als die ganz spezifischen Subjekte sind, die sie (unter den Bedingungen ihrer Zeit und ihres Ortes) eben sind.

3.4 Kohärenz

Unser affektives Verhältnis zum Krieg fordert, Krieg als Einheit zu erfassen. Lässt sich Kohärenz gegen die hier entwickelte Perspektivik erhalten? Der Augenschein mag dagegen sprechen: Er kommt nicht gegen das elementare Gefühl an, dass es *den* Krieg gibt. Wenn die Struktur des Schlachtfelds, die Waffentechnologie oder die Kampftechnik die die Idee der Kohärenz zu erschweren oder zu verbieten scheinen, so fordern eine mentale Disposition und affektive Bindung, über die Unterschiede hinweg, von Gleichem zu sprechen. Das Gefühl des Zusammenhangs entsteht aus einer vor der Beobachtung liegenden Vorstellung von Krieg und Frieden, einer Erinnerung an nicht Erlebtes, in dem wir Einheit spüren. In der primitiven Bronzefigur eines Sao-Kriegers erkennen wir, auch mit dem Blick des digitalen Zeitalters, den Krieger und stellen ihn in das Assoziationsfeld *Krieg*. Die Vorstellung einer Einheit des Kriegs, die vor den Argumenten liegt, leitet die Suche der Kulturgeschichte des Kriegs nach Begründungen.

Hat der Krieg ein *Wesen*?

Was wollen wir wissen, wenn wir die für die Militärgeschichte irrelevante Frage stellen, die sich nicht auf einzelne Kriege, sondern auf *den* Krieg richtet? Der Krieg gilt seit den frühen Phasen der Zivilisation als etwas charakteristisch Menschliches und bildet einen Unterschied zum Tier, das, jedenfalls konnten wir bis vor kurzem von dieser Annahme ausgehen, keine Kriege führt. Die Fabeln vom Krieg unter Tieren, der Krieg der Mäuse und Frösche, war durchsichtiger Anthropomorphismus, der den Tieren zu dem menschlichen Privileg von Vernunft und Krieg verhalf. Die Frage nach dem *Wesen des Kriegs* soll zu Theorien über das Wesen des Menschen beitragen. Sucht die Kulturgeschichte nach dem Wesen des Kriegs, das aus einem zwingenden Zusammenhang zwischen Fakten und Evidenz einerseits und dem subjektiven Erleben des Kriegs andererseits entsteht? Das wäre ein von Anfang an zum Scheitern verurteilter Versuch. Ein dem Wandel der Geschichte enthobenes Wesen, einen unwandelbaren Kern des Kriegs gibt es nicht. Ein essentieller Kriegsbegriff ist obsolet.[122] Sobald wir den Krieg in kulturellen Kategorien erfassen, entstehen viele Kriege aus unterschiedlichen Perspektiven: der Krieg der Sieger und der Krieg der Verlierer, der Krieg der Frauen, der Invaliden, der Flüchtlinge, der Mediziner und Psychologen, der Frontkämpfer, der Generale und der einfachen Soldaten. Das kann zu einem heillosen Relativismus oder, mit Wittgensteins Wort, zum *Aspektsehen*: etwas als etwas sehen, führen. Dem Relativismus, der nur noch Meinungen übrig lässt, muss die Kulturgeschichte entgehen. Kann Kohärenz im Gegeneinander von perspektivischen Bildern ein Ziel sein?

Ohne Kohärenz ginge der Anspruch verloren, Wahres über den Krieg sagen zu können. An ihr festzuhalten, ist die Bedingung dafür, dass der Krieg der Kulturgeschichte von Fiktion unterschieden werden kann. Die Grenze ist löchrig, aber wert erhalten zu werden.[123] Das Bild des Kriegs darf nicht an Imagination und Literatur ausgeliefert werden, die lediglich durch subjektive Moral begrenzt sind. Soll Kohärenz erhalten werden, kann sie nur aus einer kulturellen Konstruktion entstehen.

Kohärenz durch Konstruktion

Lässt sich ein kohärentes Kriegsbild zusammenfügen, das mit den gesellschaftlich-kulturellen Kontexten seines Entstehens korrespondiert und dennoch Bedeutung bis in die Gegenwart erhält?

Wir können uns, wenn wir nach einer Grundlage für Kohärenz suchen, einen Fotografen denken, der die ideale Voraussetzung für das vollständige Bild eines Kriegs schafft. Mit einer Kamera bildet er zu einem bestimmten Zeitpunkt einen Krieg durch Hunderte und Tausende von Aufnahmen ab. Die elektronische Kamera nimmt alle Details auf und speichert sie. Nehmen wir

122 | Die Kohäsion des Kriegs als kulturanthropogische Konstante postuliert: Schmitthenner, Krieg und Kriegführung im Wandel der Weltgeschichte. John Keegan, Joseph Darracott, The Nature of War, London (Jonathan James) 1981; die Geschichte dieses verhinderten Offiziers und einfallsreichen Historikers mit weitem Horizont zeigt, dass Militärgeschichte mit Phantasie geschrieben werden und nicht nur für Experten interessant sein kann. Ohne Argument und aus einem Gefühl abgeleitet, bleibt der diachrone Zusammenhang allerdings ebenso zufällig wie sein Gegenteil. Keegan, Die Kultur des Krieges; als Bildband: Tim Newark, Kriegskunst; Saul David (Hg.), Die Geschichte des Krieges. Vom Altertum bis heute, München (Dorling Kindersley) 2010.

123 | Es gibt überzeugende Beispiele der jüngeren Literatur, die auf dieser Grenze angesiedelt sind und Geschichte mit Fiktion und Imagination verschränken, um Konsistenz herzustellen: Pat Barkers Trilogie: Regeneration (1992), The Eye in the Door (1993), The Ghost Road (1995), New York (Plume, Penguin Group); Sabine Friedrich, Wer sind wir?, München (dtv) 2012.

an, wir hätten die Zeit, Neigung und Konzentration, diese Fülle von Ansichten des fotografierten Ereignisses zu betrachten, dann wären wir gewiss überwältigt. Wir wären im Angesicht der Vollständigkeit aber nicht in der Lage, eine verstehende Aussage über den Krieg zu machen. Sie erfordert eine Zugabe: Die Verbindungen und Zusammenhänge phantasierende Einbildungskraft, die gezielte Auswahl ermöglicht. Ohne eine Vorstellung vom Vorausgegangenen und vom Folgenden und von einem Zusammenhang stiftenden, gedachten Prinzip ergibt das noch so geduldige Betrachten der Bilder nichts als verständnislose Splitter, eine Aneinanderreihung von Disparatem.

Geografische Orte, Waffen, Gewalt, Töten, Sieg und Niederlage gehörten bisher zu jedem Krieg. Aber aus diesen Attributen und Eigenschaften selbst entsteht keine Einheit. Eine Summation von Einzelaspekten aus einer noch so großen Fülle von Texten, Bildern und Relikten bleibt bruchstückhaft und konstituiert keinen Zusammenhang. Jeder Krieg würde in Kriege zerfallen, und die wären stets etwas anderes: grausam und unmenschlich für die einen, Abenteuer für die anderen, Zeit des Heldentums, Zeit des Sterbens oder des Tötens und vieles andere mehr, je nach der Einstellung, aus der er wahrgenommen und bewertet wird. Ebenso würde durch das Aspektsehen der diachrone Zusammenhang verloren gehen. Der Krieg der Moderne hätte mit dem der Antike nichts mehr gemeinsam. Damit wäre der Gegenstand der Kulturgeschichte verloren.

Auch die Einstellung zum Krieg einzelner Nationen oder Epochen kann nicht zur Kohärenz des Kriegs generalisiert werden. Nehmen wir zum Beispiel die amerikanischen Einstellungen zum Krieg, die vom Unabhängigkeitskrieg zum Zweiten Weltkrieg und dem Zweiten Irakkrieg große Kontinuität aufweisen.[124] Moral, die amerikanische Mission für die Welt, etwas Spirituelles im Unterschied zum Material, der Glaube an Technik und die Skepsis gegenüber der Geschichte verbinden sich zu einer Mischung, die Krieg als einen beherrschbaren gesellschaftlichen Zustand mit einer moralisch gerechtfertigten gesteigerten Todesrate auffasst. Diese Konsistenz ist aufschlussreich, bleibt aber partiell. Mit ihr kann die Einheit des Kriegs nicht begründet werden.

Ohne ein imaginiertes Band der Kohäsion und, ebenso wichtig, ohne die imaginierte Beziehung des Augenblicks, genannt Gegenwart, auf das Kommende, müssen die Bilder bedeutungslos bleiben, gehen sie uns ebenso wenig an wie ein fallender Reissack in China. Kohärenz folgt aus dem Diskurs, und für die Kulturgeschichte ergibt sich der Zusammenhang durch die Auseinandersetzung mit dem Kriegsdiskurs. Nur wenn über alle Veränderungen und Heterogenität hinweg Einheit semantisch kodiert wird, kann die bloße Äquivokation vermieden und Kohärenz über einen langen Zeitraum hinweg

124 | John Dower, Cultures of War. Pearl Harbor, Hiroshima, 9/11, Iraque, New York (Norton) 2010.

gewonnen werden. Im Diskurs werden die Ordnungsprinzipien hergestellt, die es ermöglichen, aus heterogenen synchronen Situationen und Sprüngen der Diachronie einen Zusammenhang zu konstruieren, den Faden zu spinnen, der den Krieg des Anfangs mit dem der Gegenwart verbindet. Die *Logik* aus dem Zusammenspiel von Rationalität und Irrsinn erscheint in zahlreichen Metamorphosen im Diskurs und kann bis an die Anfänge der europäischen Zivilisation verfolgt werden. Dieses Zusammenwirken, das über alle Brüche hinweg Kontinuität schafft, muss in die Praxis hinein verfolgt werden.

Tradition

Die Einheit des Kriegs wird gegenwärtig, wenn sie nicht stillschweigend fallengelassen wird, ohne Reflexion vorausgesetzt, und durch den Rückgriff auf das Postulat einer anthropologischen Konstanz gedeckt: Aggression als Wesenszug des Menschen. Diese Begründung ist durch den Verdacht der Geschichtslosigkeit oder des Geschichtspessimismus belastet[125] und reduziert Krieg auf physisches Geschehen der unveränderlichen Triebstruktur.

Die Berufung auf Clausewitz' Metapher vom Zweikampf knüpft an diese zeitlose Definition an und liefert das Muster eines solchen Bandes durch eine generelle These über das Wesen des Kriegs, die bis in die Gegenwart die wichtigste Metapher für das Denken von Kohärenz bildet und auch in der kritischen Distanz der politischen Linken noch wirkt.[126] Er betrachtet den Krieg als einen Kampf von Ringern, die trachten, einander niederzuwerfen. Unter den vielen Formulierungen findet er am Anfang der Studie die zugespitzte Fassung: »Krieg ist nichts als ein erweiterter Zweikampf.«[127] Das *nichts als* führt er weiter aus: »Der Krieg ist also ein Akt der Gewalt, um den Gegner zur Erfüllung unseres Willens zu zwingen [...]. Jeder sucht den anderen durch physische Gewalt zur Erfüllung seines Willens zu zwingen; sein nächster Zweck ist, den

125 | »Every nation created its own Great War.« Jay Winter, Britain in the wake of the Great War, in: Lothar Kettenacker, Torsten Riotte (Hg.), The Legacies of Two World Wars. European Societies in the Twentieth Century, New York, Oxford (Berghahn) 2011, S. 133.

126 | Engels wird als Militärtheoretiker nicht gelesen. Friedrich Engels, Ausgewählte militärische Schriften, hg. von von Günter Wisotzki, Bd. 1, Berlin (Ministerium für nationale Verteidigung) 1958, Bd. 2, Berlin (Deutscher Militärverlag) 1964. Er hielt den Bauernkrieg für den »Angelpunkt der ganzen deutschen Geschichte«.

127 | Carl von Clausewitz, Vom Kriege. Hinterlassenes Werk, Frankfurt a.M. u.a. (Ullstein), 2003, (1832) S. 27, die folgenden Zitate ebd. S. 28ff. Clausewitz' Formulierung geht von einem Zusammenhang zwischen Krieg und Diskurs aus, denn er versteht den Krieg als eine Fortsetzung von Politik, aber sein Begriff von Politik kommt ohne das Diskursive aus. Auch spricht er nicht von einem Zusammenhang, sondern von einem Nacheinander.

Gegner niederzuwerfen und dadurch zu jedem ferneren Widerstand unfähig zu machen [...]. Der Krieg ist ein Akt der Gewalt, und es gibt in der Anwendung derselben keine Grenzen; so gibt jeder dem anderen das Gesetz, es entsteht eine Wechselwirkung, die dem Begriff nach zum äußersten führen muss.«

Lässt sich der kohärente Begriff vom Krieg auf dieser theoretischen Grundlage entwickeln? Sie reduziert Krieg auf physische Gewalt und individuelles Triebhandeln. Das verfolge einen *Zweck*: den Gegner niederzuwerfen, und ein *Ziel*: ihm den eigenen Willen aufzuzwingen. Diese Bestimmung eines unwandelbaren Wesenskerns ist weltweit verbreitet und wird in Militärakademien gelehrt. Aber es ist offensichtlich: Sie ist ahistorisch und zeitgebunden. Die Kohärenz des Kriegs lässt sich durch die Metapher vom Zweikampf nicht begründen.

Zum Verständnis der frühen und der kommenden Kriege kann nicht der Krieg der Moderne als Muster dienen. Mit Clausewitz lassen sich die Kriege der Hethiter und in Assyrien nicht verstehen. Auch für die Frage nach der Zukunft des Kriegs, nach dem Cyberwar, nach Lawfare oder dem möglichen Ende des Kriegs, ist eine Langzeitperspektive erforderlich, für die der Krieg der Moderne nicht paradigmatisch sein kann.

Krieg und Kapitalismus

In Opposition zu Clausewitz entwickelte seit dem späten 19. Jahrhundert die Kriegskritik die Idee des Zusammenhangs von Krieg und politisch-ökonomischer Struktur einer Gesellschaft. Die Vorstellung, Krieg könne als Produkt der Kapital- und Rohstoffmärkte erklärt werden, erfreut sich großer Beliebtheit, nicht nur unter Sozialisten. Solche Zusammenhänge bestehen. Daran lassen die Kriege in den rohstoffreichen Ländern Afrikas oder in den Erdöl produzierenden Regionen keinen Zweifel. Aber aus dieser Globalthese lässt sich kein Verständnis des Kriegs gewinnen.

Was trägt die These, dass das industrialisierte Schlachtfeld die Herrschaftsstruktur der Klassengesellschaft und des industriellen Kapitalismus imitiere und Krieg die Besitzverhältnisse des kapitalistischen Systems spiegele, zur Kohärenz des Kriegs bei?[128] Die Verquickung von Militär, Politik und Industrie ist nicht mit den Strukturen der kapitalistischen Gesellschaft, nicht mit ihren Besitz- und Produktionsverhältnissen gleichzusetzen und der Krieg auf den Kapitalismus nicht zurückzuführen. Die Geschichte der Kriegsdiskurse lehrt, dass das System Krieg mit autoritären Machtverhältnissen auch dann besteht, wenn eine Gesellschaft nach anderen, nicht industriell-kapitalistischen Strukturen organisiert ist. Wenn wir verstehen wollen, was Krieg ist, müssen wir uns von der Identifikation von Krieg und kapitalistischer Moderne lösen und

128 | So argumentierten zuerst die Kriegskritiker der politischen Linken nach dem Ersten Weltkrieg, Adam Scharrer, der BPRS und andere.

das Zauberwort *Moderne* entzaubern. Es erklärt im Hinblick auf den Krieg sehr viel weniger als es verspricht und ein innerer Zusammenhang des Kriegs lässt sich aus dieser gesellschaftstheoretischen Sicht nicht entwickeln. Durch diesen Typus von Krieg und Kapitalismuskritik lassen sich nicht alle Kriege erklären und schon gar nicht *der* Krieg.

Neue Versuche, Kohärenz zu denken

Für die Geschichtswissenschaft gilt heute mehr denn je, dass angesichts der Zugänglichkeit einer riesigen Datenmenge und eines unübersichtlichen Theorieangebots eine hohe Selektionskompetenz gefragt ist. Aber nicht minder wichtig ist der Blick für den Zusammenhang. Nur ein genereller Oberbegriff macht es möglich, relevante von irrelevanten Informationen durch andere Kriterien als denen der militärischen Effizienz zu unterscheiden. Die Kohärenz des Kriegs muss theoretisch begründet werden, damit die Selektion und Gewichtung von Daten gesteuert werden kann.

Einen Versuch, den Zusammenhang aus der Theorie abzuleiten, hat in jüngerer Zeit Beatrice Heuser unter dem Titel »Den Krieg denken« vorgelegt. Sie verfolgt das Projekt, die Literatur zum Komplex Militär seit der Spätantike als einen Entwicklungszusammenhang darzustellen, aus dem ein mit sich übereinstimmendes Bild entstehe.[129] Die Studie wird jedoch das Opfer der Heterogenität der Kriegsgeschichte und ihrer Theorien. Das breite Panorama des militärischen Denkens, ausgehend von Flavius Renatus Vegetius, dessen *Handbuch* (4. Jahrhundert) bis in die Neuzeit hinein wirkte, zerfällt in Einzelaspekte. Ihre Inhaltsangaben und Bewertungen lösen sich nicht aus dem Paradigma der Militärgeschichte und, Heuser selbst ist das nicht verborgen geblieben, wie sie am Ende der Studie eingesteht, erfüllen den selbst gestellten Anspruch nicht. *Der* Krieg, der laut Titel *gedacht* werden soll, wird unter den Details nicht erkennbar. Auf der Suche nach der notwendigen Bedingung der Einheit des Kriegs, wird diese wichtige Studie nicht fündig. Die Abwesenheit von leitenden Prinzipien und Kategorien, die nicht aus der Militärtheorie, sondern nur aus anderen akademischen Feldern kommen können und den Kriegsdiskurs bilden, verhindert die Kohärenz.

Identität als Relevanzrahmen der Kohärenz

Die Frage nach Kohärenz erfordert die Bestimmung eines Relevanzrahmens. Wenn wir nach einem *den* Krieg zusammenhaltenden Rahmen suchen, stoßen wir auf einer elementaren Ebene auf die Kategorie *Identität*. Im Krieg wirkt ein Widerspruch: Er ist destruktiv, aber er schafft auch Bindungen und Zukunftsorientierung für die im Krieg zusammengezwungenen Einheiten.

129 | Beatrice Heuser, Den Krieg denken. Die Entwicklung der Strategie seit der Antike, Paderborn (Schöningh) 2010.

Er braucht Gewalt als Mittel und schafft zugleich affektive Bindungen und Assoziationen. Darin kann man keinen Zweck, aber einen Effekt sehen, den der Krieg mit Notwendigkeit erzielt. Zur Identitätsbildung durch Krieg gehört außer der Klärung des Eigenen notwendig der Ausschluss. Krieg verfolgt seit seinen Anfängen das Ziel der Identitätsbildung durch den Ausschluss der anderen mit Gewalt und Todesdrohung. Er schafft oder bestärkt die Identität von Reichen, Nationen, Ideologien, Religionen, ethnischen Gruppen. Durch den immanenten Widerspruch aus Destruktion und Bildung von Identität ist Krieg in die langfristigen Entwicklungen von Machtstrukturen und Subjektivität verwickelt.

Kriege sind durch die Identitätsfrage nicht zureichend bestimmt. Aber sie machen diese Frage unausweichlich. Krieg lässt sich als eine gewaltsame Praxis von Identitätspolitik verstehen. Der Disput ist darum heftig, weil Veränderungen im Kriegsbild eine affektive Grundlage haben und das Eigenbild von Menschen und Gesellschaften betreffen. Identifikation mit und Ausschluss von etwas stehen im Zentrum von Kriegsbildern und sind der Motor ihrer Veränderungen. Die Frage: ›Wer sind wir?‹ ist für das Kriegsverständnis konstitutiv. Aus ihr leiten sich Motivation und Wille zum Krieg ab. Die Einheit im Wandel kann auf den Identitätsdiskurs zurückgeführt werden.

Identifikation und Ausschluss sind die Kategorien, die bereits die Darstellung in den frühesten Kriegsbildern aus dem 7. Jahrhundert v. Chr. lenken. Die Reliefs in den Palästen von Ninive zeigen drastische Szenen, etwa den Augenblick des Enthauptens eines am Boden liegenden Feindes und den über ihm knieenden Sieger. Wichtiger noch als das einheitsstiftende gemeinsame Töten ist die Zentrierung durch die Figur des Siegers. Ihre Bedeutung lässt sich in Bildserien an der mehrfachen Wiederholung des Bildes vom Sieger, der das Haupt des Besiegten demonstrativ abtrennt oder abgetrennte Häupter inspiziert, ablesen. Darin liegt nicht nur der Ausdruck von Triumph, sondern ebenso von Versammlung und emotionaler Bindung.

Identität durch Identifikation setzt sich über den Krieg hinaus fort: Die Differenz zwischen dem mit einem Gott oder den Göttern kommunizierenden Herrscher und den Beherrschten ist unüberwindbar. Dieser Abstand trägt zur Transzendenz des Kriegs bei. Zugleich aber schafft der Krieg eine Ordnung, die den kämpfenden König mit den kämpfenden Untertanen verbindet und in einem Bildrahmen zusammenstellt. Es gibt einen anderen Abstand, den zwischen den adligen Kriegern und ihren Helfern. Der wird im Krieg zwar bestätigt und verfestigt. Zugleich gehören aber beide zu einer Einheit, die aus dem Verhältnis zum Feind, der gemeinsam getötet wird, hervorgeht und durch die bildliche Darstellung in das Wissen der Zeit eingeht.

Ein weiterer Aspekt soll kurz erwähnt werden. Informationen über Verpflegung, Kleidung oder die Qualität des Leders hat es immer gegeben. Sie waren eingeordnet in Relevanzrahmen der Offiziere und der Geschichtsschreibung, die ihnen, im Unterschied zu den Soldaten, keine Bedeutung zusprachen. Halten wir Verpflegung, Erdarbeiten und fehlende Spaten, klemmende MGs, stinkende, verwesende Körper, den Lärm der Batterien, oder halten wir Kommunikationswege zwischen der Kommandozentrale und der vordersten Linie oder den Frontverlauf für bedenkenswert? Darin liegt ein Bruch. Soldaten determinieren die Bedeutung und den Wert ihres Wissens außerhalb des Rahmens der Militärgeschichte. Die Probleme der kämpfenden Soldaten haben oft kaum eine Beziehung zu den durch militärische Zwecke definierten Relevanzrahmen. Ihr Kontext ist die Lebenswelt der Front, und die Erfahrung dieser Lebenswelt stiftet Identität, die über das Ende der Kampfhandlungen weiter wirkt.

Die Lebenswelt der Soldaten entzieht sich den militärischen Notwendigkeiten und gewinnt durch die Kulturgeschichte des Kriegs etwas vom Status der Autonomie. Das militärische Denken, im 19. Jahrhundert bereits im Kinderzimmer eingeübt, war zweifellos bedeutend. Aber es muss in der Kulturgeschichte in einen weiteren Rahmen, als den einer Verursachungskette gestellt werden. Bleisoldaten und Erbsenkanonen sind keine Hilfe, wenn die Fragen lauten: Wie wird das Maskuline konstruiert, wie stellen Soldaten sich den Tod vor, was sagen sie zum Töten und wie ertragen sie die anhaltende Todesdrohung, wie überstehen sie Gefangennahme, wie reagieren ihre Psychen, wie denken sie über ihre Waffen, wie verhalten sie sich gegenüber Frauen? Diese Fragen lohnen das genaue Studium, wenn wir wissen wollen, was die Kohärenz des Kriegs ausmacht. Sie machen das Schlachtfeld zu einem Vorstellungsraum. Kulturgeschichte, die von diesem Raum handelt, berichtet von einem anderen Raum als die Militärgeschichte.

3.5 Authentizität und Darstellbarkeit

Auf das Problem der Perspektivik reagiert die Kulturgeschichte des Kriegs mit dem Begriff der Authentizität. Seit der Antike war Authentizität ein Wort für eine einfache Unterscheidung zwischen echt und falsch oder Original und Fälschung, etwa die Echtheit einer antiken Skulptur oder eines signierten Gemäldes bezeichnend. Die in die frühe Neuzeit zurückreichende bürokratische Praxis einer amtlichen Beglaubigung gab Texten Authentizität. Frühe Reiseberichte galten als authentisch, sobald garantiert war, dass sie nicht aus der Phantasie stammten, sondern nach Reisen in unbekannte Länder verfasst worden waren. Viele Erfindungen in Marco Polos Berichten aus China waren leicht zu durchschauen. Aber die Authentizität seiner Berichte wurde nicht angezweifelt, da der Beweis vorlag, dass er dort gewesen war. Nach demselben Muster war die Debatte um die Authentizität von Kriegsschilderungen angelegt. Die Rückkehrer vom Schlachtfeld genossen denselben Bonus wie einst die Reisenden in den Osten und in andere nur dem Namen nach bekannte Regionen.

Diese Bedeutung hat sich bis heute erhalten, wird aber von einem anderen Verständnis überlagert, das mit der Revolutionierung der Reproduktionstechniken und der Lebenswirklichkeit entstanden ist. Seit dem frühen 20. Jahrhundert löste die Frage nach Authentizität kontroverse Antworten aus.[130] An ihnen kann die Kulturgeschichte des Kriegs anknüpfen. Öffentliche Debatten über das Authentische, etwa über den Primitivismus in der Kunst nach 1900, zogen sich bis in die Grundsatzdebatten der Postmoderne. Die Diskussionen erhellten das Authentische als ein sich in der Zeit veränderndes Problem der Beglaubigung und Bewertung. Authentizität ist nun keine Eigenschaft von Texten und Objekten mehr, sondern die Folge von Zuschreibungen. Einzelne Eigenschaften werden ausgewählt, betont und je nach Standpunkt als authentisch bewertet, andere vernachlässigt oder negiert.

Luhmann hat Authentizität als eine »Kultform der Naivität« bezeichnet.[131] Seine durch und durch negative Bewertung des Kultstatus teilt die Kulturgeschichte des Kriegs nicht. Sie setzt Authentizität gegen die Faktizität. Die einem Kriegsbild zugesprochene Authentizität ist keine Form von Naivität oder Naivität einer zweiten Stufe. Sie ist entweder politisch motiviert und Ideologie oder eine konstruierte Authentizität, die das Kriegserlebnis modern macht. Sie kann zugeschrieben oder abgesprochen werden und ist die ideale Kategorie in unfesten Konstruktionen von Wirklichkeit. Denn sie ermöglicht Unterscheidung und vermeidet das Dilemma der Wahr-unwahr-Dichotomie.

Ich beschränke mich im Folgenden auf eine knappe Klärung im Hinblick auf die Kulturgeschichte des Kriegs und gehe davon aus, dass sich die Frage der Authentizität von Kriegsbildern nicht vor dem Ende des 19. Jahrhunderts stellte. Ansätze finden sich zwar in der öffentlichen Auseinandersetzung über den Amerikanischen Bürgerkrieg. Aber in ihr spielte weder der Begriff des Authentischen eine Rolle noch problematisierte sie den Krieg selbst. Die Grundfrage war die der ethischen Begründung, deren komplizierte Beziehung zum Problem des Authentischen nicht bemerkt wurde. Sie wurde nach 1914 zum Problem.

Biografische Authentizität – ein konservativer Begriff

Ein fixierter Authentizitätsbegriff gehört zu den Idealen eines konservierenden Denkens, das zur Stabilisierung des Ichs entwickelt wird. Die entscheidende Frage blieb lange Zeit, ob die Repräsentation durch das Leben und Erleben des

130 | Für einen Abriss vgl. Susanne Knaller, Harro Müller, Authentisch/Authentizität, in: Karlheinz Barck u.a. (Hg.), Ästhetische Grundbegriffe, Bd. 7, Stuttgart, Weimar (Metzler), bes. S. 43-47; Susanne Knaller, Harro Müller (Hg.), Authentizität. Diskussion eines ästhetischen Begriffs, München (Wilhelm Fink) 2006.

131 | Knaller, Müller, Authentizität, S. 9.

Autors begründet und durch Augenschein gedeckt sei. Der Autor war der Maßstab des Authentischen. Sein Leben sollte das Echte verbürgen. William Howard Russell reiste auf die ferne Krim und schrieb Kriegsberichte für die Londoner *Times*. Er war Augenzeuge, das belegten Gewährsleute und die Details seiner Schilderungen. Dies gab seinen Berichten Glaubwürdigkeit. Sie wurden als authentisch gelesen. Präsenz war aber nicht das einzige Kriterium. Die zur selben Zeit entstandenen Fotografien Roger Fentons waren durch einen politischen Auftrag der Londoner Regierung an den Fotografen entstanden, um der Kritik in Russells Berichten Bilder entgegen zu setzen. Fenton war am Ort, hatte selbst gesehen und aus der geografisch und mental entfernten Region berichtet. Authentizität wurde seinen Bildern aber nicht zugesprochen. Sie wirkten als Kriegsbilder inauthentisch, denn sie entsprachen dem zeitgenössischen Kunstideal des Pittoresken.

Im Ersten Weltkrieg wurde die Reaktion formuliert, die das Künstlerische als das Inauthentische diskreditierte. Authentizität entsprang einer Einstellung, einem Glauben und einem mentalen Handeln. Das Ideal war, das Authentische in der Gegenwart aus der Essenz des Kampfes zu gewinnen. Eine Ideologie der Präsenz entstand, die im Rückgriff auf vorgeblich einfache Formen die *Eigentlichkeit* wiedergewinnen wollte. Als wahrhaftig galten Texte und Bilder, die von Augenzeugen kunstlos und roh verfasst worden waren. Alles andere verfiel dem Verdacht der Erfindung und damit der Fälschung. Diskurs und Medien konnten aus dieser Sicht nur Lügen entwickeln.

In den zwanziger Jahren entstand eine Reihe von Fotobänden mit Amateuraufnahmen, die sehr unterschiedliche Kriegsbilder zeigten. Welche Sammlung gab die Front authentisch wieder? Gibt die erzählte Welt des Schippers Bertin (Arnold Zweig) oder die des Stoßtruppführers in Ernst Jüngers Werken, die in der Fotografie repräsentiert wurden, die Kriegswelt authentisch wieder? Kann es unterschiedliche Bilder von einem Krieg geben, die alle den Anspruch auf Authentizität erfüllen? Realistische Autoren wie Zweig oder Scharrer und andere politisch engagierte Autoren entwarfen ein Kriegsbild mit pädagogischer Absicht: Sie erzählten Geschichten aus dem Vertrauen auf Mimese, um durch ein *realistisches* Bild die Leser aus den Fängen des militanten Kriegsdiskurses zu befreien. Authentizität sollte sich aus der Wirkung des politischen Engagements auf die Leser ergeben. Diesen Realismus beanspruchten auch die bellizistischen Autoren für ihr Bild vom Krieg. Aber sie erwarteten die gegenteilige pädagogische Wirkung. Aus dem authentischen Text oder Bild sprach vorgeblich der *Geist des Kriegs*. Die Forderung nach Nähe von Text und Wirklichkeit wurde im Namen der Authentizität erhoben, zielte aber auf eine Ästhetik, die, genau betrachtet, ins Programm der *Uneigentlichkeit* gehörte. Rechte Militaristen entwickelten eine Ideologie des Rauen und der Grausamkeit und erklärten, das *Uneigentliche* zu überwinden und über das Grausame am Krieg den Sprung ins Echte des Ursprungs zu tun. Da die Debatte nicht ohne Rückgriff auf das Religiöse geführt wurde, wehte aus authentischen Büchern der heilige Geist des Kriegs. Was hätte nach den Materialschlachten unglaubwürdiger sein können? Die Pseudo-Authentizität dieses Bilds vom Krieg ließ sich politisch nutzen. Die Deutungskämpfe nach 1918 bemächtigten sich dieser Authentizität auf eine Weise, dass eine Unterscheidung zwischen Erinnerung und gelenkter, absichtsvoller Umdeutung nur schwer zu machen war. Der Kampf gegen Remarques Roman und Milestones gleichnamigen Film sowie gegen die kriegskritische Literatur der Republik war Teil des politischen Authentizitätsdiskurses. Im Kampf gegen die Anti-Kriegsliteratur wurde stets der Zweifel gesät, der Autor hätte nicht erlebt, was er schildert und daher sei sein Werk inauthentisch. Der Vorwurf der Lüge, in zahlreichen Besprechungen, besonders von *Im Westen nichts Neues*, vorwiegend von der politischen Rechten erhoben, entsprang einer reaktionären Haltung im Verhältnis zur Authentizität. Ihr erschien das Künstlerische und kritisch Rationale sowohl im Leben als auch im Werk als verfehlt. Es greift zu kurz, diesen Kult als profane Sakralisierung oder Ästhetisierung der Politik gegenüberzustellen. Er ist Politik, Authentizitätspolitik.

Ein moderner Begriff: Produzierte Authentizität – nach Heidegger und Foucault

Für den modernen Kriegsdiskurs ist die Kategorie Authentizität fundamental.[132] Er entfernt sich von der starren Definition des Authentischen und privilegiert Authentizität nicht zuletzt, weil sie keinen an der Beziehung zum Signifikat gemessenen ausschließenden Gegensatz kennt, sondern in gleitenden Übergängen entsteht. *Falsch* und *richtig* bilden unangemessene Kategorien. Kriegsdiskurs und Kulturgeschichte nehmen sich die Lizenz abzuwägen und auch zu erfinden, um durch Kreativität in der Darstellung von Wirklichkeit Authentizität zu stiften. Darin steckt nicht ein größerer oder geringerer Anspruch auf Wahrheit, sondern eine andere Konzeption vergangener Wirklichkeit.

Heidegger, der eine dominierende Position in der Debatte einnahm, führte, und das war keine bloße zeitliche Koinzidenz, die Wörter »Eigentlichkeit« und »Uneigentlichkeit« als die beiden grundsätzlichen Alternativen, wie sich Subjekte zu ihrem je eigenen Sein verhalten können, nach dem Ersten Weltkrieg ein.[133] Die Begriffe »Eigentlichkeit« und »Authentizität« sind im öffentlichen

132 | Thomas Knieper, Marion G. Müller (Hg.): Authentizität und Inszenierung von Bilderwelten, Köln (Herbert von Halem) 2003; Lionel Trilling, Das Ende der Aufrichtigkeit, München (Hanser) 1980.

133 | Hinweise liefert Domenico Losurdo, Heidegger and the Ideology of War. Community, Death, and the West, Amherst (Humanity Books) 2001, zuerst La communita, la morte, l'Occidente. Heidegger e l'ideologia della guerra, 1991.

Diskurs identisch. Ihr Gegensatz, die Uneigentlichkeit sei bestimmt durch Geschäftigkeit, Angeregtheit, Interessiertheit, Tatendrang, vom »Mitdasein Anderer im Man völlig benommen« und gehe »besorgend in einer Welt« auf.[134] Die Philosophische Anthropologie schloss sich an, reflektierte aber Authentizität auf eine Weise, dass nicht nur die Hochkultur, sondern ebenso die Schicksale einfacher Menschen eingebunden wurden. Helmut Plessner beschreibt, wie Authentizität auf allen Ebenen des Sozialen die Folge eines Bedürfnisses nach dem verlorenen Echten, dem eigenen Leben sei. Helmut Lethen schließt sich an und spricht von Authentizität, die unter den Bedingungen der Moderne nicht zu erreichen sei, uns aber als »Sehnsucht« ständig begleite.[135] In der Sehnsucht begegnen wir erneut dem Gefühl von einem Verlust durch die Moderne und einem Konflikt mit der Vernunft – sie hat an der Sehnsucht keinen Anteil und hat Schwierigkeiten mit dem Begriff des Authentischen.

Noch in Foucaults Diskursanalyse behält das Konzept der »Authentizität« seine Bedeutung für die Formierung des Diskurses aus der Opposition zur Vernunft.[136] Er spricht den Gedanken wiederholt aus, dass wir uns selbst nicht gegeben sind, dass es das Ich aus mimetisch nachbildbaren Erlebnissen nicht gebe.[137] Die Konsequenz sei: Wir müssen uns »wie ein Kunstwerk begründen, herstellen und anordnen«, um authentisch zu werden.

Das Authentische entsteht nicht aus dem Gegensatz von ursprünglich und medialisiert, sondern der Diskurs konstruiert seinen Gegenstand in einer unauflöslichen Verflechtung ins Mediale. Fotografie, Film und Video gelingt das Authentisieren besonders widerstandslos. In der Umkehrung dient das Offenlegen der Konstruiertheit dazu, den Authentizitätsanspruch zurückzuweisen oder ins Ridiküle oder Absurde zu verweisen.

134 | Martin Heidegger, Sein und Zeit, Tübingen (Niemeyer) 2006, S. 42f., S. 176.

135 | Helmut Lethen, Versionen des Authentischen: sechs Gemeinplätze, in: Hartmut Böhme, Klaus R. Scherpe (Hg.), Literatur und Kulturwissenschaften. Positionen, Theorien, Modelle, Reinbek (Rowohlt) 1996, S. 205-223, hier S. 229.

136 | Michel Foucault, Von der Freundschaft als Lebensweise. Michel Foucault im Gespräch, Berlin (Merve) 1984, S. 80f.; Foucault, Schriften in vier Bänden. Dits et Ecrits, hg. von Daniel Devert u.a, Bd. IV, 1980-1988, Frankfurt a.M. (Suhrkamp) 2001, S. 758. Eine Einführung in den Authentizitätsdiskurs seit dem 19. Jahrhundert liefert die noch immer anregende Studie Trilling, Das Ende der Aufrichtigkeit.

137 | Es gibt Gegenbewegungen, etwa: Charles Taylor, The Ethics of Authenticity, Cambridge (Harvard University Press) 1991. Aber bei ihnen schließen die Vertreter einer erweiterten Militärgeschichte nicht an, obwohl die Idee einer gleichsam *natürlichen* ethischen Verantwortung der Repräsentation ihren Gedankengang durchaus stützen könnte.

Authentizität muss hergestellt und beglaubigt werden. Beglaubigung ist desto wichtiger, je komplexer die Gegenstände und je höher der Grad der Selektion aus der Wahrnehmungswelt ist. Je mehr Potentialitäten vorstellbar sind, desto größer ist das Bedürfnis zu *wissen*, was echt ist. Aber eine Versicherung des Echten kann immer nur bedingt und für einen begrenzten Zeitraum gelten. Darin ist einer der Gründe für die Heftigkeit der Auseinandersetzungen über die Authentizität der Kriegsbilder nach dem Ersten Weltkrieg zu suchen, da der je eigene Diskurs als zeitlose *Wahrheit* durchgesetzt werden sollte.

Authentizität braucht Vertrauen. Lösen ein Text oder ein Gegenstand samt der Präsentation, etwa in einem Museum, kein Vertrauen aus, entsteht der Eindruck von Unglaubwürdigkeit, Fake. Das Fiktionale des Authentischen im Diskurs ist ein Problem der Verantwortungsethik oder aber der kalkulierenden Politik.

Seit der Einführung der neuen Medien in den Kriegsdiskurs, das war zunächst die professionelle Fotografie im Krimkrieg und dann der Film und die Amateurfotografie im Ersten Weltkrieg, ist die Klärung der medialen Produktions- und Konstruktionsleistungen eine unabdingbare Voraussetzung für die Frage: ›Wie sieht das authentische Kriegsbild aus?‹ Sie gewann nach dem Ersten Weltkrieg eine gesellschaftspolitische Bedeutung und hatte, weitreichende Auswirkungen auf das kollektive Gedächtnis und auf die Politik und Gesellschaft.

Nicht der Krieg an sich war aus der Sicht der Nachkriegszeit authentisch, sondern Authentizität entstand in der Konstruktion und Rezeption oder wurde im Diskurs (polemisch) verweigert. Glaubwürdigkeit gewann das Kriegsbild nun nicht durch Biografie. Biografische Elemente wurden dekontextualisiert, verfremdet und in Konstruktionen des Imaginären neu zusammengesetzt. Authentizitat sollte durch Inszenierung, Experiment und geplante Konstruktion hergestellt werden. Nicht das Biografische, sondern der Text, nicht das Erlebnis, sondern die Inszenierung von Erlebnissen sollten das Authentische verbürgen. Die Konstruktion verbirgt ihre Konstruiertheit, um die Illusion zu erwecken, es handle sich um die Echtheit, die das Ereignis oder das Ding ursprünglich einmal hatten.

Sontag weist auf die Verwirrung von Bild, Rekonstruktion und Original hin. Die viel gelobte Authentizität der filmischen Rekonstruktion der Landung der Alliierten an Omaha Beach in Steven Spielbergs *Saving Private Ryan* (1998) sei eine der zweiten Ebene, auf den Fotos aufgebaut, die Capa, während der Landung im feindlichen Feuer zwischen den Soldaten schwimmend, mit tollkühnem Mut gemacht hatte. Was aber macht Capas Fotos authentisch? Seine physische Anwesenheit? Der Effekt gilt auch in der Umkehrung: Ein Filmbild wird inauthentisch, sobald es als Wiederholung eines Fotos erkennbar wird.[138] Ebenso gilt, dass Bilder, an die wir uns aus Filmen erinnern, Authentizität verlieren. Denn, argumentiert Sontag, »[e]in Kriegsfoto wirkt inauthentisch, selbst wenn an ihm nichts gestellt ist, sobald es wie ein Standbild aus einem Film aussieht.«[139]

Die philosophische Kritik des inauthentischen Lebens wurde in den Kriegsdiskurs übertragen. Bilder vom Krieg brauchen nicht dem Verdacht des manipulierenden Angriffs auf die Autonomie des Betrachters ausgesetzt zu werden, um die Frage nach Authentizität auszulösen. Skepsis galt bereits der Fotografie des Krimkriegs. Die Fotos waren zu ästhetisch, um ihnen Authentizität zuzuschreiben. Auch die Erwartungshaltung der Betrachter stand der Authentifizierung entgegen. Die Fotos wurden dennoch betrachtet, und es wäre interessant zu wissen, wie sie wirkten, generell gefragt: Hat das Bild, dessen mangelnde Authentizität bekannt ist, eine Wirkung? Die Forschung spricht nicht nur von einer Konstruktion des Authentischen, sondern hat das gewagte Wort *Authentizitätsfiktion* eingeführt.[140] Das bezeichnet das paradoxe Verfahren, Bilder durch Fetischisierung zu authentifizieren. Wirkt Authentizitätsfiktion in den einfachen Formen der bildlichen Repräsentation von Krieg?

Auch das Bild, dem wir keine Authentizität zusprechen, wird vom Gedächtnis aufgenommen und nicht einfach vergessen, weil es eine Lüge ist. Auch Lügen haben eine Wirkung, und gelegentlich schätzen wir sie und wehren uns dagegen, sie aufzugeben. Gilt das für das inauthentische Bild? Fragwür-

138 | Ein Unterschied der englischen und der deutschen Verarbeitung des Kriegs lässt sich an einem Medium festmachen. Nach den Hunderttausenden von patriotischen und nationalistischen Gedichten, mit denen in Deutschland 1914 die Zeitungsredaktionen überschwemmt und die in zahllosen Anthologien gedruckt worden waren, war die Lyrik für eine Auseinandersetzung mit dem Krieg diskreditiert. Das Genre hatte den Anspruch auf Authentizität verspielt. Das war in England anders. Dort gewann die Kriegslyrik eine gewichtige Stimme in der Öffentlichkeit, gerade wegen ihres Engagements und ihrer Subjektivität. Dagegen waren in Deutschland Essay, philosophische Abhandlung oder ideologischer Traktat, Rede und erzählende Prosa die bevorzugten Gattungen. (Lyrik gab es in den Anti-Gedichten von Dada.) Für emotionale Reaktionen wie Elegie, Melancholie, Trauer oder Weltflucht hatten diese Genres keine Sprache. Sie waren eher auf eine verbale Fortsetzung des Kampfes (auch gegen den Krieg: *Krieg dem Kriege*) gestimmt.

139 | Sontag, Regarding the Pain of Others, S. 77f.

140 | Tanjev Schultz, Alles inszeniert und nichts authentisch? Visuelle Kommunikation in den vielschichtigen Kontexten von Inszenierung und Authentizität, in: Thomes Knieper, Marion G. Müller (Hg.), Authentizität und Inszenierung von Bilderwelten, Köln (Herbert von Halem) 2003, S. 10-24, hier S. 20; Knaller und Müller sprechen von »Authentizitätsinszenierungen«: Knaller, Müller, Authentizität, S. 8.

dige Authentizität ist irgendwo auf einer Bewertungsskala platziert und von der Lüge unterschieden. Durch das Absprechen der Authentizität ist nicht das letzte Wort über ein Bild gesprochen. Leistet das inauthentische Bild einen Beitrag zum Aufbau der vorgestellten Welt? Wie abhängig ist das Bild vom Krieg von Bildern des Inauthetischen?

Das Problem steigerte sich mit dem Ersten Weltkrieg. Die Propaganda wurde ausgebaut, und ihre Bilder waren visuelle Lügen. Aber die Grenze zu Bildern, denen Authentizität zugeschrieben wurde, war fließend. Entstand eine Galerie der inauthentischen Kriegsbilder, die sich gegen besseres Wissen erhielt und am Kriegsbild mitwirkte, es verharmloste, heroisierte oder zur Unterhaltung stilisierte? Schafft fingierte Authentizität, selbst wenn sie als solche durchschaut wird, womöglich ein Wunschbild der Wirklichkeit?

Das Tagebuch, die einfachste Form der literarischen Veräußerung, kunstlos und für die eigene Erinnerung und nicht für einen Adressaten angelegt, hatte von jeher die Ausstrahlung des Authentischen. Aber selbst das Tagebuch spricht nicht aus sich selbst, sondern benötigt eine Konstruktionsarbeit, um Authentizität zu gewinnen. Wer wäre besser geeignet als der rückblickende Autor, Authentizität zu verleihen? Ernst Jünger schreibt, als er sein Kriegstagebuch sich nach Jahren vornimmt, über die emotionale Distanz. Fragen entstehen. Liest er die rasch hingeworfenen und oft von ihm selbst schwer zu entziffernden Wörter und Satzfetzen korrekt? Den Schlamm der Gräben kann er in einigen Flecken wiedererkennen. Aber ob andere dunkle Flecke von Blut oder Rotwein stammen, kann er nicht entscheiden. Nicht einmal der Urheber eines schlichten Textes kann sicher sein und Authentizität verbürgen. Das winzige Detail macht das Offene der Zuschreibungen deutlich. In dieses Gleiten vertieft sich die Kulturgeschichte in der Hoffnung, etwas über den Krieg zu erfahren, das sich auf andere Weise nicht herausfinden lässt.

Experiment und die Zuschreibung von Authentizität

Dada und Surrealismus identifizierten eine Krise des Authentischen, das mit den neuen Medien nicht vermittelt werden, und des Erlebens, das der Komplexität der Wirklichkeit nicht mehr gerecht werden könne. Die Krise des Authentischen werde durch den Irrsinn der modernen, technologischen Welt ausgelöst und mache es unmöglich, das Objekt, also auch den Krieg, durch die Mittel der Mimese authentisch zu repräsentieren.[141] Sie setzten dem keinen Widerstand entgegen, sondern machten mit, dem Prinzip des Offenlegens dieser Störung folgend. Einige schlossen sich dem Irrsinn an und verfassten Irrsinnstexte. August Stramm, Kurt Schwitters und die Dadaisten und die Sur-

141 | Eva Ulrike Pirker, Mark Rüdiger, Christa Klein, Thorsten Leiendecker, Carolyn Oesterle, Miriam Sénécheau, Michiko Uike-Bormann (Hg.), Echte Geschichte. Authentizitätsfiktionen in populären Geschichtskulturen, Bielefeld (transcript) 2010.

realisten entzogen der Kultur die Sprache als das elementare Mittel der Domestizierung des Menschen zu einer Moral, die unweigerlich in den Krieg zu führen schien. Sie destruierten Grammatik, Lexik, Erzählung und Ikonografie. Die Züricher Experimente von Dada, Lautgedichte, etwa Kurt Schwitters berühmte *Ursonate* und sein ratterndes Maschinengewehr versuchen sich an einem Gegenmodell zur Repräsentationsästhetik. Auch das Absurde in Kunst und Literatur hat einen Ursprung im Krieg.

Die experimentelle Literatur und Fotografie kämpfte gegen Ästhetisierung und Determination durch Strukturen. Ihre Authentizitätskonstruktionen setzten auf Distanz. Sie konnten sich nicht auf Heidegger berufen, obwohl dieser Versuch von französischen Autoren gemacht worden ist und, denken wir etwa an Célines Kriegsprosa oder an Apollinaires *Der neue Geist und die Dichter* (1918) und seine Lyrik und Erzählungen dieser Jahre, eine solche Berufung durchaus gerechtfertigt wäre. Diese Opposition hat in den Existenzialismus geführt, aber den Krieg nicht besiegt oder auch nur eingedämmt. Inzwischen sind diese Bilder und Texte in den Kanon eingegangen und verletzen nicht mehr. Können sie noch den Anspruch auf Authentizität erheben?

Die künstlerische Opposition im Authentizitätsdiskurs fällt nicht notwendig mit politischen Positionen zusammen, wie Bechers, Benns oder Jüngers Werke illustrieren, obwohl es deutliche Affinitäten gab und die Position des souveränen Erzählers leichter mit Konservatismus oder Reaktion zu verbinden war als die der Auflösung und Fragmentierung.

So unterschiedliche Autoren wie Benn, Döblin, Musil oder der frühe Brecht sprechen vom Verlust des Authentischen im Erlebnis und behandeln es mit Ironie oder Satire. Jüngers *Arbeiter* spricht von der Arbeit am Ich als einer Verwandlungsarbeit in der Zeit von Krieg, die Heideggers begierige und kritische Lektüre verfehlt. Das Verschmelzen von Stahl und Fleisch, visualisiert im idealisierten Soldatenkopf mit einem Stahlhelm, der wie angewachsen wirkt, zeigt, aus der Sicht eines militanten Modernismus, das Ich als Folge einer Arbeit der Einbildungskraft. Zu dessen Authentizität gehören Graben, Drahtverhau und das Konstruktive der destruktiven Technik, die in die innere Topografie des Selbst aufgenommen wird. Helm und Drahtverhau wurden auch in die mentale Topografie der Kriegsgegner und Pazifisten aufgenommen, um die Authentizität des negativen Kriegsbildes zu erzeugen. Diese Bilder authentifizieren das Bild der Front durch die Abbildung toter Körper, die im elenden Tod das Leid des Einzelnen verkörpern sollen, wenn sie im Drahtverhau hängend das unmenschlich Massenhafte dieses Sterbens herausschreien.

Authentizität in der Kulturgeschichte des Kriegs

Der Abstand zwischen einem Ereignis und seiner Aufzeichnung, zwischen der Ereignis- und der Diskursebene, zwischen dem Ich und der Erinnerung muss reflektiert werden, um der Falle eines Positivismus zu entgehen, der stets versucht ist, symbolische Repräsentation, etwa ein Tagebuch, ein Foto oder einen Brief, als eine authentische Aussage über das Repräsentierte zu lesen.[142] Für die Kulturgeschichte kommt es darauf an, den Kurzschluss von der Diskurssprache auf den Krieg und von der Diskurssprache auf ein identisches Ich zu vermeiden.[143] Die Eigenheiten der verschiedenen Medien und Gattungen, in denen die Erlebnisse konstruiert und kommunizierbar gemacht werden, sind konstitutiv, so dass Kulturgeschichte sich von der Suche nach Essenz und von einer am echten Erlebnis messenden Wertung verabschieden und eine eigene Definition des Authentischen einführen muss, will sie den Fehler vermeiden, Fragen nach der (vertikalen) Beziehung zum Referenten mit Fragen nach den Konnotationen auf der (horizontalen) Ebene der Diskurskonstruktion zu vermischen.

Die Kulturgeschichte des Kriegs verknüpft das Problem der Authentizität mit Subjektivität. Wir können von dem Ereignis, das vor dem Erlebnis liegt, nichts wissen. Kein Vergleich mit einem vorausgegangenen Ereignis kann ein Erlebnis falsifizieren oder verifizieren. Das Erlebnis hat seine eigene Realität. Es ist gegenüber dem Historiker im Recht, selbst wenn er es aufgrund seiner Kenntnis der Fakten als übertrieben oder verzerrt oder anderswie unwahrscheinlich einstuft. Die Klärung der Grundfrage, was Erfahrung ist und wie sie möglich ist, ist für die Klärung von Authentizität notwendig. Das Kriegserlebnis gibt es nur aus dem Zusammenwirken des einzigartigen Erlebnisses und seiner sprachlich-kulturellen Kodierung. Entscheidend für seine Authentizität ist nicht die Beziehung zum Ereignis, sondern die Stimmigkeit der immanenten Konstruktion. Wenn es keine objektiven Kriterien für Authentizität gibt, ist die Text-Leser-Beziehung entscheidend. Kulturgeschichte spricht vom Authentischen aus der Stimmigkeit der Konstruktion, die im Kopf des Rezipienten entsteht. Aufgrund der immanenten Stimmigkeit wird Authentizität zugeschrieben.

Die Kulturgeschichte des Kriegs geht von der Nichtübereinstimmung von Signifikat und Signifikant aus und beobachtet die Herstellung von Authen-

---

142 | Eine knappe und informative Zusammenfassung: Reimann, Semantiken der Kriegserfahrung und historische Diskursanalyse, S. 174-179; vgl. Aribert Reimann, Der große Krieg der Sprachen. Untersuchungen zur historischen Semantik in Deutschland und England zur Zeit des Ersten Weltkriegs, Essen (Klartext) 2000.

143 | Diese Differenz müsse, meint Koselleck, »mit der Methodik der historisch-politischen Semantik ausgemessen« werden. Reinhart Koselleck, Zur Semantik geschichtlichen Erfahrungswandels, in: ders., Vergangene Zukunft. Zur Semantik geschichtlicher Zeiten, Frankfurt a.M. (Suhrkamp) 1988. Das Literarische müsste eingeschlossen werden.

tizität durch Techniken von Konstruktion und Simulation.[144] Sie kann nicht von einer dem Medialen vorausgehenden Erfahrung, die rekonstruiert werden könnte, ausgehen. Authentizität ist weder die Folge eines mimetischen Verhältnisses von Texten zur Wirklichkeit, noch eine Eigenschaft, die einem Text innewohnt. Ein Kriegsbild kann gerade authentisch sein, wenn das Ziel einer faktengestützten Wahrheit nicht angestrebt wird. Die Zuschreibungen im Diskurs deckt die Kulturgeschichte auf, um sie als einen kulturellen Prozess der Authentifizierung, in dem politische und andere Interessen wirken, zu beschreiben.

Die Repräsentation des Kriegs muss sich an Regeln halten, damit Authentizität im Diskurs entstehen kann. Das sind die Regeln von Medien und die Forderungen symbolischer Ordnungen. Eine Grenze zwischen inszeniert und authentisch ist schwer zu ziehen, so dass Authentizität das Suspendieren von Zweifel und eine Art des Glaubens erfordert. Kulturgeschichte fällt keine Urteile, sondern sucht nach dem Authentischen im Prozess der Diskurse, die Widersprüchliches umfassen.[145] Damit steht sie in einem Abwehrkampf nach zwei Seiten: gegen den Anspruch der akademischen Disziplin, durch Suche nach der historischen Wahrheit über die Vergangenheit authentisch zu verfügen, und gegen den Sensationalismus und emotionalisierten Authentizitätskitsch populärer Kriegsbilder.

Authentizität und die Dingwelt

Es ist bemerkenswert, dass die *Dinge* in diesen Konstruktionen von Authentizität eine herausragende Bedeutung gewinnen. Ihnen kommt eine besondere Rolle bei der Beglaubigung zu. Sie sind keine Sachen in fremdbestimmten Gebrauchszusammenhängen, sondern ihnen wird ein Eigenleben zugesprochen, das zur Definition der Zusammenhänge, in denen sie stehen, beiträgt. Wenn Kulturgeschichte sich auf Dinge richtet, die im Diskurs ein Eigenleben führen, hat sie es mit einer Welt aus Fetischen zu tun, die, so paradox es erscheint, Authentizität verbürgen sollen.

Es setzt starke Emotionen voraus, um in der aufgeklärten Moderne unbelebte Objekte mit Leben aufzuladen, so dass sie zu Magie werden. Ein extremes

144 | Dieses Verständnis von Authentizität widerspricht dem von Trilling, der Authentizität als das bürgerliche Verlangen bezeichnet, die Distanz und die zeremonielle Ordnung der feudalen Gesellschaft abzuwerten, um Zugang zu einem verlorenen Echten zu gewinnen. Lionel Trilling, Sincerity and Authenticity, Cambridge (Harvard University Press) 1972 (dt.: Das Ende der Aufrichtigkeit).

145 | Vgl. Charles Maier u.a., die diesen Zugang vermeiden und, wie Maier, von einer narzisstischen Störung sprechen. Charles Maier, A Surfeit of Memory? Reflections on History, Melancholy and Denial, in: History & Memory, Vol. 5, Nr. 2 (Fall/Winter 1993), S. 136-152.

Beispiel ist die magische Kraft, die dem Stahlhelm bei seiner Einführung 1916 zugesprochen wurde und die bruchlos mit seiner Funktionalität als Schutz vor Kopfwunden verbunden war. Er löste damals starke Gefühle aus. Wer sie nicht schätzte, gegen sie gar allergisch war, konnte den Helm dennoch nicht vermeiden. Denn er war überall. So forderte er bei seinen Gegnern Abwehr heraus oder führte in Depression. Das waren wenige. Für die anderen wurde er zum Medium der Verehrung und des Glaubens oder einer Hyperaktivität, die das Erleben, Handeln und die Gefühle beherrschten.

Eine Marbacher Jünger-Ausstellung (2011) ließ die Aura des Authentischen des Dings aufleben. Das Museum hatte die Autorität, Authentizität herzustellen. Ein Stahlhelm wurde in dämmrigem Licht so platziert, dass er dem Betrachter eine Gänsehaut über den Rücken laufen ließ. Das Ding wurde durch die Institution Museum *authentifiziert* und zugleich verlieh es der Ausstellung den Nimbus des Echten. Die Macht der Dinge ist nicht zeitlos. Der Erwartungshorizont des Publikums muss die Möglichkeit der Authentifizierung einschließen.[146] Dann kann das authentifizierte Ding auf das Ganze, zu dem es gehört, also in diesem Fall die Ausstellung, zurückwirken. 20 Jahre zuvor wäre diese Inszenierung folgenlos verpufft oder belächelt worden. Starke Emotionen können sich, wie der zerschossene Stahlhelm zeigt, noch nach 100 Jahren an das geheimnisvolle Leben der Dinge knüpfen und sie zu Fetischen machen. Der Fetisch unterwirft seine Urheber und hat Wirkungen, die einer Zwangserkrankung ähneln. Er erzwingt Gefühle der Identifikation mit der am Helm sichtbar werdenden Gewalt. Vor dem zerschossenen Helm stehen potentielle Opfer von Kriegsgewalt und empfinden eine Faszination durch die Gewalt, die sie zu ihren Opfern zu machen droht.[147]

Bis vor kurzem war das Gegenbild zu diesem Helm authentisch. Brechts Kriegsfibel ist exemplarisch. Sie zeigt einen Zeitungsausriss mit dem Bild eines großen Haufens (französischer) Stahlhelme auf dem Boden. Dieser Haufen, gemeinsam mit der kontrastarmen Abbildung im Massenprodukt

146 | Daniel Haas in der FAZ zur Ausstellung *Ernst Jünger. Arbeiter am Abgrund*: »Muss man heute noch antreten, wenn Ernst Jünger zur Werkbesichtigung ruft? Unbedingt... Dann, nur wenige Schritte weiter, der Eintritt in die abgedunkelte Katakombe. Und plötzlich ist er da: in einem gläsernen Kasten, umflort von Dämmerlicht, Ernst Jüngers Helm aus dem Ersten Weltkrieg mit Einschusslöchern an der Seite. Wie er da so ruht in seinem schimmernden Sarg, könnte er ein Teil von Darth Vaders Rüstung sein. Aus welcher Galaxie kommt dieses Stück zu uns?« Es war keine bloße zeitliche Koinzidenz, dass Jüngers unbearbeitetes Kriegstagebuch zur Zeit der Ausstellung publiziert wurde und Aufmerksamkeit erregte.

147 | Zum psychischen Mechanismus der Identifikation mit dem Aggressor vgl. Wolfgang Schmidbauer, Der Mensch als Bombe. Eine Psychologie des neuen Terrorismus, Reinbek (Rowohlt) 2003, bes. S. 72f.

Zeitung, hüllt den Blick nicht in den schaurig schönen Schein ein, sondern schafft Distanz und macht Unterwerfung an dem Ding Stahlhelm sichtbar. Das begleitende Gedicht spricht im Passiv von einem Sieg, der nicht der Sieg der ehemaligen Helmträger war:

> Dies sind die Hüte, die wir Armen trugen
> Und findst Du einen, der im Bachkies liegt,
> O Mann aus Narwik, wisse du, der klugen
> Kommenden Zeiten Sohn: Hier ward mit uns gesiegt.[148]

Brechts Bild ist überzeugend, vielleicht sogar richtig, aber die Kraft des Authentischen geht nicht mehr von ihm aus.

Das Unprofessionelle und die Fakes

Die jüngere Berichterstattung von Naturkatastrophen und Kriegsschauplätzen verändert die Erwartungen an das dokumentierende Foto seit einiger Zeit. Eine Ästhetik des Unprofessionellen, der verwackelten, unscharfen und vagen Fotos entwickelt sich. Diese Bilder werden von den Betrachtern vorgezogen, da die Bildform und -sprache der Kameras von Mobiltelefonen in ihren Augen das Authentische garantieren. Sie gelten als Versicherung des Authentischen, das sich gegen den Verdacht der Bildmanipulation in der professionellen Fotografie, der Lüge und Fälschung durch das Bild, hinter dem politische Interessen stehen, durchsetzt. Die unscharfen Bilder kombinieren auf rätselhafte Weise, was sich ausschließt: dokumentierende Distanz und subjektive Nähe. Die Ästhetik des Authentischen durch Unschärfe suggeriert Echtzeit und Unmittelbarkeit. Die Elektronik lässt die zeitlichen und räumlichen Abstände weiter schrumpfen. Entfernte Teile der Welt rücken nahe heran und stellen eine Pseudo-Nähe zu den Ereignissen her. Aus der Ausnahmesituation in einem fernen Teil der Welt wird ein Geschehen in der Nachbarschaft.

Die unprofessionellen Fotos erlauben die Identifikation des Bildbetrachters, der sich an seine eigenen Aufnahmen erinnert, mit dem Fotografierenden, und er kommt der Illusion nahe, selbst dabei zu sein. Die Bilder der jüngsten Kriege und Straßenszenen der *Arabellion* erzielten diesen Teilnehmereffekt. Wie in früheren Kriegen sind auch jetzt die bewaffneten Kämpfe unlösbar mit dem Diskurs verknüpft. Der Unterschied zu früheren Kriegen ist die Breite der Beteiligung und die Geschwindigkeit, mit der kommuniziert wird. Welche

---

148 | Bertolt Brecht, Anhang zur Kriegsfibel, in: Große kommentierte Berliner und Frankfurter Ausgabe Bd. 12, Gedichte 2. Sammlungen 1938-1956, bearbeitet von Jan Knopf, mit einem Anhang, Berlin, Weimar, Frankfurt a. M. (Suhrkamp) 2000, S. 270-281, hier S. 270

Auswirkungen diese Bilder auf das Verständnis von Krieg haben werden, ist schwer abzuschätzen. Denn sie nehmen an zwei Bewegungen zugleich teil: Sie entfernen den Krieg ins Reich der Pixel und Bildschirme, wo er wie ein Spiel erscheint, und sie holen Schrecken und Grausamkeiten in eine für unbeteiligte Beobachter nie dagewesene Nähe.

Authentizität wird zu einer Frage der Einstellung gegenüber den elektronischen Medien. »Damit werden Originalität, Einzigartigkeit, Mimesis und Autonomie ebenso obsolet wie die Vorstellung eines distanziert und isoliert betrachtenden und schöpferischen Subjekts.«[149] Authentizität sinkt, nicht anders als Forderungen nach Realismus im Abbild, zu einer ideologischen oder polemischen Position herab. Damit taucht die Frage nach dem Fake auf. Seine Inauthentizität ist intendiert und kann grundsätzlich nicht mit der Forderung nach dokumentarischer Wahrheit konfrontiert werden. Das falsche Bild gewinnt vielmehr den Status der Autonomie, entzieht der klassischen Authentizität den Boden und ist als Fake nicht gefälscht, sondern eine Form des Authentischen in einer inauthentischen Umwelt, eine verstellte Authentizität. Das Fake wird in den Raum des Authentischen einbezogen und wird unter den Bedingungen des Zerfalls von einfacher Authentizität, um paradox zu formulieren, authentischer als das klassische authentische Bild je war, ein Bild gleichsam einer zweiten Ebene: Wie in einem absurden Kreisel soll das Authentische im intendiert Inauthentischen wahrgenommen werden.

Auf diesem Kampfplatz bewegen sich die Bilder und Texte des zeitgenössischen Kriegsdiskurses. An diese Konflikte in der Konzeption von Realität kann die Kulturgeschichte des Kriegs anschließen. Die Aufwertung des Inauthentischen für das Kriegsbild der Gegenwart bleibt nicht ohne Rückwirkungen auf den Blick, den wir auf historische Kriegsbilder richten.[150] Ein Konflikt von der Art, wie ihn Kriegsfotografien des Ersten Weltkriegs (Hurley) auslösten, ist nicht mehr denkbar. Das bedeutet jedoch nicht, dass es keine Verbote mehr gäbe und der bildlichen Repräsentation von Krieg alles gestattet wäre. Auf die Grenzen, die nicht in der Theorie festgelegt werden, komme ich unter Fragen der Praxis zurück.

149 | Knaller, Müller, Authentisch/Authentizität, S. 62.

150 | Es wäre interessant, mit dieser Erfahrung des Inauthentischen die Feldpostkarten des Ersten Weltkriegs neu zu betrachten. Sie waren ein Tiefpunkt der Bildproduktion im Krieg, zutiefst falsch. Es ist aber anzunehmen, dass dieses Falsche den Betrachtern nicht verborgen war, so dass die Bewertung der Karten als eine Form der visuellen Lüge zu kurz greift. Es wäre zu fragen, welche emotionalen Bedürfnisse diese frühen Fakes bedienten. Vgl. Thomas Flemming, Ulf Heinrich (Hg.), Grüße aus dem Schützengraben. Feldpostkarten im Ersten Weltkrieg aus der Sammlung Ulf Heinrich, Berlin (be-bra verlag) 2004.

Gegenpositionen

Während die Authentizitätspolitik in den fünfziger Jahren wieder auferstand, war das Thema Krieg nicht mehr Teil des öffentlichen Diskurses. Anders war das Verhältnis zum Krieg in der DDR, die Antifaschismus und mit ihm Anti-Kriegsrhetorik (nicht Pazifismus) zur Staatsraison erhob. Krieg kam, pauschalisierend gesprochen, nur als antifaschistischer Abwehrkampf vor. Aus dieser Beschränkung wurde der Anspruch auf Authentizität abgeleitet. Pliviers Stalingradroman, um nur ein Beispiel zu nennen, musste auf Anweisung der Partei mehrfach umgeschrieben werden, damit er *authentisch* wurde und das hieß: mit der Parteilinie übereinstimmte.

Erwähnt sei ein jüngerer Rückgriff auf die konventionelle Konzeption von Authentizität, die weiterhin einer Norm folgt, die das biografische Faktum über die konstruierte Authentizität stellt. Die öffentliche Empörung über vorgetäuschte Authentizität kann groß sein, wie die erfundene Autobiografie von Wilkomirski gezeigt hat.[151] Der Text war jahrelang wegen seiner authentischen Schilderung des jüdischen Lebens unter dem Nationalsozialismus gelesen und gelobt worden. Er wurde als Fälschung enthüllt. Im Nu wurde dem Text jeglicher Wert abgesprochen. Die traditionelle Auffassung von Authentizität setzte sich durch: Nur wer das geschilderte Leid selbst durchgemacht hat, könne darüber authentisch schreiben. Das traumatisierte Ich darf nicht erfunden sein, soll dem Text Glaubwürdigkeit und ästhetische Qualität zugestanden werden. In der Darstellung von Holocaust und Krieg, so zeigt dieses Beispiel, wirkt weiter die Forderung nach einer Authentizität, die nur durch das eigene Erleben beglaubigt werden kann. Diese Haltung zur Authentizität lässt Thomas Nagels: *What is it like?* nicht einmal als Frage zu. Die Möglichkeit der Fremderfahrung als Eigenerfahrung berührt diese dogmatische Position nicht.

Was wäre mit dem Text geschehen, lässt sich fragen, wenn er nicht unter der falschen Flagge der Autobiografie, sondern von Anfang an als Fiktion auf den Buchmarkt entlassen worden wäre? Authentizität ist immer ein Spiel mit Inszenierungen und Herstellungstechniken und nur als Sehnsucht nach etwas präsent. Aber diese Sehnsucht verlangt, wie der ungläubige Thomas, nach Belegen und will sich auf das Spiel mit der Imagination und die Fiktion von Evidenz nicht einlassen.

151 | Der Schweizer Bruno Doessekker veröffentlichte unter dem Namen Binjamin Wilkomirski, Bruchstücke. Aus einer Kindheit 1939-1948, Frankfurt a.M. (Suhrkamp) 1995 eine *erfundene Autobiografie*. Es dauerte einige Jahre, bis diese Autobiografie als Fälschung entlarvt wurde.

Darstellbarkeit

Der Erste Weltkrieg wurde das erste historische Großereignis, das die Grundsatzfrage der Darstellbarkeit aufwarf. Für dieses Problem hatte es zuvor kein Bewusstsein gegeben, es hatte (außerhalb der Theologie) nicht gedacht werden können. Selbst für den monströsen Krieg, den Tolstoi in *Krieg und Frieden* schildert, hatte sich diese Frage nicht gestellt, und auch die Literatur des Amerikanischen Bürgerkriegs hatte sie noch nicht belastet. Nach 1915 setzte der Zweifel an der Darstellbarkeit des Kriegs ein.

Der psychologische Realismus wurde der irren Wirklichkeit und der Position des Ichs in ihr nicht gerecht. Die überlieferten symbolischen Systeme lösten die Vermutung aus, die Wirklichkeit des Kriegs zu fälschen. Die verzerrte zeitlich-räumliche Ordnung und die Verwirrung konnten im Rahmen der Psychologie des Erlebnisses nicht behandelt werden. Das mit sich übereinstimmende Ich als Garant der Authentizität wurde verabschiedet, da seine kognitiven und emotionalen Möglichkeiten von der Wirklichkeit des Kriegs überfordert würden. So galt der Krieg als undarstellbar. Die These der Undarstellbarkeit zog künstlerische und ideologische Grabenkämpfe nach sich. Die Wahrheit der Darstellung wurde zu einem Kampfwort mit einer Schärfe, die in der heutigen Diskussion über Kriegsfotografie nicht mehr zu finden ist.

Ein aufschlussreiches Beispiel ist die Kriegsfotografie Frank Hurleys.[152] Sie steht zwischen zwei Positionen: der Forderung nach mimetischer Abbildung und der Fotomontage. Er war ein erfahrener Fotograf, der an Shackletons Endurance-Expedition zum Südpol teilgenommen und Erfahrung mit ethnografischer Fotografie gesammelt hatte. Er wusste, was die Darstellung des Unbekannten und Fremden bedeutete. 1917 wurde er als offizieller Kriegsfotograf der australischen Armee (330.000 Soldaten kämpften als ANZACs unter britischem Oberkommando) berufen und kam auf dem Höhepunkt der Vernichtungsschlachten an die Westfront. Hurley blieb ein Außenseiter. Er war nur wenige Monate an der Front und wurde wegen eines Streits über die Authentizität seiner Fotos vom Oberkommando entlassen. In seiner kurzen Zeit an der Front nahm er an der Dritten Ypernschlacht (31. Juli bis 6. November 1917) teil. Sie gehört mit ca. 325.000 Toten und Verwundeten zu den verlustreichen Schlachten.

152 | Bernd Hüppauf, Hurleys Optik. Über den Wandel von Wahrnehmung und das Entstehen von Bildern in der kollektiven Erinnerung des Weltkriegs, in: Knut Hickethier, S. Zielinski (Hg.), Medien/Kultur. Für Friedrich Knilli zum Sechzigsten, Berlin 1991, S. 113-130; Kriegsfotografie an der Schwelle zum Neuen Sehen, in: Bedrich Loewenstein (Hg), Geschichte und Psychologie. Annäherungsversuche, Pfaffenweiler (Centaurus) 1992, S. 205-234.

Am 12. Oktober fand bei Poelkapelle eine Schlacht statt, die als Schlacht von Passchendaele zu den traurigsten Kapiteln des Ersten Weltkriegs zählt. Neun Divisionen, unterstützt von einem riesigen Aufgebot an Geschützen, Panzern und Giftgas gingen gegen die deutschen Stellungen vor, und ein Schlachten begann. Hurley fotografierte und war von den Fotos enttäuscht. Der Ausbruch von Gewalt, das Töten, Leiden und Sterben ließ sich im Foto nicht sichtbar machen. Hurley beteiligte sich an keiner Debatte über Darstellbarkeit, aber er stellte die grundsätzliche Frage nach der Verbindung von Fotografie und der Darstellung von Wirklichkeit in Fotografien. Er entwickelte eine Dunkelkammertechnik, um das Unsichtbare sichtbar zu machen und nannte sie »composite printing«. Die meisten seiner Kriegsfotos sind »composite prints«.[153] Aus mehreren Negativen montierte er ein Bild, das die Dramatik der Kämpfe, wie er sie erfuhr, sichtbar machen sollte. Er änderte kein Foto, retuschierte nicht, sondern fügte Negative von verschiedenen räumlich und zeitlich getrennten Szenen zu einem Bild zusammen, das, wie er argumentierte, ein authentisches Bild des Kriegs zeige.

Hurley machte ein Foto, dem er den Titel *Der Morgen nach der ersten Schlacht von Passchendael* gab. Auch dieses Bild ist manipuliert. Es kann beispielhaft für die Fotoästhetik dieses Fotografen stehen, die wiederum repräsentativ für eine Kriegsbildästhetik dieses Kriegs steht: der bedeutende Augenblick des Grauens und einer Konzentration der Destruktionsmacht. Um die Dramatik des grauenhaften Morgens zu zeigen, montierte Hurley einen Gewitterhimmel mit Wolken- und grellen Lichteffekten in das Foto von Leichen auf dem zerschossenen Boden und von zerstörtem Material. Sein ikonisches Vorbild waren wahrscheinlich Gemälde aus der christlichen Tradition mit den drei Kreuzen auf Golgatha vor einem drohend verfinsterten Himmel.[154]

Hurley war vom Krieg schockiert. Aber der Anblick der Kriegslandschaft war eine optische Enttäuschung: die Soldaten in den Gräben versteckt, Leere so weit das Auge reichte, und selbst bei einem Angriff, wenn die Soldaten aus den Gräben sprangen und über das Niemandsland hetzten, war der mörderische Krieg, waren Sterben, Töten, Grausamkeit und Verzweiflung nicht zu sehen. Das *leere Schlachtfeld* wurde nach dem Krieg oft beschworen. Hurleys bekanntestes Foto mit dem Titel *Over the top* reagiert auf diese Leere. Es soll

---

153 | Eine Auswahl aus den Beständen des Australian War Memorial (Canberra) und der State Library of New South Wales (Sydney) in: Hurley at War. The Photography and Diaries of Frank Hurley, Sydney 1986.

154 | In seinen »composite prints« kommt eine Diskrepanz zwischen seiner Bildästhetik und den Bildinhalten zum Ausdruck, etwa in den Fotos vom 23., 28., 29. Oktober, die selbst die hefigen Zerstörungen in einen angenehmen Ton für das Auge und eine aus Malerei und vom Theater bekannte Dramatik hüllen. Die Suche nach dem bedeutenden Augenblick führte zu einer Ästhetisierung der Destruktion.

den Augenblick einfangen, in dem ein Angriff beginnt, die Soldaten aus dem Graben springen und anfangen, über das Feld vor dem feindlichen Graben zu rennen. Es war aus 13 Negativen zusammengesetzt. Die militärische Führung hielt diese fotografische Technik für Fälschung, lud ihn vor, verwarnte ihn und zog ihn, da er nicht einlenkte, nach wenigen Monaten aus dem Verkehr.

Abb. 5: Frank Hurley, »Over the top«. Schlacht bei Zonnebeke, Oktober 1917; aus 13 Negativen komponierte Kollage. Aus Hurleys Tagebuch: »4. Oktober: Während des Tags war ich in Zonnebeke und wollte fotografieren. Aber die Beschießung war so heftig, dass ich froh war, ohne Verwundung wieder rauszukommen.«

Selten sind die gegensätzlichen Auffassungen von Authentizität so direkt aufeinandergeprallt wie im Konflikt zwischen dem eigensinnigen australischen Fotografen, der auf der Authentizität durch Konstruktion beharrte, und dem Oberkommando, das an die Darstellbarkeit durch die Mittel des Fotorealismus glaubte. Es ist eine besondere Pointe, dass das erwähnte Foto nach Kriegsende in einer repräsentativen Kriegsausstellung in London, auf drei mal vier Meter vergrößert, ausgestellt wurde und zu den Hauptattraktionen zählte. Tausende von Besuchern reckten die Köpfe nach dem hoch aufgehängten Bild, um die authentische Darstellung des Grabenkriegs zu sehen.

Das Unerschließbare

Für die Militärgeschichte, auch in ihrer soziologischen Erweiterung, ist der Krieg eine kausal determinierte Realität. Die Kulturgeschichte löst dieses Gegenstandsfeld auf und nimmt das Unerschließbare am Krieg in ihre Perspektive auf. Darin ist kein Agnostizismus zu sehen, sondern eine skeptische Konzeption von Wissen über die Wirklichkeit.

Das Unerschließbare der Kulturgeschichte ist nicht identisch mit einer Eigenart des Kriegs, die oft mit einem Zitat von Clausewitz über die »Friktionen« oder den »Nebel« (als *Fog of War* im Englischen beliebt) des Kriegs gestützt wird. Er spricht vom »Nebel einer mehr oder weniger großen Ungewissheit« und fügt an, dass ein »feiner, durchdringender Verstand« erfordert sei, »um mit dem Takte seines Urteils die Wahrheit herauszufühlen«. Dass sich das Kriegsgeschehen der Planung oft entzieht und Zufälle oder Täuschungen durch den Gegner auf dem Schlachtfeld wirken, ist nur bemerkenswert, solange der Krieg aus dem Kausalitätsmodell verstanden wird. Ein feiner Verstand durchdringt den Nebel und stellt die verborgene Klarheit her. Diese Einsicht in die Undurchsichtigkeit der Realität ist leicht trivial und darf mit den Fragen, die eine Kulturgeschichte des Kriegs stellt, nicht verwechselt werden. Ihr ist es nicht um die vermeidbaren Fehler oder Zufälle, die der Planung in die Quere kommen, aber im Prinzip geklärt werden können, zu tun. Kulturgeschichte verwirft die Grundannahme, Krieg sei ein rationaler Zusammenhang von Planung, Entscheidungen und Handlungen, der lediglich störanfällig sei. Die Unschärfe ist konstitutiv und das Unerschließbare entzieht sich der Kausalität auf grundsätzliche Weise.

Auch versteht sie das Unberechenbare nicht als Abweichung von der Geschichtslogik, die dazu dienen könne, eine Lücke in der Kette der sich generell nach den Regeln der Kausalität vollziehenden Ereignisse zu postulieren. Es ist gerade nicht, wie die Ideologiekritik etwa von Georg Lukács, in seltener Übereinstimmung mit der bürgerlichen Universitätshistoriografie, behauptet, eine gesellschaftliche Aufgabe des Topos der Unerschließbarkeit (Unergründlichkeit), den Menschen einen »Komfort auf dem Gebiet der Weltanschauung zu bieten, die Illusion einer vollen Freiheit, die Illusion der persönlichen Selbständigkeit [...]«.[155] Ein solcher Begriff von geschichtlicher Notwendigkeit verbindet die Unabschließbarkeit umstandslos mit Illusion und Agnostizismus.

Den Nebel haben wir inzwischen im Gedanken der geschichtlichen Gesetze aufgespürt. Sie schaffen die Illusion der totalen Verständlichkeit und letztlich der totalen Verfügbarkeit. Die Theorie von Totalität und Dialektik als Grundlage von geschichtlicher Objektivität zielt auf Eindeutigkeit und Beherrschbarkeit und verweigert damit der Unkalkulierbarkeit und Unerschließbarkeit einen Platz in der Geschichte. Die subjektive Dimension, selbst in der medialen Vermittlung, wird aus der Geschichtskonzeption ausgeschlossen oder ist lediglich in einer dienenden Funktion vorgesehen. Denn bei aller »Bedingtheit der Inhalte und Formen ist die Fortschrittlichkeit einer jeden Lage

155 | Georg Lukács, Die Zerstörung der Vernunft. Irrationalismus zwischen den Revolutionen, Darmstadt (Luchterhand) 1973, Bd.1, S. 20.

oder Entwicklungstendenz etwas Objektives, unabhängig vom menschlichen Bewusstsein Wirksames«.[156] Diese Konzeption des Objektiven wurde spätestens mit der Erfahrung des Ersten Weltkriegs obsolet. Die Einsicht in das Nichtverfügbare entstand und mit ihr ein Kriegsbild, in dem das Unerschließbare eine konstitutive Rolle übernimmt.

Die Kulturgeschichte des Kriegs folgt einer Methodologie, die erfordert, dass das Unerschließbare am Krieg nicht nur anzuerkennen, sondern als das Tor zum gesellschaftlich Imaginären in das Kriegsbild einzubeziehen ist. Ihr Krieg ist die Zeit und der Ort immanenter Widersprüche, wo Rationalität und Destruktion und Rationalität als Destruktion herrschen. Susan Sontag schreibt über ein Foto aus dem Vietnamkrieg, der Betrachter könne es, selbst nach vielen Jahren, noch immer nicht ansehen, ohne das Unergründliche des Rätselhaften (›mystery‹) und zugleich das Ungehörige (›indecency‹) einer Komplizenschaft zu spüren.[157] Damit benennt sie zwei Grundprobleme der Kulturgeschichte des Kriegs.

Wir bleiben diesem Widerspruch verhaftet und schwanken zwischen Mitmachen (auch mittelbar durch die Medien) und staunender Abwehr. Er wird nur bewusst, wenn diese Unterscheidung bewusst erlebt wird. Die Befreiung von diesem Widerspruch wäre nur um den Preis zu gewinnen, Krieg wie ein Naturereignis hinzunehmen, als Zweikampf. Dann entsteht aus der Komplizenschaft kein Problem. Sobald wir ihn jedoch auf eine Ebene der Reflexion heben, greifen wir auf sprachliche und ikonische Zeugnisse zurück, die uns aus der Verbindung des Faktischen und Eingebildeten und damit aus einer grundsätzlichen Rätselhaftigkeit nicht entlassen.

Der Widerspruch muss als Teil einer Grundstruktur verstanden werden, die den Krieg in die Unerschließbarkeit des Lebens und der sozialen Praxis stellt.[158] Ein Beispiel für das Unerschließbare am Krieg ist die Einführung des Stahlhelms. Die Aufnahme des Stahlhelms zeigt das Rätselhafte am Krieg ebenso wie das Komplizenhafte, das wir als ungehörig empfinden, wie Sontag

156 | Lukács, Die Zerstörung, S. 6f.

157 | Sontag, Regarding the pain of others, S. 60. Das *Rätselhafte, Unverständliche* oder *Wunderbare* des Kriegs ist nicht, wie oft behauptet wird, ein Topos der Bellizisten, um die Interessen von Kriegstreibern zu verschleiern. Eine solche Sicht ist das Resultat von Empörung und folgt dem Wunsch, den Krieg abzuschaffen, aber verstellt den Zugang zum Krieg. In dieser Hinsicht unverdächtig sind Alain, Mars ou la guerre jugée, dt: Mars oder die Psychologie des Krieges, Frankfurt a.M. (S. Fischer) 1977; Jean-Norton Cru, Wo ist die Wahrheit über den Krieg? Eine kritische Studie mit Berichten von Augenzeugen, Potsdam (Müller & Kiepenheuer) 1932.

158 | Für eine ausführliche Debatte des Problems in der Lebensphilosophie und Philosophischen Anthropologie und weiterführende Literatur vgl.: Schürmann, Die Unergründlichkeit des Lebens.

bemerkt. Er war das Produkt moderner Ingenieurkunst, intensiver Forschungen über ballistisches Design und geeignete Stahllegierungen und wurde in Laborversuchen getestet. Aber seine Einführung war von Gerüchten über seinen magischen Schutz begleitet. Eine bemerkenswerte Legendenbildung unter Soldaten phantasierte von ihm. Bei den ersten Verteilungen des neuen Helms gab es regelrechte Kämpfe unter Soldaten um die wenigen Exemplare. Sie waren alle Komplizen und hatten keine Wahl außer mitzutun. Zugleich aber machten die Gerüchte über den Helm als Wiederkehr der mittelalterliche *Schaller* die Runde. Sie waren aus der Luft gegriffen. Aber nicht darauf kam es an. Vielmehr trat mit diesem Gerücht das Rätselhafte ins Leben der Soldaten ein, das sie aus der Misere der Front entfernte. Das Gerücht, das sich lange hielt, schuf einen anderen Krieg, der sich über den Dreck der Schützengräben erhob, und ein anderes Selbst erzeugte, das von der Gewalt der Realität nicht überwältigt wurde, sondern sich einem magischen Schutz anvertraute.

Für die Militärgeschichte ist das ohne Bedeutung, eine marginale Glosse, aber für die Kulturgeschichte des Kriegs ist diese Unvernunft der Soldaten ein aufschlussreiches Thema. Es öffnet einen Zugang zur Dimension des Unerschließbaren durch subjektive Erfahrung, die zugleich eine Massenerfahrung war.

3.6 Krieg und Emotionen

Für eine Theorie der Kulturgeschichte des Kriegs bildet die Frage nach den Beziehungen zwischen Krieg und Gefühlen eine gewichtige Herausforderung. Solange man nicht nach einem Ursachenverhältnis sucht, sondern nach einem Netz aus Zusammenhängen und wechselseitigen Abhängigkeiten von Krieg und Gefühlen fragt, wird man im Kriegsdiskurs fündig. Es gehört zu den irritierenden Beobachtungen, dass der Krieg emotionale Anteilnahme erregt, während der Friede selten Emotionen weckt, sondern im Diskurs eher zur Langeweile tendiert. Destruktion und negative Gefühle bewegen das Gemüt mehr und sind mannigfaltiger als Ausgleich und positive Erinnerungen. Angst lähmt nicht nur, sondern treibt auch an, und Schmerz und Leid werden nicht nur erduldet, sondern lösen Fragen nach dem Selbst aus, stellen Identität in Frage.

Aus der Sicht der reduktionistischen Geschichte liegt in der Bedeutung des Emotionalen für das Kriegsbild der Kulturwissenschaft notwendig ein Mangel, und Kulturgeschichten, die sich dem Ideal der Militärgeschichte verpflichtet sehen, zeugen gelegentlich von einem Gefühl der Unzulänglichkeit.[159] In

159 | Ein Beispiel ist Modris Eksteins, Rites of Spring. The Great War and the Birth of the Modern Age, Boston (Houghton Mifflin Co.) 1989 (dt.: Tanz über Gräben, Reinbek [Rowohlt] 1990).

diesem vorgeblichen Mangel steckt aber das Potential des Innovativen der Kulturgeschichte.[160] Über Emotionen sollte die Kulturgeschichte des Kriegs sprechen: die Emotionen im Kampf, die Emotionen bei seiner Verarbeitung außerhalb der Schlachtfelder und die lang anhaltenden Wirkungen der Emotionen nach dem Ende der Kampfhandlungen. Auch die Emotionalität der Vorbereitung von Krieg, die positiven oder negativen Erregungen der Antizipation haben Spuren im Diskurs hinterlassen, die es wert sind, im Rahmen einer Geschichte der Gefühle und im Rahmen der Kriegsgeschichte aufgearbeitet zu werden.

Gefühle haben eine *eigene* Geschichte. Sie ist nicht geschrieben, will man nicht Norbert Elias' *Prozess der Zivilisation* als Beitrag zu ihr verstehen. Er spricht vom Schicksal der Gefühle in der Zivilisierung, von ihrer *Dämpfung*, aber nicht von Wissenschaft und nicht vom Krieg. Beide haben an der Geschichte der Gefühle mitgeschrieben, der Krieg wie wohl keine andere gesellschaftliche Situationen, und er ist in die Geschichte der Gefühle eingebettet.

Gefühle sind, wie Schmitz in Übereinstimmung nicht nur mit Phänomenologen betont, keine bloß subjektiv empfundenen Innenwelten. Er nennt sie »räumlich ausgedehnte Atmosphären«, in deren Feld der Fühlende »leiblich spürbar« hineingezogen werde. Gefühle und ihre leiblichen Korrespondenzen sorgen dafür, lautet seine Minimalbestimmung, »dass irgendetwas uns angeht und nahegeht. Denken wir sie weg, so wäre alles in gleichmäßige, neutrale Objektivität abgerückt. Sogar der Einzelne für sich selbst wäre dann nur ein Objekt unter Objekten.«[161] Krieg ist den Menschen stets *nahe* gegangen.

Eine neutrale Position, die der Beobachter in vielen Arten von Konflikten einnehmen konnte, gab es im Verhältnis zum Krieg nicht. Wer mit Krieg auf irgendeine Weise zu tun hatte, wurde vom ihm emotional affiziert. Jede andere Herausforderung in Politik, Gesellschaft oder Kunst und jede soziale Krise bot die Möglichkeit, sich zu verschließen, wegzuhören und wegzudenken. Nicht der Krieg. Er erzwang Stellungnahme und erregte die Emotionen,[162]

160 | Auf die intensive Debatte der letzten Jahre über Gefühle kann ich nur einen pauschalen Hinweis geben. Krieg ist bisher nur selten thematisiert worden. Ich konzentriere mich auf wenige für den Kriegsdiskurs wichtige Fragen.

161 | Hermann Schmitz, Leib und Gefühl. Materialien zu einer philosophischen Therapeutik, Bielefeld (aisthesis) 2008, S. 107.

162 | Auch in politisch wenig oder gar nicht berührten Nationen wie England oder Australien schlugen nach 1914 die emotionalen Wogen hoch. In Australien, manchen Gegenden der USA und Kanada, die vom Krieg in Europa nicht betroffen waren, durfte nach 1915 kein Deutsch in der Öffentlichkeit gesprochen und keine Predigt auf Deutsch gehalten werden, und Orte mit deutsch klingenden Namen wurden umbenannt. Berichte über die emotionalisierte Öffentlichkeit enthalten groteske Beispiele. Die Frage nach *echten* Gefühlen ist unbeantwortbar. Vgl. u.a. Volker Kruse, Transnationale Vergesell-

die heftigen Emotionen: Leidenschaft, Hass, Opfermut, Todesangst und Tötungslust. Die Schlacht bei Til-Tuba erfüllte König Assurbanipal einen, wie er lakonisch bemerkte, *Herzenswunsch*. Das Wandrelief, eine Ansammlung von tötenden und sterbenden Kriegern und Pferden, wiederholt häufig eine Szene: Die Enthauptung eines Gegners, und jede einzelne Darstellung zeigt mit dem Triumph zugleich die Lust am Töten. Das war der Herzenswunsch. In späteren Bildern vom Krieg kommen andere Gefühle hinzu, Hass oder Stolz, selten Angst, da sie nicht als darstellungswürdig galt. Die Geschichte der Grundgefühle und Leidenschaften wie Hass oder Lust im Krieg wäre zu schreiben. Kommt diese emotionale Berührung gegenwärtig an ein Ende? Ist Krieg ohne Gefühle denkbar?[163]

Kriegstheorien und Kants, Comtes oder Spencers distanzierte Bemerkungen zum Krieg sind die Produkte friedlicher Stunden am sicheren Schreibtisch. Mit dem Ausbruch eines Kriegs lässt sich die emotionslose Haltung nicht aufrechthalten, wie die Reaktionen auf Napoleon oder Max Webers, Georg Simmels und Henri Bergsons Schriften zum Ersten Weltkrieg zeigen. Selbst der ironische Skeptiker Robert Musil konnte sich 1914 der Augustbegeisterung nicht entziehen.[164] Noch in Jüngers höchstem Ziel, der Désinvolture, kämpft die Negierung von Emotion mit der Emotion. Pazifisten, in Deutschland wie in anderen europäischen Gesellschaften um 1914 eine winzige Gruppe, entwickelten ein ebenso emotionales Verhältnis zum Krieg.

Dem emotionalen Engagement steht eine allgemeine Tendenz der Mentalitätsgeschichte der Moderne entgegen: die Tendenz zur Entemotionalisierung und Objektivierung. Auch für den Krieg der Moderne lässt sich diese Entemotionalisierung beobachten. Sie wird ausgelöst durch eine Desensibilisierung im Verhältnis zur Natur, zum Menschen und zum Tier. Diese Tendenz entsteht mit dem Krieg der Industrialisierung und kommt zu ihrem vorläufigen Höhepunkt mit dem elektronischen Krieg der Postmoderne. Zu den Grundproblemen des Kriegsdiskurses der Gegenwart gehört daher die Frage nach

schaftungen, Weltkriege und Container-Nationalstaat, in: Ästhetik & Kommunikation 152: Kriegsvergessenheit in der Mediengesellschaft (Frühjahr 2011), S. 131-138, hier S. 132f.

163 | Neuere Arbeiten zur Anaisthesis untersuchen die Beziehungen von Orten und Organisationen zum Abtöten der Gefühle. Vgl. Katja Battenfeld, Cornelia Bogen, Ingo Uhlig, Patrick Wulfleff (Hg.), Gefühllose Aufklärung: Anaisthesis oder die Unempfindlichkeit im Zeitalter der Aufklärung, Bielefeld (aisthesis) 2012.

164 | Ausnahmen sind selten, etwa Kafkas berühmter Tagebuchsatz zum Kriegsausbruch über die Schwimmschule. Der Bloomsbury-Kreis, D.H. Lawrence, G.B. Shaw, Hermann Hesse, Heinrich Mann, Romain Rolland und andere Kriegsgegner von 1914 sollen nicht unerwähnt bleiben, sind aber die seltenen, leuchtenden Ausnahmen von der finsteren Regel.

einer Desensibilisierung, die nicht ohne Ausnahmen verläuft, aber sich im Cyberwar und Krieg der Drohnen auf die von Hermann Schmitz benannte *gleichmäßige, neutrale Objektivität* zubewegt.

Gefühle haben, wie der Kriegsdiskurs zeigt, auch eine von äußeren Umständen abhängige, eine *dienende* Geschichte, die als Verhältnis zwischen Gefühlen und kulturellen Strukturen geschrieben werden kann. In keiner gesellschaftlichen Situation haben Gefühle eine solche Macht über die Politik wie im Krieg, und in keiner anderen Situation werden Gefühle so gefordert, aufgeputscht und manipuliert wie im Krieg. Die Bedeutung, die Gefühle für den Krieg (in Europa oder anderen Kulturen der Welt) über Jahrtausende gehabt hat, ist bisher nicht bedacht. Das hat mehrere Gründe. Einer ist in der Konzeption der Militärgeschichte zu suchen, die, wie alle Wissenschaft, das komplexe Feld der menschlichen Gefühle ignoriert (hat). So »fristen die emotionalen Bedürfnisse ein vom Denken abgespaltenes Dasein und sind, je mehr sie verdrängt werden, desto anfälliger für selbsternannte Heilslehrer, Fundamentalisten und Demagogen«.[165] Der Krieg war stets ein Tummelfeld für Heilsbringer, Fundamentalisten und Demagogen. Appelle an die Emotionen, die nicht frei von Fundamentalismus und Demagogie sind, finden sich bereits in den Kriegsdarstellungen des frühen Ägyptens und Mesopotamiens. Eine Aufgabe der Kulturgeschichte des Kriegs ist zweifellos, Licht auf die opake Beziehung von Krieg und Gefühlen zu werfen. Die Arbeit daran hat begonnen.[166]

Im reflexiven Prozess der Betrachtung kommt ein Gefühl zu sich und kann im besonderen Fall Gefühle (im Selbst und bei anderen) auslösen. Äußerung und Veräußerung von Gefühlen haben Auswirkungen auf Gefühle und verändern sie. Ein reflektiertes und in Sprache gefasstes Gefühl ist nicht mehr dasselbe wie zuvor. Gefühle kommen durch sprachlichen Ausdruck zu sich selbst. Die Äußerung von Gefühlen in Medien kann verstärkend wirken. Das gilt nicht nur für Individuen. Die kollektiven Gefühle werden im öffentlichen Diskurs *gemacht*. Die Begeisterung der Befreiungskriege, der Enthusiasmus vom August 1914 oder die Wut der Bauern auf die Söldner im 17. Jahrhundert und der Hass auf die französischen Truppen in Spanien nach 1808 kann die

165 | Carola Meier-Seethaler, Gefühl und Urteilskraft. Ein Plädoyer für die emotionale Vernunft, München (C.H. Beck) 1997, S. 19. Das Buch spricht nicht von Krieg und Frieden, aber von einer solidarischen Global-Gemeinschaft, die die Voraussetzung für das Abschaffen des Kriegs bildet. Verantwortungsethik, argumentiert Meier-Seethaler, kommt ohne Bindung an Emotionalität nicht aus. Kann die Kulturgeschichte des Kriegs ohne Verantwortungsethik geschrieben werden?

166 | Die generelle Literatur zu Fragen der Gefühle wächst rasch. Ein Zentrum der Forschung ist das Max Planck Institut für Bildungsforschung, Berlin; vgl. Ute Frevert u.a., Gefühlswissen. Eine lexikalische Spurensuche, Frankfurt a.M., New York (Campus) 2011.

Kulturgeschichte des Kriegs aus den Diskursen der Zeit kennenlernen. Sie zeigen aber auch, wie diese Gefühle gemacht werden, in Medien, etwa Predigten gegen die Türken oder Zeitungen von 1914.

Auch für den gegenteiligen Effekt, das Absterben des Gefühls, lassen sich Beispiele finden. So kann man die Vermutung hegen, um ein schlichtes Beispiel zu wählen, dass die Fotos der kriegsbegeisterten Städter an den Straßenrändern von Berlin und Paris im August 1914 zunächst zur Verstärkung der euphorischen Emotionen geführt haben, ihre Betrachtung aber sehr bald Desillusionierung und Abscheu (über sich selbst) ausgelöst haben. Zur einsetzenden Kriegsunlust hat der Blick auf Bilder der nur kurze Zeit zurückliegenden Gefühle vermutlich beigetragen. Sie wurden jedenfalls bald aus dem Verkehr gezogen. Emotionale Fotos des Vietnamkriegs haben in Amerika eine Stimmung erzeugt und verstärkt, die zu politischen Konsequenzen geführt hat. Andere Beispiele mit subtilerer Wirkung lassen sich benennen, in denen die Rückwirkung der Emotionen im Diskurs auf Emotionen nicht so offensichtlich gewirkt hat, etwa die Fotos des Krimkriegs. Solche Fälle sind selten. Denn Krieg mobilisiert die starken Gefühle, und von ihnen wird auch der Bilddiskurs mitgerissen. Krieg ist nicht die Zeit der feinen Gefühle und Subtilität im Diskurs.

Die neueren Erkenntnisse der Neurowissenschaften über physiologische Zusammenhänge von mentalen Bildern und Emotionen werden, wird erst einmal damit begonnen, sie auszuwerten, über den Zusammenhang von Kriegsbildern und Gefühl im Individuum unser Verständnis vom Kriegsbild verändern und womöglich erlauben, über das Gefühl der Individuen hinaus auch Aufschluss über das Kollektivphänomen von Emotion und Bild zu geben.

Die Bilder von Erlebnissen werden, wie neuere Forschungen belegen, an anderen Stellen im Gehirn (im Hippocampus) gespeichert und prozessiert als die mit ihnen verbundenen Gefühle (in der Amygdala), und sie werden in einem komplizierten Prozess, an dem andere Hirnregionen beteiligt sind und dessen Zeit messbar ist, stets aufs Neue zusammengefügt. Die Amygdala stellt Verbindungen zu Erinnerungen an emotionale Erlebnisse her und löst leichtsinniges oder furchtsames Verhalten, zum Beispiel Erstarren, Herzrasen, Schweißausbruch, aus oder aber unterbindet erworbene Furchtreaktionen. Die Amygdala und ihre Vernetzungen wirken im emotional-aggressiven Verhalten und haben auch an seiner Moderation einen entscheidenden Anteil. Tierstudien belegen, dass die Amygdala aggressives Verhalten stimulieren. Aus fMRI-Auswertungen geht andererseits offenbar hervor, dass asiatische Meditationstechniken eine direkte und mäßigende Auswirkung auf die Aktivität der Amygdala haben.

Allerdings hat das Verständnis auch erschreckende praktische Auswirkungen. Das Sozialverhalten in Krieg und Frieden ist davon berührt. Erste Versuche mit chemisch-pharmazeutischen Manipulationen der Amygdala haben bereits stattgefunden (Center for Neural Sciences, NYU). Auf diesem Weg könnte sich sowohl unser Bild vom Krieg als auch, in der Folge von geplanten pharmakologischen Eingriffen, das Verhalten im Krieg grundlegend verändern.

Einen naturwissenschaftlich »gereinigten« Erfahrungsbegriff, der sich an Emotionen im Sinn der experimentierenden Wissenschaften anschließt und nach der neurologischen Konstruktion des affektiven Erlebens fragt, haben die Kulturwissenschaften bisher nicht entwickelt. Die gegenwärtige Neurobiologie und Hirnphysiologie kann für die Klärung des Problems einiges leisten und Einblick in die physiologischen Bedingungen von Erlebnissen und die komplizierten Zusammenhänge von traumatischen Erlebnissen und Person ermöglichen. Denn oft ist unklar, wie eigentlich die Fragen gestellt werden sollen. In der Zusammenarbeit mit Neurologie und experimenteller Psychologie liegt ein großes Potential für den Versuch der Kulturgeschichte, die Beziehungen zwischen Emotionen, Krieg und der Gesellschaft der Moderne und Postmoderne zu verstehen. Dass die Naturwissenschaften zum Verständnis der Emotionen führen werden, wie Semir Zeki und andere Optimisten annehmen und seit Jahren versprechen,[167] ist allerdings unwahrscheinlich. Der Kulturgeschichte des Kriegs ermöglichen diese Forschungen eine Klärung ihrer Fragen und eine Erweiterung ihres Untersuchungsfeldes.

Emotionen als analytische Konzepte

Häufiger als das vernachlässigte Thema *Krieg und Gefühle* hat die Kulturgeschichte die Frage nach der Kriegspsychologie behandelt, meist auf der Ebene der Organisationen und Institutionen.[168] Die brutale Kriegspsychiatrie nach 1915, die wir aus Programmen, Behandlungsprotokollen, wissenschaftlichen Filmen und einigen wenigen Erlebnisberichten von Patienten kennen, hat zu Studien geführt, die das Bild der Wissenschaft im 20. Jahrhundert verändert haben. Diesem Projekt ist die Kulturgeschichte des Kriegs bis heute verpflichtet. Aber Untersuchungen von Institutionen und Programmen sagen wenig über die Gefühle im Krieg.

Der Krieg in einer Geschichte der Gefühle entsteht aus dem Blick auf Tod und Töten, Feindbild und Hass, Schmerz und Leiden, Sakralisierung, Sadismus, triebhaften Irrationalismus oder gläubige Identifikation. Emotionen, Affekte, Stimmungen und Halluzinationen haben eine eigene Wirklichkeit. Im Spannungsverhältnis zur Methode und zum Erkenntnisinteresse der Militär-

167 | Vgl. unter zahlreichen Titeln Semir Zeki, Inner Vision. An Exploration of Art and the Brain, New York (Oxford University Press) 1999.

168 | Bernd Ulrich, Nerven und Krieg – Skizzierung einer Beziehung, in: Bedrich Loewenstein (Hg.), Geschichte und Psychologie. Annäherungsversuche, Pfaffenweiler (Centaurus) 1992, S. 163–192.

geschichte erweist sich die Leistung der Kulturgeschichte im Versuch, Emotionen, vorbewusste Stimmung und unterdrückte Gefühle, die in den kulturellen Diskurs eingegangen sind, ans Licht zu bringen und in begriffliche Zusammenhänge zu stellen.

Durch die Frage nach dem, was den direkt oder indirekt Beteiligten durch den Krieg widerfährt, versetzen wir Affekte und Emotionen in eine analytische Position. Aus vorgestellten und in Sprache kodierten Bewertungen, Hemmung ebenso wie Euphorie, Angst und Lust, kann die Kriegsforschung ein wissenschaftliches Programm ableiten. Will man meine Hinweise auf die neurologische Bild- und Gedächtnisforschung ernst nehmen, könnte man geradezu von einem Amygdala-Programm im Rahmen der Kulturtheorie sprechen. Kann das für alle Kriege gelten?

Auf ein Problem der Ebenen hat Ulrich Raulff hingewiesen: Emotionen sind das *Objekt* der historischen Forschung, ein *Medium* der Erkenntnis und eine Weise der *Darstellung.*[169] Er schreibt über den Wunsch nach einer »emotionalen Darstellung von Geschichte [...], nicht die intelligible Durchdringung des Stoffs, sondern seine sensible Aufbereitung«. Raulff stellt einen Gegensatz her und plädiert für eine »Geschichte der Gefühle [...] und gegen eine Geschichte der Gedanken [...]«. Er nennt »Reizthemen«, die Emotionen herausfordern.[170] Alle hängen mit Krieg zusammen: Bomben, Vertreibung, Vergewaltigung. Das Kriegsthema führt ihn zu einem Plädoyer, das die besondere Situation der Gefühle in Deutschland berücksichtigt. Die Geschichtsschreibung hat die Emotionen aus der deutschen Geschichte aus offensichtlichen Gründen weitgehend entfernt. Es sei an der Zeit, sie zurückzubringen. Nachdem Plötzensee 60 Jahre zurückliegt und die damit verbundene hochgradige Emotionalisierung abgeklungen ist, müsse der Versuch gewagt werden, Geschichte als *Erziehung des Gefühls* zu konzipieren. Damit ist ein Desiderat der Kulturgeschichte des Kriegs benannt. Wie lässt sie sich nach den Gewaltausbrüchen und dem maßlosen Missbrauch der Gefühle im vergangenen Jahrhundert als eine Geschichte der Gefühle konzipieren, ohne in den Missbrauch hineingezogen zu werden? Kino und Fernsehen haben mit einigen Produktionen einen ersten Schritt auf dem Weg in diese Richtung gemacht. Die Kulturgeschichte sollte den Mut haben zu folgen.

Gefühle müssen von der Ebene der Objekte auf die der Medien gehoben werden, soll ihre Leistung für das Entstehen eines emotionalen Wissens beobachtet werden. Werden Emotionen aus der Position von Objekten gelöst, können sie als Medium der Erkenntnis verstanden werden. Was sagen Gefühle,

169 | Ulrich Raulff, Geschichte und Erziehung, in: Ulrich Borsdorf u.a. (Hg.), Die Aneignung der Vergangenheit. Musealisierung und Geschichte, Bielefeld (transcript) 2004, S. 105-128, hier S. 119.

170 | Raulff, Geschichte und Erziehung, S. 108, 110.

Stimmungen und Emotionalität über das vorbewusste Wissen der Lebenswelt nach dem Krieg oder der Zeit vorher? Ist Krieg ein Einschnitt oder neigen Gefühle eher zu einer Transformation der Gefühlswelten? Verändert Krieg das Empfinden von Vertrauen, Glück, Liebe, Lebensfreude wie das von Zeit und Raum, Zukunft, Verantwortung?

Entdifferenzierung durch Gefühle

Krieg schmilzt Unterschiede ein und hat den Effekt, Differenzierungen der Moderne in diverse Institutionen und Ebenen der Sinnstiftung zurückzuschrauben. Magie und Wissenschaft, Glaube und Philosophie, Kunst und Moral, das Kognitive und das Emotionale werden durch und für den Krieg mobilisiert und gleichen sich im System Krieg einander an. Mit Begriffen der Identitätsphilosophie ausgedrückt, zwingt der Krieg zu einer Reduktion komplexer Identitäten: Im Krieg mit Deutschland fühlte sich der Belgier nur als Belgier, der sich und sein Land gegen die Deutschen verteidigte. Aus der Schnittstelle, von der Dilthey und neue Theoretiker wie Laclau, Mouffe oder Hall sprechen, wird im Krieg wieder ein vormodernes, vor-skeptisches, mit sich übereinstimmendes Ich, in dem sich primitive Emotionen regen und dessen Hemmschwelle, sie zu äußern, sinken. Sobald der Krieg endet, verschwindet die Entdifferenzierung. In der wiedergewonnenen Komplexität des modernen Ichs treten die starken Gefühle wieder zurück. *Der* Deutsche oder *der* Russe werden vergessen, und die anderen Identitäten, die des Arztes, des Vaters, des Liebhabers russischer oder französischer Literatur usw. melden sich zurück. Es ist aber bemerkenswert, wie leicht die Erinnerung an den Krieg zu Rückfällen führt, Entdifferenzierung erneuern und überwunden geglaubte Emotionalität wieder beleben kann.

Die Kulturgeschichte des Kriegs hat, soweit sie sich mit den Gefühlen bisher überhaupt befasst hat, einen Abstand zur Psychoanalyse eingenommen. Das ist nicht nur ein Versäumnis, sondern kann andere Wege öffnen. Bilder und andere Äußerungen von Gefühlen lassen sich nicht nur einer (psychologischen oder politischen) Interpretation und Ursachenforschung unterziehen. Sie bilden nicht nur ab und sind nicht nur Folgen, sondern sie führen zu Einstellungen und wecken Verhaltensweisen.

Furcht und Angst

Die Verschränkung von Gefühl und Geschichte, von Gesellschafts- und Individualpsyche stellt eine Kulturgeschichte des Kriegs vor methodische Probleme. Sie lassen sich exemplarisch an einer Emotion vorführen: Angst. Über die Angst im Krieg an sich wissen wir wenig. Über den längsten Zeitraum der Geschichte war Angst eine Frage der Moral, von Feigheit kaum unterschieden und ausnahmslos negativ bewertet. Im Krieg zeigte sich der *Angsthase*, der verachtet oder verlacht wurde. Der wertungsfreie psychologische Begriff, der Angst auch als einen Schutzmechanismus auffasst, entstand im 19. Jahrhundert. Er lässt sich nur bedingt auf die Kriegsgeschichte anwenden. Der Kulturhistoriker kann nur von der in Bildern und Sprache wiedergegebenen Angst sprechen. Es ist zu bedenken, dass die Angst sich verbirgt und wie wenig andere Gefühle aus den Lücken und dem Schweigen der Texte und Bilder herauszulesen ist. Sicher ist lediglich, dass wir in der Beschäftigung mit Aufzeichnungen etwas über die Bedeutung von Angst für Einzelne im Krieg erfahren. Kann das je Angst pur sein? Ist das die Angst des anderen oder meine eigene Erfahrung mit Angst, in den anderen projiziert? Ist es möglich, über die objektivierten Gefühle zurückzugehen und sie durch ein Sich-Hineinversetzen in das Subjekt als ein ursprüngliches Gefühl, als das unvermittelt Leibliche zu empfinden?

Vorkriegszeiten demonstrieren, dass phantasierte Gefahren in Individuen wie in Gesellschaften Ängste auslösen, die mächtiger sein können als die vor konkreten Gefahren. Die Angst vor dem drohenden Untergang führt Gesellschaften zu Kriegsbereitschaft, wie sich bereits an der Vorgeschichte des Peloponnesischen Kriegs zeigt.[171] Elemente der Realität werden dekontextualisiert und gemäß den vorbewussten Ängsten zu einem geschlossenen Bild neu zusammengebaut. Norbert Elias hat auf einen Diskurs der deutschen Mentalitätsgeschichte aufmerksam gemacht: Angst, die nationale Identität zu verlieren.[172] Krieg dient in dieser Logik der kollektiven Psyche der Verteidigung vor Verlust. Subjektive Motive können sich im Schatten dieser gesellschaftlichen Konstruktion verbergen.[173] Die Angst vor der Gefährdung intensiviert sich im Verlauf des Kriegs mit jeder Niederlage, und je intensiver sie empfunden wird, desto gewisser wird der Kampf im Diskurs als Verteidigung kodiert.

In der Geschichte der Gefühle hat man eine solche Verlustangst beobachtet: Die konkreten Nöte, die Geißeln der Epidemien, der Hunger waren über Jahrhunderte hinweg die Auslöser von Furcht, Furcht vor dem Leid des Lebens und dem frühen Sterben. Mit dem Fortschritt von Hygiene, Wissenschaft und Technik wurde diese Furcht unter Kontrolle gebracht und zurückgedrängt. Der Optimismus schien grenzenlos und die Welt, jedenfalls der Teil der Welt, um den sich Philosophen und Wissenschaftler kümmerten, Europa und Ame-

---

171 | Kurt Eissler, Die Seele des Rekruten. Zur Psychopathologie der US-Armee, in: Kursbuch 67: Militär, Berlin (Rotbuch) 1982, S. 9-29; vgl. Donald Kagan, The Peloponnesian War, New York (Viking Penguin) 2003.

172 | Norbert Elias, Studien über die Deutschen. Machtkämpfe und Habitusentwicklung im 19. und 20. Jahrhundert, Frankfurt a.M. (Suhrkamp) 1994, S. 418ff.

173 | In offensichtlicher Abwehr der Psychoanalyse beschreibt Jünger das Ende der Angst als den Beginn der kriegerischen Tugenden, des Triumphs über Schmerz und Tod. Ernst Jünger, Über den Schmerz, Werke Bd. 7, Essays I, Betrachtungen zur Zeit, Stuttgart (Klett) 1980 (zuerst: 1934), S. 143-191.

rika, lebte in der Epoche einer nie gekannten Sicherheit. Der Weg in eine Zukunft, in der es keinen Anlass zur Furcht mehr gab, schien eingeschlagen. Aber wir wissen aus dem geschichtlichen Abstand, dass die schöne neue Welt der Furchtlosigkeit eine Illusion war. Der Prozess der Verwissenschaftlichung zerstreute die Furcht (vor der Natur) aber bewirkte das Entstehen eines unbestimmten Gefühls, der Angst.[174] »Die Aufklärung, die den Menschen von der Furcht befreien will, mündet in die Evokation neuer Angst.«[175] Hartmut und Gernot Böhme argumentieren, Angst sei das Korrelat der Herrschaft von Vernunft,[176] und Begemann fügt an: »Dieselbe Bewusstseins- und Psychostruktur, die als Voraussetzung aller theoretischen und praktischen Naturbeherrschung, und damit auch der Entzauberung der Natur, gelten muss [...], ist eine Quelle innerer Angst.« Was hier generell für die Aufklärung festgestellt wird, gilt auch für das folgende Jahrhundert. Das Entstehen einer panischen Epoche folgte aus der Erosion der Sicherheiten, vor allem der Religion, und der rasanten Steigerung von Komplexität der industriellen Gesellschaft durch Verwissenschaftlichung des Lebens. Wissenschaft als Religion bot nur für eine sehr kurze Zeitspanne und nur sehr oberflächlich eine neue Sicherheit an. Sie wurde von Skepsis zersetzt. Angst als Verlust des Vertrauens in die Welt war ein Grundgefühl des Jahrhunderts. Es endete im Krieg.

Becker hat diesen Zusammenhang historisch durch *die andere Seite* der Revolutionskriege und der folgenden Zeit gezeigt. Im »Wandel des Zeitbewusstseins« als Folge der Kriege nach der Revolution von 1789 entstand ein kollektives Gefühl der Ohnmacht gegenüber der Gewalt der Zeit, »den permanenten revolutionären und kriegerischen Umwälzungen«.[177] Auf die Drohung »von Verlust von Geschichte und Zukunft« reagierte das Jahrhundert emotional, und Angst war die unter der Fortschrittsrhetorik verborgene Emotion. In welchem Maß diese Grundstimmung der Angst vor drohendem Verlust sich als Aggression äußerte und die Kriegsgeschichte des 19. Und 20. Jahrhunderts prägte, ist eine Frage, unter der zum Beispiel der Kolonialismus und Kolonialdiskurs in einem anderen Licht erscheint. Wenn Industrialisierung, Moder-

174 | Christian Begemann, Furcht und Angst im Prozess der Aufklärung. Zur Literatur und Bewusstseinsgeschichte des 18. Jahrhunderts, Frankfurt a.M. (Athenäum) 1987, S. 11.

175 | Begemann, Furcht und Angst, S. 3.

176 | Hartmut und Gernot Böhme, Das Andere der Vernunft. Zur Entwicklung von Rationalitätsstrukturen am Beispiel Kants, Frankfurt a.M. (Suhrkamp) 1983.

177 | Ernst Wolfgang Becker, Zeiterfahrung zwischen Revolution und Krieg. Zum Wandel des Zeitbewusstseins in der napoleonischen Ära, in: Nikolaus Buschmann, Horst Carl (Hg.), Die Erfahrung des Krieges. Erfahrungsgeschichtliche Perspektiven von der Französischen Revolution bis zum Zweiten Weltkrieg, Paderborn (Schöningh) 2001, S. 67-95.

nisierung und Krieg in Europa nicht nur die Gefühle von Sieg und Triumph erzeugten, sondern auch zu tieferliegenden Gefühlen von Verlust und Bedrohung führten, wären Gewalt und Kriege die Folge einer selbst erzeugten Angst. Die Politik und öffentliche Stimmung in Deutschland und Österreich vor 1914 können als Beispiele für den Zusammenhang von Gefühlen der Bedrohung und des Verlustes mit Aggression interpretiert werden.

Dieser Krieg schuf eine Semantik, die Koselleck durch »asymmetrische Gegenbegriffe« charakterisiert sieht. Sie dienen dazu, die Welt langfristig einzuteilen. »Die Worte sind austauschbar, während sich die asymmetrische Argumentationsstruktur durchhalten kann. Auf ihre Struktur hin befragt, sind also die Begriffspaare von ihrer einmaligen Entstehung [...] ablösbar.«[178] Durch diese Ablösbarkeit können sie zu konstituierenden Elementen im langlebigen Diskurs werden. Das emotionale und dumme Wort von Erbfeind, das im 17. Jahrhundert entstand, lieferte einer solchen Argumentationsstruktur Nahrung. Sie war nicht die Ursache von Kriegen, die Deutschland gegen Frankreich anzettelte. Aber das kriegsfreundliche Klima in der deutschen Öffentlichkeit konnte darauf bauen. Die Wirkung des Ersten Weltkriegs war ähnlich. Aus dem zeitlichen Abstand wirkt ein Plakat, das einen deutschen Soldaten zeigt, der einen belgischen Säugling mit dem Bajonett aufspießt, nur noch grotesk. Mit den Augen des frühen 20. Jahrhunderts betrachtet, kam in diesem Bilde jedoch das Gefühl einer tiefen Angst zum Ausdruck. Deren Ursachen konnten im Krieg ohne Rücksicht auf Plausibilität dem Feind zugeschrieben werden.

Angst führt in den Krieg, aber es lässt sich ebenso beobachten, wie Krieg Angst erzeugt. Sie wird zum Teil des Kriegsdiskurses, der auf das Gefühl zurückwirkt und die Angst verändert und verstärkt. Keine Kritik und kein Verständnis können sie aus dem Zirkel von subjektiver Empfindung und kultureller Formung herauslösen. Propaganda mobilisiert die Erinnerung an Krieg, um Angst zu schüren, die in Aggression umgeleitet werden kann. Die Geschichte der Propaganda seit den Türkenkriegen liefert eine ungenutzte Quelle für Angst, die aus Krieg und Kriegsdrohung entsteht und zur Kriegsbereitschaft führt.

Die Frage nach dem Realitätsgehalt der Vorstellungen und Bilder, die öffentlicher Hysterie zugrunde liegen, geht am Problem, das sich der Kulturschichte stellt, vorbei. Sie sind als *Lüge* nicht einmal halb verstanden. Solange sie für die Abbildung von Wirklichkeit *gehalten werden*, ist ihre Wirkung von der eines kritisch geprüften Bildes nicht zu unterscheiden. Da sie auch der Furcht vor dem Verlust des Selbst Ausdruck geben, besteht der Wunsch, an sie zu glauben. Solange dieser Wunsch besteht, sind sie für das Urteil der Beteiligten *wahr*.

---

178 | Koselleck, Zur Semantik geschichtlichen Erfahrungswandels, S. 216.

Eine Geschichte der Angst ist bisher über erste beschreibende Anfänge nicht hinausgekommen.[179] Individualpsychologische Theorien zur Angst sind weit entwickelt.[180] Sie können als ein in der Forschung durch Empirie gestütztes Modell mit erklärendem Potential zur Thesenbildung der Kulturgeschichte herangezogen werden, erfordern aber bewusste Zurückhaltung. Denn sie dürfen nicht ohne weiteres auf Gesellschaft und vor allem nicht auf frühe Gesellschaften übertragen werden.

Gefühle entstehen aus dem Krieg, etwa die Angst vor Leid, Entbehrung, Grausamkeiten und Tod und eine Zukunftsangst, durch die das 17. Jahrhundert gezeichnet war. Sie machen nicht unbedingt passiv, sondern leiten das Handeln. Das ist nicht nur ein ungesteuerter, vorbewusster Prozess. Menschen arbeiten an ihren Gefühlen mit der Absicht, so zu handeln, dass sie Erfolg haben oder den Erwartungen ihrer kulturellen Umgebung Genüge tun. Diese »Arbeit an den Gefühlen« mit dem Ziel, in Übereinstimmung mit den Gefühlen der Umwelt zu handeln, stellt für die Zeiten von Krieg eine herausfordernde Aufgabe.

Die andere Seite des Verhältnisses ist nicht leichter zu bestimmen: die Abhängigkeit individueller Gefühle von ihrer Epoche. Der Diskurs und andere Kulturtechniken sind über Jahrhunderte in die Gefühle eingedrungen und haben an ihrer Ausformung gearbeitet. Gefühle wie Stolz, Empfindsamkeit oder Enthusiasmus prägen bestimmte Zeiten, aber sie werden auch von ihnen geprägt. Wie verändert der Krieg die Epochengefühle und wie greifen sie in die Gefühle der Individuen ein?

Ich will nun, ein wenig schematisch, vier Arten der Angst in einer Geschichte des Kriegs der Gefühle unterscheiden.

Angst, Freud und Heidegger stimmen darin überein, ist nicht eine Emotion unter anderen, sondern die herausgehobene Daseinsweise. Das Lebendige versichert sich durch Angst und Zittern des Lebens.[181] Wenn Krieg immer wieder als eine Art von Realitäts- oder Präsenztest empfunden wird, ist die Angst

179 | Jean Delumeau, Angst im Abendland. Die Geschichte kollektiver Ängste im Europa des 14.-18. Jahrhunderts, Reinbek (Rowohlt) 1989.

180 | In der Psychologie und klinischen Psychotherapie gehören Angst und Panik zu den intensiv erforschten Fragen, aber nicht in den Geschichts- und Geisteswissenschaften. Zu den Ausnahmen gehören: Franz Bosbach, Angst und Politik in der europäischen Geschichte, Dettelbach (Röll) 1999; Patrick Bormann, Thomas Freiberger, Judith Michel (Hg.), Angst in den internationalen Beziehungen, Göttingen (Vandenhoek & Ruprecht) 2010.

181 | Auch einige Tiere zeigen die körperlichen Zeichen, die wir mit Angst verbinden. Dass ihre Angst die reflexive Dimension, in der sich das Leben seiner selbst versichert, enthält, ist unwahrscheinlich. Sie führen keine Kriege, und die Kriegsangst ist ihnen unbekannt.

vor dem Tod die Emotion der Wirklichkeitsversicherung. Angst wird nicht nur passiv empfunden, sondern in der Empfindung wirkt eine Selbstvergewisserung: In der Angst empfindet das individuelle Ich seine Existenz, und Gesellschaften, die ebenso von Angst erfasst werden können, versichern sich ihrer selbst im kollektiven Gefühl. Das geschieht selten offen im Diskurs. Krieg ist eine Zeit der Angst. Aber aus dem Diskurs erfahren wir über diese Angst wenig. Die Vermutung liegt nahe, dass der Stolz und die Furcht vor der Selbstentblößung zum Schweigen führen. Darin ist ein Hinweis auf die Bewertung des Kriegs zu finden. Das Aufdecken der uneingestandenen Angst erfordert die sorgfältige Analyse von Quellen, in denen von Angst nicht die Rede ist.

In der Vorbereitung von Kriegen ist es ein bewährtes psychologisches Mittel, dem Gegner Angst zuzuschreiben, um das Wissen von der Todesangst der anderen in eigene Stärke zu transformieren. In diesen Zirkel muss der Kulturhistoriker eindringen und Methoden des nachvollziehenden Verstehens entwickeln, um aus ihnen Wissen über Angst als Mittel der Ideologie und Manipulation von Handlungsmotivation zu bilden.

Von einer anderen Angst spricht Freud: nicht die Angst vor dem Feind, sondern vor Strafe. Er spricht während des Ersten Weltkriegs in einem Euphemismus von einer »Lockerung der sittlichen Beziehungen« zwischen den Nationen und schließt an, dass davon eine »Rückwirkung auf die Sittlichkeit der einzelnen« ausgehe. Denn, so seine Erklärung: Das Gewissen sei kein zeitenthobener Richter, sondern »es ist in seinem Ursprung soziale Angst und nichts anderes«. Das Tabu des Tötens kann vom Staat oder der *Gemeinschaft* aufgehoben werden, und damit wird Aggression freigesetzt, die unter kontrollierten Bedingungen durch Angst gebunden oder umgelenkt wird. Sobald die Angst vor Strafe nachlasse, höre »die Unterdrückung der bösen Gelüste auf, und die Menschen begehen Taten von Grausamkeit, Tücke, Verrat und Rohheit, deren Möglichkeit man mit ihrem kulturellen Niveau für unvereinbar gehalten hätte«.[182] Angst als Mittel, die Aggression in Schach zu halten, wird in dieser Argumentation im Krieg durch die Lust zu töten, abgelöst. Dass diese Lust wiederum mit der Angst, selbst getötet zu werden, verbunden ist, führt in den Zirkel aus Gewalt und Lust, den die anthropologische Interpretation von Krieg postuliert.

Die Psychoanalyse hat gezeigt, wie in der frühen Entwicklungsphase, in der das Kleinkind noch keine Mittel zur Angstbewältigung gebildet hat, Frustration zu Unlust und Angst führt, aus denen Aggression und Wut entstehen. Die Angst aus Hilflosigkeit werde vom Kleinkind als Existenzbedrohung erlebt. Unlust und Aggression, die aus dieser frühen Erfahrung von existenzieller Bedrohung stammen, würden durch nichts gehalten oder gebunden und seien nicht in den Zusammenhang eines Ichs integriert. »So bleiben sie elementare

182 | Freud, Zeitgemässes über Krieg und Tod, S. 39.

Triebabfuhr ohne Rücksicht.«[183] Es gehöre zu dieser Angst, dass sie den auslösenden Momenten nie angemessen ist, sondern stets über sie hinausschieße und Hass auslöse. Lassen sich aus diesen Formen der Angst Zugänge in das Verhältnis von Krieg und Gefühlen gewinnen? Wenn in der Individualpsyche Unlust und Angst Aggression auslösen, kann dieser Mechanismus auf Kollektive übertragen werden? Diese Übertragung ist theoretisch ungesichert und bleibt spekulativ. Barbara Ehrenreichs These über die Angst des Menschen am Anfang der Menschwerdung kann als Beispiel dienen. Sie versucht eine Antwort auf das Problem der Angst als einem Grundgefühl des Menschen, das zum Krieg führe.[184] Ihre These über die Angst, von Tieren getötet und gefressen zu werden, die sich im Dunkel der Psyche als Urangst bis in die Gegenwart erhalten habe, ist parallel zu Freuds Theorie angelegt und durch keine Evidenz gestützt. Sie lässt die Betrachter ratlos: Sollte *der* Mensch seit der Steinzeit von dieser Urangst getrieben werden, bliebe nichts als Resignation ins Unvermeidliche eines nie endenden Kriegs aus Angst.

Aggression in den Nationalkriegen des 19. Jahrhunderts kann man nach diesem Muster als die aktive Verwirklichung von Angst verstehen. Der Erste Weltkrieg fasste ein nervöses Jahrhundert, das eher das panische genannt werden sollte, in einem geschichtlichen Augenblick zusammen. Hemmungslose Gewalt wurde in diesem Krieg, wie oft beobachtet worden ist, in einem sich selbst verstärkenden Zirkel ausgeübt. Sie kann, fragt man nach ihrer Herkunft, als Reaktion auf eine imaginierte existenzielle Gefährdung verstanden werden. Der Feind, gegen den Krieg geführt wurde, war der Fremde, aber er kam aus der unbestimmten Angst im eigenen Inneren. Angst hüllt, wie Texte des Ersten Weltkriegs und späterer Kriege zeigen, wie ein unsichtbares Gewand ein. Das so eingehüllte Ich ist nicht mehr das Ich, das die Theorie des Zivilisationsprozesses entwirft, sondern existentielle Angst hat sich in pathologische Verzerrungen der Wahrnehmung verwandelt. Angst tritt im kollektiven psychotischen Denken und Empfinden auf. Sobald die psychotische Struktur den öffentlichen Diskurs erfasst, hat der einzelne Mensch kaum die Freiheit, sich zu entziehen. Konkret zeigte sich eine durch Krieg erzeugte Angst in dem grotesken Massenphänomen der Spionenfurcht in den Monaten nach dem Kriegsausbruch 1914. In hysterischen Hetzjagden wurden Fremde als feindliche Spione entlarvt. Einige tausende Opfer der lachhaften Spionagefurcht, von der wir aus Freiburg wie aus Adelaide im fernen Südaustralien wissen, haben die durch den Krieg genährte Angst als Aggression am eigenen Leib gespürt und einige mit dem Leben bezahlt.

183 | Fritz Riemann, Grundformen der Angst. Eine tiefenpsychologische Studie, München, Basel (Ernst Reinhardt) 9. Aufl., 1975 (39. Auflage 2009), S. 32.

184 | Ehrenreich, Blutrituale (Blood Rites,1998).

Ein intensiv studierter geschichtlicher Augenblick sind die Wochen nach dem Kriegsausbruch im August 1914. Wir sind inzwischen gut über die Ereignisse dieser Wochen informiert, aber ihre psychotische Struktur verstehen wir noch immer nicht. Dem Einzelnen war die Freiheit zur Entscheidung durch eine manichäische Vereinfachung auf die Opposition: wir oder sie genommen, aber eine Massensuggestion sagte, dass nach einem langen Stillstand eine Entscheidung getroffen worden sei. Sie wurde von vielen als die eigene Entscheidung empfunden.

Die Transformation von Angst in Aggression und Gewalt setzte sich nach 1918 fort. Bernd Ulrich hat gezeigt, wie die offiziell propagierte Verachtung des Gefühls der Angst nicht nur während des Kriegs, sondern, womöglich noch gesteigert, nach 1918 die Grundlage von Politik und öffentlicher Wertediskussion bildete. Angst war die allgegenwärtige psychische Kondition, unterlag aber einem Denkverbot und kam im Diskurs nur »als zu überwindende Hürde vor«.[185] Der militante Diskurs überwand die Hürde und sprang vom Ohnmachtsgefühl der Niederlage in ein Allmachtgefühl der politischen Phantastik. Für die Kulturgeschichte interessanter als die Politik dieses Sprungs sind die verborgenen Bedingungen seines Entstehens, seine Wirkung und das versteckte Zusammenwirken gleichzeitiger Diskurse, die auf verschiedene Weisen auf dasselbe Ereignis reagierten. Nicht alle waren von Angst getrieben. Aber die von Angst Getriebenen gewannen die Oberhand und führten erneut in Aggression.

Der Premierminister des am weitesten vom Kriegsschauplatz entfernten Landes, William Ferguson Massey aus Neuseeland, soll in Versailles besonders hartnäckig auf der Bestrafung der Deutschen bestanden und wiederholt auf ihre Gräueltaten in Belgien hingewiesen haben. Wie kam die Angst vor den Hunnen in Deutschland nach Neuseeland? Der propagandistisch gelenkte Kriegsdiskurs war global. Ohne das medieninduzierte emotionale Wissen hätte Massey ruhig schlafen können.

Angst und Feindbilder

Der Feind ist durch keine klare Grenze vom Selbst getrennt. Er ist auch eine Fortsetzung des Ichs. Nicht jede Negativbewertung eines Gegners führt in ein Feindbild. Das setzt eine Beziehung zum Selbstbild voraus. Nur in einer Zuordnung des Negativen zum Positiven im Selbst entsteht ein Feindbild. Die subjektiv empfundene Bedrohung des Selbst, verstärkt durch Bilder vom Feind

185 | Bernd Ulrich, Die Kriegspsychologie der zwanziger Jahre und ihre geschichtspolitische Instrumentalisierung, in: Inka Mülder-Bach (Hg.), Modernität und Trauma. Beiträge zum Zeitenbruch des Ersten Weltkrieges, Wien (Universitätsverlag) 2000, S. 63-78, hier S. 67.

als Riese oder Monster oder durch Phantasien von Schmutz, Primitivität oder Boshaftigkeit, bereiten eine aggressive Haltung gegenüber dem Fremden vor. Sie führt in eine pathologische Innenwelt, die zur manichäischen Zuspitzung neigt: Dem Eigenen wird ein Bild des Anderen entgegengesetzt, das alles Bedrohliche und Böse in sich vereint. Angst wird in Feindseligkeit und der Andere in den Feind transformiert.

Der Feind des Feindbildes ist das Negativ zum Positiv vom eigenen Ich. Er ist der dominante, alles andere verdrängende Gegenstand der Phantasie, eine ins Negative verkehrte *Idealisierung*. Der Feind ist der Unmensch, weil und soweit er die positiven Eigenzuschreibungen pervertiert. Angst kann so in den Kampf gegen einen im Außen lokalisierten Feind als dem geglaubten Verursacher eigenen Leids verformt werden.

In der Umkehr des eigenen Zivilisationsideals in ein überwundenes Stadium der primitiven Gewalt oder ein aus anderen Gründen verachtetes Bild bleibt ein emotionales Band erhalten, das den Feind mit dem Eigenen in Verbindung hält. Aus dem Angriff auf das Eigenbild entsteht eine Bipolarität. Der Feind muss desto heftiger bekämpft werden, je mehr er als die Perversion des Eigenen phantasiert wird. Seine Vernichtung wird zur Handlungsmotivation im Krieg, die in imaginierten Szenen stets aufs Neue wiederholt wird.

Der deutsche Imperialismus galt den Briten um 1900 nicht nur als Konkurrenz für ihre Weltmachtstellung, sondern wurde auch als Symptom einer Feindschaft wahrgenommen, die das Eigenbild der Nation aufgriff. Politisch betrachtet war der globale Herrschaftsanspruch berührt, aber in einer tieferen Schicht war ein über Jahrhunderte gewachsenes Selbstwertgefühl bedroht. Die Betonung der Verwandtschaft – in Deutschland war vom *Vetter* auf der Insel die Rede – verstärkte das Gefühl der Bedrohung durch die negative Version des Eigenen. In der Alltagsgeschichte des Kriegs wurden diese Gefühle von Herrschaft und Bedrohung in Maßlosigkeiten wie in Banalitäten sichtbar.

Bei diesen Verflechtungen ist es nötig, die Schwächen und Ängste des Feindes zu kennen. Dafür ist Phantasie nötig. Der Planende muss sich in die Lage des anderen versetzen. Ein Musterbeispiel war 1916 Falkenhayns Plan, Verdun, den nationalen Identifikationsort der Franzosen, zum Ort ihres Untergangs zu machen. Dieser Plan war aus der Projektion des eigenen Kriegs- und Selbstbilds auf den Feind geboren. Seine Gefühle wurden nach dem Muster der eigenen Gefühlswelt phantasiert, nicht zu Unrecht. Die französische Armee und Nation reagierten der Vorhersage entsprechend. Die militärische Aktion verlief jedoch nicht nach dem deutschen Plan und kam nach kurzer Zeit in einem Desaster an ein Ende. Damit begann aber erst der Beitrag, den die Schlacht für die nationalen Identitäten und Ängste gemacht hat. Er lebt bis heute im kollektiven Gedächtnis.

Ein Kollektiv bedroht nicht nur das, was es fürchtet, sondern auch das, was es heimlich bewundert. Das Feindbild kann als verzerrtes uneingestandenes

Eigenbild, vor dem die Angst vertrieben werden muss, verstanden werden. Als Beispiel kann die *Hunnengefahr*, die 1915 in London erdacht und über die halbe Welt verbreitet wurde, genannt werden. Geschichten über brutale deutsche Landser in Belgien lieferten Vorstellungsbilder, die der Entente zur Verfestigung des Feindbildes dienten.[186] Nach diesem Muster wirkte während des ganzen Kriegs der Topos der Hunnen, mit dem die englische Kriegspropaganda die Deutschen identifizierte. Er ist als ein geschicktes Propagandamittel um Kriegsanleihen zu verkaufen, nicht zu verstehen. Ein solches war er auch. Aber er wäre nicht über Jahre hinweg und bis ins ferne Australien erfolgreich gewesen, hätte er nicht einer tiefsitzenden Angst ein drastisches Bild geliefert und sie mit jedem neuen Plakat verstärkt. Aus diesem Syndrom ließen sich auch eigene Kriegsgrausamkeiten, etwa die Seeblockade, die die deutsche Zivilbevölkerung traf, rechtfertigen. Diese Phantasie, ich kann aus eigener Erfahrung sprechen, prägte bis vor wenigen Jahren das Bild vom Krieg und der Deutschen im Krieg eines Teils der Kriegsgeneration in Ländern der Entente. Die Auswirkungen solcher langlebigen Ängste auf Entscheidungen der späteren Zeiten und Generationen sind unerforscht.

Die Mittelmächte machten von diesem mentalen Mechanismus ebenso Gebrauch. Die deutsche Propaganda erfand den soldatenmordenden belgischen Priester. Der deutschen Treue, Zuverlässigkeit, Sittlichkeit und dem Gemüt stellte sie ein negatives Bild des amoralischen Zivilisationsmenschen *des Westens* gegenüber. Die Deutschen bildeten Feindbilder der grausamen Kolonialtruppen im Westen und der Tataren im Osten. Dem perfiden Albion wurden List, Trug und interessegeleitete Politisierung zugeschrieben und die Weltherrschaft der Kolonialmacht als Doppelmoral der unaufrichtigen Zivilisation gegeißelt.

Gefühle und Medien

Medien sind für die Emotionalität im Krieg konstitutiv. Die Phänomenologie hat es versäumt, den medialen Konstruktionen die Bedeutung einzuräumen, die sie im 20. Jahrhundert gewonnen haben und für die Kulturgeschichte des Kriegs einnehmen. Sie müssen gemäß psychologischer und medientheoretischer Kategorien so analysiert werden, dass das Subjektiv-Emotionale auch in der medialen Kodierung erhalten bleibt. Die Analyse der affektiven Bindungen und Abstoßungen oder, genauer, die Analyse der Medien, der schriftlichen und

186 | Der *Brice Report* ist ein Beispiel für die Erfindung eines Feindes. Er beruhte auf 500 angeblichen Zeugenberichten von geflohenen Belgierinnen, alle eidesstattlich beglaubigt, die vor einer Parlamentskommission über unsägliche Grausamkeiten deutscher Soldaten berichtet hatten. Seit 1915 wurde eine Broschüre mit dem Report für einen Penny in allen englischsprachigen Ländern vertrieben. 1918 waren alle Interviews verschwunden und sind nie wieder aufgetaucht.

bildlichen Äußerungen, aus denen wir die Emotionalität und kriegsbedingten Veränderungen der Gefühle kennenlernen, verspricht für das Verstehen des Verhältnisses von Krieg und gesellschaftlicher Kultur neue Einsichten.[187] Die Rolle der Medien bei der Ausbildung eines emotionalen Wissens in Zeiten des Kriegs ist nicht geklärt. Als eine Aufgabe der Kulturgeschichte des Kriegs lässt sich bestimmen, Kriterien zu entwickeln, die das emotionale Wissen wahrnehmbar machen und nicht als Propaganda oder Ideologie disqualifizieren. Die Darstellung muss die Bewertung suspendieren, um die Analyse nicht zu verbiegen.

Der Diskurs sorgt dafür, dass die Kritiker eines Kriegs heute im Gefängnis landen und morgen öffentlich gefeiert werden. Durch Medien werden diese Urteile über Emotionen vorbereitet und verbreitet und wirken bis in die Rechtsprechung. Medien geben im Krieg den Gefühlen einen öffentlichen Ausdruck, der auf individuelle Gefühle zurückwirkt und eine Zirkelbewegung in Gang setzt. In dieser Rückkoppelung wird Gefühlen die Berechtigung zugesprochen oder entzogen.[188] Ob mein Gefühl *Recht hat*, wird mir von Medien im öffentlichen Diskurs gesagt, und auch was ich fühlen soll, erfahre ich aus Medien, vom Triumph bis zu Gefühlen von Schuld und Verzweiflung. Ich lerne auch, was ich nicht fühlen soll: Verständnis für den Feind. Ein solches Gefühl, machten Luther und Abraham a Santa Clara in ihren Türkenpredigten klar, richte sich gegen Christus. Sie wussten, dass nicht wenige Christen zu den Türken überliefen, um dort die Karrieren zu machen, die ihnen im eigenen Land verschlossen waren. Gegen diese Gefahr benutzten die Prediger ein publikumswirksames Medium, um die Gefühle ihrer Hörer zu erreichen und sie von ihren sündigen Wünschen abzubringen. Viele Reden deutscher Professoren im Ersten Weltkrieg beschäftigten sich damit, Sympathien für den Geg-

187 | Eine Sondersituation bildet der Zweite Weltkrieg. Philosophen waren entweder emigriert oder hatten bereits vor oder unmittelbar nach dem Januar 1933 ihren ideologischen Fall getan. Es gab keine Opposition gegen den Krieg, aber auch Begeisterung war selten. Über Schriften zum Krieg von Mitgliedern der NSDAP und SS lohnt es nicht zu sprechen. Symptomatisch für Philosophen ist der Kantianer Knittermeyer, der den Ersten Weltkrieg aktiv mitgemacht hatte. Er rechtfertigt den Krieg mit der Berufung auf die deutsche philosophische Tradition von Leibniz über Kant und Hegel zu Nietzsche als Steigerung des Lebens und Kräftigung der Nation. Er hütet sich aber vor einer Kriegsideologie oder einer anthropologischen Begründung und argumentiert mit dem Neuen Testament, dass der Friede das letzte Ziel der Existenz sei: Hinrich Knittermeyer, Von Wesen und Wirklichkeit des Krieges, Bremen (NS-Gauverlag Weser-Ems) 1942 (Die Wittheit Heft 1).

188 | »Haben Gefühle Recht, und ist der Mensch ihnen gegenüber frei?« formuliert Hastedt zutreffend eine für die Gefühle im Krieg zentrale Frage: Heiner Hastedt, Gefühle. Philosophische Bemerkungen, Stuttgart (Reclam) 2005, S. 130-140.

ner zu diffamieren. Die Bewunderung für Paris und die französische Kultur entlarvten sie als falsche Gefühle und Verrat am Vaterland. Die Wirkung der Medien auf die Gefühle reicht tiefer, und sie wirkt auf Pfarrer, Priester, Professoren und andere Urheber zurück.

Es ist für Beteiligte schwer, sich diesem Zirkel zu entziehen. Die historische Betrachtung hat ihn selten offengelegt.

3.7 Krieg und Gedächtnis

Das Gedächtnis und das Vergessen sind, meint Nietzsche, das konstitutive Moment von Kultur. Er war von historischer Einsicht geleitet, als er martialisch schrieb: »Es ging niemals ohne Blut, Martern, Opfer ab, wenn der Mensch es nöthig hielt, sich ein Gedächtnis zu machen.«[189] Die für das Gedächtnis notwendigen Zusammenhänge lassen sich, fügt er an, nur mit Hilfe von Religion erringen, und »alle Religionen sind auf dem untersten Grunde Systeme von Grausamkeiten [...]«. Eingedenk dieser Einsicht muss die Kulturgeschichte sich mit den *Martern* und *Opfern*, also mit Fragen der Macht und Gewalt bei der Gedächtnisbildung, auseinandersetzen. Was die jeweilige Gegenwart von traumatischen Erfahrungen behält, was sie vergisst, was sie an Imagination in die Erinnerung einflicht und auf welche Weise dieser Prozess geführt wird, sind Fragen der gesellschaftlichen Macht. Lässt sich ein Gedächtnis finden, in dem dieser Kampf beruhigt, der Homo furiosus mit dem Animal rationale versöhnt wird? Nur wenn Widersprüche so bearbeitet werden, dass sie auszuhalten sind, können Traumata zu Narben im Gedächtnis verheilen. Das gilt für Kriegserinnerungen mehr als für jede andere Erinnerung (mit der Ausnahme der seltenen Revolution). Wir verstehen Erinnerungen entweder als dauerhaft in einem stabilen Gedächtnis eingegraben, von wo sie abgerufen werden können (auch wenn sie uns nicht immer auf gleiche Weise zugänglich sind), oder aber als Konstruktionen des Ichs, die sich mit der Zeit verändern.

Wie das individuelle Leben im Gehirn wie in einem Behälter gespeichert sei, so eine verbreitete Annahme in der Militärgeschichte (die sich allerdings selten mit Erinnerungen befasst), sei auch die Erinnerung an Krieg ein Teil dieses Speicherprozesses und könne abgerufen werden. Probleme des Aktualisierens von Erinnerung werden als solche des Abrufens und nicht der ursprünglichen Aufnahme oder der Bewahrung verstanden. Aus dieser Perspektive bilden Vergessen oder falsche Erinnerungen eine Gefahr. In dem Maß, wie Identität über die Erinnerung an Krieg hergestellt wird, gefährden falsches Erinnern und Erinnerungslücken die Identitätsbildung.

189 | Nietzsche, Friedrich, Genealogie der Moral, in: Kritische Studienausgabe Bd. 5, München (de Gruyter, dtv), 1980, S. 245-412, hier 295.

Diese Theorie eines stabilen Gedächtnisses wird heute noch in der neurologischen Forschung vertreten. Sie versteht Erinnerung als authentische Eintragung in die chemische Struktur des Gehirns, ein neuronales Dokument der einmal gemachten Erfahrung. Dieses einseitige Abhängigkeitsverhältnis, hat die Gedächtnisforschung nachgewiesen, ist ein Irrtum. Es hat nur noch wenige Vertreter in der Philosophie, Psychologie und den Kulturwissenschaften.

Erinnerung, wissen wir nicht erst seit der neuen Gedächtnisforschung, ist die Grundlage für Identität: keine Erinnerung – kein Ich. Das Gefühl, dass wir unsere Erinnerungen *sind*, ohne das sich nicht leben lässt, wirkt auch für Kriegserinnerungen. Nicht erst in der Erinnerung, sondern bereits beim Formen der Erinnerung wirken Interessen, die vom Ideal der Dokumentation nichts wissen. Bei der Gedächtnisbildung wirken Vergangenheit und Gegenwart zusammen und machen die Erinnerung zu einem Prozess, der beständigem Wandel unterliegt. Die Erinnerung hat selbst eine Geschichte.

Forschung hat gezeigt, dass emotionale Erregung die Intensität der Erinnerung des Erlebnisses und das Erlebnis selbst beeinflusst. Stärkere Erregung intensiviert die Erinnerung und verlängert die Dauer ihres Überlebens im Gedächtnis. Jeder Aufruf eines Erinnerungsbildes ist mit einem Hormonstoß verbunden, der verstärkend wirkt, und nimmt Einfluss auf die mit dem Bild wiederbelebten Gefühle. Während die Amygdalae nicht als Sitz solcher Erinnerungen verstanden werden können, stimulieren und koordinieren sie diesen Prozess, der von einer tiefen und alten Hirnstruktur gelenkt wird.

Traumatische Erinnerungen sind offensichtlich physiologisch anders aufgebaut als andere Erinnerungen. Das Trauma wird von der Ausschüttung von Stresshormonen begleitet, die zu einer Intensivierung des Erlebnisses, die an die Grenze des Erträglichen stoßen kann, führen. Diese hormonelle Reaktion wiederholt sich beim Heraufrufen der traumatischen Erinnerung und, so hat physiologische Forschung an Menschen und Ratten gezeigt, verstärkt den emotionalen Schock und physischen Eindruck im Gehirn. Mit jedem Gedenken an den Krieg würde, gemäß dieser Theorie, die Negativität der Erinnerung verstärkt. Das Kriegstrauma würde mit jeder Erinnerung, bewusst erzeugt oder unwillentlich, wieder durchlebt und intensiviert. Sollten diese Beobachtungen den physiologischen Prozess angemessen beschreiben, wäre nicht die aktive Begegnung mit der Wunde, nicht Freuds Technik, die psychische Verletzung durchzuarbeiten, der Weg, um mit dem Trauma fertig zu werden. Dadurch würde, im Gegensatz zur Absicht, die psychische Verletzung beständig erneuert und intensiviert. Die unerträgliche Erinnerung nicht zu denken, sie einzuklammern und sie, wie die Dissoziationstheoretiker argumentieren, abzuspalten, wäre der erfolgreichere Weg, mit Kriegserinnerungen umzugehen.

Ob die Neurowissenschaften auf einen zeitgemäßen Weg verweisen, um mit Erinnern, Vergessen und negativer Erinnerung zurechtzukommen? Noch wissen wir nichts über den Zusammenhang der Physiologie der Erinnerung und den kulturellen Formen des Umgangs mit Kriegserinnerungen. Was ein solcher Zusammenhang für eine kulturgeschichtliche Theorie vom Krieg leisten könnte, ist bloße Vermutung. Diese Fragen zu stellen und unter Einschluss der gegenwärtigen neurologischen und kulturwissenschaftlichen Methoden interdisziplinär zu verfolgen, ist eine Herausforderung der Theorie der Kulturgeschichte des Kriegs. Erinnerung schließt stets das Vergessen ein. Aus der Vergangenheit stammt eine Fülle der möglichen Erinnerungen an Kriege. Bei der Selektion setzt der von Nietzsche beobachtete Kampf ein. Nicht erst die Gegenwart fällt die Entscheidung, Kriege nicht vergessen zu wollen, sondern ein Gedächtnis von ihnen herzustellen. Vielmehr empfängt jede Gegenwart Erinnerungen, die in zurückliegenden Kämpfen bereits gefiltert und selegiert worden sind. Erinnerung ist ein Ichtest nicht weniger als ein Wirklichkeitstest.

Es gibt keinen anderen Ort oder Agenten des kollektiven Erinnerns an Kriege als den Diskurs. Er schafft ein externalisiertes Gedächtnis, das nicht als Summe von Einzelerinnerungen zu verstehen ist. Krieg wird im Diskurs solange erinnert, wie sich eine affektive Bindung an ihn erhält. Nicht die Vergesslichkeit der Zeit und nicht das Verblassen bis zum allmählichen Verschwinden, sondern die Macht selegierender Autoritäten und die Gewalt der Amnesie wirken im Kriegsdiskurs. Die Unterscheidung von Erinnern und Vergessen einerseits und einer traumabedingten dissoziativen Amnesie andererseits ist nötig, aber für die Kriegserinnerung schwer zu machen.

Ein positives Vergessen, von dem Nietzsche metaphorisch spricht, könnte die Antwort auf das Problem der traumatischen Erinnerung bilden. Könnte Vergessen statt Erinnern eine zukunftsgerechte Kulturtechnik sein? Das Vergessen kann therapeutisch und für eine Gesellschaft hilfreich sein (wie in Deutschland nach 1945), oder die Martern und Opfer der Kämpfe um das Gedächtnis können zur Vorbereitung eines neuen Kriegs beitragen (nach 1918).

Der Kriegsdiskurs teilt mit dem kommunikativen Gedächtnis viele Grundbestimmungen, aber seine Beziehung zum Inhalt der Erinnerung ist weniger biografisch. Das Erlebnis bleibt lebendig, solange die Kontinuität eines Diskurses erhalten bleibt. Das Beispiel des Kriegs um Troja zeigt, dass eine affektive Beziehung sich über Jahrtausende hinweg erhalten kann oder wohl zutreffender: sich über Jahrtausende hinweg immer wieder erneuern kann. Diese Kontinuität ist fragil. Aber, das versuche ich zu zeigen, es gibt sie, und sie lässt sich im europäischen Kriegsdiskurs bis ins 5. Jahrhundert v. Chr. zurückverfolgen.

Den Krieg zu erleben, bedeutet, das Selbst dem Schmerz und Leid, Angst und Schrecken auszusetzen; ihn zu erinnern, bedeutet etwas anderes: diese Erfahrungen nicht zu vergessen und sie aufs Neue zu machen. Für die meisten Menschen heißt das aber, Erfahrungen, die sie nie gemacht haben, im Bewusstsein herzustellen und zu einer Erinnerung zu machen. Was meinen wir, wenn wir vom Erinnern an frühere Kriege sprechen, also etwa an den Ersten Weltkrieg oder die Türkenkriege? Das ist eine für Individuen wie Gesellschaften schwer zu bewältigende Aufgabe. Auf welche Weise geht das Erinnern über die Kriegsbilder der Geschichtsbücher hinaus? In ihm steckt der Anspruch einer subjektiven Wahrheit, die Kopf und Seele beansprucht.

Das Bewahren der Erlebnisse im kurzzeitigen *kommunikativen Gedächtnis*, das, argumentiert Assmann, etwa drei Generationen umfasst,[190] entsteht in einem Prozess der Bearbeitung durch die Beteiligten und ihre unmittelbaren Erinnerungserben. Das Langzeitgedächtnis wird aus ausgewählten Erinnerungen, die langsam an bereits gespeicherte Informationen angepasst und schließlich übernommen werden, zusammengefügt.

Gedächtnis – Kriegsgedächtnis

Die gesellschaftliche Bearbeitung von Erinnerung wirkt nicht erst in der Gegenwart.[191] Ein Kriegsgedächtnis wurde bereits vor den sprachlichen Aufzeichnungen erfunden. Wir können davon ausgehen, dass dieses Bewahren durch Sprechen und Hören nicht dokumentierte und selten Erinnerungen an einen selbst erlebten Krieg überlieferte. Als der Krieg um Troja endete, war Homer noch nicht geboren. Anders als bei Traumata aus anderen Ursprüngen werden Kriegstraumata im Rahmen gesellschaftlicher Gedächtnisarbeit behandelt. Die Erinnerung an vergangene Kriege nimmt stets eine eigene, der eigenen Gegenwart verpflichtete Perspektive ein, und sie gewinnt mit dem zeitlichen Abstand eine größere Freiheit. Aus dieser Freiheit entsteht ein Spannungsverhältnis zwischen Gedächtnis und Geschichte.

Durch Selektion und den Beitrag der Einbildungskraft, den die offensive und provozierende Kriegskunst der Gegenwart ausschöpft,[192] konstituiert das kollektive Gedächtnis in höherem Maß als das Faktenwissen unser Kriegsbild,

190 | Jan Assmann, Das kulturelle Gedächtnis. Schrift, Erinnerung und politische Identität in frühen Hochkulturen, München 2007, S. 24ff. Zu Fragen von Gedächtnis und Identität vgl. Alaida Assmann, Erinnerungsräume. Formen und Wandel des kulturellen Gedächtnisses, München (C.H. Beck) 1999.

191 | Martin Evans, Ken Lunn (Hg.), War and Memory in the 20th Century, Oxford, New York (Berg) 1997; Vgl. Michael Heinlein, Die Erfindung der Erinnerung. Deutsche Kriegskindheiten im Gedächtnis der Gegenwart, Bielefeld (transcript) 2010, S. 46.

192 | In den letzten Jahren haben Ausstellungen, Kataloge und Sammelbände Beispiele dieser erinnernden und vergessenden, gewaltsamen Kunst über die Gewalt des Kriegs zusammengetragen: Annegret Jürgens-Kirchhoff, Schreckensbilder. Krieg und Kunst im 20. Jahrhundert, Berlin (Reimer) 1993; Peter Weibel, Günther Holler-Schuster (Hg.), M_ars. Kunst und Krieg, Ostfildern-Ruit (Hatje Cantz) 2003; Attack. Kunst und Krieg in den Zeiten der Medien, Kunsthalle Wien, Steidl 2003; Stephanie Barron, Eckart Gillen (Hg.), Kunst und Kalter Krieg. Deutsche Positionen 1945-1989, Köln (DuMont) 2009; Isabell Schenk-Weininger, Krieg, Medien, Kunst. Der medialisierte Krieg in der deutschen Kunst seit den 1960er Jahren, Nürnberg (Verlag für moderne Kunst) 2004;

und es ist mit dem öffentlichen Diskurs über das Eigenbild der Gesellschaft eng verflochten. Eine Veränderung des Kriegsbildes ist eine Herausforderung des kollektiven Eigenbilds. *Wie sehen wir uns selbst?* Und: *Wie möchten wir gern sein?* – sind Fragen, die im Kriegsdiskurs behandelt wurden. Das *Kriegsgedächtnis* wirft noch einmal die Frage auf, wovon wir sprechen, wenn wir *Krieg* sagen, und wovon wir schweigen. Es gäbe Einblick in den geschichtlichen Prozess, wenn das kulturelle Gedächtnis, das auf individuellen Langzeitgedächtnissen aufbaut und Erinnerungsbilder und Gefühle verbindet, genauer verstanden würde. Für Kriegserinnerungen und ihre Kontinuität liegt hier ein Schlüssel zum Verständnis, das Auswirkungen für die Theorie hat, aber ebenso für die Praxis, wie die Kriegspsychologie der USA zeigt.

Kriegsgedächtnis – Erleben – Erinnern

Alison Winter berichtet aus der amerikanischen Kriegsgeschichte des 20. Jahrhunderts, wie die Hoffnung auf einen Zugang zur wahren Erinnerung einen ganzen Wissenschaftszweig ins Leben rief.[193] Drogen wurden entwickelt, die zur Erinnerung an die Wahrheit vergessener Erinnerungen führen sollten. Das *truth serum* wurde angewandt, um Gefangenen wahre Informationen zu entlocken, und Psychologen versuchten, traumatisierten Soldaten mit Hilfe von Drogen zu *wahren* Erinnerungen zu verhelfen, um durch Bewusstmachen und Aussprechen das Trauma zu überwinden. Heimkehrer der US-Armee sind mit Hormonblockern behandelt worden, um sie bei der Überwindung von posttraumatischen Störungen (PTSD) zu unterstützen. Nach Aussagen der Ärzte und Wissenschaftler konnten traumatisierte Heimkehrer mit Hilfe der Barbiturate die abgespaltene traumatisierende Situation durchleben, darüber sprechen und fühlten sich gesundet. In Kombination mit Techniken der Gehirnwäsche sollten Soldaten durch drogeninduzierten Zugang zur wahren eigenen Erinnerung rasch zum Wiedereinsatz an der Front psychologisch vorbereitet werden.

Annegret Jürgens-Kirchhoff, Agnes Matthias (Hg.), Warshots. Krieg, Kunst und Medien, Weimar (Datenbank für Geisteswissenschaften) 2006.

193 | Alison Winter, Memory. Fragments of a Modern History, Chicago, London (The University of Chicago Press) 2012, S. 33-52. Diese *Fragmente* sind ungewöhnlich fruchtbar für die Fragestellungen der Kulturgeschichte u.a. durch viele historische Beispielfälle. Sie berichtet über eine Droge aus Barbituraten, die seit 1915 und dann verstärkt seit 1934 in den USA benutzt wurde, um die »wahren Erinnerungen« aus dem Gedächtnis zu holen. Medikamentöse Behandlung von Gedächtnisstörungen ist, soweit ich weiß, während der Weltkriege in Deutschland nicht angewandt worden. Hypnose und Elektroschocks waren die bevorzugten Mittel.

Wir mögen, schreibt Winter, gegen die pharmazeutische Behandlung von Erinnerung abwehrend reagieren, weil wir eine kulturelle Hemmschwelle noch nicht überwunden haben.[194] Sollte das *Noch* sich bewahrheiten, diese Schwelle überwunden werden und der Befreiung von der Kriegserinnerung in großem Stil die Zukunft gehören, wäre der Kern der Kulturgeschichte des Kriegs betroffen. Das wäre aber nur ein Aspekt einer radikalen Veränderung im Wesen des Menschen, der seit Jahrtausenden mit Krieg umzugehen hatte und in Zukunft möglicherweise durch Pharmazie vor der Erinnerung an Krieg, nicht aber vor dem Krieg geschützt würde.

Solche Eingriffe in das Gedächtnis stehen dem Historiker des Kriegs prinzipiell nicht zur Verfügung, und die Erwartung der wahren Erinnerung kann er an Zeugen und Quellen nicht stellen. Kulturgeschichte bezieht sich auf alle nur denkbaren Garanten: Augenzeugen, Zeitzeugen, Künstler und Schriftsteller, Psychologen und Psychoanalytiker und Sammlungen an Fotos und Relikten, um Fakten zu gewinnen und von wertenden Interpretationen zu trennen. Alle Studien zeigen, dass eine Suche nach der genuinen Erinnerung fehlschlagen muss. Es gibt sie nicht.

Vor der Frage nach richtig und falsch befindet sich die Kulturgeschichte des Kriegs in der Lage der American Psychiatric Association, die auf dem Höhepunkt der Kontroverse über unterdrückte Erinnerung an sexuellen Missbrauch feststellte, es sei unmöglich, falsche und richtige Erinnerungen zu unterscheiden.[195] Für die Klagen vor US-Gerichten war dieses Eingeständnis ein Desaster. Die Kulturgeschichte kann dieses Eingeständnis hinnehmen, ohne ihre Glaubwürdigkeit erschüttert zu sehen. Denn sie stellt nicht die Frage nach persönlicher Verantwortung. Die Erkenntnisse über die große Plastizität von Erinnerung der *Recovered-Memory*-Bewegung in den USA sind von einem generellen Interesse für die Kulturgeschichte. Aber als Anleitung oder Wegweiser für die Konzeption von Erinnerung in den Kulturwissenschaften kann sie nicht herangezogen werden. Denn sie ist an den Unterschieden der Perspektiven interessiert und erwartet, Erkenntnis aus diesen Unterschieden zu gewinnen.

194 | Winter, Memory; sie spricht, allerdings mit einem Fragezeichen, von einer »New Era of Remembering«, S. 271f. Sollte es möglich sein, die Amygdala (wo die mit Erlebnissen assoziierten Gefühle behandelt werden) chemisch-pharmazeutisch zu manipulieren, könnte die grenzenlose Grausamkeit die Folge sein. Solche Spekulationen gab es bereits, berichtet Winter, im frühen 20. Jahrhundert. Ein neues Kapitel in der Geschichte des Kriegs wäre eröffnet.

195 | Winter, Memory, S. 34ff.

Erinnerungen und Täuschung

Die Kulturgeschichte sucht nicht nach der Wahrheit hinter dubiosen Erinnerungen, um sie an die Stelle von falscher Erinnerung zu setzen. Die für die Kulturgeschichte aufschlussreiche Erinnerung ist *notwendig*, durch Umstände bedingt, falsch, aber sie wirkt, als »falsches Bewusstsein« und unabhängig von ihrem Wahrheitsgehalt, als geschichtlicher Faktor. Die Faktizität dieser Wirkung ist der Gegenstand der Kulturgeschichte des Kriegs.

Die Augustbegeisterung von 1914 ist ein Beispiel. Sie hatte nicht den kollektiven Stellenwert, den ihr der Kriegsdiskurs viele Jahre lang zuschrieb.[196] Für die langanhaltende Erzählung über die Augustbegeisterung gab es gesellschaftliche Ursachen. Sie sind für die Kulturgeschichte aufschlussreicher als die Entlarvung der Erzählung als Ideologie. Denn der Glaube an das Augusterlebnis, der im Krieg begann und sich durch die folgenden Jahrzehnte fortsetzte, hat Geschichte gemacht. Ein weiteres Beispiel ist der Luftkrieg im Ersten Weltkrieg.[197] Strategisch marginal und am Ausgang des Kriegs nur

196 | Detaillierte Fallbeispiele zeigen, dass die Kriegsbegeisterung im August 1914 nicht so allgemein war wie ältere Darstellungen glauben machten. Jean Jacques Becker, 1914: Comment les Francais sont entrés dans la Guerre, Paris 1977; Wolfgang Kruse, Die Kriegsbegeisterung im Deutschen Reich. Entstehungszusammenhänge, Grenzen und ideologische Strukturen, in: Marcel van der Linden, Gottfried Mergner (Hg.), Kriegsbeginn und mentale Kriegsvorbereitung, Berlin (Duncker & Humblot) 1991, S. 73-87; Benjamin Ziemann, Front und Heimat. Ländliche Kriegserfahrungen im südlichen Bayern 1914-1923, Essen (Klartext) 1997, engl.: War Experiences in Rural Germany, 1914-1923, Oxford 2007; Marcel van der Linden, Gottfried Mergner, Kriegsbegeisterung? Zur Massenstimmung bei Kriegsbeginn, in: dies. (Hg.), Eine Welt voll Feinden. Der Große Krieg 1914-1918, Frankfurt a.M. (Fischer) 1997, S. 159-166. Vgl. auch Wolfgang Kruse, Krieg und nationale Integration. Eine Neuinterpretation des sozialdemokratischen Burgfriedensschlusses. 1914/1918, Essen (Klartext) 1999; Jeffrey Verhey, The Spirit of 1914. Militarism, Myth, and Mobilization in Germany, Cambridge (Cambridge University Press) 1996, dt.: Der ›Geist von 1914‹ und die Erfindung der Volksgemeinschaft, Hamburg (Hamburger Edition) 2000; Volker Ulrich, Kriegsalltag. Hamburg im Ersten Weltkrieg, Köln (Prometh) 1987. Eine kenntnisreiche und abgewogene Darstellung liefert der Aufsatz: Förster, Im Reich des Absurden. Es ist bezeichnend, dass Förster »absurd« ausschließlich auf die strategisch-politische Planung des Kriegs bezieht. Absurdität als Kriegserfahrung in den Gräbern oder den Lazaretten kommt nicht vor. Die neueste und faktenreiche Zusammenfassung ist Gerhard Hirschfeld, The Spirit of 1914, in: Lothar Kettenacker, Torsten Riotte (Hg.), The Legacies of Two World Wars. European Societies in the Twentieth Century, New York, Oxford (Berghahn) 2012, S. 29-40.

197 | Ein Beispiel ist Fernando Esposito, Mythische Moderne, Aviatik, Faschismus und die Sehnsucht nach Ordnung in Deutschland und Italien, München (Oldenbourg) 2011;

unwesentlich beteiligt, bildete er eine Erinnerung mit disproportionalem Gewicht. Die Gründe lassen sich aus subjektiven Zeugnissen erschließen, die von den Phantasien und Ängsten, der Lust am Fliegen und der Furcht vor einem Gaskrieg aus der Luft, sprechen. Der Widerspruch zum Kriegsbild der Historie ist eklatant. Verliert *falsche Erinnerung* durch solche Entlarvungen ihre Bedeutung? Nur sehr bedingt. Für die Kulturgeschichte ist bedeutend, was sich als Gedächtnisinhalte von Zeitgenossen, Veteranen und Beobachtern feststellen lässt. Sie haben ihre eigene *Wahrheit*, die ihre Relevanz nicht verliert, wenn ihre Unwahrheit enthüllt wird. Man kann an diesen Erinnerungen Kritik üben. Die erste Aufgabe der Kulturgeschichte ist aber, sie zu beschreiben, auf Motive zu befragen, sie in das Beziehungsnetz der Mentalitätsgeschichte zu stellen und ihre Folgen abzuschätzen. (Ich komme auf diese Frage am Beispiel der deutschen Kriegsgräuel von 1914 zu sprechen.)

Die Verstellungen des Konkreten und der Sachverhalte, die Fetischisierung der Dinge, die Leiblichkeit der erlebenden Menschen, Ansichten von Tod und Töten, die Perspektiven auf Nerven, den Raum oder die Zukunft als Phänomene der Kriegswelt stellen der Kulturgeschichte des Kriegs ihre Aufgaben. Sie sollen aus der Selbstverständlichkeit gehoben und in Felder der Bedeutung eingeführt werden. Unterschiedliche Erinnerungen von Offizieren, Schippern, Invaliden, Frauen usw. stellen für die Kulturgeschichte nicht die Frage nach Richtigkeit. Historischer Irrtum, Verzerren und Verdrängen gehören in den Prozess der Geschichte und stellen nicht nur die Aufgabe, korrigiert zu werden, sondern müssen als solche ernst genommen und ihr Einschluss in das Bild von Kriegen muss zum Gegenstand der Theoriebildung gemacht werden. Sie sind eigene Kräfte in der Ausbildung von erinnerter Wirklichkeit. Ihre Widersprüche können aus der Geschichte nicht eskamotiert werden, ohne dass deren Mannigfaltigkeit in Frage gestellt würde. Widersprüche und das Unerschließbare gehören zum Krieg und sollen im Bild vom Krieg nicht zu einem widerspruchsfreien Bild eingeebnet werden. Kulturgeschichte muss eine Theorie entwickeln, um aus dem Wechselspiel partieller Wahrheiten der je eigenen Erinnerungen ein Bild des Kriegs und des Kriegsdiskurses zu gewinnen, das Widersprüche entfaltet. Sie bilden die Herausforderung der perspektivischen Geschichte einer partiellen Objektivität.

er will durch die Untersuchung des Fliegerdiskurses eine Metaebene freilegen, auf der sich der Flieger und sein Flugzeug als polyvalente Zeichen erweisen, deren Bedeutung sich im Netzwerk der Bedeutungen verschob, etwa in Kafkas und D'Annunzios Berichten einer Flugschau (S. 159); Peter Fritzsche, A Nation of Fliers. German Aviation and Popular Imagination, Cambridge (Harvard University Press) 1992; Evelyn Zegenhagen, Schneidige deutsche Mädel. Fliegerinnen zwischen 1918 und 1945, Göttingen (Wallstein) 2007.

Um das Vergessen kommen wir nicht herum. Aber die Frage: ›Was wollen wir nicht vergessen, sondern im Kopf und in der Seele bewahren?‹, sollte nicht den Kräften des freien Medienmarktes überlassen werden. Denn diese Kräfte sind nicht frei und fordern, um Nietzsche zu wiederholen, Martern und Opfer. Das *truth serum* ist ein erschreckendes Beispiel aus der Gegenwart. Die Entscheidung sollte, in dem Maß, wie sie überhaupt zu beeinflussen ist, und das ist nicht sehr groß, nicht ohne den Beitrag der Kulturgeschichte des Kriegs gefällt werden.

Wie können wir Kriegserinnerung, die sich nicht auf das Behältermodell zurückzieht, denken? Es gibt kaum die Möglichkeit zu einer Realitätskontrolle, außer durch Fotos oder dem Gespräch mit anderen, die sich zur selben Zeit am selben Ort befanden. Aber Fotos sind unzuverlässig, und die Erinnerung anderer ist nicht weniger unzuverlässig als die eigene. So sind auch sie keine absolute Versicherung, dass wir wissen, was wir zu wissen glauben. Die prinzipielle Unsicherheit über das Wissen der Erinnerung macht sich bei der Extremsituation Krieg auf besondere Weise bemerkbar. Gegen negative Erinnerungen sträubt sich das Ich. Denn sie haben tiefe Auswirkungen auf die Identität. Sie erfordern ein tieferes Eindringen in die Mechanismen der Gedächtnisbildung. Die Theorie muss davon ausgehen, dass Erinnerungen im Gedächtnis sitzen, aber wir sitzen in ihnen und verändern uns und damit die Erinnerungen.

Als Beispiel für konstruktivistische Theorien von negativer Erinnerung will ich die Analyse von Avishai Margalit erwähnen. Er unterscheidet zwischen zwei Arten der negativen Erinnerung: aus Verletzung und aus Entwürdigung. An die Entwürdigung erinnern wir uns stärker und länger als an die Verletzung. Das habe seinen Grund in einem Unterschied des Erinnerns, denn wenn wir uns an eine psychische Verletzung erinnern, durchleben wir sie erneut. Das tun wir nicht bei der Erinnerung an eine physische Verletzung. Die Erinnerung an sie ist bewusst und sprachlich vermittelt. Er schließt sich W.H. Auden an, der meinte, Lyrik werde aus psychischer Verletzung geboren, die in der Lektüre durch eine Gefühlserregung erneut durchlebt werde. Bei dieser Verletzung handle es sich um eine spezifische des Individuums und möglicher Partner im geteilten Erleben.[198] Das Gedicht schwanke zwischen diesen beiden Arten des Erinnerns und erzeuge letztlich ein Drittes: Zwischen dem erneuten Durchleben und der kognitiven Erinnerung einer Verletzung entstehe ein neues Gefühl, das dem ursprünglichen Gefühl ähnele, aber nicht gleiche. Erinnerung entwickle eine geformte, neue Variation des Fühlens, ein Fühlen, verwandelt und begleitet von Gedanken.

Eine intensivere Art des Erinnerns als dies sublimierte Fühlen ist schwer vorstellbar. Die Frage ist offensichtlich: Ist uns diese Form der Beziehung zur

198 | Avishai Margalit, The Ethics of Memory, Cambridge (Harvard University Press) 2002: »Reliving and Recollecting in Poetry«, S. 120ff.

Erinnerung noch zugänglich? In der Epoche der Gefühlsbildung, in der Empfindsamkeit des 18. Jahrhunderts, war Krieg nicht der Gegenstand von Lyrik und des Lyrischen oder der Literatur. Eine Kulturgeschichte des Kriegs der Gegenwart findet dagegen zahlreiche literarische Werke zum Krieg, würde aber vergeblich nach dem Subjekt suchen, dessen Sensibilität für eine solche Erinnerung ausgebildet wäre. Die Gegenwart ist eine Zeit nach dem Training in Gefühllosigkeit. Wer seine Hoffnung im Umgang mit dem Krieg auf Empathie baut, kann bei der Vorstellung einer Erinnerung im Modus des Lyrischen nur resignieren. Es ist nicht nur die zerstückelte Sprache, die Avantgarden wie der Futurismus oder Surrealismus für den Krieg entwickelt haben, sondern ebenso unser durch das Zeitalter der Elektronik geschulter Kode, der das Einschwingen der Emotionen für die Erinnerung obsolet und Margalits Ethik des Erinnerns zu einem Wunschtraum macht.

Kriegsgedächtnis nach 1918

In Gedächtnistheorien der Kriegszeiten kämpft Amnesie mit Erinnerung und politisch gelenktes Vergessen mit Erinnerungszwang. Wenn sich kulturwissenschaftliche »Gedächtnistheorien im Zeichen der vielfältigen Brucherfahrungen der Moderne« entwickeln,[199] bildet der Erste Weltkrieg den tiefsten und intensivsten Bruch. Versionen der Vergangenheit standen sich in den Kriegserinnerungen kontrovers gegenüber und waren an einem gespaltenen Bewusstsein beteiligt, in dem nicht einmal die Todeserfahrung identisch war und die Gegner noch nach Kriegsende spaltete. Es ist daher folgerichtig, dass Theorien über das kulturelle Gedächtnis in der Zeit des Ersten Weltkriegs entwickelt wurden: Freud, Bergson, Halbwachs und Benjamin schrieben in einer Periode, als kulturelle Identität in die Phase ihrer Auflösung eintrat und ein Überlieferungszusammenhang, aus dem sich die Konstruktion Europas einmal ergeben hatte, zerfiel.

Ich will zwei Methoden, den Krieg zu erinnern, kurz vorstellen.

Versuche mit Hypnose nach 1916 haben gezeigt, argumentierten die Psychologen der Zeit, dass das ursprüngliche Erlebnis, der einmal gespürte Schmerz zwar dem Bewusstsein nicht zugänglich ist, aber doch *heraufgerufen* und noch immer als Schmerz empfunden werden kann. In der Hypnose durchlebe der Soldat noch einmal die Situationen, die er an der Front erlebt und unbewusst in sich aufgenommen habe, meint Ernst Simmel. Der Therapeut erfährt durch die Hypnose »von qualvollen Schmerzen, die im Zustand der Verschüttung niemals zur bewussten Apperzeption gelangten. Wir sehen in solchen Hypnosen seine Angst, seinen Schreck sich lösen, seine Wut sich

199 | Nicolas Pethes, Kulturwissenschaftliche Gedächtnistheorien, Hamburg (Junius) 2008, S. 18.

aufbäumen, die im Moment der Erregung erstarrt blitzartig ins Unbewusste hinabgerissen wurde.«[200] Vor dem Wiedererleben wird das Ich unter normalen Bedingungen geschützt, um lebensfähig zu sein. Es kann aber sein, »dass ein Patient, ohne sich darüber im Klaren zu sein, durch scheinbar abhanden gekommene Erinnerungen weiterhin beeinflusst wird. Dissoziative Barrieren sind keineswegs uneingeschränkt wirksam.«[201] Während im Gedächtnis des Patienten Elemente unverbunden und unbewältigt sprachlos nebeneinander liegen, werden sie unter Hypnose oder im Austausch mit Therapeuten *gehoben* und zu einem sprachlichen Zusammenhang zusammengesetzt. Diese Therapeuten stellten sich die Aufgabe, gemeinsam mit dem Patienten aus den Ereignissen, die das Gedächtnis gespeichert hat, ein Erlebnis herzustellen, das in eine sinnvolle Narration geführt werden kann.

Einer schmerzhaften Erinnerung aus der Wiederkehr des traumatisierenden Erlebnisses unter Hypnose entgegen läuft ein Gedanke Ernst Jüngers. Er liefert das Gegenmodell zur Psychoanalyse und unterscheidet sich ebenso von konstruktivistischen Modellen wie Margalit sie vertritt. Jüngers Texte aus den Jahren nach dem Krieg zeugen von Masochismus und Sadismus der Erinnerung, einer Marter. Sie machen ein Versprechen: die Wiederholung des Schreckens mit einem hohen Anteil an Konstruktion. Sie versprechen, den Leser mitzunehmen auf eine Reise, auf der er ein traumatisierendes Erlebnis erwarten könne. Der Leser wird, so Jünger, nicht in eine fremde Erinnerung eingeführt, nimmt nicht an der Reproduktion eines fremden Ereignisses teil, sondern wird in eine neue Welt eingeführt, als ob es eine Welt seiner Erinnerung wäre. In einem Essay über den Schmerz schreibt er: »Was die innere Form dieser Untersuchung betrifft, so beabsichtigen wir die Wirkung eines Geschosses mit Verzögerung und wir versprechen dem Leser, der uns aufmerksam folgt, dass er nicht geschont werden soll.«[202] Die Frage, ob wir in das Bewusstsein eines anderen eindringen können, so dass wir seine Erinnerung beeinflussen, wird hier positiv beantwortet. Für Jünger bedeutete das nach 1918 die Initiation einer mentalen Ordnung der Grausamkeit nach Art der Front. Damit ginge individuelle Erinnerung in ein gesellschaftliches Projekt der Erziehung zur Gefühllosigkeit, in der Krieg als Projekt reiner Kognition eingeübt wird, über. Jünger nahm im späteren Leben von diesem Projekt Abstand. Ob es in der Gegenwart als Krieg im Cyberspace oder der bewaffneten Drohnen zurückkehrt?

200 | Ernst Simmel, Zweites Koreferat, in: Zur Psychoanalyse der Kriegsneurosen, Leipzig, Wien (Internationaler Psychoanalytischer Verlag) 1919, S. 42-60, hier S. 48.

201 | Ellert R.S. Nijenhuis, Somatoforme Dissoziation. Phänomene, Messung, theoretische Aspekte, Paderborn (Junfermann) 2006, S. 32,

202 | Jünger, Über den Schmerz, auch in »Blätter und Steine« (zuerst 1934).

3.8 Dissoziation

Es ist erstaunlich, dass die Arbeiten über Dissoziation, die vor dem Ersten Weltkrieg begonnen hatten, in den Nachkriegsjahren abbrachen. In der Mitte des 20. Jahrhunderts war Dissoziation kein seriöser Gegenstand wissenschaftlicher Forschung mehr.[203] Die Psychoanalyse war dominant. Im Unterschied zur Dissoziationstheorie geht ihre Traumatheorie von einem regressiven Abwehrmechanismus einer Verdrängung in die Tiefe des Unbewussten aus. Mit Freud spricht die Psychoanalyse von einem inneren Mechanismus der *Angsthysterie*, die einen Schutz biete – in einer Formulierung Freuds: »Das Ich schützt sich durch Angstentwicklung vor dem, was es als übermächtige Gefahr wertet [...].«[204] Während sich in Freuds Theoriebildung der Schwerpunkt auf die frühkindlichen, also auf innerpsychische Traumata verlagert, beziehen sich die Beobachtungen, die Janet über den inneren Mechanismus der *Angsthysterie* an Hysterikern macht, immer auch auf externe Ereignisse. Janets Begriff der *vehementen Emotion* ist extern veranlasst. »Wo Janet andere Bewusstseinszustände als das Vorliegen mehrerer unterschiedlicher Bewusstseinsinhalte interpretiert, macht Freud die Unterscheidung in Bewusstsein und Unbewusstes.«[205] Für Janet ist Dissoziation zunächst eine psychische Reaktion, die zum Alltag aller Menschen gehört. Dissoziationsstörungen entstehen, sobald in einem Maß Schmerzhaftes oder Verstörendes erlebt wird, dass die Psyche nicht in der Lage ist, diese Erlebnisse zu ordnen und zum Assoziieren gleichsam freizugeben. Die gestörte Informationsverarbeitung während einer psychischen Traumatisierung ist als primäre Dissoziation bezeichnet

---

203 | Für einen knappen und zuverlässigen historischen Abriss von Pierre Janet und Morton Prince bis in die Gegenwart vgl. Lydia Hantke, Trauma und Dissoziation. Modelle der Verarbeitung traumatischer Erfahrungen, Berlin (Wissenschaftlicher Verlag) 1999; vgl. auch die frühe Studie: Morton Prince, The Dissociation of a Personality. A Biographical Study in Abnormal Psychology, New York (Longmans and Green) 1906 und (Oxford University Press) 1978.

204 | Sigmund Freud, Aus der Geschichte einer infantilen Neurose. (›Der Wolfsmann‹). Studienausgabe Band VIII, hg. von Alexander Mitscherlich, Frankfurt a.M. (S. Fischer) 1996, S. 125-234, S. 223.

205 | Hantke, Trauma und Dissoziation, S. 111. Freud sah dissoziative Störungen als das psychodynamische Ergebnis eines aktiven Verdrängungsprozesses und setzte sich damit von Breuer ab, der von einem Prozess ausging, der als eine sich selbst steuernde Behandlung der traumatischen Erlebnisse zu verstehen sei. Da kann kulturgeschichtliche Traumaforschung anknüpfen. Wenn Breuer und Freud in *Studien über Hysterie* (1895) von einem »Zwang zur Dissoziation« sprechen, meinen sie mit dem Wort *Zwang* unterschiedliche Vorgänge.

worden. Sie entsteht, wenn die mentale Fähigkeit zur Integration durch traumatische Erlebnisse überfordert oder gestört ist.

Dissoziation lässt sich auf einem Kontinuum anordnen, an dessen einem Ende die Dissoziation des *normalen* Alltags (etwa Tagträume) als adaptive oder schützende Reaktionen steht, und dessen anderes Ende schwere Pathologien mit den Folgen von Depersonalisierung aufweist. Die beiden Elemente: Technik zum Überleben und pathologische Störung blieben in der Dissoziationstheorie über allen Wandel hinweg erhalten. Die eine gewinnt Zeit und einen psychischen Raum, um die seelische Verletzung zu bearbeiten, die andere dagegen endet in der Dissoziation als nicht zu bewältigende Störung. Die eine hat das Potential der Katharsis, während die andere zu unangemessenen und destruktiven Reaktionen und Überreaktionen führt.

In den siebziger Jahren entstand ein weltweites Interesse an pathologischen Störungen durch traumatische Erlebnisse, in den USA nicht zuletzt durch Kriegsfolgen ausgelöst.[206] Inzwischen liegen zahlreiche Studien über Dissoziation als Psychotechnik von Traumaverarbeitung bei Opfern von Unfällen, Katastrophen und Kriegen vor. Empirische Beobachtung führt zu der Annahme, dass es nach dem Erleben von Extremsituationen das »gemeinsame klinische Bild« einer posttraumatischen Belastungsverarbeitung gebe, deren wichtigste Bestimmungsmerkmale durch Dissoziation gekennzeichnet seien.[207] Viele Theoretiker denken über Dissoziation nicht als Regression und Zwang, sondern fassen sie als einen Schutzmechanismus auf, eine psychische Technik des Überlebens nach seelischer Verwundung.[208] Dissoziation könnte ein phylogenetischer Mechanismus zur autoregulativen Bewältigung von Traumata sein. Sie kann man als einen »Selbstschutz-Mechanismus gegenüber einer sonst möglicherweise handlungslähmenden Traumawirkung verstehen«.[209] Psychotherapeuten, die klinische Studien über traumatische Erlebnisse ausgewertet haben, sprechen von Dissoziation als selbständiger Form von Verarbeitung, die mit Abspaltung arbeite. Schmerzhafte Erlebnisse werden nicht ins Unbewusste abgedrängt. Für den Einzelnen ist Dissoziation die (erzwungene) Konsequenz überwältigender Emotionen, eine Reaktion auf emotionale

206 | Ein kurzer Abriss der Geschichte der Dissoziationsforschung: Frank W. Putnam, Diagnose und Behandlung der dissoziativen Identitätsstörung. Ein Handbuch, Paderborn (Junfermann) 2003, S. 21-2, und 48-59.

207 | Fiedler, Dissoziative Störungen und Konversion, S. 44.

208 | Putnam, Diagnose und Behandlung der dissoziativen Identitätsstörung, S. 29-32; Imke Deistler, Angelika Vogler, Einführung in die Dissoziative Identitätsstörung – Multiple Persönlichkeit, Paderborn (Junfermann) 2005, S. 42-48.

209 | Fiedler, Dissoziative Störungen und Konversion, S. 342.

Überlastung, auf die Unmöglichkeit der Integration und Drohung einer Handlungsunfähigkeit.[210]

Vom Schutz zur Pathologie

Unter extremen Bedingungen kann der Selbstschutzmechanismus pathologische Folgen haben und in einen destruktiven Mechanismus der wahnhaften Wahrnehmung führen. Diese pathologische Form der Dissoziation ist die extreme Reaktion, in der mentale Aktivitäten wie das Denken und Erinnern, die Gefühle und Handlungsimpulse nicht miteinander verbunden werden, obwohl sie unter ungestörten Bedingungen als Zusammenhang gelebt werden.

Menschen, die lebensbedrohliche Situationen überlebt haben, zeigen Gefühle von Wirklichkeitsverlust und Zeitverlust, automatische, unkontrollierbare Körperbewegungen, Gefühllosigkeit und ähnliche Sensibilitätsstörungen, Depersonalisation, Apathie, dissoziative Amnesie.[211] Das allgemeine Kennzeichen der pathologischen Dissoziation besteht in teilweisem oder völligem Verlust der normalen Integration der Erinnerung, des Identitätsbewusstseins, der Wahrnehmung gegenwärtiger Empfindungen sowie der Kontrolle von Körperbewegungen. Fiedler betont das Pathologische und bezeichnet Dissoziation als einen Spaltungsprozess, der zu einer erstarrten Verbindung von Gefühlen und Denken führe, die eine Trennung der Gefühle von ihren eigentlichen Ursachen nach sich ziehe.

»Dissoziation ist das Modell der Verarbeitung von – angesichts überwältigender Gefühle und damit einhergehender Handlungsunfähigkeit – nichtintegrierbaren Erfahrungen [...]. Der erzwungene Charakter der Dissoziation schließlich bildet die Unausweichlichkeit, Hilflosigkeit und Gewalt der traumatischen Erfahrung ab.«[212] Die Erinnerung an das Alltägliche lockert sich, die Normen des Normalen werden fragwürdig, und das Ich kann die Integration von Gedächtnis, Bewusstsein und Wunschwelt nicht leisten.[213]

Amnesie ist das Hauptsymptom der pathologischen Dissoziationsstörungen. Sie unterscheidet sich von Vergesslichkeit und führt zur Unterbrechung

210 | Hantke, Trauma und Dissoziation, S. 108.

211 | Zu Fragen des »Extremtraumas« vgl. die anregende Arbeit: Susanne Lüderitz, Wenn die Seele im Grenzbereich von Vernichtung und Überleben zersplittert. Auswirkungen auf Behandlungskonzepte der dissoziativen Identitätsstörung, Paderborn (Junfermann) 2005.

212 | Hantke, Trauma und Dissoziation, S. 112.

213 | Michaela Huber, Trauma und die Folgen. Trauma und Traumabehandlung, Teil 1, Paderborn (Junfermann) 2009; dies., Multiple Persönlichkeiten. Überlebende extremer Gewalt. Ein Handbuch, Paderborn (Junfermann) 2010; jetzt: Dierk Spreen, Cruelty and Total War. Political-Philosophical Preconditions of the Dissociation Mentality, in: Trutz von Trotha, Jakob Rösel (Hg.), On Cruelty, Köln (Rüdiger Köppe) 2011, S. 231-252.

der integrativen Funktionen des Gedächtnisses. »Die Grundlagen der Erinnerung, die Aufbewahrung und Wiedergabe der Vorstellungen sind unversehrt, es ist aber eine Lücke in der tätigen Verknüpfung der seelischen Elemente da, eine Lücke, durch die mehr oder weniger vollständig die Einverleibung der Erinnerungen ins Ich-Bewusstsein unmöglich gemacht wird.«[214] Erlebnisse können nicht ins Gedächtnis integriert und mit anderen Erlebnissen nicht assoziiert werden. Die Flucht in eine temporäre Amnesie dämpft den Schmerz traumatischer Ereignisse. So kann der Verlust der Integration des Erlebens und Handelns, von Erinnerungen, der Ichidentität und der Verbindung mit der wahrgenommenen Umwelt zur Dissoziation im psychiatrischen oder psychotherapeutischen Sinne werden.

Traumatische Erinnerungen verfolgen die Traumatisierten insbesondere, wenn die psychischen Kräfte erschöpft sind. Die Opfer »fühlen sich gedrängt, immer wieder bestimmte ineffektive Aktionen und Reaktionen auszuführen, die weder ihre Reifung fördern noch ihre Fähigkeit verbessern, mit den Unwägbarkeiten des Lebens fertig zu werden«.[215]

Dissoziation und Kriegsdiskurs

Das Kriegstrauma lässt sich als archetypisches Trauma bezeichnen. Es ist eine Entwürdigung des Ichs und bezeichnet zugleich die Verletzung der Gesellschaft. Der Widerspruch zwischen internalisierten Werten und dem Handeln gemäß externer Erwartungen führt im Krieg zu Dissoziationen. Das Ziel zu töten, so viele Gegner wie möglich zu töten, steht »in der grellsten Weise« im Gegensatz zum Eigenbild des Animal rationale. Dieses Ziel galt nicht für alle Kriege. Vermutlich galt es in der längsten Zeit der Geschichte nicht. Die Moderne erklärte es zum Ziel und nahm vielfältige Formen von Dissoziation n Kauf.

Berichte über dissoziative Störungen lassen sich, meint Fiedler, als exemplarische Fallbeispiele für die Folgen von Kriegserlebnissen lesen: »Die Beziehung zwischen Traumata und dissoziativen Reaktionen lässt sich am besten durch kriegsbedingte amnetische Syndrome veranschaulichen.«[216]

Lässt sich die Feststellung über den Zusammenhang von Dissoziation und Krieg, die von Psychologen gemacht wird, umkehren? Verstehen wir die Innenseite des Kriegs, wenn wir seinen Diskurs aus der Perspektive der Dissoziationstheorie betrachten?

214 | Janet zitiert nach Fiedler, Dissoziative Störungen und Konversion, S. 30.

215 | van der Hart, Nijenhuis, Steele, Das verfolgte Selbst, S. 16.

216 | Fiedler, Dissoziative Störungen und Konversion; Putnam, Diagnose und Behandlung der dissoziativen Identitätsstörung, S. 27.

Unter den Bedingungen von Krieg und Nachkrieg entstehen traumatische Erinnerungen besonders häufig und heftig. Mit Hilfe von Dissoziationstheorien können wir beobachten, dass das Kriegserlebnis, das vom Ich nicht bewältigt wird, abgespalten wird. Das hat über einen gewissen Zeitraum hinweg zur Folge, dass sich das Ich spaltet. Das bewirkt, dass die eigene, die eigentliche Person sich absentiert und sich als unverbunden und abwesend empfindet und damit die zerreißende Erfahrung macht, die aus Paul Bäumers Worten nach dem Mord am Franzosen spricht.

Der Kriegsdiskurs führt physische und die psychische Verletzungen zusammen. Die Trennung von Gedächtnis und Eigenbild und die Abspaltung von Gefühlen und Körperwahrnehmung werden als Folgen von Erlebnissen an der Front beobachtet. Bei diesen Dissoziationen handelt es sich um Störungen, bei denen es zu einem teilweisen oder völligen Verlust von psychischen Funktionen wie des Erinnerungsvermögens, eigener Gefühle oder Empfindungen wie Schmerz, Angst, Ekel, Hunger, Durst, der Wahrnehmung der eigenen Person und/oder der Umgebung sowie der Kontrolle von Körperbewegungen kommt.

Viele flohen nach 1918 und 1945 vor den eigenen Erinnerungen und verbargen die Erfahrung vor sich selbst, indem sie sich von ihr trennten, etwa verweigerten, über sie zu sprechen. Sie versuchten zu leben, als ob nichts geschehen wäre und entwickelten keine Empfindung dafür, was sich verändert hatte. Wenn sich der Mensch erst einmal »in einem dissoziierten Geisteszustand befindet, kann eine weitere Desintegration der Elemente des persönlichen Erlebens stattfinden: eine Dissoziation zwischen beobachtendem und erlebendem Ich. Das Opfer distanziert sich so stark vom Geschehen, dass es nicht mehr erlebt, sondern Ereignisse ›aus einer ZuschauerInnenperspektive wahrnimmt‹.«[217] Bei der Betrachtung der deutschen Gesellschaft nach 1918 lässt sich von einer solchen Flucht, einer Flucht vor der Erinnerung, sprechen.

Es ist nötig, *Dissoziation* als eine historische Kategorie zu entwickeln. Wie können aus einer Theorie, die für die Diagnose und Therapie von Einzelnen entwickelt wird, Fragestellungen und Beschreibungsmuster gewonnen werden, die für geschichtlich-gesellschaftliche Entwicklungen aufschlussreich sind? Eine bloße Übertragung ist theoretisch nicht zu rechtfertigen. Dennoch hat die Traumaforschung sich längst des Kriegs bemächtigt oder auch anders: Kriegs- und Militärtheorie hat sich die Traumaforschung als Mittel der Therapie und der Kriegsführung der Zukunft angeeignet. Eine Wiedereingliederung der Kriegsteilnehmer in das Zivilleben ist, zum Beispiel, nicht mehr ohne ein Therapieprogramm auf der Grundlage der Traumaforschung zu erwarten. Auch in der verstehenden Kulturwissenschaft entsteht ein Krieg, der sich von den Kriegen der Vergangenheit unterscheidet, seitdem sie Anleihen

217 | Deistler, Vogler, Einführung in die dissoziative Identitätsstörung, S. 45.

bei wissenschaftlichen Traumatheorien macht. Wenn die Kulturgeschichte ihre Methoden für die Begriffe der Neurowissenschaften öffnet, Erinnerung dem naturwissenschaftlichen Blick aussetzt und Struktur und Begriff von Erlebnis unter Zuhilfenahme der Psychologie und Neurologie neu definiert, sollte *Dissoziation* zu einem zentralen Begriff werden. Um zu einem kulturgeschichtlichen Begriff zu werden, muss er mit Kategorien wie *Mentalität, Medien* und *Diskurs* verknüpft werden. Dann kann Dissoziationsforschung durch Kategorien und Fragestellungen für die Konstruktion von gesellschaftlicher Kriegsgeschichte fruchtbar werden.[218] In einer Kulturgeschichte des Kriegs kann die Theorie der Dissoziation, die auf die Annahme eines gesellschaftlichen Unbewussten verzichtet und traumatische Erfahrungen nicht auf die frühe Kindheit zurückführt, eine weitreichende Erklärungskraft entfalten.

Diese Konstruktion entwirft eine Geschichte als Gegenmodell zu Hegel. Die anti-hegelsche und anti-teleologische Konstruktion der gesellschaftlichen Dissoziation braucht Begriffe, um einen vorausgesetzten Irrsinn, von dem subjektive Quellen sprechen, als eine Geschichte der Gattung aufzudecken und zu beschreiben. Der Erste Weltkrieg bot den Anlass, den Begriff der Dissoziation in diesem Sinn auszuarbeiten.[219]

Wenn der Dissoziationsbegriff auf den *grellen* Widerspruch verweist, ist Vorsicht bei dem Versuch geboten, mit ihm Kriege vor dem 19. Jahrhundert zu untersuchen. Der Krieg der Helden, in der Antike oder im Mittelalter, lässt nicht an Trauma und Dissoziation denken. Aber auch der Krieg der Helden kommt nicht ohne seelische Verletzung aus: Hektor und sein Vater in Troja, die Frauen der griechischen Tragödien oder der Epen im Mittelalter (Herzeleide gibt dem Trauma bei Wolfram einen Namen). In dem Maß, wie wir auch diese Kriege mit seelischen Wunden verbinden, lassen sich ihre Zeugnisse mit der Theorie der dissoziativen Störungen lesen. Sie helfen, die frühen Kriege aus einer affirmativen Kulturanthropologie zu lösen und die europäischen Kriege vor dem 19. Jahrhundert auf eine Weise zu konstruieren, die der Perspektive von oben entgegenwirkt und Normalität, die von den Zeitzeugen empfunden

---

218 | Den Begriff der Dissoziationsmentalität habe ich 1987 auf einer Tagung in Sydney vorgestellt und 1990 in einem Essay formuliert, um die immanenten Widersprüche des zerrissenen Kriegsbildes des Ersten Weltkriegs zu benennen. Bernd Hüppauf, The Birth of fascist man from the spirit of the front, in: John Milfull (Hg.), The attractions of Fascism. Social Psychology and Aesthetics of the ›Triumph of the Right‹, New York u.a. (Berg) 1990, S. 45-76. Er hat wenig Resonanz gefunden. Ich mache einen zweiten Versuch.

219 | Nach Anfängen im späten 19. Jahrhundert – der Begriff Dissoziation wurde im Sinn der Psychiatrie zum ersten Mal 1845 von Jacques-Joseph Moreau verwendet und später von Pierre Janet, *L'Automatisme Psychologique* (1888) ausgearbeitet – verlor sich das Interesse im 20. Jahrhundert.

wurde, problematisch macht.[220] Dem Schicksal der Frauen in den Kriegen des klassischen Athens, der Bauern (und Künstler) in den Bauernkriegen des 16. Jahrhunderts oder im Dreißigjährigen Krieg kann sich die Mentalitätsgeschichte mit der Theorie und Semantik der Dissoziation nähern, ohne einem Anachronismus zum Opfer zu fallen.

Dissoziation und der Erste Weltkrieg

»Noch heute, noch jeden Tag ist es uns, als müssten wir einen schweren Traum von den Lidern streifen. Was wir erleben, ist außer allem Maß, steht unverbunden, beziehungslos in der Zeit. Unser Leben ist nun von seinen Wurzeln gerissen und findet noch keinen neuen Boden. Bedrängend nahe und doch unwirklich und gespensterhaft, aufpeitschend gewalttätig und doch ohne Leben von innen heraus umtost uns diese Wirklichkeit. Und wir sehen betäubt wie in ein Geschehen, das nicht zur Erde gehört.«[221]

Wer ist das ›wir‹ in Gertrud Bäumers Text? Umfasst es sie selbst und ihre Freunde oder spricht es von Gesellschaft? Was Bäumer spezifisch für die Lage der Frau am Ende des Ersten Weltkriegs bemerkt, fasst die Situation der deutschen Gesellschaft in repräsentative Worte. Das überwältigende Erlebnis, dem das Ich nicht standhalten kann, gegen das es nicht kämpfen und vor dem es nicht fliehen kann und das alle Abwehr- und Integrationsmöglichkeiten der individuellen wie der kollektiven Psyche übersteigt, wird zum Trauma.

Dissoziationspsychologen sprechen vom Trauma als existenzieller Bedrohung, die keine Intention kennt und in der »Dissoziation eine merkliche Veränderung der Gedanken, Gefühle oder Handlungen eines Menschen auslöst, so dass Information nicht auf eine Weise mit anderen Informationen verbunden wird, wie es normaler Weise oder nach der Logik geschehen würde«.[222]

Mit dem Beginn der Dissoziation endet die Geschichte des Kriegserlebnisses nach etwa 200 Jahren. Der Erlebnisbegriff muss unter Einschluss der Dissoziationserfahrung neu definiert oder aufgegeben werden. Eine Neudefinition muss sowohl die üblichen Formen des Dissoziierens, die jedes Gewalterlebnis zeitweilig erfordert, als auch die schweren Störungen an der Grenze zum Ichzerfall, wenn die gelebte Frage des ›Wer bin ich?‹ nach Erlebnissen der

220 | Schmitthenner, Krieg und Kriegführung im Wandel der Weltgeschichte. Trotz der grundlegenden Unterschiede weist auch John Keegans Kulturgeschichte in diese Richtung.

221 | Gertrud Bäumer, Zwischen den Zeiten, in: Die Frau, 26 Heft 3, Dezember 1918, S. 69-72, hier S. 69.

222 | Louis Jolyon West, Dissociative Reaction, in: Alfred M. Freeman, H.I. Kaplan, B.J. Sadock (Hg.), Comprehensive Textbook of Psychiatry, Baltimore (Williams und Wilkins) 1975, S. 885-889, S. 890.

Front, der Lazarette, der Erschießungen von Zivilisten, der Verstümmelungen und des kriegsbedingten Elends sich auflöst, einbeziehen. Die Soldaten kamen 1918 nicht nur verstummt aus dem Krieg zurück, wie Benjamin beobachtete, sondern innerlich beschädigt, zerrissen und mit gestörten Beziehungen zu sich und der Welt, die sie nicht mehr als ihre Welt erkannten.

Die Erlebnistheorien von Hermeneutik und Phänomenologie werden der Dissoziation des Ersten Weltkriegs nicht gerecht. Kriegserfahrung lässt sich nach den Forschungen über Dissoziation nicht mehr angemessen als Sinnbildung, als Integration von Erlebnissen ins Ich unter der Annahme einer ordnenden Struktur definieren. Das gestörte Ich ist den dissoziierten Erinnerungsinhalten ausgeliefert. Mit der Beobachtung dieses Zerfalls emotionaler und intelligibler Zusammenhänge kann der Historiker sich nicht beruhigen.

Die Kriege der Gegenwart stellen die Frage nach Sinn und Dissoziation nicht. Es gibt sie für die Kriege der religiösen Fundamentalisten nicht, da sie immer schon beantwortet ist. Im Cyberwar verschwinden diese Fragen in den Computerprogrammen. Aber noch kämpfen Soldaten in Kriegen, nehmen Bevölkerungen emotional Anteil, leiden Frauen, Kinder und Männer unter der Gewalt und Grausamkeit von Kriegen. Der Zerfall hinterlässt keine Leerstelle. Die Kulturgeschichte des Kriegs muss über den Begriff des Kriegserlebnisses hinausgehen, die Störung der psychischen Assoziations- und Integrationsleistung einschließen und neue Kategorien für das Verhältnis zum Krieg entwerfen. Die Krise der Sinnfrage öffnet die Kulturgeschichte vielmehr für einen anderen Theoriekomplex, der an die Stelle der Sinnproduktion tritt: Dissoziation und Traumabewältigung.

III. Methode

1. Öffnung

Kriegsgeschichte löst unterschiedliche emotionale Reaktionen aus, selten frei von Affekten, und mag ihre Leser befremden, erschüttern, aufrütteln, schockieren oder auch bestätigen. Von ihr einen Beitrag zur moralischen Verbesserung der Welt zu erwarten, überfordert ihre methodischen Möglichkeiten. Der Friedensgedanke gehört in die Ethik und in die Alltagsphilosophie, aber er kann nicht den methodischen Grundgedanken der Kriegsforschung bilden. Ihn in die Konstruktion einer Kulturgeschichte des Kriegs einzubauen, würde deren Basis zerstören und ihre Glaubwürdigkeit aufs Spiel setzen. Die Forderung, Methoden zur Beförderung des Friedens auszuarbeiten, degradiert sie zur Politik. Kriegsgeschichte kann engagiert sein, aber eine Kriegsgeschichte, die Partei ergreift, bleibt wirkungslos. Propaganda für den Frieden ist nicht weniger Propaganda als Propaganda für den Krieg und produziert denselben Überdruss. Das gilt uneingeschränkt für die Kulturgeschichte des Kriegs.

Sie zeigt. Wie sie zeigt und was sie zeigt, ist von ihrer Methode abhängig. In diesem Kapitel entwickle ich die Konzeption einer Kulturgeschichte des Kriegs aus der Methodenfrage. Den systematischen Ausgangspunkt bildet der Versuch, Hermeneutik und Diskursanalyse zusammenzuführen, um einen Boden für den Zugang zum Kriegserlebnis und dessen Subjekt zu gewinnen. Zuvor soll jedoch das Prinzip der Emergenz als Alternative zum reduktionistischen Wissenschaftsmodell der Militärgeschichte eingeführt und als methodisches Grundprinzip einer Geschichte des Kriegs als System entfaltet werden. Anschließend führe ich *Erinnern* und *Vergessen* sowie *Dissoziation* ein, um anhand dieser, für die Kulturgeschichte zentralen Problemfelder die Methodenfrage in die praktische Arbeit zu verfolgen. Bilder und generell die Medien bilden eine notwendige Stufe auf diesem Weg in die Praxis der Kulturgeschichte des Kriegs. Dieses Problem stelle ich in einem Abschnitt sehr knapp dar.

Anfügen will ich, dass eine andere Kulturgeschichte des Kriegs denkbar ist. Sie würde andere Zugänge erfordern und einen anderen Krieg untersuchen. Alternative methodische Entwürfe diskutiere ich nicht.

Ein Unbehagen

Lange Jahre hat sich die Militärgeschichte in Deutschland in einem wissenschaftlichen und gesellschaftlichen Ghetto befunden. Eine Reihe von Vorschlägen ist entwickelt worden, wie das verlassen werden könne. Im Zentrum steht die Forderung nach einer Methode, die den Zusammenhang von ziviler Gesellschaft und Krieg erfasst.

Michael Geyer und andere entwickeln die programmatische Forderung, das Studium des Kriegs als eine Geschichte des Kampfs zu definieren, denn alle Spuren, die der Krieg hinterlasse, führten zum »Kampf, dem Akt der physischen und moralischen Verausgabung und Tötung«.[1] Er weist auf eine erstaunliche Leerstelle hin: In der Militärgeschichte komme der Tod nicht vor, und er schlägt vor, den »Akt der Gewalt« und den Begriff »Kampf« ins Zentrum zu rücken, um eine Militärgeschichte als *historische Soziologie* von Gewaltverhältnissen zu begründen. Den Zusammenhang von Krieg und Gesellschaft fasst er in dem lapidaren Satz zusammen: »Kriegsgeschichte ist Geschichte organisierter Tötungsgewalt.«[2] Andere Historiker haben sich angeschlossen und die Forderung gestellt, eine »Sozialgeschichte des Schlachtfeldes« (Bernd Wegner) oder eine Militärgeschichte als »Soziologie organisierter Gewaltverhältnisse« zu entwickeln.[3]

Nach den Möglichkeiten einer *Erweiterung* fragen Kühne und Ziemann unter der programmatischen Formel *Militärgeschichte in der Erweiterung*.[4] Weite Felder, die mit dem Krieg bis dahin nicht verbunden waren, können über das Wort *Erweiterung* einbezogen werden. Die Erweiterung um kultur-

---

1 | Geyer, Eine Kriegsgeschichte, die vom Tod spricht, S. 158.

2 | Geyer, Eine Kriegsgeschichte, die vom Tod spricht, S. 136. Das »ist« des Satzes darf nicht als Beschreibung der Historiografie der Kriege verstanden werden, sondern meint die sich ereignende Geschichte, während die Historiografie diesen Zusammenhang verschweige.

3 | Jürgen Rohwer, Hildegard Müller (Hg.), Neue Forschungen zum Zweiten Weltkrieg: Literaturberichte und Bibliographien, Koblenz (Bernhard & Graefe) 1990, darin: Bernd Wegner, Kriegsgeschichte – Politikgeschichte – Gesellschaftsgeschichte. Der Zweite Weltkrieg in der westdeutschen Historiographie der siebziger und achtziger Jahre, S. 102-129, hier S. 111.

4 | Thomas Kühne, Benjamin Ziemann, Militärgeschichte in der Erweiterung. Konjunkturen, Interpretationen, Konzepte, in: dies. (Hg.), Was ist Militärgeschichte?, Paderborn (Schöningh) 2000, S. 9-46; Für einen Vergleich der Entwicklungen in Deutschland, Österreich und Italien, mit besonderer Berücksichtigung regionaler Unterschiede, vgl.: Oswald Überegger, Zwischen Nation und Region. Weltkriegsforschung im interregionalen Vergleich. Ergebnisse und Perspektive, Innsbruck (Universitätsverlag Wagner) 2004.

geschichtliche Fragen war eingeschlossen (Anne Lipp). Das Ziel einer veränderten Militärgeschichte bestimmt Gerd Krumeich aus einer Negation: Eine »zivilistische Operationsgeschichte« sei gefordert, und die könne insoweit einen wissenschaftlichen Anspruch erheben, als sie sich von der »applikatorischen« Theorie distanziere.[5] Er macht die sehr angebrachte Feststellung, sie dürfe sich nicht von Ideologiekritik (»Hinterfragung«) leiten lassen. Aber er bemerkt kein Problem der Methodologie, sondern spricht unbestimmt von einer anderen Gefahr: der »Vernebelung der historischen Kritik durch politisches Engagement«. Die methodische Veränderung werde um Politik, gemeint ist vermutlich die politische Position des Historikers, erweitert und die sei eine Gefahr für die Geschichtsschreibung. Ich werde das in dieser Formulierung verborgene Problem ausführlicher behandeln: Spricht die Kulturgeschichte des Kriegs politische Wertungen aus und wären ihre Wertmaßstäbe methodisch zu rechtfertigen?

Erweiterung, aber keine konzeptionelle Veränderung

Eine Erweiterung ihrer Themenfelder hat die Militärgeschichte zeitgerechter und interessanter gemacht, aber nicht in eine Kulturgeschichte des Kriegs geführt. Die *erweiterte Militärgeschichte* unterstellt ihre Eigendefinition und Methodologie weiterhin einem reduktionistischen Paradigma.[6] Das vage Verständnis der Kulturtheorie führte dazu, die Kulturgeschichte soziologisch zu definieren. Was vielen Historikern vorschwebt, ist keine Kulturgeschichte, sondern eine Soziologisierung des Themas Krieg. Sie versprach den Anschluss an Projekte der Sozialgeschichte, die irgendwie mit Kultur verbunden werden

5 | Gerd Krumeich, Sine ira et studio? Ansichten einer wissenschaftlichen Militärgeschichte, in: Thomas Kühne, Benjamin Ziemann (Hg.), Was ist Militärgeschichte?, Paderborn (Schöningh) 2000, S. 91-104, hier S. 101f.

6 | Aufschlussreich ist die verdienstvolle Edition Gerhard Hirschfeld, Gerd Krumeich, Irina Renz (Hg.), Enzyklopädie Erster Weltkrieg, Paderborn (Schöningh) 2004. Vgl. auch Gerhard Hirschfeld, Wozu eine ›Kulturgeschichte‹ des Ersten Weltkriegs?, in: Arnd Bauerkämper, Elise Julien (Hg.), Durchhalten! Krieg und Gesellschaft im Vergleich 1914-1918, Göttingen (Vandenhoeck & Ruprecht) 2010, S. 31-53. Blickt man auf die Anfänge der Geschichtsschreibung zurück, so ist Thukydides' Geschichte des Peloponnesischen Kriegs die methodisch durchdachtere Studie eines sich prinzipiell nicht verändernden Verhaltens, auf die sich die methodische und quellenkritische moderne Historiografie beziehen kann, während Herodots Geschichte der Perserkriege weniger Wert auf Fakten legt, dafür aber ethnografische Details, Beobachtungen zum Alltagsleben einbezieht und damit ein anderes Bild von Geschichte entwickelt, das keine didaktischen Ansprüche erhebt. Für die Kulturgeschichte kann Herodots Geschichtskonzeption einen Ausgangspunkt liefern.

können, wie Alltagsgeschichte oder Gendergeschichte und eine um lebensnahe Konzeptionen erweiterte Militärgeschichte.[7]

Die Öffnung der Militärgeschichte gegenüber traditionell vernachlässigten Fragen, etwa aus dem Wunsch, der Offiziersperspektive eine andere Sicht an die Seite zu stellen und die »Eindrücke, Reize und Wahrnehmungen, denen die Soldaten des Weltkriegs ausgesetzt waren«,[8] auch noch zu berücksichtigen, zielte nicht auf ein anderes, sondern auf ein erweitertes Bild vom Krieg. Die Sozialgeschichte vom Krieg macht häufig den Kategorienfehler, die Ordnungsbegriffe der diskursiven Ebene mit der Objektebene zu vermischen und den Diskurs mit dem geschichtlichen Referenten zu verwechseln. Diese Gefahr ist benannt worden,[9] setzt sich aber in Folge der ausbleibenden allgemeinen Methodenreflexion weiter fort.

Einige Arbeiten entstanden aus Forschungsprojekten in historischen Instituten über die Soziologie des Kriegs, die das Wort *Kultur* als Signal aussendeten. So stellt Ute Frevert die Frage nach den »komplexen Beziehungen zwischen Armee und ziviler Gesellschaft [...]. Welche ›Kulturbedeutung‹, um mit Max Weber zu sprechen, kam dem Militär und der Militärerfahrung [...] zu?«[10] Was meint *Kulturbedeutung*? In die militärpolitischen Planungen gingen Fragen ein zum Beispiel wie »die alte Lust an den rauheren, härteren Gewohnheiten und Entbehrungen des Soldatenlebens« wiederbelebt werden könne.[11] Sollte es diese *alte Lust* gegeben haben, wäre sie ein wichtiges Thema einer Kulturgeschichte des Kriegs. Das psychische und anthropologische Problemfeld, das durch die Verbindung von *Lust* und *raue soldatische Gewohnheiten* für das individuelle und das kollektive Selbst angesprochen wird, fordert einen mentalitätsgeschichtlichen oder ethnografischen Horizont. Das gilt ebenso für andere Arbeiten, die Kulturgeschichte in die Militärgeschichte einzuführen suchen. Spezialfragen, etwa nach den Nerven oder der Medizin im Krieg, werden behandelt. Aber sie eröffnen keinen Weg zu einer Kulturgeschichte des Kriegs. Sozialgeschichte bietet dafür keine geeignete Sprache an. Die Begriffe

7 | Vgl. u.a. Gerd Krumeich, Militärgeschichte für eine zivile Gesellschaft, in: Christoph Cornelißen (Hg.), Geschichtswissenschaften. Eine Einführung, Frankfurt a.M. (Fischer) 2000, S. 178-193.

8 | Manfred Hettling, Kriegserlebnis, in: Gerhard Hirschfeld, Gerd Krumeich, Irina Renz (Hg.), Enzyklopädie Erster Weltkrieg, Paderborn (Schöningh) 2004, S. 638.

9 | Reinhard Siedler, Sozialgeschichte auf dem Weg zu einer historischen Kulturwissenschaft?, in: Geschichte und Gesellschaft 20, 1994, S. 445-468; Siedler versteht Kulturwissenschaft im Rahmen der Sozialwissenschaften als eine »Erweiterung«.

10 | Ute Frevert, Die kasernierte Nation. Militärdienst und Zivilgesellschaft in Deutschland, München (C.H. Beck) 2001, S. 194.

11 | Frevert, Die kasernierte Nation, S. 199.

ebenso wie »Weltbilder« und »persönliche Identitäten« werden unter Fragen der Politik und Sozialstruktur verschüttet.

Kritik am Programm einer Erweiterung von Militärgeschichte meldete sich bald.[12] Da sie das zentrale Methodenproblem der Kulturgeschichte anspricht, will ich sie kurz erwähnen. Der Einwand wurde erhoben, durch die Perspektivverschiebung werde der Krieg zum Verschwinden gebracht und zu einer Art Deckwort für die Erforschung gesellschaftlicher Probleme. Militärgeschichte verliert, aus dieser Perspektive betrachtet, ihr Objekt und wird in Themen einzelner sozialhistorischer Disziplinen und Methoden aufgesplittert. Sie mache sich, lautete der Vorwurf, von einer Disziplin abhängig, die sie zu Hilfe gerufen habe, um dann in ihren Methoden unterzugehen. In der Tat sind Fragen der Militärgeschichte und der Politik, versteht man sie als das Planen und Handeln der Regierungen und der militärisch-ökonomischen Institutionen, für die Geschichte des Kriegs in ihrer Erweiterung um soziale Fragen von schwindender Bedeutung.

Diese Kritik geht davon aus, dass wir wissen, was Krieg ist. Das ist eine unbegründete Annahme. Das Kriegsbild, das dieser Kritik zugrunde liegt, ist selbst das Produkt einer Methode und meist einer Methode, deren Reduktionismus dem komplexen Phänomen Krieg nicht gerecht wird.

Kulturgeschichte und Empirie

Die Frage nach dem Verhältnis von Kulturgeschichte und empirischer Geschichtsschreibung ist als Methodenfrage gestellt worden. In einem kurzen und pointierten Essay versucht Jürgen Kocka eine Antwort, die viel Zustimmung unter Historikern findet.[13] Er stellt eine kulturalistische Wende in der Geschichtsschreibung fest, äußert die Vermutung einer Mode (Trend) im Fach und stellt die Forderung, an der soliden empirischen Grundlage, wie die Sozialgeschichte sie entwickelt habe, festzuhalten. An ihr müsse *wieder angeknüpft* werden, damit eine »Distanzierung von den antianalytischen, voluntaristischen und fragmentierenden Stoßrichtungen des ›cultural turn‹ der zurückliegenden Zeit« erfolge. Seine Forderung nach »gehaltvollen empirischen Forschungen«, die er durch exemplarische Beispiele untermauert, macht die grundsätzliche Distanz zur kulturalistischen Wende deutlich: »Man kann auch befürchten, dass der ›spatial turn‹« und die »einseitige Betonung der

12 | Anregend ist Stig Förster, »Vom Kriege«. Überlegungen zu einer modernen Militärgeschichte, in: Thomas Kühne, Benjamin Ziemann (Hg.), Was ist Militärgeschichte?, Paderborn (Schöningh) 2000, S. 265-281.

13 | Jürgen Kocka, Bewegung in der Geschichtswissenschaft, in: Merkur 707, Februar 2008, S. 142-147.

Synchronizität historischer Gegenstände [...] zu problematischer Verkürzung und letztlich Enthistorisierung führt«.[14]

Kocka hält an einem Modell von Geschichte fest, dessen Ziel die »kausale Erklärung« in der Diachronie bildet. Einer Wende der Geschichte des Kriegs zur Kulturgeschichte bestreitet dieses Verständnis der historischen Methode die Berechtigung. Im Modell einer reduktionistischen Geschichte, die Kocka mit Empirie identifiziert, sind Fragen der Kulturgeschichte wie Authentizität, Identität, die Auflösung von Kausalität und dichte Beschreibung nichts als Abwege oder eine modische Volte. Die Empirie soll uns offenbar sagen, welchen Gegenstand wir behandeln, also auch, was Krieg ist. Das aber kann sie nicht. Ohne gesagt zu bekommen, wonach sie suchen soll, ist empirische Forschung orientierungslos und der Gefahr ausgesetzt, die Kocka vermeiden möchte: Trends nachzulaufen, einem Faktenfetischismus zu erliegen und die »factish gods« (Latour) anzubeten.

Vor einigen Jahren machten Namensänderungen das Problem deutlich. Das Wort Krieg ist seit dem 20. Jahrhundert in Europa so negativ besetzt wie nie zuvor in der Geschichte. So sollte dieses belastete Wort vermieden werden. Es wurde aus der Bezeichnung von Ministerien und politischen Institutionen entfernt. Ein Ministerium für Verteidigung entstand, ohne dass sich die Politik des Ministeriums geändert hätte, und die zentrale Forschungseinrichtung der Bundesrepublik bekam den Namen »Militärgeschichtliches Forschungsamt«.

Geht es dabei um bloße Terminologie? Liegt der Grund im Krieg selbst oder im Diskurs, der Urteile über den Krieg ausspricht? Es hat einen tieferen Grund, wenn ein über ein Jahrtausend hinweg gebräuchliches Wort plötzlich vermieden wird. Kriegsgeschichte durch Militärgeschichte zu ersetzen, macht keinen bloß terminologischen Wechsel, sondern gibt ein Signal. Wird damit eine Verschiebung von Inhalten und Methoden signalisiert?[15] Die Verschiebung, die in den Namensänderungen zum Ausdruck kommt, entsprach eher einer gefühlten Einstellung zum Krieg. Der Name Militärgeschichte drückt eine Distanz aus. Sie handelt noch immer vom Krieg. Ein veränderter Begriff vom Krieg oder eine methodische Wende zu einer Kulturgeschichte ist damit nicht gemeint.

---

14 | Kocka, Bewegung, S.145.

15 | Die Diskussion ist ausführlich geführt und zu Gunsten des Begriffs der Militärgeschichte beantwortet worden. Mein Vorschlag weicht davon ab. – Fragen nach den militärischen Ereignissen und Abläufen im Krieg sind seit dem Ende des Zweiten Weltkriegs in Deutschland der Kriegsgeschichtsschreibung einer veralteten Tradition zugeschrieben und marginalisiert worden. Dass sie neu begründet werden und aus einer kritischen Perspektive blicken muss, ist allgemeiner Konsensus. Eine Reaktion führt Bernd Wegner mit der Forderung nach einer »neuen Operationsgeschichte« vor: Wozu Operationsgeschichte?, in: Thomas Kühne, Benjamin Ziemann (Hg.), Was ist Militärgeschichte?, Paderborn (Schöningh) 2000, S. 105-113.

Die Militärgeschichte ist nicht der Ort, an dem das wissenschaftliche Paradigma kritisiert oder aus den Angeln gehoben werden kann. Solange das dominante Wissenschaftsverständnis in den Geschichts- und Sozialwissenschaften dem Reduktionismus verpflichtet bleibt, kann Militärgeschichte nicht anders, als ihm zu folgen. An der Militärgeschichte ist nicht zu kritisieren, dass sie Daten und beobachtete Eigenschaften in ein Kausalmodell stellt, um sie im wissenschaftlichen Paradigma des Reduktionismus zu erklären. Aber sie muss die Erwartung aufgeben, dass Krieg in diesem methodischen Rahmen verstanden werden kann. Krieg bildet ein Forschungsfeld, auf dem die eingeschränkte Erklärungskraft dieses Paradigmas sichtbar wird. Krieg ist mehr, als die reduktionistische Geschichte zu zeigen in der Lage ist. Die Vermittlung von Krieg und Subjekt ist mit ihren Methoden nicht zu fassen. Die Konsequenz für die Methodologie kann nur außerhalb der Geschichtsschreibung gezogen werden. Wenn ein anderes Wissen über den Krieg als das der Militärgeschichte und -theorie gesucht wird, müssen entsprechende Fragestellungen und Methoden entwickelt werden. Wie sähen die aus?

Ein neues Paradigma

Eine elementare Dimension fehlt der neuen Kulturgeschichte des Kriegs: Sie versäumt, den Begriff der Kultur zu klären und die Frage nach einer Methode spezifisch kulturgeschichtlicher Forschung zu stellen. Solange Definitionen und Methoden der Sozialgeschichte übernommen werden, bleibt das Problem erhalten. Die Verschiebung des Erkenntnisinteresses, fort von den traditionellen Fragen der Militärgeschichte, und hin zu Fragen nach Krieg und Lebenswelt ist nicht ein Problem der Intention, sondern der Methodenreflexion. Fragen nach Identität und Gefühlen, Erinnerung und Gedächtnis, Engagement und Désinvolture (Jünger) oder Trauma, Angst und Dissoziation sind für eine Kulturgeschichte des Kriegs fundamental. Sie bleiben aber trotz gegenteiliger Absichtserklärungen in der Soziologisierung der Militärgeschichte marginal.

In extravaganter Sprache haben Poststrukturalisten neue Methoden für die Analyse vom Krieg in der Zeit beschrieben, als die neue Kulturgeschichte des Kriegs entstand. Gilles Deleuze und Félix Guattari sprechen von einem Rhizom, einem *Wurzelgeflecht*, das sie so beschreiben: »In zentrierten oder polyzentrischen Systemen herrschen hierarchische Kommunikation und von vornherein festgelegte Verbindungen; dagegen ist das Rhizom ein nicht zentriertes, nicht hierarchisches und nicht signifikantes System ohne General und Zentralautomat; es ist einzig und allein durch die Zirkulation der Zustände definiert.«[16]

---

16 | Gilles Deleuze, Félix Guattari. Anti-Ödipus. Kapitalismus und Schizophrenie I, Frankfurt a.M. (Suhrkamp) 1998.

Hatte bisher der Baum mit Wurzeln, Verästelungen und Krone als Bild von Entwicklung gegolten, tritt nun ein Gewirr an seine Stelle. Es macht der Kulturgeschichte des Kriegs möglich, sich von der *klassischen* Definition des Kriegs zu lösen. Entmachtet werden im Rhizom die zentrierte Planung, der Logos und der General samt der hierarchischen Ordnung. Das Gewirr schafft Unübersichtlichkeit und Raum. Diesen Krieg können *gehaltvolle empirische Forschungen* nicht wahrnehmen. Wir bemerken ihn erst, wenn wir Methoden entwickeln, die ihn erkennbar machen. In diesem Geflecht lässt sich Unerwartetes entdecken: Ein Krieg, der keinen General braucht und als ein selbstgesteuertes System beschrieben werden kann. Emotionalität, ein Gefühl der Ohnmacht gegenüber den unbeherrschten Kräften des Kriegs, Dissoziation und ein Netz von unklaren Beziehungen und Abhängigkeiten können bemerkt werden.

Wenn sich der Blick vom Krieg der Militärgeschichte abwendet, geht damit nicht der Krieg verloren, sondern ein anderer Krieg taucht auf. Die Kulturgeschichte des Kriegs löst den Krieg aus militärischen und politisch-historischen Kausalitätsketten, aber entwickelt keine Ontik des Kriegs. Sie versteht den Krieg als eine besondere Situation der Vergesellschaftung, die ihren Diskurs produziert. In einer an der Ethnologie, Anthropologie und Psychologie ausgerichteten interdisziplinären Methodik entsteht ein anderer Krieg als der der politischen und soziologischen Geschichtsschreibung, da das Bild vom Kampf den Kampf stets begleitet und wie der Schatten eines Körpers etwas anderes ist, aber doch nicht unabhängig werden kann.

An der Stelle der erfahrungslosen Militär- und Politikgeschichte des Kriegs erobert sich die Einbildungskraft einen Raum in der Wissenschaft und beansprucht auch einen Ort in der kulturellen Erinnerung. Perspektivik ersetzt das Kriegsbild der Objektivität. Krieg ist mehr und anderes, als die Perspektive und Erinnerung Einzelner oder von Gruppen hergeben, und die Kulturgeschichte schafft den Raum für dieses *Mehr.* Ihre Konstruktion ist für Kriegsführung ohne Bedeutung. Das Europa ohne Krieg ist eine ideale Voraussetzung für das Patchwork der neuen Kulturgeschichte des Kriegs, das Anwendbarkeit von vornherein ausschließt.

Theorie und Praxis der Kulturgeschichte erfordern Methoden, die eine Abwendung von der Empirie als Beobachtung von etwas in der ausgedehnten Welt, die als getrennt von der vorgestellten Welt oder als ihr Gegensatz gedacht wird, ermöglicht. Noch einmal Moritz von Sachsen mit einem Kommentar, der den Ursprung der analytischen Militärgeschichte illustriert: »Man könnte unendliche Vortheile im Kriege, sowohl bey dem Marsch, als auch in den Lagern und in den Feldschlachten, von beweglichen spanischen Reutern und Erdsäcken ziehen.«[17] Er ist Feldherr, kennt den Krieg aus eigener Anschauung und weiß, wovon er spricht, wenn er über Bewegung in militärischen Räu-

17 | Moritz von Sachsen, Nouvelles Rêveries, S. 318.

men, Disziplin, Marschieren und über Sandsäcke und andere Dinge des Kriegs schreibt. Die Kulturgeschichte vom Krieg benutzt dieselben Wörter, aber sie spricht von etwas anderem. Wenn Kulturgeschichte von Dingen und Räumen und Bewegung handelt, benutzt sie keine Wörter für Empirie, sondern Begriffe mit einer Bedeutung, in der der beobachtete Krieg mit dem Krieg im Kopf verschmilzt.

Dem Wissenschaftsideal der Militärgeschichte stellt die Kulturgeschichte Methoden der Perspektivik gegenüber. In der Bedeutung der Perspektivik könnte ein Kritiker die Wiederkehr einer für überwunden gehaltenen Subjektivität und Parteilichkeit der Kriegsgeschichte sehen. Das wäre ein Missverständnis. Der Anspruch der Kulturgeschichte ist nicht, Rechtfertigungen aus einem bestimmten Blickwinkel zu liefern. Es geht ihr gar nicht um Rechtfertigung, und sie hält sich von Parteilichkeit fern. Ihre Perspektive untergräbt jeden Versuch, Anleitungen für künftige militärische Konflikte zu liefern. Ihre Fragen sind von anderer Art. Sie fragt nach den Perspektiven in Kriegserfahrungen, die im Diskurs eine sprachlich-symbolische Form gewinnen und im Wettstreit um öffentliche Aufmerksamkeit stehen oder im Kampf in der politisch definierten Arena einer Nachkriegszeit miteinander streiten. In dem Maß, wie die sich im Diskurs zeigen, werden sie zum Gegenstand der kulturgeschichtlichen Theoriebildung.[18]

Kulturgeschichte handelt nicht von der Politik, ist aber nicht unpolitisch. Sie spricht vom Politischen. Das Politische findet im Diskurs statt, und so blickt sie nicht auf Regierungen und Institutionen der Politik, sondern auf Mentalitäten, Ideologien und kollektive Definitionen, in denen sich das Politische einer Gesellschaft entwickelt. Sie fragt nicht nach Herrschaft, sondern nach Macht, der Durchsetzung von Werten im Raum öffentlicher Kommunikation und nach dem Entstehen von Diskurshoheit. Sie fragt nach der Perspektive von Weltbildern, dem Blick auf die Gesellschaft, ihren Werten und Prioritäten, und nach der Zukunft, wie sie von Gesellschaften im Denken des Kriegs entworfen wird.

Die Kulturgeschichte des Kriegs verhält sich im Vergleich zur älteren Militärgeschichte bescheiden. Sie macht keinen Versuch, zur Bewältigung der großen Probleme von Politik und Militär beizutragen und sucht nicht nach dem erklärenden Prinzip, das im Krieg herrscht. Sie demokratisiert das Wissen über den Krieg im Sinn des Egalitätsprinzips. Sie führt ins Gedächtnis zurück, dass Kriege von Menschen sehr verschiedener Motivationen und Handlungsdispositionen geführt werden, die wiederum auf sehr unterschiedliche Weisen

18 | Vgl. Klaus Latzel, Vom Kriegserlebnis zur Kriegserfahrung, auch Sabine Kienitz, Der Krieg der Invaliden. Helden-Bilder und Männlichkeitskonstruktionen nach dem Ersten Weltkrieg, in: MGZ 2001, S. 367-402, bes. S. 398f.

vom Krieg erfasst werden, so dass es zu einer Verfälschung führt, wenn diese Heterogenität dem Erklärungsideal einer Einheitswissenschaft geopfert wird.

Mit Akustik, um ein banales Beispiel zu bemühen, beschäftigte sich auch die Militärgeschichte, aber unter dem Gesichtspunkt der taktischen Kriegsführung: Wie wurde im Ersten Weltkrieg die Position eines gegnerischen Geschützes durch die Mittel der Schallanalyse ermittelt? Wie erfolgreich war diese Methode unter dem Gesichtspunkt der Strategie? Die Kulturgeschichte des Kriegs fragt dagegen nach Lärm als psychische Belastung, als Terror der Waffen oder als Mittel zur Orientierung im Raum. Auch Fragen des Raumes behandelt die Militärgeschichte, aber unter strategisch-taktischen Gesichtspunkten: Wie können Truppen so bewegt werden, dass die Topografie des Geländes zum eigenen Vorteil ausgenutzt wird? An solchen Fragen aus der Offiziersperspektive zeigt die Kulturgeschichte des Kriegs wenig Interesse. Wenn sie nach dem Raum fragt, ist sie am Leben der Soldaten unter freiem Himmel interessiert und entdeckt, dass der Raum in der Wahrnehmung der Soldaten eine *Richtung* hat, ein vorn und ein hinten, auf die die Sinne reagieren; sie kümmert sich um Unterstände und Erdlöcher, die von Ratten, Läusen, Flöhen und Krätze verpestetet sind und Orte des Ekels oder der Aggression bilden, um die Sicht auf eine Landschaft, in der über wenige Monate hinweg das Artilleriefeuer dichten Wald vernichtete und eine baumlose Schlammlandschaft erzeugte, oder sie fragt nach dem Blick der Amateure durch den winzigen Sucher einer Rollfilmkamera auf den gerichteten Raum. Wer hätte vor einigen Jahrzehnten der Raumwahrnehmung der Soldaten an der Front oder der Akustik des Schlachtfelds Aufmerksamkeit zugestanden?

Wie gegessen und gehungert, gehorcht, desertiert, gestorben und im Ersten Weltkrieg die ersten Frontzeitungen gemacht und gelesen, das Frontkino oder das Frontbordell benutzt wurden, interessiert die Militärgeschichte aus guten Gründen nicht.[19] Denn solche Fragen werden nicht gestellt, um den Krieg zu erklären. Sie waren stets hinter den großen Fragen der Kriegführung, die in den Hauptquartieren gedacht wurden, verschwunden. So gab es kein Bedürfnis nach Methoden, die es ermöglichen, diese Fragen zu verfolgen. In-

19 | Zum Ersten Weltkrieg sind einige herausragende Zeugnisse *dieses* Kriegs publiziert worden: Dominik Richert, Beste Gelegenheit zum Sterben. Meine Erlebnisse im Kriege 1914-1918, hg. von Angelika Tramitz, Bernd Ulrich, München (Knesebeck) 1995; Decie Denholm (Hg.), Behind the lines. One Woman's War, 1914-1918. The letters of Caroline Ethel Cooper, Sydney (Collins) 1982, übersetzte Auszüge in: Bernd Hüppauf (Hg.), Ansichten vom Krieg. Vergleichende Studien zum Ersten Weltkrieg in Literatur und Gesellschaft, Königstein (Hain) 1984; Svetlana Palmer, Sarah Wallis (Hg.), Intimate Voices of War, London (Simon & Schuster) 2003 (mit einem Kapitel: Children at War, S. 42-68); ein autobiografischer Roman: Adrienne Thomas, Die Kathrin wird Soldat, München (Goldmann) 1988.

zwischen wird dem Leben in den Schützengräben, den Formen der Kommunikation unter den Bedingungen der Front, den *Dingen* der Front wie der *Trench Art*,[20] der Angst, der Grausamkeit oder der Rolle der Frauen ernsthafte und intensive Forschung gewidmet. Sie braucht methodische Klärung.

2. Kultur in der Kulturgeschichte des Kriegs

Unter Militärhistorikern hat keiner das Tor zur Kulturgeschichte so weit geöffnet wie John Keegan. Einen Schritt in die Richtung einer Überwindung der traditionellen Fragestellungen hatte sein innovatives Buch »The Face of Battle« (1983) gemacht.[21] Wenig später forderte er explizit die Abwendung vom militärgeschichtlichen Paradigma (das er aus einer fragwürdigen Clausewitz-Interpretation ableitete), um statt über Staat und Politik über den Krieg als »Fortführung der Kultur mit ihren eigenen Mitteln« zu sprechen.[22] Damit ist ihm eine passende Formulierung der Grundfrage einer Kulturgeschichte des Kriegs gelungen. Aber dieses Ziel erreichen seine eigenen Werke nur eingeschränkt. Sie leiden unter einem unentwickelten Kulturbegriff. Eine kulturgeschichtlich-anthropologische Wende blieb – nicht nur bei Keegan – im Ansatz stecken.[23]

Seit etwa 1980 entwickelte sich eine Kulturgeschichte des Kriegs, die, oft in Verbindung mit Alltags- und Mentalitätsgeschichte, durch englisch-amerikanische Vorbilder wie die Studien zum Ersten Weltkrieg von Paul Fussell und

20 | Projektgruppe ›Trench Art – Kreativität des Schützengrabens‹ (Hg.), Kleines aus dem Großen Krieg. Metamorphosen militärischen Mülls. Zur Ausstellung im Haspelturm des Schlosses Hohentübingen, 26. April-16. Juni 2002, Tübingen 2002.

21 | John Keegan, The Face of Battle: A Study of Agincourt, Waterloo, and the Somme, (Penguin) 1983 (dt.: Das Antlitz des Krieges: Die Schlachten von Azincourt 1415, Waterloo 1815 und an der Somme 1916, 2. Auflage [Campus] 2007).

22 | Keegan, A History of Warfare, S. 51, dt. S. 84. – Die Beispiele für kulturgeschichtliche Themen, die unter der Dominanz des politisch-militärischen Paradigmas in die disziplinären Grenzen der konventionellen Militärgeschichte eingebaut werden, sind zahlreich. Besonders auffällig sind die wenigen Arbeiten über ethnische Minderheiten in den Armeen, etwa Kolonialtruppen an der Westfront, oder Kriegsgefangene in speziellen Lagern, in denen die Perspektive der Gefangenen kaum vorkommt; vgl. u.a. Xu Guoqi, Strangers on the Western Front. Chinese Workers in the Great War, Cambridge (Harvard University Press) 2011.

23 | Keegans Versuch einer Abwendung vom Paradigma der traditionellen Militärgeschichte ist nicht mit der Idee einer Überwindung des Kriegs verbunden. Es geht ihm epistemologisch wie politisch um eine Erweiterung der Militärgeschichte.

Eric Leed angestoßen wurde.[24] Literatur und andere Beiträge zum Kriegsdiskurs wurden mit (in einem weiten Sinn) psychologischen Fragen analysiert. Diese Kulturgeschichte des Kriegs reagierte auf eine Geschichte vom Krieg, an der sie bemängelte, dass sie ohne Schicksale, ohne Menschen geschrieben werde. Sie mache die im Krieg handelnden, leidenden und getriebenen Menschen und ihre Vorstellungen vom Krieg unkenntlich. Die Konzentration auf hohe Offiziere und herausragende Figuren reduziere den Krieg auf Strategie und Politik und perpetuiere auf der Ebene der Theoriebildung die Konzeption vom Krieg der Generale. Fussell wies explizit auf seine eigenen Kriegserfahrungen als Triebfeder seiner Arbeit hin. Diese Arbeiten haben einen neuen Blick auf den Krieg und das Kriegsbild entwickelt. Nie zuvor ist die Frage: *Was ist Krieg?* so häufig ohne Bezug auf das Zweikampf-Modell in der Tradition Clausewitz' behandelt worden.

Wo liegen die methodischen Schwächen? Das Wort *Kultur* wird als ein Signal in die Titel eingesetzt. Der Bruch mit der Tradition, den die Kulturgeschichte des Kriegs erfordert, ist radikaler als eine Veränderung der Gegenstände und erfordert eine Methodendiskussion. Die Fragen der Kultur entfernen diese Geschichte so weit von der Methode der Militärgeschichte, dass man daran zweifeln kann, ob sie sich mit demselben Objekt beschäftigt.[25] Die Unterschie-

24 | Paul Fussell, The Great War and Modern Memory, 2. Aufl., London, Oxford, New York (Oxford University Press) 1977; Eric J. Leed, No Man's Land. Combat and Identity in World War I, Cambridge (University Press) 1979; Tony Ashworth, Trench Warfare 1914-1918. The Live and Let Live System, London (Holmes & Meier) 1980; der erste Versuch in Deutschland war der noch immer lesenswerte Band: Klaus Vondung (Hg.), Kriegserlebnis. Der Erste Weltkrieg in der literarischen Gestaltung und symbolischen Deutung der Nationen, Göttingen (Vandenhoeck & Ruprecht) 1980; Bernd Hüppauf, Ansichten vom Krieg. Vergleichende Studien zum Ersten Weltkrieg in Literatur und Gesellschaft, Königstein (Athenäum-Hain) 1984; vgl. Gerd Krumeich, Kriegsgeschichte im Wandel, in: Gerhard Hirschfeld, Gerd Krumeich, Irina Renz (Hg.), »Keiner fühlt sich hier mehr als Mensch…«. Erlebnis und Wirkung des Ersten Weltkriegs, Essen (Klartext) 1993, S. 11-24 und Hirschfeld, Wozu eine ›Kulturgeschichte‹ des Ersten Weltkriegs?.

25 | Als theoretischer Vordenker der Theorie des Kriegs im spezifisch politisch-militärischen Verständnis kann Machiavelli gelten. Niccolo Machiavelli, Die Kunst des Krieges, in: ders., Gesammelte Werke in einem Band, hg. von Alexander Ulfig, Frankfurt a.M. (Zweitausendeins) 2006, S. 711-855. Münkler weist auf den großen Anteil von Schriften zur Militärtheorie hin, denen jedoch unverhältnismäßig wenig Aufmerksamkeit gewidmet worden ist; Herfried Münkler, Machiavelli. Die Begründung des politischen Denkens der Neuzeit aus der Krise der Republik Florenz, Frankfurt a.M. (Europäische Verlagsanstalt) 1982. Bezeichnend für seine Schriften ist die applikatorische Motivation, die allein ihn schon für eine Kulturgeschichte marginal macht, selbst wenn er den Gegensatz von Kapital (Gold) und Kampfwille der Söldner (römische Tapferkeit) behan-

de reichen so weit, dass ein eigener *Ton* entsteht, mit dem vom Krieg gesprochen wird. Er ist nicht nur die Folge von Semantik und Theorie, sondern macht eine emotionale Einstellung zum Gegenstand spürbar. Die Auswahl wissenschaftlicher Themen und deren Behandlung sind nicht frei von Affekten. Die affektive Bindung an den Gegenstand Krieg hat sich verändert.

Woher kommen die Kategorien?

Die Militärgeschichte kann den Fragen einer dezidierten Kulturgeschichte nicht nachgehen. Sie übersteigen ihren epistemologischen Rahmen. Die eine als Erweiterung der anderen zu deklarieren, tut beiden Unrecht, stellt die Militärgeschichte vor methodisch nicht zu lösende Aufgaben und verengt den Kompetenzbereich der Kulturgeschichte. Kulturgeschichte kann sich selbst nur gerecht werden, wenn sie sich aus der methodischen Bindung an die Militärgeschichte und die Soziologie löst.

Der Begriff *Kulturgeschichte des Kriegs* stellt ein Definitionsproblem. Es gibt keine Disziplin, die sich als Kulturgeschichte des Kriegs definiert und deren Publikationen zusammengestellt werden könnten, um aus ihren Themenfeldern und Methoden das spezifische Forschungsfeld abzuleiten. Soll die Kulturgeschichte sich aus dem methodischen Horizont der Militärgeschichte lösen, muss die Definition den umgekehrten Weg einschlagen, um Kategorien und Kriterien eines Forschungsfelds zu begründen, das diesen Namen rechtfertigt und erlaubt, Publikationen und Projekte unter den Begriff zu subsumieren. Aus diesem Zirkel gibt es keinen Ausweg: Wir müssen, um einen Korpus an Texten auswählen zu können, eine Vorstellung von Kulturgeschichte und vom Krieg haben, können die aber, wollen wir nicht auf willkürliche Weise präskriptiv verfahren, nur aus Texten zum Krieg, die mit Theorien über Kultur interpretiert werden, entwickeln.

Diese Suche muss sich der Unfestigkeit der Untersuchungsgegenstände bewusst sein und aus der Verflüssigung ihrer Kontexte ihre Analyseprinzipien ableiten. Je länger die Entwicklungslinien sind, in die eine Kulturgeschichte Mentalitäten und Einstellungsänderungen einbettet, desto größer muss der Anteil an Konstruktion gesellschaftlicher Wirklichkeit und an Imagination des Historikers werden. Übt der Historiker Abstinenz und engt die Untersuchung auf die zu einem bestimmten Zeitpunkt »jeweils aktuellen Zielvorstellungen bei den Mannschaften« ein und geht von einer »generellen Kurzfristigkeit« von Erwartungshorizonten aus, lässt sich ein »möglichst präzises und metho-

delt. Fragen der Moral haben für ihn nur Bedeutung, insoweit sie in politische Entscheidungen eingreifen, und diese Behandlung moralischer Fragen (gemeinsam mit einer Vernachlässigung technologischer Innovation) lässt sich geradezu als das Programm einer politischen Anti-Kulturgeschichte lesen.

disch gesichertes Verständnis« erstreben.[26] Aber eine so konzipierte Geschichte nähert sich dem methodischen Ideal der Militärgeschichte wieder an und verschenkt ihre genuinen Möglichkeiten. Dann lässt sich zum Beispiel der Kriegsdiskurs der Weimarer Republik wie eine Institution behandeln und als eine der »institutionellen Voraussetzungen« für den Ausbruch schrankenloser Gewalt im Zweiten Weltkrieg in die Logik einer kurzfristigen Analyse einbauen.[27] Das ist aber keine neue Sicht und ohne einen eigenen Erkenntniswert. Auf welche Weise und in welcher Hinsicht müssen die Fragen nach dem Krieg sich ändern, um in eine Kulturgeschichte des Kriegs zu führen?[28]

Kriegskultur ist keine Kulturgeschichte des Kriegs

Um den Gegenstandsbereich der Kulturgeschichte des Kriegs zu klären, ist es zunächst nötig, die Gleichsetzung von Kriegskultur und Kulturgeschichte des Kriegs zu überwinden. Kriegskultur ist, etwa von Mitarbeitern des Historial in Péronne, aber nicht nur von ihnen, mit der Kulturgeschichte des Kriegs gleichgesetzt worden. Sie definieren Kriegskultur als einen »kristallisierten Korpus von Vorstellungen des Konflikts, der dem Krieg seine tiefe Bedeutung gibt«. Die Kriegskultur des Ersten Weltkriegs sei emotional und durch Hass gegenüber dem Feind bestimmt gewesen. Wenn diese Kriegskultur als Kulturgeschichte des Kriegs verstanden wird, stehen die Verhältnisse auf dem Kopf. Im Krieg entstand eine Kriegskultur, aber aus ihr kann die Kulturgeschichte nicht die Kategorien für die Interpretation des Kriegs ableiten. Im Gegenteil, sie muss diese Kriegskultur zum Gegenstand ihrer Forschung und kritischen Fragen machen. Der Ausgangspunkt einer Kulturgeschichte ist die Nichtübereinstimmung der Kriegskultur, etwa von Schlachtengemälden, öffentlichen Zeremonien oder einer Hasskultur, und dem Krieg. Kriegskultur besteht aus

26 | Benjamin Ziemann, Enttäuschte Erwartungen und kollektive Erschöpfung, in: Jörg Duppler, Gerhard P. Gross (Hg.). Kriegsende 1918. Ereignis, Wirkung, Nachwirkung, München (Oldenbourg) 1999, S. 165-182, S. 168. Ders., Front und Heimat. Ländliche Kriegserfahrung im südlichen Bayern 1914-1923. Essen (Klartext) 1997

27 | Spreen, Cruelty and Total War, S. 232.

28 | Der Hinweis auf einen Wandel in den englischsprachigen Ländern ist verbreitet. Dort gibt es seit den achtziger Jahren des letzten Jahrhunderts eine *new military history*, in der die Behandlung von klassischen militärhistorischen Fragen mit Sozialgeschichte und einigen Ideen der französischen Mentalitätsgeschichte verknüpft wird. (Vgl. u.a. Dennis E. Showalter, Militärgeschichte als Operationsgeschichte. Deutsche und amerikanische Paradigmen, in: Thomas Kühne, Benjamin Ziemann (Hg.), Was ist Militärgeschichte?, Paderborn (Schöningh) 2000, S. 115-127). Was sich als angelsächsischer Pragmatismus verstehen lässt, macht auch eine empfindliche Lücke deutlich: Methodologisch unreflektiert ist diese Militärgeschichte nicht in der Lage zu begründen, was sie behandelt.

Inhalten: Dinge, Sachverhalte und Verhaltensweisen. Sie enthält möglicherweise Emotionen wie Hass. Aber die Fragen der Kulturgeschichte des Kriegs liegen auf der Ebene der Methodologie. Für sie ist die Kriegskultur ein Objekt, und die Frage, mit welchen Kategorien sie sich angemessen beschreiben lässt, muss auf einer theoretischen Ebene gestellt werden. Wie passt eine Kriegskultur in die Vorstellungswelt einer Gesellschaft? Was finden wir an einer Kriegskultur wissenswert, worauf die Militärgeschichte keine Antwort sucht? Auf der Suche nach Bedeutung führt sie zum Beispiel auf den Hass als ein Problem. Sie fragt nach der Deformation der Vernunft, im kritischen Kriegsdiskurs als Irrsinn bezeichnet und in der Kriegskultur oft verbrämt und tastet sich an der Grenze zwischen ihr und den hoch rationalen Planungen und Entscheidungen der Machtzentren entlang.

Objekte in Prozesse auflösen

Die Kulturgeschichte des Kriegs spricht, wenn auch im Allgemeinen nur implizit, von dem, was nicht ist, aber was *sein soll*: eine Kultur ohne Krieg. Diese Implikation und ihre Konsequenzen gehen über den Horizont reduktionistischer Wissenschaft hinaus und erfordern Methoden, die auf einen an der Zukunft orientierten Prozess ohne Wertung zielen. Es legt nahe, an ein geschichtliches Denken anzuknüpfen, das mit der Professionalisierung der Historiografie im 19. Jahrhundert überwunden wurde, aber nicht spurlos verschwand und in der Gegenwart eine affektive Qualität gewinnt. Eine »Rückeroberung des historischen Denkens« verspricht der Titel eines Buchs, in dem der Versuch gemacht wird, ein verlorenes Denken über Vergangenheit vor der methodischen Systematisierung zurückzugewinnen.[29] Es geht nicht darum, hinter die theoretisch-methodischen Positionen der letzten 150 Jahre zurückfallen. Eine bewusste Erneuerung wird erstrebt und kein Rückfall, wenn vergessene, vernachlässigte, banalisierte Themen wie Raum, Gerüchte und Vorurteile, Erlebnisse, überreizte Sinne, die Unsicherheit der Wahrnehmung, Ort und Region aufgenommen werden. Über eine Kombination aus Emotionen und Geschichte, die in einer Zeit, die Mythen und Fakten nicht zu trennen willens oder fähig war und keinen Methodenpurismus kannte, nachzudenken, ist eine lohnende Aufgabe einer methodisch bewussten Rückeroberung einer für überwunden erachteten Geschichtsbindung. Sie weist zurück auf eine Zeit vor der Fetischisierung der Kausalität. Auf die Beschränkung des Geschichtsbildes durch die rigorose Anwendung des letztlich kulturell konstruierten Kausalitätsprinzips für den historischen Prozess komme ich bei der Diskussion des Emergenzprinzips zurück. Geschichtliche Ereignisse in Beziehungsgeflech-

29 | Roger Chartier, Jacques Le Goff, Jacques Revel (Hg.), Die Rückeroberung des historischen Denkens. Grundlagen der neuen Geschichtswissenschaft, Frankfurt a.M. (Fischer) 1990 (zuerst Paris 1978).

ten ohne kausale Abhängigkeit zu denken, ist die methodische Grundlage der Kulturgeschichte des Kriegs.

Im Sinne einer phänomenologischen, verstehenden Gesellschaftstheorie erstrebt sie, Objekte in Prozesse aufzulösen und fordert einen Zugang, der, wie Simmel schreibt, mehr auf die »Bewegung und das Entstehen« des Kriegs und des Kriegsdiskurses zielt, mehr auf den »Zeugungsvorgang als auf das schließliche Erzeugnis geht«, der das innerliche, miterlebende, die Bedingungen der Produktion nachvollziehende Verständnis bedenkt. Die Änderung weist von der disziplinierten Reduktion zu einer interdisziplinären Freisetzung der Einbildungskraft, die den *Zeugungsvorgang* und das Prozessuale erforscht und den Homo furiosus nicht als Störung oder Abweichung von der kulturellen Norm behandelt. Kulturgeschichte trägt dazu bei, den Krieg, seine Vorbereitung und seine Folgen aus sozialen und kulturellen Konstruktionsprozessen zu verstehen. Erst aus dieser Bewegung kann eine Methode entstehen, die den Krieg in die gelebte Kultur hinein und damit in den Prozess der kulturellen Produktion und Reflexivität verfolgt. »Sie macht sensibel dafür, wie viel Krieg in den zeitgenössischen modernen Zivilgesellschaften eigentlich steckt.«[30]

Kultur ist als ein Netz aus Zeichen und als Bedeutungszusammenhang ausgelegt worden. Clifford Geertz geht davon aus, »dass der Mensch ein Wesen ist, das in selbstgesponnene Bedeutungsgewebe verstrickt ist, wobei ich Kultur als dieses Gewebe ansehe. Ihre Untersuchung ist daher keine experimentelle Wissenschaft, die nach Gesetzen sucht, sondern eine interpretierende, die nach Bedeutungen sucht.«[31] Die Abwendung von der Idee historischer Kausalität gilt für die Kulturgeschichte. Kultur ist aber mehr und etwas anderes als nur ein Gewebe aus Zeichen. Sie entsteht aus Praxis. Durch den Praxisbezug transzendiert Kultur grundsätzlich Text und wird zu etwas anderem als ein Netzwerk aus Bedeutungen. Wie ist das Entstehen zu denken? Kulturtechniken und Methoden des Verstehens und Weitergebens von Bedeutungen entwickeln sich in geschichtlich-gesellschaftlichen Strukturen, die von *handelnden* und *leidenden* Menschen hergestellt werden, aber den einzelnen Menschen übersteigen. Nicht alles Handeln von Menschen ist schon kulturelle *Praxis*. Sie benötigt eine Gruppe von Menschen, die miteinander, wiederholt und mit gemeinsamer Intention für einen Zusammenhang bedeutsame Handlungen ausführen. In der Wiederholung verfestigt sich das Handeln und wird institutionalisiert. Als Institutionen können wir imaginierte oder physische Orte, die durch Rituale, Rechtspraktiken, Technik, Arbeit, Religion, Herrschaft, Wis-

30 | Dierk Spreen, Wider die Kriegsvergessenheit in der Sozialwissenschaft, in: Ästhetik & Kommunikation 152: Kriegsvergessenheit in der Mediengesellschaft (Frühjahr 2011), S. 33-40, hier S. 36.

31 | Clifford Geertz, Dichte Beschreibung: Beiträge zum Verstehen kultureller Systeme, Frankfurt a.M. (Suhrkamp) 1983, S. 9.

senschaft oder Kunst ausgezeichnet und in ein Netz aus Werten und geteilten Intentionen eingebunden sind, bezeichnen.

In der Beobachtung dieses Entstehens liegt die Aufgabe von Kulturgeschichte des Kriegs. Luhmanns These, Kultur beginne damit, dass eine Gesellschaft nicht nur Welt und Menschen beobachtet, sondern den reflexiven Blick entwickelt, der das Beobachten beobachtet, erfasst ihre epistemologische und gesellschaftliche Position. Kulturhistoriker des Kriegs lassen sich nach Luhmann als Experten zweiter Stufe bezeichnen. Das heißt, sie entwickeln Methoden, die es ermöglichen, den Kriegsdiskurs als imaginierten Ort kultureller Praxis sichtbar zu machen und seine Inhalte, Mechanismen und Wertungen zu analysieren.

Deskription

Daraus geht hervor, dass die Aufgabe nicht darin besteht, die empirischen Kenntnisse über den Krieg zu erweitern oder Ursachenforschung zu betreiben, sondern im Beobachten und Analysieren des dynamischen Verhältnisses von Mensch und Krieg, das der empirischen Arbeit am Krieg als einem Produkt voraus liegt. Narration, die notwendig Nachträglichkeit, deutende Ordnung und Sinnkonstruktion bedeutet, muss mit der Einsicht in Entstehungsprozesse und die Position der Experten zweiter Stufe vermittelt werden. Seit dem 20. Jahrhundert kommt die Aufgabe hinzu, die Auflösung von Sinn und Entwicklung in Dissoziation verständlich zu machen.

Die Kulturgeschichte verwendet den Begriff *Kultur* deskriptiv, kann aber Fragen nach Werten und Normen nicht vermeiden. Die Ordnung, Verortung und Wertung des Kriegsdiskurses ist nicht möglich ohne eigene Kategorien, deren Bestimmung eine ethisch-ästhetische Perspektive erfordert, die nicht aus dem Prozess abgeleitet werden kann.

Zeitlicher Abstand

Die Kulturgeschichte des Kriegs entwickelt sich in ständiger Auseinandersetzung mit dem Erfahrungshorizont der Vergangenheit und der in die Zukunft laufenden Gegenwart. Das Diachrone und das Synchrone sind für sie keine Opposition. Sie nimmt Gleichzeitigkeiten an. Denn im Diskurs wirkt eine Gleichzeitigkeit des Ungleichzeitigen. In ihrem Zeitmodell ist die gleichzeitige Anwesenheit von Kriegsvorstellungen verschiedener Zeiten kein Widerspruch. So können zum Beispiel Bilder vom Krieg als Zeit der Heldenbildung, als Zweikampf und als technologische Destruktionsmaschine gleichzeitig vorgestellt werden und aufeinander wirken.

Der Kontinuität unerachtet, besteht die methodische Forderung, die Kriege der Vergangenheit im Medium ihrer je eigenen Begrifflichkeit und Bildlichkeit zu konstruieren. Die Bedeutung des Wortes Krieg muss aus dem Gebrauch im Diskurs verstanden werden, bevor sie als vertikale Beziehung zwischen Referent und Bedeutungsobjekt aufgeschlüsselt und in den Wandel der Geschichte eingestellt werden kann. Es ist freilich nur bedingt möglich, den zeitlichen Abstand, der sich im unterschiedlichen Gebrauch von Wörtern und Begriffen zeigt, zu schließen. Denn die vergangene Bedeutung eines Wortes, Begriffes oder Bildes ist uns heute grundsätzlich nicht mehr restlos zugänglich, ebenso wie der Fenstersturz vom Mai 1618 nicht mehr ein Ereignis vor dem Dreißigjährigen Krieg sein kann, oder wie uns, zum Beispiel, der Klang eines alten Instruments nicht mehr so zugänglich ist wie früheren Hörern, etwa eines Cembalos vor der Erfindung des Klaviers. Die Kulturgeschichte würde ihren Auftrag verfehlen, würde sie es unterlassen, diesen Abstand bewusst und für die Differenzierung unseres Verständnisses der Vergangenheit produktiv zu machen.

2.1 Was kann und was will die Kulturgeschichte des Kriegs?

Was können wir von einer methodisch reflektierten Kulturgeschichte des Kriegs erwarten?

Zunächst: Welches Wissen haben ihre Methoden bisher produziert, welche Themenfelder hat sie sich bisher vorgenommen und zugetraut?

Als Beispiele für das neue, die Militärgeschichte erweiternde Wissen können dienen: Genderfragen, die Motivation zum Kämpfen (in den Weltkriegen zum *Durchhalten*), Medizin und Psychologie im Krieg, Tod (selten töten), das Kriegserlebnis, profane und religiöse Kriegsrhetorik. Die Aufzählung ist nicht erschöpfend.

Damit ist nicht die Frage nach dem *Sollen* gestellt. Welches Wissen wollen wir durch eine Forschung gewinnen, die ungehörige und dem militärisch definierten Krieg fremde Fragen stellt?

Die zentrale Frage richtet sich, argumentiere ich aus der Bestimmung von Krieg und Frieden als nicht-empirische, transzendentale Begriffe, auf den Zusammenhang von Subjektivität und Identitätsbildung mit den Formen kollektiver Gewalt; dieser Zusammenhang wird von Handlungen, die wir alltagssprachlich als Krieg bezeichnen, wesentlich bestimmt. Es kann kein Zweifel bestehen: Es hat Kriege um Beute gegeben, Raubzüge im großen Stil, um ein Großreich zu bauen (Assurbanipal, die Raubkriege des frühen Roms oder Napoleon), aus habsüchtigem Besitzstreben (Frankreich 1792 in der Pfalz, die USA im Ersten Irakkrieg), Kriege als Strafaktionen, Kolonialkriege, pure Machtkriege (Preußen 1870/71). Kriege mit solchen Zielen werden durch die Bedeutung, die ich mit der Identitätsfrage für die Kulturgeschichte assoziiere, nicht in Frage gestellt. Auch hier kann es nicht um Ausschluss gehen. Es besteht keine Notwendigkeit, die Motive von Beute, Herrschaft usw. durch die Identitätsfrage auszuschließen. Fragen nach Ursachen werden durch die nach unbeabsichtigten und verborgenen Funktionen des Kriegs nicht bedeutungslos. Komplexer argumentiert: Der Diskurs löst den Krieg aus dem Ursache-Wirkungs-Verhältnis und stellt ihn in Kontexte, in denen sich erweist, dass auch der kleinlichste Beutekrieg das Selbst der kriegführenden Parteien berührt. Kriege mögen aus politischen und ökonomischen Motivationen entstehen und als Kausalketten einer gewissen Erklärung zugänglich sein. Aber aus dieser Perspektive werden sie, ein wenig salopp gesprochen, zu einem methodisch induzierten *Sonderfall.* Krieg in seinem vollen Umfang, seine Funktion im Gefüge von Macht und in kulturellen (internationalen) Beziehungen lässt sich nicht auf sie reduzieren. Krieg wird, unerachtet seiner Anlässe und Ursachen, stets im Diskurs geführt und wirft die Identitätsfrage auf.

Für die Methodenfrage folgt daraus, dass die Kulturgeschichte des Kriegs ihren Problemhorizont nicht durch Kampf und Kriegspolitik abstecken darf, sondern die Bestandsaufnahme und Beurteilung der politischen und ökonomischen Interessen sowie den Krieg als Ereignis überschreiten muss. Dieses Überschreiten zeigt sich in der Analyse des Kriegs als einem ungeplanten und selbstregulierten System, das sich zum einen aus Kampf und Kriegstechnik und zum anderen aus mentalen Haltungen entwickelt.

Ich will Waffen und Waffengebrauch als Beispiel heranziehen. Zu den wichtigsten Beiträgen zur Kriegstechnik gehören Waffen. Sie können als Mittel zum Töten und zur Destruktion beschrieben und gemäß ihrer Effizienz beurteilt werden. Aber für die Kulturgeschichte des Kriegs reicht ihre Bedeutung weit darüber hinaus. Um sie zu erforschen, muss ein methodischer Zugang im Methodenspektrum der pluralistischen Wissenschaftskonzeption entwickelt werden.

Für die Kulturgeschichte gibt es nicht die Waffe *an sich.* Es kann keine ethisch neutrale Waffe geben, die vor ihrem ersten Einsatz gedacht werden müsste. Die Bewertung ist unmittelbar einsichtig, aber sie ist nur schwer zu formalisieren. Es scheint kein Zweifel möglich: Giftgas erregt größeren Abscheu als der Karabiner, obwohl es im Ersten Weltkrieg zunächst mit dem Gedanken der humanen Waffe begründet wurde und zu einer vergleichsweise niedrigen Zahl von Toten führte; die Nuklearbombe empfinden wir unmenschlicher als eine zielgenaue Rakete, die Neutronenbombe abstoßender als TNT, und Drohnen werden als böse Waffe verurteilt. Wie werden diese Reaktionen begründet? Die Toten durch eine Sprengstoffbombe sind nicht weniger empörend als die einer Neutronenwaffe. Dass die Zahl der eigenen Toten minimiert wird, ist kein ethisches Argument.

Den Wertungen liegt eine Gefühlsmoral zugrunde, und so benötigt sie Methoden, um den Zusammenhang von Tötungstechnologie mit Emotionen zu beschreiben.[32] Soll sie diese Beziehungen als Fakten einer umfassenden Entwicklung, der wir ausgeliefert sind, behandeln, oder soll sie werten und Urteile über die Gefühlsurteile aussprechen? Kann sie sich eine Veränderung zum Ziel setzen, also einen Praxisbezug anstreben und versuchen, in das selbstgesteuerte System einzugreifen? Mit knappen Bemerkungen über drei Waffeninnovationen will ich zeigen, wie die Kulturgeschichte Fragen an Waffen und den Waffengebrauch stellt, die weder die Produzenten noch die Offiziere, Politiker oder Militärsoziologen interessieren, die aber Aufschluss über den Krieg als selbstreguliertes System und dessen Zusammenhang mit Emotionen und den Werten einer Gesellschaft ermöglichen.

Dem strengem Drill, der im Kampf der Spanier gegen die wilden Oranier im Achtzigjährigen Krieg (nach 1568),[33] im Friderizianischen Heer sowie in den meisten europäischen Heeren der Zeit praktiziert wurde, gab die Uhrwerkmetapher, die den Krieg vor dem Beginn der Industrialisierung verbildlichte, einen Ausdruck (vgl. Kapitel 4). Die Disziplinierung der einzelnen Körper und ihr Zusammenwirken hatten das Ziel, eine totale Integration zu erreichen, die das Einzelglied der Formation auf seine Funktion in der Kampfreihe reduzierte. Diese Disziplinierung von Körper und Geist hatte zwei Auswirkungen: Sie entfernte Gewalt von den Emotionen, indem sie das Handeln der Soldaten auf die rein mechanische Funktion konzentrierte, in einer bestimmten Zeiteinheit eine Gewehrsalve abzufeuern und danach vorzurücken; damit verbunden war die Auslöschung des individuellen Ichs zugunsten einer Verfügung über den Soldaten als Rädchen einer überschaubaren Maschine. Diese Konstruktion war und blieb auf Zwang und die Disziplinierung von Körper und Geist durch äußere Herrschaftsmittel angewiesen. Die Disziplinierung bildete die Grundlage eines sich selbst erhaltenden Systems. Mit einer neuen Waffentechnologie und ihren Schlachtfeldern kam sie im 19. Jahrhundert ans Ende.

Mit dem Maschinengewehr setzte die Zeit eines neuen Systems ein, das nicht auf dem Zwang zur Disziplinierung von Körper und Geist beruhte. Das Schlachtfeld war nicht mehr ein mechanisches System, und der waffentragende und durch Drill rigide disziplinierte Körper hatte ausgedient. Auch die Mechanik des Uhrwerks war überwunden. Es gab keinen Uhrmacher mehr, also keine Planung des Feldherren, der vom Hügel alles unter Kontrolle hatte. Die Waffe übernahm etwas von der Intelligenz des Systems, und der Soldat wurde zu einem Helfer. Eine kleine Gruppe von Schützen, gut getarnt, bediente eine Waffe und ihr Kühlsystem. Die Feuerkraft dieser Mensch-Maschine-Symbiose

---

32 | Kenneth Macksey, Technology in War. The Impact of Science on Weapon Development and Modern Battle, London (Arms and Armour Press) 1986.

33 | Christoph Bimböse, Die Geusen. Freiheitskampf zu Meer und zu Lande, in: Sebastian Buciak (Hg.), Asymmetrische Konflikte im Spiegel der Zeit, Berlin (Köster) 2008, S. 220-234.

wurde für das Schlachtfeld, für Angriff und Verteidigung entscheidend. Der Frontoffizier wurde zum Koordinator. Die Offiziersperspektive entstand nicht zuletzt durch das Maschinengewehr.

Die Offiziersperspektive entfernt den Krieg aus dem Gefühlsleben und erlaubt den Überblick. Man kann sie als eine utilitaristische Konstruktion verstehen, und sie gehört zu den erfolgreichen Strategien. Hunderte und Tausende von Schicksalen verschmelzen in dieser Perspektive zu rhetorischen Formeln wie: Ein Bataillon befindet sich im Vormarsch oder auf dem Rückzug, die feindliche Linie wird zurückgerollt, der Feind entzieht sich oder stellt sich dem Kampf, Heere stürmen voran oder fluten zurück. Auf dieser sprachlichen Ebene herrscht Ordnung und Übersicht. Der Tod kommt auf dieser Ebene der Abstraktion nur als Zahl oder Zahlenkolonne vor. Auch auf der individualpsychologischen Ebene wirkt dieses Prinzip. Die Abspaltung vom sensiblen Ich ermöglicht es, einen Erklärungsrahmen zu entwickeln, innerhalb dessen das tötende Subjekt keine moralische Schuld trifft. Wie ein Chirurg seine Schnitte in einem außermoralischen Rahmen durchführt, der sein Ich unberührt lässt, so kann der Soldat für sein Töten im Krieg einen Mechanismus in Anspruch nehmen, der die Integrität der Person nicht betrifft. Es geht dabei nicht um Einzeltaten. Soldaten haben weder eine besondere Disposition zum Töten noch sind sie auf spezifische Weise brutalisiert, sondern sie handeln unter Bedingungen, die ihnen ihr Tun als notwendig erscheinen lassen. Der durch die Offiziersperspektive vorgegebene Handlungsrahmen machte im Ersten Weltkrieg ihr Tun plausibel und ließ es auch aus einer späteren Sicht als gerechtfertigt erscheinen.

Diese Konstruktion baute auf der Wirkung des Maschinengewehrs auf. Es führte zum massenhaften Tod und veränderte das System Krieg von innen her. Im Vergleich mit früheren Waffen machte es den Tod nicht grausamer oder weniger grausam. Seine militärische und emotionale Bedeutung folgte zwei Grundprinzipien der Moderne: Distanzierung und Masse. Für das Erregen einer »Sinnenlust« beim Töten war diese Waffe nicht geeignet. Die Grausamkeit früherer Jahrhunderte brauchte körperliche Nähe, möglichst Berührung, auch wenn sie schließlich nur noch durch den Fernsinn des Blicks möglich war, und akustische Beteiligung. Nähe verhinderten der weite Raum des technologischen Schlachtfelds und seine Fernwaffen. (Schwere Geschütze hatten eine Reichweite bis zum Horizont in einer Ebene.) Der Nahkampf wurde zur Ausnahme. Er nimmt in der Literatur eine überproportionale Bedeutung ein. Das Merkmal des Kampfes war dagegen eine Abstumpfung der Sinne im Verhältnis zum Tod und entpersonalisierte Gewalt durch physische Distanz. Sie gehörte in den Prozess der Desensibilisierung, der in der Geschichte der Gefühle im 17. Jahrhundert einsetzte und im 20. Jahrhundert auf den Höhepunkt kam, nicht zuletzt durch Krieg.

Im Zweiten Weltkrieg entwickelt und zur Waffe der Verteidigung des Vaterlandes Sowjetunion idealisiert, mutierte, mein letztes Beispiel, mit dem ich diesen Überblick abschließen will, die Kalaschnikow in der zweiten Hälfte des Jahrhunderts zu einer Art Volksgewehr oder Gewehr der Völker und wurde zur Waffe der Befreiungsbewegungen verklärt. Das Gewehr zeigte das expressive Potential des Zeichens in einem bedeutungsgebenden System. In eine Wolke von Emotionalität und Zuneigung gehüllt, die den Versuch förderte, ihm eine moralische Legitimation zu geben, wurde es zum Zeichen der guten Waffe der Politik. Hier ließ sich Clausewitz' Gedanke anwenden: Die Feuerwaffe als Fortsetzung der guten Politik mit einem anderen Mittel. Das Gewehr gewann weltanschaulichen Symbolwert, vergleichbar mit Waffen, die von Göttern oder Geistern archaischer Kulturen geheiligt waren. Das Töten mit diesem Gewehr bekam eine Aura aus subjektivem Gefühl und kollektiver, moralischer Verantwortung, von denen die *Befreiung der unterdrückten Völker* umgeben war. Dies Gewehr tötete Diktatoren, Kolonialisten, Ausbeuter und andere Menschenfeinde. Daher konnte es vorgezeigt werden, auf Fotos eine Pose einnehmen und nicht nur zu einer sichtbaren Verlängerung des Körpers werden, sondern, nach dem Vorbild der Monstranz über den Kopf gehoben, einen Schein des Heiligen gewinnen.

Es kann nicht genug bestaunt werden, dass eine Waffe, die dazu gemacht war zu töten, in eine Ikonografie transportiert werden konnte, die Identifikation erzeugen und Freude über Leben und Freiheit suggerieren sollte. Wie kann ein Instrument des Tötens zum Referenten der Freiheit verkehrt werden? Um Gefühlen Ausdruck zu verleihen, werden ihre Eigenschaften in ein Vorstellungsbild projiziert, und zugleich wird der Referent, also das reale Gewehr, gezeigt. Das Bild der Waffe ermöglicht, die Eigenschaften des Gefühls zu sehen, solange sicher gestellt ist, dass die Eigenschaften, die wir am Gegenstand sehen (sollen), mit dem Gefühl übereinstimmen. Das Wichtige an dieser Übertragung ist ihre Willkür. Sie entsteht durch einen Bruch mit Konventionen der Identifikation des Referenten und machen die Identifikation mit dem konstruierten Gegenstand, dem die Eigenschaft zugeschrieben wird, möglich. Diese Verschiebung wurde mit Begeisterung mitgemacht. Wo liegen die Wurzeln für den erstaunlichen Erfolg dieser Propaganda?

Eine distanzierte Betrachtung führt zu einem anderen Bild. Es zeigt die Zuschreibung der Awtomat Kalaschnikowa (AK-47) als Zeichen für Befreiung als Fehlzuschreibung von Bedeutung aus einem politischen Motiv. Nicht anders als andere neue Waffen seit dem Maxim-Maschinengewehr, gehörte dieses Gewehr in die ökonomisch kalkulierte industrielle Großproduktion des 20. Jahrhunderts. Die AK-47 wurde seriell hergestellt und in Massen gehortet und verkauft. Sie war das Produkt des militärisch-industriellen Produktionskomplexes der Industriegesellschaften, gleichgültig ob sie kapitalistisch oder sozialistisch organisiert waren. Schätzungen gehen für die ersten Jahre des 21. Jahrhunderts von 100 Millionen Kalaschnikows, in verschiedenen Varianten, auf der Welt aus, was bedeutet, dass ein Gewehr auf 70 Personen käme. Dieses *Volksgewehr* dürfte am Tod von mehr jungen Männern weltweit beteiligt gewesen sein als irgendein anderes Produkt der Industriegesellschaft. Die Waffe, erfunden zur Verteidigung der russischen Erde und der sozialistischen Ideale der Sowjetunion, entwickelte sich schließlich, schreibt Chivers, »in ein vertrautes Werkzeug für Genozid und Terror«.[34] Diese vernichtende Beurteilung kann die Hochschätzung, die dieses Gewehr viele jahrzehntelang im System Krieg hatte, nicht nachträglich korrigieren.

Die amerikanische Gewehrlobby, die für die Waffen im eigenen Land eine Stimmung der Akzeptanz zu erzeugen sucht, wird nicht müde zu propagieren, dass nicht Gewehre, sondern die Menschen hinter den Gewehren töten. Das ist ein Irrtum. Tödlich ist die Kombination aus Mensch und Waffe. Die Kulturgeschichte der Waffen und Waffengewalt kann zeigen, dass das Verhältnis von Mensch und Tötungsinstrument im 20. Jahrhundert eine historische Veränderung erlebt hat. Die Trennung wurde obsolet. Soldaten waren im Ersten Weltkrieg zum ersten Mal Anhängsel der Waffen und die Heere Verlängerungen der Waffenindustrie. Daran änderte sich im Laufe des Jahrhunderts nichts. Das Töten wurde zum integralen Moment der technologisch verfassten Gesellschaft und der Mensch zu seinem Instrument. Die sozialistische Kalaschnikow ist dafür ebenso ein Beispiel wie moderne Waffen aus der Produktion der kapitalistischen USA. Es wäre abwegig, die Kalaschnikow zur Grundlage des Kriegs als autopoietischem System des späten 20. Jahrhunderts zu erklären. Aber sie hat zum Entstehen dieses Systems, zu seiner Selbstrechtfertigung und seiner Langlebigkeit einen wichtigen Beitrag geleistet.

Die Verwilderung des Kriegs zu Massakern und Gemetzeln, von Warlords und Kindersoldaten gegen Zivilbevölkerungen geführt, gehört in ein neues System. Ein neues Bild vom Krieg entsteht, und in ihm hat das russische Billiggewehr den Glanz der politischen Verklärung verloren. Die Kalaschnikowa ist Teil seiner Willkür, die durch politische Reden über die Verteidigung von Freiheit durch Töten nicht einmal dem Schein nach verdeckt wird. In dem neuen System einer *Kriegskultur* wirkt ungehemmte Grausamkeit, vermischt mit dem billigen Luxus eines verlotterten Kapitalismus. Für verrohte Jugendliche in Afrika gehören Rap und Raggae zusammen mit einem enthemmten Triebleben und Konsum vom Ausschuss der Wegwerfgesellschaft. »Die Sonnenbrille und die Kalaschnikow sind in einigen Warlordfigurationen

34 | F.W. A. Hobart, Das Maschinengewehr. Die Geschichte einer vollautomatischen Waffe, Stuttgart (Motorbuch Verlag) 1973. Christopher John Chivers, The Gun, New York (Simon and Schuster) 2010.

ikonische Zeichen für die Bereitschaft zu brutaler, unberechenbarer Gewalt geworden.«[35] Dies Image fügt dem Bild der Waffe eine neue Variante hinzu: Sie wird für Jugendliche attraktiv, aufgeladen mit dem Schein einer Reklamewelt und ihren großen Versprechen und hohlen Gesten. In ihren Händen wird sie zu einem Instrument von Lusterfahrung, von lustvoll ausgeübtem Terror. Zur Ausbildung von fragwürdigen Identitäten trägt der dezentralisierte Terror gegen hilflose Völker nicht weniger bei als in einer früheren Generation die zentralisierte Ideologie der Identitätspolitik. Dem oberflächlichen Blick erscheint der Unterschied zu den gewehrschwenkenden Fundamentalisten, die in Afghanistan, Mali und andernorts die Scharia und archaische Strafen einführen, Hände abhacken, Frauen steinigen und 2000 Jahre alte Baudenkmäler und Texte zerstören, beachtlich. In Wahrheit verbindet der Kampf um Identität die ungleich scheinenden Brüder, die alle als Verlängerungen des Gewehrs handeln und alle ihren Beitrag dazu leisten, das sich selbst steuernde und der Planung entzogene System am *Leben* zu halten.

Die Erfindung des Maschinengewehrs wurde als ein Sieg der Rationalität und als Beitrag zum Ende des Kriegs gefeiert. Das war einer der größten Irrtümer im modernen Kriegsdiskurs, von den Erfindern der neuen Gewehre ausgelöst und befördert. Er ist Teil des rationalistischen Kriegsbildes der Moderne. Alfred Nobel benutze dasselbe Muster: Das Dynamit, argumentierte er, habe eine solche Zerstörungskraft, dass es den Krieg unmöglich mache. Sogar der Gaskrieg wurde, allerdings nur für kurze Zeit, als Modernisierung und Humanisierung gerechtfertigt. Auch die Erfindung der Atombombe wurde in Amerika von diesem Argument begleitet. Das neueste Beispiel dieser abwegigen Argumentation ist die Entwicklung der Drohne mit Waffeneinsatz. Sie wird als Fortschritt in der Humanisierung des Kriegs verteidigt. Worin könnte der Fortschritt liegen? Diese Waffe kehrt die Tendenz zur unverhältnismäßigen Zahl von toten Nonkombattanten der Kriege des 20. Jahrhunderts nicht um, wie zu ihrer Rechtfertigung immer wieder behauptet wird.

Es ist fragwürdig, die Entwicklung von Tötungsinstrumenten in der Kategorie *Fortschritt* zu bewerten. Wäre nicht der einzige Fortschritt auf diesem Gebiet, wenn die Entwicklung und Produktion von neuen, zum Töten von Menschen geeigneten Waffen eingestellt und alle vorhandenen verbrannt würden? Zu dieser Selbstabschaffung ist das System nicht in der Lage. Kein System schafft sich aus eigener Kraft selbst ab. Und eine exogene Kraft ist nicht in Sicht.

Für die Kulturgeschichte des Kriegs bedeutend an diesem *Fortschritt* ist eine im Kern gleichbleibende Beziehung. Mensch und technologische Innovation, Identität und Waffe bilden ein integriertes System, in dem sich gesellschaftliche Werte bestätigen und wohl auch ausbilden. Eine Geschichte

35 | Münkler, Die neuen Kriege, S. 35.

der Zivilisation aus der Perspektive *Soldat und Waffe, Körper und Stahl* könnte ein bedeutendes Kapitel zur Geschichte des Ichs zwischen Metallen und Gefühlen beitragen, die über die Kriegsgeschichte des 20. Jahrhunderts hinausreichen würde. Das sich selbst erhaltende und steuernde System ist symptomatisch für den Krieg der Moderne und entwickelte sich, nicht allein durch neue Waffentechnologien, aber nicht ohne deren wesentliche Beteiligung, im späten 20. Jahrhundert weiter. Die Kulturgeschichte braucht methodische Mittel, um in dieses System einzudringen und in der Gegenwart die Frage nach dem Mensch-Maschine-System in der Drohnentechnologie aufzuschlüsseln.

Abb. 6: Französische Soldaten mit Masken und Kampfmontur aus der frühen Zeit des Gaskriegs. Eine Populärpublikation aus Anlass des neunzigsten Jahrestages der Schlacht um Verdun mit dem Titel »La vie quotidienne au front« bildete dieses Foto ab. In den Kämpfen um Verdun wurde Gas selten eingesetzt.

Evidenz und Intuition

Kulturgeschichte ist zwischen Militärgeschichte und öffentlichem Diskurs so zu bestimmen, dass sie Subjektivität in die Konstruktion von Krieg einführt.

Sie verschiebt das Untersuchungsfeld von Ereignissen und Fakten der politischen und militärischen Macht auf das Wissen, Vorstellen und Fühlen, das im Kriegsdiskurs der teilnehmenden Beobachtung zugänglich ist und beschrieben werden kann. Sie sucht Erkenntnis in instabilen kognitiven und affektiven Beziehungen.

Wenn man die Bedingungen der Zuschreibung von Sinn und Bedeutung des Kriegs erfassen will, ist der Erkenntnisprozess notwendig in Subjektivität verschlungen. Die Kulturgeschichte hat bisher diese Verschlingung weitgehend als fraglos hingenommen und auf eine Reflexion der Subjektivität und ihrer Auswirkungen auf die Untersuchungsmethoden verzichtet. Subjektivität birgt die Gefahr, dass die Kulturgeschichte des Kriegs auf Psychologie reduziert wird. Während die Psychologie eine Leitwissenschaft für die Kulturgeschichte des Kriegs bildet, aus deren Argumentations- und Methodenarsenal sie sich versorgt, zielt ihr Erkenntnisinteresse in eine andere Richtung, im Unterschied zur Psychologie nicht auf das Individuum.

Augenzeugenschaft, aus dem Prozessrecht stammend und zur historiografischen Kategorie umgewertet, verfängt sich in dem Problem. Das durch die Autorität der Augenzeugenschaft fixierte Erlebnis, so ist die fehlgeleitete Annahme, könne eine »feste, allgemeingültige Grundlage«[36] auch für eine Geschichte der Subjektivität liefern. Dieser Trennung folgend, postuliert Koselleck die Trennung von »Kriegserlebnis« und seiner durch einen »Filter« mentaler Prägungen nachträglich gewonnenen Eigenschaften.[37] Originale Erfahrung und bewertete Erfahrung lassen sich jedoch nicht in einem temporalen oder logischen Nacheinander voneinander trennen. Die Fragestellung der Kulturgeschichte erfordert, dualistische und reduktionistisch arbeitende durch monistische Methoden der Emergenz zu ersetzen. Erfahrung, und das gilt in besonderer Weise für die Kriegserfahrung, wird stets im Kontext kultureller Kommunikation und im Licht öffentlicher Anteilnahme gemacht. Sie bildet sich notwendig im Rahmen genereller Werte und Handlungsnormen und wird mit den Mitteln einer vorgefundenen Sprache geformt. Deutung wird nicht nachträglich hinzugefügt, gehört vielmehr in einen Kontext von bewussten und vorbewussten Bedeutungen, in dem das Erlebnis entsteht.

Es gibt für sie keinen Zugang zum Verstehen von Krieg ohne das Einbeziehen der Subjektivität, aber sie muss als kulturell konstituiert gedacht werden. Kulturgeschichte will Krieg als durch Medien vermittelte Erlebnisse und Erfahrungen verstehen und muss die Bedingungen von deren Möglichkeit

36 | Dilthey, Ideen über eine beschreibende und zergliedernde Psychologie (1894), S. 146.

37 | Reinhart Koselleck, Der Einfluss der beiden Weltkriege auf das soziale Bewusstsein, in: Wolfram Wette (Hg.), Der Krieg des kleinen Mannes. Eine Militärgeschichte von unten, München, Zürich (Piper) 1992, S. 324-343, bes. S. 325ff.

jenseits der Subjektphilosophie klären. Das kann nicht heißen, dass die Kulturgeschichte, um Krieg zu verstehen, zuerst einmal das Problem der Subjektivität lösen müsste, um in einem folgenden Schritt ein angemessenes Bild vom Krieg zu gewinnen. Es geht vielmehr um einen unabschließbaren Erkenntnisprozess, in dem der erscheinende stets der medial konstruierte Krieg ist.

Aus dieser Objektkonstitution entwickelt die Kulturgeschichte keine Wahr-falsch-Dichotomie, sondern denkt und urteilt in den Abschattungen von Evidenz. Der Evidenzbegriff erlaubt nicht, die privilegierte Position zu beziehen, die die Militärgeschichte aufgrund ihres auf Reduktion gebauten Wahrheitsanspruchs für sich reklamiert.

Es ist hilfreich, zwischen Beweis und Evidenz zu unterscheiden. Die Wissenschaftstheorie der Neuzeit unterscheidet zwischen Beweis, dessen Beweiskraft in der Korrespondenzwahrheit und den Prinzipien der formalen Logik liege, und Rhetorik und Psychologie, die aus der Wissenschaft ausgeschlossen sind. Ein Beweis ist richtig oder nicht richtig. Die Unterscheidung lässt sich nicht abstufen. Er ist objektiv gültig oder nichtig und führt die Alternative im Sinn eines juristischen Verständnisses in die Geschichte ein. Zu gültigen, universellen Folgerungen führt nur, was bewiesen werden kann. Damit unterscheidet sich der Prozess der Wissensproduktion von der Überredung, die sich nicht auf das Objekt, sondern auf die Adressaten und ihre Vorstellungen richtet.

Diese Unterscheidung erweist sich aber, so zeigen epistemologische Untersuchungen, als eine Fiktion. Jüngere Forschungen zur Wissenschafts- und Wissensgeschichte haben die endogene Widersprüchlichkeit und Brüchigkeit in Leitbegriffen wie *Fakten* und *Objektivität* aufgedeckt.[38] Sie zeigen, dass auch wissenschaftliche Beweise auf Autoritätsstrukturen (nun nicht mehr der Transzendenz, sondern des immanenten Systems Wissenschaft) und rhetorische Figuren aufbaut. Evidenz vermeidet die Alternative im Sinn einer absoluten Entgegensetzung. Sie muss als solche erkannt und anerkannt werden, und so gibt es starke und schwache Evidenz.

Die Geschichtsschreibung strebt nach der Sicherheit der wahren Auslegung ihrer Quellen. Die Kulturgeschichte schließt dieses Streben von vornherein aus. Sie denkt in abgestuften Evidenzen, die sie an den ebenso unfesten Begriff der Authentizität bindet. Die Relativität und Subjektivität von Evidenz im Umgang mit Texten ist für ihr Erkenntnisinteresse keine Einschränkung,

38 | Vgl. u.a. den Sammelband Buschmann, Horst Carl (Hg.), Die Erfahrung des Krieges; Lorraine Daston, Peter Galison, Objectivity, New York (Zone Books) 2007; Katharine Park, Lorraine Daston (Hg.), The Cambridge History of Science, Vol. 3, Cambridge (University Press) 2007. Leider vergessen ist die Studie von Wolfgang Köhler, Werte und Tatsachen, Berlin, Heidelberg (Springer) 1968 (zuerst engl.: The Place of Value in a World of Facts, 1938).

sondern eine produktive Herausforderung. Wenn die Kulturgeschichte des Kriegs sich mit Dokumenten nicht als Beweise für Faktizität befasst, liegt darin nicht das Missverständnis, den Krieg zugunsten von Bewusstseinsphänomenen und Bildern zu vernachlässigen, sondern die Einsicht, dass im Imaginären die Kriegsrealität produziert wird, von der die Militärgeschichte fraglos ausgeht. Diese Produktion kann nur aufgedeckt werden, wenn *Krieg* aus seiner vorgeblichen Zwangsläufigkeit gelöst und seine Position aus dem System der Kausalität gelöst wird. Aus der Lösung erwartet die Kulturgeschichte einen Erkenntnisgewinn.

Liest die Militärgeschichte Quellen auf ihre manifesten Aussagen hin, so sind für die Kulturgeschichte Ideen und Erfahrungen, die nur latent vorhanden sind, in Texten aufgehoben. Texte enthalten ein Wissen, ohne dass sie davon wüssten. Der Wunsch, Dinge nicht auszusprechen, kann plausible Gründe haben, etwa in einem Brief von der Front in die Heimat. Briefe schwanken zwischen dem Bedürfnis, von der eigenen Wirklichkeit zu erzählen oder zu vermeiden, von schmerzhaften Erlebnissen zu sprechen, um die Gefühle des Schreibers und des Empfängers zu schonen. Diese Lücken lassen sich nachträglich ergänzen, aber nicht aus dem Text selbst, sondern sie erfordern Kenntnisse der Lage, in der der Brief geschrieben wurde, und der beteiligten Personen, Schreiber und Empfänger. Diese Ergänzungen zu einem Geflecht der Bedeutungen lassen sich evident machen, aber nicht beweisen.

3. Reduktion und Reduktionismus

Reduktionismus

Im Lauf des 19. Jahrhunderts fächerte sich die Analyse von Krieg in die entstehenden Disziplinen Soziologie und Politologie auf. Eine neue Kriegstheorie entstand, die aus soziologischen Grundthesen über die Gesellschaft der Zeit Vorhersagen für die Zukunft wagte. Deren Problem war weniger, dass sie alle falsch waren, sondern dass sie den Krieg auf ein System von Regeln reduzierten, die, wenn auch erst in der Zukunft, restlos durchschaut werden könnten. Krieg sollte aus allgemeinen Regeln *abgeleitet* oder auf wenige grundlegende Beobachtungen der gesellschaftlichen Evolution *zurückgeführt* werden. Das theoretische Verfahren des einen und das empirische des anderen Verbs ergänzten sich zu Methoden des Reduktionismus.

Deren Grundprinzip besteht darin, mentale Zustände prinzipiell auf physische Qualitäten und Prozesse zurückzuführen. Der Universalienstreit ist nicht beendet (und wird nicht beendet werden). Betrachtet man die Reduktion aus ontologischer Sicht, stellt ihr Prinzip kein Problem: Mentale Eigenschaften entsprechen physischen Eigenschaften,[39] also zum Beispiel liegt der Angst ein Vorgang im Gehirn zugrunde, der somatische Reaktionen auslöst, die im Bild festgehalten werden können, etwa auf Fotos von schlotternden Soldaten unter Beschuss. Das gleiche gilt für alle Bilder, die Emotionen ausdrücken, etwa vom Schmerz, dessen Gestik ebenso auf Vorgänge im Gehirn und Nervensystem zurückgeführt werden könne. Der Militärgeschichte kommt es nicht auf die Gehirnvorgänge an, nach denen die Physiologen forschen, aber sie interpretiert Bilder und Texte in diesem, hier grob skizzierten dualistischen Reduktionsmodell.

Die Reduktion bezieht sich nicht nur auf das Identische, sondern ebenso auf Negation. Sobald nicht gezeigt werden kann, dass den Begriffen der Beschreibung Repräsentate entsprechen, sind sie obsolet, Schall und Rauch (*flatus vocis*). Mir scheint offensichtlich, dass die Interpretation von Zeugnissen mentaler Zustände, etwa von Angst, Schmerz oder Lust, mit reduktionistischen Methoden bisher keinen Weg zum Verständnis geöffnet hat und nicht das Potential hat, diese Leistung in der Zukunft zu erbringen.

Je mehr wir durch die reduktionistische Militärgeschichte über den Krieg erfahren, desto bedeutungsleerer wird er. Dieser Mangel ist ein ausreichender Grund für die Kulturgeschichte, sich der Emergenztheorie zu öffnen. Der Emergenz-Begriff ist hilfreich für die Bezeichnung der theoretischen Position einer Opposition zum Reduktionismus.[40] Diese Theorie schafft einen Krieg, den es in der Militärgeschichte nicht gibt.

Das Entstehen von Krieg und seine weitere Entwicklung lassen sich für eine Kulturgeschichte angemessen nicht durch die Verursachungsfrage beschreiben. Kulturgeschichte behandelt den Krieg nicht als Ereignis oder eine Kette von Ereignissen, die auf Ursachen zurückgeführt werden können. Sie zielt auf eine Beschreibung und Analyse der Erscheinungsweisen von Krieg und reflektiert die Wahrnehmungsstrukturen, die es dem Krieg in allen seinen Varianten ermöglichen zu erscheinen und als Krieg erinnert zu werden, ohne einer konsekutiven oder temporalen Ordnung unterstellt zu sein. Dieses Ziel lässt sich mit Methoden der Emergenz verfolgen. Methoden der Emergenz können nicht aus dem untersuchten Objekt abgeleitet werden und sind nicht durch eine Nähe zum Gegenstand zu begründen. Methode kann auf dieser Ebene grundsätzlich nicht vom Gegenstand her begründet werden. Die Frage,

---

39 | Michael Pauen, Gerhard Roth (Hg.), Neurowissenschaften und Philosophie. Eine Einführung, München (Wilhelm Fink) 2001 ist nun über zehn Jahre alt, und das macht diese Einführung bei dem rasanten Tempo der Hirnforschung teilweise überholt. Dennoch ist die Lektüre einiger Aufsätze noch immer geeignet als Einführung in das Problemfeld.

40 | Vgl. u.a. Sawyer, Emergenz, Komplexität und die Zukunft der Soziologie; und ausführlich: Heintz, Emergenz und Reduktion (2004)

ob Krieg ein Emergenz-kompatibles Phänomen ist, lässt sich nicht aus dem Blick auf den Gegenstand entscheiden.

Krieg als Vorstellung

Es ist ein Missverständnis, das Kriegserlebnis als eine Art affektiver Innenseite der empirisch beobachteten Außenseite der Ereignisgeschichte zu verstehen. Den Unterschied von Innenseite und Außenseite gibt es nicht. Er bildet eine artifizielle Konstruktion aus der Perspektive einer fetischisierten Wissenschaft des Dualismus. Die Subjektivität des Erlebnisses ist von Anfang an in die soziale, politische und mentale Dynamik einer Gesellschaft eingebunden. Nach dem Ende der Kampfhandlungen bleibt diese Bindung erhalten.

Wir *haben* den Krieg nicht, wenn oder weil wir in ihm gekämpft haben oder ihn aus Zahlen und Fakten zusammenfügen, sondern in den Formen seiner Repräsentation und Konstruktion. Den wirklichen Krieg gibt es nicht ohne Vorstellungen und Phantasien, und die sind gebunden an und bedingt durch Subjektivität, die sich wiederum nur unter Einbeziehung des gesellschaftlichen Verhältnisses zu Krieg und Gewalt denken lässt. Diesem unlösbaren Ineinander muss die Methode gerecht werden.

Die Wirklichkeit des Kriegs der Kulturgeschichte entsteht in einem Netzwerk aus Symbolen und Handlungen in einem Miteinander von zugeschriebener und verlorener Bedeutung. Er wird aus Subjektivität, das heißt aus Erlebnis und Erfahrung, sowie Konstruktionen aus Sprache und Bildern, die immer schon vor dem Einzelnen da sind, entworfen, um das zu werden, was er für den Beobachter stets schon ist, eine Selbstverständlichkeit, die von der Militärgeschichte als Objekt vorausgesetzt wird.

Realität gewinnen Erlebnisse und Emotionen, solange sie als Moment im Verstehensprozess wirken. Diese Wirkung kann sich über lange Zeiträume hinweg erhalten, wie Ernst Jüngers Stahlhelm im abgedunkelten Ausstellungsraum des Marbacher Museums oder, mit entgegengesetzter Botschaft, Picassos Theatervorhang (1917) und andere Exponate einer Ausstellung in Metz, die sich dieser Langzeitwirkung widmete und sie lebendig machte,[41] demonstrierten. Diese Eigenschaften, die in einem System der Emergenz entstehen, haben eine eigene, verursachende Kraft, die über die Grenze des Diskurses hinauswirkt.

41 | »1917«, Kunst und Krieg im Centre Pompidou, Metz (2012). Katalog: Garnier, Claire, Laurent Le Bon (Hg.), »1917«, Kunst und Krieg im Centre Pompidou, Ausstellungskatalog, Metz 2012.

3.1 Hermeneutik: das Subjekt des Erlebnisses

Kulturgeschichte unterläuft die Gegenüberstellung von Krieg und Kriegsgeschichte, indem sie keine Dichotomie von Subjekt und Objekt setzt. Sie kann das wissenschaftliche Ideal einer subjektlosen und nicht-perspektivischen Darstellung nicht anerkennen. Der Krieg steht nicht einem Erkenntnis suchenden Subjekt als ein autonomes Objekt gegenüber. Kulturgeschichte stellt nicht die Frage, wie der wirkliche Krieg zu Vorstellungen von ihm führt, wie also das vernünftige Subjekt sich des Irrsinns kognitiv bemächtigt und verfolgt die Intention, Krieg und Subjektivität als einen Zusammenhang zu beschreiben, in dem das Subjekt stets verfangen ist. Sobald der Krieg zu einem Objekt gemacht wird, ist der Krieg verloren.

Gemeinsam mit den Vorschlägen zur Erweiterung der Militärgeschichte begann der Aufstieg des Begriffs *Erlebnis* in der Kriegsgeschichtsschreibung.[42] *Erlebnis* führt Subjektivität ein, die den wichtigsten theoretischen Unterschied zum Krieg der Ereignis- und Strukturgeschichte ausmacht. Subjektivität muss reflektiert und methodisch in das Bild vom Krieg eingeschlossen werden. Umgekehrt gilt, dass in die Konstitution des modernen Subjekts so viel Krieg und Gewalt einfließen, dass es sich von ihnen getrennt nicht denken lässt. Darin besteht eine methodische Herausforderung.

Kulturgeschichte lässt sich nicht auf das Kriegserlebnis einschränken. Ihr Gegenstandsbereich ist weiter. Ich werde mich zunächst aber auf das Methodenproblem konzentrieren, das durch die Subjektivität von Erlebnisgeschichte entsteht.

Wenn wir nach dem Weg fragen, den die Kulturgeschichte des Kriegs einschlägt, gibt es einen theoretisch (nicht empirisch) gesetzten Anfang: das Erlebnis.

Die Hinwendung zum Erlebnis bedeutet etwas anderes als einen *heuristischen Rahmen*, »der unterschiedlichen methodischen und theoretischen

42 | Eine kleine Auswahl von Titeln: Gerhard Hirschfeld u.a. (Hg.), Kriegserfahrungen. Studien zur Sozial- und Mentalitätsgeschichte des Ersten Weltkriegs, Essen (Klartext) 1997; Thomas Schneider (Hg.), Kriegserlebnis und Legendenbildung. 3 Bde., Osnabrück (Rasch) 1999; Anne Lipp, Meinungslenkung im Krieg. Kriegserfahrungen deutscher Soldaten und ihre Deutung 1914-1918, Göttingen (Vandenhoeck & Ruprecht) 2003; Andreas Jasper, Zweierlei Weltkriege? Kriegserfahrung deutscher Soldaten in Ost und West 1939 bis 1945, Paderborn (Schöningh) 2012; Georg Schild, Anton Schindling (Hg.), Kriegserfahrungen – Krieg und Gesellschaft in der Neuzeit, Paderborn (Schöningh) 2010. Aus dem Tübinger Sonderforschungsbereich 437: Kriegserfahrungen. Krieg und Gesellschaft in der Neuzeit (Gottfried Korff) sind Tagungen und Publikationen entstanden.

Zugängen Raum lässt«.[43] Für die psychologische Hermeneutik seit Wilhelm Dilthey sind *Erlebnis* und *Erfahrung* zentrale Begriffe. Sie haben Wirkung in der Geschichtsphilosophie, der Kulturanthropologie und Philosophischen Anthropologie sowie der Frankfurter Kritischen Theorie entwickelt. Verdeckt hat sich ihre Wirkung bis in die Gegenwart erhalten. Sie endet gerade in der Eventkultur, die das Erlebnis in beziehungslose Sensation und ins Spektakel verwandelt. Wie die Verhältnisse zwischen dem Erleben in der Lebenswelt (im Sinn Husserls), der Sinnkonstruktion (im Sinn Luhmanns) und Erinnerung (im Sinn der Gedächtnistheorien) für den wissenschaftlichen Erfahrungsbegriff der Kulturgeschichte definiert und fruchtbar gemacht werden können, ist ungeklärt. Der Erlebnisbegriff bildet das theoretische Zentrum einer Kulturgeschichte des Kriegs, aus dem ihre prinzipielle Opposition zur Militärgeschichte folgt. Die von Dilthey zurückgewiesene *Naturalisierung* und *Biologisierung* von Erlebnis, der er doch selbst zum Opfer fiel, kann als Warnung vor einem theorievergessenen Rückfall hinter Diltheys Kritik am Subjektbild der Identitätsphilosophie dienen. Das biologistische Konzept des Erlebnisses nennt Dilthey eine »Hilfskonstruktion«, die, wie in der Geometrie, zwar eine Annäherung an etwas Intendiertes ermöglicht, aber nie die Sache selbst ist. Ein so verstandenes Erlebnis werde dem Leben lediglich »hinzugedacht«.[44] Aber wie kommt das hermeneutische Verstehen ins Innere der Sache selbst?[45]

Erfahrung und Subjekt

Sprache und Bildlichkeit sind nicht die Rahmenbedingungen, unter denen der Kreuzungspunkt Subjekt entsteht und Erlebnisse hat, sondern Sprache und Bilder sind die Formen, in denen ein Erlebnis sich aus dem amorphen Durcheinander bloßer Sinnlichkeit erhebt und überhaupt erst entstehen kann, und mit ihm entsteht das Subjekt. Bilder, Sprache und Gattungsformen strukturieren die Verarbeitung und produzieren die bewussten und unbewussten Vorstellungen, Einstellungen und Imaginationen, auf die Kulturgeschichte sich richtet. Die in der historischen Literatur immer wieder zu findende Vorstel-

43 | Buschmann, Zugänge zur Erfahrungsgeschichte des Krieges, S. 13.

44 | Dilthey, Der Aufbau, S. 90.

45 | Die Abwesenheit der Debatte über ästhetische Erfahrung nach Gadamer (1972) führt zu einer gravierenden Einschränkung der Erklärungskraft der Kulturgeschichte. Gadamer, Wahrheit und Methode, bes. S. 329ff., aufgenommen von Hans Robert Jauss, Kleine Apologie der ästhetischen Erfahrung, Konstanz (Universitäts Verlag) 1972 und ders., Ästhetische Erfahrung und literarische Hermeneutik, Frankfurt a.M. (Suhrkamp) 1982 und in einer etwa 30 Jahre anhaltende Debatte. Einen Versuch ohne die Kenntnis dieser Debatte unternimmt: Winter, Remembering War, S. 114-115.

lung: »Der Ort der Erfahrung bleibt das Individuum«,[46] ist nach Dilthey bedeutungslos. Sie ist keine Antwort auf eine Frage, sondern stellt eine Frage.[47] Wer oder was ist dieses Individuum? Die Zeugnisse, die eine Person hinterlässt, seien kein Spiegel der Erfahrung, argumentierte Dilthey, sondern müssten als eine komplexe Konstruktion aus Ich und Welt begriffen werden. Als Spiegel des Ichs begriffen, verfalle die Theorie einer Täuschung. Der Spiegel gebe lediglich vor, ein zutreffendes Bild zu zeigen, mache aber in Wahrheit das Bild des Betrachters in historischem Kostüm sichtbar.

Dilthey spricht vom Individuum als einem *Kreuzungspunkt*, der als Ort nicht fixierbar sei: »Das Individuum ist nur der Kreuzungspunkt für Kultursysteme, Organisationen, in die sein Dasein verwoben ist: wie könnten sie aus ihm verstanden werden?«[48] Wie kann, ist Diltheys Frage, dieser Kreuzungspunkt aus subjektiven Erlebnissen zusammengesetzt werden und wie können Subjektivität und Erlebnis aus diesem Kreuzungspunkt methodisch bewusst verstanden werden?

Für das Verständnis dieses Zusammenhangs ist, meint Dilthey, die Einmischung des verstehenden Subjekts, ein »Rückgang des [verstehenden] Menschen in das Erlebnis, durch welches für ihn erst die Natur da ist, in das Leben, in dem allein Bedeutung, Wert und Zweck auftritt«, eine erkenntnistheoretische Bedingung.[49]

Die auf Dilthey folgende phänomenologische Epistemologie hat begonnen, einen Erlebnisbegriff zu entwickeln, der die Idee der Objektivität durch unfeste Identitäten auflöst.[50] Dort kann die Kulturgeschichte des Kriegs anknüpfen

46 | Klaus Latzel, Deutsche Soldaten - nationalsozialistischer Krieg? - Kriegserlebnis - Kriegserfahrung 1939-1945, Paderborn (Schöningh) 1998, S. 373. Die temporale Trennung in ein vorausgehendes Erlebnis und die daraus abgeleitete Erfahrung schafft allerdings ein eigenes Problem. Aus dieser Gegenüberstellung von Erlebnis und Deutung entsteht das Vermittlungsproblem, das letztlich nicht lösbar ist, da es auf einer falschen Voraussetzung beruht.

47 | Vgl. u.a. Christian Thies, Die Krise des Individuums. Zur Kritik der Moderne bei Adorno und Gehlen, Reinbek (Rowohlt) 1997.

48 | Wilhelm Dilthey, Der Aufbau, S. 251. An dieser Stelle knüpfen an: Alfred Schütz, Der sinnhafte Aufbau der sozialen Welt. Eine Einleitung in die verstehende Soziologie, Wien (Springer) 1932, Frankfurt a.M. (Suhrkamp) 1972 und, abhängig von diesen leicht pedantischen Analysen: Peter Berger, Thomas Luckmann, Die soziale Konstruktion von Wirklichkeit. Eine Theorie der Wissenssoziologie, Frankfurt a.M. (Fischer) 1972 (zuerst: 1970).

49 | Dilthey, Der Aufbau, S. 83.

50 | Schütz, Der sinnhafte Aufbau der sozialen Welt; Alfred Schütz, Thomas Luckmann, Strukturen der Lebenswelt, Neuwied (Luchterhand) 1975; Berger, Luckmann, Die soziale Konstruktion von Wirklichkeit.

und Methoden entwickeln, die den Begriff einer partiellen Objektivität ausführen. Darin besteht die eigentliche Herausforderung für die Konstruktion vergangener Wirklichkeiten durch die Kulturgeschichte und nicht in der Rekonstruktion phänomenaler Gehalte von ursprünglichen Erlebnissen.

Erfahrung und Methode

Will man aus den kulturgeschichtlichen Arbeiten der letzten Jahrzehnte ein Programm ableiten, müsste es die Intention verfolgen, den Krieg als Phänomen im Sinn der Phänomenologie zu verstehen, ohne sich damit der Bewusstseinsphilosophie der Hermeneutik anzuschließen.[51] Es richtet sich auf Wahrnehmungsprozesse und Repräsentationen und Konstruktionen der kognitiven und emotionalen Verarbeitung von Krieg.

Am Erlebnis sind Methoden des historischen Verstehens theoretisch ausgebildet worden. Aber die Harmonie der hermeneutischen Erlebnisphilosophie ist mit dem Kriegserlebnis, das von Konflikten und Streit handelt, nicht zu versöhnen. Wenn Kriegsgeschichte sich auf das Erlebnis richtet, muss sie eine Sprache und einen Interpretationsrahmen für das Transsubjektive und ebenso für das Grausame, das Regellose und Fragmentarische entwickeln.

An jeder subjektiven Erfahrung wirkt vorangegangene fremde Erfahrung aktiv mit. Die Kulturgeschichte des Kriegs lässt sich nicht auf Kommunikationsereignisse reduzieren. Aber Kommunikation ist die Luft, ohne die sie nicht leben könnte. Koselleck hat in diese Richtung argumentiert, wenn er die Bindung des Subjekts an gesellschaftliche Gruppierungen betont, die er mit dem Wort »Vorprägungen« bezeichnet.[52] Die Unterscheidung von Erlebnis und Erfahrung knüpft hier an und geht einen Schritt über die blasse *Vorprägung* hinaus. Denn den originalen »Erfahrungsraum des Kriegs«, der nachträglich umgebaut würde, gibt es nicht. Vielmehr ist dieser Raum stets im Fluss und unfest wie das korrespondierende Ich. Der Versuch, einen genuinen Erfahrungsraum zu bezeichnen, beginnt im Rückblick, und er ist meist politisch motiviert und mit der Identitätspolitik der Nachkriegsgesellschaft verbunden. Durch die Fokussierung auf Fragen wie Gender, Religion, Region oder Schicht spielt die Kulturgeschichte die Trennung von Kriegs- und Nachkriegserfahrung herunter.

---

51 | Für die Differenz s. bes. Edmund Husserl, Ideen zu einer reinen Phänomenologie und phänomenologischen Philosophie. Gesammelte Werke, Husserliana Bd. III,1, Den Haag (Martinus Nijhoff), 1976, bes. S. 69ff. In seiner Nachfolge: Schütz, Der sinnhafte Aufbau der sozialen Welt und Berger, Luckmann, Die soziale Konstruktion von Wirklichkeit.

52 | Koselleck, Der Einfluss der beiden Weltkriege auf das soziale Bewusstsein, S. 326.

Wie Koselleck ganz im Sinn Dilthey'scher Hermeneutik betont, bilden Erfahrungen auch für die Geschichte ein unauflösliches Miteinander aus unbewussten Eindrücken und Verhaltensweisen, die nicht mehr erinnert werden, mit kognitiven Verarbeitungen, die sich nur bedingt einer willentlichen Planung unterstellen.[53] Bewusst oder unbewusst wirkende Erinnerung, ein Gegenwartsverhältnis und Zukunftsphantasien fließen in der Erfahrung zusammen. Die methodische Klärung hat die Forschung nicht unternommen. Klaus Latzels Hinweis auf die Phänomenologie von Alfred Schütz und Berger/Luckmann hat sich in der Eigenbestimmung und der Forschungspraxis kaum bemerkbar gemacht.

Das Unerschließbare am Krieg muss einbezogen werden. Es ist kein Manko, das durch Verwissenschaftlichung überwunden werden könnte oder sollte, sondern es ist, so legen die Kriegsdiskurse der Moderne nahe, konstitutiv für das Kriegserlebnis.[54]

Hürden für die Hermeneutik

Das Kriegserlebnis gehört in die Geschichte der Emotionen.[55] Krieg hat stets die starken Gefühle und die Leidenschaften geweckt und hat das auf neue Weise auch im 20. Jahrhundert getan. Zugleich brachte der Erste Weltkrieg eine Wende. Er war symptomatisch für eine gegenläufige Entwicklung: Enthusiasmus und das Ende der Emotionen auf dem Schlachtfeld der Technologie. Die Negativität des Kriegserlebnisses sorgt für Heteronomie.[56] Leidenschaften, die am Kriegsbeginn so auffällig wirkten, verbargen sich in einer mechanischen Struktur. Soldaten von 1914 waren in ihren Emotionen aufgehoben; ein sol-

---

53 | Reinhart Koselleck, »Erfahrungsraum« und »Erwartungshorizont« – zwei historische Kategorien, in: ders., »Erfahrungsraum« und »Erwartungshorizont« – zwei historische Kategorien, S. 354.

54 | Eine frühe Untersuchung von Kriegsbriefen geht von der Gegenüberstellung von Wahrheit und Unwahrheit in der Kommunikation zwischen Front und Heimat aus und macht mit der These einer »Norm der Unaufrichtigkeit« eine für die Diskursgeschichte der Kommunikation und Propaganda bedenkenswerte Beobachtung. Das Performative dieser Sprache wird auch in gegenwärtigen Studien zum Erlebnis der Front nicht immer von der Frage nach empirischer Wahrheit getrennt: Isa Schikorsky, Kommunikation über das Unbeschreibbare. Beobachtungen zum Sprachstil von Kriegsbriefen, in: Wirkendes Wort 1992, 2, S. 295-314. Klaus Latzels Untersuchungen zur Sprache in beiden Weltkriegen machen einen überzeugenden Anfang. Vgl. u.a. Latzel, Vom Kriegserlebnis zur Kriegserfahrung.

55 | Ein früher Versuch theoretischer Klärung ist: Koselleck, Der Einfluss der beiden Weltkriege auf das soziale Bewusstsein (Anm. 37).

56 | Als Grundlagentext ziehe ich heran: Dilthey, Der Aufbau.

ches Kollektiverlebnis hat sich nicht mehr wiederholt. Diesem Ende entsprach ein Anfang: Die negativen Gefühle waren wie die Umkehr der Leidenschaften. Das Grauen vor dem Schlachtfeld des Materials entstand. Die Übermacht der Kriegsmaschinen und der Feuerkraft moderner Waffen, die nach 1915 nur noch als Destruktionskraft erlebt wurden, war eine Grausamkeit, die der Krieg dem Ich zufügte und die das Gemüt nicht weniger bewegte als Leidenschaften in früheren Kriegen. Sie folgte dem Ziel jeder Grausamkeit: Das Opfer auf der Schwelle zum Tod zu halten und zu demonstrieren, dass ihm das Existenzrecht als Mensch abgesprochen wird. Ihr Urheber war nun anonym: das Material.

Disparate Erlebnisse und Erfahrungen müssen theoretisch erfasst und als Kriegswirklichkeit beschrieben werden, ohne das Disparate zu glätten. Es ist eine methodische Herausforderung, in dieses unübersichtliche Gebiet der Erlebnisse und Vorstellungen vorzudringen und einen Zusammenhang herzustellen, ohne sie zu homogenisieren. Methodische Zugänge zu entwickeln, die ihnen in ihrer eigenen Zeit gerecht werden, erfordert eine Anpassung der Methoden an den Gegenstand der Untersuchung.

Das Verstummen bildet für die Kulturgeschichte des Kriegs eine methodische Herausforderung.[57] Wie bekommt sie Zugang zum Stummen und Verstummen? Das Verstummen ist kein bloßer Verlust von Sprache, sondern eine verborgene Erfahrung, die zum Reden gebracht werden kann, wenn die Kulturgeschichte Methoden entwickelt, in denen das Verstummen etwas bedeutet. Die Ernüchterung, die sich im Verstummen ausdrückt, war ein Akt der Negation, an dem Psychen zerbrochen sind. Seit dem Ersten Weltkrieg muss die Negativität als Verlusterfahrung in die Konzeption von Erlebnis und Erfahrung eingebaut werden. Hermeneutik macht sich das Heteronome zu eigen und gleicht es an, um es aus der Gleichheit zu verstehen. Damit bringt sie das Negative zum Verschwinden. Das Heteronome beendet die Affinität von Kriegsdiskurs und Hermeneutik. Wenn Walter Benjamin über das Verstummen der heimkehrenden Soldaten schrieb, bezog er sich wohl nicht auf das Verstummen, das die erweckten, religiösen Visionäre auszeichnet. (Aber selbst diese Beziehung ist nicht ausgeschlossen.) Mit dem Verstummen weist der Kriegsdiskurs über die Grenzen der Hermeneutik hinaus. Will Kulturgeschichte das Verstummen nicht in Anlehnung an Mystik verstehen – auch dafür gibt es Beispiele, besonders in den beiden Weltkriegen – muss sie nach Methoden der Analyse suchen.

Kulturgeschichte, die eine Negativität im Inneren entdeckt, von der der Militärgeschichte nichts bekannt sein kann, steht vor der Aufgabe, für sie eine

57 | Vgl. Cornelia Temesvari, Roberto Sanchino Martinez (Hg.), »Wovon man nicht sprechen kann [...]«. Ästhetik und Mystik im 20. Jahrhundert. Philosophie, Literatur, Visuelle Medien, Bielefeld (transcript) 2010.

Methode der Erlebnisanalyse zu entwickeln. Hermeneutik und Diskursanalyse haben wenig Hilfe anzubieten. Eine Kulturgeschichte, die diese Dimension erfassen will, muss Methoden und eine Sprache entwickeln, die den Rahmen der Hermeneutik sprengen.

Seit dem frühen 19. Jahrhundert und verstärkt im Ersten Weltkrieg gibt es den Kriegskitsch, der das Erlebnis für die Sentimentalität ausbeutet.[58] Von ihm ist die Hermeneutik überfordert. Sie hat keinen Sinn für das Falsche und das Subjekt und sein Erlebnis, sobald sie von innen entleert sind. Ebenso liegt das aggressive Gegenteil zum Kriegskitsch, der Krieg als das absolut Böse, außerhalb ihrer Reichweite. Und schließlich zeigen sich im Kriegsdiskurs seit dem Ersten Weltkrieg die Symptome einer Verwüstung des Subjekts. Zu ihr weisen Hermeneutik und Diskursanalyse keinen Zugang.

Flauberts Ideal, einen Text über Nichts zu schreiben, ist für die Lektüre von Zeugnissen des Verstummens im Krieg zweifellos zu hoch gegriffen. Sie entsprechen keinem Ideal der modernen Ästhetik, sondern folgen schlichter psychologischer Pragmatik. Dennoch kann für eine Interpretation, die kulturgeschichtliche Ziele verfolgt, der Grundgedanke vom Schreiben über Nichts zu einer Entschlüsselung von Briefen und anderen persönlichen Zeugnissen führen, die über den manifesten Briefinhalt, den ein Augenzeuge verfasst, weit hinausgeht und dem Bild vom Krieg im Kopf eine neue Dimension gibt. Das ist ein offensichtlicher Fall von verborgenem Wissen in Quellen, die mehr enthalten, als sie wissen. Die Ergänzung einer bewusst gesetzten Lücke im Text dürfte selten Neues zu Tage fördern. Aufschlussreich ist die Lektüre, die nach unbewussten Informationen in einem Text mit Lücken oder über nichts sucht. Erfahrungen mit Tod und Töten, von Gott und Welt, Zeit und Zukunft lassen sich mit einer hermeneutischen Lektüre erschließen. Die Lücke und das Nichts übersteigen dagegen den Horizont ihres Deutungspotentials.

4. Diskursanalyse

Diskursanalyse, Psychologie und die Medientheorie bieten sich an, um Hermeneutik für den Kriegsdiskurs über sich hinauszutreiben. Theoretiker der Diskursanalyse neigen dazu, die Unterschiede zur Hermeneutik zu betonen. Sie gibt es, und es wäre zum Nachteil beider Theorien, sie zu verdecken. Aber sie müssen zutreffend bestimmt werden. Interessanter sind die Anschlussstellen.

58 | Das viel gelobte Ende des Films *Oh! what a lovely war* (musical film directed by Richard Attenborough, 1969) scheint mir ein neueres Beispiel für den gut gemeinten und populären Anti-Kriegs-Kitsch.

Die Hermeneutik ist weder ein Verfahren, das sich nur auf Texte richtet, noch sucht sie nach der eigentlichen Bedeutung hinter den Texten, noch ist es notwendig ihr Ziel, wie oft argumentiert wird, transzendentale Subjektivität zu erzeugen. In all diesen Fragen sind die Übereinstimmungen von Hermeneutik und Diskursanalyse groß, so dass eine wechselseitige Ergänzung möglich ist und produktiv gemacht werden kann, um den Zusammenhang von subjektiver Erfahrung mit diskursiven Praktiken der dynamischen Gesellschaft zu erkunden. Eine methodische Klärung der möglichen Verbindungen mit den Neurowissenschaften steht aus.

Prozesscharakter und Posttraditionalismus

Die Kulturgeschichte des Kriegs muss davon ausgehen, dass der Kriegsdiskurs auf Voraussetzungen beruht, die dem Bewusstsein der Diskursteilnehmer vorausliegen. Diese Voraussetzungen lassen sich nicht restlos aus den gesellschaftlichen, ökonomischen, politischen Strukturen und Machtverhältnissen ableiten. Die Krise des Subjekts, Fragen nach dessen Verantwortlichkeit und Entscheidungsfreiheit, werden in gesellschaftlichen Kulturen behandelt und liegen der Bildung des Kriegsdiskurses voraus. In der Neuzeit haben sich die Regeln, nach denen Texte und andere diskursrelevante Medien sich über Krieg äußern, grundlegend verändert. Zum Kriegsdiskurs tragen Textsorten bei, die nach sehr unterschiedlichen Regeln arbeiten: Presseberichte, Journale, Tagebuch, Roman, Reden, Traktate, Fotografie, Film, bildende Kunst. Deren Gewichtung hat sich in den vergangenen 100 Jahren diskursimmanent wie in der Außenwirkung gründlich verschoben: Fiktion hat an Gewicht verloren, während Wissenschaft an Macht gewonnen hat. Theorie muss ihre Position mit einer wachsenden Bedeutung der Bilder teilen. Das Orale kommt zurück und macht der Schriftkultur Konkurrenz. Krieg hat als Spiel eine neue Bedeutung gewonnen. Von diesen Entwicklungen ist die Konstruktion des Kriegsbilds elementar betroffen, und so müssen Methoden entwickelt werden, die es erlauben, die Geschichte der Bedingungen des Kriegs im Kopf zu erforschen. Sie lösen den Krieg aus politischen Verhältnissen und machen ihn zu einem selbstregulierenden System. Es fordert weniger die Frage heraus: Was geschieht?, sondern mehr: Wie funktioniert es? Kulturgeschichte beschränkt sich nicht auf Inhalte, sondern befragt immanente Mechanismen, die zur Konstruktion von Krieg als System führen.

Dilthey hatte versucht, sich mit dem Begriff der Struktur aus der Klemme zu helfen, um einen Zusammenhang herzustellen, der sich von der Kausalität der Naturwissenschaften und dem Naturalismus der experimentellen Psychologie unterscheidet, aber dennoch einen intersubjektiven Konstruktionsrahmen herstellt. Das Problem hat sich gründlich verändert. Dennoch öffnet sich für die gegenwärtige Methodendiskussion an dieser Stelle die Aufgabe,

Diskursanalyse und hermeneutische und phänomenologische Theoriebildung zu verbinden und Kontakte mit den experimentellen Neurowissenschaften zu erarbeiten.

4.1 Gespräch und Macht

Für posttraditionelle Gesellschaften[59] ist es bezeichnend, dass Krieg als gesellschaftliche Praxis und der Kriegsdiskurs als das gesellschaftliche Wissen und Bewerten dieser Praxis dauerhaft einer wissenschaftlichen wie öffentlichen Beobachtung ausgesetzt sind und damit in einen Zirkel eines ununterbrochenen Feedbacks eingebunden werden. Diese Bindung hat Folgen für den Krieg und den Diskurs. Der Zirkel öffentlicher Kommunikation nährt den Diskurs.

Er unterscheidet sich von Ideologien und (profanen) Glaubenssystemen. Die Zirkulation tritt an die Stelle des Gesprächs in der Hermeneutik. Aber Zirkulation hat andere Eigenschaften als das Gespräch. Die öffentliche Kommunikation findet im Unterschied zum Gespräch der Hermeneutik nicht unter Gleichberechtigten statt, sondern ist in Machtverhältnisse verwickelt. Der Kriegsdiskurs dient dem Austragen von Konflikten um Macht und nur in Ausnahmesituationen dem Gespräch. Der Diskurs bildet sich aus der Gruppierung von Aussagen, die, wie ein Gespräch, nach lockeren Regeln geordnet sind und durch Bedeutungsstrukturen Kohärenz gewinnen. Aber sie verteilen zugleich auch Macht, und deren Folge sind Ein- und Ausschlüsse.

Unter diesen allgemeinen Charakteristika lassen sich Kriegsdiskurse bestimmen, die den öffentlichen Schauplatz eines nach dem Kriegsende anhaltenden Streits bilden, in dem es nicht um historische Wahrheit, sondern um die Unterscheidung zwischen authentisch und inauthentisch geht. Für sie ist nicht Wahrheit, sondern die Diskurshoheit das Kriterium. Für die akademische Debatte interessant sind die Inhalte, aber für eine kritische Kulturgeschichte herausfordernd sind die Regeln und Konventionen, die zur Diskursformung führen. In ihnen wirkt Macht, und sie entscheiden letztlich, anders als in der konfliktscheuen Hermeneutik, über die Fragen der Macht über Exklusionen. Foucaults Diskursanalysen haben den Sinn für diesen Aspekt geschärft. Eine Hermeneutik, die sich dieser grundlegenden Veränderung nicht öffnet, ist anachronistisch.

Nach dem Tod des Subjekts

In Foucaults Konzeption funktioniert der Diskurs anonym, ohne das Subjekt der Hermeneutik. Mit der Diskurstheorie beobachten wir Linien und Struktu-

59 | Anthony Giddens, Leben in einer posttraditionalen Gesellschaft, in: Ulrich Beck, Anthony Giddens, Scott Lasch (Hg.), Reflexive Modernisierung, Frankfurt a.M. (Suhrkamp) 1996, S. 113-194.

ren im diskursiven Feld, ohne den Kreuzungspunkt in Diltheys Hermeneutik. Kein Subjekt und auch kein bedeutender Schnittpunkt von Linien werden herausgehoben. Die Position, die im Diskurs eingenommen wird, braucht nicht notwendig identisch zu bleiben und wird nicht zu allen Zeiten von allen Diskursteilnehmern geteilt.

Kulturgeschichte würde ihre Grundlage zerstören und sich selbst aufgeben, wollte sie beim Zustand einer Auflösung stehenbleiben und den *Tod des Subjekts* als letztes Wort akzeptieren. Es kann nicht das Ziel sein, durch eine Symbiose von Hermeneutik und Diskursanalyse das Subjekt zurückzubringen. Das über Biografie oder eine Theorie des freien Willens definierte Subjekt darf nicht durch die Hintertür die Geschichtsbühne wieder betreten und die Position der subjektiven Verantwortung wieder besetzen. Aber ohne Subjektivität kann kein Kriegsdiskurs gedacht werden.

Ein Ort für das verneinende Subjekt ist in der Hermeneutik wie in der Diskursanalyse (aus unterschiedlichen Gründen) nicht freizuräumen. Soll die reine Beobachtung des Systems von Nirgendwo überschritten und Negativität in die Kulturgeschichte eingebaut werden, muss die Frage nach dem Subjekt gestellt werden.

Soll das Prinzip der Verantwortung nicht aufgegeben werden, kann die Kulturgeschichte nur eine gewisse Strecke mit Foucaults subjektloser Konzeption von Geschichte mitgehen. Dann muss sie ihren Weg anders bestimmen und für das Prinzip Verantwortung einen Ort in der Methodik finden.

Ein Makroereignis wie Krieg und sein Diskurs lassen sich als subjektloses System nur partiell beschreiben. Erlebnis oder Perspektivwechsel sind in subjektlosen Systemen bedeutungslos. In dem Maß, wie die Kulturgeschichte die Unterscheidung von wahr und falsch, die ein autonomes Subjekt voraussetzt, vermeidet, kann mit der Suche begonnen werden. Die Kulturgeschichte des Kriegs verknüpft Struktur mit Perspektivik. Perspektive korrespondiert nicht mit einem identischen Objekt, sondern mit Ansichten eines Objekts. Sie ist selbst flexibel und verändert sich über die Zeit und gemäß wechselnder Interessen und Einflüsse. Dilthey verstand Texte und Subjekte als kulturelle Kreuzungspunkte. Die Konfrontation von Texten mit Texten und Diskursen mit Diskursen bildet eine Fortsetzung dieser hermeneutischen Problemstellung. Die Analyse des Kriegsdiskurses kann von der Konfrontation der Diskurse profitieren.

Es lohnt sich, den Kriegsdiskurs in Kontakt mit anderen Diskursen, etwa dem des Kolonialismus im 19. Jahrhundert oder der Dekolonisation zu versetzen oder den des Feminismus mit dem des Postkolonialismus oder Hassdiskurse mit Technologiediskursen zu konfrontieren. Die Gegenstandsbereiche der Diskurse unterscheiden sich. Überschneidungen in der Thematisierung von Macht, von den Grenzen des Subjekts, vom Überschreiten der Routine im Abenteuer, von Angst, von Tod und Töten, von Pazifismus oder Feminismus schaffen aber Schnittstellen, an denen sich der Krieg aufhellt und, und das ist wichtiger, Licht auf das Problem des Kriegs im Entwurf des Lebens fällt.

Der Diskurs darf nicht aus der Pflicht entlassen werden, ethische Prinzipien zu entwickeln, die es erlauben, weiterhin von Verantwortung zu sprechen. Die Arbeit an einer systemischen Ethik steht uns bevor. Die neuen Kriege werden bereits geführt und ihre Waffen mit Hochdruck entwickelt, und diese Arbeit an der Methode hinkt, wie stets, hinterher.

Die Einbildungskraft braucht theoretische Anstöße, um zu denken, dass innerhalb der Grenzen eines Diskurses *fremde* Probleme, etwa in dem des Feminismus die Probleme des Kriegs, behandelt werden. Ein Text, der nicht im Rahmen *eines* Diskurses gelesen wird, kann zur Schnittstelle von mehreren im Konflikt miteinander stehenden Diskursen werden oder die Spannungen von Diskursen aufdecken, die sich scheinbar nichts zu sagen haben wie etwa Krieg und Natur, Krieg und Tier, Krieg und Tourismus, Krieg und Weiblichkeit, Krieg und Identität, Krieg und Kindheit, Krieg und Skeptizismus. So können Texte zu einem Bedeutungsreichtum erweckt werden, den sie als Beiträge zu einem Diskurs nicht haben. Wissen, das im Kriegsdiskurs nicht vorkommt, aber in anderen Diskursen gefunden wird, kann für die Kulturgeschichte des Kriegs nicht weniger bedeutsam sein als das im Diskurs endogen verhandelte Wissen. In Texten des Kolonialismus erwarten wir zum Beispiel für männliche Akteure eine große Homogenität. Es existieren aber im Kolonialismus diskursive Konflikte, die der maskulinen Kodierung von Subjektivität (Abenteurer, Kämpfer für die weiße Zivilisation) zuwider laufen. *To go native* war die Bezeichnung für den Kolonialoffizier, der seine Rolle beendete und sich dem Exotischen, der Wildnis, dem Dschungel, dem Primitivismus hingab. Diese Konflikte im Kolonialdiskurse werfen Licht auf die Heteronomie der Männerrollen, auch im Krieg. Die Frage der Kulturgeschichte ist: Welche widersprüchlichen Gleichzeitigkeiten verbergen sich im Diskurs, und gibt es einen Zusammenhang oder nur Lazeration? Der deutsche Offizier dominierte den Kriegsdiskurs als Willensmensch. Aber es gab auch die Gegenkonzeption (ohne proletarisches Pathos), zum Beispiel Kracauers empfindsamen Dr. Ginster, der am Krieg litt (*Ginster*, 1928).[60] Den einen gegen den anderen auszuspielen und zu bewerten, führt in eine Banalisierung. Der Widerspruch muss vielmehr als diskursiver Konflikt erhalten und theoretisch ausgearbeitet werden.

Zahlreiche Beispiele dieser Offenheit können benannt werden. Weißer und Indianer, maskulin und feminin, Mensch und Tier werden in Literatur aus einer simplifizierten Freund-Feind-Opposition gelöst und bringen, mit Texten des Kriegsdiskurses gelesen, eine Komplexität in die schlichte Konfrontation der Freund-Feind-Opposition zurück. Die Geschlossenheit von Texten und von

60 | Siegfried Kracauer, Ginster, Frankfurt a.M. (Suhrkamp) 1990.

der Text-Umfeld-Beziehung kann durch solche Konfrontationen aufgebrochen werden, wie ich an einem Kontakt der Diskurse *Gräueltaten* im Kolonialismus und im Krieg zeigen will.

Es wäre aufschlussreich, einen so ambivalenten, dunklen Roman wie Joseph Conrads *Heart of Darkness* (1899), der nichts mit Krieg zu tun hat, aber um das Grauen, das Böse und die Falle des gesunden Menschenverstandes kreist, mit Texten aus dem Kriegsdiskurs der Zeit zu konfrontieren. Auch Karl Mays Romane handeln nicht vom Krieg. Aber, mit dem Kriegsdiskurs ihrer Zeit konfrontiert, sprechen sie von den Spannungen und Konflikten, die das Männlichkeitsideal auf die Schlachtfelder übertrug: Gewalt und Kampf werden in den Romanen als maskuline Tugenden bestätigt, aber zugleich widerlegen Freundschaft und Kameradschaft zwischen wilden Indianern und zivilisierten Sachsen aus Dresden und eine grenzenlose Sympathie mit dem Anderen die negativen Werte und stellen Berührungen mit der Femininität des Weiblichkeitsdiskurses her. Durch den wilden Westen Karl Mays verstehen wir die Spannungen im Kriegsdiskurs und der Kriegsliteratur im engeren Sinn, etwa in Werken von Flex, Zweig oder Remarque als die der Gesellschaft und nicht als die des Schlachtfeldes.

Schließlich will ich auf das Mensch-Tier-Verhältnis verweisen, das sich in literarischen Werken, etwa über den Krieg zwischen Mäusen und Fröschen (Rollenhagen) oder in Goethes Reineke Fuchs und vielen Fabeln über Macht unter Tieren ausdrückt und, mit dem Kriegsdiskurs konfrontiert, erhellende Diskrepanzen herstellt, die sich in den Krieg der Moderne verfolgen lassen, aber in der Postmodere abbrechen.

4.2 Emergenz

Kollektive Überzeugungen, mentale Haltungen oder geteilte Erinnerung, die auf persönliches Tun und Lassen wirken, sind die Folgen von Erfahrungen, und dieser Zusammenhang kann als emergent beschrieben werden. Aus der Frage der Emergenztheorie: ›Wie entsteht und entwickelt sich ein System der Interaktionen von Akteuren, das nicht von Urhebern (Politik, Generalstab) planvoll geschaffen wird?‹, lassen sich methodische Anweisungen für die Frage der Kulturgeschichte nach dem Entstehen und der immanenten Entwicklung von Krieg gewinnen. Das Beziehungsgeflecht (im Gegensatz zur Isolation reduktionistischer Analyse) muss die Grundannahme jeder Kulturgeschichte des Kriegs bilden. Eigenschaften des Systems Krieg lassen sich dann produktiv als emergent verstehen, wenn sie nicht durch das Verhalten und die Wirkungen, die sie in anderen Beziehungsgeflechten ebenso aufweisen, erklärt werden können. Mit einer Emergenztheorie lässt sich ein Modell des Kriegs als *selbstorganisiertes System* ohne zentrale Steuerung und ohne eine komplementäre Opposition von unten entwickeln. Es entsteht nach Prinzipien der

Emergenz und hält sich durch Regeln, für die im 17. Jahrhundert der Begriff *Kriegsordnung* eingeführt wurde, am Leben. Diachronie bildet für Emergenz ein methodisches Problem. Eine Theorie des Kriegs als selbstreguliertes System macht seine Eingliederung in die Evolutionstheorie schwer. Wo wäre in der Evolution der Ort für ein komplexes System mit einer intrinsischen Struktur der Selbstorganisation?[61] Für eine Kulturgeschichte des Kriegs ist erforderlich, das synchrone System mit Eigenschaften der Selbstorganisation mit dem gesellschaftlichen Prozess zu verkoppeln. Es erfordert intensive Arbeit an der Theorie, die zwei zunächst als inkompatibel erscheinenden Modelle zu verbinden. Ohne die Synchronie zu überwinden, ist keine Kulturgeschichte zu schreiben. Ich will zunächst fragen, aus welchen Elementen der Kriegsdiskurs besteht, wie er Krieg repräsentiert, phantasiert und simuliert, und wie seine Eigenschaften interagieren, um sich zu einem System zu ergänzen, also das Synchrone am Kriegsbild behandeln. Die prinzipielle Irreduzibilität von Eigenschaften ist für das Emergenzmodell konstitutiv. Sie macht es schwer, den Krieg in das Evolutionsdenken einzubauen. Es bedeutet aber nicht, am Prinzip der Evolution zu zweifeln, wenn man feststellt, dass der Krieg starke Belege für den Universalienrealismus liefert, der sich mit dem Prinzip der Evolution nicht vereinbaren lässt. Eine komplexere Konzeption der Evolution ist nötig, will man unter Zuhilfenahme ihres Modells zu relevanten Aussagen über Krieg und seine Entwicklung gelangen.

Emergenz stützt eine Logik der Fortsetzung ohne Anfang und der Selbstorganisation, die keiner Kausalität folgt. Eine Frage der Theoriebildung ist die nach dem Ursprung und nach dem geschichtlichen Anfang des Kriegs. Beobachtungen aus der frühen Geschichte des Kriegs sowie theoretische Erwägungen legen nahe, nicht an ein abruptes Auftreten von Krieg zu denken, sondern Vorstellungen des allmählichen Auftauchens zu bemühen. Emergenztheorien bieten die geeignete Grundlage für Erklärungs- und Beschreibungsrahmen in der Geschichte der Kriege. Als emergent kann der Anfang des Ersten Weltkriegs beschrieben werden, insoweit er nicht erklärt wurde, sondern ausbrach und sich der Voraussicht und planvollen Eingriffen weitgehend entzog. Die Wahrscheinlichkeit dieses Kriegs prädestiniert ihn für Emergenzmethoden.

Für ein weiteres Beispiel kann ich noch einmal den Mythos vom zauberhaften Schutz durch den Stahlhelm heranziehen. Er hält, wie gezeigt, der kritischen Betrachtung nicht statt und verschwindet wie auch die zahllosen Gerüchte, die während des Kriegs florierten, im Kriegsbild der reduktionistischen Militärgeschichte in einer Fußnote. Verstehen wir den Krieg besser, wenn wir wissen, dass die Legende vom Stahlhelm oder der verbreitete Glau-

61 | Peter Coveney, Roger Highfield, Frontiers of complexity. The Search for Order in a Chaotic World, New York (Faber and Faber) 1996.

be von Ende 1914, die Landung eines riesigen russischen Heeres zur Entlastung an der Westfront stehe unmittelbar bevor, bloße Phantasien bildeten? Die Falschmeldung, der Marc Bloch einen grundlegenden Aufsatz widmet,[62] wird durch reduktionistische Methoden aus den relevanten Problemen ausgeschieden. Wir haben einen Teil der Kriegswirklichkeit *weginterpretiert*. In der Negation lässt sich ein Akt der ideologiekritischen Aufklärung sehen. Aber sie eskamotiert eine Facette, von der im System des Kriegs ohne Anfang und immanente Rationalität eine emotionale Macht ausgeht und die das Handeln beeinflusst.

Emergenz wird durch das Prinzip der Irreduzibilität begründet. In diesem Theorierahmen werden mentale Zustände nicht aus bekannten Ursachen abgeleitet, also etwa die Kriegsbegeisterung vom August 1914 aus dem Nationalismus im Deutschen Reich, sondern in ihren Zeugnissen werden die Elemente eines Zusammenhangs gesehen, der sich als System beschreiben lässt. Zu dessen Eigenregulation leisten sie einen Beitrag. Auf welche Weise tun sie das? In anderen Worten: Wie kann Krieg in diesem Zusammenhang auftauchen? Wie entsteht die Kriegskultur einer Zeit und auf welche Weise setzt sie sich zu einem System zusammen, das – auf dieses Problem komme ich gleich zu sprechen – in geschichtliche Dynamik leitet?

Die Problematisierung des intentionalen Handelns ist für die Emergenztheorie zentral. Kriege werden nicht nur erklärt, sondern brechen aus, und diesem sprachlichen Unterschied liegen unterschiedliche Realitäten zugrunde. Ziele zur Begründung einer Kriegserklärung werden bestimmt, aber sie gehen bald verloren, sie gehen im konfusen Kriegsgeschehen unter, und kämpfende Soldaten *vergessen* sie. Als Muster eines selbsterzeugten und selbstregulierenden Kriegs, der den Gedanken der Intentionalität oder einem teleologischen Modell ad absurdum führt, kann der Dreißigjährige Krieg dienen. Das Muster wiederholte sich im Ersten Weltkrieg und ist nicht nur in Brechts (*Mutter Courage*) und Döblins (*Wallenstein*) Interpretationen dieser beiden Kriege, die sie ineinander schieben und zu einem verschmelzen, das Signum von Krieg überhaupt. Methoden der Emergenz sind geeignet, den Krieg als System mit intrinsischen Beziehungen sichtbar zu machen.

Für Differenzen, die sich nicht auflösen lassen, und Differenzen am identischen Gegenstand ist Emergenztheorie offen: Eine Schlacht aus verschiedenen Perspektiven, etwa die Schlacht bei Verdun aus der Sicht der deutschen und französischen Soldaten oder das Kriegsende aus der Perspektive eines

---

62 | Marc Bloch, Falschmeldungen im Krieg. Überlegungen eines Historikers, in: ders., Aus der Werkstatt des Historikers. Zur Theorie und Praxis der Geschichtswissenschaft, hg. von Peter Schöttler, Frankfurt a.M., New York (Campus) 2000, S. 187-211. Die Beziehung von Gerücht und Angst behandelt leider etwas oberflächlich: Delumeau, Angst im Abendland.

australischen und eines österreichischen Soldaten, sind Fragen am Rande von reduktionistischen Methoden, aber in emergenten Systemen rücken sie ins Zentrum des Kriegsbildes. Sagen diese Differenzen in den Vorstellungen und Erinnerungen etwas über die *Wirklichkeit* von Verdun oder des November 1918 aus? Über welche Wirklichkeit?

Zum Ordnungsprinzip der Hierarchie im Krieg und in der Militärgeschichte stellt sich das Emergenzprinzip quer. Aus dieser Spannung kann die Kulturgeschichte gerade Erkenntnis erwarten. Die *unpassende* Perspektive verschiebt ihren Gegenstand in andere, aus der konventionellen Sicht betrachtet, in heteronome Kontexte, die aber, seit wir die neuen Untersuchungen über Gedächtnis, Identität, Wahrnehmung (sehen und hören) oder Repräsentation kennen, zu unerwarteten Einsichten führen. Sie behandelt den Krieg weder als funktional im Sinn der Evolution noch als die Folge politischer Macht. Das Heteronome der Methode verspricht Produktivität, aber die Gefahr narzisstischer Verzerrung in der Konstruktion der Methoden ist zu beachten. Das Ich des Kulturhistorikers muss das durch die Zufälle seiner Biografie geprägte Ich der kritischen Prüfung aussetzen.

Reduktionismus sorgt dafür, dass spezifische Fragen der Kriegsgeschichte verschwinden, sobald die physischen Eigenschaften ihrer Verursachung verschwinden, zum Beispiel die Angst, sobald das Schlachtfeld ihr keinen Anlass liefert oder, wohl zutreffender, sobald der Historiker keinen Anlass mehr wahrnimmt. Diese negative Bestimmung der Reduktion befördert die Annahme von Emergenztheorie.

Es gibt Evidenz für die Annahme, dass Eigenschaften des Kriegs nicht aus Handlungen seiner Akteure folgen, also irreduzibel sind. Ist es nicht widersinnig, die Erklärung komplexer Ereignisse durch die Reduktion von Eigenschaften auf Mikrostrukturen zu leugnen, wenn ihnen die Kraft einer Verursachung *nach oben* zugesprochen wird? Aber diese Verursachung ist nicht Teil eines methodischen Systems, das darauf zielt, das Entstehen und den Verlauf des Kriegs zu erklären. Die Kulturgeschichte handelt von Mikrostrukturen, die erlebt werden können, aber nicht die Verursachung und den Verlauf des Kriegs als einem Mega-Ereignis erklären. Krieg, schrieb Ingeborg Bachmann 1953, keine zehn Jahre nach dem Ende des größten Kriegs der Geschichte, werde »nicht mehr erklärt, sondern fortgesetzt«. Damit fasste sie eine verbreitete Sicht zusammen. Er ist latent stets vorhanden und es bedarf nur einer Störung, damit er ausbricht. Nach dem Beziehungsnetz, in dem Störung und Ausbrechen verknüpft sind, fragt die Kulturgeschichte, nicht nach Verursachung. Sie braucht Methoden, um den Zusammenhang zu verstehen, insoweit das Kontingente sich verstehen lässt. Stellt die Kulturgeschichte ihre Fragen auf diese Weise, geht sie von einem Krieg aus, der sich der Forschung nach Ursachen entzieht.

Kulturgeschichte, die sich auf Krieg als ein selbstorganisiertes System richtet, behandelt ein zusammengesetztes Ganzes, das größer ist als die Summe seiner Teile. Wenn nicht alles am System auf seine Teile ohne Rest zurückzuführen ist, muss die Methode ermöglichen, bei der Untersuchung einzelner Elemente den Zusammenhang, das unsichtbare und das Ganze zusammenhaltende Band festzuhalten. Anders gewendet: Die Kulturgeschichte des Kriegs geht davon aus, dass sich im Krieg Eigenschaften ausbilden, die weder aus Kriegstheorien abgeleitet noch auf die Struktur der Schlachtfelder zurückgeführt werden können. Sie sind irreduzibel und lassen sich als emergent bezeichnen.

5. Ereignis und Erwartung im Widerspruch – Ernst Jüngers Pirsch: Töten wie am Anfang

Das Kriegserlebnis der Moderne ist durch Negativität verbogen. Am Beginn steht eine Enttäuschung über die Erfahrung im Vergleich mit der Erwartung, ein Akt der Negation, ausgelöst durch das Scheitern persönlicher Erwartung. Der Krieg des Industriezeitalters führte, vergleichbar dem langfristigen Prozess der Modernisierung, zu einer Desillusionierung, zur »kollektiven Erfahrung von Entwurzelung, Verunsicherung, Ausweglosigkeit, Degradation und Kränkung«.[63] Der Widerspruch von Ereignis und Erwartung leitete in eine neue Kriegserfahrung über.

Fundierend war der Unterschied zwischen erlebter Zeit und der Zeitstruktur des Kriegs. Aus Briefen und Aufzeichnungen spricht die Überraschung des Unverständlichen und Zusammenhanglosen. Alles erleben Soldaten an der Front zum ersten Mal, und alles hatten sie sich anders vorgestellt. Im Ersten Weltkrieg warfen sie sich bei jedem Explosionsgeräusch zu Boden, und jede ungewohnte Wahrnehmung löste Angst aus. Nach einer Weile stellte sich, aus der Offiziersperspektive gesprochen, eine hilfreiche Anpassung ein. Sie hielten sie für *Realismus*. Es ist aber zutreffender, davon zu sprechen, dass sich ein Erleben entwickelte, in dem gegen die Erwartung und spontane Empfindung das Erzwungene wie natürlich erschien. Das Neue verschwand in einem künstlichen Zusammenhang. Er führte in ein neues Zeiterlebnis: Das hoch gespannte Bewusstsein aus unbekannten Sinnesreizen stellte einen Zusammenhang her, der dem Zeitfluss im Friedensalltag nicht entsprach. Dieses Herstellen eines neuen Zusammenhangs aus unbekannten Sinnesreizen wurde von den Spezialisten der Front als Routine bezeichnet. In Wahrheit war etwas hoch Artifizielles entstanden,

63 | Thomas Meyer, Identitätspolitik. Vom Missbrauch kultureller Unterschiede, Frankfurt a.M. (Suhrkamp) 2002, S. 10.

das fragmentarische und kaum verstandene Sinneseindrücke zu einem Erlebnisraum zusammenfügte. In ihm entwickelte sich die von Frontsoldaten später oft erinnerte besondere Zeit im Graben: Sie dehnte sich, erzeugte trotz beständiger Bedrohung Teilnahmslosigkeit und wurde gelegentlich unterbrochen vom Drama eines Angriffs, der das inhaltslos Abstrakte der entleerten Grabenzeit mit Sensationen füllte, Angst, Grauen, Euphorie oder Depression.

Ein Problem, das Kriegserlebnis zu erfassen, besteht in diesem unverbundenen Nebeneinander von sprachloser Dauer und den kurzen Ausnahmesituationen des Kampfs. Die Militärgeschichte leitet aus den Kampfhandlungen das Kriegserlebnis ab. Es ist aber aufschlussreicher, in der gedehnten Zeit nach dem mentalen Inhalt des Erlebnisses zu suchen. Der Stellungskrieg nach 1914 macht dieses Problem von Zeit und Erleben besonders dringend. Aber aus späteren Kriegen, etwa aus Vietnam, gibt es ähnliche Berichte, die in das Problem von Zeit und Erlebnis im Krieg der Moderne führen.

Ich will das Problem an einem kurzen Text aus dem Ersten Weltkrieg erläutern.

Der suggestive Text in Ernst Jüngers *Wäldchen 125* handelt vom sorgfältig geplanten Töten eines Menschen unter freiem Himmel.[64] Die Schilderung des Anpirschens an ein menschliches Opfer und des Tötens aus der Perspektive des Täters ist ein kleines Meisterwerk der Prosa und tief erschreckend. Es macht die Einheit der Psyche eines Menschen als tötendes und rationales Wesen ohne Gefühle sichtbar.

Die als Tagebuch stilisierte Textpassage ist überschrieben: »Vordere Linie«, also der exponierte Ort der höchsten Gefahr und *Feindberührung*. Sie reduziert die Konstellation auf das äußerste Minimum: Die Konfrontation von Täter und Opfer in der Natur, unter blauem Himmel und sengender Sonne, und nimmt den Topos des individuellen Tötens mit der Waffe in der Hand aus der Frühzeit des Kriegs auf. Für Fragen der Bewertung, Moral, Gefühle oder Emotion hat der Text keinen Raum. Zwischen dem Ich und dem Gegner bleiben stets einige Meter Distanz. Es besteht keine emotionale Beziehung, kein Hass und kein Mitgefühl verbindet Täter und Opfer. Im strengen Sinn gibt es kein Opfer, nur ein Objekt der Tat. Der Topos spricht vom individuellen Töten mit der Waffe in der Hand aus der Frühzeit des Kriegs, aber ohne die geringste Spur von Emotion und Triumph. Das Töten stellt der Text nicht als Teil einer Urkatastrophe dar, sondern als Urgrund des Ichs. Für die Konstruktion des Ichs bietet der Krieg die Gelegenheit.

64 | Ernst Jünger, Das Wäldchen 125, in: E.J., Tagebücher 1. Der Erste Weltkrieg, Stuttgart (Ernst Klett), S. 382-390; alle Zitate aus dieser Passage.

Die wenigen Seiten enthalten die Grundelemente des Kriegs der Moderne, wenn man ihn als emotionsloses, akribisch geplantes und organisiertes Töten versteht. Das Ich in Jüngers Text setzt ein Ziel, das mit großer Akribie, aber ohne einen Wunsch verfolgt wird, bis es erreicht ist. Das Handeln aus einem Wunsch ist vom Handeln aufgrund einer Zieldefinition dadurch unterschieden, dass es ein inhaltlich bestimmtes und emotional bewertetes Ziel verfolgt. Der Leser erfährt nicht, was für ein Wunsch die Tat in Jüngers Text leiten könnte. Der Handelnde selbst weiß es nicht. Er verfolgt ein Ziel, und dessen Begründung liegt in der Situation. Der Handelnde weiß alles über die Situation und ihre Gefahren. Aber er kennt keine Furcht vor ihnen. Das ›Ich‹ in Jüngers Text verfügt souverän über ein theoretisches Wissen, macht aber keine emotional begründete und bewertete Erfahrung. Denn eine Erfahrung ist konstitutiv begründet durch die sie erzeugenden Gefühle.

Immer wieder verweist der Text auf die Analogie zur Jagd: Soldaten, die sich auf dem Gelände sehen lassen, sind wie »Großwild«. Jüngers Offizier robbt durch einen flachen Graben in Richtung feindliche Stellung, hinter sich seinen Burschen mit dem Gewehr. Sie bewegen sich langsam und vorsichtig, wie die Jäger, die vermeiden wollen, dass das Wild aufmerksam wird. Der Menschenjäger und sein Helfer verschwinden in der Natur, werden vom Erdboden aufgenommen, über den sie nicht höher emporragen als Gras und Pflanzen. Sie bewegen sich geräuschlos, und ebenso unhörbar verschwindet das geahnte Wild, auf Armeslänge entfernt, am Ende eines Laufgrabens im Boden. »Ich hätte in der Mittagsstille und bei der kurzen Entfernung selbst das Geringste gehört. Aber nichts regte sich [...]. Ich hörte [...] das Geräusch, mit dem die Hitze ein Sandkrümchen vom Rande des Trichters brach [...]. Die Hitze ging über das Land [...] unter ihrem Spiel, das sich wie in den Augenblicken vorm Einschlafen auf sonderbare Abwege verlor, lauerte der Wille wie ein Tier in einer Landschaft, über die Wolken und Vogelschwärme ziehen. Und sofort sprang er hoch, wenn sich die Grashalme aneinander schliffen oder das Ohr sich trügerischen Vorstellungen hinzugeben begann.« Er kann den Gegner trotz der Nähe weder sehen noch hören. In den aufs Äußerste gespannten Sinnen geht die Wahrnehmung nach innen, in Phantasien über, kann aber blitzschnell in helle Alarmbereitschaft springen.

Der Jäger ist so wenig wahrnehmbar wie ein angepasstes Tier in seiner Umwelt, Jäger und Tier zugleich. Sie bewegen sich geräuschlos, und ebenso unhörbar verschwindet das geahnte Wild, auf Armeslänge entfernt, am Ende eines Laufgrabens, im Boden. In den über Stunden aufs Äußerste gespannten Sinnen kann die Wahrnehmung blitzschnell in helle Alarmbereitschaft springen. »Ich hätte in der Mittagsstille und bei der kurzen Entfernung selbst das Geringste gehört. Aber nichts regte sich [...]. Ich hörte [...] das Geräusch, mit dem die Hitze ein Sandkrümchen vom Rande des Trichters brach [...]. Die Hitze ging über das Land [...] unter ihrem Spiel, das sich wie in den Augenblicken vorm Einschlafen auf sonderbare Abwege verlor, lauerte der Wille wie ein Tier in einer Landschaft, über die Wolken und Vogelschwärme ziehen. Und sofort sprang er hoch, wenn sich die Grashalme aneinander schliffen oder das Ohr sich trügerischen Vorstellungen hinzugeben begann.« An der geeigneten Stelle angelangt, bereitet der Jäger den Schuss vor, langsam, schweigend und jedes Geräusch vermeidend. Gegen Mittag sind die Vorbereitungen so weit gediehen, dass das Gewehr, zwischen Pflanzen verborgen, sorgfältig in Anschlag gebracht wird.

Die Sorgfalt lohnt sich. Nach einer langen Zeit kommt die Wachablösung im Graben an. Die Wahrnehmung zeigt nichts Genaueres als einen Schatten: »Ein grünlichgelber Schatten strich von hinten nach vorn.« Diese angedeutete Bewegung ergänzt die Intuition zum notwendigen Wissen für den Akt des Tötens. Er richtet das Zielfernrohr ein, zielt genau und wartet auf den besten Moment zum Schuss. Das Großwild, ein englischer Soldat, wird nach vielstündigem Warten mit größtmöglicher Vorsicht und der Anwendung jahrelanger Fronterfahrung am frühen Nachmittag in dem kurzen Nu, in dem er für den Schützen sichtbar ist, erlegt. Das Töten ist kein spontaner Ausdruck von Gewalt oder gar Blutrausch. Es macht kühlen Verstand, sorgfältige Planung, Erfahrung, Waffen und Kommunikation (mit seinem Burschen) nötig. Die Waffe hatte er sorgfältig ausgewählt. Früh morgens hatte er das Wetter geprüft »mit der Sorgfalt eines Jägers, der hohes Wild zu erlegen gedenkt«.

Nach über sieben Seiten minutiöser Schilderung der Vorbereitung des einen Schusses, der in dieser Szene abgefeuert wird, füllen die Sätze über den Schuss und den Tod wenige Zeilen. »Ich sah ihn stürzen, und da ich schon viele stürzen sah, wußte ich, daß er nicht wieder aufstehen wird.« Zur Distanz trägt nicht nur die Lakonie bei, sondern auch die Beobachtung, die zur abschließenden Bemerkung führt: »Er fiel gegen die Grabenwand und brach zusammen, nicht mehr den Gesetzen des Lebens, sondern allein denen der Schwere untertan.« Ist eine größere Distanzierung denkbar, als das Opfer des eigenen Schusses zum Opfer der Gravitation zu machen?

Von angestrengter Überlegung, gespannten Sinnen und intensiver Beobachtung berichtet der Text. Aber entscheidend sind die Ahnung und feinste Einfühlung in das Objekt, nicht als Empathie, sondern als emotionslose Perspektivübernahme (*Mentalizing*). Intuition lenkt den Körper, die entscheidenden Bewegungen und bestimmt nach vorausgehender, reiflicher Planung den Augenblick des Schießens. Das Töten ist ein Akt des bedingungslos rationalen Planens. Zugleich wird jedoch deutlich: All das wird durch etwas Vorzivilisatorisches gestützt: Intuition geht dem Denken voraus. »Es war mehr eine Ahnung als eine Überlegung, die uns sagte: hinter diesem Grasbüschel [...] ist doch ein Mensch verborgen [...]«. Die moderne Tötungsmaschine mit Präzisionsgewehr und der archaische Mensch ohne Ethik und Reflexion, aber mit einer tierartigen Witterung, gehen ineinander über.

Der Text spricht vom Töten ohne Motivation. Es ist nicht das Töten eines Sadisten, Folterers oder triumphierenden Siegers. Die Pirsch und das Töten erscheinen nicht als eine Ausnahmesituation. Die Schilderung der Tat berichtet nicht von einem Erlebnis, das außerhalb des *normalen* gelebten Lebens gemacht würde und ein zweites Leben, das nur in extremen Zeiten bemerkbar wäre, voraussetzte. Eine Nähe zur Jagd oder zu Kriegspraktiken der Archaik, die von keinem Gewissen behindert werden, entsteht. Das Gewissen verstummt. Der Körper wird zur Tötungsmaschine.

Ist das Töten ohne Emotion böser als das Töten mit der Beteiligung von Gefühlen? Es hat keine Psychologie, ist dem hermeneutischen Verstehen entzogen und kann daher nicht entschuldigt werden. Dies Böse verachtet Exkulpation und den Wunsch nach ihr. Es isoliert die Tat aus emotionalen und ethischen Kontexten und schafft seine eigene Ordnung, die aus dem Gegensatz zum Sinn und zur Emotion entsteht, auch zu Bildern vom Krieg als Zeit des Leidens, die die vollkommene Nüchternheit dieser Schilderung zu wohlmeinendem Kitsch degradiert. Dieser Fälschung steht hier der Versuch einer absoluten Authentizität gegenüber. Sie ist konstruiert. Dem Kriegskitsch begegnet der Text mit radikaler Intoleranz. Kitsch als die ästhetische Seite der Moral verfälscht die Wirklichkeit, hüllt das Leiden in Gefühle ein und macht es verständlich. Das absolut Böse ist der antagonistische Gegensatz zum Gefühlskitsch. Es agiert nicht in einem ethisch-kulturellen Rahmen, sondern in einem absolut losgelösten Raum. Der Raum des Bösen hat in diesem Text eine physikalische Topografie, die mit großer Sorgfalt geschildert wird: die harte Erde unter praller Sonne und vor der vordersten Linie, exponiert, unter radikaler Todesdrohung im Niemandsland und mit einer einzigen Sicherheit: die Waffe.

Für die Grenzüberschreitung ist die abweichende Zeit symptomatisch. Sie bricht mit der Dauer der Routine und lässt den Augenblick des Eigentlichen entstehen, das, aus Jüngers Perspektive gesprochen, *Original*, nach dem er im Krieg sucht. Nach stundenlangem Warten heißt es über die kurzen Augenblicke, nachdem das Jagdwild, der Soldat, aufgetaucht war: »Jetzt erst begann die Zeit endlos zu werden [...]« und zuvor, als die Ahnung der Anwesenheit eines unsichtbaren Soldaten ihn erfasste: »[...] obwohl schon fast zwei Stunden vergangen waren, ließ mich dieses Gefühl nicht einen Augenblick zur Ruhe kommen«.

In der Schilderung der Tat wird der Gedanke an kulturelle Werte negiert. Es gibt keinen Wunsch, auch nicht den, Leben zu zerstören. Der Text spricht von einer reinen Zielbestimmung und einem Töten ohne persönliche Motivation. Es ist nicht das Töten der Sadisten, Folterer oder triumphierenden Sieger, sondern ähnelt der Haltung zum Töten der Vormoderne. Die Pirsch und das Töten erscheinen nicht als eine Ausnahmesituation. Die Schilderung der Tat berichtet nicht von einer Tat, die außerhalb des *normalen* gelebten Lebens getan würde und ein zweites Leben, das nur in extremen Zeiten bemerkbar wäre, voraussetzte. Das Gewissen ist verstummt oder abwesend. Eine Nähe zu Kriegspraktiken der Archaik, die von keinem Gewissen behindert werden, entsteht.

Bei der Rückkehr in den Unterstand muss der Schütze feststellen, dass er sein Erlebnis nicht mitteilen kann. Es stammt aus einer anderen Zeit. Ein Widerspruch zwischen der subjektiven Tat mit einem gesteigerten Leben in äußerster Anspannung einerseits und der Routine, die, einmal hergestellt, sich in eine unbegrenzte zeitliche Erstreckung fortsetzt, andererseits, verhindert die Kommunikation. Diese Zeit kann mit niemandem geteilt werden, der sie nicht selbst erlebt und für das unverstellt Echte kein Sensorium entwickelt hat. Es ist nicht einmal sicher, ob sein Bursche, der jede Sekunde anwesend war, dasselbe erlebt hat. Jedenfalls gibt der Text keinen Hinweis darauf. Die Rückkehr aus der Welt ohne Emotionen in den Unterstand ist keine *Heimkehr*, sondern die Rückkehr in eine Fremde.

Dass hinter der Tat des absolut Bösen eine nervenzerreißende Anspannung und psychische Verausgabung steckt, kommt erst nach der Tat zur Sprache: ein tatenloser und sprachloser Abend mit den Giften der Zivilisation, Nikotin und Alkohol, folgt. In der Nacht sucht ein Albtraum den Täter heim. Die Transformation des Körpers in eine Maschine ist noch nicht komplett.

6. Plastizität – Negative Plastizität und Verwüstung des Subjekts

Neuronale Plastizität ist die Bezeichnung für einen physiologischen Mechanismus der Gedächtnisbildung. Der Begriff benennt Veränderungen, die auf keinen Ausgangspunkt zurückgeführt werden können. Synaptische Plastizität bezeichnet die erstaunliche Wandlungsfähigkeit, die es Synapsen oder ganzen Hirnregionen ermöglicht, ihre Eigenschaften zu verändern und an neue Situationen anzupassen.[65] Sie kann Langzeitwirkungen haben und in Individuen lebenslang wirksam bleiben. Sie lassen sich als die physiologische Voraussetzung für eine Antwort auf Hermann Schmitz' staunende Frage verstehen: Bin ich derselbe, der einmal war und wie jemand, der einmal sein wird?

Plastizität lässt sich so verstehen, dass die Konzeption ihre Negation einschließt. Wenn die Verbindungen nicht gepflegt werden, führt Plastizität zu

65 | Donald Olding Hebb, The Organization of Behavior. A Neuropsychological Approach, New York (Wiley) 1949 beschreibt wohl zum ersten Mal die synaptische Plastizität mit den Mitteln der experimentellen Psychologie und unterscheidet damit den Begriff von Freuds Verwendung. Vgl. jetzt: Norman Doidge, The Brain That Changes Itself, New York (Viking) 2007.

Abwesenheiten, Brüchen, einer Abspaltung des Körpers vom Gedächtnis und Langzeitdepression. »Die Zerstörung hat ihre Bildhauermeißel.« Sie kommen nicht aus der Zerstörung selbst, und die Möglichkeit der Zerstörung widerspricht einer »positiven Plastizität nicht, sondern ist ihre Bedingung.«[66] Malabou stellt der kreativen Leistung eine »pathologische Plastizität« gegenüber, die eine »Verwüstung der Subjektivität« zur Folge habe. Sie schaffe ein Individuum, »das sich fremd wird, niemanden mehr erkennt, sich selbst nicht mehr erkennt, sich nicht mehr erinnert. Solche Wesen drängen so ihre neue Form der alten auf [...].«[67] Die negativen Möglichkeiten der Plastizität gehen aus dieser Sicht über die Möglichkeit der psychologischen Anthropologie, abweichendes Verhalten zu beobachten, hinaus. Plastizität löst sich von den Strategien des Aushaltens und führt in pathologische Dissoziation.

In den Neurowissenschaften hat der Begriff der Plastizität eine Bedeutung gewonnen, die ihn für die Theorie der Kulturwissenschaft aufschlussreich macht. Plastizität, aus der Analogie zur psychologischen Definition abgeleitet, ist das Vermögen, Eigenschaften, die eine Kultur zu zerreißen drohen, auszuhalten. Sie ermöglicht Veränderung ohne Zerfall und Verlust des Eigenen. Die Theorie der Plastizität ermöglicht den Einblick in die kulturellen Mechanismen des Aushaltens. Plastizität bietet einen Begriffsrahmen für die Beschreibung kultureller Konflikte an, die im Kriegsgedächtnis wirken. Sie macht eine Geschichte der Widersprüche möglich, die vor allem der Zeit des Kriegs gerecht wird. Für die Kulturgeschichte kommt es darauf an, die Vorstellungen vom Krieg, die sich grundlegend verändern, so zu beschreiben, dass die, im Verhältnis zur langen Diskursgeschichte, neue Negativität zum Teil eines Diskurses wird. Der Begriff der Plastizität bereitet die Möglichkeit, ein Beschreibungsmodell zu entwickeln, das Konsistenz erfasst, ohne ihr das Heteronome unterzuordnen. Sie öffnet der Kulturgeschichte des Kriegs einen Horizont, der nicht von der Folgerichtigkeit des Evolutionsdenkens und nicht von den Kontroversen um moralische Beurteilung der Destruktion verstellt ist.[68] Beide Auffassungen vom Krieg verdecken Eigenschaften, die sich als Dialektik der Plastizität benennen lassen und innovative Kräfte der Kultur mit der destruktiven Kriegsgeschichte verknüpfen.

---

66 | Catherine Malabou, Ontologie des Akzidentiellen. Über die zerstörerische Plastizität des Gehirns, Berlin (Merve) 2011, S. 12f. Ihre »Ontologie des Akzidentiellen« zielt auf eine Destruktion, die über eine Kulturgeschichte des Kriegs, wie ich sie hier vorschlage, weit hinausgeht, indem sie Subjektivität aus der Möglichkeit der Selbstvernichtung entwirft.

67 | Malabou, Ontologie des Akzidentiellen, S. 14.

68 | Erich Fromm hat den zentralen Beitrag zu dieser Debatte geliefert. Fromm, Anatomie der menschlichen Destruktivität.

Fragen wir nach dem Krieg als einer Zeit von Emotionen und Stimmungen, so sind pathologische Zustände aufschlussreich, die als solche nicht erkannt werden und statt einer veränderten Konstruktion des Bewusstseins und Gedächtnisses zugeschrieben zu werden, als Natur missverstanden werden, so dass eine Rückkehr zu einem früheren Zustand möglich zu sein scheint. Für eine Kulturgeschichte des Kriegs als Genealogie des Irrsinns ist diese Seite der Plastizität bedeutender als die Beschreibung ihrer Integrationsleistung.

Die Spaltung in den Gefühlen des August 1914 ist ein Beispiel. Da kommt eine »Bewegtheit« ins Spiel, die Freud mit libidinöser Bindung assoziiert. Aber erlaubt die Theorie der libidinösen Bindung, die erstaunlich rasche Veränderung von Einstellungen eines kleinen, aber signifikanten Teils der Bevölkerung verständlich zu machen? Der Umschwung von höchster Begeisterung zur Ernüchterung und Depression in wenigen Monaten ist ein Rätsel, das sich nicht durch die Entweder-oder-Alternative lösen lässt, also die Begeisterung aus der Kriegsgeschichte rauswirft. Auch war die Identifikation mit der eigenen Nation nach 1919 etwas anderes als vor 1914. Konsistenz und Differenz müssen als gleichzeitig wirkende Prinzipien der Mentalitätsgeschichte beschrieben werden. Für das Verständnis der Jahre zwischen 1918 und 1933 ist insbesondere eine Kombination aus Plastizität und Dissoziation aufschlussreich. Soziologisch gesprochen war es die aus der Bahn geworfene Mittelschicht, nicht die Arbeiter noch der Adel oder die finanziell-ökonomische Oberschicht, die der Herausforderung der Kriegserinnerung ausgesetzt war. Ihre sozio-psychologische Plastizität war den Anforderungen nicht gewachsen und verfiel der Dissoziation.

Die Neurobiologie der letzten Jahrzehnte belegt, dass *Plastizität* eine vitale biologische Funktion ist. Plastizität benennt die Eigenschaft von etwas, das radikal verformt werden kann, aber nicht verschwindet. Es wird an elementaren Signalen stets wiedererkannt. Eine phänotypische Plastizität lässt sich von der Festlegung der Eigenschaften des Genotyps unterscheiden. Plastizität bestimmt das Maß, in dem der Einzelne durch seinen Genotyp nicht festgelegt ist. Hohe Plastizität bedeutet, dass der individuelle Phänotyp eine große Variationsbreite hat, um auf Veränderungen der Umwelt zu reagieren.

Der Ausbau synaptischer Verbindungen und neuronale Entwicklungen, die in der Forschung oft als »langfristige Potenzierung« bezeichnet werden, führen zur Ausbreitung von Erregungen und Stimmungen im Neurosystem. Sie funktionieren an anderen Orten im Hirn, aber in Analogie zur Gedächtnisbildung. Plastizität und ihre Wechselwirkung zwischen Hirn und Körper entstehen durch Gebrauch und Stimulation.[69] Plastizität ermöglicht grundle-

69 | Theo Mulder, Das adaptive Gehirn. Über Bewegung, Bewusstsein und Verhalten, Stuttgart (Thieme) 2006.

gende Veränderungen im Verhalten, den Anschauungen und Einstellungen, die dennoch die Kohärenz nicht gefährdet.

Für die Gesellschaft ist der Krieg eine Zeit beschleunigter Verformung und Neuformung. Er gibt der Destruktion eine Zeit und einen Ort, und diese negative Kraft muss in das Kriegsgedächtnis einbezogen werden. Signale müssen in der Beschreibung des Diskurses wahrgenommen und erhalten werden, um eine Spaltung der Kulturgeschichte in eine der Kontinuität und eine der Diskontinuität zu vermeiden. Diese Spaltung würde die im Diskurs imitieren, aber nicht verständlich machen.

Experimentelle Kriegsliteratur handelt von *pathologischer Plastizität.* Es ist das Thema einer Kulturgeschichte, die an einer Phänomenologie schreibt, die das Potentielle, das negativ wie das positiv Mögliche, wahrnimmt und in die Beschreibung einbezieht. Die Kulturgeschichte des Kriegs beobachtet diese Plastizität als *Verwüstung der Subjektivität* nicht, um sie zu erklären oder auf einer Metaebene zu versöhnen. Verstehen lässt sich die Verwüstung der Subjektivität nicht. Aber die kulturellen Funktionen der negativen Plastizität lassen sich aufdecken und beschreiben. Plastizität umfasst den Gegensatz von Kreativität und Destruktion und damit einen kreativen Widerspruch. Schumpeter hat in *Capitalism, Socialism and Democracy* (1942) den Versuch gemacht, an ökonomischen und politischen Entwicklungen das Miteinander des Gegensatzes auf Begriffe zu bringen. Er spricht von »schöpferischer Zerstörung«. Schumpeters Modell ist explizit auf eine Analyse des Kapitalismus beschränkt. Die Dialektik der Plastizität reicht weiter in die Geschichte zurück, aber wenn man Zukunft imaginiert, drängt sich die Frage auf, ob ihre Leistung, die das Aushalten ermöglicht, von der Verwüstung überboten werden könnte. Die Konzeption einer Verwüstung der Subjektivität wirkt im Rahmen der Dissoziationstheorie und soll an der Stelle wieder aufgenommen werden.

Mit einer knappen Bemerkung über den Unterschied zwischen Krieg und Terrorismus will ich die Diskussion der Plastizität abschließen. Wenn man Krieg als *Arbeit* der Destruktion auffasst (über die »Arbeiter des Schlachtfelds« schreiben bereits Barbusse, Zweig, Jünger und andere politisch argumentierende Autoren des Ersten Weltkriegs) so erschöpft sich Terrorismus in Akten der Vernichtung. Er ist keine Arbeit, sondern bloße Destruktion, Verwüstung pur. Selbst wenn das Potential der bloßen Destruktion in jedem von uns vorhanden sein sollte »und sich jederzeit äußern kann, hat [es] in keinem Bereich jemals einen Namen bekommen«.[70] – Terrorismus ausgenommen. Seine Destruktion kann ohne Bezug auf Plastizität und in einer Begrifflichkeit des Absoluten beschrieben werden. Sie ähnelt der Destruktion des Kriegs nur entfernt. Eine Kulturgeschichte des Terrorismus kann es nicht geben.

70 | Malabou, Ontologie des Akzidentiellen, S. 13.

7. Dissoziation

Ich will nun die bereits erwähnte Dissoziationsforschung als Methodenfrage einer Kulturgeschichte einführen.

Dissoziationsforschung sucht nach Erklärungen des Nichtkommunizierbaren als einem autoregulativen psychischen Programm. Sie beobachtet Amnesie oder Identitätsverlust die sie nicht unbedingt als pathologische Abweichung, sondern als eine Psychotechnik versteht, die es erlaubt, mit emotionalen Extremsituationen so umzugehen, das ein Weiterleben möglich wird. Sie sind nicht der Ausdruck von Mut zum Leben, sondern das Ergebnis einer instinktiven Überlebensreaktion, für die das vegetative System sorgt, indem es Erregungs- oder Betäubungszustände erzeugt. »So ist es leichter, extreme Schmerzen zu ertragen, als sich die eigene völlige Isoliertheit, Hoffnungslosigkeit und Ohnmacht klarzumachen [...].«[71]

Dissoziation und das Aushalten von Schmerz werden vom Willen entkoppelt. Dissoziationstheoretiker sprechen von dissoziativen Störungen, die aus traumatisierenden Erlebnissen folgen, ohne den Rückgriff auf frühkindliche Störungen und den Begriffsapparat der Psychoanalyse zur Erklärung zu benutzen.[72] Der automatisierte Ablauf ohne das Einschalten des Bewusstseins in solche Prozesse ist, argumentiert LeDoux, hilfreich, um Gefahren zu vermeiden und schnell und ohne Abwägung reagieren zu können. Auf dieser Bahn können sich jedoch ebenso Angststörungen entwickeln, und dann wird das automatische Lernsystem, das für Vermeidungsverhalten typisch ist, zu einem evolutionären Handicap.[73] Derealisation, Depersonalisierung und andere Folgen dieses evolutionär ausgebildeten psychischen Reaktionsapparats führen in Destruktion.

Die psychischen Störungen, oftmals mit Körpersymptomen verbunden, die in den Weltkriegen beobachtet wurden, überstiegen die Möglichkeiten der Interpretation. Zweifel bestanden, dass die nervösen Störungen der Frontsoldaten auf frühkindliche Schädigungen zurückgeführt werden könnten.[74] Psy-

71 | Sabine Gapp-Bauß, Eine ganzheitliche Betrachtung des Heilungsprozesses bei Dissozationen, in: Claudia Fliß, Claudia Igney (Hg.), Handbuch Rituelle Gewalt, Lengerich (Pabst Science Publishers) 2010, S. 349-364, hier S. 356.

72 | Hilfreich ist die Sammlung: Elmer Ernest Southard, Shell-shock and other neuropsychiatric problems presented in five hundred and eighty-nine case histories from the war literature 1914-1918, Boston (W.M. Leonhard) 1919; Cathy Caruth (Hg.), Trauma. Explorations in Memory, Baltimore (Johns Hopkins University Press) 1995.

73 | Joseph LeDoux, Das Netz der Gefühle. Wie Emotionen entstehen, München (Hanser) 1998, S. 282 (zuerst: The Emotional Brain. The mysterious underpinnings of Emotional Life, New York [Simon and Schuster] 1996).

74 | Emanuel Miller (Hg.), Neuroses on War, New York (Macmillan) 1943. Meinrad Perrez, Ist die Psychoanalyse eine Wissenschaft?, Bern (H. Huber) 1979; Anthony Babbing-

choanalytische Beschreibungen hielten an dieser Erklärung der Symptome fest. Das galt noch für psychologische Versuche in den USA nach dem Zweiten Weltkrieg.[75] Die Theorie der Dissoziation opponiert gegen den Versuch der psychoanalytischen Interpretation und versucht, die körperlich sichtbaren und für den Betrachter oft schockierenden Symptome, die Gewalt und Selbstzerstörung einschließen, als Folge von Erlebnissen an der Front und ohne Rückgriff auf frühkindliche Traumata zu interpretieren. Dieser Mechanismus fordert einen anderen Problemhorizont, als die Hermeneutik und die Psychoanalyse anbieten und eine neue Semantik.

An Zeugnissen des Lebens im Krieg zeigten sich Störungen und Verwerfungen, die als Symptome der Desintegration der Gesamtpersönlichkeit verstanden werden müssen, aber zunächst nicht verstanden werden konnten. Fragen wären zu stellen, welche Wirkung die von einem Autor beschriebene Einstellung hat, etwa ob sie Angst auslöst oder als Modernisierung der Psyche begrüßt wird, ob sie kriegsspezifisch ist oder in die allgemeinen Psychotechniken der Bewältigung traumatischer Erfahrungen gehört.

Auch die seltene dissoziative Fugue wurde im Krieg beobachtet. Fisher berichtet aus dem Zweiten Weltkrieg von einem australischen Soldaten, der seine erste Fugue 1942 in Afrika erlebte.[76] Während eines Luftangriffs stürzte ein Flugzeug ab, direkt in den Trupp Reiter, zu denen der Soldat gehörte. Er verlor die Erinnerung. 32 Tage später kam er in einer mehrere 100 Kilometer entfernten Klinik in Syrien wieder zu sich. Er erinnerte sich daran, dass er im Augenblick des Flugzeugdesasters fliehen wollte, weil er den Krieg nicht länger ertragen könne. Aber er konnte sich an nichts aus der Zwischenzeit erinnern. Verwundert bemerkte er an sich eine neue Uniform und dass er 1000 syrische Pfund besaß. Er wusste nicht, wie er zu diesen Dingen gekommen war. Er kehrte zu seiner Truppe zurück. Später stellte sich heraus, dass er ein Kamel gekauft, einen Führer angeheuert und dann die Wüste durchquert hatte. In den Bergen war er von Soldaten gefunden worden, vom Erfrieren bedroht, und wurde in die Klinik gebracht, wo er wieder zu sich kam. Er hatte an diese Zeit keine Erinnerung und verwechselte den Tag des Flugzeugabsturzes mit dem Todestag seiner Eltern.

---

ton, Shell-Shock. A History of Changing Attitudes to War Neurosis, London (Leo Cooper) 1997; Peter Leese, Shell Shock. Traumatic Neurosis and British Soldiers of the First World War, New York (Palgrave Macmillan) 2002.

75 | Charles Fisher, Amnestic States in War Neurosis. The Psychogenesis of Fugues, in: Psychoanalytic Quarterly 14, 1945, S. 437-468; Charles Fisher, E.D. Joseph, Fugue with Awareness of Loss of Personal Identity, in: Psychoanalytic Quarterly 18, 1949, S. 480-493.

76 | Fisher, zitiert nach Peter Fiedler, Dissoziative Störungen und Konversion, Weinheim (Beltz) 1999, S. 116.

Ein solcher Ausfall von Gedächtnis ist für den Einzelnen eine existenzielle Erfahrung. Kann er ganze Gesellschaften erfassen? Das Ende der Periode des Kriegserlebnisses begann in diesen Jahren. Kann die Kulturgeschichte des Kriegs Methoden entwerfen, die die Struktur einer Nach-Erlebnis-Epoche reflektieren, also nicht psychoanalytische Tiefe erforschen, sondern mit der Dissoziationstheorie das Kriegserlebnis als Oberflächenzerfall beschreiben?

Dissoziation und der Erste Weltkrieg

Im Ersten Weltkrieg war zu beobachten, dass die nervösen Symptome wie *Amnesie, psychogene Fugue*[77] (das unmotivierte Fortgehen konnte im Krieg eine Entfernung von der Truppe sein, auf der die Todesstrafe stand) oder *Konversionsprobleme* bei vielen Soldaten nur kurze Zeit anhielten und nach Tagen oder wenigen Wochen wieder verschwanden. Das konnte darauf hinweisen, dass der Eindruck des Erlebnisses im Lauf von Tagen und Wochen verblasste oder aber im inneren Ich abgekapselt wurde und nur vorläufig ohne merkliche Auswirkungen blieb.[78]

Während und nach dem Ersten Weltkrieg waren die schweren und anhaltenden psychischen Störungen durch gelegentlich stundenlange Verschüttung in Unterständen nach Granattreffern die größte Herausforderung der Theorie und Therapie.[79] Die *Kriegszitterer* waren ein Rätsel. Bei der Suche nach Therapie für sie hilft die Dissoziationstheorie. Denn diese erlaubt es, die Frage nach dem Trauma ohne den Bezug auf eine Theorie der frühkindlichen Prägung zu stellen und stattdessen der Kriegserfahrung selbst die größte Bedeutung zuzuschreiben.

Die Kunst der Nachkriegszeit bearbeitete diese Dissoziation in Bildern. Zu Jüngers *Désinvolture* hat die neuere Traumaforschung Erhellendes zu sagen. Sie entwickelt einen Begriff von Detachment als Spaltung der Bewusstheit in eine agierende und eine beobachtende Person.[80] Spaltungstheorien wären für eine kulturgeschichtliche Lektüre dieser Texte hilfreich, dürfen aber nicht die

77 | Der Schweizer Film von Yves Yersin, Les Petites Fugues (1979), nimmt den Begriff der Psychotherapie in origineller Weise auf.

78 | In England entstand nach dem Krieg eine Literatur zum Shellshock, durch die die öffentliche Erinnerung an den Krieg mehr als in anderen Gesellschaften geprägt wurde; vgl. u.a. Virginia Woolf, Mrs. Dalloway, New York (Harcort Brace) 1925, und die Kriegslyrik von Siegfried Sassoon, Wilfred Owen, Poems, London (Chatto & Windus) 1920.

79 | Wilfred Bion, The »War of Nerves«, Civilian Reactions, Morale, and Prophylaxis, in: Emanuel Miller (Hg.), The Neuroses in War, mit einem Nachwort von Crichton-Miller, London 1940 ; vgl. auch Wilfred Bion, Transformationen, Übers. Erika Krejci, Frankfurt a.M. (Suhrkamp) 1997.

80 | Peter Fiedler, Dissoziative Störungen und Konversion, S. 73.

Illusion wecken, damit die literarischen Texte zu erklären. Es wäre eine Aufgabe der Kulturgeschichte des Kriegs, Methoden zu entwickeln, um nach den Techniken der Repräsentation von dissoziativen Störungen in Kunst und Literatur zu suchen, ohne dem Missverständnis zu erliegen, es handle sich um historische Dokumente.

Die Dissoziationsmentalität war in den Jahren der Diktatur ein Gegenstand des ideologischen Kampfes, wurde als eine kulturelle Malaise der *Systemzeit* zugeschrieben und durch den Glauben an die Frontgemeinschaft ersetzt. Das Ende der Plastizität wurde verfügt, und die kommenden 1000 Jahre sollten aus dem Identitätsgedanken gelebt werden. Diese Radikalkur wurde auf dem Höhepunkt der Verwüstung des Subjekts verordnet. Bevor Goebbels seine demagogische Frage im Berliner Sportpalast (18. Februar 1943) stellen konnte, musste die Dissoziationsmentalität bereits durch einen neuen Glauben ersetzt worden sein, der das Diktat von Zentrierung und Hierarchie an die Stelle von Plastizität stellte und das verwüstete Subjekt, das zu keiner eigenen mentalen Leistung mehr in der Lage war, an der Stelle des suchenden und mit sich ringenden Subjekts zur Norm erhob.

8. Krieg und Medien

Die Frage: *Was ist Krieg?* kann die Kulturgeschichte nicht behandeln, ohne die Wirkung der Medien für das Kriegsbild zu reflektieren.[81] Denn es gibt keinen Kriegsdiskurs ohne Medien.

Das für die Kulturgeschichte des Kriegs fundierende Problem benennt Mersch. Alles, was für sie wirklich ist, also ihren Gegenstand bildet, wird ihr durch Medien »gegeben«. Wenn »folglich kein Medien-›Außen‹ existiert, ergibt sich das Problem, wie *Medien selbst gegeben sind* und sich als solche zu erkennen geben«. Der Kulturhistoriker sieht sich mit einem Paradox konfrontiert, das das Problem der Reflexion und Introspektion wiederholt. Das Medium bezieht sich reflexiv auf das, womit es reflektiert und was seine Leistung erst ermöglicht. »Notwendig wäre dann ein innermediales Reflexionsprinzip, das auf die gleiche Weise auf das Medium und seine Medialität zu reflektieren vermag, wie es seine Reflexion vollzieht.«[82] Eine theoretische Klärung dieses komplizierten Verhältnisses des Diskurses in den Medien zu sich selbst steht aus.

Sie kann hier nicht geleistet werden. Zwei Idealtypen will ich unterscheiden.

81 | Eine für die Zwecke der Kulturgeschichte des Kriegs aufschlussreiche Einführung in die Medientheorie: Dieter Mersch, Medientheorien, Hamburg (Junius) 2006.

82 | Mersch, Medientheorien, S. 222.

Der Unterschied zwischen Heterodoxie und Orthodoxie in der Geschichtsschreibung wiederholt sich in den Methoden, mit denen die Kulturgeschichte Medien in die Analyse einbezieht. Die Semiotik behandelt Diskurse als Zeichen, und Zeichen als Mittler, denen sie einen bloßen Verweischarakter zubilligt. Eine Teilhabe an den bezeichneten Ereignissen spricht sie ihnen ab. Ihre Objekte sind mit sich selbst identisch. Zeichen, Symbole und Imaginationen stellen keine Wirklichkeit her, sondern verweisen auf anderes, von dem sie abhängig sind. Medien im Diskurs stellen nach und schaffen eine Wirklichkeit der Nachträglichkeit. Das Medium selbst trägt im Diskurs zum Repräsentierten nichts bei. Als Folge begegnet der Betrachter im Medium stets Fremden, nie sich selbst. Diese Konzeption von Medien eröffnet der Kulturgeschichte des Kriegs wenig Möglichkeiten.

Eine oppositionelle Definition stellt die Kulturgeschichte vor die Aufgabe, Medien zu analysieren, die *vor* der Wahrnehmung wirken und in denen das Kriegsbild entsteht. Medien wirken dann nicht als neutrale Übermittlungsinstanzen. Sie sind selbst als Handelnde in den Prozess der Bildproduktion eingeschlossen, und ohne ihre aktive *Tätigkeit* gibt es kein Kriegsbild. Nur durch die Strukturen von Medien und die Diffusion durch Medien entsteht die *Botschaft*, werden zum Beispiel Erlebnisse zur kollektiven Kriegserinnerung. Wo Diskurs, Symbole und Imaginationen als Teil der Wirklichkeit des Kriegs verstanden werden, ist die Übereinstimmung der Dinge mit sich selbst nicht mehr gesichert. Eine Beziehung der Dinge zu sich entsteht, und die kann befragt werden. Durch diese Beziehung, die aus Nichtidentität folgt, kann die Präsenz des Abwesenden im Bild variieren.

Bildtheorie, Kriegsdiskurs und gesellschaftliche Produktion von Zukunft stehen in einem engen Wechselverhältnis. Mit jeder Neubestimmung vom Bild verschieben sich die Beziehungen in dem Wechselverhältnis. Aber was der Krieg ist und was zum Krieg führt, lässt sich nicht abbilden. Schlachtfelder, Kriegstechnik, Soldaten im Kampf und in Ruhepositionen, Uniformen, Fahnen und Wimpel, Pferde und im 20. Jahrhundert Leichen, verhungernde Menschen, Exekutionen, Massenvertreibungen, endlose Felder mit Kreuzen, verwüstete Städte und Landschaften sowie Notlager ziehen das Interesse der Beobachter auf sich. Eine Vorstellung vom Krieg kann man aus den Einzelaspekten der Fotos nicht zusammensetzten. Dennoch scheint das Interesse unersättlich zu sein.[83] Das Interesse woran? Einmal abgesehen vom Sensationswert solcher Bil-

83 | Der Zeitpunkt, an dem die Kulturgeschichte des Kriegs entstand, gibt Anlass zu der Frage, inwieweit sie eine Reaktion auf die neuen Medien bildet. Sollte die Präsentation von Vergangenheit nicht den *einfachen* Massenmedien, etwa Film und Fernsehen, überlassen werden? Die Sorge um den Verlust von Relevanz der Historie erzeugt beides: die disziplinkritische Kulturgeschichte sowie die Opposition der Historiker gegen diese Kulturgeschichte.

der, werden sie als Beitrag zum Diskurs und zum Bild der Zukunft, das die Gesellschaft aus der Beziehung zur Gewalt entwirft, betrachtet.

In einer Bewegung zwischen materieller, stabiler Präsenz und variablen Deutungen entsteht das Bild: Ein materiell gebundenes Scheinen, das Bedeutungen anbietet, die der Betrachter in ihm findet. Ein Ineinander aus materiellem Objekt und der nach sozialer Lage, Stimmung und Zeitgeist entdeckten Bedeutung *ist* das Bild. Es vermittelt zwischen anwesend und abwesend, sichtbar und phantasiert, Vergangenheit und Gegenwart. Das ist nicht ohne die Wirkung von Bildern als Medium (nicht als Kunstwerk) denkbar. Sie *übersetzen* den Krieg in die Bildsprache der Betrachter und lassen ihn im Nachhinein für die je neu erlebte Gegenwart wieder lebendig werden.

Die Kulturgeschichte analysiert die Produktion von Kommunikationsräumen und Strukturen, die den Krieg für Beobachter zur Wirklichkeit machen. Das geschieht auf drei Ebenen: der Diskurs selbst, seine Konstruktion und seine Wirkung auf die gesellschaftliche Kultur.

Der Beitrag der Medien zu allen drei Ebenen geht weit über die Vermittlungsfunktion hinaus und müsste von den Anfängen der bildlichen Repräsentation des Kriegs an methodisch reflektiert erforscht werden.[84]

Für die Kulturgeschichte des Kriegs ist es wichtig, nicht nur auf die Ikonografie der Bilder zu sehen. Nicht nur die Formen, Farben, Flächen, Körper, Bildzitate, sondern auch das Abwesende müssen zum Gegenstand methodisch bewusster Betrachtung gemacht werden. Denn Kulturgeschichte interessiert sich nicht nur für den explizit erinnerten Krieg, sondern besonders für die schwer lesbaren Spuren, die er in den Kulturtechniken, in der Ästhetik, in den kulturellen Produktionsmitteln hinterlassen hat. Sie sucht nach den Spuren der medialen Kodierung im erinnerten Erlebnis. Nur so lässt sich die Erwartung von Erinnerung durch Bilder erhalten. Wir werden in der Gegenwart Zeugen einer Veränderung der Bildkultur, die zu einer neuen Perspektive auf den Krieg beiträgt und für die die Idee des dokumentierenden Augenzeugen ihre Kraft verloren hat.

Die Kriegsgeschichte hat diesem Thema wenig Aufmerksamkeit gewidmet. Wird mit dem Glauben an das dokumentarische Bild das Erinnern verschwinden? Die Bildtheorie der letzten Jahrzehnte hat sich mit dem Problem beschäftigt.

84 | David D. Perlmutter, Visions of War. Picturing Warfare from the Stone Age to the Cyber Age, New York (St. Martin's Press) 1999; Georg Sesslen, Markus Metz, Krieg der Bilder – Bilder des Krieges: Abhandlung über die Katastrophe und die mediale Wirklichkeit, Berlin (Klaus Bittermann) 2002. Gerhard Paul, Bilder des Krieges – Krieg der Bilder: Die Visualisierung des modernen Krieges, München (Wilhelm Fink) 2004.

8.1 Kriegsmalerei

Krieg war bis ins Zeitalter der Fotografie der Gegenstand von Kunst. Schlachtengemälde, meist in großen Formaten, gehörten zu den repräsentativen und äußerst aufwendigen Kunstwerken der Neuzeit. Das Verhältnis war umkehrbar: Diese Darstellungen machten aus dem Krieg eine Kunst. Er konnte mit dem am Gemälde geschulten Blick gesehen werden. Auf dem Schlachtfeld lässt sich durch Rahmen und den immanenten Zusammenhang des Gemäldes die Ordnung eines Kunstwerks erkennen.

Die Schlachtfelder der Kriegsbilder waren dicht bevölkert. Menschen, Pferde und Waffen füllten die Fläche, und aus ihren dichten Konstellationen entstand der Raum, der etwa 400 Jahre als Schlachtfeld gepriesen, erlitten oder verflucht wurde. Ritter in glänzenden Rüstungen (Rost und Blechbeulen wurden nicht abgebildet) auf Pferden, oft die Lanzen in die Höhe erhoben, so dass möglichst viele gepanzerte Körper in einem Bildrahmen Platz hatten, sind exemplarisch. Die Gemälde sind bunt, mit einer um Rot gruppierten Farbpalette. Für die Unterscheidung der Gegner brauchte der Betrachter Banner und flatternde Fahnen. Nicht selten kommt ein Lichtstrahl aus dem Himmel, der ein Bildzentrum schafft.

Opfer gab es nicht. Der hässliche Tod (der Bauernkriege, des Dreißigjährigen Kriegs oder Goyas Leichenberge) blieb aus den Bildern der Schlachtenmalerei verbannt. Der Tod (von Menschen und Pferden) war Teil der Kriegshandlungen, und tote Menschen blieben durch ihre Anwesenheit auf dem Schlachtfeld noch immer Teil der Bildhandlung. Tod war gleichsam ein Nebenprodukt in dieser Variante des Kriegs. Körper wurden auf diesen Bildern so dargestellt, dass sie noch immer am Kampf beteiligt waren, keine verrottenden Leichen, sondern in das Erhabene dieser Schlachten, die wie Theater inszeniert waren, gehörten.

Dieser Kriegskunst bereitete die Fotografie ein Ende. Baudelaire, der frühe Advokat des Modernen in Kunst und Literatur, wehrte sich gegen den Verlust der Kunst durch die fotografische Abbildung des Kriegs. Er sah in einer Ausstellung Fotografien aus dem Krimkrieg und spürte in diesen Fotos das Ende der Kunst heraufziehen. Die Fotografie verlieh, bemerkte er, dem Krieg einen anderen Charakter. Aus der Kunst wurde das Kriegsbild entfernt und zu einer Verlängerung von Wissenschaft und Technik. Baudelaires Kritik der Fotografie nahm eine Entwicklung voraus, die sich im 19. Jahrhundert eben ankündigte und ein halbes Jahrhundert später dominant wurde. Kriegsfotografie ist keine Kunst und will keine Kunst sein. Eine Bildhermeneutik für diese Fotografie stößt schnell an ihre Grenze.

Es ist eine Bemerkung wert, dass Großbritannien offizielle Kriegsmaler noch in den Ersten Weltkrieg schickte.

8.2 Fotografie als Zäsur

Die Kriegsfotografie bedeutete eine grundlegende Zäsur für die Produktion der Kriegsbilder. Die Theorie der Fotografie lehrte, dass die interessengelenkten Partikularperspektiven durch die Objektivität der fotografischen Technik überwunden würden. So konnte der Anspruch auf Zeugenschaft der Fotografie entstehen und im Diskurs als eine durch die Fotografie ausgelöste Erwartung einer subjektlosen Dokumentation durch den Apparat und einen chemischen Prozess handeln. Der Anspruch hatte keine Vorläufer. Die Grafiker des Dreißigjährigen Kriegs waren Partei, und es konnte nicht belegt werden, dass sie selbst gesehen hatten, was sie auf ihren Blättern zeigten. Den Verdacht des Inauthentischen wurden sie nicht los.

Die objektive Zeugenschaft durch Fotografie war ein Irrtum. Es war schon den Zeitgenossen klar, dass die frühen, professionellen Bilder aus dem Krimkrieg den Anspruch auf Dokumentation nicht erfüllten. Sie oszillierten zwischen Dokumentation, Kunst und Propaganda. Hier zeigte sich bereits, dass die Erwartung des Dokumentarischen ohne subjektive Perspektive auf Wunschdenken beruhte und eine Illusion erzeugte. Dennoch: Als der Gedanke einer unverfälschten, rein dokumentierenden Abbildung durch die Kamera entstand, wurde die Frage: *Was ist Krieg?* durch das Bild auf neue Weise beantwortet. Die Kriegsfotografie war nicht nur Zeuge eines nun entstehenden industrialisierten Kriegs, sondern ihre Bilder trugen zur veränderten Perspektive auf den Krieg und damit zu einem neuen Krieg bei.

In den folgenden 100 Jahren wurden aus Vermittlern Akteure. Wir können kein Kriegsbild mehr denken, in dem Medien nicht eine aktive Rolle spielten. Der Medialisierung des Kriegs korrespondiert eine Militarisierung der Medien, die Paul Virilio an früheren Beispielen vorhergesehen hat.[85] Die Gleichsetzung von Kamera und Gewehr oder Virilios populäre These, Film sei Krieg, sind übertreibende Zuspitzungen, geben aber dem Eindringen von kriegerischer Gewalt in die Medien einen provokanten Ausdruck. Diese Penetration scheint unumkehrbar. Ob die These einer Fortsetzung des Kriegs im Film durch die Mittel der Medien haltbar ist und was sie für das Kriegsbild bedeuten würde, wäre methodisch kontrolliert zu untersuchen.

Die Politik ist auf die elektronischen Medien angewiesen, um Krieg, ihren Krieg, in die Köpfe der Menschen zu transportieren, während die Medien auf die Bereitschaft der Politiker angewiesen sind, Bilder entstehen zu lassen und freizugeben.[86] Kompliziert wird das Verhältnis dadurch, dass neben dem Militär und staatlichen Organisationen zunehmend auch private Akteure auftreten, die dazu beitragen, die Medien als Kommunikationswaf-

85 | Paul Virilio, Krieg und Fernsehen, Frankfurt a.M. (Fischer) 1997.

86 | Daniel Gethmann, Das Narvik-Projekt. Film und Krieg, Bonn (Bouvier) 1988.

fen in ihrem Interesse einzusetzen. Krieg gehört über Kriegsbilder in Nachrichten, Reportagen, spezifischen Kriegsfilmen, Cartoons und Computerspiele ins Alltagsleben. Nicht alle Gewalt darf als Krieg verstanden werden. An der Besonderheit der Kriegsordnung muss festgehalten werden. Aber die Allgegenwart von Gewalt in den Medien, deren Bilder nahtlos in Krieg übergehen, sorgt für seine Annäherung an die Gewalt des Alltags und eine Normalisierung von Krieg.

Zwei Beispiele

Illustrierte Familienblätter und Journale mit Titeln wie *Die Gartenlaube* oder *Unterhaltungen am häuslichen Herd* waren im 19. Jahrhundert populär. Sie berichteten über Kriege und illustrierten die Artikel mit Holz- oder Stahlstichen, die »nach der Natur« angefertigt waren, wie die Blätter den Lesern versicherten.

Der Krimkrieg (1853-1856) ist einer der vergessenen Kriege. Maler wie Constantin Guys, Edward Armitage, Joseph Crowe, Eward Goodall und William Simpson dokumentierten ihn, die meisten im Auftrag von Zeitschriften und Verlegern, die auf ein Geschäft mit Kriegsbildern hofften. Das galt auch für den englischen Kriegsfotografen Roger Fenton. In seiner Fotografie kann man eine Vorstufe für das Modell der Präsentation späterer Kriege erkennen. Die Aufgabe Roger Fentons bestand darin, den erschreckenden Zeitungsberichten über Krankheiten, Tod, Leid, Entbehrungen auf den Schlachtfeldern und skandalöse Fehlplanungen einen mäßigenden und beruhigenden Gegenpol durch Bilder entgegenzusetzen. Das gelang ihm mit Fotos, die den Krieg verharmlosten. Neben Porträts von hohen Offizieren zeigten seine Fotos Orte, die er nach der Art der Landschaftsmalerei komponierte. Diese Fotografie ist als Kriegspropaganda bezeichnet worden. Das ist nicht unrichtig, aber mir scheint ein anderes Ziel diese Arbeit am Kriegsbild zu leiten, und das ist ein Kunstideal. Fentons Fotografie baut den Krieg in die Liebe der Zeit zum Pittoresken ein.[87] Die Fotografie im Zusammenwirken mit ihrer Vermarktung in kostbaren Alben führte zu der Bildkonstruktion eines Ereignisses, das der Realität auf der Krim nur entfernt ähnelte.

Der entscheidende Schritt war, lässt sich aus der späteren Einsicht in die weitere Entwicklung sagen, das Bild vor das Ereignis zu stellen und den Krieg draußen, in der Ferne auf ein Epiphänomen des Medienevents zu reduzieren, zugleich aber den Anspruch der Authentizität zu erheben. Alben waren bald

87 | Bernd Hüppauf, The emergence of modern war imagery in early photography, in: History and Memory, Vol. 5, No 1, Summer 1993, S. 130-151; Ulrich Keller, The Ultimate Spectacle. A Visual History of the Crimean War, Amsterdam (Gordon and Breach) 2001; Ute Daniel, Der Krimkrieg 1853-1856 und die Entstehungskontexte medialer Kriegsberichterstattung, in: Ute Daniel (Hg.), Augenzeugen. Kriegsberichterstattung vom 18. zum 21. Jahrhundert, Göttingen (Vandenhoeck & Ruprecht) 2006, S. 40-67.

nicht mehr kostbar und zum Verkauf in Adelshäusern gemacht, sondern wurden billiger und entsprachen den Wünschen der Bürger, noch nicht denen der kleinen Leute. Deren Krieg entstand erst in der Amateurfotografie des Ersten Weltkriegs. Einen ersten Schritt in die Richtung der weit verbreiteten Kriegsfotografie machten die Alben des Amerikanischen Bürgerkriegs.

Im Ersten Weltkrieg entwickelte sich eine neue Bildästhetik des Kriegs. *Die rauhe Wirklichkeit* (so der Titel eines Fotobandes von 1926),[88]entstand. Die raue Wirklichkeit des Kriegs in Bildern entstand aus dem Kontrast zum Kunstcharakter älterer Kriegsbilder. Wo Krieg nun als Kunstwerk erschien, in den Fotografien ästhetisierender Fotografen, waren Bilder eine Lüge. Das Auftauchen des Ideals des Rauen und sein Siegeszug bis in die Gegenwart wären im Rahmen von Emergenztheorien zu beschreiben.

Neu an den Fotobänden der zwanziger Jahre war, dass sie sich die Aufgabe stellten, das Ganze des »Großen Kriegs« sichtbar zu machen. Dieser Zusammenhang, in Vorworten ausgesprochen und in der Bildauswahl und dem Seriellen praktiziert, stellte einen Bedeutungsrahmen für das Einzelbild her. Einige Fotos wurden in verschiedene Anthologien aufgenommen, und es ist erstaunlich, wie sich ihre Bildaussage vom einen zum anderen Band durch das veränderte Beziehungsnetz verändert. Das Bild eines zerschossenen Panzers sagt in der einen Sammlung, etwa *Kamerad in Westen* vom sozialkritischen Societäts-Verlag (1930) etwas anderes aus als in einer anderen wie Zieses *Das unsichtbare Denkmal* im nationalistischen Frundsberg Verlag (1928).

Dieser Krieg ist bis heute durch Fotografien im Gedächtnis präsent. Es erfordert keine besondere Kenntnis, um ein Foto aus dem Ersten Weltkrieg auf den ersten Blick zuzuordnen. Seine Technik, Maschinen, Instrumente und Waffen lassen ihn als den ersten echten Krieg des Industriezeitalters erkennen. Der Stahlhelm ist ein signifikantes Beispiel. Es gab drei verschiedene For-

88 | Unter dem Titel *Der Weltkrieg in seiner rauhen Wirklichkeit* publizierte der Berufsfotograf Herman Rex 1926 in drei Bänden mehr als 500 Fotos (Oberammergau, Hermann Rutz) 1926. Einige waren bereits während des Kriegs in Zeitungen und Zeitschriften erschienen, manche mehrfach. Viele seiner Bilder hatten jedoch während des Kriegs die Zensur nicht passiert. Sie galten als zu direkt, realistisch und schockierend. Die Bedenken fielen nach 1918 weg. Die Bände konnten nun ihre Botschaft vom letzten Krieg als dem rauen Krieg verbreiten. Es ist bemerkenswert, dass einige Zeitschriften der Entente Fotos von Rex publizierten. Lässt sich daraus auf Übereinstimmungen im Kriegsbild schließen? Im Gegensatz zu pazifistischen Bildbänden verband Rex das raue Kriegsbild mit keiner politischen oder moralischen Intention, sondern legte großen Wert auf die Ästhetik des Kriegs im Bild. Aus Destruktion und Tod (viele Leichen sind zu sehen) setzte er kein abstoßendes, kein anklagendes und kein enthusiastisches Bild zusammen, sondern zeigte eine Art technischen Heroismus, der nicht den Stolz der technikbegeisterten Fotos der frühen Sowjetunion, stattdessen das Nüchterne der Fotografie als Technik ausstellte.

men, und auf Fotos können wir bis heute englische, französische und deutsche Soldaten an den Formen ihrer Helme leicht unterscheiden.

Abb. 7: Scheinwerfer der Flugabwehr und Abhorchvorrichtung zur Erkennung von Flugzeugen und Ortung gegnerischer Stellungen. Fotografie, 1. Mai 1918.

Das handelnde Bild

Mit starken Argumenten wird seit einigen Jahren die These vertreten, dass Kunst eine magische Kraft wiederbelebe, die sich im aktiven Gebrauch von Kunstwerken entwickelt. Eine Entwicklung, die an das animistische Verhältnis von Mensch und Welt anknüpft. Horst Bredekamp spricht vom *Sehen als Handeln.*[89]

Das Verhältnis des fotografischen Bildes zum Animismus ist kompliziert.[90] Nachdem die Aufklärung und das wissenschaftliche Zeitalter den Animismus ausgetrieben hatten, fand er seit Herder und Schlegel immer wieder eine Hintertür, um sich einzuschmuggeln. Wir wissen, dass die im Bild reproduzierte Wirklichkeit über Eingriffe in das Bild nicht beherrscht werden kann, wie das im animistischen Bildverständnis möglich ist. Es geht aber nicht so weit, in der Bild- und Dingkonzeption der Moderne eine Form von Magie zu entdecken. Das Bild auf einem Bildträger kann nicht handeln oder irgendwie aus eigener Kraft aktiv sein. Aber man muss nicht in magische Bildvorstellungen zurückfallen, um die Annahme zu machen, dass ein Bild im Netz aus bildlichen Beziehungen, den kognitiven und emotionalen Erwartungen und Projektionen, die die gelebte Wirklichkeit bilden, eine aktive Funktion bekommt, etwas zu *geben* hat, etwas tut, was den Input des Betrachters übersteigt, eine Art *ikonischer Überschuss*, der sich als ein Handeln des Bildes spürbar macht.[91] Ohne diese Bildmagie gäbe es wohl auch im Zeitalter der Wissenschaft keine Erinnerung durch Bilder. Die Erwartung dieser Leistung der Bilder ist mit der nach bildlicher Erinnerung so intensiv verflochten, dass durch eine Entflechtung das Ende des Interesses droht.

Bilder haben Macht über die Betrachter, aber ebenso gilt die Umkehrung, dass der Betrachter durch das Bild handelt und auf die Welt einwirkt. In magischen Bildern lässt sich eine Macht erkennen, deren Ursprung in der Beziehung zur Welt durch Waffen begründet war. *Information Warfare* ist ein Krieg, der Sprache auf ein Minimum reduziert und den Krieg in Diagramme,

---

89 | Horst Bredekamp, Theorie des Bildakts. Frankfurter Adorno-Vorlesungen 2007, Berlin (Suhrkamp) 2010; Horst Bredekamp, Michael Krois (Hg.), Sehen und Handeln, Berlin (Oldenbourg Akademie) 2011.

90 | Zu den seltenen Versuchen, das Problem *Animismus und das Bild in der aufgeklärten Moderne* zu stellen, gehörte eine verdienstvolle Ausstellung im *Haus der Kulturen der Welt*, Berlin, die in zwei Publikationen dokumentiert ist: Irena Albers, Anselm Franke (Hg.), Animismus. Revisionen der Moderne, Zürich (diaphanes) 2012; Anselm Franke, Sabine Folie (Hg.), Animismus. Moderne hinter den Spiegeln, Köln (Walther König) 2011.

91 | Habbo Knoch, Die Tat als Bild. Fotografien des Holocaust in der deutschen Erinnerungskultur, Hamburg (Hamburger Edition) 2001.

Skalen und kaum zu erkennende Nachtfotos verlegt. Die beiden Extreme der Bildkonzeption, die animistische und die elektronische, beruhen auf einer Komplementarität. Beide Bildtypen, das affektive Bild wie das distanzierende Diagramm, sind an der Konstruktion gleichermaßen beteiligt, minimieren die Bedeutung des sprachlichen Diskurses und ergänzen sich wechselseitig.

Neurowissenschaftliche Methoden und bildgebende Verfahren liefern auf ihre Weise eine Bestätigung dieses Zusammenhangs. Die durch Wahrnehmungen ausgelösten Assoziationen verfestigen sich in neurologischen Bahnen und schaffen, wie Experimente zeigen, eine Wirkung des Wahrnehmungsbildes auf die Handlungssteuerung. Das schleichend Unbemerkte dieses Prozesses sorgt für seinen Erfolg, der aus dem im Bild liegenden Impuls und nicht dem Bewusstsein des Betrachters stammt.[92] Für eine Kulturgeschichte des Kriegs öffnet eine durch die Neurowissenschaften gestützte Theorie der Magie im Bild ein ganzes Forschungsfeld.

Kriegsfotografie stellt die Frage nach einer Bildethik. Eine Ethik der Bewegung zwischen Abbildung und Konstruktion durch Medien wäre generell, ist vor allem aber für Kriegsbilder wünschenswert. Es gibt sie nicht. Ob sich unter den Bedingungen des elektronischen Zeitalters eine Ethik des Bilddiskurses entwickeln kann? Die Ziele der Ethik blieben unverändert, aber sie müsste einen anderen Weg finden als im Jahrhundert nach Kant. Schrumpfen die ethischen Fragen, etwa die Frage nach der Berechtigung zu töten, auf das emotionale Verhältnis zu einem in Bildern konstruierten Feind und Freund? Haben die Fotos der Pistole an der Schläfe eines Vietcong oder der nach einem US-Napalmangriff schreiend über eine Straße rennenden vietnamesischen Kinder mehr zum Ende des Vietnamkriegs beigetragen als politisch-militärisches Kalkül, wie immer wieder argumentiert wird? Ließe sich daraus der Schluss ziehen, dass die moralische Bewertung von Kriegsbildern eine Kraft gewinnt, die zum politischen Argument wird? Oder war es weniger das moralische Empfinden beim Anblick des leidenden Kindes als das verletzte Selbst-

92 | Belting beschreibt die Kraft der Ikonen, die sie nicht durch die Herstellung gewinnen, sondern durch Zuschreibung im Gebrauch, die ihnen die Macht zu handeln gibt, und durch das Vergessen dieser Zuschreibung über lange Zeiträume erhält: Hans Belting, Bild und Kult. Eine Geschichte des Bildes vor dem Zeitalter der Kunst, München (C.H. Beck) 1990. Horst Bredekamp spricht in einer unklaren Analogie zum Sprechakt, der das Handeln durch Worte bezeichnet, von einem Bildakt, um die Tätigkeit als eine »Eigenkraft der Bilder« außerhalb der Intentions- und Handlungsfolge zu benennen. Er hat häufig auf die Idee der *petits perceptions* bei Leibniz verwiesen, der diesen Kurzschluss zum ersten Mal mit Begriffen belege und beschreibe. Weniger überzeugend ist der Hinweis auf Hegels Begriff von Kunst als dem visuellen Scheinen der Idee. Der Ursprung verweist zweifellos auf vormoderne Ansichten vom Bild vor der Erfindung der Kunst, die Belting beschreibt.

wertgefühl der amerikanischen Nation, das zu einer emotionalen Reaktion auf ein Bild, nicht unbedingt auf einen Vorgang, führte?

Medien und das kollektive Gedächtnis

Für das kollektive Gedächtnis sorgen Medien durch Objektivierung (oder Verdinglichung) und Diffusion. Das gilt nicht erst für die elektronischen Medien. Die Tontafeln in Mesopotamien und die Reliefs der Paläste von Ninive sind die ersten Medien des Kriegsdiskurses. Kriege, die nicht über mediale Repräsentation verbreitet werden, sind für die Erinnerung verloren. Viele Kriege sind spurlos verschwunden, als hätten sie nie stattgefunden, da sie, nachdem die Kriegshandlungen eingestellt wurden, nur in der Erinnerung der Teilnehmer weiterlebten. Mit den Teilnehmern starben sie.

Krieg wird in Medien kollektiv erinnert. Medien richten Kriege für die Erinnerung zu und machen sie zu einem allgemeinen Besitz. Der Preis ist, dass Medien in die Konstruktion des Erinnerungsbildes hineingezogen werden und aktiv am Entstehen beteiligt sind. Die digitalen Techniken produzieren ein Bild, das sich zwischen den Kampf und die Beobachter schiebt und als *die* Wirklichkeit ausgibt. Auf diese Weise werden Medien zum Teil des Kriegs

Gibt es den Krieg, der keine Sendezeit im Fernsehen findet? Wir und die Weltöffentlichkeit wissen nichts von ihm, und so ist er inexistent. Gelitten und gestorben wird dennoch. Die Präsentation auf dem Bildschirm, das ist ein Hohn, wird dagegen als Wirklichkeit wahrgenommen. Dass sich die Erwartung der Dokumentation durch Fotografie trotz aller Enttäuschungen bis in die Gegenwart erhalten konnte, ist nicht leicht zu verstehen. Erhält sie sich als eine Art von Wissensverleugnung zu Gunsten einer Lust am Bild? Eine Aufgabe der Kulturwissenschaft wäre zu untersuchen, wie das in Medien produzierte Bild des Kriegs zum Krieg wird und welchen Anteil Gefühle haben.[93]

Freie und gebundene Bildberichte

Die gegenwärtige Weiterentwicklung der Fotografie führt ans Ende der Dokumentationsillusion. Der dokumentarische Anspruch ist in einer Zeit der Techniken perfekter Bildmanipulation nicht mehr zu halten. Eine seit den Tagen Fentons im Krimkrieg ins Unvorstellbare gewachsene Popularisierung der kriegerischen Gewalt durch Medien ist zur dominanten Tendenz geworden.

93 | Diese Verschmelzung hat Analysen ausgelöst, vgl. u.a. Michael Brüggemann und Hartmut Weßler, Medien im Krieg. Das Verhältnis von Medien und Politik im Zeitalter transnationaler Konfliktkommunikation, in: Frank Marcinkowski, Barbara Pfetsch (Hg.), Politik in der Mediendemokratie. Politische Vierteljahresschrift, Sonderheft 42,Wiesbaden (VS Verlag für Sozialwissenschaften) 2009, S. 635-657.

Die Medien sind ebenso wenig *frei* wie es Fenton war, der einem politischen Auftrag folgte. Sind sie auf eine Weise in Politik und militärische Strukturen eingebunden, dass sie zu einer abhängigen Variable werden? Oder ist es den Medien möglich, eine Distanz aufzubauen, die eine eigene Sicht des Kriegs ermöglicht? Der Golfkrieg (2003) machte die erste Variante deutlich: Die Position des ›embedded journalist‹ schützte das Leben, ließ aber keine Wahl, als den Bildjournalismus in eine an der nationalen Perspektive ausgerichtete Politik einzubetten. Ist eine politisch motivierte Informationspolitik und Bildzensur, wie im Ersten Irakkrieg praktiziert, die wahrscheinliche zukünftige Reaktion auf die Funktion der Bilder als Waffe, die es im Vietnamkrieg gab, so dass die Gräuel, die nicht zu öffentlichen Bildern führen, weiter praktiziert werden können?

Den eingebetteten und geschützten Journalisten stehen freie und ungeschützte Reporter gegenüber, die alle Mittel der modernen Bildtechnik anwenden, um ein unabhängiges Bild vom Krieg zu verbreiten. James Nachtwey, einer der bekanntesten freien Reporter mit einem Bild vom Krieg als Destruktionsmaschine, schreibt: »Ich war ein Zeuge, und meine Bilder sind mein Zeugnis. Die Ereignisse, die ich aufgezeichnet habe, sollen nicht vergessen werden und dürfen sich nicht wiederholen.« Ein Blick in die Geschichte der Kriegsfotografie gibt Hinweise auf die Problematik dieser Konzeption von Zeugenschaft durch das unabhängige Foto mit didaktischer Absicht. Die Sätze sind von der guten Absicht des Fotografen angeregt. Aber sagen sie etwas über die Wirklichkeit von Bild und Bildwirkung?

»Der Trend zur Medialisierung ist sowohl hinsichtlich der Legitimation als auch während der Kriegführung unverkennbar […]. Massenmedien im Internet-Zeitalter können im asymmetrischen Konflikt als Kriegswerkzeug eingesetzt werden.«[94] Im internationalen Geflecht der politischen und ökonomischen Interessen wird die Hoheit über das Kriegsbild zu einem Machtfaktor. Unvergessen sind bis heute die grünen Bildschirme mit gelegentlich aufblitzenden Explosionen im fern-nahen Bagdad, mit denen eine Gemeinschaft aus Militärs, Aufklärungseinheiten und TV-Machern ein mediales Großspektakel inszenierten, das, unterstützt durch die militaristisch-patriotischen Kommentare der CNN-Reporter (allen voran Peter Arnett) erhebliche Begeisterung bei den Zuschauern auslöste. Es hat sich in dieser Weise in den folgenden Kriegen nicht wiederholt. Die Kontrolle der Bilder durch politische und militärische Instanzen der USA hat sich seitdem verstärkt, und im Kampf um politische Macht wird die Herrschaft über Kriegsbilder und das Bild vom Krieg ein immer wichtigeres Moment.

94 | Hans-Joachim Reeb, Der Golfkrieg 1991. Theorie des medialen Krieges, in: Thomas Jäger, Rasmus Beckmann (Hg.), Handbuch Kriegstheorie, Wiesbaden (VS Verlag für Sozialwissenschaften) 2011, S. 466-475, hier S. 473.

Wirkungen von Kriegsbildern

Die Frage nach den Auswirkungen der Gewalt in den Medien wird kontrovers diskutiert. Gewaltbilder der Medien führen, lautet ein Argument, zu Aggressivität. Wiederholt betrachtete Gewaltbilder in den Medien desensibilisieren gegenüber Gewalt und Gewaltopfern in der gelebten Welt. Wer Gewaltfilme sieht, lernt Gewalt, und wer Kriegsfilme sieht, lernt Krieg, nicht anders als im wilhelminischen Kinderzimmer mit Bleisoldaten, nur effizienter. Oder wird, wer Kriegsfilme sieht, in Angst und Schrecken versetzt, selbst Opfer von Gewalttaten zu werden?

Kinder lernen durch Erleben und Imitation und haben noch weniger als Erwachsene die Fähigkeit, zwischen Wirklichkeit und Phantasie zu unterscheiden. Das Gedächtnis von Kindern hat eine größere Plastizität als das der Erwachsenen. Dadurch wird das rasche Lernen durch mentale Modelle möglich.[95] Je häufiger sie Ähnliches erleben, desto intensiver wird das Erlebte in ihrem Gehirn als Realität repräsentiert. Es bilden sich regelhafte Zusammenhänge, die sich als »Gedächtnisspuren« einprägen.

Durch das Betrachten von Kriegsbildern lernen Kinder passiv Kriegsgewalt kennen und können das Gelernte in die gelebte Gegenwart und Zukunft übertragen.[96] Kriegsspiele trainieren Kriegsgewalt, und je leichter die emotionale Identifikation mit dem Täter auf dem Bildschirm ist, desto höher der Lerneffekt. Elektronische Kriegsspiele zeigen Kampfsimulationen, die das Töten belohnen. Die Spielfiguren erhalten bessere Waffen, erreichen ein höheres Spielniveau, was den Thrill erhöht und ein Erfolgserlebnis auslöst. Neurobiologische Untersuchungen haben die hormonale Grundlage des psychischen Mechanismus gezeigt, denn das Erfolgserlebnis wird durch erhöhte Ausschüttung von Dopamin belohnt, was den Spieler in euphorische Stimmung versetzt.[97]

Es wäre verfehlt, in der Beziehung von Kind und elektronischen Kriegsspielen nach einer Antwort der Gegenwart auf die Frage: *Was ist Krieg?* zu suchen. Aber ein Körnchen Wahrheit steckt in dieser Vermutung. Der elektronische Krieg lässt sich nicht als Mittel zur Unterhaltung oder Ruhigstellung von Kindern verstehen. Kriegsspielzeug, in der Vergangenheit ausschließlich für Kinder produziert, ließ Freiheit im Umgang mit Figuren und Waffen zu. Die Erbsenkanone konnte frei dirigiert und statt auf die gegnerischen Soldaten auf die Katze gerichtet werden. Die elektronischen Kriegsspiele schaffen Pas-

95 | Kontrovers diskutiert wird: Manfred Spitzer, Digitale Demenz. Wie wir uns und unsere Kinder um den Verstand bringen, München (Droemer Knaur) 2012; ders.; Vorsicht Bildschirm! Elektronische Medien, Gehirnentwicklung, Gesundheit und Gesellschaft, München (dtv) 2006.

96 | Spitzer 2006, Vorsicht Bildschirm!, S. 183 u.ö.

97 | Spitzer 2006, Vorsicht Bildschirm!, S. 215ff.

sivität vor den Kriegsbildern, die auch durch hoch entwickelte Programme zur Interaktion nicht überwunden wird. Ihrer Suggestion entziehen sich wenige Kinder. Im Kriegsspiel lernen sie den Krieg als Spiel kennen und bilden Erinnerungen, die nicht mehr vergessen werden. Dieser Krieg, vor wenigen Jahren entwickelt, gehört mittlerweile in das Weltbild der Jugendlichen, die eben noch Kinder waren.

Verbote sind wirkungslos. Ist es denkbar, dass aus einer Kooperation von Medientheoretikern und Kriegshistorikern ein didaktisches Programm zur Entwicklung von Bildschirmkompetenz konzipiert würde, um ein kritisches Aufnehmen der Medienbilder zu lehren? Solch ein praktischer Schritt ist in der Kulturgeschichte des Kriegs bisher nicht bedacht und Methoden sind nicht entwickelt worden. Soll sie sich gegenüber dieser didaktischen Aufgabe überhaupt öffnen und sich in die Tradition des Applikationswissens begeben?

9. Was heisst den Krieg erinnern?

Es gibt keine Pflicht zu erinnern und keinen Schutz vor dem Vergessen, oder auch umgekehrt: Es gibt keinen Schutz vor der Erinnerung und kein Gebot, nicht zu erinnern.

Erinnerung ist ein kultureller Prozess. Die Forschung über Erinnerung verfolgt Projekte, die für das Methodenproblem der Kulturgeschichte des Kriegs fundierend sind. Sich erinnern ist ein aktiver und auf subjektiv erlebte Vergangenheit gerichteter Prozess, der selbst Erlebnisse schafft, aus denen ein Gedächtnis geformt werden kann. Das so verstandene Gedächtnis ist kein statischer Speicher, sondern bildet eine veränderliche und die Erinnerungen verändernde Bewusstseinsstruktur. Ereignis, Wahrnehmen, Erinnern und das verändernde Aufrufen von Erinnerungen müssen als ein integrierter und flexibler, endogenen wie exogenen Einflüssen unterliegender Prozess gedacht werden, der für die Kulturgeschichte des Kriegs konstituierend wirkt.

Die Frage, ob es ein kollektives Gedächtnis gibt oder ob Gedächtnis nicht notwendig an eine sich erinnernde Person gebunden ist, scheint nach der Debatte der letzten Jahrzehnte entschieden zu sein. Wie Maurice Halbwachs (*Das Gedächtnis und seine gesellschaftlichen Bedingungen*, 1925) zuerst argumentierte: In der Gedächtnisbildung verschränken sich das Individuelle und das Gesellschaftliche.[98] Ein individuelles Gedächtnis ohne eine kulturelle Rahmung gibt es nicht. Kollektive Erinnerung wird nach anderen Mechanismen hergestellt als das individuelle Gedächtnis. Das Subjekt des Erinnerns setzt sich zusam-

98 | Maurice Halbwachs, Das Gedächtnis und seine sozialen Bedingungen, Frankfurt a.M. (Suhrkamp) 1985.

men aus einem Kollektiv (Nation, religiöse Gruppe oder auch Familie) und dem Individuum als im Erinnern miteinander interagierende Akteure.

In der Gedächtnisforschung hat sich (nach Halbwachs und Jan Assmann) eine Begrifflichkeit ausgebildet, die für die Kulturgeschichte des Kriegs hilfreich ist. Sie unterscheidet zwischen einem *kommunikativen* und einem *kulturellen* Gedächtnis. Das kommunikative Gedächtnis erinnert gelebtes Anwendungs- und Weltwissen, das dem Bewusstsein zugänglich ist, an unvermittelte und vorwiegend mündliche Kommunikation gebunden ist und mit der sozialen Gruppe, zu deren Wissensbestand es gehört, stirbt. Eine Überschneidung gibt es mit den Begriffen eines *expliziten* und eines *prozeduralen* und *impliziten* Gedächtnisses. Die bewussten Anteile an Erlebnissen werden vom expliziten Gedächtnis aufbewahrt. Über diese Gedächtnisinhalte können Geschichten erzählt werden, deren Verständnis ein geteiltes Wissen der Rezipienten voraussetzt.

Das kulturelle Gedächtnis dagegen ist durch Medien und Institutionen von Politik und Gesellschaft vermittelt und tritt mit einem allgemeinen Geltungsanspruch auf, der sich vom Individualgedächtnis absetzt. Das kollektive Erinnern von Kriegen ist eine Praxis, die nicht auf das individuelle Erinnern zurückgeführt werden kann, aber ebenso wenig ohne private Erinnerung möglich wäre. Die private Erinnerung darf nicht als bloß subjektiv abgewertet werden, sondern stellt einen Anspruch: Aus der Perspektivik der Wahrnehmung entsteht eine Wirklichkeits*facette*, die zur Erinnerung wird.

Die Inhalte des *impliziten Gedächtnisses* unterliegen nicht dem direkten Zugriff des Bewusstseins. Sie werden unter bestimmten, dem Willen nur eingeschränkt zugänglichen Umständen offengelegt, zum Beispiel durch starke Emotionen wie Angst oder wenn traumatische Erlebnisse durch unerwartete Reize plötzlich wieder belebt werden (Flashback).

Gefühle, Stimmungen, Geräusche und Gerüche werden im impliziten Gedächtnis verarbeitet und gespeichert. Es arbeitet langfristig und ist »weniger vergesslich« als das explizite Gedächtnis (LeDoux). Die Wirkung dieser Aktivierung ist meist stark und beeinflusst das gegenwärtige Erleben und Handeln. Das bekannteste Beispiel ist die Madelaine in Prousts *Recherche*, die eine Kindheitserinnerung spontan aus dem Unbewussten aufsteigen lässt. Viele Erfahrungen mit dem impliziten Gedächtnis stammen aus der Psychogeschichte des Kriegs und sind weniger idyllisch. Der Blick auf den Kriegsdiskurs macht die Annahme wahrscheinlich, dass das implizite Gedächtnis, anders als Prousts Szene nahelegt, auch eine kulturelle Konstruktion ist. Dafür sprechen die übereinstimmenden Berichte ehemaliger Soldaten, die bei geringfügigen Stimuli wie einem Geräusch, einer Farbe, einem Geruch sich plötzlich in die traumaauslösende Situation zurückversetzt erleben. Das bekannte Gedicht von Siegfried Sassoon führt diesen Schrecken des Alltags vor.[99]

Im *expliziten Gedächtnis* wirkt ein Übergang vom Kurzzeit- ins Langzeitgedächtnis, den ein mit dem Hippocampus verbundenes System leistet. Neue Informationen werden ins Langzeitgedächtnis übertragen, nachdem sie eine Zeitlang in der Hippocampusregion verarbeitet worden sind. Wenn auch dem Übergang vom Kurzzeit- ins Langzeitgedächtnis neurologische Prozesse zugrundeliegen, so wird er doch von keinem Determinismus bestimmt. Er ist in einen kulturellen Kontext eingebunden, in dem Selektionskategorien, emotionale Präferenzen und Abneigungen festgelegt werden. Erinnerungen, die diesen Filter passiert haben, sind offenbar unverlierbar.

Hirnprozesse des Erinnerns

Experimentell gestützte Gedächtnistheorien haben die Hypothese eines einheitlichen und im Gehirn lokalisierbaren Gedächtnisses aufgegeben. Es wird vermutet, dass es unterschiedliche visuelle, akustische, olfaktorische, kinästhetische und motorische Informationsprozesse gibt, die auf je eigene Weise erinnern und an verschiedenen Orten im Gehirn bearbeitet werden, Störungen unterliegen und dissoziiert werden können. Teilsysteme des Gedächtnisses sind auf die Verarbeitung verschiedener Reize spezialisiert und nicht unbedingt untereinander vernetzt. Zum Verständnis der Transformation von Gedächtnisinhalten, etwa dem Übergang vom kommunikativen Gedächtnis in ein kulturelles Gedächtnis, hat die Hirnforschung neue Einsichten gewonnen. Das Zusammenwirken gehört zum Prozess des Erinnerns der verschiedenen Gedächtnistypen. Die Unterscheidung zwischen den Formen des Erinnerns ist hilfreich, aber die Unterschiede sind unscharf und die Übergänge fließend. Wir wüssten gern, wie sich Kriegsbilder in diesen komplizierten Verhältnissen verhalten oder von ihnen gebildet werden.

Diese Transformationen sind erst verstanden, wenn sie als Bewusstseinsprozesse entschlüsselt werden. Mir scheint wichtig zu betonen, dass es sich beim Erinnern von Kriegsbildern um einen kulturellen Prozess handelt, für den die biologischen Abläufe als notwendige Bedingung gedacht werden müssen. Die kulturgeschichtliche Erkenntnis darf sie nicht vernachlässigen. Die Frage: ›Wie wird Krieg erinnert?‹ muss die physiologischen und neurologischen Strukturen als unhintergehbare Bedingungen des Erinnerns einbeziehen, will sie nicht Gefahr laufen, hinter die Möglichkeiten der wissenschaftlichen Theoriebildung zurückzufallen und in unzeitgemässes Spekulieren zu geraten. Sie darf aber nicht vergessen, dass Erinnerung und Gedächtnis nicht

99 | Siegfried Sassoon, Repression of War Experience, in: Jon Silkin (Hg.) First World War Poetry, (Penguin) 1979, S. 133f.

aus Hirnstrukturen zu verstehen sind, sondern stets die Leistung eines Bewusstseins in einem kulturellen Kontext bilden.

Zum Verständnis haben die Hirnforschung und Neurologie der Wahrnehmung einen großen Beitrag geleistet; aber zur kulturellen Leistung von Bildern für die Erinnerung haben sie nichts zu sagen.

Gesellschaften bilden ein Gedächtnis vom Krieg auf drei miteinander verschränkten Ebenen: Subjektive Erlebnisse werden kodiert und damit intersubjektiv erfahrbar gemacht; sie werden durch Medien in den gesellschaftlichen Diskurs einbezogen; und sie müssen wiederholt werden, also Dauer bekommen.

Kriege werden subjektiv und perspektivisch wahrgenommen. Krieg gibt es nur als kollektive Vorstellung. Nur weil sich Kollektive an Kriege erinnern, gibt es Krieg. Ohne langfristiges und kollektives Gedächtnis gäbe es nur Kämpfe und Gewaltausbrüche, Mord und Totschlag. Gesellschaften stellen die diskursiven Mittel zur Verfügung, um Erlebnisse in Krieg zu übertragen. Die Formulierung »Mein Krieg«, in der Umgangssprache benutzt, spielt mit einem sprachlichen Paradox und macht das Possessivpronomen zu einer Provokation oder Satire. Niemand besitzt oder beherrscht den Krieg, und niemand führt Krieg allein. Wir können über Krieg nur sprechen, wenn ein kollektives Gedächtnis vergangene Gegenwarten zusammenstellt, um sie unter dem Namen Krieg zu einer erinnerten Einheit in der Gegenwart zu machen. Der eigene Krieg ist immer auch der Krieg der anderen.[100] Erich Kuby setzt den Widerspruch in seinem autobiografischen Kriegstext (1999) gezielt ein.[101]

Die Bedingungen des Entstehens vom Kriegsgedächtnis liegen in der Kommunikationsstruktur der Gesellschaft, ihren Medien, die Machtverhältnisse repräsentieren: Was darf ausgesprochen werden und was nicht, wer darf sprechen, wer nicht, wer hütet und sanktioniert die Tabus? Durch die Objektivierung in den Strukturen des Mediums entsteht die *Botschaft*, werden subjektive Erlebnisse zur kollektiven Kriegserinnerung.

Das Schreiben einer Autobiografie oder eines Tagebuchs ist eine einsame und subjektbezogene Arbeit. Die spätere Lektüre entdeckt selbst in den intimen Tagebüchern Tendenzen und Gemeinsamkeiten. Denn auch sie sind von Voraussetzungen mitbestimmt, die in der Öffentlichkeit festgelegt werden

100 | Metaphorisch spricht man vom Ehekrieg. Das dehnt den Begriff sehr weit. Aber selbst zum Ehekrieg gehören (mindestens) zwei und eine ehekriegsaffine gesellschaftliche Umwelt.

101 | Erich Kuby, Mein Krieg. Aufzeichnungen aus 2129 Tagen, Berlin (Aufbau) 1999; das Gegenstück zu Kuby ist: William Edward Harney, Bill Harneys War. Introduced by Manning Clark, South Yarra (Currey O'Neil) 1983; Harney erzählt in Zeichnungen und Text *seinen* Krieg, der ihn nicht zum Pazifisten und nicht zu einem Kämpfer gegen den Krieg machte, sondern in die Einsamkeit des australischen Buschs führte.

und damit dem Wandel von Mentalitäten unterliegen. Sie lassen sich zu Zeitstilen zusammenfügen, die den medialen Diskurs kodieren. Erlebnisse vom Krieg sprechen, wie wir aus der nachträglichen Perspektive wahrnehmen, vom Zusammenhang von Zukunftsplanung und Destruktion und unterlaufen die individuelle Erinnerung, so dass sie öffentlich gemacht und von anderen nachvollzogen werden können. Es ist kein Zufall, dass so unterschiedliche Autoren wie Benjamin und Jünger in ihren Schriften zum Krieg die Frage nach einem System stellen. Die Frage war eine ihrer Zeit, und ihre Antworten unterscheiden sich geringfügig: das System des Kapitalismus und das System der Moderne. Aber mit diesem kleinen Unterschied trugen sie zu kontroversen gesellschaftlichen Diskursen bei.

Die Mittel, mit denen die Dauer der Kriegserinnerung erreicht wird, haben sich in der Geschichte des Kriegsdiskurses grundlegend geändert. Ins kulturelle Gedächtnis gehörten über Jahrtausende die fraglose Überlieferung als Weitergabe von Erfahrungswissen und Verhaltensstandards von Generation zu Generation. Rituale bildeten ein wesentliches Mittel zur Wiederholung der Kriegserfahrung zum Zweck der Weitergabe. Sie haben für das Kriegsgedächtnis seit dem Ersten Weltkrieg an Bedeutung verloren. Von einer Tradition als Wiederholung kann seit dem frühen 20. Jahrhundert nur noch sehr eingeschränkt geredet werden. Es gibt die Tradition nicht mehr – oder nur für Randgruppen. Andere Mittel zur Wiederholung sind an die Stelle der Rituale, Bilder und mündlichen Überlieferung zur Weitergabe getreten, in erster Linie das Kino.

Kriegserinnerung durch Bilder – Auswahl des Erinnerns und Vergessens

Wie bilden sich die Entscheidungen, welcher Krieg erinnert wird und was von einem Krieg ins Gedächtnis eingeht? Ohne den Eingriff von Sprache und Imagination, die sich diachron, von Gegenwart zu Gegenwart, unterscheiden, gäbe es keine gemeinsamen Erinnerungen, über die gesprochen werden könnte. Im Gedächtnis ist die Vergangenheit daher nicht beständig, sondern stets unsicher. Erinnerung wirkt auf den Ausgangspunkt zurück. Plastizität des Erinnerns sorgt dafür, dass Instrumentalisierung nicht nur auf die Gegenwart und Zukunft wirkt, sondern auch rückwirkend das *originale* Bild verändert. Um aus der Erinnerung an die Vergangenheit Material für politische Zwecke zu gewinnen, ist keine Kriegsgeschichte nötig. Dafür reicht das selektive Bildgedächtnis aus, da es, wie Experimente gezeigt haben, äußerst plastisch ist und neue Reize in alte Erinnerungen umbaut. Das macht die Kriegsgeschichte besonders gefährdet für politische Instrumentalisierung. Desto notwendiger ist es, dass die Kulturgeschichte des Kriegs einen Eigensinn entwickelt und klärt, was Krieg ist, um vor Eingriffen der Politik und Ideologie zu schützen.

Die Erinnerung an schmerzhafte Erfahrungen ist offenbar die Bedingung für den Zusammenhang einer Gemeinschaft. Die Erinnerung muss geteilt sein, um als einheitsstiftend und emotionale Grundlage für die Kohäsion zu wirken. Die Erinnerung an das gemeinsame Gewalthandeln im Krieg wirkt als stärkste Bindung in dichten Beziehungen. So stehen Krieg und das Projekt der Nation in einer engen Beziehung: Erinnerung ist die mentale Basis für die Gemeinsamkeit einer Nation. Die meisten Nationen führen sich auf Krieg, Tod und Opfer zurück. Es gehört zur Arbeit am kollektiven Gedächtnis, diesen Krieg von Negativität frei zu halten. Aber das Erinnern von Kriegen lässt sich nicht planvoll steuern.

Für die Entscheidung, ob ein Krieg in das kulturelle Gedächtnis eingeht, ist seine mediale Repräsentation eine notwendige, aber keine ausreichende Bedingung. Auch die andere Bedingung ist unabhängig vom Kampfgeschehen selbst, von seiner Intensität oder Länge. Sie betrifft seine Bedeutung für die Identität. Nur für Kriege, in denen die Identität einer Gruppe, Nation, Kultur oder Glaubensgemeinschaft in Frage gestellt und gerettet oder bestärkt wird, öffnet sich das Langzeitgedächtnis. Ruhm und Ehre Sobieskis nach der Schlacht bei Kahlenberg vor Wien im September 1683 verbreiteten sich in wenigen Wochen nach dem Ereignis über den Kontinent, und eine über Jahrhunderte anhaltende Erinnerung entstand: Er wurde als Retters des christlichen Abendlandes erinnert. Dessen Identität stand im Kampf gegen die Osmanen auf dem Spiel.

Diese Erinnerung nahm den Anfang, der 1000 Jahre zurücklag, wieder auf. Will man den Ursprung Europas, die *Geburtsurkunde* Europas ausmachen, muss man auf einen Krieg zurückgreifen, der sich im Dämmer der frühen Geschichte verbirgt. In der Schlacht bei Poitiers besiegte Karl Martell ein großes arabisches Heer (732). Ein anonymer Bericht in der Chronik des Isidor von Sevilla überliefert, dass nach einer siebentägigen Schlacht *die Europäer* das Lager des Feindes betraten und leere Zelte fanden. Nach diesem Sieg, heißt es, kehrte jeder in sein eigenes Land zurück. Während das Wort Europa seit dem 4. Jahrhundert aus schriftlichen Quellen belegt werden kann (Sulpicius Severus), wird in dieser Chronik (745) wohl zum ersten Mal von Europa als der Gemeinschaft der Völker des Kontinents gesprochen. Sie waren durch einen Krieg zusammengefügt worden. Isidors Chronik war im 17. Jahrhundert vergessen, aber die Wirkung dieses Kriegs hielt an, und der Sieg von Kahlenberg sorgte für die Erneuerung der europäischen Identität. Sie war, Frankreichs Bündnis mit den Osmanen war signifikant, äußerst fragil und blieb stets mit Krieg, genauer: mit wertendem Krieg im Diskurs verknüpft.

Die Erinnerung an elementare Erschütterungen durch Krieg, Hiroshima, Verdun, Leipzig, Waterloo und zurück zu Troja, nicht zu verlieren, ist eine gesellschaftliche Aufgabe und die Voraussetzung für Identität und Bindung an das Projekt einer Zukunft, das an den Grundforderungen des Projekts Europa festhält.

Mechanismen des Vergessens

Wir wissen wenig über die Mechanismen des Vergessens. Sie sind nicht willkürlich, aber wirken hinter unserem Rücken. Das private wie das kollektive Bildgedächtnis ist hoch selektiv. Seine Regeln sind undurchsichtig. Das Vergessen von Krieg im Diskurs zeigt langfristig, dass die emotionale Verknüpfung mit einem Krieg das Vergessen beeinflusst. Je stärker die Emotionen, desto wahrscheinlicher ist die anhaltende Präsenz im Gedächtnis, und die positive Emotion hält die Erinnerung länger im Gedächtnis als die negative. Verlorene Kriege sind eine Ausnahme dieser vagen Regel. Da verlorene Kriege uns nie unberührt lassen, ist diese Form des Vergessens einer negativen Erinnerung oberflächlich und kann durch geringfügige Erschütterungen aufgehoben werden. Es ist wohl weniger ein Vergessen als ein aktives aus dem Gedächtnis Drängen.

Es gibt ein Vergessen, das für das Leben von Individuen und Gesellschaften nötig ist, und ein pathologisches Vergessen, eine dissoziative Amnesie, die für kein gesellschaftliches Ereignis so nahe liegt wie für den Krieg und für kein anderes Ereignis so folgenreich ist. Vergessen geht nicht gleitend in Amnesie über. Diese beiden Formen des Vergessens haben unterschiedliche psychische und kulturelle Strukturen und müssen getrennt behandelt werden.

Wir leben in dem geschichtlichen Moment, in dem die letzten Augenzeugen des Zweiten Weltkriegs und der Vernichtung der Europäischen Juden sterben. Die Frage: Was wird nun vergessen werden und lässt sich dieser Prozess beeinflussen? gehört zu den dringenden Fragen der Mentalitätsgeschichte im frühen 21. Jahrhundert.

Man darf nicht davon ausgehen, dass das gesellschaftliche Vergessen durch bewusste Eingriffe gelenkt werden könnte. Es folgt einer intrinsischen Logik und ist nur kurzfristig und oberflächlich zu beeinflussen.

Verlorene Kriege sind, wie der Schmerz, prädestiniert, vergessen zu werden. Wie entsteht dennoch das Bild von einem Krieg, der für Individuen mit traumatischen Erlebnissen und für Kollektive mit Bruch und Zusammenbruch gleichgesetzt wird, also ein Gedächtnis der Negativität erfordert? Selektion, Akzentuierungen und Perspektivierung von Texten und Bildern bewirken, dass sie das Kriegserlebnis nicht spiegeln, sondern entwerfen. Die Entscheidung, wie die Vergangenheit kodiert und was erinnert und was vergessen wird, fällt nicht in den Bereich der allgemeinen Geschichte und nicht in den der Kriegsgeschichte, sondern wird in Demokratien in der Öffentlichkeit ausgehandelt und in autoritären Gesellschaften durch politisches Dekret festgelegt. Ein Mittel kann man als Bildpolitik bezeichnen, durch Zensur oder durch subtilere Techniken der Lenkung.

Manche Kriegsbilder können nicht assimiliert werden. Sie zerreißen die Narrative der Täter und der Opfer und verhindern, dass Geschichten einen Zusammenhang bilden. Diese Bilder werden unterdrückt, verschwinden auf Dachböden und in Archiven, und der Zusammenhang, in den sie gehören und der sie verständlich macht, wird verzerrt und verfälscht. Er geht nicht verloren, sondern wird unterdrückt, weil er für den Zusammenhalt einer Gesellschaft lebensbedrohlich wirkt. Dieses offensive Vergessen wirkt wie die Flucht vor einer Lazeration in temporäre Amnesie. Sie dämpft den Schmerz traumatischer Ereignisse. Für die Lückenhaftigkeit der Erinnerung hat der sich Erinnernde ein vages Gefühl der Unvollständigkeit und Unvollkommenheit, aber nicht der Unwahrheit.

In der Gegenwart werden wir allerdings auch Zeugen des Gegenteils: Bilder von Krieg und Gewalt verlieren ihre Wirkung und tauchen in der überwältigenden Fülle unter. Sie werden schlicht übersehen oder verkommen zur Unterhaltungsware. Die Bildproduktion hat darauf reagiert. Wenn fragwürdig wird, dass die Bildinhalte eine Wirkung haben, soll eine Bildästhetik ihnen eine aktive Rolle im Erinnerungsprozess zurückgeben. Experimente entstehen, die Bildern ihre Bedeutung zurückzugeben und durch Manipulationen wie Übermalungen oder Unschärfe ein Geheimnis ins Bild zurückzubringen suchen. Das *Deutsche Historische Museum* in Berlin stellt fünf durch Unschärfe bis an die Grenze zur Unkenntlichkeit entstellte Fotos von historischen Ereignissen (Ernst Volland) an das Ende der sonst durchgehend dokumentarischen Ausstellung.

Gesellschaftliche Bedürfnisse entscheiden, ob und wie ein Krieg in das kollektive Gedächtnis eingefügt oder vergessen wird. Kriegserinnerungen stellen die Frage nach der Integrationsfähigkeit und -willigkeit einer Gesellschaft. Bilder, die das Selbstwertgefühl verletzen oder auf andere, fundamentale Weise Schmerz zufügen, werden vergessen.

Ein kompliziertes Beispiel sind die radikalen Pazifisten, die den Krieg verweigern und sich auch von seinem Bild frei zu halten suchen. Howard Fasts Roman *Der Trommelknabe* (1975, original *The Hessian*) zeigt das (Gegenwartsproblem) an einer Quäkergemeinde in Neuengland, die sich vom Krieg gegen die Kolonialmacht England willentlich fern hält und sich dabei in unlösbare Widersprüche verstrickt, die zu einem gewaltsamen Tod führen.[102] Diese leidvollen Erfahrungen, Fast macht das an den moralisch denkenden und handelnden Quäkern sehr deutlich, führen an die Grenze der Vernunft und Zerfall. Aber der Zusammenhang der Gemeinschaft ist vom Verhalten zum Krieg abhängig. Die Quäker sind die Ausnahme in der Weltgeschichte. Der Kampf

102 | Bernd Hüppauf, Versuchte Aufklärung über Krieg und Frieden. Arnold Zweigs ›Der Streit um den Sergeanten Grischa‹ und Howard Fasts ›The Hessian‹, in: Walter Veit u.a. (Hg.), Antipodische Aufklärungen, Frankfurt a.M., Bern (Lang) 1987, S. 141-154.

gegen den Krieg übernimmt für sie dieselbe Funktion wie in anderen Gesellschaften der Krieg. Für beide Erinnerungen gilt: Sie lassen sich nicht planen und können nur für kurze Zeit mit politischen Motiven manipuliert werden. Wenn sie dissoziativ zersetzt werden, droht Zerfall.

Werte und Ziele als Grundlage einer Gesellschaft, die zum Beispiel die Gesellschaftstheorie europäischer Nationen vor dem Ersten Weltkrieg postulierte, waren durch die Kriegserfahrungen zerrissen. Das Kriegserlebnis entstand in den Diskursen und aus den politischen, ästhetischen und rituellen Praktiken der Nachkriegswelt. Es war ebenso zerrissen wie sie. Das aktive Vergessen von Kriegsbildern oder das Umdeuten ihrer Zusammenhänge gehörten in diesen Erinnerungsprozess. Umdeutung und offensives Vergessen im Dienst einer Abspaltung von Erinnerung sind für Gesellschaften nicht weniger lebensbedrohlich als die Erinnerung durch schmerzhafte Bilder. Es ist offensichtlich, dass nach 1918 politische Interessen an dem Prozess des Vergessens beteiligt waren. Aber es ist unangemessen, ihn als Folge politischer Planung zu erklären. Seine Ursprünge liegen tiefer als in Beschlüssen von Parteien und Interessengruppen. Das Vergessen von Kriegen, ihres Grauens und der Gräuel lässt sich nicht über längere Zeiträume lenken. Die Mechanismen des Vergessens als einem kulturellen Prozess wären zu erforschen. Dafür ist die Entwicklung von Kategorien und Methoden zu leisten.

Das Vergessen kann die Psyche bis an den Verlust des Identitätsbewusstseins belasten und zur Lebensbedrohung paralysieren. Die Erinnerung an den Völkermord der Armenier wird bis heute, beinahe 100 Jahre nach der Tat, von der Gesellschaft der Täter aus Angst vor den Folgen für die Gesellschaft unterdrückt. Aber die Folgen der Unterdrückung sind schwerwiegend. Erwähnt werden soll ein weiteres Beispiel. Das Massaker von Nanking, als die japanische Armee in der chinesischen Stadt 1937 ein sechswöchiges Blutbad anrichtete und Tausende Frauen vergewaltigt wurden, war nie im strengen Sinn vergessen. Es wurde aber in Japan und zeitweise selbst in China – dort allerdings aus sehr anderen Gründen – nicht besprochen und war aus dem wissenschaftlichen wie aus dem kulturellen Diskurs verbannt. In China wird inzwischen jährlich ein offizieller Trauertag begangen, und in einer Gedenkstätte erinnert ein alle zwölf Sekunden fallender Wassertropfen an den Zwölf-Sekunden-Takt der Morde im Dezember 1937. In Japan ist diese Erinnerung bis heute aus dem Diskurs verbannt. Sie wird sich zu Wort melden.

9.1 Ethik des Erinnerns – Ethik des Vergessens?

Das wirkungsvollste und nachhaltige Medium für die Kriegserinnerung sind Bilder. In einem rationalistischen Verständnis vom Krieg bedeuten Bilder und Rituale wenig. Sie werden als Illustrationen oder als Mittel eingesetzt, die Vergangenheit durch geplante Erinnerung von der Wiederkehr abzuhalten. Die

Vorstellung vom Bild, das zu einer Präsenz des Vergangenen in der Gegenwart führe, wurde von den Aufklärern der Weimarer Republik wie eine Zauberbeschwörung behandelt und in den Auseinandersetzungen um das *richtige* Kriegsbild strikt zurückgewiesen. Diese Vorstellung vom Bild geht an seinem Wesen vorbei. Bilder vom Krieg entwickeln ein Eigenleben. Bei den Geschichtshäretikern kann der Krieg im Bild, in Dingen und ritualisierten Handlungen anwesend sein. Für sie ist die ikonische Differenz bloßer Augenschein.

Für das Verhältnis zum Krieg im Bild kann man eine *Ethik des Erinnerns* fordern, die, wie Margalit sagt, *dichte Beziehungen* schafft, die für den Zusammenhalt der Gemeinschaft, die auf gemeinsamen Erinnerungen beruht, fundamental sind.[103] Diese gemeinsamen Erinnerungen sind nicht beliebig. Sie umfassen Traumata, Gewalthandlungen, die Grenzen der Vernunft überschreiten. Destruktion, Tod und Töten im Krieg bilden ein Problem für das kollektive Gedächtnis. Es hat die Tendenz zu vergessen. Kann es eine Ethik des Vergessens geben? Wenn das Vergessen als willentlich gesteuerter und politische Handlung verstanden wird, kann die Forderung nach einer Ethik des Vergessens erhoben werden. Versteht man Vergessen jedoch als einen gesellschaftlichen Prozess, kann ein Eingriff allenfalls kurzfristig wirksam werden. Offene und demokratische Gesellschaften müssen für einen solchen Eingriff Autoritäten schaffen, zum Beispiel durch Selektion von Themen und Epochen im Schul- und Ausbildungssystem. Das stellt den öffentlichen Diskurs vor eine beinahe unlösbare Aufgabe.

Die Negativerfahrung des Kriegs ließ nach 1945 in Deutschland den Wunsch nach Vergessen entstehen. Einen abrupten Neuanfang, die von einigen erhoffte *Stunde Null,* hat es nicht gegeben. *Kahlschlag* war eine kurzzeitige Ausnahme, die nur für die Literatur galt und für das öffentliche Bild vom Krieg ohne Wirkung blieb. Die Erinnerung an den Krieg hat sich erst in einem allmählichen Prozess verändert. Sein Verhältnis zur Gesellschaft wurde in Deutschland zum ersten Mal seit dem 18. Jahrhundert nicht aus der Perspektive der Kriegführenden verstanden. Im Unterschied zur Situation nach 1918 wurde nur von unglaubwürdigen Außenseitern angezweifelt, dass die historische Wahrheit von den westlichen Kriegsgegnern und Siegern vertreten wurde. Diese Wahrheit konnte öffentlich ausgesprochen werden. Die grotesken Reaktionen auf die *Wehrmachtsausstellung* vertraten eine Minoritätenmeinung.[104] Die Debatte ging um Fragen der Faktizität (korrekte Bildlegenden). Die entscheidende Frage des Diskurses: die nach der politischen und moralischen

103 | Margalit, The Ethics of Memory, S. 7f. übernimmt einen Terminus der Ethnologie und spricht von »thick relations«.

104 | Hamburger Institut für Sozialforschung (Hg.), Eine Ausstellung und ihre Folgen. Zur Rezeption der Ausstellung »Vernichtungskrieg. Verbrechen der Wehrmacht 1941 bis 1944«, Hamburg 1999.

Verantwortung des Heeres, war längst beantwortet. Die Ausstellungsgegner standen von Anfang an auf verlorenem Posten. Der Rahmen für die Bildung und das öffentliche Aussprechen der negativen Erinnerung war gesichert. Der Kampf um die Ausstellung musste dennoch gekämpft werden. Daran gibt es keinen Zweifel.

Bedenkt man die Art der Kritik und die Funktion der Ausstellung für das kollektive Gedächtnis, war die Neukonzeption der Ausstellung ohne Bedeutung. Wenn man der Ansicht ist, die erste Fassung habe die Aussage über diesen Krieg klar markiert und Position bezogen, stellt sich die Frage, ob es gerechtfertigt war, diese Konzeption wegen der Korrektur von geringfügigen Irrtümern bei den Fakten abzuwandeln. Aber erst, als der verlorene Posten der Ausstellungsgegner in einem performativen Akt durch die Neueröffnung der Ausstellung, deren Substanz um kein Iota verändert worden war, öffentlich als solcher sichtbar gemacht wurde, war er wirklich verloren. Entscheidend war nicht die historische Korrektheit. Die Frage nach den Fakten entpuppte sich bald als Scheingefecht und Fragen, die die Kulturgeschichte stellt, traten in den Vordergrund. Zwar hatte die Faktenkritik von Historikern die Schließung der ersten Ausstellung veranlasst, aber nicht die Definitionsmacht von Historikern, sondern die Diskurshoheit war für die Konzeption und Wirkung der Ausstellung entscheidend. Der Wunsch, durch einen Beitrag zum öffentlichen Diskurs ein deutsches Publikum durch Kriegsbilder zu schockieren, hatte die Ausstellung motiviert und war erfolgreich. Der Kampf gegen das Vergessen war gewonnen. Wie lange wird der Sieg halten?

Auch in Diktaturen ist das Vergessen langfristig nicht zu steuern. Die Macht der Politik über das kollektive Vergessen ist gering. Die Neuordnung des Balkans nach 1989 ist symptomatisch. Selbst in der Baltischen Staaten hatte die Russifizierung die Erinnerung nicht ausgelöscht. Die Politik der türkischen Regierungen war von der Absicht geleitet, vergessen zu machen, aber hat den Völkermord an den Armeniern nicht aus dem Gedächtnis entfernt.

Erinnerung und das Dreidimensionale: Denkmäler und Museen

Die Kulturgeschichte des Kriegs beobachtet, wie die jeweilige Gegenwart in einen Zusammenhang mit einem vergangenen Krieg gebracht wurde. Nicht nur ein bedeutsames Ereignis, der Krieg, wird erinnert, sondern die Erinnerung selbst ist ein konstitutives Geschehen, das verstanden werden soll.

Das Kriegsgedächtnis bildet sich im Blick auf die Zukunft, die *Nachwelt*. Ein Krieg, der nicht in das kollektive Gedächtnis einbezogen werden kann, sprengt den öffentlichen Diskurs. Erinnerungsversuche führen dann in ethisch-moralische Krisen. Für die europäischen Gesellschaften galt das im Verhältnis zum Ersten Weltkrieg. Konnte nach dem Tod von annähernd zehn Millionen Menschen die Vergangenheit in einen Zusammenhang mit der Gegenwart gestellt werden, so dass sich über öffentliche Praxis, Rede, Rituale, Zeremonien, ein gemeinsamer mentaler Horizont bilden konnte? Konnten die Erinnerungen der Nationen und der verschiedenen Gruppen, Opfer wie Planer oder Kriegsgewinnler, aus einer Perspektive betrachtet werden, dass der Kampf der Kriegszeit (Freund und Feind, Soldaten gegen Offiziere) sich nicht fortsetzen würde? An der Aufgabe, diese Perspektive zu entwickeln, scheiterte Europa.

Dieser Krieg rief über die nationalen und kulturellen Grenzen hinweg jedoch eine negative Gemeinsamkeit hervor. Eine Frage, die nach früheren Kriegen nur von überlebenden Opfern gestellt worden war, wurde nun für alle Gesellschaften dringend: War der Krieg so grausam, dass er nicht bewältigt und nicht vergessen werden konnte?

Gedächtnisbildung findet nicht nur im Kopf statt, sondern bezieht auch Dinge außerhalb des Bewusstseins, unbelebte Materie wie Kriegsdenkmale und Orte ein. Rituale finden an designierten Orten statt und leisten einen wichtigen Beitrag zum Entstehen des in die Zukunft gerichteten Kriegsgedächtnisses.

Das Ritual ist der Ort und die Handlung, um eine Brücke zwischen der vergangenen Zeit eines Kriegs, der eigenen Gegenwart und gewünschten Zukunft zu errichten. Im Mittelalter gab es die memoria passionis, die Erinnerung der Kreuzigung Christi als Vergegenwärtigung der vergangenen Gotteszeit, die einmal wiederkehren werde. Kriegserinnerung lässt sich nach dem Modell der theologischen Erinnerung verstehen. Im Ritual ereignet sich das vergangene Geschehen erneut, nun nicht der Kreuzestod, sondern das Opfer des Lebens für die Nation. Die theologische Formel: »Jetzt ist die Stunde […]«, »Jetzt ist die Zeit […]« bringt diese Identität von Zeiten zum Ausdruck.

Kriegserinnerung umfasst Negativität. Erinnerung an negative Erfahrung ist schwer zu bilden. Die Kulturgeschichte muss berücksichtigen, dass die Erinnerung an eine psychische Verletzung stärker ist als die an physische Verletzungen. Das gilt auch für die nationalen Erinnerungen an Kriege. Die Entwürdigung wirkt heftiger und hält länger an als der Verlust von Besitz oder Land. Die negative Kriegserinnerung hat Orte. Denken wir an die geografischen Orte der ausgelöschten Städte Lidice und Oradour. Bei den Strafaktionen gegen diese beiden Ortschaften oder gegen Dörfer in Griechenland war die Formel: dem Erdboden gleichmachen. Ein Lieblingswort des *Führers und Reichskanzlers* Adolf Hitler war: ausradieren. Aber wie das Radieren Spuren auf der beschriebenen und dann radierten Seite hinterlässt, hinterließen auch diese Radierungen Spuren und einige verwischte Zeichen. Die Hoffnung der Verbrecher auf ein totales Vergessen der Verbrechen erfüllte sich nicht. Die Auslöschungen hinterließen Spuren im Erdboden und im Gedächtnis. Sie sind ein Archiv, nicht leicht zugänglich, dem sich die Kulturgeschichte widmet.

Eine mögliche Aufgabe der Kriegserinnerung könnte sein, die Verletzung nicht heilen zu wollen. Damit würde der Kriegsdiskurs sich von einer Versöhnung mit der Vergangenheit grundsätzlich verabschieden und keinen Beitrag zu einer Stabilisierung von Gesellschaft machen. Diesem Diskurs läge eine normative Entscheidung zugrunde: Er würde das Gedächtnis nicht am Herstellen eines Normalzustands beteiligen. Das ist eine Entscheidung, die einzelne Beteiligte, die sich als Opfer empfinden (und Opfer sein mögen) wünschen mögen, aber es ist keine Entscheidung, die Einzelne treffen könnten. Sie wird subjektlos und von Gesellschaften und Großgruppen gefällt. An den gelöschten Erinnerungen an die Bauernkriege lassen sich die gesellschaftlichen Mechanismen des Vergessens studieren. Die Erinnerung an die beiden Weltkriege war in einigen europäischen Gesellschaften von dem Wunsch, die Wunden offen zu halten, geleitet. Mit dem zeitlichen Abstand änderte sich der Wunsch, wobei zu bedenken ist, dass die Zeit, entgegen dem Sprichwort, nicht heilt. Zeit tut nichts. Die Richtungsänderung der Erinnerungsarbeit braucht Zeit, muss aber aus anderen Gründen abgeleitet werden.

Präsenz des Kriegs in der Gegenwart

Die Frage ist gestellt worden, ob Krieg für die Erinnerung überhaupt in eine Form gebracht werden könne,[105] ohne durch diese Formung verfälscht zu werden. Die Frage kann nur auf einer theoretischen Ebene als Problem von Form und Inhalt gestellt werden. Denn wer entscheidet, was die richtige Erinnerung ist? Ein Kriegsdiskurs aus Texten muss Fragment bleiben und wird das Opfer von Verformung. Er wird um eine entscheidende Dimension verkürzt, wenn das Körperliche, Gestische, die räumliche Ausdehnung, auch die der Instrumente und Werkzeuge, der Raum des gemeinsamen Handelns *vergessen* würde. Das Kriegsmuseum kann sich dem Problem stellen und es in der Ausstellung thematisieren. Im Zusammenwirken mit Texten schaffen Exponate Erinnerung.

Welche Mittel das Museum benutzt (Texte, Kunst, Gegenstände, Waffen) und auf welche Reste sie zurückgreift, ein authentisches Bild vom Krieg ist unerreichbar. Allem Realismus der Kriegsmuseen, die vom Geschütz zur Patronentasche alles ausstellten, was den Krieg aus der Vergangenheit in das Bewusstsein der Gegenwart übertragen könnte, gelingt es nicht, den »Kollektivwahnsinn« im Museum nachvollziehbar zu machen. Aber sobald das unerreichbare Ziel aufgegeben wird, kann die Frage der Perspektive und der Richtung des Erinnerns gestellt werden.

Mischungen aus Erinnerungen, Träumen, Phantasien, Erzählungen sind für eine kreative Kriegserinnerung erforderlich. Sie liegen außerhalb der Möglichkeiten von Museen. Mischungen der Phantasie kann kein Museum herstellen. Um sich von der Hypothek des Dokumentarischen zu befreien, müsste

105 | Thomas Thiemeyer, Die Fortsetzung des Kriegs mit anderen Mitteln. Die beiden Weltkriege im Museum, Paderborn (Schöningh) 2010.

das Museum sich nach einer Nicht-Logik entwerfen, für die Picassos assoziative Kriegsvision *Guernica* das Vorbild liefern könnte. Aber das Museum kann die phantastische Ordnungslosigkeit der Kunst nicht imitieren. Es kann sich der Wildheit des Kriegs nur sehr begrenzt nähern. Das Museum der Unordnung, das wilde Museum ungeordneter Erinnerungen ist ein Widerspruch in sich selbst. Selbst wenn es ein nicht-narratives Medium ist, folgt es notgedrungen den Regeln des Medialen. Für die Kriegserinnerung hat das Folgen.

Ausstellungen sind notwendig *unvollständig, falsch, skeletthaft*: »So war es – und so war es doch nicht« – meinte Kurt Tucholsky nach dem Besuch eines Museums. Der resignierte Kommentar gilt weiter. Er äußert den grundsätzlichen Zweifel, ob es einer Präsentation des Sichtbaren gelingen könne, in einer Umgebung von *Normalität* die Gleichzeitigkeit von Vernunft und Irrsinn des Kriegs nachvollziehbar zu machen. Die Wirklichkeit des vier Jahre herrschenden Irrsinns gewann nach 1918 den Anschein des Normalen: der »kaltschnäuzige Feldwebel, der tropenkollrige sous-off', straflos, verantwortungslos, frei. Die Lagerkommandanten [...] waren Neros, aber kleine; eine ekelhafte Spielart. Größenwahnsinnig gewordene Postsekretäre entschieden über das Schicksal von Menschen. Ärzte deckten die Verbrechen. So war es.« Der ausgestellte Homo furiosus müsste Depression oder Verzweiflung auslösen. Aber er taucht nach Kriegsende in der Ordnung unter. Sieht man mit Tucholsky die Aufgabe, ein Gedächtnis des Ineinanders von Irrsinn und Rationalität zu bilden, muss man an den Möglichkeiten des Museums zweifeln: »Und als es vorbei war, als die Kaufleute und die dummschlauen Diplomaten Halali bliesen (›Hirsch tot!‹): da liefen sie alle auseinander, zwängten sich in den Zivilkragen – und nun ist es keiner gewesen. ›Es mögen Fehler vorgekommen sein [...]‹. [...] Wir kommen falsch auf die Nachwelt.«[106] Was Tucholsky für die Ausstellung der sichtbaren Überreste nach 1918 feststellt, gilt für die Museen jeder Nachkriegszeit.

An drei negative Erfahrungen kann man denken, wenn man die Katastrophenthese zum Ersten Weltkrieg als Eröffnung des Jahrhundertgedächtnisses substantiieren will: Dieser Krieg überschritt die bis dahin gültigen Grenzen der Ethik und setzte die moralischen Maßstäbe außer Kraft (etwa der Gaskrieg); er überschritt die Grenze des Verstehens, die an früheren Kriegen sich ausgebildet hatte (etwa durch die Gewalt der *Stahlgewitter*); und er überstieg die Grenze der Leidensfähigkeit (etwa durch die Millionen von Invaliden). Die Kombination dieser Grenzverletzungen machte den Ersten Weltkrieg zu einem Wendepunkt in der europäischen Mentalitätsgeschichte und stellte der Erinnerung unüberwindliche Hürden.

106 | Kurt Tucholsky, Wir im Museum, in: ders., Unser Militär! Schriften gegen Krieg und Militarismus, Reinbek (Rowohlt) 1960, S. 342-347, hier S. 346.

Für keinen früheren Krieg war die Notwendigkeit so zwingend, über die sprachlich-rationale Aufarbeitung hinauszugehen und Bilder, Mythen, Rituale auszuarbeiten. Es wollte sich nach 1918 keine generelle Interpretation dieses Kriegs einstellen, weder bei den Besiegten noch bei den Siegern und schon gar nicht in einer Gemeinsamkeit zwischen ihnen. Was sie teilten, war der Zweifel an der Möglichkeit, diesen Krieg überhaupt verstehen und das Trauma heilen zu können. Selbst darin gab es Unterschiede, und die Verlierernation Deutschland bekämpfte diesen Zweifel mit Aggression. Die deutsche Gesellschaft konstruierte den Kriegsdiskurs auf eine Weise, dass die Probleme der Nachkriegszeit nicht gelöst werden konnten. Nachdem Krieg jahrhundertelang zu den Selbstverständlichkeiten der Politik und der Lebenswelt gehört hatte, war er nun mit einem unauslöschlichen Makel verknüpft. Aber selbst diese Gemeinsamkeit war national gebrochen. Es war keine Einigkeit über die Frage, was eigentlich geschehen war, zu erzielen. Die Einigkeit wurde nicht einmal angestrebt. In dieser Abwehr zeigte sich tiefer als auf anderen Feldern wie der Politik, dass sich der Krieg fortsetzte. Selbst die Angst als europäische Stimmung unterschied sich nach Nationen. Sie wurde in England durch die Furcht, die Modernisierung und Rationalisierung sei an ihr Ende gekommen und nichts trete an ihre Stelle, ausgelöst. Sie folgte in Frankreich aus traumatischen Erlebnissen wie Verdun und dem Bewusstsein, dass der seit dem 18. Jahrhundert gepflegte Zivilisierungsauftrag zu Ende war und keine neue Sendung in die Zukunft leitete. Sie führte in Deutschland in einen metaphysischen Geschichtspessimismus, der von der Politik aufgegriffen und in Aggression überführt werden konnte.

Die öffentlichen Kontroversen lassen sich auf drei Ebenen beobachten, auf denen der wissenschaftlichen Bearbeitung des Kriegs keine wesentliche Bedeutung zukam: Eine politisch-juristische Aufarbeitung der Vergangenheit, die nach 1918 offensiv von den Siegermächten und zögernd von der Reichsregierung verfolgt wurde, empfanden viele Deutsche als unzumutbar, wenn nicht geradezu illegitim; eine öffentliche Gedächtniskultur schloss den Kriegsdiskurs und die künstlerische und literarische Bearbeitung ein, umfasste kritische wie affirmative Ästhetik und war hoch kontrovers; in einer vorsprachlichen Erinnerung verschaffte sich das gesellschaftliche Unbewusste einen Raum zur Pflege von affektiven Beziehung zum Selbst und zur Vorkriegszeit. Die dritte und für Deutschland nach 1918 bedeutende Ebene ist für Historiker schwer zugänglich und macht Konjekturen oder eine durch Psychologie angeleitete Form der Einfühlung bei der Interpretation von Ritualen, Ausstellungen, Feiern, Gedenktagen nötig.[107]

107 | Markus Pöhlmann, »Dass sich ein Sargdeckel über mir schlösse.« Typen und Funktionen von Weltkriegserinnerungen militärischer Entscheidungsträger, in: Jost

Auch bei den Siegern gab es kritische Stimmen, die bei Kriegsende zweifelten, ob sie richtig gehandelt hatten und nicht auch Verlierer waren. Der Rechtfertigungsdruck war in den Verlierernationen weitaus höher. In dem Krieg, in dem es, wie beide Seiten beständig betont hatten, um die Existenz gegangen war, lag die Rechtfertigungsschwelle sehr hoch. Auf dieser existenziellen Höhe musste nach 1918 die nachträgliche Rechtfertigung angelegt werden. Für die Verlierernationen war das unmöglich. Sie hatten, sollte die frühere Begründung nicht als Lüge abgeurteilt werden, was nur den überzeugten Gegnern von Krieg und Nation möglich war, mit dem Krieg eine existenzielle Probe verloren. Die Reaktionen reichten von der Verleugnung der Niederlage und ihrer Umdeutung in einen *moralischen Sieg* bis zu der trotzigen Reaktion: Wer den Krieg verliert, ist des Siegs nicht würdig. Diese Reaktionen führten beinahe zwingend zur Forderung der militärischen Stärkung der Nation und zur Vorbereitung eines Kriegs, in dem der *moralische Sieg* durch den militärischen Sieg der erstarkten Nation ergänzt und die existenzielle Probe bestanden werden würde. Symptomatisch war die Kontroverse, die Tucholskys Satz über den Weltkrieg in der *Weltbühne* auslöste: »Soldaten sind Mörder.«[108]

Nach dem Ende dieses bis dahin größten aller Kriege galt es, eine Friedensordnung zu finden, die auch das Trauma von Krieg und Niederlage einschließen und damit im Sinn von Halbwachs einen Rahmen für das Gedächtnis bilden konnte. Diesen Weg betraten die europäischen Nationen auf sehr verschiedene Weisen. In Deutschland ließen die Kämpfe um die zivile Ordnung das Entstehen einer gemeinsamen Erinnerung nicht zu. Der Konflikt der öffentlichen Kriegsbilder und ihrer Semantiken mit der subjektiven Erfahrung war nicht zu lösen. Das Kriegsende ist ein Symptom. Es wäre vergeblich, von einer Analyse die Rekonstruktion des Einstellungs- und Verhaltenswandels der Soldaten von 1918 in seiner ursprünglichen Form zu erwarten.[109] Es ist zweifellos wichtig, den Gedanken zu verfolgen, dass die Soldaten »mit dem im Verlauf

Dülffer, Gerd Krumeich (Hg.), Der verlorene Frieden. Politik und Kriegskultur nach 1918, Essen (Klartext) 2002, S. 149-170.

108 | Ignaz Wrobel, Der bewachte Kriegsschauplatz, Die Weltbühne Nr. 31 (1931) S. 191.

109 | Eine abgewogene Darstellung des kontroversen Themas: Wolfgang Kruse, Krieg und Klassenheer. Zur Revolutionierung der deutschen Armee im Ersten Weltkrieg, in: Geschichte und Gesellschaft 22, H. 4, Militärgeschichte Heute, 1996, S. 530-561; Wilhelm Deist, Der militärische Zusammenbruch des Kaiserreichs. Zur Realität der »Dolchstoßlegende«, in: Ursula Bittner (Hg.), Das Unrechtsregime. Internationale Forschungen über den Nationalsozialismus. Bd. 1: Ideologie, Herrschaftssystem, Wirkung in Europa, Hamburg (Christians) 1986, S. 101-129; ders., Verdeckter Militärstreik im Kriegsjahr 1918?, in: Wolfram Wette (Hg.), Der Krieg des kleinen Mannes. Eine Militärgeschichte von unten, München (Piper) 1992, S. 146-167; Christoph Jahr, Gewöhnliche Soldaten.

ihres Fronteinsatzes [...] gesammelten Vorrat an Wissen über den Krieg und die Kriegsgesellschaft [...] in die Nachkriegsgesellschaft [eintraten]« und sich gemäß dieses Wissens verhielten. Aber diese Frage muss dynamisiert werden. Denn der *Vorrat an Wissen* erhielt sich nicht konstant. Er war instabil, geriet durch neue Erlebnisse in Bewegung und wurde durch die Erfahrungen der Nachkriegsgesellschaft modifiziert und meist radikalisiert. Nur eine Kulturgeschichte, die sich dem Unfesten aller *Vorräte* von Kognition und Emotion stellt, kann der Dynamik des Erinnerns gerecht werden und die Frage nach der Erinnerung angemessen stellen.

So zeigt »die historische Analyse des Einstellungs- und Verhaltenswandels der deutschen Soldaten im letzten Kriegsjahr«[110] nicht nur die Unvereinbarkeit der Erlebnisse diverser gesellschaftlicher Gruppen, sondern das generelle Problem der *Einstellung* tritt auf. Die Dokumente geben kein einheitliches Bild her, und die Perspektivik der Erinnerung ist nicht zu beheben. Diese Widersprüche im Erinnern wurden zu Konflikten der Republik und veränderten sich mit ihr. Sie trugen zu ihrer Erschütterung bei und hatten Auswirkungen für die Zukunft, die bis in die Gegenwart wirken.

9.2 Erinnerung und die Dinge

Dinge gewinnen im Kriegsdiskurs einen Kultwert. Nach ihm sucht die Kulturgeschichte. Gibt es für ausgewählte Dinge wie Waffen und Helme eine metaphysische Beziehung? Wäre ein Gedächtnis der Artefakte (Helm, Waffe) denkbar.

Dingen wurde seit je ein Gedächtnis zugeschrieben. In der christlichen Theologie wird das profane Ding verwandelt, und etwas Heiliges entsteht durch die Beziehung zur Transzendenz. Diese Vorstellung entwickelt das Kriegsgedächtnis auch für Dinge und ihre Veränderung durch Kriegskontakt. Der Kontakt mit dem Schlachtfeld verändert die Gegenstände, und sie entstehen neu. Ebenso wie das Heilige am Gegenstand, entsteht auch der Schrecken des Dämons am Ding. Das Material, etwa der Stahl, nimmt den Geist des Kriegs in sich auf. Aus dem Zusammenwirken von Metall und Kampf, Waffe und Blut entsteht etwas Neues.

Wissenschaftliche Kritik gesteht der Verwandlung von Dingen nichts als Illusion zu. Kulturgeschichte trage zur Transformation des Dings in eine Reliquie bei. Die Gedächtnisleistung werde subjektiviert und in einen privatistischen Zirkel verlegt. Während die Militärgeschichte mit der reinen Verweisstruktur von Zeichen arbeitet, kann die Kulturgeschichte diese methodische

Desertion und Deserteure im deutschen und britischen Heer 1914-1918, Göttingen (Vandenhoeck & Ruprecht) 1998.

110 | Ziemann, Enttäuschte Erwartungen und kollektive Erschöpfung, S. 167.

Position nicht übernehmen. Der Helm ist der Gegenstand ihrer Untersuchung nicht als ein Zeichen, sondern durch seine Doppelung, und sie ist nicht nur ihr Objekt, sondern geht in die Konzeption der Methode ein.

Der Hang zur Verwandlung hält bis in unsere Gegenwart an. Der Helm im Museum ist etwas anderes als ein Zeichen, das für etwas Abwesendes steht. Er birgt selbst ein Gedächtnis. Material, Form und Kriegsspuren sorgen für die Anwesenheit des Kriegs im Museumsraum. Ernst Jüngers Helm in der Kriegsausstellung in Marbach ist ein Ding, das nicht mehr als Produkt industrieller Fertigung wahrgenommen wird, sondern seine Materialität transzendiert. Er ist eine Symbiose aus Ding und Vorstellung. Diese Symbiose kann im Museum gezeigt werden, und die Kulturgeschichte des Kriegs macht sie zu ihrem Thema. Wohnt der Geist des Kriegs im Ding oder ist die Bewusstseinsleistung des anschauenden Menschen zur Gedächtnisbildung nötig?

Da lag der Kern des Streits um die Kriegserinnerung nach 1918. Bereits die Frage: ›Wie lässt sich der vergangene Krieg in der Gegenwart präsent machen?‹ stieß auf Ablehnung und Widerstand. Der Gegensatz ist nicht auf die Rechts-links-Opposition politischer und ideologischer Parteien zurückzuführen. Die einen betonten die Präsenz: *Jetzt ist die Zeit* …, und die anderen eine materiale Distanz, die auch eine unüberbrückbare historische Distanz zwischen dem Krieg als Ereignis und dem Krieg als Erinnerung in der Gegenwart beinhaltete. Die Position der Präsenz lässt sich als eine Geschichtshäresie im Verhältnis zur Orthodoxie von Politik und Historie auffassen. Diese Häresie darf nicht mit der Trivialmythologie Rosenbergs und anderer NS-Ideologen verwechselt werden, die dem *Hang zum Aberglauben* der Dummköpfe (Horkheimer) folgten.

Für das Selbstverständnis der Kulturgeschichte der Gegenwart ist die Entdeckung des Dings von Bedeutung. Eine Voraussetzung war das Ende der Subjektzentrierung in den Wissenschaften vom Menschen. Sie sind in eine Phase eingetreten, in der nicht länger der Mensch im Zentrum steht. Ein wenig dramatisierend ist von einer posthumanen Kulturgeschichte der Gegenwart gesprochen worden. Auch ein *Turn*. Ich denke nicht, dass sich die neue Bedeutung der Dinge in der Theoriebildung auf diese Weise erklären lässt. Theorien vom Ende der Geschichte (die ja nicht neu sind, sondern in die Jahre nach dem Ersten Weltkrieg zurückreichen) und der Geschichte nach dem Menschen sind für die Klärung der Bedeutung der Dinge in der Kultur überflüssig. Sie kann vielmehr an eine alte Tradition anknüpfen, in der Dinge beseelt waren.

Auch hier ist ein Rückblick auf die Anfänge hilfreich. Mit Knüppeln und Keulen wird kein Krieg geführt. Krieg setzt Technik voraus. Schon Davids Schleuder kann nicht in der Natur gefunden, sondern muss konstruiert werden und erfordert ballistische Kalkulation, die die Hebelwirkung der Keule als verlängertem Arm prinzipiell überschreitet. Sie ist eine Vorstufe der Kriegswaffen. Sie entstanden, als die Kunst des Schmiedens erfunden worden war.

Erst wenn Metall geschmolzen und verarbeitet wird und Waffen, das Schwert und der Helm, hergestellt werden, kann Krieg entstehen. Erst diese komplizierten Produkte der Zivilisation können beseelt werden. Sie haben Namen, Keulen nicht. Schwerter und Helme werden vom Schmied, der stets auch ein Zauberer war, hergestellt. Mit ihnen machen Menschen den Kampf, der in den Krieg führt.

Die Beseelung und Individuierung der Dinge, der Waffen aus Metall, setzt sich bis ins 20. Jahrhundert fort. Panzer und U-Boote trugen Namen, und die Atombombe von 1945 trug den Kosenamen *Little Boy* und wurde aus einem Bomber der Boeing B-29-Serie, der aber durch den Namen *Enola Gay* individualisiert wurde, abgeworfen. Ein Ziel der Methodenreflexion muss es sein, einen Rückfall in den Animismus vermeidend, einen Zugang zu den handelnden Dingen und zum Verhältnis des Menschen zur mineralischen und pflanzlichen Welt in der Geschichte der Kultur zu entwickeln. Wenige Felder der menschlichen Geschichte stehen dieser Frage so offen wie der Krieg, in dem sich die Sicherheiten des Eigenbildes lockern und die Abhängigkeit des Lebens von Sachen (Waffen, Helme usw.) tief empfunden wird. Erst der Computer als Waffe könnte dieser jahrtausendealten Beziehung des Menschen zu den Dingen des Kriegs ein Ende bereiten. Drohnen haben keine Namen.

Kriegsmuseen

Als Orte des geplanten Erinnerns will ich auf Kriegsmuseen und Kriegsdenkmäler verweisen.

Orte und Räume, etwa ein Schlachtfeld oder eine Stadt, wirken bei der Konstruktion eines kollektiven Gedächtnisses mit. Die Bedeutung der Identitätsfrage zeigt sich an Orten wie den Kriegerdenkmälern des 19. Jahrhunderts. Sie waren Ziele für Familienausflüge in Feiertagsstimmung und zugleich von der Aura des Heroischen, des Siegens und der Festlichkeit, Stolz und Patriotismus umweht. Der Tod war durch Namenslisten der gefallenen Soldaten oder auch Skulpturen anwesend. Es war der sinnvolle Tod, der zur Identifikation einlädt und zur Nachfolge aufruft. Der Tod auf dem Schlachtfeld konnte als heldenhaftes Sterben für das Vaterland oder für die Idee der Freiheit erinnert werden. Die Assoziation des Tötens wurde vermieden. Die stolze Erinnerung war mit dem Vergessen des Tötens erkauft. Die Erinnerung förderte die Ichidentität. Der Erste Weltkrieg veränderte die Erinnerung und die öffentliche Erinnerungskultur. Denkmäler des Ersten Weltkriegs sind keine Orte, an die man *gerne geht*, um eine Formulierung aus der Debatte um Holocaust-Gedenkstätten aufzunehmen. Seine Denkmäler laden nicht zum Sonntagsausflug ein. Gewiss: Es gab nach 1919 weiterhin Denkmäler, die Soldaten zeigen, die für das Vaterland kämpfen, versehen mit Namenstafeln der lokalen Kriegsopfer. Aber von ihnen strahlte nicht mehr die Aufforderung zur Festlichkeit aus.

Bis zum Ersten Weltkrieg übernahmen Kriegsdenkmäler die Rolle, einen sinnstiftenden Zusammenhang zu evozieren und gemeinsam mit dem Betrachter gleichsam einen visuellen Kriegs-Bildungs-Roman zu entwerfen. Sie waren, wie Koselleck beobachtet, »sinnspendend, haben für die Nachgeborenen einen Sinn vermittelt, den der Tod für die Gefallenen oder Gestorbenen oder Umgebrachten gehabt habe«.[111] Nach 1918 seien dann Denkmäler entstanden, die Sinn nur noch *fordern*, weil eine Sinnstiftung nicht mehr zu leisten war, und nach dem Zweiten Weltkrieg habe die Erkenntnis um sich gegriffen, dass die Frage nach Sinn selbst sinnlos geworden sei. Die Sinnfrage hatte in eine Aporie geführt.

Nach 1918 entstanden Kriegsdenkmäler, die auf die Frage reagierten, wie eine Nation negative Erfahrungen zur Erinnerung machen kann. Mit dem Problem setzten sich Künstler, Architekten und lokale Planer von Gedenkstätten auseinander, und einige kämpften mit dem Paradox, dass der Krieg nicht vergessen werden sollte, aber jedes Bild und jedes Monument, gemessen an der Kriegserfahrung, falsch war oder in die Tradition der Denkmäler des 19. Jahrhunderts eintreten und zu Verständnis und Versöhnung anleiten konnte. Dieser Krieg sollte daher nicht gezeigt, aber auch nicht verborgen werden. Bruno Tauts Vorschlag, einen Haufen zerbrochener Waffen aufzuschichten, zog die Konsequenz aus dem Dilemma, hatte aber keine Chance, verwirklicht zu werden. Die ausgeführten Anti-Kriegs-Denkmäler wurden von den Nationalsozialisten bald zerstört. Sie waren ein Stachel im faulen Fleisch der Identität.

Das Museum schafft einen abgezirkelten Raum für die Erinnerung, den Orten der Rituale nicht unähnlich, aber mit einem anderen Auftrag und einer anderen Struktur. Es leistet für das Entstehen des Kriegsgedächtnisses einen bedeutenden Beitrag. Denn es erlaubt, *Leiblichkeit* und *sinnliche* Anschauung in das Kriegsbild einzubeziehen. Museen sorgen für einen Vorrat an kollektiven Bildern für Erinnerungen des nicht selbst Erlebten, zum Beispiel der Türkenkriege in Wien oder des Dreißigjährigen Kriegs in Wittstock, Dosse. Diese Ausstellungen sind kein Spiegel der Vergangenheit, sondern setzen sich aus Wissen und Interpolationen, aus Analogieschlüssen und logisch-psychologischen Theorien zusammen, deren Kombination den Diskursregeln einer Epoche verpflichtet ist. Von deren Macht kann sich das Museum nicht lösen. Sie lenken das Design und die Gehalte des Erinnerns und üben einen normativen Druck aus, die die offen politische Herrschaft über das Erinnern früherer Jahrhunderte ersetzt.

111 | Koselleck, Formen und Traditionen des negativen Gedächtnisses, S. 31.

Kriegsmuseen machen deutlich, dass Gesellschaften nicht nur aus sprachlicher Interaktion ein »kommunikatives Gedächtnis« vom Krieg bilden.[112] Sie können sich nur schwer aus der Nationalgeschichte lösen, und so stehen die politischen Entscheidungen, Feldzüge, Schlachten und Waffen der *eigenen Seite* im Zentrum, wie etwa in den Kriegsmuseen in London oder in Ingolstadt und Rastatt. Der Gegner ist, auch wenn er weitgehend abwesend bleibt, klar bestimmt. Dennoch darf man Museen nicht als Einrichtungen des Militarismus verstehen, auch wenn sie oft nahelegten, dass kriegerische Gewalt zur Lösung von Problemen führen könne, nicht aber selbst das Problem bilde. Kann das Museum Kriterien entwickeln, die es ermöglichen, über diese Ansicht vom Krieg hinauszugehen?

In der gegenwärtigen Krise der Erinnerung hat sich eine Neubewertung von Museen und Ausstellungen herausgebildet. Kriegsausstellungen sind nicht nur dokumentierend, sondern zugleich metaphorisierend. Dadurch können Ausstellungen die Eindeutigkeit von Exponaten auflösen, sich gegenüber den Wandlungen der Zeit öffnen und eigene Deutungen anbieten. Die neuen Museumskonzeptionen suchen nach einer Methode, den Exponaten eine eigene Sprache zu geben. Die Erwartung ist entstanden, dass Erfahrung in Ausstellungen, die nicht der Dokumentation dienen, sondern als Medien konstruiert werden, zeitgerecht vermittelt und auch junge Menschen weitergereicht werden könne.

Einige Museen entwickeln ihre Ausstellungen aus dem Begriff der Gewalt und versuchen, dem Geist der Zeit folgend, die Geschichte der Gewalt *ausstellungsfähig* zu machen.[113] Das ist fragwürdig. Denn Krieg ist nicht auf den Begriff der Gewalt zu beschränken. Er ist auf komplexe Weise mit kultureller Produktivität und Innovation verknüpft. Eine Geschichte der Gewalt ist ein Desideratum, unter anderem auch aus didaktischen Gründen. Sie muss aber von der Kriegsgeschichte unterschieden werden. Deren Besonderheit ist es wert, erhalten zu bleiben, nicht nur aus didaktischen Gründen.

Neue Konzeptionen des Kriegsmuseums stellen sich dem Problem. Der Mittelpunkt der Ausstellungen und Museen hat sich vom Erinnern und vom Thema Kampf auf andere Themen verschoben, Themen, die sich dem menschlichen Tun und Leiden widmen: Destruktion, Grausamkeit, Angst, Scham,

112 | Eine Neubewertung der Militär- und Kriegsmuseen hat vor einiger Zeit eingesetzt, deren lange Zeit vernachlässigte Sammlungen nun neu gestaltet werden. Vgl. Eva Zwach, Deutsche und Englische Militärmuseen im 20. Jahrhundert. Eine kulturgeschichtliche Analyse des gesellschaftlichen Umgangs mit Krieg, Münster (Lit) 1999, S. 12ff.

113 | So argumentiert die Expertengruppe über das Militärhistorische Museum in Dresden (2006) und wird mit dieser Formulierung dem eigenen Museum nur teilweise gerecht.

Leid.[114] Ich nenne als Beispiel das neue *Militärhistorische Museum* in Dresden, das im Oktober 2011 nach siebenjähriger Planungs- und Bauzeit eingeweiht wurde. Dies Kriegsmuseum hat sich mehr als andere von der Chronistenaufgabe befreit. Das Problem benannte der Verteidigungsminister bei der Einweihung. Keine Armee könne ohne Tradition leben. Aber die deutsche Militärgeschichte stelle das besondere Problem, dass sie keine »ungebrochene, gerade Traditionslinie« habe. Es besteht daher die Aufgabe, nach Möglichkeiten zu suchen, Tradition zu stiften und doch zugleich Brüche erfahrbar zu machen.

Dieses und ähnlich konzipierte Museen lösen sich aus dem Rahmen der Nationalgeschichte und können aufgrund ihrer Antwort auf die Frage: *Was ist Krieg?* kreativ mit Materialien umgehen, das Erlebnis ins Zentrum stellen und ferne Ereignisse in die Gegenwart der Betrachter holen. Nicht Chronologie und Kausalität, sondern Assoziationen und Imagination werden zum Präsentationsprinzip. Die Militaria haben nicht mehr aus sich selbst heraus oder über den Nationalgedanken einen Wert, sondern nur mehr im übergeordneten Zusammenhang einer Kulturgeschichte. Brüche werden sichtbar, und die Frage des Diskurses, wie das Verhältnis einer Gesellschaft zum Krieg mit ihrem Entwurf des Lebens versöhnt werden kann, stellt die Konzeption eines Kriegsmuseums vor eine kaum zu bewältigende, aber für die Wirkung in die Öffentlichkeit hinein fundamentale Aufgabe. Ein aus Papier gefalteter Leopard-Panzer in Originalgröße in Dresdens Museum verbindet das Konkrete, um das es der Kulturgeschichte des Kriegs geht, mit der Imagination einer Welt, in der dem Papierpanzer die Zähne gezogen sind.

Eine solche Museumskonzeption bildet eine Herausforderung der Museumsarchitektur. Denn Architektur ist langlebig, und ein Gebäude muss sich der Frage nach dem Verständnis von Krieg über Jahrzehnte aussetzen. Daniel Libeskinds hat in Dresden ein brachiales Mittel gewählt: einen riesigen Keil, der das alte Museum der Kaiserzeit zerreißt und im Innenraum durch Schrägen, Verkantungen und das Vermeiden des *ordentlichen* rechten Winkels die Brüche, die Verwirrung und die Inkongruenz von Krieg versinnbildlichen will. Der Beitrag der Architektur zum Kriegsdiskurs stellt die Kulturgeschichte des Kriegs vor eine neue Aufgabe.

9.3 Eine europäische Kriegserinnerung?

Mit den politischen Veränderungen seit dem Ende der Sowjetunion und dem Fall der Berliner Mauer ist das Wort *Erinnerungskultur* entstanden. Die Verän-

---

114 | Wilhelm Heitmeyer, Hans-Georg Soeffner (Hg.), Gewalt. Entwicklung, Strukturen, Analyseprobleme. Frankfurt a.M. (Suhrkamp) 2004, darin bes. Endreß, Martin, Entgrenzung des Menschlichen. Zur Transformation der Strukturen menschlichen Weltbezuges durch Gewalt, S. 174-201.

derung der mentalen Landkarte machte die Frage unausweichlich, was erinnerungswürdig ist. Einen zentralen Orientierungspunkt bildet noch immer die Erinnerung an den Zweiten Weltkrieg, die NS-Ausrottungsprogramme und, auf komplizierte Weise verbunden, die Nachkriegspolitik von Vertreibungen und Umsiedlungen. Es wurde deutlich, in welchem Maß kollektivem wie privatem Gedächtnis perspektivische Wahrnehmung und Erinnerung zugrunde lagen und noch immer liegen.[115] Angesichts der »Millionen an Kriegstoten, Flüchtlingen und Vertriebenen mussten der Zweite Weltkrieg und seine Folgen die Gestalt nationaler Gedächtniskulturen seit 1945 zutiefst durchwirken, sie letztlich sogar langfristig bestimmen«.[116] Unter welchen Bedingungen braucht eine Erinnerungskultur in einer offenen, pluralistischen Gesellschaft nicht als *langfristig bestimmt* hingenommen zu werden?

Eine Aufgabe der Kulturwissenschaft ist es, das Verhältnis zwischen der Perspektivik und der Tendenz zur Konvergenz des Erinnerns, die sich bei der Gedächtnisbildung seit einigen Jahrzehnten zeigt, zu klären. Es lasse sich, schreiben Cornelißen und andere, in der Gegenwart eine Tendenz zu einer gesamteuropäischen Erinnerung beobachten. Das gilt für die Entnationalisierung und Universalisierung der Erinnerungen an die Judenvernichtung, den Atombombenabwurf auf Hiroshima und Nagasaki und andere Katastrophen.[117] Gilt die Beobachtung auch für die Kriege Europas? Ein näherer Blick zeigt die noch immer vorhandenen Unterschiede. Während sich hegemoniale Diskurse über Krieg verloren haben, bleiben die Unterschiede der nationalen perspektivischen Wahrnehmung erhalten.

Verdun oder Stalingrad sind nicht in die Gemeinsamkeit eines europäischen Gedächtnisses eingegangen. Es gibt dieses Gedächtnis nicht. Stalingrad macht klar, dass ein gemeinsames Erinnern an diese zentralen Ereignisse der Kriege nicht existiert. Auch im Zeitalter der Globalisierung ist die Kriegserinnerung national. Die Hoffnung ist das allmähliche Verblassen des Diskurses, so dass er, wie zum Beispiel die Erinnerung an die Befreiungskriege, durch andere Diskurse überschrieben und übermalt werden kann.

---

115 | Für die Bedeutung dieser Perspektive für Deutschland und Mitteleuropa vgl. die informative Sammlung: Christoph Cornelißen, Roman Holec, Jiri Pesek (Hg.), Diktatur, Krieg, Vertreibung. Erinnerungskulturen in Tschechien, der Slowakei und Deutschland seit 1945, Essen (Klartext) 2005.

116 | Christoph Cornelißen, Roman Holec, Jiri Pesek, Politisch-historische Erinnerungen in Mittel- und Osteuropa seit 1945, in: dies., Diktatur, Krieg, Vertreibung. Erinnerungskulturen in Tschechien, der Slowakei und Deutschland seit 1945, Essen (Klartext) 2005, S. 13.

117 | Christoph Cornelißen, Lutz Klinkhammer, Wolfgang Schwentker, Nationale Erinnerungskulturen seit 1945 im Vergleich, in: dies. (Hg.), Erinnerungskulturen. Deutschland, Italien und Japan seit 1945, Frankfurt a.M. (Fischer) 2003, S. 10 u.ö.

Eine gesamteuropäische Erinnerungskultur steht noch bevor und wird vermutlich mit der politischen Entwicklung Europas nicht parallel verlaufen. Eine europäische oder gar universale Kriegsgeschichte ist nicht in Sicht. Wenn Goethes Wort von der Weltliteratur bis heute nicht eingelöst ist, so ist eine Weltliteratur vom Kriege in noch weiterer Ferne. Eine Überwindung der Nationalperspektive auf den Krieg ist eine Zukunftsaufgabe. Mentale Haltungen zum Krieg verschiedener Gesellschaften so zu kombinieren und kontrastieren, dass eine zusammenhängende Geschichte entsteht, ist eine veritable Aufgabe für Theorie und Praxis von Kulturgeschichte unter den Bedingungen der Globalisierung.

Soweit sich nach 1945 überhaupt ein europäischer Kriegsdiskurs entwickelte, zeugte er von ersten Veränderungen. Es ist zu bestaunen, dass ein Weltkriegsgeneral, der zum Präsidenten der französischen Republik wurde, die deutsch-französische Aussöhnung initiierte und vorantrieb. Diese Leistung gehört in die Weltgeschichte. Ein im Vergleich zu den Jahren nach 1918 fundamental verändertes Bild von Europa und vom Krieg war nötig, damit die Einigungsideen der fünfziger Jahre zur praktischen Politik werden konnten, der allmählich auch die Völker folgten. Dennoch blieben die Erinnerungen an den Krieg national, und die Kriegsgeschichten der europäischen Nationen folgten der je eigenen nationalen Perspektive. Die Kulturgeschichte des Kriegs hat das Potential, zum Ende dieser fragmentierten Sicht auf die europäische Geschichte beizutragen und nicht nach Kriegen in Europa, sondern nach Europa im Krieg zu fragen.

Es gab und gibt eine spezifisch europäische Kultur, was sich nicht zuletzt in Kriegen, einer spezifisch europäische Variante von Krieg, zeigte. Schiller hatte von dem eine europäische Gemeinsamkeit schaffenden Dreißigjährigen Krieg geschrieben. Aber es gab und gibt keine europäische Kriegsgeschichte und schon gar keine europäische Kulturgeschichte des Kriegs. Hinken die Kriegsgeschichte und die Kulturgeschichte des Kriegs hinter der Entwicklung der Mentalität her? Vieles spricht dafür, dass sich der Kriegsdiskurs in Europa auf eine Weise verändert, dass eine europäische Perspektive auf den Krieg als eine Ausprägung von Kultur möglich wird.

Unterhalb der Schwelle nationaler Erinnerung liegt die Ebene der Perspektiven von Individuen und Gruppen. Ihre Perspektivik dürfte über die Grenzen der Nationalstaaten hinweg Ähnlichkeiten bergen. Die Perspektive von Kindern in Frankreich unterscheidet sich von der deutscher Kinder wahrscheinlich nicht wesentlich. Das gilt für andere Gruppen ebenso. Die erwähnte Sicht der Turner aus Hamburg ähnelt sicherlich der Sicht ihrer Turnerkollegen aus Leeds. Aus der Perspektivik lässt sich vermutlich ein kontrastives gemeinsames Bild gewinnen. Differenz bliebe erhalten. Denn das Kriegserlebnis der Kinder unterscheidet sich grundlegend von dem ihrer Väter oder dem der Offiziere ihrer Nation. Aber die Grenzen der Unterschiede verschieben sich, fort von der Nation und hin zur Lebenswelt von Beteiligten.

Das Projekt einer europäischen Kulturgeschichte des Kriegs darf nicht darauf zielen, nationale Erinnerungen zu verdrängen. Das wäre von Anfang an zum Scheitern verurteilt. Mir scheinen gerade die Unterschiede der Kulturen, die aber alle von einem verbindenden Rahmen eingefasst und europäisch gemacht werden, dieses Projekt zu einem Desiderat zu machen. Die Unterschiede dürfen in einem solchen Projekt nicht weggewischt werden. Die europäische Geschichte war über Jahrhunderte durch Kriege charakterisiert wie die keines anderen Kontinents. Es wäre illusionistisch, diese Geschichte über dem Gedanken der Gemeinsamkeit zu vergessen zu wollen. Für die Methodendiskussion der Kulturgeschichte des Kriegs liegt hier eine echte Herausforderung. Der Auftrag wäre, einen konzeptionellen Rahmen zu entwerfen, in dem die Gemeinsamkeiten der europäischen Kriegsgeschichte so erscheinen, dass sie die antagonistisch erlebte Geschichte nicht ersetzen, sondern aufheben. Erneut käme der Erste Weltkrieg als Modell in Frage. Eine Europäisierung von Krieg und Kriegsdiskurs durch die Kulturgeschichte des Kriegs müsste die Spannung zwischen Universalisierung und dem Betonen der Subjektivität aufnehmen.

IV. Praxis

1. Krieg und vorgestellter Krieg – Forschungspraxis: sein, sollen, können

Was Krieg ist, lässt sich nicht aus der direkten Beobachtung bestimmen. Aus der Analyse der im Kriegsdiskurs gestellten Fragen und ihrer Antworten lässt sich eine Antwort auf die generellen Fragen gewinnen. Sie ergibt das Bild eines Proteus: stets im Wandel begriffen und mit dem Blick in die Zukunft, diese Zukunft aber verbergend. Es war schwer, dem Proteus des Mythos eine Prophezeiung zu entlocken. Er beherrschte die Kunst der Verwandlung. Um nicht festgelegt zu werden und allen Fragen über die Zukunft auszuweichen, nahm er wechselnde Gestalten an. Der Krieg, an alle nur denkbaren Bedingungen angepasst und, wie Proteus, stets in einer neuen Gestalt, richtet jedoch im Diskurs die Frage nach sich, also nach seiner Identität, an sich selbst. Bleibt über alle Verwandlungen hinweg etwas Gemeinsames erhalten, das ihn im Innersten zusammenhält?

Die historische Friedensforschung fragt nach dem Einheitsmoment und nennt *Gewalt*. Ohne Gewalt gebe es keinen Krieg. Das ist auf den ersten Blick einleuchtend und hat den Vorteil, mit der Ansicht von Clausewitz übereinzustimmen. Bisher ist allerdings keine Geschichte der Gewalt entstanden, in deren Horizont Krieg beobachtet und verstanden werden könnte. Krieg ist kein Akt der Gewalt, der, wie Clausewitz' Zweikampfmetapher nahe legt, aus Synchronizität verstanden werden könnte. Gewalt hat viele Formen. Wenn der Begriff unspezifisch und ohne Konkretisierung gebraucht wird, ist er eine Leerformel des Essentialismus. Sehen wir auf die neuen Arten von Krieg wie Netwar oder Lawfare, ist Gewalt als Kriterium für die Bestimmung von Krieg hinfällig.

Der Kriegsdiskurs zeigt trotz allen Wandels auf den Schlachtfeldern und in den gesellschaftlichen Kommunikationsstrukturen über einen Zeitraum von ungefähr 3000 Jahren hinweg Zeichen der Kontinuität, die als eine Geschichte erzählt werden kann. Kulturgeschichte stellt sich der Aufgabe, die Differenzen in dieser Geschichte zu studieren, aber die Suche nach dem Selbst des Proteus nicht aus den Augen zu verlieren. Dabei kann es, wie besprochen, nicht um eine Wesensidentität gehen. Was wir als Krieg bezeichnen, lässt sich nicht auf ein stabiles Zentrum zurückführen, sondern setzt sich aus einer instabilen Relation zusammen. Ein Verhältnis von Kampf und Diskurs macht den Krieg aus. Wie die instabile Praxis mit der Praxis der Kulturgeschichtsschreibung verknüpft ist oder werden sollte, will ich im abschließenden Kapitel untersuchen.

Es gibt keine andere gesellschaftliche Situation, die so intensiv die kollektive Phantasie in Gang setzt wie der Krieg. Diese Phantasien betreffen auch das Konkreteste und zugleich Abstrakteste der Welt: Raum und Zeit.

Mit einem Problem aus der komplexen Beziehung von Krieg und Zeit will ich beginnen und sie an Fragen von Krieg und Waffen und Krieg und Körper konkretisieren. Eine Aufgabe der Kulturgeschichte des Kriegs ist es, den Kriegsdiskurs mit der Entwicklung von Waffen so zu verknüpfen, dass ihre Bedeutung für eine Geschichte der vergangenen Zukunftsentwürfe von Gesellschaften einsichtig wird.

Krieg war nicht selten mit einem Aufbruch in die Zukunft, die vergangene Gegenwarten vor sich sahen, verknüpft: über zukunftsweisende technische Innovationen wie über den Verlust von kulturellen Selbstverständlichkeiten, der nicht nur Unsicherheit schuf, sondern auf einen geöffneten Raum in der Zeit wies. Der schlechte Ruf, den Krieg gegenwärtig in Europa hat, ist nicht zuletzt die Folge einer Entkoppelung von Krieg und Zukunft. Für die Zukunft wird dem Krieg keine Bedeutung mehr zugestanden. Weder seine Mittel noch seine Ergebnisse eröffnen die Aussicht, den Weg in eine wünschenswerte Zukunft zu bereiten. Das war in früheren Jahrhunderten anders, und die Skepsis gilt auch in der Gegenwart für andere Teile des Globus nicht. In den USA sorgt die Einschätzung seiner Mittel, hoch entwickelte Elektronik, für ein positives Urteil über den Krieg und damit zur Bereitschaft, Krieg zu führen. In weniger entwickelten Teilen der Welt wird Zukunft anders verstanden, und die Erwartung konkreter Ergebnisse, der Gewinn von Territorien, Rohstoffen und materiellem Besitz sowie religiöse Dominanz sorgen für die Bereitschaft zum Krieg.

Ein Rückblick auf die Schlachtfelder und seine Instrumente und Maschinen macht deutlich, dass die Kriegsmentalität sich in einer dynamischen Interaktion von Körper, planendem Verstand, Emotionalität und Umwelt ausbildet. Mentalität, also Einstellungen, Haltungen und Motivationen, entsteht aus diesen Relationen. In sie wird der Soldat eingeführt, in der Ausbildung, im Drill, und sie sind stets mit Dingen der Lebenswelt verbunden, beginnend mit Kriegsspielzeug im Kinderzimmer,[1] Schulbüchern, Körperdisziplinierung

1 | Unter den wenigen diesem Thema gewidmeten Arbeiten ist noch immer erwähnenswert: Stéphane Audoin-Rouzeau, La guerre des enfants. 1914-1918, Paris (Colin) 1993. Das Ziel der Untersuchung ist allerdings ein anderes.

und fortgesetzt beim Exerzieren unter der Anleitung erfahrener Soldaten, die in den Gebrauch der Kriegsinstrumente, Verhaltensweisen und Körperhaltungen des Kampfes einführen. Sie machen zu einem gemeinsamen Verhalten, was die Zukunft erfordert, zunächst die nahe Zukunft des Kampfs, aber die wird stets – mit der Ausnahme von reinen Söldnerheeren – in die Nachkriegszeit verlängert.

Für den Zusammenhang von Krieg und Zeit als einer Aufgabe der Kulturwissenschaft wähle ich noch einmal Waffen als Beispiel. Die Erfindung von Waffen und das Verhältnis von Körper und Waffe erlaubt Einblicke in die Zukunft, wie sie in den geschichtlichen Augenblicken der Entwicklungsschübe der Waffentechnologien vorgestellt wurde. Das Entstehen von Einstellungen wie das neuer Waffen lässt sich am besten als emergentes und nicht als kausales Abhängigkeitsverhältnis beschreiben.

Die Beziehung zu Waffen führt in das methodische Problem der Lücke zwischen einer Erfahrung, die der einzelne Waffenträger macht und die er schätzt oder gegen die er sich emotional auflehnt, einerseits, und den »Tiefenschichten seiner Prägung durch soziokulturelle Strukturen, die sich der subjektiven Reflexion entziehen [...]«.[2] andererseits. Das Kriegsbild ist eine Funktion der Waffen, ihrer Reichweite, Präzision, Verfügbarkeit und ihres Abschreckungs- und Angst- wie ihres Lustpotentials. Das Zweck-Mittel-Verhältnis zur Waffe wurde früh und wird noch immer in einen Kultwert überführt, der sich nicht nur in (überflüssigen) Verzierungen zeigt, die zu einer Ästhetik des Kriegs beitragen, sondern Waffen aus Gebrauchsinstrumenten in Dinge einer phantasierten Welt der Ideen und Gefühle verwandelt.[3] Waffen, die der Waffenträger nicht selbst gemacht hat, haben einen tiefgreifenden Einfluss auf sein Eigenbild, potenzieren sein Ich und bewegen dazu, die »Trägheit des Gemuts« (Wolfgang Sofsky) zu uberwinden.

Das Urbild des Kampfes in Europa ist der von David und Goliath. Er konfrontiert innovatives Denken und Waffenfetischismus. Die einfachste Technik mit Fernwirkung, die Schleuder, sorgt für den Sieg und erzeugt Vertrauen auf die Waffe in der Hand des einfallsreichen Schwachen, Davids eigene Erfin-

2 | Nowosadtko, Erfahrung als Methode und als Gegenstand wissenschaftlicher Erkenntnis. Der Begriff der Erfahrung in der Soziologie. In: Buschmann, Carl (Hg.), Die Erfahrung des Krieges, S. 48.

3 | Der Kultwert von Waffen führt in unserer aufgeklärten Gegenwart dazu, dass jede Stunde weltweit geschätzte 100 Millionen Dollar für Rüstung ausgegeben werden. Im Unterschied zu den Waffen in der finsteren Vergangenheit dienen die neuen Waffen der Verteidigung. So ist das Ziel der US-Waffenlobby: keine Hosentasche ohne Revolver, auf der internationalen Bühne bereits erreicht. Sipri schätzt die Ausgaben für Verteidigung im Jahr 2012 weltweit auf 1,75 Billionen US-Dollar. Das ist ein Rückgang von 0,5 Prozent gegenüber 2011.

dung. Aus dem Sieg ließ sich Identität gewinnen, der die Zukunft gehörte und das jüdische Eigenbild bis heute prägt. Aber der Zweikampf war eine Stellvertretung des Kriegs, kein Krieg.

Mit der Technik, Metall zu schmelzen, begann die lange Periode des Schwertes. Es wurde geliebt oder verehrt, auch mit einem eigenen Willen ausgestattet, so dass die Beziehung zwischen Schwert und Träger seit der Bronzezeit das Instrumentelle transzendierte und einen Raum eröffnete, in dem Psychologie und Metaphysik wirkten. Das Schwert war die erste Waffe, die für die Zukunft geschmiedet und mit Geschichten umgeben wurde, in denen es den Menschen zu einem Herrscher machte. Die bedrohliche Natur, repräsentiert durch Drachen, wurde mit dem Schwert besiegt. Aber seine eigentliche Bestimmung war der Krieg.

Als es längst ins Museum gehörte, wurde das Schwert noch immer in Sprache und Bildern vom Krieg eingesetzt. Blatt 19 von Goyas Kriegszyklus zeigt die moderne Variante, den schweren Degen, in der Hand eines französischen Soldaten, die vollkommene Hilflosigkeit der Frau und die absolute Macht des Mannes über Leben und Tod. Im Ersten Weltkrieg kam das Schwert in Bild (Kriegsplakate) und metaphorischer Sprache (vom Kaiser zum studentischen Kriegsfreiwilligen, aber nicht in Briefen der *bildungsfernen* Soldaten) erneut zu ungeahnter Kraft. Das beliebte Schwert in Bild und Rede zeugte vom Anachronismus des Kriegsbildes einer Zeit, in der U-Boote und Panzer aus Stahl gefertigt wurden. Aber es lässt mehr erkennen. Für die Kriege der Gegenwart und ihre Zukunftsbilder hat das Schwert seine Bedeutung verloren.

Es ist bezeichnend, dass die Amazonen mit Pfeil und Bogen oder einer Lanze und kaum je mit einem Schwert abgebildet werden. Gegen das Schwert in der Hand einer Frau, selbst der kriegerischen Perversion der Amazone, sträubt sich die Phantasie noch in Traum und Mythos. Die Ausnahme ist wohl Jeanne d'Arc, wenn wir *la Pucelle* in die Gruppe der Amazonen aufnehmen wollen. Sie trug, im Unterschied zu den Amazonen, eine Rüstung, Männerkleidung und ein Schwert. Zweifel an ihrem biologischen Geschlecht hielten sich hartnäckig, selbst nach einer Untersuchung ihres Körpers. Semiramis, die sagenumwobene Königin von Ninive, gehört nicht ins Geschlecht der Amazonen, aber es gibt von ihr Bilder, die sie als Amazone und mit Schwert zeigen. Das sind rare Ausnahmen. Bilder und Statuen machen Achilles, den Besieger der Amazonenkönigin, durch Schwert oder Keule kenntlich, und sie erhalten die Femininität von Penthesilea durch Kleidung und die Abwesenheit von Schwert und Keule. Der Erfolg gehört in diesen Bildern der maskulinen Gewalt und ihren Waffen. Es ist nicht zu übersehen, dass in der eingeschränkten Bewaffnung der Frau ein Rest von Zurückhaltung gegenüber einer Verbindung von Femininität und Kriegswaffen steckt.

Die weitere Entwicklung der Waffen blieb ein rein männliches Privileg, von dem Frauen ausgeschlossen waren. Wenn Frauen in der Gegenwart mit Erfolg darum kämpfen, auch Soldat sein zu dürfen, gibt es stets die weitere Schwelle: Waffentragen und Kampfeinsatz. Auch diese Schwelle werden sie gewiss überwinden. Wenn die These zutrifft, dass Waffen und die Eroberung von Zukunft eng miteinander verbunden sind, setzt sich im Verhältnis von Frau und Waffen ein Ausschluss fort. Beginnt der Ausschluss der Frauen aus der Eroberung von Zukunft mit den Waffen? Dann wäre die waffentragende Soldatin in der Tat ein Sieg. Es spricht allerdings vieles dafür, dass in den technisierten westlichen Gesellschaften Krieg und Zukunft entkoppelt werden. Zukunft wird nun auf andere Weise erkämpft, nicht mit Waffen, für die das Schwert metonymisch gebraucht wurde. Cyberspace und intelligente Waffensysteme sind wiederum eine männliche Domäne.

Die *Ilias* spricht von einem mit dunklem Schmerz geladenen Pfeil, als ob der Schmerz, den der Pfeil zufügen wird, bereits im Flug an ihm hafte. Solche Anthropomorphisierung gehört in die Frühzeit der Waffentechnologie. Feuerwaffen schienen die emotionale Beziehung zur Waffe zu unterbrechen. Im Unterschied zu Schwertern hatten Feuerwaffen keine Namen, und eine Beziehungslosigkeit zwischen Waffe und Waffenträger dominierte scheinbar. Die affektive Beziehung zur Waffe verschwand aber nicht. Jahrtausende von Waffenmagie lebten in den Waffen des Industriezeitalters weiter, und ein Verhältnis entstand, in dem die Feuerwaffe quasireligiöse Bedeutung gewann.[4] Scarry weist darauf hin, dass unsere Einstellung zu Waffen ihnen noch immer Emotionen zuschreibt,[5] obwohl wir wissen, dass unbelebte Objekte keine Gefühle haben. Diese Haltung ist archaisch, aber sie hält gegen alle Aufklärung an. Sie erfasst Menschen, die noch nie eine Waffe in der Hand gehalten haben. Es gibt Berichte über eine Faszination, die von Waffen im Internet ausgeht. Jugendliche erwerben intensive Kenntnisse über Waffen in stundenlangen Sitzungen vor dem Bildschirm.

Ein erotisiertes Verhältnis zu Waffen ist nicht unbedingt die Ursache für Gewalt mit Waffen, sondern verrät Unbekanntes über die Wünsche der Seele. Allerdings ist ein sozialpsychologischer Zusammenhang zwischen ›Armaphilie‹ und der Bereitschaft, die Zukunft durch Krieg zu erobern, naheliegend. Konkret lässt sich argumentieren, dass das sexualisierte Verhältnis vieler Amerikaner zu Waffen die Neigung Amerikas zum Krieg als Mittel der politischen Herrschaft über die Zukunft fördert.

Wie sich die von Liebe, Hass und Zukunftserwartung bestimmte Beziehung zur Waffe über die Jahrhunderte erhielt,[6] möchte ich an zwei weit ausein-

4 | Carlo M. Cipolla, Segel und Kanonen. Die europäische Expansion zur See, Berlin (Wagenbach) 1999.

5 | Scarry, The Body in Pain, S. 16.

6 | Zum Einbau in intersubjektiv konstruierte Sinnhorizonte vgl. die prinzipiellen Überlegungen in Michel Foucault, Überwachen und Strafen. Die Geburt des Gefängnisses,

anderliegenden Beispielen zeigen. Die Erfindung des Steinschlossgewehrs war eine kriegstechnologische Innovation von großer Reichweite. Sie verwandelte die Heerhaufen, die noch dem Dreißigjährigen Krieg ein wüstes Durcheinander verliehen, in organisierte Berufsheere mit großen Anteilen an gezwungenen Soldaten, die dieser Ordnung nicht entkommen konnten. Die »Brown Bees«, die wohl bekannteste Version aus England, markierte den Sprung in die Zukunft. Ein Tüllenbajonett konnte auf dem Lauf befestigt werden, ersetzte, wichtiges Detail der Neuerung, Spieß und Schwert und machte alle zusätzlichen Hieb- und Stichwaffen überflüssig. Das Gewehr wurde zur einzigen Waffe, an der das Überleben der Soldaten und der Sieg der Feldherren hingen. Es war eine europaweit von Soldaten gehasste Waffe. Sie war genau im Vergleich mit früheren Gewehren, aber noch immer ungenau. Sie traf meist irgendeinen Soldaten und riss breite Wunden. Der Gewehrkolben wurde auch als Schlaginstrument benutzt – auch beim Spießrutenlaufen. Aus der Perspektive der Feldherren bedeutete die Erfindung einen Geniestreich, der die Kriegführung nach 1650 (Pfälzischer Krieg 1688-1695, Spanischer Erbfolgekrieg 1701-1714, Österreichischer Erbfolgekrieg 1740-1748, Siebenjähriger Krieg 1756-1763, die Revolutionskriege 1792-1815) beinahe 200 Jahre lang bestimmte.[7] Die Waffe machte aus dem Herzog von Turenne, dem Herzog von Marlborough, Prinz Eugen, Friedrich II., Napoleon, dem Herzog von Wellington und anderen Kommandeuren die großen Feldherren, deren Namen bis heute erinnert werden und einen kriegerischen Glanz ausstrahlen.

Dieses Gewehr ermöglichte es, die Infanterieeinheiten neu zu ordnen und bildet die technische Grundlage für einen neuen Krieg. Darin sah das 18. Jahrhundert den Geist des Fortschritts. Diderots *Encyclopédie* pries 1751 fortschrittsbegeistert die technische Neuerung und sparte nicht mit Illustrationen von Schloss, Hammer, Pfanne und anderen Details.

Frankfurt a.M. (Suhrkamp) 1976, bes. S. 173ff. Umgangssprachlich drückte die Wendung vom Gewehr als *Braut des Soldaten*, die bis in den Zweiten Weltkrieg benutzt wurde, die Kontinuität einer nicht-rationalen Beziehung – auch im Modus der Satire – aus.

7 | Waren die Erfindung und schnelle Verbesserung der Kanone der entscheidende Schritt in der Veränderung der militärischen Strategie (Cipolla, Segel und Kanone), so bildeten die Verbesserungen der Gewehre das bewegende Moment in der Kriegserfahrung der Soldaten. Mit Kanonen und dem Gewehr begann der Krieg um die Beherrschung des Schlachtfeldes als Raum, für den keine Burgen und Befestigungen mehr eine Begrenzung bildeten. Die Bedeutung der waffentechnischen Revolution des 17. Jahrhunderts für die Machtpolitik Europas stellt dar: John U. Nef, Western Civilization since the Renaissance. Peace, War, Industry, and the Arts, New York (Harper & Row) 1963. Das Verhältnis von Waffen und Geist der Kämpfer ist selten, das zur Geschichte des Körpers ist bisher nicht untersucht worden.

Das ist die eine Seite der Entwicklung, die man strategisch nennen könnte. Mit ihr sind die Geschichte des Kampfes in der Imagination und auch das Bild des Körpers im Krieg und des Körperbildes noch nicht angesprochen. Die Kulturgeschichte spricht von einem Körpergedächtnis, das in der Regel als Komplementärbegriff zum »mentalen Gedächtnis« gedacht wird. Das mentale Gedächtnis ist seit je an das Bewusstsein gebunden, wie auch immer dieses konstruiert wird. Ihm gelten Gedächtniskünste und Mnemotechniken; es ist dem Willen weitgehend unterworfen und bietet sich als Gegenstand einer reduktionistischen Forschung an. Demgegenüber ist zu erwarten, dass, wenn vom Körper als Gedächtnismedium die Rede ist, »damit auf Erinnerungen Bezug genommen wird, die nicht dem freien Willen unterstellt sind und deshalb nicht beliebig manipuliert werden können [...]«.[8]

Die Anregung zu dieser Theorie kommt von Friedrich Nietzsches Idee einer »Einschreibung kultureller Verfahrensweisen in den Körper«. Nietzsche dachte sich das »Körpergedächtnis« als Affektgedächtnis mit einer tiefen Wirkung auf menschliche Einstellungen und Verhaltensweisen (*Genealogie der Moral*, 1887). Ergänzt wird Nietzsches Theorie durch Sigmund Freuds Annahme körperlicher Gedächtnisspuren. Michel Foucault hat das aufgegriffen und die Einschreibungen kultureller Praktiken und Erfahrungen in Körper seit der frühen Neuzeit untersucht. In dieser Tradition steht das kulturwissenschaftliche »Körpergedächtnis«.[9]

Der Körper soll ein vom Bewusstsein unabhängiges Gedächtnis in Form von Spuren haben, sein oder generieren. Wie könnte das aussehen? Ein Beispiel, das Assmann anführt, sind die Initiationsriten, bei denen der Körper der Einzuweihenden verletzt wird. Nach der Initiation wird der Schmerz vergessen, aber es bleibt etwas zurück. Die Narbe, die das Messer am Körper hinterlässt, ist eine Spur, die als Zeichen gelesen werden kann und das Vergessen verhindert. In diesem Konzept konvergieren das seelische Unbewusste und eine körperliche Spur. Es kann sich trotz aller Definitionsbemühungen nur um eine metaphorische Rede handeln. Sie benutzt Nietzsches oft zitierte Inskriptionsmetapher, erweitert um den Nietzsche noch unbekannten Begriff des psychischen Traumas. Assmann spricht von einer »dauerhaften Körperschrift«, die der gewöhnlichen Erinnerung entgegengesetzt sei. Es handle sich um keinen bewussten Vorgang, sondern um die »Selbsteinschreibung einer

8 | Assmann, Erinnerungsräume (1999).

9 | *Körpergedächtnis* ist ein häufig gebrauchter, aber unzulänglich definierter Begriff. Es handle sich, meint Sigrid Weigel, »weder darum, dass der Körper ein Gedächtnis hat [...], noch darum, dass der Körper das Gedächtnis darstellt [oder] repräsentiert. Vielmehr ist das Gedächtnis in den Leib in Form von Dauerspuren eingeschrieben, die durch bestimmte Wahrnehmungen die Wiederholung von Affekten und damit verbundenen Vorstellungsbildern auslösen.« Geht es noch unverständlicher?

traumatischen Erfahrung in die Matrix des Unbewußten«.[10] Die Einschreibung soll, wie jede Initiation, die Gemeinschaft für alle Zukunft sichern.

Die Erfindung des Steinschlossgewehrs verwandelte nicht nur wüste Heerhaufen in organisierte und vom Feldherren leicht zu führende Heere, sondern führte zu einer Disziplinierung der Soldaten, die keine sichtbaren Spuren hinterließ, aber den Körper zum Gedächtnis machte. Das Exerzieren mit dem Gewehr bedeutete den Höhepunkt der Soldatenausbildung dieser Epoche. Um das Gewehr herum gruppierten sich ausgeklügelte Systeme des Exerzierens und mechanischen Drills, die den Körper erfassten und deren Spuren im Seelenleben der Soldaten zu suchen sind. Wenn Foucault in *Überwachen und Strafen* (1976) die Formen und Techniken der Disziplinierung durch den modernen Staat untersucht, entwickelt er unwillentlich auch die Theorie einer Kriegsordnung, die sich um den im Drill disziplinierten Körper dreht und dadurch von der im 16. Jahrhundert ausgearbeiteten Gesellschaftstheorie unterscheidet. Eine Kulturgeschichte des Kriegs kann die Praxis dieser komplexen Zusammenhänge erhellen.

Der Schub dieser Technisierung führte, im Gegensatz zur Heldenbildung der Heerführer, zur Entindividualisierung des Soldatenlebens. Der Mut des Nahkampfes war nicht mehr erfordert und die Waffe nicht geeignet, den Gegner zu beeindrucken. Die Technisierung schob sich vor den Kultwert und griff durch eine Waffe in die Struktur des Schlachtfelds und in die Körperdisziplinierung von Männern ein. War das Schwert in der Hand eine unmissverständliche Demonstration von individualisierter Macht, so unterwarf das Gewehr, das beide Hände, Schulter, Kopf und den einäugigen Blick in Anspruch nahm, Körper und Geist einer rigiden Ordnung. Eine instrumentelle Herrschaft der

10 | Ein Vergleich von Kriegserinnerung und Erinnerung an den Holocaust liegt nahe. Eine verbreitete Ansicht ist, dass er die Möglichkeiten der Repräsentation und Erinnerung sprenge. Jean-François Lyotard erklärt die Traumatisierung zum einzig adäquaten Bezug auf den Holocaust (Heidegger and »the Jews«, Minneapolis, London [Minnesota University Press] 1990 [zuerst: Heidgger et les juifs, 1988]). Als »Offenbarung, die sich nie offenbart, sondern schlicht da ist«, könne sie verhindern, dass der Holocaust vergessen wird. Ein Verzicht auf *Darstellung* sei nötig, denn Auschwitz »in Bildern und Worten wiederzugeben, ist eine Weise, es zu vergessen«. Der Rekurs auf den Holocaust müsse versuchen, »das unvergesslich Vergessene zu bergen« und das Geschehen durch eine andere, nicht-rationale Weise, eine *Affizierung* des Menschen zu bewahren. Als »unbewusstloser Affekt« könne die wahre Erinnerung »als ein vergessenes Vergessen« (»oubli oublié«) oder, wie Freud sagen würde, unbefriedetes Vergessen virulent bleiben: ein unbestimmtes Gefühl am ganzen Körper (»sentiment diffus sur tout le corps«). Eine solche Sakralisierung von Erinnerung ist problematisch und verbietet sich für das Kriegstrauma.

Waffe über den Menschen entstand und führte zu der spezifischen Unterwerfung des Soldaten. Er wurde in die kommende industrielle Welt initiiert.

Johann Jacobi von Wallhausen (um 1580-1627) war einer der Militärschriftsteller des 17. Jahrhunderts, die sich den Fragen des Drills widmeten. In zwei seiner zahlreichen Bücher behandelt er ausführlich die Technik des Drills und was wir heute das Körpergedächtnis nennen.[11] Ausbildende Offiziere benutzten Drillbücher wie ein externes Gedächtnis. Sie nahmen die von Experten beschriebenen Abläufe zur Kenntnis und befahlen sie den Soldaten immer wieder, als wären es eigene Erfahrungen. In seinen Anleitungen verbirgt sich eine unausgesprochene Ahnung vom »Körpergedächtnis«. Es ist die Steuerung der Bewegungsabläufe, die bei einem unterdrückten Bewusstsein abläuft und zu einem automatischen Zusammenspiel von körperlicher Übung und mentalem Prozess führt. Dies Körpergedächtnis war das erklärte Ziel des Drills. Auf dem Schlachtfeld sollte der Soldat ohne Bewusstsein wie eine Maschine handeln. In diesem psychosomatischen Zusammenspiel hat der Körper ein Übergewicht. Die Soldaten kannten keine Drillbücher, waren meist Analphabeten, aber vermochten nach intensivem Training auf dem Kasernenhof die vorgeschriebenen Körperbewegungen unter Ausschaltung des Bewusstseins an jedem beliebigen Ort immer wieder hervorzubringen.

In Reihen angetreten, mussten die Männer in beständiger Wiederholung einfacher, monotoner Körperbewegungen eine Art Choreografie erlernen. Zerlegt in kleine Einzelbewegungen, entstand eine Abfolge des mechanischen Drills an der Waffe, der dem Geist des militärischen Denkens dieser Zeit, der Mechanik der Heere und dem Bild vom Menschen als einem mechanischen Uhrwerk entsprach. Eine Erziehung zur Entindividualisierung war nötig, die die persönliche Identität einem Schema unterwarf und erworbene Reflexe zur zweiten Natur machte. Alle in einem Gefecht nur denkbaren Haltungen und Bewegungen wurden geübt. Eine stets gleiche Serie von Handlungen am Gewehr wurde eingeübt: an der Schulter, rechts um und links um, Gewehr hochhalten, Schussbereitschaft in den Reihen eins bis drei (standen hintereinander), Ziehen der Waffe, Aufpflanzen des Bajonetts, Spannen des Hahns, Patrone mit den Zähnen öffnen, Schwarzpulver eingeben, Pfanne schließen, Patrone in den Lauf geben, mit dem Ladestock tiefer schieben, feuern.

Eiserne Disziplin war nötig, da die Kampfreihen in geschlossenen Formationen vorrückten (oder zurückgingen). Sobald eine Linie sich auflöste, war sie verloren, so dass der schreitende Automat, der, umgeben von Lärm, Pul-

11 | Johann Jacobi von Wallhausen, Kriegskunst zu Fuß, darinnen gelehret und gewiesen werden: 1. Die Handgriff der Mußquet unnd deß Spiesses, jedes insonderheit. 2. Das Exercitium, oder wie man es nennet, das Trillen, mit einem Fähnlein ganz perfect [...], gedruckt zu Oppenheim/bey Hieronymo Gallero, in Verlegung Johann-Theod, De Bry, Oppenheim, 1615 (2. Auflage Frankfurt a.M. 1630).

verdampf und Schreien und stets gefühllos gleichmäßig lud und feuerte, das Offiziersideal des Soldaten bildete. Die Organisation der Kämpfer in Kompanien (Pelotons) und Bataillone, die entsprechend der Kampfsituation (Marsch, Angriff, Rückzug, flankierende Reserve, Nachhut) bestimmte, festgelegte Ordnungen einnahmen und deren Tiefe (drei oder vier Reihen) festgelegt war, tat ein Übriges, um die Infanterie als eine Maschine um das Aktionszentrum Gewehr aufzubauen und dem Einzelnen jede ungeplante Bewegung unmöglich zu machen. Die im stumpfen Drill eingeübte Disziplin, enge und straffe Formation und die dauernde Präsenz der Offiziere sorgten für die Kampfmoral. Der Soldat war das Objekt in der Vorbereitung eines Kampfs, der zwar, im Vergleich zu den Jahrhunderten des Schwertes, ein Kampf auf Entfernung war, aber bei einem Abstand von 100 und oft weniger Metern doch immer noch ein Kampf auf Sichtweite blieb. So bestand auch in dieser Phase der Feuerwaffen die Notwendigkeit, die psychisch-moralische Barriere der Tötungshemmung außer Kraft zu setzen. Das Körpergedächtnis half, und seine Mechanisierung ließ die Erinnerung an das Tötungsverbot nicht aufkommen. Im 20. Jahrhundert wurde das Körpergedächtnis durch die *Moral* einer inneren Einstellung ersetzt. Deren Verlust fürchteten die Offiziere im Ersten Weltkrieg mehr als den Feind.[12]

Das Gewehr und seine Folgen bereiteten den Soldaten ein erbärmliches und anonymes Schicksal, über das wir nicht viele Quellen haben. Ulrich Bräkers Erinnerungen sind ein Dokument des Widerspruchs individueller Lebenserwartung und der allgemeinen Kasernenerfahrung geworbener oder gepresster Soldaten.[13] Die Unterwerfung des Industriearbeiters unter die Erfordernisse der Serienproduktion bereitete sich in der neuen Ordnung des Schlachtfeldes vor. Überlegungen zur »Rationalisierung des Körpers« im ökonomischen Prozess, die im Taylorismus oder Fordismus angestellt wurden,

12 | Vgl. u.a. Ralf Raths, Vom Massensturm zur Stosstrupptaktik. Die deutsche Landkriegtaktik im Spiegel der Dienstvorschriften und Publizistik, Freiburg (Rombach) 2009; anonym, Die Abwehr im Stellungskrieg, in: Erich Ludendorff (Hg.), Urkunden der Obersten Heeresleitung über deren Tätigkeit 1916-18, Berlin (Berliner Verlag) 1918, S. 604-640.

13 | Ulrich Bräker, Lebensgeschichte und natürliche Abenteuer des Armen Mannes im Tockenburg, in: Bräkers Werke in einem Band, hg. von Hans-Günther Thalheim, Berlin, Weimar (Aufbau) 1966, S. 83-294 (zuerst: 1789. Auf dem Exerzierplatz »war des Fluchens und Karbarschens von prügelsüchtigen Jünkerlins und hinwieder des Lamentierens der Geprügelten kein Ende [...] doch nein, desertieren will ich nicht! Lieber sterben als Spießrute laufen.« (178f); auch: Johann Gottfried Seume, Christian August Clodius, Mein Leben. Johann Gottfried Seume. Nebst Fortsetzung von C.A.H. Clodius, Stuttgart (Reclam) 1961.

lassen sich als Fortsetzung dieser militärischen Körperpraxis verstehen.[14] Ähnliche Prozesse kennen wir heute von sportlichen Übungen. Auch hier gilt es, die Athleten derart zu konditionieren, dass die eintrainierten körperlichen Aktionen möglichst unbewusst ablaufen.

Bis in die Revolutionskriege hinein richtete diese Schlachtfeld-Haltung Körper und Geist der Soldaten aus. Dann wurde eine neue Zukunft erfunden. Die Waffentechnik entwickelte seit dem 19. Jahrhundert Hinterlader, die das Verhältnis von Körper und Waffe auf neue Weise festlegten. Auch sie setzten Ausbildung und Schulung voraus, aber auf eine ganz andere Weise, auf die das Wort Drill nur noch beschränkt zutraf. Beweglichkeit und situationsbedingte Entscheidungen waren nun gefragt. Die Soldaten wurden in einer Waffentechnik, die sie auch im Alleingang ausüben konnten, ausgebildet. Diese Entwicklung ermöglichte nicht nur Beweglichkeit, sondern sie machte die Kontrolle durch Offiziere weitgehend überflüssig. Der mechanische Drill wurde durch Internalisierung ersetzt. Die Kampfmoral war internalisiert und die Identifikation mit Waffe und Kampfziel drang ins Innere ein. So schilderten Beobachter des Kriegs von 1870 die Soldaten nicht als die »gedrillten [...] von keiner höheren Idee bewegten Söldlinge« der Vergangenheit. Vielmehr kämpften nun Soldaten, die von eigenen Motiven und durch ein »gemeinsames nationales Bewusstsein vom höchsten Befehlshaber bis zum gemeinen Manne« angetrieben würden.[15] Es wäre lohnend, der Frage nachzugehen, auf welche Weise das neue Bewusstsein aus dem Verhältnis zu Waffen in die Einstellungen der Zivilwelt überging.

Dann entwickelte sich »die Ersetzung des Menschen durch Material. Immer weniger Soldaten entfalteten eine immer größere Feuerkraft [...]. Damit konnten wenige Soldaten [...] größere Geländeabschnitte halten.«[16] Die Formen von Zwang, Identifikation und Internalisierung sowie das Verhältnis zur Waffe, die zum Material in Materialschlachten geworden war, veränderten sich. Das Maschinengewehr war die bekannteste Waffe in einem Arsenal neuer Waffen. Auch Bilder von Handgranaten schleudernden Soldaten visualisierten die neue Beziehung des Körpers zur Waffe. Es gibt keine direkte Linie von diesem Mann zum Freikorpskämpfer, den Ernst von Salomon und Klaus Theweleit

14 | Unter der umfangreichen Literatur vgl. nun: Philipp Sarasin, Geschichtswissenschaft und Diskursanalyse, Frankfurt a.M. (Suhrkamp) 2003.

15 | Richard Baron, Der deutsche Krieg und Sieg in Frankreich 1870-1871, Oppeln 1871, S. 132; Gustav Freytag und etwas reservierter auch Theodor Fontane sowie andere Kriegsbeobachter äußerten sich in dieser Hinsicht übereinstimmend.

16 | Ralf Raths, Die Überlegenheit der Verteidigung. Die Entwicklung der deutschen Defensivkonzepte im Grabenkrieg, in: Thomas Jäger, Rasmus Beckmann, Handbuch Kriegstheorien, Wiesbaden (Springer Fachmedien) 2011, S. 396-404, hier S. 402.

beschreiben. Auf welche Weise das Ich des Nicht-zu-Ende-geborenen-Mannes, von dem Theweleit spricht, aus der Waffe Stärke zog, wäre zu untersuchen.

Kritische Literatur zum Ersten Weltkrieg beschrieb die Mechanisierung von Körper und Geist und kämpfte gegen die Entwicklung an. Sie sah den Menschen im Soldaten entwürdigt. Die affirmative Literatur entdeckte und begrüßte dagegen den Schritt auf dem Weg zum Körper der entstehenden stählernen Moderne. Der Verdun-Mythos, der die Erzählungen vom heldenhaften Sterben der Jünglinge bei Langemarck ablöste und auch die Siegesgeschichte von Tannenberg verdrängte, war die letzte Konsequenz des Mechanisierungsgedankens, der sich zwar ins 18. Jahrhundert zurückverfolgen lässt, aber nun an die Stelle des Siegs für die Zukunft die Macht des das Materials setzte und vom Verschleißen, Abnutzen, Zermahlen des Gegners sprach.

Ernst Jünger und sein Bruder Friedrich Georg trugen zu dem neuen Diskurs über Krieg und Zukunft ebenso bei wie Walter Benjamin. Sie machten die technologische Moderne zu einer Epoche, in der die Macht des Materials, der Stahlkolosse und der Kommunikationstechnologie, ins Zentrum rückten. Zugleich spürten sie den Drang, die verzwergende Wirkung des Materials als eine Fehlentwicklung und Folge einer falschen Haltung gegenüber der Technik zu negieren: Die mentalen Einstellungen zur Herrschaft der Technologie seien fehlgeleitet, die Unterwerfung unter die Macht des anonymen Materials die Folge einer falschen Haltung, die überwunden werden könne und müsse. Beweglichkeit und Eigeninitiative, die ein Ziel der Waffentechnologie gebildet hatten, sollten zurückgewonnen werden. Diese Spannung zwischen militärischer Realität und mentalem Widerstand durchzog Ernst Jüngers frühes Werk und war für eine verbreitete Haltung im Bürgertum repräsentativ. Die Metapher vom Schwert war nun Ausdruck von Hilflosigkeit gegenüber der modernen Technologie, der in dem Bild vom Schwert der selbstbestimmte Kämpfer gegenübergestellt wurde. Dieser Illusionskitsch wurde gepflegt, vom Kaiser bis zum Provinzredner. Der ernsthafte Diskurs über das Verhältnis von Mensch und Kriegstechnologie setzte bei dem Unbehagen ein und machte den Versuch, über den modernen Krieg das Leben in der Moderne zu verstehen.

Nach 1918 setzte sich die militärische Definition des Körpers in der Konstruktion des politischen Körpers fort. Der europäische Faschismus brauchte keine neuen Formen der Disziplinierung zu erfinden, sondern trat auch in dieser Hinsicht ein Erbe an. Die Zeremonien, Rituale und Aufmärsche führten ein militaristisches mechanisches Ballett auf, das als die visuelle Erscheinung der totalen Unterwerfung gesehen werden muss. Diese mechanisierten Körper, ohne Emotionen und Moral, funktionierten mit einer Einstellung, die nötig war, um »die Welt aus den Angeln zu heben«, wie eine populäre Wendung der Zeit lautete.

Der NS war erfolgreich, Vertrauen in die eigene Kraft, die Zukunft zu erobern, zu wecken. Die große Vertrauenskrise, die der Erste Weltkrieg ausgelöst hatte, erschien aus dieser Perspektive als eine Krise der westlich-aufklärerischen Zivilisation und ihrem Vertrauen auf Fortschritt durch Mechanisierung. Es gelang, das erschütterte Verhältnis der Menschen zum System umzukehren, Angst in Hoffnung zu überführen und Vertrauen herzustellen. Authentizität und Krise, Authentizität und Vertrauen waren emotionale Reaktionen, die von den Ideologen ausgespielt wurden, indem sie den Kriegsdiskurs der Weimarer Republik verurteilten und auf die Erinnerung an die Zeit des Schwertes zurückgriffen und die Schwertmetapher wiederbelebten, ohne die Metonymie *Schwert* häufig zu bemühen. Diese Interpretation des Kriegs gehört wohl zu den größten ideologischen Leistungen im *Kampf um die Seelen* (Goebbels). Verborgen hinter der pathetischen Rhetorik der Selbstermächtigung durch Waffen wurde die Unterwerfung praktiziert. Statt einer Selbstermächtigung durch das Schwert wurde der Körper diszipliniert, und von der Disziplinierung des Körpers führte eine direkte Linie in die politische und geistige Unterwerfung des Ichs.[17] NS-Ideologen und Pädagogen benutzten die Idee der Beweglichkeit als Modell des nationalsozialistischen Menschen für Propagandazwecke, und es ist erstaunlich, wie erfolgreich diese Konzeption des Mannes aus dem Zeitalter des Schwertes sich durchsetzen konnte. Zugleich aber spalteten sie die Disziplinierung des Körpers als Grundlage für die Bildung des wirklichen Menschen, des NS-Untertans, davon ab. Die »Urkraft eines mechanischen Rhythmus, der auf der Grenze alles Rationalen und Irrationalen beheimatet ist«, trat an die Stelle von Beweglichkeit und Eigenverantwortung.[18] In der Politisierung dieser *Urkraft* lag die gesellschaftliche Grundlage der verselbständigten Gewalt, von der Weil als Antiheld sprach und die von der NS-Ideologie als Idee der Zukunft gepriesen wurde. Wie konnte es gelingen, dieses unterdrückende Verhältnis zum Selbst als Initiation für die Zukunft *an den Mann zu bringen*?

2. Kriegstypen

Sollen der proteische Wandel des Kriegs und die Geschichte des Diskurses behandelt, aber dennoch eine zugrundeliegende Einheit festgehalten werden,

17 | Vgl. Ulrich Bröckling, Disziplin. Soziologie und Geschichte militärischer Gehorsamsproduktion, München (Wilhelm Fink) 1997, S. 197ff.

18 | Bernd Hüppauf, Schlachtenmythen und die Konstruktion des ›neuen Menschen‹, in: Gerhard Hirschfeld, Gerd Krumeich, Irina Renz (Hg.), »Keiner fühlt sich hier mehr als Mensch.« Erlebnis und Wirkung des Ersten Weltkriegs, Essen (Klartext) 1993, S. 53-103, hier S. 92.

braucht die Kulturgeschichte des Kriegs eine Typologie. Sie darf ihre Kategorien nicht der Politik oder Soziologie entlehnen,[19] muss sich vielmehr auf das Innere des Kriegs, auf seine kulturell definierten Interaktionen und Symbolisierungen, also das Verhältnis von Kampf und Diskurs beziehen. Ihre Leitwissenschaften sind Ethnologie und Anthropologie, insbesondere die Historische Kulturanthropologie.

Im Folgenden mache ich den Versuch, Kriegstypen nicht politisch (Angriffskrieg, Beutekrieg, Rachekrieg, Staatenkrieg usw.), sondern gemäß der Beziehungen von Kampf und mentalen Strukturen zu bestimmen. Kriegstypen sind Abstraktionen, die der kulturwissenschaftlichen Praxis als Orientierungsmodelle dienen. Ich werde sie in einer lockeren chronologischen Folge darstellen, will aber betonen, dass diese Kette ein Arrangement ist, das der übersichtlichen Darstellung dient. Es gibt, daran zu zweifeln wäre albern, eine Entwicklung. Aber sie ist weder linear noch folgerichtig. Die Mittel zum Kampf und damit der Kampf selbst verändern sich. Wenn der Streitwagen durch den Panzer ersetzt wird, ist darin kein *Fortschritt* zu sehen, und die technologische Entwicklung selbst sagt wenig über den Krieg aus, den die Männer in diesen Gefährten führten. Die Veränderung löst die entscheidende Frage: *Was ist Krieg?* unter den veränderten Bedingungen und den vielfältigen Formen von Gewalt aus. Eine Typologie zu entwickeln, macht den Versuch, Dauer zu denken und zugleich Entwicklung von Teleologie und Fortschritt zu lösen.

2.1 Archaische Kriege?

Das Wissen über den Anfang des Kriegs ist spärlich. Wann in den langen Zeiträumen der frühen Zivilisationsgeschichte der Krieg entstanden ist, lässt sich nur vermuten. Seine geschichtlichen Anfänge werden im Dunkel bleiben.[20] Aussagen über den Ursprung beruhen auf philosophischen und anthropologischen Grundannahmen, die sich selten auf Empirie stützen können. Rekonstruktionen der Archäologie und Frühgeschichte und die Berichte von Ethnologen stellen Wissen über frühe Gesellschaften zusammen. Aber was den geschichtlichen Anfang des Kriegs betrifft, sind sie weitgehend auf Spekulationen angewiesen. Die spärlichen Daten sind, oft mit Analogien zur Psychologie

19 | Dietrich Beyrau, Michael Hochgeschwender, Dieter Langewiesche (Hg.), Formen des Krieges: Von der Antike bis zur Gegenwart, Paderborn (Schöningh) 2007.

20 | Als Begriff und methodische Konzeption ist die Schlachtfeldarchäologie etwa zehn Jahre alt. Die Anfänge der praktischen Arbeit der Schlachtfeldarchäologie gehen aber ins frühe 20. Jahrhundert zurück. Vgl. Carman, Harding (Hg.), Ancient Warfare; Husemann, Als der Mensch den Krieg erfand; Thomas Brock, Arne Homann, Schlachtfeldarchäologie. Auf den Spuren des Kriegs, Stuttgart (Konrad Theiss) 2011 (Sonderheft 2/2011 der Zeitschrift Archäologie in Deutschland).

der frühen Kindheit, im 20. Jahrhundert für generelle Thesen über den Krieg herangezogen worden. Die Konzeption eines Urkriegs, in dem die Grundprinzipien des Kriegs verborgen seien, war lange verbreitet und wird noch immer vertreten, ist aber wenig überzeugend. In dieser Konzeption gehen die Unterschiede zwischen Krieg und organisierter Gewalt oft verloren.

Archäologische Funde von Ansammlungen menschlicher Skelette mit gebrochenen Knochen und eingeschlagenen Kalotten sind als Belege für Kriege unter frühen Menschen, Neandertalern, Homo erectus und Australopithecus, interpretiert worden.[21] Eine Kombination aus Archäologie, Ethnologie und Verhaltensforschung hat zu Theorien geführt, in denen den primitiven Gesellschaften Kriege zugeschrieben werden. Sie werden meist in Kategorien des 20. Jahrhunderts beschrieben und interpretiert.[22] Aber Frühgeschichte und Schlachtfeldarchäologie fordern die Frage heraus, ob diese Gesellschaften überhaupt Kriege führten. Andere Interpretationen sind angeboten worden, etwa Kannibalismus oder dass es sich bei den Funden der menschlichen Skelette mit Zeichen von Gewalteinwirkung um rituelle Verletzungen, die am Körper von Toten ausgeführt wurden, handle. Es gibt keine Evidenz für eine der kontroversen Theorien.

Im Rahmen ethnologischer Feldforschung ist vorgeschlagen worden, die Stammeskriege in rituelles Handeln einzufügen. Wie alle Rituale wären Kriege dann Regeln unterworfen, die das Handeln in feste Formen einbindet und in zeitlichen Rhythmen wiederholt. Die Ritualthese steht im Widerspruch zu der im 19. und frühen 20. Jahrhundert populären Vorstellung von brutalen und blutrünstigen Gewaltausbrüchen in primitiven Gesellschaften, oft als das Urbild des Kriegs bezeichnet. Im Mittelpunkt von ritualisierter Gewalt steht der Tod. Stammeskriege führen zu wenig Toten und werden oft durch Stellvertreterkämpfe im Zweikampf der Führer ausgeführt. Evidenz ist rar. Die Hypothesen können sich nicht auf Beobachtung stützen, sondern nur auf einen Analogieschluss berufen. Beide Thesen sind Ausdruck von zeitgemäßen Vorurteilen und Parteinahme in politisch-ideologischen Kontroversen. Auch Thesen über einen engen Zusammenhang von Jagd und Krieg waren lange Zeit populär und werden noch immer vertreten. Ihre Wahrscheinlichkeit ist gering. Der Gedanke, dass *der* Mensch einen Krieg gegen *das* Tier führe, hat suggestive Kraft. Es könnte aber sein, dass es eine Rückprojektion ist, die das heutige Gewaltverhältnis des Menschen zum Tier in der Vorgeschichte wiederfindet. Insgesamt lässt sich sagen, dass diese Theorien mehr über ihre Autoren und die Zeit ihres Entstehens verraten als über die Zeit, die sie zu beschreiben und

21 | Davie, The Evolution of War; Keeley, War before Civilization; Carman, Harding (Hg.), Ancient Warfare; Husemann, Als der Mensch den Krieg erfand.

22 | James H. McRandle, The Antique Drums of War, Texas (Texas University Press) 1994, S. 12f.

erklären suchen. Es ist zu beobachten, dass sie im Rahmen politischer und kultureller Kontroversen der Gegenwart vertreten und in den Diskursen über Krieg und Gesellschaft instrumentalisiert werden. Sie werfen ein Licht auf das Eigenbild der Gegenwart, die in diesen Spekulationen über das Verhältnis von Mensch und Gewalt sich selbst sucht.

Was Theorien und Bilder vom Krieg in den Gesellschaften mit oraler Überlieferung selbst betrifft, sind wir auf Mutmaßungen, Analogieschlüsse und Konjekturen angewiesen. Über die Kommunikationsformen der frühen Gesellschaften wissen wir wenig. Es lässt sich bezweifeln, dass ihre oralen Formen der Bearbeitung von Gewalt und Kampf als Diskurs bezeichnet werden können. Es scheint mir aber außerhalb jedes Zweifels zu stehen, dass der Krieg von Anfang an Gewalt mit Kommunikation und symbolischer Repräsentation verknüpfte.

2.2 Der Krieg entsteht in und mit der Stadt

Ich will nun die These entwickeln, dass der Ursprung des Kriegs mit dem Entstehen der urbanen Zivilisation zusammenfällt. Krieg entsteht nicht aus Religion und Glauben und nicht aus physischer Gewalt, sondern ist ein Produkt der Stadtkultur und ihrer Kommunikationswege.

Was wir als Zivilisation bezeichnen, beginnt mit der Urbanisierung um 7000 v. Chr. in Catal Huyuk in Anatolien und in den Perioden von Ubaid und Uruk, in den Großreichen der Hethiter, Assyrer, Babylonier und Ägypter. In Anatolien, Armenien und der gesamten Region südlich vom Kaukasus bis Ägypten begegnen wir den Anfängen der urbanen Zivilisation,[23] und mit der Stadtkultur in dieser geografisch und kulturell bestimmten Region entsteht der Krieg. Die Aufzeichnungen über den Krieg reichen von Tontafeln zu Zeitungsberichten aus Afghanistan und Syrien im 21. Jahrhundert. Denken wir an das frühe Ägypten, Mesopotamien, Assyrien und Babylonien, an die Reliefs in den Palästen von Ninive (heute im *British Museum*) mit Bildern der Schlacht bei Til-Tuba am Fluss Ulai (653 v. Chr.) oder die Zerstörung von Susa durch Assurbanipal (646 v. Chr.), zieht sich eine ikonografische Linie vom 7. Jahrhundert v. Chr. bis in die Kriegsfotografie, zu CNN-Fernsehberichten und

23 | Die Hethiter und ihr Reich – das Volk der 1000 Götter, Stuttgart (Theiss) 2002 (Ausstellungskatalog: Die Hethiter. Das Volk der 1000 Götter vom 18. Januar bis 28. April 2002 in der Kunst- und Ausstellungshalle der Bundesrepublik Deutschland in Bonn); Jürgen Seeher, Hattuscha-Führer. Ein Tag in der hethitischen Hauptstadt, Istanbul (Phoibos) 4. Aufl. 2011; Andreas Schachner, Hattuscha. Die Hauptstadt der Hethiter. Die Suche nach dem sagenhaften Großreich der Hethiter, München (C.H. Beck) 2011; Dietz Otto Edzard, Geschichte Mesopotamiens. Von den Sumerern bis zu Alexander dem Großen, München (C.H. Beck) 2009.

schließlich veröffentlichten Handy-Fotos.[24] Zu den frühesten Kriegsbildern gehören Rollsiegel der Hethiter (vermutlich 19. Jahrhundert v. Chr.). Sie sind einfacher als die späteren Bilder im Palast von Ninive, zeigen aber sehr ähnliche Bilder vom Krieg. Wohl um 3000 v. Chr. ist eine Steinplatte entstanden, die den Ägyptischen König Narmer abbildet, der vermutlich einen Feind im Krieg tötet und einer Reihe von Feinden die Köpfe abschneidet. Narmer war nicht nur ein Kriegsheld, sondern auch der Gründer von Städten, auch von Memphis, der Hauptstadt des Reiches.[25] Wesentlich später, gegen 1000 v. Chr., entstehen in Ägypten, nicht nur in Karnak von Ramses II., große Steinreliefs für Tempelwände mit Bildern, die nicht nur das Töten eines Menschen mit einer Waffe abbilden, sondern das Töten als Teil von Kriegsszenen zeigen. Sie lassen einen König oder Kriegsgott als Bildzentrum erkennen und zeigen blutrünstige Szenen mit rückwärts fallenden Feinden im Augenblick ihrer Tötung, Leichen ohne Kopf und menschliche Köpfe, die von Siegern triumphal betrachtet werden.[26]

Die Kombination von hoch entwickelter Kultur und Krieg lässt sich an die Anfänge der Stadt zurück verfolgen. Etwa zu den Hethitern, die ein Reich mit der Hauptstadt Hattusa, vermutlich um 1700 v. Chr. in einem Krieg zerstört, errichteten, das mit dem Neuen Reich in Ägypten konkurrierte und die Kombination von Stadt, Krieg und neuer Ordnung exemplarisch repräsentierte.[27] Bilder und frühe Urkunden aus Vorderasien und Ägypten, auch das Alte Testament, legen nahe, dass Krieg mit der Urbanisierung entstand. In Uruk gab es zu Beginn des 3. Jahrtausends die ersten Stadtmauern mit Türmen und wahrscheinlich auch organisiertes Militär. Von der Zerstörung von Ebla (um

24 | Es ist konsequent, wenn es Historikern der biblischen Kriege darum geht, die Militärgeschichte der Bibel aus der Sicht der Sieger zu erzählen, um »die militärische Genialität vieler Feldherren, von denen in der Bibel berichtet wird,« herauszuarbeiten, »während gleichzeitig auf die Gültigkeit der Prinzipien des Kriegs über die Jahrhunderte hinweg hingewiesen wird«. In diesen Kriegen galten, meinen die Autoren, »dieselben grundlegenden Gesetze [...], die in einem modernen konventionellen Krieg angewendet werden [...]«. Auf die religions- und kulturgeschichtliche Frage der Identitätsbildung gehen die Autoren nicht ein. Herzog, Mordechai Gichon, Battles of the Bible.

25 | Whitney Davis, Masking the Blow: The Scene of Representation in Late Prehistoric Egyptian Art, Berkeley, Oxford (University of California Press) 1992.

26 | Die Hethiter und ihr Reich, S. 235-239. Mit der Absicht, die historische Spanne von Krieg in den Medien zu illustrieren, weist auf Kriegsbilder aus dem frühen Ägypten hin: Heinz-Peter Preusser, Perzeption und Urteilsvermögen, in: ders. (Hg.), Krieg in den Medien, Amsterdam, New York (Rodopi) 2005, S. 9-34.

27 | Vgl. Die Hethiter und ihr Reich, bes. die Beiträge von von Eva Cancik-Kirschbaum, Joachim Friedrich Quack, Wolf-Dietrich Niemeier, S. 282-301. Trevor Bryce, The Kingdom of the Hittites, Oxford (Clarendon Press) 2005.

2300 v. Chr.) zur Zerstörung von Assur und Ninive (um 610 v. Chr.), der Einnahme Babylons (539 v. Chr.) und schließlich der Eroberung von Jerusalem mit der Zerstörung des Tempels durch Truppen aus der Welthauptstadt (70 n. Ch.) zieht sich, lassen die spärlichen Quellen vermuten, eine Kette von Kriegen der vorderasiatischen und mediterranen, urbanisierten Kulturen. Auch die Mythologie stützt den Zusammenhang von Stadt und Krieg. Die kriegerischen Amazonen gründeten zahlreiche Städte, Ephesus, Smyrna und Paphos.

Aus spärlichen schriftlichen Erwähnungen wissen wir ein wenig über die frühesten Kriege. Sie wurden von Heeren einer Adelsgesellschaft und ihren politischen Herrschern und der Anteilnahme von urbanen Kulturen ausgefochten. Seit der Mitte des 2. Jahrhunderts gibt es etwas genauere Quellen über Kriege der Ägypter mit Syrien und dann gegen die Hethiter (ca. 1274 v. Chr.) und der Assyrer gegen die Muschki (1117 v. Chr.). Einige Heere bestanden, wird vermutet, bereits aus ca. 20.000 Kämpfern mit Pferden, Streitwagen, Bögen und Bronzewaffen. Schätzungen gehen von ca. 12.000 Toten in der Schlacht bei Sais aus. Die überlieferten Zahlen sind fragwürdig, und man kann den Verdacht hegen, dass sie inflationär sind, was Rückschlüsse auf die Bedeutung, die dem Krieg zugesprochen wurde, zulässt.

1274 v. Chr. marschierte Ramses II. mit einem Heer aus Reitern und Fußsoldaten vom Nil ins westliche Syrien und drängte die Hethiter zurück. Von diesem Feldzug berichten Steintafeln, auf denen wir wohl den ersten schriftlichen Kriegsbericht lesen.[28] Nach vier Wochen erreichten die Truppen die Gegend von Kadesch, und nun legte Ramses zeremoniell seine Kriegskleidung an und trug die Kriegskrone mit langen Bändern, die einen Namen hatte: Chepresch, und den Kontakt mit Montu, seinem göttlichen Herrn, herstellte. Jede Abteilung des Heers war einem Gott gewidmet und erhielt zeremoniellen Kontakt. Ramses kehrte als Sieger aus diesem Krieg nach Theben zurück und ließ von den Zeichnern und Schreibern des Palastes mehrere umfangreiche Kriegsberichte herstellen. Das *Epos des Pentaur* schildert die Schlachten und die Tapferkeit des Pharao, der mit der Hilfe des Gottes Amun als Triumphator die Schlachten beendet. Der Text wurde mehrfach kopiert und an Tempelwänden von Karnak, Abu Simbel und Luxor verbreitet. Texte in Hieroglyphenschrift an Tempelwänden bezeichnen den Pharao als das Bindeglied zu den Göttern und als Sohn des Re – das erste Beispiel einer Öffentlichkeit des Kriegsdiskurses.[29] Der Kontakt zu den Göttern und der Sieg im Krieg bilden die Grundlage der Macht und der Identifikation mit dem Herrscher. Die Bilder im Palast von Ninive lassen sich als Beginn des Kriegsdiskurses verstehen. Das

28 | Eine knappe Zusammenfassung in: Catherine Salles, Chronik der alten Kulturen, Stuttgart (Theiss) 2009 (zuerst Paris 2006).

29 | Die Schlacht von Kadesch wird in einem Flachrelief am Tempel von Karnak dargestellt.

ist eine lose Formulierung, die präzisiert werden muss. Die Bilder sind eine Form der Reflexion von Krieg vor dem Entstehen des Diskurses. Sie sind ein Anfang vor dem Anfang des Diskurses, der in ägyptischen Tempeln um 1250 v. Chr. mit Hieroglyphen begann und dessen Zentrum später, als der Kriegsdiskurs im eigentlichen Sinn in Griechenland einsetzte, wieder die Sprache führte. Ob es zuvor Krieg gegeben hat? Die Frage ist nicht zu beantworten. Sie ist von unserer Definition von Krieg abhängig. Wenn es Krieg nicht ohne Diskurs gibt, dann sind ihre Anfänge ineinander verwoben, und unsere Unsicherheit über das Entstehen des öffentlichen Diskurses trifft ebenso auf das Entstehen des Kriegs zu.

Den Bildern geht es nicht um das Spezifische der einzelnen Schlacht, sondern um einen universellen Kern des Kriegs. Seine Ordnungslosigkeit auf dem Schlachtfeld wird durch das Bild geordnet. Das Bildzentrum ist der Herrscher und seine Beziehung zum Göttlichen. Wollen wir in diesen Hieroglyphen und Bildern einen Anfang des Kriegsdiskurses sehen, so wirken zwei Kräfte in der Diskurshoheit zusammen. Wir vermuten die Künstler hinter dem Chaos und den Herrscher hinter der Zentrierung der Bilder. Sie macht aus Gegnern den Feind. Die Eindeutigkeit in der Gegenüberstellung von Selbst und Feind ist für die frühen Kriegsbilder charakteristisch. Ethik ist identisch mit Siegen: Wer siegt, hat recht, denn er siegt durch Gott. Diese schlichte Ethik, wenn das Wort überhaupt berechtigt ist, erhält sich bis in die frühe Neuzeit. Der adlige Sieger ist ein Held in dieser langen Phase der Kriegsgeschichte.

Diese Bilder stellen den Krieg exemplarisch für eine Sicht von oben dar, aber sie geben, wenn man sucht, auch dem Unten einen bildlichen Ausdruck. Kämpfer werden gezeigt. Ihre Körperhaltung zeigt triumphierende Sieger. Das Kriegsbild der Wandreliefs zeigt Kämpfer mit Waffen und Kriegsmaterial (Kampfwagen usw.), mit Helmen und anderen militärischen Kopfbedeckungen, tötend und siegend. Aber wir sehen auch den Kontrast: die geschlagenen Feinde. Ihnen sehen wir beim Sterben zu. Wir sehen gebrochene Körper der Besiegten, Züge besiegter Gefangener werden abgeführt, die Leichen der elamischen Kämpfer sowie fliehende Fische und Pferdekadaver im Fluss treibend und fliehende elamische Fußtruppen, über die assyrische Reiter hinwegreiten. Ein Bild der Schlacht mit dem Leitmotiv von physischer Gewalt und Grausamkeit und mit Zügen von Chaos, ohne Logik oder lineares Fortschreiten entsteht. Das Durcheinander von Gewaltakten zeigt jedoch ein ordnungsstiftendes Zentrum: den siegenden König. Immer wieder hält er in der Bilderserie das abgetrennte Haupt seines Gegners Teumman in die Höhe, triumphierend.

In dem nahezu 3000 Jahre alten Relief zeigt sich der Typus des europäischen Kriegs: die Organisation von Heeren, klare Trennung in Sieger und Besiegte und Identifikation mit Sieg und Sieger. Das ordnende und zentrierende Bild über einem Chaos wiederholte sich bei späteren Gelegenheiten. Nach der Seeschlacht bei Lepanto (1571) lässt Juan de Austria den abgeschlagenen Kopf des Gegners Ali Pascha in einer Demonstration des Siegs über den bedrohlichen Osten in die Höhe halten, wobei dieser Akt die Grausamkeit zeigt, die dem Feind zugeschrieben wird. Die triumphale Geste und Zentrierung um den Sieger rechtfertigen Gewalt und Grausamkeit, indem sie das Chaos beseitigen und Identität stiften. Die Geste war beim Gegner ebenso verbreitet. Es wird berichtet, dass der Sultan nach dem Sieg bei Mohács (August 1526), in der Ludwig II. sein Leben ließ, den Kopf des Gegners in die Höhe hielt und anschließend 2000 Köpfe als Trophäen aufspießen ließ und vor seinem Zelt ausstellte. Stammeskriege in Afrika, Amerika und Australien kennen, soweit unser Wissen reicht, diese Sprache und die Bilder dieser Sprache nicht. Gewalt und Destruktion sind Eigenschaften der Kriegszeit, die durch Kriegsbilder sichtbar gemacht werden. Aber in diesen Kriegsbildern entsteht auch Identität. Auch politische Legitimation und Formen der Propaganda, die mit dem Krieg als Identitätsstiftung zusammenhängen, gehen auf die frühen Anfänge der europäischen Zivilisation im Vorderen Orient zurück. Dieses Zusammenwirken in der Diskurshoheit setzte sich fort. Lesen wir die frühen Reliefs als einen Anfang des europäischen Kriegsbildes, finden wir in ihnen die Identifikation mit dem Eigenen, das Fremde als Feind und die Ausbildung von Identität. Auch die Kriege der Bibel sind aus diesem Geist erzählt. Damit beginnt eine Geschichte des Kriegs, die sich in Variationen bis in die Weltkriege und Kriege der Gegenwart fortsetzte und noch immer unabgeschlossen ist.

Frühe Kriege lassen keine Spannung zwischen Krieg und Vorstellungen vom Krieg erkennen, und einen Kriegsdiskurs im eigentlichen Verständnis zeigen sie noch nicht. Krieg ist ein Stück menschliche Natur. Kein frühes Kriegsbild bleibt aber beim Zeigen von Kampf als Natur stehen. Repräsentation ist von Anfang an ein Element von Kultur. Dafür sorgen Waffen, Instrumente, Kleidung und die Konstellationen von Körpern, die nie natürlich sind. In das Naturbild wurde die kulturelle Vorstellung vom Krieg als Zeit der Heldengeburt montiert. Selbst die spätere Verflechtung von Krieg und Wahn hat in dieser Zeit ihren Ursprung. Sie bildete einen Ausgangspunkt für den Kriegsdiskurs, der, wie das Beispiel der Frauen bei Euripides und bereits der Amazonenmythos bei Homer zeigen, vom Rand kam: vom Rand der eigenen Gesellschaft oder vom Rand der Zivilisation im Norden. Fragen nach Berechtigung oder unerwünschten Folgen eines Kriegs sprechen aus den Bildern nicht.

Abb. 8: Ausschnitt aus einem Paneel im Palast von Ninive. Das Flachrelief aus Kalkstein zeigt eine Szene aus der Schlacht bei Til-Tuba (ca. 653 v. Ch.), in der König Assurbanipal von Assyrien (Mesopotamien, heute Irak) die Elamiten am Ufer des Ulaiflusses besiegt. Das Zentrum der Abbildungen von Grausamkeiten bildet Assurbanipal, der dem gegnerischen König den Kopf abtrennt.

Mit Herodot und Thukydides beginnt eine Geschichtsschreibung, die zugleich Mythen- und Kriegsgeschichte ist und mit dem *Peloponnesischen Krieg* ein ganzes Werk einem Krieg widmet.[30] Nach den Anfängen im antiken Athen verblasste der Kriegsdiskurs in Rom und im Mittelalter für mehr als 1000 Jahre. Gewiss: Der Krieg wandelte sich. Die Kriege der römischen Söldnerheere unterschieden sich von denen der Ritterheere. Aber der Kriegsdiskurs, soweit von ihm geredet werden kann, war pragmatisch. Der Senat von Rom bietet Beispiele, wie deutlich die Einschätzung der politisch-ökonomischen Erfolgsaussichten dominierte. Die Heerzüge der Normannen, Karls des Großen und der Herrscher des Mittelalters haben dem Krieg wenig Neues hinzugefügt, und die wenigen Texte und Bilder, die wir aus dieser langen Zeit haben, lassen Konsistenz und Homogenität erkennen. Noch die Gemälde der Ritterkriege wiederholen bekannte Formationen und geben der konventionellen Kampfhaltung einen visuellen Ausdruck. Sie lassen sich als eine Fortsetzung des anämischen Diskurses betrachten und gehören zum neueren Kriegsbild weniger als Vorläufer denn als Antipoden. Die Kulturgeschichte hat diesen Kriegen bisher keine Aufmerksamkeit gewidmet, und auch die Mediävistik hat zu ihnen nicht viel zu sagen.

2.3 Die frühe Neuzeit und der Krieg des *Verderbens*

Die Kirchenväter äußern sich nicht systematisch zum Krieg. Augustinus' Bemerkungen sind nicht mehr als der Versuch einer theologisch-juristischen Klärung, die den Krieg als Teil von Gottes Schöpfung rechtfertigt. Diese Rechtfertigung ging in der Scholastik und den kommenden Jahrhunderten nicht verloren. Vom Beitrag zu einem Kriegsdiskurs kann aber nicht die Rede sein. Philosophische und theologische Annahmen über die Ordnung der Natur leiteten das Kriegsbild bis ins 17. Jahrhundert. Die Bedeutung der Theologie für den frühen Kriegsdiskurs war uneinheitlich. Theologische Weltauslegungen der frühen Neuzeit fanden es schwer, den Krieg in der Wirklichkeit mit der Idee des göttlichen Schöpfungsplans zu verbinden. Aber zugleich wurde er als Mittel der Herrschaft Gottes interpretiert. Eine Vorstellung von Krieg als heiliger Gewalt bildete sich spätestens mit den Kreuzzügen, den heiligen Kriegen zur Befreiung des Grabs Christi. Die Kombination von Kriegsheld und Märtyrer entstand, die bis in die Zeit der zweiten Belagerung Wiens anhielt. Sie verschwand mit der zunehmenden Säkularisierung der europäischen Gesellschaften.[31]

Bibelhermeneutik und humanistische Philosophie führten in der frühen Neuzeit zu ambivalenten Folgerungen und durchaus nicht zum Gedanken

30 | Zu einem neuen Bild vgl. Kagan, The Peloponnesian War(2003).

31 | Sigrid Weigel (Hg.), Märtyrer-Porträts. Von Opfertod, Blutzeugen und heiligen Kriegen, München (Wilhelm Fink) 2007. Wir kennen diese Verbindung von Kriegsheld um Märtyrer heute von den heiligen Kriegen der Moslems. Sie verachten den säkularisierten Westen nicht zuletzt, weil der keinen heiligen Krieg mehr zu kämpfen verstehe und nicht mehr die gesellschaftliche Kraft habe, Märtyrer zu erzeugen.

einer Welt im ewigen Frieden. Weder die Kirche noch die Philosophie der Zeit behinderten den Krieg. Sie lieferten eher Rechtfertigungen.[32] In eifernden Schriften rechtfertigten sie im 16. Jahrhundert die Kriege gegen die indigenen Völker Amerikas: »Über die gerechten Gründe für den Krieg gegen die Indios« (Juan Ginés de Sepúlveda, 1550). Diese *asymmetrischen* Kriege der Kolonisierung und Ausrottung wurden mit theologischen Argumenten wie mit dem Naturbild der Zeit begründet. Dagegen war die Anklage von Las Casas kaum zu vernehmen: »Mit welcher Berechtigung habt ihr diese Völker blutig bekriegt, die ruhig und friedlich in ihren Ländern lebten, habt sie in Mengen gefoltert und ermordet? Ihr unterdrückt sie und plagt sie, ohne ihnen zu essen zu geben und ihre Krankheiten zu heilen, die über sie kommen durch die maßlose Arbeit, die ihr ihnen auferlegt, und sie sterben – oder besser gesagt: ihr tötet sie, um Tag für Tag Gold zu gewinnen.«[33] Er schilderte die Verhältnisse in drastischen Worten, aber seine Worte blieben ohne Einfluss.

Die früheste mir bekannte Friedensschrift eines Theologen ist Sebastian Francks *Kriegbüchlin des Frides wider den Krieg* (1539).[34] Kurz zuvor hatte Erasmus seine Friedensschrift publiziert (1517), in der es heißt: »Vom größten Teil des Volkes wird der Krieg verflucht, man betet um Frieden. Einige wenige nur, deren gottloses Glück vom allgemeinen Unglück abhängt, wünschen den Krieg.« Allerdings hatte er wenige Jahre zuvor festgestellt: »Es ist jetzt schon so weit gekommen, dass man den Krieg allgemein für eine annehmbare Sache hält und sich wundert, dass es Menschen gibt, denen er nicht gefällt.«[35] Erasmus' Position wird immer wieder als früher Pazifismus bezeichnet. Das ist unzutreffend. Er findet nicht nur verurteilende Worte. Pazifismus kann von dieser Zeit nicht erwartet werden.

An diesen Kriegsdiskursen wird deutlich, dass es das moderne Bild vom Krieg nicht geben konnte, solange er nicht aus Religion und Metaphysik und dem Gedanken einer Position in der göttlichen Ordnung der Natur herausgefallen war. Vor diesem Bruch bildete das Verhältnis der Gesellschaft zum

32 | Ein kurioses Beispiel war die sehr erfolgreiche Nachdichtung der griechischen Satire, Rollenhagens Froschmeusler, Der Krieg der Frösche und Mäuse, hg. von Dietmar Peil, Frankfurt a.M. (Fischer) 1989 (zuerst: 1595) als protestantisch-lutherisches Lehrstück.

33 | Bartolomé de Las Casas, Kurzgefaßter Bericht von der Verwüstung der Westindischen Länder, hg. von M. Sievernich, Frankfurt a.M. (Insel) 2006.

34 | Sebastian Franck von Donauwörth, Das Kriegbüchlin des Frides wider den Krieg. 1539; Bruno Quast, Sebastian Francks *Krigbüchlin des Frides*. Studien zum radikalreformatorischen Spiritualismus, Tübingen, Basel (Bibliotheca Germanica 31) 1993.

35 | Erasmus von Rotterdam, Die Klage des Friedens (übersetzt von Kurt Steinmann), Frankfurt a.M. (Insel) 2001; ders., Süß scheint der Krieg den Unerfahrenen (übersetzt von Brigitte Hannemann) München (Christian Kaiser) 1987.

Krieg kein Problem. Zwischen Ordo naturae und Ordo politicus gab es keine echte Spannung. Die politische Ordnung kannte zwei Zustände, Frieden und Krieg, die einander ablösten. Der Wechsel zwischen Krieg und Frieden konnte jeweils als Restitution innerhalb eines stabilen Systems gelten. Der Übergang vom einen in den anderen Zustand geschah, nicht anders als die Wechsel von Wetter und Unwetter, auf *natürliche* Weise. Was im Krieg geschah, wurde, wie das Unwetter in der Natur, keiner Frage oder Wertung unterzogen, sondern beklagt oder als Notwendigkeit erklärt.

Ein Zitat von Martin Luther soll für ähnliche, wenn auch weniger drastisch formulierte theologische Rechtfertigungen von Krieg stehen: »Denn die hand, die solch schwerd fueret und wuerget, ist auch als denn nicht mehr menschen hand sondern Gottes hand, und nicht der mensch sondern Got henget, redert, entheubt, wuerget und krieget. Es sind alles seine werck und seine gerichte. Summa: Man mus ym kriegeampt nicht ansehen, wie es wuerget, brennet, schlegt und fehet etc. Denn das thun die engen, einfeltigen kinder augen, die dem arzt nicht weiter zusehen, denn wie er die hand abhawet odder das bein abseget, sehen aber oder mercken nicht, das umb den gantzen leib zu retten zu thun ist. Also mus man auch dem kriegs odder schwerds ampt zusehen mit menschlichen augen, warumb es so wuerget und grewlich thut; so wird sichs selbs beweisen, das ein ampt ist an yhm selbs Goetlich und der welt so noetig und nuetzlich als essen und trincken odder sonst kein ander werck. Das aber etliche solchs ampts missebrauchen, wuergen und schlahen on not, aus lauter mutwillen, das ist nicht des ampts sondern der person schuld. [...] Denn sie können zu letzt doch Gottes gericht, das ist seym schwerd, nicht entgehen. Er findet und trifft sie zu letzt, wie den Baurn itzt ym auffrur auch geschehen ist.«[36] Solche theologische Rechtfertigungen begleiteten abstoßende Grausamkeiten. Die Grausamkeiten dieser Kriege müssen im Kontext dieser Sicht von Krieg, Mensch und Schmerz gesehen werden. Bauernführer wurden von Lutheranern zerstückelt, gepfählt und kopfüber aufgehängt und mit einer Säge bis zum Bauchnabel aufgesägt, bis sie langsam starben.[37] Den Massakern fielen zwischen 70.000 und 100.000 Menschen zum Opfer.

Luthers Aufrufe und Rechtfertigungen entsprachen dem Bild der Zeit vom Krieg und vom Menschen, der die göttliche Ordnung verletzte und dafür körperlichen Qualen ausgesetzt zu werden verdiente. »Solch wunderliche zeytten sind itzt, das eyn Fuerst den hymel mit blutvergissen verdienen kan, das denn

36 | Martin Luther, Ob kriegsleutte auch ynn seligem stande seyn kuenden (1526), in: D. Martin Luthers Werke. Kritische Gesamtausgabe (Weimarer Ausgabe) Bd. 19, Weimar (Hermann Böhlaus Nachfolger) 1897, S. 626f.

37 | Hubertus Mynarek, Die neue Inquisition. Sektenjagd in Deutschland. Mentalität – Motivation – Methoden kirchlicher und staatlicher Sektenbeauftragter, Marktheidenfeld (Das Weiße Pferd), 1999, S. 42.

andere mit beten. [...] Drumb, lieben herren, loset hie, rettet hie, helfft hie, Erbarmet euch der armen leute, Steche, schlahe, wuerge hier, wer da kann, bleybstu drueber tod, wol dyr, seliglichern tod kanstu nymer mehr uberkomen.« Diese Formen der Grausamkeit wiederholten sich in späteren Kriegen, dem Dreißigjährigen Krieg oder in Kriegen des 20. Jahrhunderts. Und doch ist es keine Wiederholung, ist nicht mehr dasselbe, wie der veränderte Diskurs erkennen lässt.

In diese Zeit fallen auch Kriege, deren Mittel Gewalt gegen Sachen war. Sie waren wahrscheinlich die häufigen Kriege mit einer Strategie der Schädigung: Raub, Brandschatzung, das *Verderben* von Ernten und Vorräten, waren einfach, ohne Planung zu führen und keiner Restriktion unterworfen. Sie waren nicht abbildungswürdig. Denn sie widersprachen den Bildern vom christlichen und vom aristokratischen Krieg, das sich bis ins 18. Jahrhundert erhielt. Wir wissen von ihnen durch schriftliche Quellen. Die sind rar und waren zu ihrer Zeit nur einer winzigen Gruppe von Lesern zugänglich. Die Regel der Gegenwart galt auch in dieser Zeit: Was die Medien nicht verbreiten, gibt es nicht. Das Wissen vom Hörensagen und durch Gerüchte, die oft Monate zur Verbreitung brauchten, ging mit den Zeitzeugen verloren. Ins kulturelle Gedächtnis sind sie nicht eingegangen. Aber wir können uns diesen Krieg dennoch vorstellen, kennen sein *Verderben* aus den Gemälden holländischer Maler und aus Grafiken und Stichen. Sie müssen als Bildrevolte verstanden werden, ein Aufstand gegen die Konventionen der Zeit, der das Bild mit einer ethischen Position verband. Wiederholungen des Kriegs des Verderbens gab es noch im 20. Jahrhundert, etwa beim Rückzug der deutschen Heere 1918 in Frankreich[38] oder die wechselweise von Hitler und Stalin in der Sowjetunion befohlene totale Zerstörung.

Der Dreißigjährige Krieg

Die gesellschaftlichen Veränderungen der frühen Neuzeit und der neue Skeptizismus führten zum allmählichen Ende dieser auf Glauben beruhenden Kriegsform. Seit dem 16. Jahrhundert entstand ein Diskurs, der in das Verhältnis fragend eingriff. Der Krieg wurde allmählich vom Glauben gelöst und kulturellen Definitionen und Absprachen unterzogen. Der Anfang des Kriegsdiskurses der Moderne lässt sich beobachten. Das 17. Jahrhundert trennte eine Friedens- von einer Kriegsordnung. Auch der Dreißigjährige Krieg, von Glaubensfragen ausgelöst, war ein anderer Krieg als der Glaubenskrieg, den Luther im vorausgegangenen Jahrhundert gepredigt hatte. Der Absolutheitsanspruch des Glaubens war dahin. Nach den Friedensschlüssen von 1648 wurde der

38 | Peter Barton, The Somme. A new panoramic perspective, London (Constable) 2006 (In association with the Imperial War Museum); Gerhard Hirschfeld, Gerd Krumeich, Irina Renz, Die Deutschen an der Somme. Krieg, Besatzung, Verbrannte Erde, Essen (Klartext) 2006.

Krieg das Exzeptionelle der Politik und Kultur. Eine internationale Ordnung entstand, die dem Frieden eine vom Krieg juristisch, sozial und theologisch getrennte Zeit einräumte. Zeiten und Räume separierten sich nicht nur topografisch, sondern auch mental und führten zu Theorien, die statt von *Morden, Rauben und Schaden tun* nun von einer Kriegs*ordnung* sprachen. Es entstand eine Systematik der Kriegsführung, die nicht mehr an den Glauben oder die Natur des Menschen gebunden wurde. Das Ziel war nun der Sieg und nicht die Vernichtung des Gegners. Im Heldenbild, in den Mann-Frau-Verhältnissen und Formen der Gewalt zeigten sich mit der Kriegsführung unter den neuen politisch-gesellschaftlichen Bedingungen Veränderungen.[39] Allerdings erhielten sich Grundmuster des zwischenmenschlichen Verhaltens und zeugten von bemerkenswerten Kontinuitäten, etwa dem Frauenraub.[40]

Während des Dreißigjährigen Kriegs entstand ein Markt für Kriegsdarstellungen. Illustrierte Flugblätter wurden (in den Städten) zum ersten Mal in der Bildgeschichte weit verbreitet und schufen Phantasien von Schlachten, Plünderungen, Mord und Totschlag. Kupfer und Holzschnitte wurden als Separata produziert und nicht nur als Einzeldrucke, sondern in größeren Auflagen verkauft. Die Brandschatzung von Städten wie Oppenheim (1621), die Plünderung von Ortschaften, die Ermordung Wallensteins (von Matthäus Merian dem Äl-

39 | Larry H. Addington, The Patterns of War Through the Eighteenth Century, Bloomington (Indiana University Press) 1990. Dokumente zu einer Kulturgeschichte dieses Kriegs: Herbert Langer, Kulturgeschichte des Dreißigjährigen Kriegs, Gütersloh (Kohlhammer) 1982; Peter Milger, Gegen Land und Leute. Der Dreißigjährige Krieg, München (Bertelsmann) 1998; Peter Englund, Die Verwüstung Deutschlands. Eine Geschichte des Dreißigjährigen Kriegs, Stuttgart (Klett-Cotta) 1998; Günter Barudio, Der Teutsche Krieg. 1618-1648, Frankfurt a.M. (Fischer) 1985; von den oft aufschlussreichen Lokalgeschichten will ich erwähnen: Kreis Ostprignitz-Ruppin (Hg.), Museum des Dreißigjährigen Krieges, Wittstock, Dosse, o.J.; Sabine Eickhoff, Anja Grothe, Bettina Jungklaus (Hg.), 1636. Ihre letzte Schlacht, Berlin (Theiss) 2012. Der reich bebilderte Begleitband zu einer Ausstellung in Wittstock, die den Kriegsalltag der Soldaten, das Lagerleben, auch Ernährung und Medizin im Feld zeigte. Das Zentrum bilden die Knochenfunde eines Massengrabs und weitere archäologische Fundstücke der Schlacht bei Wittstock; Gunnar Teske, Bürger, Bauern, Söldner und Gesandte. Der Dreißigjährige Krieg und der westfälische Frieden in Westfalen, Münster (Ardey) 1998.

40 | Peter Hagendorf berichtet aus dem Dreißigjährigen Krieg vom Kriegsalltag und dem Frauenraub der Landsknechte, der sich von dem der Antike kaum unterscheidet. Seine Kritik lässt allerdings auch ein neues Verhältnis zur Frau erkennen: Jan Peters (Hg.), Ein Söldnerleben im Dreißigjährigen Krieg. Eine Quelle zur Sozialgeschichte, Berlin (Akademie Verlag) 1993; Eickhoff, Grothe, Jungklaus (Hg.), 1636; Ute Daniel (Hg.), Augenzeugen. Kriegsberichterstattung vom 18. zum 21. Jahrhundert, Göttingen (Vandenhoeck & Ruprecht) 2006.

teren), aber auch die Friedenskonferenzen von Osnabrück und Münster wurden durch Bilder weithin bekannt.[41] Dieser entstehende Markt der Kriegsbilder bekam durch die Türkenkriege einen entscheidenden Schub.

Ohne Beachtung sind in der Kulturgeschichte des Kriegs bisher die Musik und das Singen als Beitrag zum Kriegsdiskurs geblieben.[42] Ich denke nicht an die befohlenen Gesänge marschierender Soldaten, die zum Beispiel, wie wir aus Quellen wissen, im Herbst 1914 den Belgiern auf die Nerven gingen. Die Verbindung von Gesang und Krieg geht, wie wir aus der Vasenmalerei wissen, in die griechische Frühzeit zurück. Diese Kombination blieb bis in die Gegenwart erhalten und nahm gelegentlich bizarre Ausformungen an. Zimbeln und Trompeten im Altertum, Pfeifer und Trommler, sowie der Schellenbaum der Türken, Choräle (zur Vereidigung), die marschierenden, singenden Soldaten, das klingende Spiel oder Wagner über dem vietnamesischen Dschungel, um nur einige disparate Beispiele für diese Art der Integration von Krieg und Gesellschaft zu nennen. Musik kennt keinen Widerstand zum Krieg. Das gilt nicht nur für Marschmusik. Der Klostergesang des 17. Jahrhunderts stimmte in den Siegesjubel ein. *Epinikien* wurden die Siegesgesänge genannt, die in Jesuitenkonventen des 16. Jahrhunderts, besonders nach der Schlacht bei Lepanto, gesungen wurden. Später kam das evangelische Kirchenlied hinzu. Einzig das evangelische Lied zeugte von Trauer und Melancholie. Der Krieg bildete in den Liedern des 16. und 17. Jahrhunderts den Ausgangspunkt, den wir heute wohl als traumatische Erfahrung oder Depression bezeichnen würden. Psychiatrie gab es nicht, aber das Lob Gottes im gemeinsamen Gesang bildete ein therapeutisches Handeln und stellte in den Zeiten des Dreißigjährigen Kriegs und der Türkenkriege Gemeinsamkeit des Innen her. Diese subtile Form von Gemeinsamkeit spendete Trost und weckte – trotz oder wegen ihrer Melancholie – Hoffnung. Der Geist des Kriegs verschwand im Lauf der Jahrhunderte aus diesen Liedern, aber doch nicht ganz. In Liedern von Paul Gerhard blieb er bis ins 20. Jahrhundert latent anwesend, und die geahnte Bedrohung verlieh Texten und Musik weiterhin das Gefühl von Gemeinsamkeit. Die populären Wiegenlieder *Maikäfer flieg* und das nach derselben Melodie des frühen 17. Jahrhunderts gesungene *Schlaf, Kindlein, schlaf,* beide in zahlreichen Fassun-

41 | William A. Coupe, The German Illustrated Broadsheet in the 17th Century, 2 Bde., Baden-Baden (Librairie Heitz) 1967; Bussmann, Schilling (Hg.), 1648.

42 | Wer will unter die Soldaten. Deutsche Soldatenlieder. Illustriert von Fritz Kredel, Leipzig (Insel). 1938; s. dazu: Walter Kempowski, Wer will unter die Soldaten?, München (Hanser) 1976.

gen überliefert,[43] trugen zu einer Kinderperspektive bei, nicht aggressiv, nicht verkitscht, aber von einer anrührenden Emotionalität.

Zum Bruch in der Kriegsgeschichte und dem Kriegsdiskurs der Gegenwart gehört auch das Verschwinden dieser verbreiteten Lieder. Diese Facette des Kriegsdiskurses ist als Folge kulturellen Wandels, der die musikalische Perspektive fragwürdig gemacht hat, unwiederbringlich verloren.

2.4 Die Erfindung der *Türkenfrage* und das Entstehen des Kriegsdiskurses der Moderne

An den Auftakt im Kampf gegen die *Haufen* der Bauern, den Gegner im Inneren, konnten die Türkenpredigten anknüpfen. Sie gaben dem Anfang des öffentlichen Kriegsdiskurses der frühen Neuzeit ein besonderes, theologisch gestütztes Gewicht.

Die Türkenkriege hatten mit einem Krieg der Venezianer gegen die Türken 1423 begonnen, von der Kaufmannsmacht mit einem Söldnerheer gegen die Handelskonkurrenz geführt. Die politisch-ökonomische Motivation wurde im 16. Jahrhundert in eine religiöse Konfrontation von Islam und Christentum überführt.[44] Die Eroberung Konstantinopels durch die Osmanen (1453) war für viele Menschen in Europa ein Kriegsschock, der Identifizierung aus dem Gefühl der Bedrohung herstellte.

Im Jahre 1529 belagerten die Türken Wien, zogen aber wegen der Witterungsverhältnisse bald wieder ab. Über die Verbreitung und Wirkung von Kriegsschriften und Grafiken des 16. und 17. Jahrhunderts wissen wir wenig. Es gibt einige Hinweise darauf, wie sie für die Geschichte von Krieg und Gewalt symptomatisch wurden. Im Jahre 1529 tauchten Flugschriften »Wider die Türken!« auf. Etwa gleichzeitig mit dem ersten Druck der Bibel hatten die Nachrichten über den Krieg vor Wien eine Wirkung auf die Zeit, die über Theologen und Gelehrte weit hinausreichte. Der Diskurs erfand die *Türken-*

43 | Beide Lieder sind in *Des Knaben Wunderhorn* überliefert.
Maykäfer, flieg.
Der Vater ist im Krieg.
Die Mutter ist in Pommerland.
Pommerland ist abgebrandt.

44 | Klaus-Peter Matschke, Das Kreuz und der Halbmond. Die Geschichte der Türkenkriege, Darmstadt (Wissenschaftliche Buchgesellschaft) 2004; Hans Miksch, Der Kampf der Kaiser und Kalifen. Der jahrhundertelange Kampf zwischen dem Abendland und dem Weltreich der Osmanen, Bonn (Bernard & Graefe) 1992; Carl Göllner, Turcia III. Die Türkenfrage und die öffentliche Meinung Europas im 16. Jahrhundert, Bukarest, Baden-Baden (Valentin Koerner) 1978.

frage. Diese Erfindung löste subjektive Ängste aus und befeuerte den Kriegsgedanken.

Luther nahm mit Kriegspredigten und Druckschriften aktiv Anteil an der Türkenfrage. Sein Kriegsdiskurs ist ungehemmt parteiisch und offen politisch. Er spricht über die Gotteslästerung und Ungerechtigkeiten der Türken gegen die Christen, ohne etwas darüber zu wissen, rein aus Vermutungen und Gerüchten. Es geht ihm nicht um Wahrheit, sondern um die Diskurshoheit, die er für politische Zwecke erstrebt.

Im Umkreis von Luther entstanden ähnliche Schriften, etwa das *Türkenbüchlein* von Johannes Brentz.[45] Selbst Erasmus lässt sich zu Kriegsaufrufen gegen die Türken hinreißen, da diese »barbarische Rasse« zahlreiche Massaker an Christen begangen und Städte und Landstriche verwüstet hätte. Gott habe den Christen die Türken geschickt, schreibt Erasmus, wie dereinst den Ägyptern die Frösche. Wie der Frosch im Glauben der Zeit die Inkarnation des Teufels auf Erden war, so kämpften die christlichen Heere im Kampf gegen die Türken nicht gegen Menschen, sondern gegen Teufel. Der veröffentlichte Kriegsdiskurs und die *Türkenblätter* sind unzweideutig. Die *türkischen Gräuel* sind ein ostinates Thema in Predigten, Reden, Aufrufen und Messen *contra Turcos*.

Luther benutzt seine Türkenschriften, um das Bild eines äußeren Feindes zu entwerfen, gegen dessen Bedrohung jedes Mittel gerechtfertigt sei. Er predigt, dass das Vertrauen auf Spieß, Schwert und Büchse nicht ausreiche. Denn vor materialen Waffen fürchte sich kein Teufel. Nur der Christ, der mit Waffen *und* Gebet ins Feld ziehe, könne den ungleichen Kampf gegen die Türkenteufel gewinnen.[46] Es ist Luthers Absicht, zum Verteidigungskampf auf Leben und Tod einen Beitrag zu leisten. Seine Hasstiraden kennen keine Grenze und gleiten in Hysterie ab. Seine Schlussfolgerung: Tapferkeit im Krieg sei Christenpflicht, und alle, die im Kriege gegen die Türken den Tod gefunden hätten, seien als Märtyrer gestorben.

Die Türkengefahr war bereits gebannt, als Luthers grobe Schrift *Heerpredigt wider den Türcken* gegen Jahresende im Druck erschien. Bereits nach wenigen Monaten brachte der Verlag eine zweite Auflage heraus.[47] Luther schrieb

45 | Johannes Brentz, Wie sich die Prediger und Leien verhalten sollen, so der Türck das Deutsche Land überfallen würde, Handschrift, Wittenberg, 1537 (Staatliche Museen zu Berlin, Handschriftenabteilung, Inv. Nr. Ui 2134 R).

46 | Luther, Eine Heerpredigt widder den Tuerken (1529), in: D. Martin Luthers Werke. Kritische Gesamtausgabe (Weimarer Ausgabe), Bd. 30, Weimar (Hermann Böhlaus Nachfolger) 1909, S. 160-197, S. 617ff.

47 | Luther, Eine Heerpredigt widder den Türken: »Und kenne ich recht meine lieben deudschen, die vollen sewe, so sollen sie wol yhrer weise nach sich widderuemb nidder setzen und mit guttem mut ynn aller sicherheit zechen und wol leben Und solcher grossen gnade erzeigt gar nicht brauchen, sondern mit aller undanckbarkeit vergessen

als Zeitzeuge des ersten Höhepunktes in einem christlich-europäische Identität fundierenden Konflikt. Er rief zum Krieg und zum »Morden« der Türken auf, »[...] weil die Christen mit leib und gut Weltlicher oeberkeit unterworffen sind Und sie alle, ein iglicher von seiner oeberkeit zum streit widder den Tuercken gefoddert und beruffen werden, sollen sie thun als die trewen gehorsamen unterthanen (wie sie denn gewislich thun, so sie rechte Christen sind) und mit freuden die faust regen und getrost drein schlahen, morden, rauben und schaden thun, so viel sie ymer muegen, weil sie eine ader regen koennen. Denn solchs gebeut yhn yhr welltliche oeberkeit, welcher sie gehorsam und solchen dienst schueldig sind.«[48]

Der zweite Teil des Buches wechselt die Perspektive, schlägt einen apokalyptischen Ton an und argumentiert, dass Adel und Geringe durch ihre Sünden und Laster den Krieg als Strafe Gottes verdient hätten. Die Türken bezeichnet er als Geißel Gottes und Strafe für das sündige Leben sowie als Gottes Untergangsdrohung für das christliche Abendland. Wie sehr das Bild des äußeren Feindes mit dem Selbst verbunden war, zeigt die Verknüpfung mit dem Kampf gegen den inneren Feind. Seine Aufrufe zum Morden der Türken dienten gleichzeitig auch seinem Kampf gegen den Papst und den Ablasshandel der Kirche, der nach der Eroberung Konstantinopels 1453 eingeführt worden war. Die aggressive Rhetorik identifizierte den äußeren wie den inneren Gegner als den Antichrist. »Wie itzt auch und bisher unter dem Bapstum geschehen, da es auch alles also gar ist verterbet gewest mit menschen leren und wercken, das man schier keine Christen mehr gesehen hat. [...] Denn Paulus sagt .j. Thess. iiij. Der Endchrist der Bapst solle ym tempel Gottes sitzen. Nu ist der Tempel Gottes die Christenheit odder die heiligen Gottes, wie Daniel redet.«[49]

Ein anderes Licht fällt allerdings auf die Schriften zur *Türkenfrage*, wenn wir bemerken, dass Luther es für nötig hielt, vor dem Abfall zum Islam zu warnen. Die Warnung war nicht ohne Grund. Es wird von Tausenden von Überläufern zu den Türken berichtet. Die Lebensverhältnisse in den westlichen Teilen des Osmanischen Reichs waren weniger drückend und freier als in den christlichen Gesellschaften, die Einkommen höher und die Aufstiegschancen für Überläufer

Und dencken: ha der Tuercke ist nu weg und geflohen, Was wollen wir viel sorgen und unnuetze koste drauff wenden? Er koempt vielleicht nymer mehr widder, Auff das wir ia unser wol verdiente straffe von Gott redlich empfahen.« (S. 160) »Aber des Mahomets schwerd und reich an yhm selber ist stracks widder Christum gericht, als hette es sonst nichts zu thun und koenne sein schwerd nicht besser brauchen, denn das er widder Christum lestert und streitet, wie denn auch sein Alkoran und die that dazu beweisen.« (S. 172) Eine Heerpredigt wider den Tuerken; die Auflage Wittenberg 1542 unter: http://mek.oszk.hu/04500/04515/04515.pdf.

48 | Luther, Eine Heerpredigt wider den Tuerken, S. 179.

49 | Luther, Eine Heerpredigt wider den Tuerken, S. 169.

groß. Im 16. und 17. Jahrhundert litten viele Europäer unter ihren niederdrückenden Lebensumständen. Die Furcht vor der Zukunft war nicht unberechtigt, und so bildete das Leben in den westlichen Teilen des osmanischen Reichs eine kleine Verführung. In Luthers Predigt, dass sich die Seligkeit verdient habe, wer Christus gegen den Islam verteidige, kommt die Diskrepanz zwischen der Wahrnehmung der Türken durch die Kirche, die das Überlaufen von Christen fürchtete, und der einfachen Leute zum Ausdruck. Deren Furcht vor den Türken soll nicht heruntergespielt werden. In Deutschland und Österreich war sie weit verbreitet, und Geschichten über die besondere östliche Grausamkeit wurden seit der Zeit über Jahrhunderte hinweg kolportiert. Sie wurde vom türkischen Krummsäbel, auch Krummschwert, Mameluckensäbel oder Sarazenensäbel genannt, verbildlicht. Diese Waffe symbolisierte magische Macht und wurde (wohl seit dem 17. Jahrhundert) als Allegorie für östliche Grausamkeit in Bildern und Geschichten benutzt. Die Furcht war begleitet von einer Bewunderung für orientalische Schmiedekunst, für den Damaszener Stahl, aus dem die Waffen der Türken gefertigt waren. Bilder und Geschichten über die Magie des Krummschwertes haben sich bis heute erhalten und leben sogar in elektronischen Spielen weiter. Auch diese Ambivalenz gehört in den Kriegsdiskurs, der Europa und die Türkei seit der Belagerung von Wien trennte und zugleich verband.

Mit der zweiten Belagerung, wenige Jahre nach dem Ende des Dreißigjährigen Kriegs, entstand der erste europaweite Kriegsdiskurs. Die *Türkendrucke*, die von Kriegsgräueln der Türken berichteten und zum Krieg aufriefen, waren eine Vorstufe späterer parteiischer Zeitungsartikel und in weiten Teilen Mittel- und Osteuropas verbreitet. Sie wurden nicht von Journalisten, sondern von Pastoren, Hofbeamten, Offizieren und Professoren verfasst. Abraham a Santa Clara setzte mit einer *Heerpredigt wider die Wien bedrohenden Türken* die populäre Türkenschelte aus Luthers Perspektive fort.

Das kollektive Gedächtnis der Moderne war nicht Mittelglied zwischen Epochen, sondern wirkte selbst als aktiver Vermittler. Die Selektion, die in das Gedächtnis einging, war der Kampf um Wien von 1683, verschnitten mit den Türkenpredigten der ersten Belagerung. Luthers Vermischung des Kampfes gegen den äußeren Feind, die ungläubigen Türken, und den inneren Feind, die katholische Kirche und der Papst, waren der Hintergrund für die sonst kaum zu erklärende Mischung, die in evangelischen Ländern entstand und einen offenen Antikatholizismus und ein anti-papistisches Ressentiment in das Gemisch der Türkenfurcht einschlossen. Im kollektiven Gedächtnis der Serben wirkte die Konfrontation sogar auf die Schlacht auf dem Amselfeld (1389) zurück. Diese gemischte öffentliche Erinnerung legte die Perspektive über Jahrhunderte fest. Schiller brachte den Konflikt 100 Jahre nach Abraham a Santa Clara im *Wallenstein* auf die Bühne. Der *Kapuziner* hält eine feurige Rede, die im Sinn von Luthers und Abrahams Interpretation der Türken als Gottes Strafe für das sündige Leben der Christen den Krieg der Gegenwart als eine Wiederholung der Türkengefahr darstellt. Er wird, Schiller war ein Kenner dieser Geschichte, von den einfachen Landsknechten am Reden gehindert und mit dem Leben bedroht. Katholische Kroaten retten ihn.

Die kriegerische Konfrontation von Osmanischem Reich und Europa hielt bis ins 19. Jahrhundert an. Den religiös grundierten Diskurs verstärkend wirkte das *Türkenläuten* der Kirchenglocken, bereits nach der ersten Belagerung Wiens eingeführt und in vielen Regionen Deutschlands und Österreichs bis ins 20. Jahrhundert fortgesetzt, wodurch die Kirchen allwöchentlich an Krieg erinnerten. Aber es gab auch Kontakte, vor allem auf dem Balkan, und sie schufen eine andere Konstellation von Mohammedanern und Christen: nie ohne Konflikte, aber nicht mit Krieg.

Das Miteinander auf dem Balkan hinterließ kaum Spuren im europäischen Gedächtnis, und die Erfahrungen, die mit Türken in den Zeiten ohne Kriege gegen sie gemacht wurden, blieben blass. Dennoch ging im öffentlichen Diskurs die Negativität in Ambivalenz, die zu Zeiten nicht frei von Bewunderung war, über. Vom Kaffee zu seidenen Gewändern demonstrierten die Osmanen einen luxuriösen Lebensstil, der ihren Gegnern Bewunderung abverlangte. Das galt auch für Süleyman I., den Prächtigen, später auch der Gesetzgeber genannt, Sultan während der ersten Belagerung Wiens. Er schloss 1547 einen Waffenstillstand mit den Habsburgern und erhielt einen jährlichen Tribut von 50.000 Dukaten. Er blieb durch seine vielen weiteren Kriege im Bewusstsein Europas präsent als ein großer Herrscher, der Furcht und Bewunderung auslöste.

Ambivalenz zeigt sich im *Heeresgeschichtlichen Museum* in Wien, das den Türkenkriegen einen breiten Raum einräumt. Die Ausstellung ist ein gelungenes Beispiel für das Eigenleben der Kriegsdinge. Aus der *Türkenbeute*, die auch in Museen im Reich ausgestellt wurde, sehen wir Pferdeschweife, Handgranaten aus Glas und Bronze, Rüstungen, Kleidung, Uhren, eine silberne Kalenderuhr und ähnliche Exponate, die das Leben im gegnerischen Lager nacherlebbar machen und vom Staunen über die Kunst und Lebensart des Orients zeugen. Kürzlich erinnerte eine Ausstellung von Münzen und Medaillen an die Türkenkriege.[50] Solche wissenschaftlich fundierten Präsentationen treten der pauschalisierenden Erinnerung an die *Türkengefahr* entgegen. Es ist die Kriegs-

50 | Vgl. den Ausstellungskatalog: Die Türken vor Wien. Europa und die Entscheidung an der Donau 1683, Wien (Museen der Stadt Wien) 1983 (mit einem Tagebuch der Belagerung, S. 73-87); Schloss Ebelsberg (2011): Die Türkenkriege im Spiegel der zeitgenössischen Medaille. »Die Schau lässt die kriegerischen Auseinandersetzungen zwischen dem Haus Österreich und dem Osmanischen Reich ab der zweiten Türkenbelagerung Wiens (1683) in Medaillenbildern der Zeit Revue passieren. »Die aufstrebende deutsche und österreichische Barockmedaille bot ein vorzügliches Medium für die antitürkische Propaganda, die hier einem breiten Publikum mit teils drastischen Bildmitteln vor Augen geführt wurde.«

geschichte, die christliche Europäer und moslemische Türken verbindet. Diese Verbindung ist nicht aus einem Negativbild zu verstehen. Hier finden wir, ich will es wiederholen, Wurzeln des modernen europäischen Kriegsdiskurses.

2.5 Der Übergang zum Krieg der Industrialisierung und Bertolt Brechts Krieg

Das 17. Jahrhundert und die Aufklärung des 18. Jahrhunderts schufen eine neue Philosophie, die von der Kriegstheorie jedoch weitgehend ignoriert wurde. Der philosophische und juristische Diskurs machte Krieg zum Gegenstand von Definitionen. Er behandelte Fragen, ob und unter welchen Bedingungen ein Krieg und damit das Töten gerechtfertigt ist. Die Definitionen des Kriegsrechts hatten, wie Carl Schmitt betont, die weitreichende Konsequenz, dass Kriegsgegner einen klaren Status zugesprochen bekamen und von Rechtsbrechern unterschieden wurden. Dadurch wurde eine Begrenzung des Kriegs möglich. Aber der juristischen Eingrenzung von Krieg entsprach die militärische Praxis selten.

Die Koppelung von Eindämmung und Verrechtlichung des Kriegs machte eine kurze Phase der Kriegsgeschichte aus, die mit den Staatenkriegen seit dem 17. Jahrhundert zusammenfiel. Die Intention, das Problem Krieg zu klären und Grenzen zu ziehen, führte zu einer Philosophisierung des Kriegs. Der dadurch geförderte mentale Einschluss des Kriegs ins Zivile, noch in Clausewitz' Formulierung über Krieg und Politik wirksam, hatte eine unerwartete Folge: eine Militarisierung der Öffentlichkeit.

Fragen nach seinem Innenleben und danach, welche Funktion er in der Gesellschaft, im Leben der Einzelnen und der Konstruktion der Lebenswelt hat, blieben unbehandelt. Die Verknüpfung mit Ethik und Fragen der Konstitution von Gesellschaft leistete erst später der Diskurs, als er sich von der Abstraktion der Theorien, die Philosophie und Rechtstheorie über den Krieg bildeten, absetzte.

Man darf den Unterschied zwischen militärischen Ereignissen und kulturellen Strukturen nicht unterschätzen. Die Militärgeschichte kann erklären, wie die Schlachtfelder stets aufs Neue gemacht und versorgt werden, aber nicht, wie sie eine eigene Wirklichkeit hervorbringen. Die Frage nach der Wirklichkeit stellt die Kulturgeschichte. Aus der Beobachtung einer Kontinuität kann sie Staunen und Unbehagen entwickeln, die sich zum Widerstand gegen den Automatismus, mit dem eine politisch-militärisch definierte Ordnung zur Wirklichkeit erklärt wird, steigert. Arnold Zweigs Roman über den *Sergeanten Grischa* (1927) demonstriert die Folgen einer Kriegspraxis, die das Recht missachtet. Die zerrüttende Wirkung auf die Moral und *Gesittung* der Kämpfer und ihre Vorstellungen von Recht und Unrecht, Gerechtigkeit und Willkür und letztlich auf das Bild von Leben und Tod bilden, wie Zweigs Kriegsroman zeigt, den ersten Schritt zum Unrechtsstaat. Die Frage: ›Was wird aus den Menschen in diesem System?‹ richtet sich nicht gegen die große Politik, den Feudalismus oder den Kapitalismus, sondern stellt Fragen nach Konkretem: Was tun Menschen, was geschieht mit ihnen und welchen Raum haben sie, um Wirklichkeit herzustellen ?

Mit gebotener Vorsicht lässt sich sagen, dass eine Wurzel der gegenwärtigen Unübersichtlichkeit der Welt nicht nur in der steigenden Komplexität des Kapitalismus, einem Zauberwort der soziologischen Gesellschaftsanalyse, liegt, sondern auch in der mit dem Dreißigjährigen Krieg beginnenden Kriegsgeschichte, die sich in die Zivilgeschichte der Moderne eingetragen hat, zu suchen ist.

Den Geist des Kriegs dieser Epoche will ich durch einen Anachronismus charakterisieren. Bertolt Brechts Drama *Mutter Courage und ihre Kinder* (1939/41) fängt ihn auf geniale Weise ein, obwohl es aus einer Perspektive des 20. Jahrhunderts spricht. Brechts Mutter Courage scheitert und wird vom Leben bestraft, nicht etwa, weil ihr Kriegsbild veraltet wäre, sondern weil sie die Dissoziation von Wirklichkeit unterschätzt. Der Aufklärer Brecht teilt den Zynismus der Courage, distanziert sich aber durch Ironie von der rationalistischen Ansicht des Kriegs und erteilt den Zuschauern die Lehre, dass auch das Nicht-Rationale und scheinbar Unmögliche gedacht werden muss. Dafür stellt er sich auf die andere Seite, die den Krieg über Bedürfnisse wie Essen und Gefühle wie Liebe, Fürsorge und Verachtung versteht und nicht den Krieg durchschauen, sondern den gesellschaftlichen Zusammenhang erkennen möchte, zu dessen Konstruktion der Krieg beiträgt. Die Konzeption des Stücks zielt darauf, die Gesellschaft zu lehren, dass Frieden möglich sei und mit der Änderung mentaler Einstellungen beginnt – trotz Mitleidlosigkeit, mit der Brecht die Courage scheitern lässt. Er führt die Struktur des Kriegs von innen vor, um etwas über Ordnungen des Zusammenlebens und Kommunizierens unter extremen Bedingungen zu sagen, in der Hoffnung, dass sich der Krieg als ein Kulturzustand erweisen möge und also verändert werden könne.

Das Stück entwickelt eine Dialektik des Kriegs, ohne den Standpunkt einer moralischen Wertung einzuführen. Das Politische, das Brechts Drama entwickelt, ist eine Reaktion, dialektisch und zugleich realitätsgerecht, für das 17. Jahrhundert treffend und für seine Gegenwart wieder relevant. Aufschlussreich sind Sätze aus dem Drama, die davon sprechen, dass der Krieg sich selbst ernähre und stets aufs Neue gebäre. *Bellum se ipse alet* (Cato nach Titus Livius) war das Brecht bekannte Motto. Es brachte den dezentralisierten und in gewissem Sinn privatisierten Krieg 1618-1648 zum Ausdruck, der für einige Generale, Warlords, lokale Herrscher und Söldneragenturen ein kommerzielles Unternehmen mit hohen Gewinnchancen war, während die Courage am anderen Ende der Gewinnchancen vegetierte. Es waren und sind die hohen Offiziere und Kriegsgewinnler, die, wie das Drama zeigt, rechtsfreie Räume schaffen, in denen Raub, Waffengeschäfte und Menschenhandel behandelt werden, als ob sie in die gesellschaftliche Ordnung gehörten.

Erst durch den Krieg werde der Homo oeconomicus geschaffen und damit der Mensch zum zivilisierten Menschen gemacht: Ohne Krieg hätten »die Leut überhaupt noch keine Namen« und kennten »sich selber nicht«. – »Nur wo Krieg ist, gibt's ordentliche Listen und Registraturen [...] wird Mensch und Vieh sauber gezählt und weggebracht, weil man eben weiß: Ohne Ordnung kein Krieg.«[51] Krieg ist Ordnung, aber Ordnung ist auch Krieg. Unter dem ideologischen Vorwand der Ordnung werden die extremen Ungleichheiten und Grausamkeiten der Schlachtfelder (und der Friedensgesellschaft) gerechtfertigt. Die Satire im Zitat ist offensichtlich, ohne dass Brecht sie kenntlich machen müsste. Das Prinzip besteht darin, dass der Krieg sich seine eigene Wirklichkeit schafft und sich aus eigener Kraft fortsetzt. Das Stück führt vor, wie sich der Krieg auch unter widrigen Umständen und auch dann noch reproduziert, wenn die an seiner Organisation Beteiligten immer nur tun, was ihnen nutzt. Mutter Courage erfährt einen anderen als den politisch und militärisch bestimmten Krieg. Die Courage teilt nicht den verbreiteten Glauben, Krieg bestehe aus Kampf und Schlachten, und sie versteht die gesellschaftlichen Strukturen, aus denen Krieg entsteht, und die interessegeleiteten Motive und die Rede, die zum Krieg gehören und für seine Fortsetzung sorgen.

Die Kriegsordnung funktioniert, ohne dass die Handelnden sie durchschauen. Alle sind irgendwie und auf unterschiedlichen Niveaus an Entscheidungen beteiligt und geben sie weiter, jedoch ohne den Zusammenhang zu überblicken. Sie reproduzieren, vordergründig betrachtet, die Kriegsmaschine auf mirakulöse Weise. Sie tragen durch ihr Verhalten zu seiner Fortsetzung bei. Aus Wünschen nach Ruhm, Besitz oder bloßer Selbsterhaltung folgen Konflikte, die stets den Ausgangspunkt für neue Konflikte bilden, so dass ein Zirkel entsteht, der von sich aus nie zur Ruhe kommt.

Im Unterschied zu Clausewitz löst Hobbes, und mit ihm Brecht, den Krieg in ein Beziehungsgeflecht auf. Er herrscht permanent und der Akt der Unterwerfung, von dem Clausewitz spricht, verliert seine konstituierende Bedeutung. Krieg ist ein Normalzustand, bei Hobbes *Natur*, bei Brecht *Kapitalismus* genannt. Courage und Brecht folgen weitgehend der Gesellschafts- und Kriegstheorie im 13. Kapitel von Hobbes *Leviathan*, das den Krieg aus seinem Ursprung zu erklären sucht. Er folge dem Prinzip der Natur, wie Hobbes sie verstand, in der jede Bewegung sich aus sich heraus fortsetzt, es sei denn, sie würde mit Gewalt gestoppt, denn »when a thing is in motion, it will eternally

51 | Bert Brecht, Mutter Courage und ihre Kinder, in: ders., Gesammelte Werke 4, Stükke 4, Frankfurt a.M. (Suhrkamp) 1967, S. 1349f. Die Umkehrung des Satzes zu: ›Ohne Ordnung kein Krieg‹ bringt die Kriegsphilosophie der Courage und Brechts Anarchismus zum Ausdruck.

be in motion, unless somewhat else stay it […].«[52] Krieg gehört für die Courage wie für Hobbes in die natürliche Ordnung. Er besteht nicht aus einzelnen Gewaltakten, sondern aus einem Zusammenhang, den die Courage für ewig (Hobbes: »perpetual«) hält. Der Unterschied zwischen Gewalt und Gewaltandrohung, die ins tägliche Leben gehört, ist ohne weiterreichende Bedeutung und ändert am Mechanismus der Wirklichkeit nichts. Auch die Drohung ist Gewalt, die Bewegung erhält.

Courage, auf dem tiefsten Niveau der Hierarchie, ist klar, welche Konsequenzen die erlebten Elemente des Kriegs haben und welche (fehlleitenden) Orientierungsleistungen er erzeugt. Aber eine moralische Bewertung vermeidet das Drama, denn in Sprache ausgedrückt, würde sie humanistisch und das hieße für Brecht: trivial, Kitsch. Die einzige, die sie aussprechen könnte, Mutter Courage, lebt vom Krieg wie die Soldaten. Sie alle wirken, auf höchst unterschiedliche Weisen, am Krieg als einem sich selbst generierenden und steuernden System mit.

Brecht führt ein Paradigma vor, das es ermöglicht, mentale Konstellationen miteinander zu vergleichen. Aber er versucht den Schritt darüber hinaus: Haltungen sollen am wirklichen Krieg gemessen werden. Aber woher kann der Zuschauer etwas vom wirklichen Krieg wissen? Für Brecht ist diese Frage beantwortet: nicht aus der Anschauung, sondern aus der Theorie des Kapitalismus. Sie zeige den wahren Krieg. Das ist ein mögliches Bild vom Krieg. Döblins Kriegsroman *Wallenstein* (während des Ersten Weltkriegs entstanden) folgt dagegen einem phänomenologischen Blick. Der erlaubt keinen Rückgang auf den Krieg, wie er wirklich ist.[53] Er berichtet von dem, was sich erleben lässt. An die Stelle von Kapitalismustheorie setzt er den Gedanken einer Prinzipienlosigkeit, einer Unlogik der Logik. Beide Vorstellungen vom Krieg lassen sich mit dem Dreißigjährigen Krieg belegen. Aber sie sind nicht aus dem Krieg abgeleitet, sondern folgen theoretischen Vorentscheidungen.

Entscheidend für eine Kulturgeschichte des Kriegs ist nicht der Realismus der Kriegsschilderung oder die Wahrheit des Kriegs. Sie entscheidet nicht über richtig oder falsch und sucht auf andere Weise, den Zusammenhang zwischen Krieg und Gesellschaft zu beschreiben. Sie fragt vielmehr nach dem Zusammenwirken der Oppositionen, nach dem Nebeneinander oder Gegeneinander von Vorstellungen desselben Objekts, die zur selben Zeit entwickelt werden.

52 | Hobbes, Leviathan 2, S. 3. Will man den Bogen noch weiter spannen, kommt die Konstruktion in Thukydides *Geschichte des Peloponnesischen Kriegs* in den Sinn, der den Gedanken an ein Ende verdrängt. Diesen gleichsam autopoietischen Charakter des Kriegs durchschaut die Courage.

53 | Bernd Hüppauf, The Historical Novel and a History of Mentalities. Alfred Döblin's *Wallenstein* as an Historical Novel, in: The Modern German Historical Novel, hg. von David Roberts, Philip Thomson, New York, Oxford (Berg) 1991, S. 71-96.

Auf welche Weise produziert der Mechanismus von Gewalt, Angst, Unterdrückung und neuer Gewalt und Drohung das Geflecht, das wir Krieg nennen? Dieser Mechanismus müsste in Variationen an allen Kriegen, auch an Kriegen der ethnischen Konflikte oder der Warlords in Afrika in der Gegenwart zu beobachten sein.

Die asymmetrischen Kriege der Gegenwart könnte man auf das 17. Jahrhundert zurückführen. Was als *low conflict* bezeichnet wird, lässt sich in den Scharmützeln und lokalen Kämpfen des Kriegs nach 1618, der allerdings auch Massaker produzierte, finden. Willkürliche Exekutionen und der Terror der Gewalt der Männerbünde und der systematischen Vergewaltigungen finden zum ersten Mal eine Bildsprache. Die jüngsten Kriege, etwa die langen Kriege seit 1989 in den Staaten Westafrikas, Elfenbeinküste, Sierra Leone, Kongo, die mit Namen von Warlords und beutegierigen Unternehmern verbunden sind, aber auch die immanenten Verwicklungen der dubiosen Drogenkriege, demonstrieren die Wiederkehr dieses Kriegstyps.

2.6 In den Krieg der Moderne: die Revolutionskriege

Kant, der Rousseau-Bewunderer, war nicht nur vom Traum einer Welt im ewigen Frieden bewegt, sondern sah im Krieg auch das Mittel der Natur, die Anlagen des Menschen zu entwickeln und Dynamik ins Leben zu bringen. In seiner kleinen Schrift *Mutmaßlicher Anfang* (1786), in der er sich das intellektuelle Vergnügen einer imaginierten Entdeckungsreise in die Vergangenheit macht, schreibt er, dass für die Entwicklungsstufe der Kultur seiner Zeit der Krieg noch immer »ein unentbehrliches Mittel, diese noch weiter zu bringen [ist]; und nur nach einer (Gott weiß wann) vollendeten Kultur würde ein immerwährender Friede für uns heilsam […] sein.«[54] Das war eine Zeit des Übergangs; von der statischen, juristischen Definition ins Philosophische, der zugleich die Bedeutung der Zeit für die Beurteilung von Krieg und Frieden und erstmals einen kohärenten Kriegsbegriff entwickelte.

Die beliebte Metapher des Uhrwerks wurde nun obsolet. Uhr und mechanisches Räderwerk machen das Kriegsbild statisch. Mit dem industriellen Zeitalter begannen die Kriege der großen Dynamik, und die Epoche der Massen zog auf. Mit ihnen setzte das Problem der Motivation ein. Deren bis dahin unbekannte Bedeutung führte zum Ende der Metapher, die der Dynamik der neueren technischen Entwicklungen unangemessen war und keinen Raum für die immer wichtiger werdende Psychologie hatte. An die Stelle der mechanischen Ordnung eines Uhrwerks trat die Analogie zum ökonomischen Produktionsprozess: Das Schlachtfeld wurde in einem Verschiebungsprozess des Imaginären zu einer gigantischen Maschine der Produktion von Destruktion.

54 | Kant, Mutmaßlicher Anfang der Menschengeschichte, S. 99f.

Tolstois Riesenroman zeigt ihn im Entstehen, auf der Grenze zwischen altem und neuem Kriegsbild, Heldenkrieg und Massenkrieg.[55]

Die Kulturgeschichte des Kriegs kann die Bedeutung der Kriege, die der Revolution folgten (1792-1815), nicht überschätzen. Noch gab es das industrialisierte Schlachtfeld nicht, aber der Beginn des Kriegsdiskurses der industriellen Epoche kündigte sich an. Das Zusammenwirken von Identifikation der Kämpfer mit revolutionären Idealen, der charismatischen Wirkung Napoleons, der Idee einer ›levée en masse‹ und der Mobilisierung von öffentlicher Meinung unterscheidet diese Kriege von vorhergehenden Kriegen. Alle jungen Männer sollten an den Fronten kämpfen, die älteren Waffen produzieren und für Nahrung sorgen, Frauen Uniformen und Zelte nähen und als Krankpflegerinnen arbeiten, und selbst Kinder konnten sich in der Produktion von Verbandsmitteln betätigen. Der erste von der breiten Bevölkerung getragene, beurteilte und moralisch begründete Krieg wurde ausgetragen.

Ein intensiver Diskurs zeigt, dass das den Zeitgenossen durchaus bewusst war. Die Lyrik der Befreiungskriege, aber auch Kommentare von konservativen Politikern sind für die Bedeutung des Neuen signifikant. Auch die Kriegsmalerei und Druckgrafik nahmen einen enormen Aufschwung. Der Erfolg der Marseillaise und der sie umrankende Mythos sind für das Neue der folgenden Kriege symptomatisch. All diese Elemente der nicht-strategischen, der kulturellen Dimension des Kriegs rückten ihn näher an die Eigenschaften, die den Bürgerkrieg ausmachen. Staatsbürger und Krieger kamen sich nahe, und die Erfindung des Kriegserlebnisses bereitete sich vor.

Mit den Veränderungen der Politik und den technologischen Verhältnissen des Industriezeitalters nach 1800 setzte eine Entwicklung ein, die in etwa 100 Jahren zum neuen Kriegstypus führte. Verbunden mit der Verwissenschaftlichung und Technologisierung der Kriegsführung wurde Krieg mit der gesellschaftlichen Kultur verwoben – nicht durch Uniformen und das Erscheinungsbild des Militarismus, das gern mit Preußen verbunden wird,[56] sondern strukturell und weitgehend unsichtbar. Im Amerikanischen Bürgerkrieg und endgültig im Ersten Weltkrieg und seinen Nachfolgekriegen wandelte sich der Krieg zu dem der Industrialisierung und des Medienzeitalters. Im Krimkrieg wurde zum ersten Mal die Fotografie geplant eingesetzt. Politik und öffentlicher Diskurs machten ihn auf dem Schlachtfeld wie in der französischen und englischen Erinnerung zum letzten traditionellen Krieg Europas. Der

55 | Den Aspekt der Massenhaftigkeit und grenzensprengenden Destruktivität stellt überzeugend heraus: Adam Zamoyski, 1812. Napoleons Feldzug in Russland, München (C.H. Beck) 2012.

56 | Vorbildlich dazu: Wolfram Wette, Militarismus in Deutschland. Geschichte einer kriegerischen Kultur, Frankfurt a.M. (Fischer) 2011, zuerst: Darmstadt (Wissenschaftliche Buchgesellschaft) 2008.

Krieg diente zwar als Grundlage für zahlreiche Bildershows und Spektakel in London und Paris. So wurde er zum Teil der Unterhaltungsindustrie des 19. Jahrhunderts und vermutlich zum ersten Beispiel eines Kriegs als Unterhaltungssyndrom. Aber die Art der Unterhaltung distanziert diesen Krieg vom modernen Medienkrieg und baute ihn in die Kultur der *Belle Époque* ein. Von Fotografie als Reportage konnte noch nicht die Rede sein. Dennoch trifft Ulrich Kellers These, dass sich in diesem Krieg der Beginn eines neuen Typs von Krieg, der Medienkrieg, ankündigte, einen verborgenen Aspekt dieser vergessenen Konfrontation der europäischen Großmächte.[57]

2.7 Der Medienkrieg kommt

Der Erste Weltkrieg kann als Muster des Kriegs der industrialisierten Moderne gelten, aber nicht des Kriegs. Fragestellungen und Methoden, die sich am Ersten Weltkrieg bewährt haben, werden zu Unrecht generell auf die Kulturgeschichte des Kriegs übertragen. Die Erfahrung des Ersten Weltkriegs ist aber ungeeignet, ihn zu einem Modell für die Kulturgeschichte des Kriegs zu machen. Das Kriegserlebnis und seine Erfahrung hat es nur in einer, historisch gesehen, kurzen Zeitspanne gegeben. Auch das Grundproblem des Kriegsdiskurses nach 1918, die Suche nach Sinn, war für viele früheren Kriege von geringer Bedeutung. Ein nach Husserl oder Schütz konstruierter Sinnhorizont ist dem Ersten Weltkrieg angemessen, nimmt aber, auf andere Kriege angewandt, ihnen die spezifischen Verklammerungen mit kollektiven Einstellungen ihrer Zeit und setzt sie unangemessenen Fragen aus. Ebenso unangemessen wie für frühere Kriege sind die im Diskurs nach 1915 entwickelten Bearbeitungsformen für Kriege der Gegenwart.

Dem Jahr 1914 folgte die Phase der dichtesten gesellschaftlichen Auseinandersetzung mit Krieg in der Geschichte. Es hatte nie zuvor einen Krieg gegeben, der den Zusammenhang von Krieg und Gesellschaft, derangiertem Ich und kollektiver Kultur so herausfordernd problematisiert und solche Anforderungen an die kollektive Sinnbildung gestellt hätte wie diese vier Jahre. Die Debatte nach dem Kriegsende war zermürbend und ähnelte dem Zermürbungskrieg selbst. Sie macht deutlich, dass Medien missverstanden sind, solang sie als Mittelglieder zwischen Ereignis und Vorstellung verstanden werden. *Vermittlung* meint anders und schließt ihre aktive Teilnahme an dem Prozess der Diskurskonstruktion ein.

Das Gegenteil der Suche nach Sinn der Kriegsinterpretation wurde in der Literatur und im gesellschaftlichen Diskurs der Epoche nicht weniger pro-

57 | Georg Maag, Wolfram Pytha, Martin Windisch (Hg.), Der Krimkrieg als erster europäischer Medienkrieg. Kultur und Technik, Bd. 14, Münster (Lit) 2010; abweichend: Orlando Figes, Krimkrieg. Der letzte Kreuzzug, Berlin (Berlin Verlag) 2012.

minent vertreten. Die ›Nie-wieder-Krieg‹-Bewegung wurde nach 1918 eine ernst zu nehmende Macht, die Gelegenheiten suchte und schuf, ein negatives Kriegsbild in den dominanten Kriegsdiskurs einzuschmuggeln, die es ablehnte, die Frage nach Sinn zu stellen.[58]

Im kritischen Kriegsdiskurs stand der Held in einem Zusammenhang mit dem Kriegsdiskurs der griechischen Tragödie, in der im Angesicht der Unausweichlichkeit von Schuld um Fragen von Sinn und Sinnlosigkeit gerungen wurde und Gewalt, wie Weil dachte, als Antiheld sich verselbständigte und die Menschen verdinglichte. Wenn man nach einem Anfang der Dissoziationsmentalität sucht, findet man ihn in diesen Jahren, in der ungelösten Spannung zwischen Erlebnis und kollektiven Bewältigungsstrategien von Grausamkeit, Angst und Versagen. Kennans Wort von der »seminal catastrophe«, im Deutschen als Urkatastrophe des 20. Jahrhunderts noch weiter dramatisiert, gibt diesem Gefühl Ausdruck. Das Wort trifft aber nicht auf den Krieg zu. Für die Kulturgeschichte kommt es darauf an, die erstaunliche Gleichzeitigkeit der antagonistischen Einstellungen zu orten und sie nicht unter den Begriff der Katastrophe einzuordnen.

Moderne Medien verbanden eine ältere Metaphorik mit der Sprache der Gegenwart. Vom Schlachtfeld wurde als Hölle gesprochen. Sie hatte ihre Orte, zum Beispiel die tiefen Kasematten von Verdun, wo sie von dunklen Mächten in Gang gehalten wurde, und wo die Dämonen (des Douaumont) regierten, um den Handelnden das Gesetz des Handelns aus der Hand zu nehmen, und Menschen zu Opfern oder zu Tötungsmaschinen, aber nicht zu Helden, zu machen. Durch diese Metaphorik schließt das Kriegsbild an Vorstellungen einer finsteren und von höllischen Kräften regierten Vorzeit an. Sie floss mit der in England, Frankreich und Deutschland verbreiteten Bildsprache des Mittelalters zusammen, die zur Übersetzung des Kriegsgeschehens in Metaphysik und der Ausdehnung des Kriegserlebnisses ins Mythisch-Visionäre beitrug.[59] Mit dem Vokabular der modernen Technologie verschnitten, diente das Zitat des Mittelalters und der Archaik der Verschleierung und Pseudo-Legitimation des Kriegs als Vernichtungsmaschine. Das Archaische der Bildsprache wurde von der Propaganda gezielt in moderne psychologische Kriegführung über-

58 | D. Harth, D. Schubert, Ronald Michael Schmidt (Hg.), Pazifismus zwischen den Weltkriegen. Deutsche Schriftsteller und Künstler gegen Krieg und Militarismus 1918-1933, Heidelberg (Heidelberger Verlagsanstalt) 1985; vgl. auch Klaus Bergmann, Gerhard Schneider (Hg.), Gegen den Krieg. 2 Bde., Düsseldorf (Schwann) 1982; Thomas Friedrich (Hg.), Das Lesebuch vom Krieg. Militarismus und Antimilitarismus 1900-1945, Berlin (Litpol) 1982.

59 | Stefan Goebel, The Great War and Medieval Memory. War Remembrance and Medievalism in Britain and Germany 1914-1940, New York (Cambridge University Press) 2007.

tragen und auf massenhaft verbreiteten Plakaten für die Zwecke von Finanzierung und Mobilisierung benutzt.

Auch ein letztes Aufbäumen des Kriegs als Zeit der Heldengeburt ist zu erkennen: Die Piloten der Luftfahrt werden zu Helden des industrialisierten Kriegs stilisiert.[60] Der Held und die Massengesellschaft gingen eine fragwürdige Symbiose ein. Die Medienvermarktung des Roten Barons, Manfred von Richthofen, des charismatischen Boelcke oder die weite Verbreitung der Fotos von der Beerdigung eines anderen Helden der Lüfte, Max Immelmann, in Dresden, waren die ersten Beispiele der Popularisierung des Kriegs durch Massenmedien, die das kommende Jahrhundert dominieren sollte. In England und Frankreich wurde die Heldenwelt der Flieger ebenso massenmedial sensationalistisch inszeniert.

2.8 Kriege der Postmoderne

Der letzte Kriegstyp, den ich nur erwähnen möchte und im letzten Kapitel näher vorstelle, ist im Entstehen begriffen. Es schien lange Zeit, dass der Krieg der Moderne auf den totalen Krieg – von dem nach dem Ersten Weltkrieg zuerst Ludendorff sprach – zulaufe. Aber während der Zweite Weltkrieg diesem Ziel nahe kam, ist diese Entwicklung inzwischen beendet. Ein Bruch mit dem Konzept des Kriegs und dem Kriegsdiskurs der Vergangenheit findet gegenwärtig statt. Zwei Typen des Kriegs stehen einander gegenüber: Die kleinen und grausamen Kriege der Gesinnungstäter und die Kriege der Technologie, in denen Gesinnung unwichtig ist, die das Menschenopfer aus anderen Gründen zu vermeiden suchen.

Bei der Charakterisierung der neuen Kriege ist Vorsicht geboten. Nichts ist sicher, nichts ist unumstritten, und ohne Extrapolation ist aus den theoretischen Schriften und den Kriegsberichten kein Bild dieser Kriege der Gegenwart und Zukunft zu gewinnen. Die entscheidenden Texte stammen beinahe ausnahmslos aus dem USA. Dort wurden die Computertechnologien und die intelligenten Kriegsmaschinen entwickelt, und bisher haben nur die USA den Krieg des elektronischen Zeitalters aktiv geführt. Es ist eine offene Frage, wie lange sie die Dominanz behalten werden. Die Drohne wird auf Dauer kein Instrument bleiben, das in vorhandene Kriegsstrategien als ein Hilfsmittel eingefügt wird. Sobald die Technologie verbreitet ist, wird eine neue Kriegsstrategie unausweichlich und ein neuer Typus Krieg wird entstehen.

60 | Fritzsche, A Nation of Fliers; Bernd Hüppauf, Fliegerhelden des Ersten Weltkriegs. Fotografie, Film und Kunst im Dienst der Heldenbildung, in: Zeitschrift für Germanistik XVIII, 3/2008, S. 575-595.

Im *Information Warfare, Cyberwar* und *Netwar*[61] ist die Beherrschung von Informationen und Kommunikationssystemen wichtiger als die Beherrschung von Raum, Eroberung von Territorien und das Töten von Feinden. Diese Kriege werden im Cyberspace geführt. Das Ziel im *Information Warfare* ist es, die Informationsüberlegenheit zu gewinnen und in militärische Überlegenheit umzusetzen, und der *Netwar* zielt auf die irreparable Störung der zentralen elektronischen Systeme des Gegners. Erste Beispiele dieser Kriegstypen haben wir bereits kennengelernt. Etwa in dem elektronischen Angriff auf das Programm des iranischen Nuklearprojektes. Wenig ist darüber bekannt. Denn dieser Krieg ist auf Geheimhaltung gebaut.

Im Cyberwar verschwindet der Homo furiosus zu Gunsten der Technik. In ihr ist weder Platz für das Gedächtnis des Grausamen noch für den süßen Traum vom ewigen Frieden. Wenn es Frieden nach einem Krieg nicht gibt ohne eine Beziehung zum Frieden, der höher ist als alle Vernunft, würde der Schritt zum Cyberwar, der oberflächlich betrachtet zum Ende des Todes auf dem Schlachtfeld führt, in Wahrheit eine Epoche von Krieg in Permanenz einläuten und zum Ende der Friedensidee führen. Der Krieg ohne Beziehung zur Vergangenheit und zu einer erträumten Zukunft wäre der Beginn der bitteren Realität des ewigen Kriegs.

Die beiden Positionen aus früheren Kriegen: Distanz und Anaisthesis gewinnen im Krieg der Postmoderne eine neue Bedeutung und haben Anlass zur Freude über einen Krieg ohne Blutvergießen gegeben und Spekulationen über Krieg ohne ein räumlich ausgedehntes Schlachtfeld ausgelöst.[62] Das virtuelle Schlachtfeld kann mit Hilfe eines satellitengestützten Kommunikationssystems, dessen Informationstransfer im Hin und Her zwischen Kontinenten nur Sekunden benötigt, umfassend gesteuert und kontrolliert werden. Der Netzkrieg richtet sich auf das menschliche Bewusstsein: »The target of netwar is the human mind.« lautete die gewagte These George J. Steins vom US-Verteidigungsministerium bereits 1995.[63] Das wäre das Ende aller Definitionen von Krieg in Analogie zum Kampf der Körper, der räumliche Ausdehnung braucht. Vorsichtiger lässt sich von der Übertragung bestimmter Leistungen des Bewusstseins auf Systeme der elektronischen Informationsverarbeitung sprechen, und Sieg und Niederlage in diesem Krieg

61 | George J. Stein, Information Warfare, in: Airpower Journal, Volume XIV, No. 1, Spring 1995; ein frühes Beispiel ist: Alvin, Heidi Toffler, War and Antiwar. Survival at the Dawn of the 21st Century, Boston (Little, Brown & Co) 1993.

62 | Chris Hables Gray, Postmodern War. The new politics of conflict, New York (Guilford Press/Routledge) 1997.

63 | Barry R. Schneider, Lawrence E. Grinter, Battlefield of the Future. 21st Century Warfare Issues. Maxwell Air Force Base, Alaska (Air University Press) 1995, Kapitel 6.

wären die Folge von mehr oder weniger intelligent programmierten Computern.

Wenn aber, auf welche Weise auch immer, doch wieder menschliche Körper beteiligt sind, gibt es wieder Tote. Stehen die Toten in einer emotionalen Beziehung zu einem Tötenden, und welche Perspektive nimmt der ein? Gibt es einen beobachtenden Dritten oder laufen diese Prozesse ohne Öffentlichkeit ab? Opfer von bewaffneten Drohnen bekommen noch die Aufmerksamkeit einer internationalen Öffentlichkeit. Aber das können wir für die Zukunft nicht mit Sicherheit sagen. Denn wir wissen über sie nur, was die Exekutive zur Veröffentlichung frei gibt.

3. Objektivität, partielle Objektivität und Perspektivik

Eine Kulturgeschichte, die sich vom Ziel, Wirklichkeit objektiv zu erfassen, befreit, erhebt grundlegende Einwände gegen die Auffassung, Objektivität bilde das universale Erkenntnisideal von Geschichtswissenschaft. Sie folgt der theoretischen Annahme, dass keine Definition von Objektivität erlaube, den Untersuchungsgegenstand ohne perspektivische Brechung wahrzunehmen. Kulturgeschichte sucht nach einer Wirklichkeit, die die Subjekte des Erlebens einschließt, sich aber nicht von Zufälligkeiten der Subjekte abhängig macht. Subjekte sind konkret und können nicht anders sein als die, zu denen sie unter den Bedingungen ihrer Zeit und ihres Ortes geworden sind. Daraus entsteht perspektivische Wahrnehmung, die den Begriff einer für alle Beobachter gleichen Realität ausschließt.

Die Kulturgeschichte des Kriegs setzt auf Perspektivik als einer Form von Wissen, die ihrem Gegenstand angemessen ist. Sie braucht eine Theorie der *partiellen Objektivität,* aus der sie ihre Praxis entwickelt. Mit der Konzeption einer *partiellen Objektivität* opponiert sie gegen eine objektivistisch verengte Wirklichkeitskonzeption. Perspektiven sind subjektiv, aber nicht nur. Perspektiven, die von Subjekten entwickelt werden, stellen keine phantastischen oder willkürlichen Ansichten her. Perspektive darf nicht mit Ideologie verwechselt werden. Sie macht Splitter einer gebrochenen Wirklichkeit sichtbar und zeigt Geschichte in Facetten.

Perspektivik bildet sich aus einer Verbindung der Biologie der Wahrnehmung mit kulturellen Urteilen und Wertungen. Perspektivik ist eine Frage der Wahrnehmung und nicht mit Parteinahme gleichzusetzen. Aus ihr entsteht das Bild von Welt. Sie setzt eine Welt zusammen, an der das Selbst und seine Gegner beteiligt sind. Den Gegner macht sie zu einer Facette in einer Wirklichkeit, die das Selbst einschließt.

Für die Klärung der Perspektivik will ich noch einmal auf die Türkenkriege verweisen. Sie bilden ein Lehrstück über das Zusammenspiel vom Blick auf das Andere und Erinnern und Vergessen aus einer spezifischen Sicht und den Interessen der eigenen Gegenwart. Der kollektiven Sicht auf die Türken als das Orientalische war schwer zu entkommen.[64] In dieser Perspektive steckte die Umkehr des Eigenbildes. Über Jahrhunderte waren die Türken als Gegner in die Konstruktion des Eigenbildes eingebunden. Sie waren nicht nur Feinde, sondern am eigenen Blick beteiligt. Ein Miteinander von negativer und positiver Beurteilung hat sich bis in die Gegenwart erhalten. Die Kulturgeschichte des Kriegs hat sich bisher dieser Frage nicht angenommen. Sie kann dazu beitragen, die Komplexität der perspektivischen Sicht von der Dominanz des archaischen Feindbildes, wie es von Luther und anderen Theologen und Professoren öffentlich vertreten wurde, zu befreien. Über eine Öffnung der Perspektive, die die türkische Sicht ins Kriegsbild einbeziehen würde, können wir bisher nur phantasieren.[65]

Den Wechsel zu einer partiellen Objektivität kann die Kulturgeschichte des Kriegs nur vollziehen, wenn sie Fragen und Methoden innerhalb ihres eigenen Relevanzrahmens bestimmt. Der richtet sich nicht nach den Anforderungen des Kampfs noch nach denen einer allgemeinen Geschichtswissenschaft. Nur unter der Bedingung von Autonomie kann Kulturwissenschaft eine Theorie ausarbeiten und praktizieren, die ihr eine eigene Gegenstandskonstitution ermöglicht. Sie taugt nur in dem Maß, wie sie ermöglicht, konkret zu werden und sich den Gegenständen anzuschmiegen. Perspektiven schaffen die Freiheit zur Abweichung. Sie fügen sich nicht. Aber sie leisten keinen Widerstand. Das wäre eine unangemessene Erwartung. Partielle Objektivität ermöglicht abweichende Perspektiven, die sich nicht einordnen und resistent und renitent zeigen.

Das Militär kann mit einer *partiellen Objektivität* aus perspektivischer Sicht wenig anfangen, und auch die Militärgeschichte wird das politische und strategisch relevante Wissen weiterhin für bedeutender halten als die Perspektiven von Frauen oder Kriegsversehrten, Kinderphantasien, Ordnungsverweigerung oder ethnografische Beobachtung. Sie stehen aber im Zentrum kulturgeschichtlicher Forschung, da sie eine Wirklichkeit erfahrbar zu machen versprechen, die dem objektivistischen Reduktionismus nicht zugänglich ist. Für

64 | Almut Höfert, Den Feind beschreiben. »Türkengefahr« und europäisches Wissen über das Osmanische Reich, Frankfurt a.M. (Campus) 2003.

65 | Die von Bundespräsident a.D. Wulff angestoßene Debatte über die Frage, ob »der Islam« zu Deutschland »gehöre«, könnte von einem informierten Bezug auf die Geschichte der Türkenkriege profitieren. Aber es fehlt offensichtlich der Wille, über kurzfristige politische Erwägungen hinaus zu denken. Keiner Erwähnung wert sind Versuche, die Türkenkriege für anti-türkische Ressentiments zu instrumentalisieren. Sie bilden einen eklatanten Missbrauch von Erinnerung, die aus ideologischen Gründen verbogen und verdorben wird.

Perspektivik und die auf diese Weise entstehenden Forschungsgegenstände gibt es ein unerwartetes Interesse.[66] Der Paradigmawechsel im Zeichen der Perspektivik, den die Kulturgeschichte eingeleitet hat, hat Folgen für die Zukunft des Geschichtsbegriffs und wird die Bewertung des Wissens verändern.

Gegner und Feind

Feindbilder werden aus politischen Motiven konstruiert, stellen den Anspruch auf Wahrheit und haben mit Perspektivik nichts zu schaffen. Denn sie brauchen keine Wahrnehmung. Die zugeschriebenen Wünsche und Ziele sind im Feindbild mit dem Gefühl des Antipathischen unlösbar besetzt.

Feindbilder tendieren zur Totalisierung, die jede »Wahrnehmung auf ein dichotomes Freund-Feind- bzw. Gut-böse-Schema reduziert«. Dem Feind wird ein »Schädigungspotential« unterstellt, das ihn zu einer »universellen Bedrohung macht«.[67] Das Feindbild ist nicht nur das objektivierte und nach außen projizierte Produkt unserer Imagination, sondern bleibt Teil unserer selbst, wirkt in die Vorstellungen von dem, wer wir sind, sein wollen und wie wir Vergangenheit sehen, hinein. Kritische Fragen nach der Glaubwürdigkeit werden leicht außer Kraft gesetzt, solange das Bild den eigenen psychischen Bedürfnissen nach Identifikation entspricht. Es vermeidet das Konkrete und löst sich von gegebenen Anlässen. Es lässt sich aufrecht halten, solange direkter Kontakt vermieden wird.[68] Aus der Homogenisierung des Feindes konstruieren Individuen, Gruppen, Nationen, Glaubensgemeinschaften ihre eigene Identität durch Negation.

Es ist unerheblich, ob der Feind die Eigenschaften besitzt, die ihm zugeschrieben werden. Konstitutiv ist nicht die Existenz des Anderen, sie ist bloßer Anlass. Die Macht des konstruierten Feindes liegt in der Lenkung der Perspektive. Feindbilder haben die Tendenz, auch gegen die eigenen Erlebnisse,

66 | Zwei Beispiele sollen erwähnt werden. Das umfangreichste und in der Professionalität unerreichte Internetportal zum Ersten Weltkrieg, das des DHM, liefert das Beispiel für die Gleichzeitigkeit der erhaltenen Bedeutung traditioneller politisch-militärischer Kategorien und der neuen Geschichte des Kriegs *von unten*. – Die Staatsbibliothek zu Berlin führt ein Projekt mit dem Titel *Erster Weltkrieg in Alltagsdokumenten* durch, für das bis zum Jahr 2014 die Scans von persönlichen Erinnerungsstücken zum Ersten Weltkrieg eingereicht werden können, die über eine Webseite in *Europeana* hochgeladen und der Allgemeinheit zur freien Nutzung zur Verfügung gestellt werden.

67 | Patrick Krassnitzer, Die Geburt des Nationalsozialismus im Schützengraben. Formen der Brutalisierung in den Autobiographien von nationalsozialistischen Frontsoldaten, in: Jost Dülffer, Gert Krumeich (Hg.), Der verlorene Frieden. Politik und Kriegskultur nach 1918, Essen (Klartext) 2002, S. 119-148, S. 130.

68 | Schmitt, Der Begriff des Politischen (1932).

über den Blick auf den anderen zu herrschen. Sie reicht über den physischen Tod hinaus, wie eine hoch emotionalisierte Szene in Remarques Roman *Im Westen nichts Neues* (1928) demonstriert. Bäumer ersticht einen Soldaten im Granatloch, weil der die französische Uniform trägt. Der Anblick der feindlichen Uniform ist ausreichend, um ihn in Panik zu versetzen, Feindseligkeit zu antizipieren und führt zur Todesangst, in der er selbst tötet. Die Szene zeigt eine der Irrsinnserfahrungen des Kriegs: Kommunikation beginnt erst nach dem Tod des anderen. Die Geburt der Konstruktion dieser Romanszene aus einer humanistischen Idee vom Menschen ist nicht zu übersehen, tut ihr aber, da sich die Didaktik in Grenzen hält, keinen Abbruch.

In dieser Urszene der Feindschaft wird die objektive Macht des imaginierten Feindes im Blick augenfällig. Der Blick befreit sich nach dem Mord. Als der Feind tot ist, schlägt Angst in Empathie und Selbstanklage um, und ein Gespräch beginnt. Es tritt an die Stelle des Feindgefühls und ermöglicht der Perspektive, sich vom anerzogenen Blick zu lösen.

Feindkontakt, das militärische Wort für die Begegnung mit der Waffe im Anschlag, bezeichnet das Gegenteil von Kontakt. Der Kampf festigt Phantasiebilder und mit ihnen die Perspektive. Die wirkliche Begegnung mit dem Feind führt zum Zusammenbruch dieser Sicht. Sie bewirkte an den Weihnachtstagen 1914 die berühmten Verbrüderungen.

Die phantasierte, existenzielle Bedrohung unterscheidet den Feind vom Gegner. Der Gegner bildet ein Hindernis, eigene Ziele zu erreichen. Er ist Rivale, dessen Widerständigkeit letztlich verständlich ist. Das Umschlagen zum Feind wird erreicht, wenn konkret zu benennende Unterschiede in eine Metaphysik des Feindes überführt werden. Viele Beispiele, etwa das Wettrüsten vor 1914, zeigen, wie die Rivalität von Gegnern schließlich zu einem Feindbild-Denken wurde, das die Wahrnehmung lenkte. Das war keine bloße Steigerung der Rivalität, sondern eine Grenze wurde überschritten, und ein Blick entstand, der das Bedürfnis nach Vernichtung auslöste. Von diesem Bedürfnis zeugen schon die Bilder in den Palästen von Ninive. Die Diskurse moderner Kriege verzichteten nicht auf das archaische Mittel der Identitätsbildung durch die bloße Negativität des Feindbilds, die den Feind zum Unmenschen machen. In der *Türkenfrage* lebte zum Beispiel zu Beginn der Neuzeit diese archaische Perspektive wieder auf. Desto bemerkenswerter ist die Ilias, die von der Identität der Achaier spricht, ohne dem Bild des Feindes das Menschliche zu nehmen und ihn dem Orkus auszuliefern.

Für eine Kulturgeschichte des Kriegs lässt sich in dieser Frage eine wichtige Aufgabe bestimmen, die den Rahmen einer auf das Schlachtfeld konzentrierten Geschichte überschreitet, Front und Heimat, Krieg und Frieden verbindet und Kriegsgeschichte als Folge des Blicks, den der Krieg erzieht, offenlegt.[69] Das Bild vom Feind in der Kulturgeschichte ist das Produkt der eigenen Perspektive und der Einbildungskraft, die auch für die Liebe arbeitet: »Das Ausspähen der innersten Wünsche des Anderen«, wie Simmel bemerkt, »bevor sie ihm noch selbst bewusst geworden sind.«[70] Zur Vorbereitung auf Kampf ist das Bild ungeeignet.

Destruktion von Sachen als Angriff auf nationale Identität

Kulturgeschichte beobachtet, wie aus einem Gegner ein Feind wird. Dessen kulturelle Welt soll als die Materialisierung seiner Identität im Krieg vernichtet werden. Mit dem materiellen Besitz soll dem Feind auch die Beziehung zur Erinnerung, ohne die es keine Identität gibt, genommen werden. In der Architektur, den Statuen, sakralen Orten, Bibliotheken, Archiven und Museen lebt die kollektive Identität. Sie soll dem Feind mit der Zerstörung der Orte und dem Raub der Artefakte genommen werden. Kunstraub in Kriegen ist Diebstahl und kriminell. Der Raub ist aber auch ein Akt der Entmündigung: Dem Feind wird seine Verbindung zur Welt der Symbole und ein Zugang zur eigenen Geschichte geraubt.

---

69 | Es gab, das darf nicht unterschätzt werden, im Ersten Weltkrieg auch Verständnis und ein Interesse an den Gefangenen. So machten, um ein Beispiel zu nennen, Wissenschaftler in einem Sonderlager für feindliche Kolonialsoldaten in Wünsdorf, nahe Berlin, ethnologische und linguistische Studien mit Indern und legten eine (bis heute erhaltene und nicht ausgewertete) Sammlung von Schellackplatten mit Interviews und Sprachstudien an. Darin drückt sich mehr aus als das wissenschaftliche Interesse, das den Gefangenen zum Studienobjekt macht. Die Aufnahmen entstanden in einer Kooperation aus Militär und Wissenschaft. Sie werden heute im Schallarchiv der Humboldt Universität, Berlin, aufbewahrt. Regisseur Philip Scheffner hat nach intensiver Spurensuche einen Film mit dem Titel *The Halfmoon Files* gedreht, basierend auf den phonographischen Aufzeichnungen, Fotos und Filmaufnahmen. Ein Gefangener: »Wenn ein Mensch stirbt, irrt er umher und wird ein Geist. Es ist die Seele, die umherschweift. Diese Seele ist wie ein Lufthauch. Der Geist ist wie die Luft, die uns umgibt. Er kann überall hingehen.« (Bhawan Singh, Wünsdorf 1917) Der Film ist von dieser Vorstellung inspiriert. Er führt zurück in den Ersten Weltkrieg, in das ›Halbmond-Lager‹, und zugleich stellt er eine intensive Beziehung zum gegenwärtigen Betrachter her.

70 | Georg Simmel, Soziologie. Untersuchungen über die Formen der Vergesellschaftung, Frankfurt a.M. (Suhrkamp) 1992, S. 328. Vgl. zur Konstruktion des Feinbildes u.a. Inka Tappenbeck, Phantasie und Gesellschaft. Zur soziologischen Relevanz der Einbildungskraft, Würzburg (Königshausen und Neumann) 1999; Bernd Hüppauf, Über den Kampfgeist. Ein Kapitel aus der Vor- und Nachbereitung des Ersten Weltkrieges, in: Sven Papcke, Anton-Andreas Guha (Hg.), Der Feind, den wir brauchen, Königstein (Athenäum) 1985, S. 71-98.

Die vielen Fotos von Soldaten, die im Ersten Weltkrieg auf Bergen aus Trümmern von Häusern und Kirchen in Siegerstolz posieren, demonstrieren: Die vom Feind aufgebaute Welt, die zweite Natur aus Häusern, Kirchen, Schlössern und sakralen Orten wird dem Erdboden gleich gemacht und damit der Feind nicht nur als militärischer Gegner, sondern als Schöpfer seiner Kultur ausgelöscht. Ihren *Sinn* erhalten diese Destruktionsakte aus dem Innersten des Kriegs, der nicht um Orte, sondern, anders als die Zerstörungen des 17. Jahrhunderts, um ihren Symbolwert geführt wurde. Mit jedem zerschossenen Gebäude wurde ein Objekt der Identifikation aus der Welt geschossen. Darin hatte die schwer zu verstehende Geste vom Triumph der Soldaten auf den Trümmern der pulverisierten Gebäude ihre Ursache. Der Brand der Bibliothek von Löwen ist unter diesem Gesichtspunkt etwas anderes als ein Akt der Kulturbarbarei. Er ist die konsequente Durchführung des Denkens in der Kategorie Feind, dem mit den Orten der Identifikation die Identität genommen werden soll. Von Löwen (1914) bis Dresden (1945) wirkte dieser Angriff auf Stätten der Identitätsbildung des Feindes in der ersten Hälfte des 20. Jahrhunderts. Später wiederholte er sich im Jugoslawienkrieg, in der Zerstörung heiliger Stätten in Asien und Afrika, zuletzt der jahrhundertealten sakralen Lehmbauten in Mali.

Militärische Siege führen nicht zum Ende der Feindbilder. Nachkriegszeiten halten an der Perspektive fest, die während des Kriegs den Feind produzierte. Die Chance einer Begegnung mit dem Anderen wurde nicht allein nach 1918 auf beiden Seiten der ehemaligen Front nicht genutzt. Unter Nationalisten bestand eine innige Bindung an das Feindbild. Sie fürchteten den friedfertigen Blick, der zum Zerfall des Feindbildes führen und diese Identifikationsmacht gefährden musste. Diese Angst und eine korrespondierende Feindseligkeit hielten die militanten Veteranen zusammen.[71]

Die toten Feinde unter der Erde der Schlachtfelder, unter dem Arc de Triomphe oder der Westminster Abbey wirkten weiterhin in den Tiefen der Imagination und waren beteiligt, wenn der Blick auf die Zukunft sich formte. Die nationalistische Grundidee vom Feind und der Feindseligkeit der Welt wurde durch mythische Erzählungen weitergeführt. Im Kult der Gefallenen, der an die Tradition anschloss, den Kriegstod sakral zu überhöhen, setzte sich der mit

71 | In England und den USA ist es gelungen, ein nationales Gedächtnis zu entwickeln, in dem Kriegsgeschichte die Erinnerung an Erfolge und an Sieger, die für die richtigen Ideen und Werte gekämpft hatten, lebendig hält. In Amerika wurde diese Perspektive durch den Vietnamkrieg unterbrochen. Er spaltete die Nation und Nachwirkungen sind bis in die Gegenwart zu spüren. Dennoch hat sich ein Kontinuum der nationalen Identität erhalten, das eine Konsistenz der Perspektive auf die Kriegsgeschichte ermöglicht.

dem Feindbild verknüpfte Nationalismus fort. Der Bezug der Kriegsrituale der Nachkriegszeit auf Transzendenz verbarg die Perspektivik.[72]

Es gibt Ausnahmen von der Fortsetzung der Kriegsperspektive nach dem Kriegsende. Der junge amerikanische Kriegsreporter Tony Vaccaro oder der russische Jude Chaldej befreiten am Ende des Zweiten Weltkriegs ihren Blick durch den Sucher von nationalistischen und ideologischen Scheuklappen.[73] Sie versuchten, einen Krieg der Menschen zu zeigen. Der seltene historische Fall einer Aussöhnung wie der zwischen Deutschland und den westeuropäischen und mitteleuropäischen Nationen nach dem Zweiten Weltkrieg lässt erkennen, welche geschichtliche Arbeit eine Auflösung der Kombination von Feindbild und Eigenbild erfordert. Diese Arbeit und die Wirkung auf die Entwürfe von Zukunft zu erschließen, ist eine Aufgabe der Kulturgeschichte des Kriegs, die sie mit der politischen Geschichte verknüpft.

Seit einigen Jahrzehnten verändern sich die Orte der Identifikation. Sie entziehen sich dem Blick und der mechanischen Destruktion. Die Zerstörung des Feindes durch den Angriff auf seine Identität ist weiterhin ein Ziel, aber nun durch die Vernichtung einer Welt, die zunehmend aus elektronischen Kommunikationssystemen konstruiert wird. Das Ziel der Schädigung: durch Raub, Brandschatzung, das Verderben von Ernten, das Töten zu reduzierten, wirkt aufs Neue, nun durch das *Verderben* der Kommunikationssysteme, die ins Innerste des Gegner gehören. Der veränderte Krieg stellt die Kulturgeschichte des Kriegs als Zeit der Identitätsbildung vor eine schwierige Aufgabe.

3.1 Perspektiven der Nationen

Nationale Identität ist von der Erinnerung ebenso abhängig wie individuelle Identität. Aber sie wird auf andere Weise hergestellt. Kulturgeschichte kann

72 | Sabine Behrenbeck, Der Kult um die toten Helden. Nationalsozialistische Mythen, Riten und Symbole 1923-1945, Köln (sh Verlag) 1996. Die materialreiche Arbeit greift hier zu kurz. Die Nationalsozialisten erfanden nicht die Umwertung der Kriegstoten in Opfer. Sie führten eine Tradition fort. Behrenbeck schließt nicht, wie mehrfach betont wurde, an die Interpretation der Formen öffentlicher Trauer an, wie auch Jay Winter sie interpretiert. Winter, Sites of Memory, Sites of Mourning. Das Unversöhnliche des Feindgedankens, das sie als Kehrseite der Zeremonien versteht, unterscheidet das Gedenken nach 1919 vom 19. Jahrhundert und verhindert Trauerarbeit zu Gunsten von Angstbewältigung durch Aggression und Arbeit am Feindbild.

73 | Tony Vaccaro, Entering Germany. 1944-1949, Köln (Taschen) 2001; Jewgeni Chaldej, Kriegstagebuch, hg. von Ernst Volland, Heinz Krimmer, Berlin (Das neue Berlin) 2011; Jewgeni Chaldej, Der bedeutende Augenblick. Eine Retrospektive (Ausstellung Jewgeni Chaldej – Der Bedeutende Augenblick, im Martin-Gropius-Bau Berlin am 8. Mai 2008 eröffnet), Leipzig (Neuer Europa Verlag) 2008.

davon ausgehen, dass Krieg stets ein Mittel war, um Gemeinsamkeit nach innen herzustellen und in der Epoche der Nationalstaaten, die Nation zu binden. Diese Gemeinsamkeit ist exklusiv, und Exklusion schafft einen perspektivischen Blick. Er wirkt unterhalb der Schwelle des politischen Denkens und ist desto wirksamer.

Am Anfang der europäischen Nationalstaaten stehen Gewaltakte und wohl ausnahmslos Kriege. Die Erinnerung muss aufgefrischt und durch gemeinsames Handeln überhöht werden. Erlebnisse, die die gemeinsame Sicht bestätigen, und rituelle Wiederholungen übernehmen diese Funktion. Diese kollektive Erinnerungsarbeit geschieht auf unterschiedlichen Ebenen, die in den europäischen Gesellschaften zu unterschiedlichen Perspektiven auf die Kriegsgeschichte geführt haben.

Die Sicht auf die eigene Nation wurde durch große historische Linien geadelt. Die Deutschen reklamierten im Ersten Weltkrieg das Griechische für sich,[74] während England im klassischen Rom seine Wurzeln sah und Frankreich sich auf die Latinität berief. Hofmannsthal sprach »vom Griechischen der deutschen Sprache«, andere fanden ähnliche Formulierungen, und in professoralen Reden war gelegentlich vom edlen Griechischen, dem die deutsche Sprache verwandt sei, und der vulgären Verwaltungssprache Latein die Rede. Andere mythische Ursprünge verstärkten und ergänzten in Deutschland diese Kombination aus kulturellem Anfang und Tiefe. Briefe und persönliche Zeugnisse von Offizieren und Soldaten, die ein Gymnasium durchlaufen hatten, zeugen von der Verbreitung des phantasierten Ursprungs, aus dem sich die Sicht auf die Gegenwart ableitete.

Der Krieg wurde in eine Genealogie gestellt, die jenseits der militärischen und politischen Interessen eine transhistorische Grundlage gewinnen sollte, um Krieg als Kampf um das *Wesen der Nation* zu begründen. Als mystischer Höhepunkt der Identifikation mit der Nation galt lange Zeit das *Augusterlebnis* von 1914. Die These von der allgemeinen Begeisterung beim Kriegsausbruch ist seit einigen Jahren widerlegt. Schriftliche Quellen und Fotos lassen jedoch keinen Zweifel daran, dass es Begeisterung gegeben hat. Es waren Gefühle der urbanen Mittelschicht, die die Zeit und Übung für die Ausbildung nationalistischer Phantasien gehabt hatten.

Der ›Geist von 1914‹ stellte sicher, dass der Gegner im Freund-Feind-Schema wahrgenommen wurde. Für die Produktion von Identität und von Feindbildern ist die Reduktion von Komplexität in der Einbildungskraft fundamental. Den bevorstehenden Tod des Feindes zelebrierten die jubelnden Menschen an den Straßenrändern der Großstädte als Befreiung. Dieses schematische Denken wurde bedeutend, wenn der Glaube an den Feind erneuert werden sollte.

74 | Unter zahlreichen Publikationen vgl. die kleine Schrift Johannes Maria Verweyen, Der Krieg im Lichte großer Denker, München (Ernst Reinhardt) 1916.

Es fällt schwer, »diese höchst übersichtliche Weltordnung, die ihm eine kognitive, emotionale und praktische Verhaltenssicherheit bietet, nicht ohne weiteres zugunsten komplizierter Sichtweisen aufzugeben, die viel weniger klare Orientierungen versprechen«.[75] Ist ein stereotyper Blick erst einmal verbreitet und kollektiv sanktioniert, ist der Kampf ohne schlechtes Gewissen die Folge. Er wird aus dem Pseudowissen vom höheren Wert des Selbst geführt. Je intensiver der Kampf geführt wird, desto dogmatischer wird der Blick auf den Feind. Mäßigung löst den Verdacht aus, die gerechte Sache aus dem Blick zu verlieren.[76] Die Macht des nationalen Blicks ist zu stark, als dass Fragen nach Differenzierung sich durchsetzen könnten. Den Gegnern auf beiden Seiten war es 1914 nicht möglich, eine andere als die in Nationen gespaltene Welt zu erkennen. Der Blick auf den Nachbarn als Feind führte in parteiische Urteile und Hysterie. Die berüchtigte Spionenjagd, die hinter der geringsten Abweichung (in Sprache, Gestus, Kleidung usw.) den Feind erkannte, praktizierte eine perspektivische Wahrnehmung. Der hysterische Blick forderte die beständige Steigerung der Aggression in nationaler Rhetorik und Vernichtungsmitteln, die als Verteidigung der Nation wahrgenommen wurden. Die Erinnerung an eine kurze Zeit zurückliegende Vergangenheit des Zusammenlebens und der gemeinsamen Interessen und der Vorbehalt des respice finem wurden bedeutungslos. Aufschlussreich ist Ernst Tollers Bericht über seine Rückkehr aus Frankreich unmittelbar nach Kriegsausbruch. Er hatte glücklich in Frankreich unter Franzosen gelebt, war aber im August 1914 im Nu von einer Welt aus Feinden umgeben und bemerkte, wie die Wahrnehmung in rabiaten Nationalismus umschlug.

Die Frage ist gestellt worden, auf welche Weisen Soldaten, die darauf nicht vorbereitet waren und keine Disposition für die psychische Arbeit an Emotionen mitbrachten, im und nach dem Krieg mit ihnen umgingen. Wurde der erlebte Irrsinn des Kriegsalltags zur Normalität umgedeutet, so dass die negativen Gefühle abstarben, jedenfalls sich nicht gegen ihn stemmten? Werden nach verlorenen Kriegen die Erlebnisse abgespalten und gleichsam ausgelagert? Oder werden sie in Erinnerungen übertragen und so integriert, dass sie einen Teil der psychischen Struktur in Friedenszeiten bilden? Die Lage war anders in den siegreichen Nationen. Feiern des Kriegsendes im November 1918 schufen verbindende Erinnerungen. Die Fotos der jubelnden Menschen in den Straßen von Paris, London, Sydney, Ottawa, Manhattan und zahllosen anderen Orten der Welt haben bis heute ihre mitreißende Wirkung nicht verloren. Sie setzte sich in der Gedächtnisbildung der folgenden Jahre fort und verband die Alliierten über den Waffenstillstand hinaus: In großen Städten wurde nach 1919 jährlich des Kriegsendes gedacht, In den ersten Jahren mit Schweigemi-

75 | Tappenbeck, Phantasie und Gesellschaft (1999).

76 | Simmel, Soziologie, S. 308.

nuten, stillstehendem Verkehr, marschierenden Veteranen, begleitet von Frauen und Kindern. Die ehemaligen Mittelmächte waren von dieser vereinigenden Erinnerung ausgeschlossen, nicht durch ein Diktat der Sieger, sondern ihre Beteiligung wäre inauthentisch und falsch gewesen. Ihr Gedächtnis formte einen anderen Krieg. Fotos der heimkehrenden geschlagenen Armee färbten das Gesamtbild des Kriegs. Der starke bildliche und emotionale Kontrast zur Ikonografie des Kriegsendes der Entente wirkt bis in die Gegenwart. Auch und gerade in der rituellen Erinnerung von Gesellschaften war und ist es weiterhin unmöglich, Gemeinsamkeit herzustellen. Die wenigen Versuche von Pazifisten, den Krieg international zu betrauern, blieben folgenlos.

Der militärische Sieg machte Gesellschaften das Erinnern leichter. Aber es war doch keine Erinnerung an einen Triumph wie im vorangegangenen Jahrhundert. Auch in den siegreichen Nationen war die Erinnerung durchsetzt mit Negativität. In Frankreich mischte sich der Jubel über die Rettung des Vaterlandes mit der Erinnerung an den Beinahe-Untergang; in England war die Rettung der Zivilisation mit Skepsis und Melancholie versetzt und, folgen wir Fussells Interpretation, mit Ironie. Auch in den Siegernationen lag der tiefe Schatten der Millionen Toten auf der Erinnerung. Der Kult des unbekannten Soldaten, 1919 in Paris erdacht, wurde, gegen den anfänglichen Widerstand aus London, gleichzeitig weltweit eingeführt und sorgte für eine Synchronisierung des kollektiven Gedächtnisses, die eine internationale Gemeinsamkeit herstellte, die es zuvor noch nie gegeben hatte.[77] In einigen Teilen der Welt, etwa in Australien, hat sich die Zeremonie des öffentlichen Gedenkens bis in die Gegenwart erhalten, inzwischen um das Gedenken der Toten in nachfolgenden Kriegen erweitert. Der letzte Veteran des Ersten Weltkriegs ist 2010 gestorben. Nun setzen Veteranen der späteren Kriege die Zeremonien fort. Eine vergleichbare Erinnerung konnte sich in den Verlierernationen nicht entwickeln. Skepsis gegenüber dem Projekt gemeinsamen Erinnerns liegt nahe.

Die Notwendigkeit, im und nach dem Ersten Weltkrieg mit einer überwältigenden Technik mental fertig zu werden, kann als Beispiel der Probleme einer Verlierernation dienen. Deren emotionale Verarbeitungsmöglichkeiten waren offensichtlich überfordert, und der Krieg wurde als Schock erfahren. Die vielen psychisch Kranken konnten weder während noch nach dem Krieg weggeschlossen werden. Ihre Präsenz veränderte die zivile Alltagswelt und potenzierte die nationale Depression. Studien und vor allem vergleichende Studien gibt es nicht. Diese Kriegsfolge wiederholte sich nach späteren Kriegen.

77 | David Cannadine, War and Death, Grief and Mourning in Modern Britain, in: Joachim Waley (Hg.), Mirrors of Mortality. Studies in the Social History of Death, London (Europa Publ.) 1981, S. 187-242; Bernd Hüppauf, War and Death. The Experience of the First World War, in: Mira Crouch, Bernd Hüppauf (Hg.), Essays on Mortality, Sydney (The University of NSW Press) 1985, S. 65-88.

Gesellschaften entwickelten sehr unterschiedliche Methoden, mit dem Kriegsproblem umzugehen.[78]

Die Zeit nach 1945 liefert andere drastische Beispiele. Nach der Befreiung Frankreichs kam es zu Ausbrüchen von Gewalt. Die Kontroversen um Vichy, um de Gaulle in London, um Widerstand und Kollaboration führten zu Gerichtsurteilen, sozialer Stigmatisierung, Gewaltausbrüchen gegen Frauen und Kollaborateure und Selbstmorden. Diese Wochen lassen etwas vom emotionalen Untergrund des Kriegs erahnen. Abgeschlossen ist dieses Kapitel der Kriegsgeschichte bis heute nicht. Noch undurchsichtiger war die Situation in Deutschland und Japan, wo eine Verquickung von Töten im Krieg und Massakern an Zivilisten die Emotionen in unlösbare Konflikte stürzte, die noch die nachgeborene Generation erfassten und teilweise bis heute nicht bewältigt sind. Es gibt nicht mehr als erste Ansätze, das Emotionale dieser Kriege im Rahmen einer nationalen Langzeitbetrachtung des Kriegs zu erfassen.[79]

Feindschaft wurde in ein nationales Schicksal eingebettet. Die Geschichtsschreibung projizierte Feindschaft in frühe Jahrhunderte oder in eine zeitlose Tiefe zurück. So wirkte das Wort von der deutsch-französischen *Erbfeindschaft*. Bei dieser Mythisierung der deutsch-französischen Beziehungen kam es nicht auf historische Fakten an, sondern das psychische Bedürfnis nach Identifikation in einer phantasierten Gemeinsamkeit bildete ein vorgeblich *ewiges* Feindbild. Erbfeind war im Mittelalter ein Wort für den Teufel, und die Wortbildung mit ›Erb-‹ erweckte weitere religiöse Assoziationen mit der Erbsünde. Der Ursprung des politischen Gebrauchs geht wohl auf die Zeit der zweiten Belagerung Wiens durch die Türken zurück, als Frankreich sich auf die Seite der Türken stellte und in Kriegen, die etwa 47 Jahre anhielten, die Truppen Ludwigs XIV. die Pfalz verwüsteten und Elsass-Lothringen annektierten. Die Bezeichnung *Erbfeindschaft* für das deutsch-französische Verhältnis überstieg aber die politisch-militärischen Ereignisse und war eine von nationalen Interessen geleitete Interpretation, die im 19. Jahrhundert durch die Anti-Napoleonischen Kriege mit Emotionen belebt wurde und dazu diente, nationale Identität aus Abgrenzung zu bauen. Nach 1918 wirkte es als treibende Kraft für die anhaltende Feindschaft. Der Vorstellungskomplex einer Erbfeindschaft schuf eine Perspektive, die den Krieg in das Zentrum stellte und verhinderte, dass aus Feinden wieder Staaten und Menschen werden konnten, die, über alle

78 | Mitscherlichs *Die Unfähigkeit zu trauern* ist ein Versuch, die Frage in der Extremsituation nach dem Kollaps von 1945 zu stellen. Will man Trauer als eine Arbeit der Gefühle verstehen, hätte diese Studie einen Anfang bilden können. Obwohl viel zitiert, hat sie jedoch keine Schule gemacht.

79 | Ein spektakulärer Versuch: Iris Chang, The Rape of Nanking. The forgotten Holocaust of the 20th Century, New York (Basis Books) 1997, hat eine Rezeptionsgeschichte, die ebenso viel über Gefühle und Krieg sagt wie das Buch selbst.

Unterschiede hinweg, ihre Gemeinsamkeiten, etwa in Kunst, Literatur und Wissenschaft, wahrnehmen konnten.

Dass in diesem Blick ein falscher Zug liegt, dass es ein schielender Blick ist, wird unterschwellig gefühlt. In Briefen und Tagebüchern stellten Soldaten der Weltkriege die Frage, ob ihre Taten nicht in einem schiefen Verhältnis zu den Ursachen ständen. Ein volleres Verständnis erfordert, die Funktion eines Blicks auf die Welt, in dem die Angst vor einer *Welt der Feinde* wirkte und das kriegerisch-gewalttätige Denken verstärkte, einzubeziehen. Löst man sich von einer politisch-nationalen Sicht, ist die Rhetorik im Kriegsdiskurs nicht unbedingt der Ausdruck von Aggression, sondern Symptom einer Angst, die Nation zu verlieren.

Lassen sich die perspektivischen Wirklichkeiten zu einem Bild zusammenstellen? In Deutschland war die nationale Perspektive nach 1918 militanter als vor dem Krieg. Jay Winter beobachtet eine »national deflection« für die Lage im stoisch-distanzierten Großbritannien nach 1918.[80] Geht man von solchen Beobachtungen aus, ist die Suche nach einer europäischen Perspektive aussichtslos. Verdun und Stalingrad, das gelegentlich als das Verdun des Zweiten Weltkriegs bezeichnet wurde, sind symptomatisch. Helmut Kohl und François Mitterands haben 1984 mit ihrem gemeinsamen Besuch zweifellos ein bedeutendes Zeichen gesetzt und dazu beigetragen, dass die Wunde verheilt. Aber sie haben nicht den perspektivischen Blick erreicht. Wie perspektivisch gebrochene Kriegsbilder, die die Kulturgeschichte zur Konzeption einer partiellen Objektivität führt, mit einer Europäisierung der Kriegserinnerung zusammengeführt werden kann, ist schwer zu denken.

Eine Offiziersperspektive entsteht

Eine Besonderheit des Ersten Weltkriegs war das Entstehen einer *Offiziersperspektive*, die auch noch im Zweiten Weltkrieg gebraucht wurde.[81] Sie wurde durch die Dezentralisierung der Schlachtfelder nötig. Ihre Sicht unterscheidet sich von der der Hauptquartiere ebenso wie von der Froschperspektive der kämpfenden Soldaten. Die Schlachtfelder waren unübersichtlich, die Heere so groß und die Kampftaktiken so komplex geworden, dass Soldaten keinen Einblick in den Kampfablauf haben konnten. Zum Durchblick reichte Erfahrung nicht aus. Es waren vielmehr die Kenntnisse von Zahlen, Statistiken und

80 | Winter, Remembering War, S. 244.

81 | Vgl. Wilhelm Groener, Lebenserinnerungen. Jugend, Generalstab, Weltkrieg, hg. von Friedrich Freiherr Hiller von Gaertringen, Göttingen (Vandenhoeck & Ruprecht) 1957; die ferne Perspektive des großen Hauptquartiers: »Wir [...] betrachten alle diese Dinge [Tod und Zerstörungen] rein akademisch, man sieht nichts von den Greueln und Verlusten – erfährt manches nur durch Zufall [...].« (S. 528)

Modellen sowie das Beherrschen der neuen Kommunikationstechniken nötig. Die oft unvereinbaren Daten vom Schlachtfeld, die den Sinneseindrücken von Teilnehmern nicht unbedingt entsprachen, mussten in abstrakte Modelle eingearbeitet werden, um etwas über die Wirklichkeit einer eben geschlagenen Schlacht auszusagen. Geometrische Symbole und Pfeile und die Zuordnung von Pfeilen und Kreisen auf einem Blatt Papier sagten mehr über das wirkliche Geschehen aus als der Augenschein. Funksprüche mussten entschlüsselt und mit dem System aus Symbolen zusammengestellt werden. Da entstand eine Offiziersperspektive. Sie blieb nahe bei den Ereignissen des Kampfgeschehens, aber sie schuf zugleich eine weitere Barriere, die die Soldaten von denen trennte, die den Zusammenhang kognitiv erfassten und die Interpretation der Erlebnisse in eine Distanz des Wissens entfernten. Die erlebte Schlacht und die analysierte Schlacht lagen auf zwei Ebenen. Aus dieser Distanz kam ein wesentlicher Beitrag im Konflikt der Kriegserinnerung nach 1918. Für die Offiziersperspektive waren noch immer der eigene Blick und die Feindberührung wichtig. Sie war aber von Fragen nach Sieg und Niederlage im Krieg weitgehend gelöst. Die Perspektive war nicht primär auf das Ziel des militärischen Gewinns gerichtet, sondern auf den eigenen Kampfabschnitt konzentriert. Auf der anderen Seite ging sie nicht in der Sicht der Gräben auf, sondern stellte eine Distanz zur Unmittelbarkeit her.

3.2 Kulturelle Gruppenperspektiven 1: Geschlechterfragen

Große Innovationen in der Kulturgeschichte des Kriegs kommen aus der Forschung zu Geschlechterfragen und den Medientheorien. Ihre Perspektiven sind miteinander verknüpft. Dass die reine Männersache Krieg zu den Herausforderungen der sich als Avantgarde einer Neuorientierung der Geschichtswissenschaft verstehenden Geschlechtergeschichte geworden ist, hat seine Gründe im Krieg wie in der Konzeption von Geschichte. Gibt es einen Zusammenhang zwischen der neuen femininen Perspektive und dem Niedergang des Helden und der Ordnung der Offiziersperspektive?

Die Geschlechtergeschichte hat stets auf die Diskursanalyse gesetzt. Das ist ein Grund, warum sie in der Kulturgeschichte einen prominenten Platz besetzen kann. Ihre reflektierten Beiträge machen offensichtlich, dass von den Frauen in der griechischen Tragödie bis in die Gegenwart die Gegenüberstellung von Femininität als Friedensprinzip und Maskulinität als Krieg und Gewalt eine trivialisierende Verkitschung der Geschichte bildet. Die *Medea* des Euripides hätte die Friedensfreunde vor dem Kitsch der Mütterlichkeit bewahren können.[82] Wie die noch immer umstrittene Kategorie *Gender* in der Kul-

82 | Christa Hämmerle, Von den Geschlechtern der Kriege und des Militärs. Forschungseinblicke und Bemerkungen zu einer neuen Debatte, in: Thomas Kühne, Ben-

turgeschichte des Kriegs fruchtbar gemacht werden kann, ist keineswegs klar. Dass dieser Beitrag nur über *Perspektivik* zu leisten ist, scheint mir unbestreitbar. Allerdings mahnt das Beispiel der Kriegsfotografie zur Zurückhaltung. Sie war stets eine Domäne der Männer. Die wenigen Frauen waren zunächst Dokumentarfotografinnen von Bürgerkriegen in Südamerika. Sie schlossen sich den etablierten Techniken der männlichen Gattung Kriegsfotografie an. In der Gegenwart gibt es mehr Fotografinnen. Werden eine feminine Perspektive und damit ein verändertes Kriegsbild entstehen? Bisher gibt es dafür keine Anzeichen.

Aufschlussreich wäre die Untersuchung der Wahrnehmung und Behandlung von Gefangenen.[83] In vielen Kriegen und noch in einigen Phasen des Ersten Weltkriegs war das Gefangennehmen eines überwältigten Gegners bereits ein Akt der Humanität. Eingenommene feindliche Stellungen wurden, so das verbreitete Verb im Deutschen: *gesäubert*; das hieß, überlebende Gegner wurden erschossen. Von Skrupeln ist auf beiden Seiten der Front selten etwas zu vernehmen. Die Bereitschaft zu töten, ist durch den Wunsch, zu siegen oder zu überleben, nicht zureichend zu erklären. Die Wahrnehmung der Gefangenen ist die Folge eines perspektivischen Blicks. Sie setzt ein Feindbild voraus, in dem das Menschsein, wie im archaischen Feindbild, vergessen ist. Den extremen Ausdruck dieses Vergessens hat das perspektivische Sehen mit dem Blick der fotografierenden Soldaten während der Vernichtung der Juden durch die Einsatztruppen im Osten gewonnen.[84] Über die Millionen Gefangenen in der

jamin Ziemann (Hg.), Was ist Militärgeschichte?, Paderborn (Schöningh) 2000, S. 229-262, weist die Konjunktur dieses Ansatzes mit einer großen Zahl von Veröffentlichungen der allerletzten Jahre kompetent nach.

83 | Es ist erstaunlich und gehört in den verschrobenen Komplex *Militärgeschichte und Kulturgeschichte des Kriegs*, dass diesem Thema bisher zahlreiche und gründliche Untersuchungen gewidmet worden sind, die aber auf die Probleme der Mentalitäten und des Kulturkontaktes nicht eingehen. Daran ändert auch die neueste Studie nichts: Heather Jones, Violence against Prisoners of War in the First World War. Britain, France, and Germany 1914-1920, Cambridge (Cambridge University Press) 2011.

84 | Bernd Hüppauf, Der entleerte Blick hinter der Kamera, in: Hannes Heer, Klaus Naumann (Hg.), Vernichtungskrieg. Verbrechen der Wehrmacht, Hamburg (Hamburger Edition) 1995 (in englischer Übersetzung: Emptying the gaze – framing violence through the viewfinder, in: Hannes Heer, Klaus Naumann [Hg.], War of Extermination. The German Military in World War II, New York, Oxford [Berghahn] 2000, S. 345-380; auch in: New German Critique 72, 1997, S. 3-44). Einblick in Probleme des perspektivischen Sehens könnte eine vergleichende Analyse von Fotos deutscher Soldaten, des KZ-Personals im »Erkennungsdienst« (Bernhard Walter, vgl. Israel Gutman, Bella Gutman [Hg.], Das Auschwitz Album. Geschichte eines Transports, Göttingen [Wallstein] und Jerusalem [Yat Vashem] 2002, S. 94.) und des polnischen KZ-Insassen Wilhelm Brasse liefern. Zu

Sowjetunion, die in Sibirien als Zwangsarbeiter eingesetzt wurden, und über die grausamen Bedingungen, denen das Deutsche Reich die Gefangenen der Sowjetischen Armee aussetzte, gibt es Berichte und Studien. Genaue Zahlen über die Millionen Toten sind nicht mehr zu ermitteln. Die Kulturgeschichte des Kriegs ist aber weniger an Zahlen als am Problem der Sicht *aus* der Gefangenschaft und *auf* sie interessiert.

Gefangenschaft ist mit der Lage von Frauen im Krieg auf vielfache Weisen verbunden. Gefangenschaft weist auf die Frauen in der antiken Tragödie zurück, die das Schicksal der schutzlos ausgelieferten Gefangenen erleben und beklagen. Es entstand auf neue Weise im Ersten Weltkrieg und wurde das Problem der Beziehung zum Fremden für das 20. Jahrhundert. Für unser Verständnis des Verhältnisses zum Selbst und zum Fremden und letztlich des Bilds vom Menschen im Krieg gibt der Blick auf Gefangene und der Blick aus der Gefangenschaft Aufschluss. Werden aus Feinden in der Gefangenschaft wieder Gegner und aus Gegnern Menschen?[85]

3.3 Kulturelle Gruppenperspektiven 2: Kinder

Kinder will ich als letztes Beispiel für die Perspektivik heranziehen. Die Frage: ›Was ist Krieg aus dem Blick von Kindern?‹ ist eines der herausforderndsten Probleme der Kulturgeschichte des Kriegs. Noch wissen wir kaum etwas darüber. Es wäre aber aufschlussreich, Kinder von ihren Vorstellungen berichten zu lassen. Von ihnen sind keine Beiträge zur Theorie oder Philosophie des Kriegs zu erwarten. Aber das Bild von Krieg und Gesellschaft ist ohne die Sicht von Kindern unterbelichtet. Von Kinderzeichnungen zu spontanen Äußerungen und zum Gespräch unter Kindern und zwischen Kindern und Erwachsenen reicht das Spektrum an Quellen. Eine Forderung ist, dass man ihnen mit Geduld zuhört und sie ernst nimmt. Meine Erfahrung ist, dass jedes Kind mit dem Wort Krieg Vorstellungen und Gefühle verbindet. An ihnen

---

Brasse vgl. das Interview von Janina Struk, The Guardian, Thursday 20 January 2005; Janina Struk, Photographing the Holocaust. Interpretations of the Evidence, London (Tauris) 2003.

85 | Hier berührt sich das Problem der Gefangenen als den nahegerückten Fremden mit der Gefangenschaft bemerkenswert eng mit dem Foto-Projekt *Fremde im Visier:* Petra Bopp, Fremde im Visier. Fotoalben aus dem Zweiten Weltkrieg, Bielefeld (Kerber) 2009 und dies., Sandra Starke, Fremde im Visier. Fotoalben aus dem Zweiten Weltkrieg. Katalog zur Ausstellung im Stadtmuseum Oldenburg, 20.6.-13.9.2009, Bielefeld (Kerber) 2009. Aufschlussreich sind die beliebten Fotos in Zeitschriften und Bildbänden mit der Unterschrift: *Typen.* Gefangene Inder, Afrikaner und andere Ethnien werden in Posen und mit Gesten abgebildet, die den Eindruck des Fremden, Bizarren und Unzivilisierten erwecken.

sind wir nicht interessiert, um etwas über den Krieg herauszufinden. Dafür sind Kinder nur selten eine Quelle. Aber zum Zusammensetzen eines Bildes, das eine Kultur vom Krieg bildet, ist die Mischung aus (durch Erwachsene) vorgegebenen Informationen und kindlicher Phantasie unentbehrlich. Oft verbinden Kinder konkretistische Vorstellungen vom Töten und Sterben mit einer Art von Kindphilosophie über den Tod, versetzt mit Phantasien von Waffen und Raketen. Eine Trennung der Bilder vor und nach dem ersten Kontakt mit Kriegsbildern in Video und Fernsehen ist nicht möglich, vermute ich. Über die elektronischen Medien wird der Krieg sehr früh zum Teil der Kinderwelt.

Über zeitnahe Kriegserfahrungen von Kindern gibt es kaum Wissen. Sie werden nicht aufgeschrieben und sind verloren. Wir wissen aus Interviews einiges über das Training und zerrüttete Leben von Kindersoldaten. Sie werden – leichte und kinderleicht zu bedienende Waffen machen es möglich – in die perverse Lage gezwungen, selbst Krieg zu führen. Ihr verdorbenes Leben ist schockierend, aber ihre Erfahrungen sagen nichts über eine kindliche Perspektive aus. Denn sie sind keine Kinder mehr, wenn ihnen mit zwölf Jahren ein Gewehr aufgezwungen wird.

Auf ihre Weise aufschlussreich ist Kinder- und Jugendliteratur, die sich mit Militär, Uniformen und Waffen aus der Kinderperspektive, wie Erwachsene sie sich denken, beschäftigt. Sie enthält Informationen über die Welt der Erwachsenen und ihr Bild vom Kind, aber wenig über die Welt der Kinder. Einen der seltenen Versuche machte Rudolf Frank mit einem heute vergessenen *Roman gegen den Krieg*, der sich um eine Kindperspektive bemüht. Er bleibt aber im Kriegsbild des erwachsenen Pädagogen hängen.[86] Das Feld der nicht offensichtlichen Thematisierung von Krieg und Militär für Kinder ist weitgehend unbekannt.[87] Wir erfahren in diesen Büchern nichts über ihre Kriegserlebnisse, aber viel über das Einüben eines Blicks zur Wahrnehmung von Welt aus der Kriegsperspektive. Waldemar Bonsels *Die Biene Maja*, um ein Beispiel herauszugreifen, erschien zwei Jahre vor dem Ausbruch des Ersten Weltkriegs und war kein Verkaufserfolg. Während des Kriegs wurde das Buch populär. Es erzählt eine in der Idylle versteckte militante Geschichte, in der die Hornissen einen Krieg gegen die Bienen planen. Die Metaphorik ist kriegerisch, und die Handlung zeigt Krieg in der Natur, eine Biologisierung von Krieg ebenso wie umgekehrt eine Anthropomorphisierung der Tiere als Substitute von kriegerischen Menschen mit Opfermythos und vorweggenommener Frontgemeinschaft. Bonsels Erzählung gehörte bis in die frühen sechziger Jahre zu den verbreiteten Kinderbüchern. Es wäre zu einfach, würde man einen unmittelbaren

86 | Rudolf Frank, Der Schädel des Negerhäuptlings Makaua. Kriegsroman für die junge Generation, Potsdam (Müller und Kiepenheuer) 1931.

87 | Andeutungen über Krieg als Lebenseinschnitt im Kinderleben: Alice Herdan-Zuckmayer, Das Kästchen. Die Geheimnisse einer Kindheit, Frankfurt a.M. (Fischer) 2005.

Einfluss von Kinder- und Jugendliteratur auf die Haltung zum Krieg annehmen. Aber ein Einfluss von impliziten Kriegsbildern auf die vorgestellte Welt der Kinder ist keine zu weit hergeholte Vermutung. Es erstaunt nicht, dass in den sechziger Jahren das bis dahin noch immer gelesene Buch aus dem Handel verschwand. Wenn es das Einüben eines militärischen Blicks gibt, dann wird diese Aufgabe seit langem von Computerspielen übernommen.

Von der Kriegsliteratur für Kinder sind der Blick der Kinder auf den Krieg und ihre Kriegsphantasien zu unterscheiden. Darüber ist wenig bekannt. Zu Beginn des Ersten Weltkriegs veröffentlichten Bibliotheken, Schulbehörden und andere politische Dienststellen in Zeitungen Aufrufe, Materialien, die irgendwie mit dem Krieg zusammenhingen, zu sammeln. Schüler sollten aus persönlichen Erlebnissen, Zeitungsausschnitten, kleinen Landkarten, Briefen und anderen Dokumenten ein Kriegstagebuch anlegen, das ihnen später zur Erinnerung an die »große Zeit« dienen sollte, wie es in Aufrufen hieß.[88] Tausende folgten diesen und begannen zu sammeln, womit sie eine patriotische Pflicht erfüllten, die sie zunächst für ihren eigenen Wunsch hielten. Wenige solcher Sammlungen haben sich erhalten, und wir haben nur aus verstreuten Exemplaren und Fragmenten in Schränken und auf Dachböden Kenntnisse von ihnen (auch im Bundesarchiv).

Ein Dilemma wird an diesem Beispiel, *Kinder behandeln den Krieg*, besonders deutlich: die Diskrepanz zwischen Ereignis und der Perspektivik der Erinnerung. Gehen wir davon aus, dass zwei Ideen von Sammeln aufeinander trafen: das Sammeln des kodierten Allgemeinen sowie der Versuch, das Partikulare zu bewahren, sind diese beiden Konzeptionen durch einen Bruch getrennt. Der Sammelaufruf wandte sich an die Seele der emotionalisierten Jugendlichen, verfolgte aber die Absicht, Evidenz für spätere Erinnerung an die »große Zeit« zu sichern. Die Staatsraison dachte an das Sammeln als Mittel

88 | Aufrufe in den großen Zeitungen richteten sich an jedermann, aber auch gezielt an »die Militär- und Zivilbehörden, darunter auch unsere Vertretungen im Ausland, Kommunalverwaltungen und Vereinsvorstände, Mitkämpfer und Privatpersonen jeder Art daheim und im Ausland.« (Vossische Zeitung 20.10.1914) Aus Anlass des 100. Jahrestages des Kriegsausbruchs haben zehn europäische Nationalbibliotheken, koordiniert von der Staatsbibliothek zu Berlin, 2011 mit einem Digitalisierungsprogramm begonnen, in dem über 400.000 Objekte erfasst und im Internet zugänglich gemacht werden sollen. Gemeinsam mit den riesigen Sammlungen an Feldpostbriefen (es wurden vermutlich etwa 17 Millionen Briefe täglich zwischen Front und Heimat versandt), Amateurfotos und Grabenzeitungen verfügen Archive und Bibliotheken über eine nicht auszuschöpfende Fülle an Material. Zu einer der umfangreichsten Sammlungen vgl. Gerhard Hirschfeld, Die Stuttgarter *Weltkriegsbücherei*, 1914-1918, in: Barbara Korte, Silvia Paletschek, Wolfgang Hochbruck (Hg.), Der Erste Weltkrieg in der populären Erinnerungskultur, Essen (Klartext) 2008, S. 47-58.

zur Identifikation und Vereinheitlichung. Diese außengesteuerte Motivation tötete den individuellen Blick.

Das Sammeln griff nicht einfach eine Technik gegen das Vergessen auf. Die Intention war nicht, Kindern zu helfen, ein eigenes Bild vom Krieg zu entwickeln, sondern sie am Herstellen einer nationalen Perspektive zu beteiligen. Dieser Missbrauch der kindlichen Neugier war symptomatisch für die öffentliche Haltung zur Frage *Kind und Krieg*. Die Sammlungen lassen von den Kindern wenig erkennen und replizieren die Sicht der Erwachsenen, der Eltern und Lehrer im bürgerlichen Milieu von Gymnasien. Das Sammeln entpuppte sich bald als Surrogat und gewann etwas Falsches, wie *Fakes*, die Künstler heute gezielt anfertigen. Die anfängliche Begeisterung erlahmte nach wenigen Monaten, und die Sammlungen wurden nicht weitergeführt.

Die neue Kriegskindforschung gehört in den *Erinnerungsboom* (Andreas Huyssen) der letzten Jahrzehnte. (Während seines Höhepunktes erschienen in Deutschland etwa 1000 Titel pro Jahr). Die Kriegskindforschung, eine marginale Entwicklung, kann doch als ein Modell der Erforschung von perspektivischer Kriegserinnerung gelten, das die Fixierung auf kurze Zeiträume übersteigt. Kulturgeschichte (die sich bisher dem Thema kaum gewidmet hat) sucht in der Kriegskindforschung nach einem Kriegsbild von Menschen, deren Erinnerungen an den Krieg und seine unmittelbaren Folgen aus eigenen frühen Erlebnissen stammen. Sie muss dabei in Rechnung stellen, dass die sich über Jahre hinweg verändert haben und sich aus verschiedenen Zeitschichten zusammensetzen.

Die gegenwärtige Kriegskindforschung konzentriert sich auf den Zweiten Weltkrieg und fasst Kinder mit Geburtsdaten um 1945 zu einer sozialen Kohorte zusammen. Für viele Erinnerungen bedeutete das beim Beginn des Projekts einen Abstand von mehr als 60 Jahren. Kriegskinder werden bestimmt als »Menschen, die in ihrer Kindheit durch direkte oder indirekte Einwirkungen des Krieges nachhaltig wirkende psychische und physische Schäden erlitten. Oft bleiben solche Kriegstraumatisierungen über Jahre unbewusst, sind aber doch wirksam und lösen seelische und psychosomatische Krankheitsbilder aus. Die Lebensgestaltung eines so traumatisierten Menschen bleibt durch die Traumatisierung geprägt und kann die nächste und übernächste Generation verändern.«[89] Der Sprung vom Kind zum Menschen ist nicht nur in diesem Zitat sehr kurz. Das kindliche Kriegserlebnis kennen wir nur aus der Rekapitulation durch Erwachsene, die sich erinnern und zurückversetzen, um aufzuschreiben, was sie, ihrer jetzigen Erinnerung gemäß, einmal als Krieg erlebt haben. Nach allem, was wir über Erinnerung wissen, liegt die Annahme nahe, dass das in der Gegenwart erzählte Erlebnis erst in der erinnernden Wiederholung entsteht.

---

89 | Eröffnungssätze der Interneteintragung von: kriegskind.de.

Es gilt festzuhalten, dass diese Selbsterfindung nicht in einem Freiraum des Erinnerns stattfindet, sondern durch exogene Determinanten bestimmt wird. Die Erinnerung an die eigene Perspektive entsteht nicht allein in den Köpfen der sich Erinnernden, sondern braucht Medien und den Diskurs, der das Erinnern anregt und zugleich kanalisiert. Einige dieser Erinnerungen wurden veröffentlicht, Vereine wurden gegründet, und auf Tagungen oder in professionell organisierten Geschichtswerkstätten wurden Erinnerungen ausgetauscht. Eine Bewegung mit dem Ziel, sich durch gemeinsames Erinnern als Gruppe zu erfinden, ist entstanden. Gewiss: Es liegen Erinnerungsreste im Gedächtnis. Aber dem sich Erinnernden sowie den fremden Beobachtern ist von diesen Resten nur zugänglich, was über Sprache und Bilder aus dem Gedächtnis gehoben wird, und das geschieht in der Sprache und den Bildern der Gegenwart. Erst in der neuen Semantik der Traumatheorie entsteht das traumatische Kriegserlebnis. Über eine ihm vorausliegende Perspektive können wir nichts wissen, und das ›wir‹ schließt den sich Erinnernden ein.

Die Bedingungen, unter denen die *kindliche Perspektive* einer Selbsterfindung entsteht, werden im gesellschaftlichen Diskurs verhandelt und festgelegt. Diesen Prozess zu reflektieren, ist eine Aufgabe der Kulturwissenschaft, auch wenn sie davon ausgehen muss, keinen Zugang zu einem *echten* Kriegsbild von Kindern gewinnen zu können.

Der Blick aus dem Museum

Der Diskurs der Museen folgt anderen Regeln als der der Rituale und Feste, was allein schon aus der Zeit folgt, für die Ausstellungen in Museen entwickelt werden. Auch die Vielfalt der Quellen, Briefe, Tagebücher und persönliche Aufzeichnungen, Essays, Zeitungskommentare, Fotoalben und Andenkensammlungen, macht klar, dass Homogenisierung die Komplexität der Diskursformation verfehlt. Ebenso führen unterschiedliche Erfahrungen zu divergierenden und konkurrierenden Diskursen. Der Kriegsdiskurs produziert unterschiedliche Kriege. Nehmen wir die Westfront des Ersten Weltkriegs. Nicht jeder Teilnehmer nahm die Westfront als *Stahlgewitter* auf. Front oder Etappe, Sanitäter oder Stoßtrupp, Armierungssoldat oder Kanonier, studentischer Freiwilliger oder gezogener Arbeiter, Sozialdemokrat oder Nationalist, gläubiger Christ oder Jude, Alldeutscher oder sozialistischer Internationalist schufen Perspektiven, die es ausschlossen, dass sich der eine, authentische Diskurs gebildet hätte. Beziehen wir die Perspektive der Kinder ein, verlieren wiederum diese Unterschiede ihre Bedeutung. Denn Kinder stellen andere Erwartungen an die Welt und haben einen anderen Zeitsinn.

Der Museumsdiskurs bildet zu Zeiten das Forum für die Auseinandersetzung über grundlegende Widersprüche im Eigenbild und den Zukunftsentwürfen einer Gesellschaft am Gegenstand von Krieg. Er stellt Beziehungen von Krieg, Kriegserinnerung und gesellschaftlichen Werten her.[90] Er schafft, was Lukács in einer Besprechung der Kriegsromane Arnold Zweigs beobachtet: Nicht der Krieg werde »dargestellt, [...] sondern die Menschen im Krieg«, und das Museum kann Menschen zeigen, die den Schock der Gewalt und den Zerfall der Werte, die für die Kohäsion von Gesellschaft sorgen, sichtbar machen.[91] Das Ende der Ethik und die Zerstörung von Recht und Gerechtigkeit, von »Gesittung«, um ein Lieblingswort Zweigs zu benutzen, ist nicht die Folge, sondern ein Element des Kriegs. Diese negative Erfahrung und nicht unbedingt das *Kriegserlebnis* bildet einen Ausgangspunkt des Museumsdiskurses.[92] Das Ziel der Museumsausstellung ist nicht die historische Wahrheit.

Es gibt die Tendenz der Museen, sich von der herkömmlichen nationalen Perspektive zu befreien und zu einem an Zukunft orientierten multinationalen Blick auf den Krieg beizutragen. Ypern, Caen, Berlin-Karlshorst, Dresden versuchen einen Schritt in diese Richtung.[93] Ihre Ausstellungen entwickeln eine Perspektive auf den Krieg, die einstige Gegner einander anzunähern und dem Ausgangsdilemma der Kulturgeschichte des Kriegs zu entkommen sucht. Sie nehmen der Vergangenheit im Verhältnis zur Zukunft an Gewicht, entwerten sie nicht, aber zeigen doch den Krieg als einen misslungenen Weg in vergangene Zukunft. Die Differenz zwischen Siegern und Besiegten nimmt ab, sobald das Museum Soldaten nicht ausschließlich als Kämpfer, sondern als Menschen im Krieg zeigt. Dieser Blick auf den Krieg geht aus dem Museum nach draußen.

90 | Joas, Krieg und Werte (2000).

91 | Georg Lukács, Arnold Zweigs Romanzyklus über den imperialistischen Krieg 1914-1918, in: Arnold Zweig. Materialien zu Leben und Werk, hg. von Wilhelm von Sternburg, Frankfurt a.M. (Fischer) 1987, S. 136-169 (zuerst: Moskau 1939), S. 138.

92 | Ein neuerer Sammelband stellt die Frage, ob eine Unterscheidung zwischen Motiven und (konstruierten) Ursachen zu machen und es Regierungen möglich ist, einen Krieg ohne die Zustimmung der Bevölkerung oder gar gegen ihre Opposition zu führen und durchzuhalten. Krieg und Diskurs müssen dann getrennt und der Diskurs einem Diktat (Zensur) unterworfen werden. Das hat es in der Geschichte bisher als Ausnahmezeiten gegeben. Lothar Kettenacker, Torsten Riotte (Hg.), The Legacies of Two World Wars. European Societies in the Twentieth Century, New York, Oxford (Berghahn) 2011, S. 1.

93 | Informativ: Gorch Pieken, Matthias Rogg (Hg.), Militärhistorisches Museum der Bundeswehr. Ausstellung und Architektur, Dresden (Sandstein) 2011.

Auch eine Perspektive: Krieg als Unterhaltung

Mit dem Krimkrieg hat es angefangen. Er wurde als Spektakel in den Vergnügungsstätten von London und Paris aufgeführt. Das 20. Jahrhundert fügte dieser perversen Einstellung ganz neue Dimensionen hinzu.

Der Surrealismus bereitete dem Ernsthaften in der Auseinandersetzung mit dem Krieg ein Ende. Er betonte das Antinomische, um es in Kreativität umzulenken, in Satire, Witz unernste Spiele mit dem Ernsthaften. Karl Kraus' *Letzte Tage der Menschheit* schloss sich an, und bald ging das Ernsthafte ganz verloren und blanker Hohn, Zynismus und Nihilismus folgten. So führte das Nachleben des Vietnamkriegs in der amerikanischen Öffentlichkeit und sehr bald weltweit zu einer Umwertung. Es wurde nicht als Widerspruch empfunden, sich aktiv in der Anti-Kriegsbewegung zu engagieren und zugleich den Irrsinn des Kriegs im Lebensstil, in der Unterhaltung und in Präferenzen des Alltags zu wiederholen. Holert und Terkessidis belegen an zahlreichen Beispielen, wie der Irrsinn des Kriegs ins kulturelle Zentrum einer von Unterhaltung und Drogen besessenen Gesellschaft vordringt.[94] »Idealerweise befindet sich der professionelle Fighter als Borderline-Typ auf einem surrealen Dauertrip, auf einer ›magical Mystery Tour‹ [...] Je durchgeknallter, desto effizienter.« Krieg wird in die »Wir amüsieren uns zu Tode«-Haltung (Neil Postman, 1985) eingebaut.

Damit ist eine globale Tendenz bezeichnet, die nicht auf das Fernsehen (Postmans Objekt der Kritik) beschränkt ist. Der Vietnamkrieg löste eine Serie an Kinofilmen aus, die zwischen Amüsement und Aggression schwanken. *Apocalypse Now* zeigt einen Angriff aus der Luft mit Hubschraubern, unterlegt mit Wagners Walkürenmusik. Warum Wagner? Bedeutend ist nicht das Kriegerische, wir lauschen nicht auf Kriegstrompeten. Was hervortritt, ist das Emotionale der Musik, der spätromantische Klangrausch, durch den der Betrachter emotionalisiert und *hineingezogen* wird. Der Film überführt einen Realismus aus Technik und Dschungel in eine phantastische Traumwelt, militärischen Einsatz in Oper, die Erinnerung an einen realen Krieg in Phantasien am Rand von Omnipotenzirrsinn. Surfende GIs am Strand unter Bombenhagel. Das Filmen von Krieg an einem philippinischen Strand und in irgendeinem Stück asiatischen Dschungels schafft das chaotische Durcheinander in einer aufgelösten Räumlichkeit, in die sich der Kinobesucher versenken und verlieren kann. Der ursprünglich geplante Titel, *Psychodelic Soldiers*, hatte den Fehler, eine zu direkte Aussage über diese Schicht des Films zu machen. Dissoziationsmentalität als Unterhaltungsprogramm sollte nicht offen benannt werden.

94 | Tom Holert, Mark Terkessidis, Entsichert. Krieg als Massenkultur im 21. Jahrhundert, Köln (Kiepenheuer) 2002.

Inzwischen hat Krieg als Unterhaltungsprogramm zu einer riesigen Elektronikindustrie, die Milliarden Dollar Umsätze pro Jahr erzielt, geführt. Die Perversion ihrer Produkte kennt keine Grenze, wenn aus Schießen und Töten, aus Sadismus und Masochismus Unterhaltung gezogen werden soll.

4. Krieg und Moral

Seit den Anfängen der philosophischen Ethik stellt Krieg ein Problem dar.[95] Die Frage klingt zunächst einfach: Was ist moralisch gerechtfertigt und was nicht?

Bereits am Anfang des Kriegsdiskurses steht ein Stück, das die unauslotbare Tiefe dieser scheinbar schlichten Frage entwickelt: *Antigone.* Auf Sophokles Bühne entsteht der Konflikt in seiner ganzen dramatischen Wucht. Antigone und Kreon sind in der Tragödie auf eine Weise miteinander verstrickt, dass, wie Hegel immer wieder herausstellt, ein Moralkonflikt zwischen dem Privaten einerseits und dem Recht des Staates andererseits, konsequent durchgespielt, in Tod und Selbstmord führen muss. Ein Handeln, das moralisch geboten ist, den Bruder zu begraben, kann politisch unzulässig sein und mit dem Tod bestraft werden. Aber das Stück geht weiter. Es endet nicht im Rechtsakt der Todesstrafe, sondern überführt den Konflikt in den Ethikdiskurs. Darf die moralisch handelnde und emotional geleitete Frau sich dem Gesetz der Staatsmacht widersetzen? Und auf welche Weise werden die Unbeteiligten durch den Konflikt zu Beteiligten gemacht, die Position in der Frage: Was ist moralisch gerechtfertigt und was nicht? beziehen müssen.

Philosophische Interpretationen haben sich an diesem literarischen Gründungsakt des Ethikdiskurses zum Krieg abgearbeitet. Aber auf irgendeine Weise näher an die Klärung des Problems sind sie nicht gekommen. Einflussreich wurde Hegels Interpretation, die von einem *System Kreon* ausgeht: Kreon habe, entgegen unserer Empfindung, recht, denn das Gesetz des Staats, vertreten

95 | Über das fundamentale Problem ist erstaunlich wenig Literatur erschienen. Auf die allerdings umfangreiche Literatur zur Theorie des gerechten Kriegs kann ich nur hinweisen. Ich nenne zwei Titel: Steinweg (Hg.), Der gerechte Krieg; Walzer, Just And Unjust Wars; ein konziser Überblick über das generelle Problem der Ethik im Krieg und der Ethik des Kriegs mit dem Schwerpunkt englischsprachige Literatur: Terry Nardin, The Philosophy of War and Peace, in: Routledge Encyclopedia of Philosophy Bd. 9, 1998, S. 684-691; Donald A. Wells, An Encyclopedia of War and Ethics, (Greenwood Publications) 1996; A.J. Coates, The Ethics of War, Manchester (Manchester University Press) 1997; Kleemeier: Grundfragen einer philosophischen Theorie des Krieges. Für die Tendenz, moralische Probleme auf juristische Fragen einzuengen nenne ich die lesenswerte Studie: A.P. Rogers, Law on the Battlefield, Manchester (Manchester University Press) 2004.

in der Autorität der Regierung, muss geachtet werden, und seine Verletzung macht Strafe nötig. Dagegen stehe die Familienbindung, die Liebe und die Empfindung, die er das *Gesetz der unteren Götter* nennt. Jede dieser beiden Perspektiven habe eine Berechtigung und so komme es unausweichlich zum Konflikt. Im Konfliktfall habe das Recht des Staates den absoluten Vorrang. Kreon ist in diesem Konflikt die Repräsentation der Sittlichkeit, unbesehen seiner Position als Tyrann. Die Todesstrafe ist damit ethisch angemessen. Ein Krieg steht am Anfang und Tod, Todesstrafe und Selbstmord bilden das folgerichtige Ende des ersten Beitrags zum Diskurs über Ethik und Krieg.

Hegel ist nicht unwidersprochen geblieben. Die Konfrontation von Moral und Staat durch den Krieg sei einer unter anderen unlösbaren Konflikten des gesellschaftlichen Lebens. Eine unethische Motivation, Hass und Herrschaft leiten nach anderen Lesarten den Tyrannen Kreon. Auch Goethe hielt das Bestattungsverbot nicht für einen Akt der legitimen Staatsmacht, sondern des willkürlichen Tyrannen, und das ethisch angemessene Handeln, die Bestattung, sei durch die Moral der Gefühle begründet.

Das Problem Krieg und Moral war von Anfang an verworren. Zunächst weise ich auf eine häufig zu findende Verwirrung in diesen Fragestellungen hin, die von der Missachtung der Argumentationsebenen stammt. Es ist sinnlos, ein mit der Absicht der Präskription entwickeltes Denken dadurch widerlegen zu wollen, dass man es am Maßstab der real existierenden Verhältnisse misst. Sie liegen auf einer anderen Ebene. Wenn die Entente das hohe Kulturideal der deutschen Intellektuellen an den diktatorischen Zügen der Monarchie maß, betrieb sie reine Propaganda. Es kann der Kulturgeschichte nicht darum gehen, diese offensichtliche Diskrepanz zu bestätigen oder zu widerlegen, sondern den wirkenden Mechanismus aufzudecken. Es ist ebenso sinnlos, sich gegen eine analytische Theorie des Kriegs zu stemmen, indem man die Lösung eines Konflikts anbietet – das gilt für die Zeitgenossen eines Kriegs ebenso wie für seine Historiker, die oft der Versuchung nicht widerstehen können, auf die Mängel der Konfliktlösung hinzuweisen und dabei unausgesprochen den besseren Umgang mit dem Konflikt andeuten, um damit das Problem Krieg im Nachhinein zu lösen. Vor beiden methodischen Fehlern muss die Kulturgeschichte sich hüten.

Der Kulturgeschichte des Kriegs geht es nicht darum, zur Frage des ius in bello beizutragen. Sie spricht keine moralischen Urteile aus. Sie stellt auch nicht die Frage nach dem Recht zu einem Krieg. Sie behandelt die öffentlichen Diskurse, die über diese Fragen geführt worden sind. Sie spricht keine Urteile über Kriegsverhalten aus, sondern handelt von Krieg und Moral als Problem der ethischen Begründung.

Sie formuliert Kategorien zur Ordnung und Kriterien zur Beurteilung von Urteilen. So schieden sich, um Beispiele aus dem Ersten Weltkrieg anzuführen, die Urteile über die Erschießung von Edith Cavell oder die Zerstörung der

Bibliothek von Löwen auch innerhalb Deutschlands. Die Aufgabe der Kulturgeschichte kann nicht sein, nachträglich das Richteramt zu übernehmen. Sie überlässt das Urteil über die Ereignisse dem Diskurs und fragt, nach welchen Regeln und nach welchen Werten er urteilte. In der Beschränkung liegt keine Entmündigung der Disziplin, sondern darin liegt, im Gegenteil, die Macht der Methode, etwas über den kulturellen Aufbau der Wirklichkeit herauszufinden, das über Subjektivität und bloße Meinung hinausgeht.

Kann es eine Ethik des Kriegs geben?

Es gibt, das halten wir für selbstverständlich, eine Ethik des Marktes, der Wissenschaft, der Medizin, der Wirtschaft. Kann es eine Ethik des Kriegs geben?

Wenn wir von einer Kriegsethik sprechen, müssen wir einen Unterschied zu den Ethiken dieser anderen Tätigkeitsbereiche bedenken. Jeder wird akzeptieren, dass es ethische Prinzipien geben muss, nach denen die Medizin sich richtet. Es dürfte unstrittig sein, dass solche Regeln in einer Gesellschaft gelten und sie so strikt wie möglich befolgt werden sollen. Über deren Inhalte mag man streiten, etwa in Fragen der Reproduktionsmedizin: Was ist erlaubt und was verboten? Diese Fragen sind von der Art, dass sie sich auf der Grundlage der herrschenden Moral (im Prinzip) entscheiden lassen. Es kommt wohl niemandem in den Sinn zu bezweifeln, dass in der Ausübung des Berufs des Reproduktionsmediziners Fragen auftauchen, die wir als moralische Fragen bezeichnen und die dennoch entscheidbar sind. Anders beim Krieg. Es ist offensichtlich, dass vom General zum einfachen Soldaten im Krieg das bürgerliche Gesetzbuch außer Kraft gesetzt ist. Er gibt aber auch zur Frage Anlass, ob Moral angewandt werden kann. Die Frage stellt sich, ob der Versuch gerechtfertigt ist, den Krieg einem System von Regeln zu unterstellen, die nicht juristischen Definitionen folgen, sondern moralischen. Wenn Grundregeln der Ethik wie: *Du sollst nicht töten, Du sollst Besitz nicht vernichten, Du sollst nicht täuschen,* nicht gelten, was sind dann moralische Regeln überhaupt wert? Der Ausschluss von Gewalt und betrügerischer List ist elementar für die Ethik. Er gilt im Krieg nicht. Wenn durch eine List der Kriegsgegner getäuscht wird und ihm Schaden zugefügt werden kann, rückt ein Orden nahe. Dennoch ist der Zustand nicht rechtlos und nicht unmoralisch.

Zu den Aufgaben einer Kulturgeschichte des Kriegs zählt nicht, in diesem Konflikt Entscheidungen zu fällen. Sie muss davon ausgehen, dass das Verhältnis von Ethik und Kriegstheorie grundsätzlich anders geartet ist als das von Ethik und Wissenschaft, Medizin und allen anderen gesellschaftlich organisierten Gebieten menschlichen Handelns. Diese Besonderheit gilt es, in der Geschichte herauszuarbeiten und, soweit möglich, für die Gegenwart Schüsse zu ziehen.

Krieg folgt einem System von Normen, das sich vom Kodex der allgemeinen Werte einer Gesellschaft unterscheidet und ihm in mancher Hinsicht zuwider läuft. Im 17. Jahrhundert wurde der Begriff der Kriegsordnung eingeführt. Wo berühren, wo überschneiden sich Kriegs- und Friedensordnungen und wo stehen sie im Konflikt miteinander?

Was im Krieg unzulässig ist, kann nicht allein durch die juristische Definition des Verbotenen festgelegt werden, und über das, was im Krieg moralisch geboten ist, machen Recht und Gesetz keine Aussage. Dennoch ist die Verschlingung von Moral und Recht im Krieg unauflöslich. Wer kann gut und böse unterscheiden, wenn es keine juristischen Kriterien gibt und auch Theologie und Kirchen keine Autorität mehr haben, um mit einer übergeschichtlichen Moral aufzutreten? Kann es, ich wiederhole die Frage, eine Ethik des Kriegs geben, die über die Fragen hinausgeht: Was ist im Krieg verboten? Und: Ist ein bestimmter Krieg gerechtfertigt? Sie wird nie so selbstverständlich sein wie eine Ethik des Marktes oder der Wissenschaft. Wie könnte sie überhaupt aussehen?

4.1 Gesinnungsethik – Verantwortungsethik

Eine grundlegende Unterscheidung machen wir seit Max Weber: Gesinnungsethik – Verantwortungsethik (*Wirtschaft und Gesellschaft*). Gesinnungsethik folgt Werten und moralischen Prinzipien, die dem Krieg vorausliegen und eine präskriptive Bedeutung haben, die im Krieg unsicher wird. Sie lenken Handlungen im Krieg und liefern zugleich die Kategorien für negative oder positive Beurteilungen und das Werturteil gut oder böse, je nachdem wie weit die Handlung von der *Gesinnung* abweicht oder ihr entspricht. Im Gegensatz dazu entsteht der Maßstab der Verantwortungsethik aus Ergebnissen, am Ende einer Schlacht und des Kriegs. Das Ergebnis liefert die Kriterien der Beurteilung. Handlungen werden danach beurteilt, ob sie das gewünschte oder ein wünschenswertes Ziel erreicht haben. Erfolg steht gegen Prinzip. Der Kriegsordnung folgen instrumentelle Handlungen, die nach ihrer Eignung für das Erreichen eines Zwecks bewertet werden. Diese Bewertung ist funktional und folglich getrennt von Werten und von Gefühlen. Ihr Leitspruch ist *Not kennt kein Gebot*. Will man von einer Moral der Kriegsordnung sprechen, so existiert sie unabhängig von der Moral der Welt im Frieden, die dem Handeln jenseits der Kriegsordnung zugrunde liegt und anderen Wertungskriterien folgt.

Zwischen den auf diese Prinzipien aufgebauten Ethiken gibt es keine Übereinstimmung (oder sie ist zufällig). Die Trennung von Ethik und Kriegsordnung ist auf diese Unterscheidung gegründet, die aber in der Kriegstheorie nicht diskutiert wird. Was, gemessen an den Prinzipien, gut ist, muss nicht gut sein, wenn es am Resultat gemessen wird und umgekehrt. So waren die

Verbrüderungen zu Weihnachten 1914 moralisch gut und für die Kampfmoral schlecht.

Die Verantwortungs- oder Erfolgsethik zieht sich als ein unsichtbarer Faden durch die Literatur von Moritz von Sachsen bis zu Clausewitz. Es ist plausibel, dass das Kriegshandeln nach Erfolg und Misserfolg beurteilt wird. Beurteilt man das Kriegshandeln dagegen nach Prinzipientreue, entsteht leicht der Verdacht eines weltfremden Moralismus. Denn wer nach Prinzipien handelt, die auf kulturellen Werten beruhen, darf sich, streng verstanden, um das Ergebnis nicht kümmern. Er ist ein Gerechter, denn er erfüllt einen Wert. Aber Kriege werden mit einem Ziel gefochten: Sieg. Wer sich am Ergebnis orientiert, darf keine moralischen Skrupel haben. Er tut, was seiner Einschätzung nach nötig ist, um das gesetzte Ziel des Handeln zu erreichen – im Krieg: Koste es, was es wolle.

Das Grundprinzip einer zweckrationalen Wertung rechtfertigt die Mittel, die effizient zum Ziel führen, ohne Rücksicht auf ihre moralische Bewertung. Die moralische Handlung darf dagegen keinem anderen Zweck als der Pflichterfüllung gegenüber dem Wert dienen. Diese Erfüllung ist der intrinsische Wert der Handlung. Folgt daraus, dass zwischen der Beurteilung von Handlungen nach intrinsischen Werten und Maßstäben und der nach äußeren Maßstäben strikt getrennt werden muss?

Mischungen und unsaubere Begründungen

Die klare Unterscheidung lässt sich unter den Bedingungen von Krieg nicht aufrecht halten. Sie verunreinigen das Denken in ordnenden Kategorien. Zwischen den unvereinbaren Prinzipien einer Gesinnungsmoral und einer Verantwortungsmoral verstrickt sich der Ethikdiskurs notwendig in Widersprüche. Die Verantwortungsethik vermischt sich mit der verantwortungslosen Lehre, dass nur die Eignung eines Mittels zum Erreichen des Ziels bedacht werden müsse und nur sie zu einer Beurteilung tauge. Andererseits werden Prinzipien bei der Betrachtung des Kriegs der Frage nach Sieg und Niederlage untergeordnet, und die Gesinnungsethik lässt sich auf krumme Wege führen. Davon zeugt der gelebte Widerspruch Luthers, dessen berühmte Aufrichtigkeitskonfession (angeblich beim Reichstag 1521 in Worms ausgerufen) den krummen Wegen seiner Kriegsschriften eklatant widerspricht oder auch der Kriegsdiskurs der Weimarer Republik, etwa die Weiterführung des Langemarck-Mythos oder die Erfindung der Dolchstoßlegende.

Der Historiker kann an die Kriegszeugnisse die Frage richten: Zeugen sie von einem moralischen Verantwortungsbewusstsein? Er fragt dann nach einer Gesinnungsethik, nicht unbedingt mit einer Gesinnungsethik. Er kann auch das Zeugnis unter dem Blickwinkel der Verantwortungsethik befragen. Die Ergebnisse werden kaum je übereinstimmen.

Ethik und Kriegsordnung

Das Verhältnis von Ethik und Kriegstheorie ist undurchsichtig. Dieser Ethik geht um gesellschaftliche Moral und nicht um eine für Individuen. Es geht um Pflichten im Verhältnis zu anderen, nicht um das Verhältnis zum Ich, also um soziale Beziehungen. Keine Kriegstheorie kann die generellen Regeln des Rechts außer Kraft setzen. Und wenn sie es kann, ist am Verhältnis der Gesellschaft zum Krieg etwas grundsätzlich falsch. Kann unter dieser Voraussetzung eine Beziehung von Ethik und Kriegstheorie überhaupt sinnvoll hergestellt werden?

Eine Moralisierung des kodifizierten Rechts gemäß der Kriegsmoral ist nicht wünschenswert. Denn die Trennung von positivem Recht und Moral ist eine Grundlage des modernen Rechtsstaates. Eine Grundlegung des Rechts in Moral beruht auf Prozessen, die sich nicht institutionalisieren lassen. Wer agiert als deren Subjekte? Eine Privilegierung des moralischen Diskurses mit der Intention einer moralischen Grundlegung des Rechts würde Macht in die Hände von unbekannten Akteuren legen, über deren Motive wir nichts wissen. Denn das moralische Argument ist keiner Kontrolle unterworfen und kann leicht missbraucht werden. Die Usurpation von Macht durch politisch nicht legitimierte, aber mit Ethik argumentierende Akteure kann nicht der Wunsch der Moralisten des Kriegs sein. Denn die Gefahr des Zirkels entsteht; die moralische Autorität produziert die Gründe, nach denen sie ihre Urteile fällt. Im Hinblick auf den Krieg müssen Recht und Ethik getrennt bleiben oder werden.

Wenn Gesinnungsethik von juristisch definierter Verantwortung nicht getrennt wird und den Werten Vorrang zugesprochen wird, schafft die Gesellschaft die Voraussetzung für Fanatismus, eine juristisch nicht zu fassende und moralisch nicht zu rechtfertigende Haltung, oder für Empörung, eine folgenlose rhetorische Geste. Wird dagegen der Erfolg im Krieg zum Maßstab erklärt, wird eine ebenso fragwürdige Haltung gefördert: Zynismus. Er bildet eine emotionale Grundlage für eine Hemmungslosigkeit der Destruktion und hat oft Resignation zur Folge.

Aufklärung und Pazifismus vertreten die gegenteilige Überzeugung. Sie setzen Werte. Vernunft und Leben sind ihre höchsten Werte und alle anderen, die kollektiven wie die subjektiven, sind ihnen absolut nachgeordnet. Damit wird eine ältere Wertung umgekehrt und das System Krieg sekundär. Der Unterschied: Das Denken der Aufklärung ordnet den Krieg als eine bedauerlicherweise unvermeidbare Ausnahme in das gesellschaftliche Handeln ein. Der Krieg als Ausnahme von der Regel ist eine einfache, eine zu einfache Lösung, die den engen Zusammenhang von Regel und Ausnahme ignoriert. Der Pazifismus ist davon überzeugt, Krieg könne ein für alle Mal ausmerzt werden. Die pazifistische Hoffnung ist nobel, und wir möchten ihr gern folgen. Aber die Geschichte hat bisher keinen Hinweis gegeben, dass ein solches monistisches Verhältnis von Moral und Krieg unter der Herrschaft der Moral praktiziert werden könnte. Die Folge ist eine Zweiteilung. Darin ist die Fortsetzung des Skandals der Vernunft, den ich zu Anfang theoretisch besprochen habe, ins praktische Verhalten zu sehen.

Trennung von Ethik und Recht

Die Frage der Kulturgeschichte richtet sich auf das Verhältnis von Ethik und Kriegstheorie, -philosophie. Die Frage unterscheidet sich von der nach Moral im Krieg oder der moralischen Berechtigung, einen Krieg zu führen. Sie muss getrennt behandelt werden und darf so wenig mit juristischen Definitionen zusammenfallen, wie Ethik nicht mit dem kodifizierten Recht zusammenfällt. Ethik kennt kein Gesetzbuch.

Wenn wir die beiden Systeme getrennt halten, können wir uns damit beruhigen, dass für die juristische Seite des Handelns im Krieg Gesetze vorliegen und Juristen zur Problemlösung ausgebildet sind, während wir die Probleme der Ethik für unlösbar halten und sie auf sich beruhen und dort ruhen lassen können, wo sie seit 2000 Jahren ruhen. Wollen wir aber nicht resignieren und die Separation der beiden Systeme nicht akzeptieren, stellen wir die Kulturgeschichte des Kriegs vor einen Problemberg, an den sich bisher, soweit ich sehe, kaum je ein Philosoph oder Historiker gewagt hat. Fühlen wir uns von dem Wunsch gedrängt, dieses Verhältnis in den Kriegen der Vergangenheit zu verstehen und daraus womöglich Licht auf die Konflikte in den kommenden Kriegen des Zeitalters der Elektronik und der unbemannten Tötungsmaschinen zu werfen? Der neue Typ von Krieg stellt die Ethik vor unbekannte Fragen und kann, soweit ich sehe, in den gegebenen Rechtsnormen nicht angemessen behandelt werden. Ich will einen kleinen Schritt auf das Feld versuchen.

Als eine Art Faustregel lässt sich formulieren: Je weniger die Kriegsordnung von der Zivilordnung abweicht, desto zivilisierter ist der Krieg. Diese pragmatische Beurteilung ist hilfreich als Handlungsanleitung, taugt aber nicht zur Behandlung des Ethikproblems.

Will man die beiden Ordnungen nicht verbindungslos nebeneinander stellen, muss eine Beziehung von Ethik und Kriegsordnung gefunden werden. Gerechtfertigt werden muss allein der Krieg als, wie zu Anfang ausgeführt, Anti-Vernunft. Die Kultur und das regelgemäße Handeln brauchen keine Rechtfertigung. Die Ausnahme muss gerechtfertigt werden, weil in allen Fällen, in denen sie sich nicht rechtfertigen lässt, weiterhin die Regel gilt. Ungeachtet aller Rechtfertigungen des Kriegshandelns, das von den Regeln abweicht (*Kollateralschäden*), soll daran festgehalten werden: Krieg ist Krieg. Aber wenn die Definition von Krieg der Kriegspraxis nicht (mehr) entspricht, muss die Definition sich ändern. Es wäre aussichtslos. Die Kriegspraxis den moralischen Standards anpassen oder langfristig den juristischen Definition von Recht und Unrecht zu unterwerfen zu wollen. Wenn der Krieg, um das aktuelle Beispiel anzuführen, im Cyberspace und der stille Krieg der Drohnen dem neuen Krieg Normalität verleihen, wird Moral ihn ihren Forderungen nicht unterwerfen können. Dennoch muss der Versuch gemacht werden, moralische Imperative und Verbote zu formulieren, an denen die neuen Kriege gemessen werden können.

4.2 Theorietypen

Als eine Hilfestellung lassen sich zwei Theorietypen unterscheiden: monistische und dualistische Theorien.

Monistische Theorien bestreiten den Gegensatz zwischen Kriegsordnung und Friedensordnung einer Gesellschaft. Die Moral des Kriegs wird in die Ethik einer Gesellschaft gleichsam aufgelöst oder anders herum: Gesellschaftliche Werte werden im Krieg praktiziert und gesteigert. Vielleicht lässt sich Kants politisch urteilender Moralist in der Friedensschrift als das reine Modell des monistischen Gedankens verstehen. Moral wird nicht den Forderungen des Kriegs untergeordnet, sondern politische Erwägungen, die stets die Möglichkeit des Kriegs enthalten haben, können mit Ethik in Übereinstimmung gebracht werden. Die Kriegsgeschichte stellt dafür wenige Beispiele zur Verfügung. Diese einfache Einheit lässt sich auf den Krieg der frühen Gesellschaften anwenden, ist aber für den Krieg der aufgeklärten Moderne eine unzureichende Konzeption. Häufiger, jedenfalls für die deutsche Geschichte, gilt der Fall, dass die Friedensordnung sich der Kriegsordnung anverwandelt und militärische Mentalität das Leben in der Friedensordnung bestimmt. Die Alternativen von gut und schlecht, gut und böse, richtig und falsch werden unter den Forderungen des Kriegs entschieden. Diese Tendenz setzt sich als Folge der neuen Waffentechnologie in der Gegenwart fort. Intelligente Waffen dringen in das Zivilleben ein. Drohnen bilden eine Einladung an Regierungen, Konflikte mit Waffengewalt zu lösen. Eine Militarisierung der Konfliktpolitik wird die Folge sein. Diese Militarisierung wird durch die bevorstehende weite Verbreitung von privaten Drohnen in Kleinstfomat, die sich für eine Bewaffnung anbieten, unterstützt. Im dualistischen Denken gilt jeweils ein System: im Krieg die Kriegsordnung, die die Friedensordnung für das Schlachtfeld außer Kraft setzt, und umgekehrt im Frieden eine Friedensordnung, die auf dem Schlachtfeld nicht gilt.

Diese beiden Ordnungen lassen sich wiederum auf zwei Typen von Ethik zurückführen. Die eine hat einen intrinsischen Wert und die andere ist instrumentell, hat einen Wert nur in dem Maß, wie sie einem äußeren Zweck dient. Handlungen mit einem intrinsischen Wert sind an sich gut und können für sich selbst beurteilt werden. Handlungen, die auf ein außerhalb ihrer selbst liegendes Ziel gerichtet sind, sind instrumentell und werden nach ihrer größeren oder geringeren Effektivität beim Erreichen des Ziels bewertet. Max

Weber prägt den Begriff des zweckrationalen Handelns, dem er das wertrationale Handeln gegenüberstellt. Jede Kriegshandlung kann innerhalb dieser Rahmen bewertet werden, und die Urteile sind selten identisch. Gefangene an der Westfront mit Nachsicht zu behandeln und nach hinten abzuführen, war eine gute Tat, betrachtet man sie im Kontext der Werte, für die der Kampf geführt wurde. Es war keine gute Tat, betrachtet man sie unter dem Gedanken des Zwecks der Schlacht, denn sie band Kräfte, die für den Kampf um den Sieg nicht mehr zur Verfügung standen. Wertrational betrachtet: gut, zweckrational betrachtet: schlecht.

Den Übergang vom einen zum anderen Bewertungsrahmen kann man am Langemarck-Mythos beobachten, der den Tod im Krieg mit Idealismus und hehren Werten verknüpfte. Ihn beutete die Kriegspropaganda seit November 1914 aus. Wir wissen, dass die Motivation der OHL vollkommen anders war. Sie befahl den Einsatz der frisch ausgehobenen Truppe aus rein taktischen Erwägungen. Unter zweckrationalen Kriterien war der Einsatz ein Desaster. Die Vernichtung dieser Bataillone war vorhersehbar. Dass das Planungsdesaster und die menschliche Tragödie dennoch in einen Erfolg umgewertet werden konnten, war die Folge einer Verschiebung der Ebenen: Die Unterscheidung von Motiven und Zwecken wurde verwischt, indem im Nachhinein eine Gesinnungsmoral über das fehlgeleitete zweckrationale Handeln geschoben wurde. Diese Technik der Verschiebung zog sich von da an konsistent durch den Krieg. Eine Kultur der Unaufrichtigkeit entstand. Je mehr sie politisch geplant und mit Absichten gelenkt wurde, desto deutlicher kann man von Propaganda sprechen. Deren Anfang war die Absicht zu täuschen, und dient dazu die Argumentationsebenen zu verschieben, so dass die Übereinstimmung der öffentlichen Rede mit der Gesinnung unterbrochen wird. Metaphorisch gesprochen bedeutet diese Unterbrechung das Ende der Geradheit und führt den krummen Weg, den Schleichweg mit Winkelzügen, in die öffentliche Kommunikation ein. Die Schleichwege mit Winkelzügen werden offensichtlich gern geglaubt und bleiben daher oft weit über aktuelle Anlässe hinaus wirksam. Der Kriegsdiskurs kennt zahlreiche Beispiele, die in die frühesten Kriegsbilder zurückreichen. In der Debatte um den Krieg der Gegenwart ist eine solche Verschiebung zu bemerken. Er könnte in einen radikalen Dualismus führen, in dem der Einsatz von Robotern und intelligenten Waffen in einer Kriegsordnung erfolgt, die auf Moral und Recht keine Rücksicht nimmt.

Ethik braucht öffentliche Debatte

Kriegsordnung und Moral stehen in einem Überordnungsverhältnis zueinander. Die Ethik kann der Kriegsordnung übergeordnet werden oder andersherum, der Kriegsordnung kann der Führungsanspruch zugesprochen werden. In pluralistischen Demokratien wird die Beziehung von Ethik und Kriegstheorie in öffentlichem Disput behandelt. Sein Ort ist der Diskurs und mit ihm die Kulturgeschichte des Kriegs. Offene, pluralistische Demokratien führen Diskurse, die weder durch ideologische Dogmen noch durch die Restriktionen des wissenschaftlichen Reduktionismus begrenzt sind. Sie unterstehen keiner Notwendigkeit, radikale Fragen auszuschließen und verbieten sich auch die Frage nicht, ob Krieg die moralische Rechtfertigung zum Töten geben kann, in der Gegenwart zugespitzt zur Frage nach der Berechtigung des gezielten Tötens. Dieser Prozess ist jedoch nicht frei von Macht und die Teilnehmer sind, entgegen der Demokratietheorie, nicht gleichberechtigt.

Kriegsmoral ist nie so intensiv debattiert worden wie nach dem Ersten Weltkrieg. War dieser Krieg unter der Frage nach Moral exemplarisch für den Krieg der Moderne? Die Frage wurde von Philosophen gestellt und ist bisher weder von ihnen noch von Historikern angemessen behandelt worden. Der Erste Weltkrieg *ging aufs Ganze*. Die Verteidigung der nationalen Identität, der eigenen Kultur und der »höchsten Werte« sollte Tod, Töten und Destruktion rechtfertigen. Dieser öffentliche Diskurs war mit einer Verantwortungsethik nicht zu vereinbaren. Man könnte geneigt sein zu verteilen: Die moralische Rechtfertigung findet im öffentlichen Diskurs statt, während die Folgenabschätzung durch eine Verantwortungsmoral in geschlossenen militärisch-politischen Diskursen stattfand. Das wäre jedoch eine falsche Alternative. Es sind unsaubere Mischungen, aus denen sich Aufschlüsse über das Ethik-Krieg-Verhältnis ergeben. Es war kein Zufall, dass solche Mischungen den Ausgangspunkt für Mythenbildungen lieferten, in denen die Frage nach Verantwortung unterging. Im Ersten Weltkrieg waren Langemarck und Verdun signifikant.

Wenn die Rettung der Nation als das höchste Ziel des Kriegs interpretiert wird, wird das Urteil über *gerechtfertigt* oder *nicht gerechtfertigt*, und damit über gut und böse, einzelner Handlungen (Zerstörung der Bibliothek, Terror gegen Zivilbevölkerung) von der Übereinstimmung mit dem Endziel abhängig gemacht. Eine unsaubere Mischung entsteht. Die Werte werden vom Erfolgsdenken gleichsam aufgesaugt. Luthers Predigten gegen die Bauern und die Türken widersprechen einer Idee des Christentums, aber er braucht nicht zu bereuen oder im Nachhinein exkulpiert zu werden, denn die Kriege waren, gemessen an den gesetzten Zielen (Sieg des Christentums und Erhaltung der politischen Ordnung) erfolgreich. Das Verschieben einer Gesinnungsmoral in eine Erfolgsmoral garantiert den Erfolg der Argumentation.

Eine weitere unsaubere Auflösung des Problems will ich erwähnen. Es ist eine verbreitete Ansicht, den Krieg als Ausnahme und zeitweise Abweichung von den Regeln der Kultur zu verstehen. Damit ist dem moralischen Skandal die Kraft genommen. Wer sich auf Moral und Vernunft beruft, braucht an seiner Grundhaltung nichts zu korrigieren, denn der Krieg als Abweichung kann die Regel bestätigen. Abweichungen lassen sich stets durch besondere Umstände begründen, die es verhindern, das erstrebte Ziel zu verfolgen.

War die Zerstörung der Bibliothek von Löwen eine Ausnahme auf dem Weg zum Sieg oder Ausdruck barbarischer Gesinnung? Den Argumentationen Deutschlands und der Entente lag eine Verschiebung zugrunde. Die Argumentation verschob die ursprüngliche Motivation: Der Krieg wurde für die Verteidigung von Werten begonnen. Für welche Werte zogen die Soldaten in den Krieg und zerstörten Menschen und Sachen? Selbst wenn die Zerstörung einer Bibliothek und die Erschießung einer Krankenschwester das erwünschte Ziel erfüllt hätten, blieb die Frage unbeantwortet, wie Gesinnungsmoral mit diesen Taten in Übereinstimmung gebracht werden könnte. War die Erschießung einer Frau damit zu vereinbaren, selbst wenn sie spioniert und damit den deutschen Sieg erschwert sollte? Auf der anderen Seite unterstellte die Entente, dass diese Taten durch amoralische Gesinnung motiviert gewesen seien. Der Sprung von einem in den anderen Interpretationsrahmen macht die Argumentationen wertlos, ist aber für den Interpreten aufschlussreich. Es geht dann nicht um die moralische Rechtfertigung, sondern darum, recht zu haben. Das Problem der Moral im Krieg wird in die Banalität einer subjektiven Entscheidung verschoben. Die verbreitete These, dass der Sieger immer recht hat, läuft auf eine billige empirische Beobachtung über Macht hinaus. Es ist schlimmer, denn die Verschiebung zeigt, dass die Moral der Gesinnungsethik dem Zweckdenken hilflos ausgesetzt ist und überrollt wird. Der kleine Satz über die Liebe lässt sich abwandeln zu: victoria vincit omnia – alle Prinzipien werden nichtig durch den Sieg, die der Moral eingeschlossen. Der Terror gegen die belgische Bevölkerung von 1914 wäre durch einen deutschen Sieg zu etwas anderem geworden, als er es jetzt ist. Hätte Deutschland den Krieg gewonnen, würde heute eine Tat erinnert, bedauerlich, aber für den Gang der Geschichte unvermeidbar. Sie ist groß, weil sie auf das kleine, auf das subjektive Leiden keine Rücksicht nimmt, und diese Rücksichtslosigkeit gibt das Recht, Moral zu brechen. Die Alltagsphilosophie stellt den banalen Satz zur Verfügung: Not kennt kein Gebot – eher: kein Verbot. Eine Handlung erscheint als notwendig oder als gerechtfertigt, wenn sie als eine Bedingung zum Erreichen des Ziels und dieses Ziel als gut interpretiert wird. Stalins Terror war etwas anderes, solange der Stalinismus erfolgreich und ein Sieger war, als nach dem Zusammenbruch der Sowjetunion.

Es ist nicht erstaunlich, der siegreiche General wird im Nachhinein seine Handlungen am Erfolg messen: Hat die Schlacht (oder eine andere vom ihm verantwortete Aktion) das gewünschte Ziel erreicht oder teilweise erreicht? Man würde beim General vielleicht lieber von einer Ergebnismoral als von einer Verantwortungsmoral sprechen. Aber das Prinzip leuchtet unmittelbar ein. Die Relation zwischen Tat und Ergebnis ist entscheidend, nicht der Skrupel einer Gesinnungsmoral.

Dieser Unsauberkeit im moralischen Diskurs muss die Kulturgeschichte als Diskursanalyse nachgehen. Eine Beobachtung der Diskursanalyse scheint zunächst unbedeutend zu sein: Wie schwer macht es sich eine Gesellschaft mit dem Widerspruch zwischen Gesinnungsmoral und Ergebnismoral? Selbst wenn der Widerspruch nicht zu lösen ist, sagt es viel über eine Gesellschaft, ob sie den Konflikt beiseiteschiebt oder austrägt.

Die Bereitschaft, diesen Konflikt auszutragen, war in Deutschland nach 1918 gering. Hoch entwickelt war diese Bereitschaft auch in anderen europäischen Gesellschaften nicht, will mir scheinen. Aber kleine Unterschiede zählen, und es wäre interessant, mehr über die kleinen Unterschiede innerhalb einer Gesellschaft und im interkulturellen Vergleich zu erfahren. Denn am Kleinen, am einzelnen Schicksal gibt eine Gesellschaft mehr von sich preis als durch Makroereignisse. Die Beurteilung von Schlachten und der Zahl ihrer Opfer ist wichtig. Aber: Wie ging eine Gesellschaft mit ihren Kriegsinvaliden, Deserteuren oder Kriegsdienstverweigerern um? Das ist ein passenderer Maßstab für gesellschaftliche Moral. D.H. Lawrence hat dazu einige kräftige Bemerkungen gemacht, bevor er England deprimiert verließ. Andere wiesen auf den Widerspruch der propagierten Werte zu den in der Kolonialpolitik gleichzeitig praktizierten hin. Einige Kritiker landeten in Englands psychiatrischen Anstalten oder wurden anderswie ausgeschlossen. Eine offene Diskussion über den Widerspruch zwischen Ethik und Ergebnis fand nirgendwo in Europa statt, auch nicht in den Verlierernationen.

4.3 Ein Beispiel aus dem Ersten Weltkrieg: Otto Baumgarten

Zu den Institutionen, die während des Ersten Weltkriegs eine Sprache, einen Interpretationsrahmen und intersubjektive Werte für Fragen der Ethik bewahrt hatten und mit gesellschaftlicher Autorität auftraten, gehörten die Kirchen. Die überwiegende Mehrzahl der Predigten und theologischen Schriften entwickelten allerdings uneingeschränkt affirmative Positionen einer Gesinnungsethik. Mit religiöser Semantik und theologischen Argumenten trugen sie zur Legitimation des Kriegs bei. Das persönliche Opfer und die Nation boten die häufigsten Werte für ethische Urteile zur Rechtfertigung des Kriegs an. Die Sprache der Theologen ließ selten eine Distanz zur Rhetorik des nationalistischen Diskurses erkennen. Der Interpretationsrahmen blieb der der theologischen Hermeneutik. Protestantische wie katholische Geistliche waren gleichermaßen durch die Macht dieses nationalen Konsensus gefährdet; am wenigsten anfällig waren, soweit ich sehe, die Feldrabbiner.[96] Das ist nicht erstaunlich. Die Frage muss aber gestellt werden: Ist dieser Eindruck angesichts der überproportionalen Beteiligung von freiwilligen Juden am Krieg berech-

96 | Über ihr Wirken ist wenig bekannt. Die Quellen sind versprengt und, soweit ich weiß, nicht systematisch aufgearbeitet.

tigt? Gibt es vielleicht Abweichungen, und was lässt sich über die Wirkung herausfinden?

Ich greife zur Erläuterung der Fragestellung aus der Fülle der Stimmen eine heraus. Der protestantische Theologe Otto Baumgarten gehörte zu den verschwindend wenigen, die sich 1914 den Verstand nicht vernebeln ließen. Er befand sich auf einsamem Posten. Der Rückgriff der Kulturgeschichte muss Baumgarten im Kontext seiner Zeit lesen und zugleich aus dem Abstand der Gegenwart eigene Kriterien der Gewichtung und Bewertung entwickeln, die es ermöglichen, die Argumentation von den Umständen der Zeit zu lösen.

Was Baumgartens Position bedenkenswert macht, ist der Versuch, Gesinnungsethik mit biblischer Offenbarung und Vernunft zu kombinieren. Der Ausgleich zwischen zweckrationaler und wertrationaler Behandlung der Kriegsfrage, genauer zwischen rationaler Entscheidung und einer Ethik, die ihre Maßstäbe aus dem Glauben zu beziehen sucht, vernunftbegründeter Moral und einer transzendenten Autorität, die sich auf die höhere Vernunft Gottes beruft, ist ein grundlegendes Problem, das der Erste Weltkrieg der Gegenwart hinterlassen hat.

In der Dichotomie: christliches Friedensgebot und Patriotismus, musste sich jede Antwort auf die Moralfrage in Widersprüche verstricken. Baumgartens bekannteste Rede vom 10. Mai 1915 in Berlin unter dem programmatischen Titel *Der Krieg und die Bergpredigt* ist ein Beispiel.[97] Wenn die Bergpredigt dem Krieg auch die Legitimität abspreche, macht Baumgarten doch den halsbrecherischen Versuch, sie so auszulegen, dass er sich nicht aus der Gegenwart katapultiert. Er spricht von der Notwendigkeit, in einer konkreten Lage Gewalt und Leid zu akzeptieren. Liebe zum Vaterland komme nicht umhin, einen »rücksichtslosen Willen zum Sieg« zu entwickeln und die Schlachtfelder aus dem »Bewusstsein, höchste heiligste Lebenspflicht zu erfüllen,« zu akzeptieren. Baumgartens eigentliche Frage, wie im politischen Leben den Werten der christlichen Humanität Kraft gegeben werden könne, war mit dem Hinweis auf Gesinnungsethik, auf die *heiligste Lebenspflicht* zum Kampf, nicht beantwortet, und das Ideal *Wille zum Sieg* widersprach der Wertethik. Das Heilige in den Dienst der nationalen Pflicht zu stellen, ist eine grobe Verletzung des theologischen Auftrags.

Baumgarten unterscheidet sich dennoch vom Gros der Theologen. Denn er bewahrt eine Präferenz für die Friedensbotschaft der Bergpredigt. Deutlicher als der Bezug auf die Bibel ist aber seine affektive Argumentation. Er wehrt sich gegen das Argument, Krieg hätte eine eigene Moral: Not kennt kein Gebot. »Aber die verhöhnte Humanitätsduselei gehört nun einmal zu dem festen Bestande an Grundbedürfnissen der Kulturmenschheit. Niemand kann ohne

97 | Otto Baumgarten, Der Krieg und die Bergpredigt, Berlin (C. Heymann) 1915.

[die Gefahr] vor sich selbst, vor dem Gewissen der Besten seines Volkes und vor den Nachbarvölkern als schamlos dazustehen, sich darüber hinwegsetzen.«[98]

Die Werturteilsfrage

In praktischer Hinsicht propagierte Baumgarten das Prinzip der zweckrationalen Entscheidung und verliert damit den Konsens des öffentlichen Diskurses. Er rief zu Mäßigung und Achtung vor dem Fremden und den Rechten anderer Völker auf. Er forderte, sich in die Position des Gegners zu versetzen und den Krieg nicht als die gerechte Sache einer moralisch gerechtfertigten Nation zu interpretieren.[99] Mit der Forderung, nicht von Moral zu sprechen, wenn Politik und Interessen gemeint sind, stellte er sich außerhalb des nationalen Konsensus. Die Predigten und Reden der Zeit, vor allem die Reden der Professoren, vermischten Analyse mit moralischem Werturteil zur Rechtfertigung. Wenige Ausnahmen sind mir bekannt.

Baumgarten predigt Toleranz als Folge einer Abstinenz von moralischen Werturteilen, da sich hinter ihnen stets partikulare Interessen oder Ressentiments verbärgen. Er macht die Beobachtung, dass Moral sich in Ideologie verwandle, sobald sie als ein Mittel im politischen Kampf diene. Er stellt die Tendenz fest, dass »moralische Verdikte« den wissenschaftlichen Erörterungen klammheimlich »beigemischt« würden; »[...] selbst rein historische und geographische Untersuchungen können nicht der Versuchung widerstehen, über die Politik Englands die stärksten Ausdrücke zu gebrauchen. Es hat mir dagegen immer scheinen wollen, daß wir durch solche Befriedigung unsrer moralischen Gefühle nicht nur unserm wissenschaftlichen Streben nach Objektivität, sondern auch einer wirklich tieferen Erfassung unseres Schicksals Abbruch tun [...]. Die Hauptsache scheint mir, daß die Einmischung moralischer Entrüstung in die politische Erwägung und Würdigung aufhöre.«[100] Die Anwendung moralischer Argumente für die Rechtfertigung von Krieg sei selbstgerecht und führe zur Unglaubwürdigkeit. Denn Moral, die sich in Dienst nehmen lässt, verhindere die *Einsicht in die Wirklichkeit.*

Diese Position erfasste ein Grundproblem im Verhältnis von Krieg und Moral, und das traf auf den Ersten Weltkrieg, in dem beide Seiten einen Diskurs über die religiöse Rechtfertigung des Kriegs als Kampf um die Existenz aufbauten, in besonderer Weise zu. Moral schob sich vor die Einsicht in die Wirklichkeit, und das moralische Werturteil wurde mit einem Pseudo-Verantwortungsargument vermischt. Baumgarten hielt den Blick für diese unsaubere Mischung offen. Er betonte das pragmatische Argument der Verantwortungs-

98 | Otto Baumgarten, Politik und Moral, Tübingen (Mohr Siebeck) 1916, S. 159.

99 | Günter Brakelmann, Krieg und Gewissen. Otto Baumgarten als Politiker und Theologe im Ersten Weltkrieg, Göttingen (Vandenhoeck & Ruprecht) 1991.

100 | Baumgarten, Politik und Moral, S. 4f.

ethik, der Krieg werde eines Tages zu Ende sein, und man müsse während des Kriegs dafür sorgen, dass nach seinem Ende ein Zusammenleben wieder möglich werde. Seine Mahnung verhallte ungehört. Mit dem pragmatischen Argument, das Ende zu bedenken, konnte Baumgarten sich nicht durchsetzen. Den öffentlichen Diskurs dominierte der Gedanke, der Krieg habe eine immanente Tendenz zum Absoluten, und der Wille zum Sieg ordnete sich alle mäßigenden Argumente unter.

Baumgarten hielt nach dem Krieg an pragmatischen Argumenten fest und versuchte, dem Krieg zugleich auch die Weihe der Offenbarung zu geben. Er predigte: »Gott will nicht den Krieg, er will den friedlichen Ausgleich der Völkergegensätze, er will den Völkerbund [...].«[101] Das Motto der Predigt: »Richtet Euch nicht selbst.« Deutschland soll »Herold und Werber des Völkerbundes werden« [102] Das bedeute nicht den Verzicht auf Rache, denn Gott selbst werde rächen. Die Gerechtigkeit der Welt, an der der Friedensvertrag von Versailles zweifeln lasse, sei letztlich durch Gott garantiert. Die Botschaft der Vernunft sei, hier und jetzt nach den Forderungen der christlich-europäischen Werte zu handeln und die Welt für den Frieden zu bereiten. Er sah die Chance der Niederlage, die Ideale von Freiheit und Gleichheit in ihrer westeuropäischen Definition zu akzeptieren und mit der Kriegsgeschichte zu verbinden.

Von der Theologie in die Politik

Kein gemeinsames Gedächtnis und kein gemeinsamer Zukunftsentwurf waren zu gewinnen. Die Grabenkämpfe setzten sich im Zivilleben fort, und der Kampf um das Kriegsbild wurde zum Zentrum einer mentalen Mobilisierung, in der theologische und moralische Werte weiterhin für politische Zwecke eingespannt wurden. Sie waren desto leichter und leichtsinniger zu vertreten, je prinzipieller die Argumente waren und je weiter sie sich vom Konkreten des Lebens entfernten.

Die Auseinandersetzung um Moral wurde desto heftiger, je mehr sie sich in Probleme der *Schuld* hineinziehen ließ. In einer Dissoziation von Erfahrung und nationalem Eigenbild lag die letzte Konsequenz. Es gelang einem Teil der Nation nicht, die Erinnerung an diesen Krieg in das Eigenbild zu integrieren und Einsicht in die Wirklichkeit zu gewinnen. Symptomatisch war die Kontroverse, die Kurt Tucholskys Satz in der *Weltbühne*: »Soldaten sind Mörder«,[103] auslöste. Der Satz überschritt die Grenze des Sagbaren.

---

101 | Otto Baumgarten, Friedenspredigt. Gehalten in der Universitätsaula Kiel, 13. Juli 1919, in: Evangelische Freiheit. Monatshefte 19, Heft 8, August 1919, Tübingen (Mohr Siebeck) 1919, S. 232-239, hier S. 236.

102 | Baumgarten, Friedenspredigt, S. 236.

103 | Wrobel, Der bewachte Kriegsschauplatz: »Da gab es vier Jahre lang ganze Quadratmeilen Landes, auf denen war der Mord obligatorisch, während er eine halbe Stunde

Dem studierten Juristen Tucholsky war zweifellos bewusst, dass er einen juristisch unhaltbaren Satz aussprach. Er beruhte auf einem moralischen Gefühl, und diesem Gefühl gab der Satz recht. Er war als Provokation gemeint. Aber die Absicht des Provokateurs, zum Aufarbeiten der Probleme *Krieg und Ethik* aufzufordern und das Bild vom Krieg und von der eigenen Nation so zu verändern, dass sie mit den Prinzipien des ethischen Verhaltens kompatibel würden, fiel auf taube Ohren. Die Angeredeten wollten sie nicht hören. Ihre unsaubere Vermischung von Moral als Gesinnung und Ergebnismoral stützte die Selbstgerechtigkeit.

Die Intention des Satzes war nicht die Kriminalisierung des Militärs. Die Schuld, von der Tucholsky sprach, wird vom herkömmlichen Gebrauch der Kategorie Verbrechen nicht getroffen. Kriminalisierung braucht den Einzeltäter, der für sein Verbrechen die Verantwortung trägt und zur Verantwortung gezogen werden kann. Den gab es nicht. Tucholskys Gebrauch des Wortes *Mord* zielt auf etwas Elementares. Krieg setzt die Rechtsordnung des Friedens außer Kraft. Für das Töten im Krieg trägt kein einzelner Soldat die Verantwortung. Es gehört ins System. Es dennoch Mord zu nennen, lag jenseits der Toleranzgrenze des öffentlichen Diskurses.[104] Tucholsky hatte sich eines Tabubruchs schuldig gemacht. Er löste keine Debatte, sondern, wie jeder Tabubruch, lediglich Abwehr aus. Die Gegenposition blieb unverändert erhalten. Das Problem schwelte weiter und tauchte nach 1945 wieder auf. Noch in den Debatten der Bundesrepublik führte das öffentliche Zitat von Tucholskys Satz zu Gerichtsverfahren, aber nicht zu einer öffentlichen Debatte über das Problem des Tötens im Krieg.

Wolfgang Borcherts Drama *Draußen vor der Tür* nahm das Problem unmittelbar nach dem Ende des Zweiten Weltkriegs wieder auf und machte deutlich, dass es keine juristische Frage betraf, sondern ein moralisches Problem, das auf Emotion beruhte. Das in Tucholskys Satz unter dem Juristischen versteckte Problem einer *Kriegsmoral* spitzte Borchert zu und gab ihm das Pathos des Existenzialismus. Der Kriegsheimkehrer Beckmann besteht auf seiner persönlichen Schuld am Tod der erschossenen Gegner nicht im juristischen

davon entfernt ebenso streng verboten war. Sagte ich: Mord? Natürlich Mord. Soldaten sind Mörder.«

104 | Ein Berliner Schöffengericht zeigte 1932 Einsicht in diesen komplexen Sachverhalt und bemerkte, dass es nicht um Kriminalisierung, sondern um die Verurteilung des Kriegs ging und kam folgerichtig zum Freispruch für Carl von Ossietzky, der als verantwortlicher Redakteur verklagt worden war. – Das Problem der juristischen Verantwortung einzelner Täter für ihre Taten unter extremen Bedingungen wie Krieg ist, soweit ich sehe, wenig bedacht. Der Versuch: Herbert Jäger, Makrokriminalität. Studien zur Kriminologie kollektiver Gewalt, Frankfurt a.M. (Suhrkamp) 1989, müsste präzisiert werden, hat aber bisher keine weiteren Studien angeregt.

Verständnis von Schuld. Er will nicht durch ein Gericht von Schuld entlastet werden, sondern er besteht auf seiner Schuld. Ohne die Verantwortung zu tragen, fühlt er sich seines Ichs beraubt. Daher besucht er den Offizier um an der persönlichen Verantwortung für schuldhaftes Handelns festzuhalten.

Unter dem Schutzmantel der Kunst konnten die Fragen nach dem Töten im Krieg, Mord, Verantwortung und Schuld auf der Bühne öffentlich behandelt werden. Für die Konstitution des Diskurses ist das ein Beispiel, wie durch Wiederholungen von Grundelementen und deren Variationen aus Krieg ein Diskurselement wird. Der Diskurs fordert Freiheit von überlieferten Regeln, auch wenn diese Freiheit zunächst, gleichsam probierend, nur im Theater und in der Literatur ausgesprochen wird. Auf die Erneuerung dieses Diskurses in der Gegenwart gehe ich am Beispiel der Debatte um den Krieg der Drohnen ein.

4.4 In den Zweiten Weltkrieg

Fragen von Moral und Krieg wurden im nationalsozialistischen Deutschland nicht weitergeführt. Sie galten als symptomatisch für die zerrissene *Systemzeit*, die überholt und durch die Ideologie einer Gesellschaft im permanenten Krieg gelöst sei. Ein absoluter Monismus war das Ziel. Kriegsordnung bestimmt die Ethik. In Deutschland gab es nach 1933 keine Alternative mehr. Der absurde Versuch, den Krieg aus dem Selektionsprozess der Evolution zu erklären, wurde zu einer Art Staatsräson. Die Beschwörungen eines affirmativen Kriegsbildes verdienen die Bezeichnung Diskurs nicht.

Man kann womöglich von einem historischen Gesetz sprechen: Wenn das Vertrauen in ein politisches System, die Zukunft meistern zu können, einmal verloren ist, gibt es kein Mittel, es zurückzugewinnen. Die Politik der Nationalisten und radikalen Rechten während der Weimarer Republik verfolgte eben dieses Ziel durch die Manipulation des Kriegsdiskurses. Er wurde so zugerichtet, dass er das Vertrauen in *das System* zerrüttete und die Republik auf eine Weise diskreditierte, dass es ihr unmöglich wurde, Krieg und Zukunft zu verknüpfen. Carl Schmitts Theorie vom Feind nahm ein Denken über den Krieg auf, das sich, dem Skeptizismus zum Trotz, in der Moderne erhalten hatte und von Schmitt zugespitzt wurde, so dass aus diesem Kriegsbild eine generelle Theorie des gesellschaftlichen Handelns in der Moderne entstehen konnte, in dem die vollkommene Abwesenheit von Gesinnungsethik nicht überrascht und Herrschaft über die Zukunft durch Krieg garantiert wird.

Das feierliche Versprechen Hitlers, Deutschland von der Schmach der Niederlage und der Schande des Vertrags von Versailles zu befreien, schloss an diesen Kriegsdiskurs an und beutete die Zukunftsangst aus. Diese Pseudo-Angstbewältigung war suggestiv und arbeitete mit einem Paradox: Sie verfolgte eine Politik der Angst, die sich in lautem Aktionismus versteckte, aber von denen durchlebt werden musste, die dem Terror ausgesetzt waren. Das Versprechen der endgültigen Bewältigung der Angst kombinierte die beiden Gegensätze: Vertrauen und Angst. Es bezog beides ein, das Versprechen und die Drohung, aus der Übertragung der Kriegsordnung in die Zivilgesellschaft Mord wie legitimiertes Töten erscheinen zu lassen.

Die Mentalitätsgeschichte des Dritten Reichs ist nicht exemplarisch. Aber sie enthüllt ein Kriegsbild, das nicht auf Nationalsozialismus und Faschismus beschränkt war. Das Bild vom Krieg als Zeit der Helden und der Herrschaft des Willens von Schwertkämpfern hatte sich im europäischen Diskurs erhalten. Die Überführung der Kriegsdiskurse der Republik, die die Demokratie überforderten, in die Uniformität eines *gleichgeschalteten* Kriegsbildes schuf eine sozialpsychologische Voraussetzung für den nächsten Krieg. Seine Entfesselung, 1939, wird oft zu recht mit dem Kriegsdiskurs nach 1918 verbunden. Dass der NS die Krise, die er selbst nach Kräften befördert hatte, mit einem Krieg zu bewältigen suchte, lässt sich als Auswirkung einer Gesellschaft interpretieren, die am Austragen der Widersprüche durch Dissoziation gehindert wurde.

Die Kulturgeschichte betont Kontinuität und hat bisher wenig zur Frage nach dem Bruch im Verhältnis des NS zum Kriegsdiskurs beigetragen. Wenn es einen Zusammenhang zwischen dem Ersten und dem Zweiten Weltkrieg gab, so kann der nur über eine Analyse des Kriegsdiskurses verstanden werden.[105] Die NS-*Volksgemeinschaft* konnte nicht, wie oft unterstellt wird, bei der empirischen Front des Weltkriegs anknüpfen. Wenn sie als Fortsetzung der Frontgemeinschaft interpretiert wird, bleibt die Frage ungeklärt, wie aus den zerrissenen Erinnerungen an die Front nach dem Kriegsende ein homogenes Bild von Gemeinschaft entstehen konnte. Die Konstruktion der *Volksgemeinschaft* konnte nur eine Interpretation des Kriegserlebnisses im Diskurs fortführen. In ihm entstanden die Begriffe und Bilder, die der Nationalsozialismus übernahm, mit der Idee vom Volk verknüpfte und zu einer Staatsreligion verwandelte. Kulturgeschichte ist an der Frage interessiert, wie diese Transformationen von Gesinnungsethik abliefen und überhaupt möglich waren. Wo kam die Diskurshoheit her? Im Unterschied zur Politik ließ sie sich nicht durch einen Staatsstreich gewinnen. Auch mit dem Begriff der Ästhetisierung der Politik ist sie nicht zu erklären. Sabine Behrenbeck und Christine Beil haben ein Detail dieses Prozesses herausgegriffen und Museen und den Totenkult als gesellschaftliche Institutionen interpretiert, die an diesen mentalen Trans-

105 | Enzo Traverso, Im Bann der Gewalt. Der europäische Bürgerkrieg 1914-1939, München (Siedler) 2007. Dieser Versuch, die Jahre zwischen 1914 und 1945 als eine zusammenhängende Epoche aus der Gewalt zu deuten, liest sich anregend. Er leidet unter einem fehlenden Begriff des Gewaltdiskurses. Die Weltkriege sind als Bürgerkriege nicht zu verstehen.

formationen arbeiteten. Ich bin der Eroberung der Langemarck-Idee durch die NSDAP und Überführung der Langemarck-Stiftung der Republik in eine Parteiorganisation nachgegangen. Diese Detailstudien machen einzelne Facetten sichtbar, aber sie können den Zusammenhang nicht klären.

Die Literatur war symptomatisch. Nach den Kontroversen über Krieg und Kriegserlebnis in der Weimarer Republik machte sie den Krieg eindimensional. Eine uniforme Kriegsliteratur entstand, in der Krieg zur Selbstbehauptung und zu einer evolutionär gerechtfertigten Hegemonie diente. Unzweideutige Feindbilder wurden gepflegt.[106] Aus nationalistisch-rassistischen Motiven spielte der eigentliche Anfang des europäischen Kriegs im Vorderen Orient keine Rolle. Den Anfang suchte die Kriegsideologie in der kriegerischen Mentalität der Germanen, mit eiferndem Bezug auf Tacitus' *Germania*, deren Herkunft und Interessenvertretung im politischen Kampf in Rom ignoriert wurden. Die Hermannsschlacht als Triumph über den Feind aus dem Süden gewann Kultstatus und sollte den *ewigen Krieg* als geschichtliches Prinzip illustrieren. Die Suche nach dem Ursprung des Selbst im kriegerischen Germanentum trieb bizarre Blüten. Romane zum Ersten Weltkrieg schlossen nahtlos an. Zöberlein überführte die Feindbilder in die Zukunft, und konnte sein Kriegsbuch mit einem Vorwort von Hitler, dessen eigene Bemerkungen zum Krieg das Freund-Feind-Schema der Front bewahrten, schmücken. Wie konnte der germanisierende Kriegsdiskurs sich durchsetzen? Zensur und die Lenkung durch das Propagandaministerium sind keine hinreichende Antwort auf die Frage, wie das komplizierte Verhältnis von Ethik und Kriegsdiskurs durch Geschichtsmythologie ersetzt werden konnte.

5. Grausamkeit

Zu den Herausforderungen der Geschichte des 20. Jahrhunderts gehören Gewaltexzesse in Kriegen. Ich verzichte darauf, Beispiele aufzuzählen. Soldaten der Einsatzgruppen hinter der Ostfront des Zweiten Weltkriegs, um dieses eine Massaker zu erwähnen, gaben Befehle, töteten Hunderte und Tausende Menschen an einem Tag und halluzinierten sich mit ihren Waffen als unbesiegbar. Aber ihre Opfer machten ihre Schwäche sichtbar: Sie herrschten über Frauen, Kinder, Greise, mit denen sie Massengräber füllten. Diese Morde an

106 | Feindbilder des 20. Jahrhunderts trägt zusammen: Wolfram Wette, Die Wehrmacht. Feindbilder, Vernichtungskrieg, Legenden, Frankfurt a.M. (Fischer) 2002; er zeigt den Zusammenhang von kulturell definierten und vererbten ideologischen Stereotype und Feindbildern mit militärischen Entscheidungen auf hoher Ebene. Generell: Rosmarie Beier de Haan, Jan Werquet (Hg.), Feinde? Bilder von den ›Anderen‹ in Deutschland und Frankreich seit 1871, Dresden (Sandstein) 2009.

Wehrlosen oder die erbarmungslose Behandlung der Kriegsgefangenen im Zweiten Weltkrieg verlangen nach einer Sprache, um für das Unbegreifliche eine Erklärung zu finden.

Historiker haben das alltagssprachliche Adjektiv *brutal* aufgegriffen und das Substantiv *Brutalisierung* gebildet.[107] Das Wort und die Idee hinter ihm wurden für die spezifische deutsche Gewaltgeschichte im 20. Jahrhundert entwickelt – nicht zu ihrem Vorteil, wie ich nun kurz entwickeln will.

Brutalisierung – ein unterkomplexer Begriff

Gibt es einen Zusammenhang zwischen den mörderischen Schlachten nach 1915 und den späteren Gewaltexzessen und lässt er sich durch das Wort *Brutalisierung* benennen?

Der Begriff der Brutalisierung ist unterkomplex. Er ist von schlichter Unmittelbarkeit, hat keine Geschichte und geht in der Direktheit physischer Gewalt auf. Sie ist die Bezeichnung eines manifesten Charakterzugs, gleichsam eine positivistische Oberfläche, hinter der sich nichts verbirgt.

Die Wortbildung folgt einem unreflektierten Wortrealismus, dem die Statik einer Kausalbeziehung zugrunde liegt. *Brutalisierung* wirkt im Modell der reduktionistischen Kausalketten und offeriert eine Pseudoerklärung. Handeln ist auf physische Akte verengt. Die kausale Ableitung: Brutalisierung als Folge einer militaristischen Gesellschaft und selbst erlebter Brutalitäten führe zur Brutalität, verkürzt ein kompliziertes Zusammenwirken zwischen bewussten und unbewussten Formen der Verarbeitung von Erlebnissen, eigenen Taten und kollektiven Normen und Einstellungen, die im Diskurs verarbeitet werden. Einige Historiker haben das Wort generalisiert. So spricht Eric Hobsbawm, der

107 | Sie sprechen, seitdem George L. Mosse das Wort eingeführt hat, von einer Brutalisierung der Soldaten in der Folge der Schlachtfelder nach 1915. George L. Mosse, Fallen Soldiers. Reshaping the Memories of the World Wars, New York (Oxford University Press) 1990, bes. Kapitel 8: The Brutalization of German Politics, S. 159-181; Mosse nimmt den Sprachgebrauch der Jahre nach 1919 auf, in dem von »Verrohung«, »Gefühlskälte« und »Gleichgültigkeit gegenüber dem Leben« die Rede war. Am Beispiel der Freikorpsmänner hat Klaus Theweleit diese umgangssprachlichen Bezeichnungen auf eine theoretische Grundlage gestellt. Die Geschichtsschreibung hat diesen Versuch nicht aufgenommen und hält am unterkomplexen Wort der Brutalisierung fest. Vgl. auch Kurt Sontheimer, Antidemokratisches Denken in der Weimarer Republik, München (dtv) 1978. Vgl. Anette Becker, Stéphane Audoin-Rouzeau, Understanding the Great War, New York (Farrar, Strauss and Giroux) 2002, bes. S. 14ff.

den Ersten Weltkrieg als Symptom eines Zeitalters der Extreme interpretiert, generell vom Krieg als einer »Maschine zur Brutalisierung«.[108]

Brutalisierung wird zur Benennung der Ursache eines Handelns gebraucht, das insbesondere an der Ostfront als Kampf in einem Vernichtungskrieg verstanden wurde, in dem der Gegner zum recht- und schutzlosen Objekt reduziert wird. Die Existenzbedingungen der Schlachtfelder hätten das Denken und Fühlen der Soldaten geprägt, die danach von der Idee einer Welt des Tötens besessen gewesen seien. Wolfgang Sofsky spricht von einer *Entgrenzung*, die sich aus der Gewalt selbst ergebe und speise. »Gewalt steigert sich selbst. Absolute Gewalt bedarf keiner Rechtfertigung [...]. Sie zielt nur auf die Fortsetzung und Steigerung ihrer selbst.«[109] Die Folge sei die Bereitschaft zu den bis dahin ungeahnten Brutalitäten des 20. Jahrhunderts gewesen.[110] Die Freikorps und politischen Morde nach 1919 wirken dann wie die direkte Fortsetzung der Verrohung der Soldaten auf den Schlachtfeldern.[111] Dirk Schumann stellt die wichtige Frage, ob und in welcher Weise die politischen Positionen des Bürger-

---

108 | Eric Hobsbawm, Das Zeitalter der Extreme. Weltgeschichte im 20. Jahrhundert, München (dtv) 1998, S. 324ff. Theweleits *Männerphantasien* stellt die Ausgangsfrage grundsätzlich anders. Die Brutalität (er gebraucht das Wort nicht) während der Republik sei nicht auf den Schlachtfeldern gelernt worden, sondern sei in der Psyche von »nicht zu Ende geborenen« Männern verankert. Sie brauchen einen Panzer der Abwehr und sind auf Gewalt als Mittel der Interaktion fixiert. Wie aber wird aus der individuellen Psyche das Problem der brutalen Gesellschaft?

109 | Vgl. Hannes Heer, Disposition und Situation. Überlegungen zur Mentalität des deutschen Landsers im Rassenkrieg, in: ders., Tote Zonen. Die deutsche Wehrmacht an der Ostfront, Hamburg (Hamburger Edition) 1999, S. 97-119. Heers Ziel ist es, die »mentale Verfassung der Truppe« aus den spezifischen Bedingungen des Kriegs im Osten zu erklären.

110 | Omer Bartov, The Eastern Front 1941-1945, London (Palgrave McMillan) 1985, S. 26f. u.ö. Bartov spricht von Pervertierung und »Verzerrung der Wirklichkeit«, die zur Brutalisierung geführt habe: Omer Bartov, Hitlers Wehrmacht. Soldaten, Fanatismus und die Brutalisierung des Krieges, Reinbek (Rowohlt) 1995. *Pervertierung* und *Verzerrung* beantworten nicht die Frage, sondern verschieben sie, denn sie sind selbst erklärungsbedürftig. Pervertierung von was?

111 | Die Interpretation von Kriegsromanen im sozialen Kontext hat dieser These eine Quellengrundlage gegeben; Karl Prümm, Die Literatur des Soldatischen Nationalismus der 20er Jahre. Gruppenideologie und Epochenproblematik. 2 Bde., Kronberg (Scriptor) 1974; Hans-Harald Müller, Der Krieg und die Schriftsteller. Der Kriegsroman der Weimarer Republik, Stuttgart (Metzler) 1986; Michael Gollbach, Die Wiederkehr des Weltkriegs in der Literatur. Zu den Frontromanen der späten zwanziger Jahre, Kronberg (Cornelsen Scriptor) 1978. Omer Bartov, Murder in our midst. The Holocaust. Industrial Killing and Representation, New York (Oxford University Press) 1996.

tums in der Republik vom Kriegserlebnis geprägt waren. Er schließt sich der Brutalisierungsthese an.[112] Die Brutalisierung habe sich im Zweiten Weltkrieg durch die Bedrohung der mitleidlosen Natur und die Kampfbedingungen im Osten fortgesetzt und erkläre das Gewalthandeln.

Ein Vertreter der Brutalisierungsthese bezeichnet die »Analyse der ›Brutalisierung‹ der Mentalitäten« als das Ziel eines Vergleichs mit Frankreich.[113] Was könnte eine »Kriegskultur« gewesen sein, die in Deutschland im Unterschied zu Frankreich Brutalität vom Schlachtfeld in die »Periode des Friedens überführt« habe? Auf welche Weise könnte diese »Kriegskultur« die Brutalisierung junger Soldaten zur Folge gehabt haben, die dann später zur Ursache ihres Handelns wurde?[114] Diese Interpretation folgt einem Ex-post-facto-Denken. Für die spezifisch deutschen Gewalthandlungen wird eine Erklärung gesucht, und sie wird dem fragwürdigen Begriff aufgebürdet, der suggeriert, eine Erklärung aus der Nationalgeschichte abzuleiten.

Im Unterschied zu Deutschland habe es eine »kollektive Trauerbewältigung des Krieges« in anderen europäischen Gesellschaften nach 1918 gegeben. Was war die *kollektive Trauerbewältigung*, die Krumeich im Unterschied zum deutschen Kriegsbild in europäischen Gesellschaften beobachtet?[115] Brutalität sei die Haltung gewesen, die das politische Bewusstsein in Deutschland und nur in Deutschland geformt haben soll, und sie habe zur Vernichtung der Juden geführt. Brutalisierung, gemeinsam mit der Enttäuschung über die Verträge von Versailles, habe Aggression und beständige Kriegsdrohung in den Jahren nach 1919 verursacht. Heterogene Gruppen, nicht nur Veteranenverbände, son-

112 | Dirk Schumann, Politische Gewalt in der Weimarer Republik 1918-1933. Kampf um die Straße und Furcht vor dem Bürgerkrieg, Essen (Klartext) 2001. Kritik findet sich in anderen Untersuchungen der Kriegsfolgen. Ein Sammelband über den *verlorenen Frieden* nimmt die Brutalisierungsthese wieder auf. Jost Dülffer, Gerd Krumeich (Hg.), Der verlorene Friede. Politik und Kriegskultur nach 1918, Essen (Klartext) 2002. Bernd Ulrich, Die Augenzeugen. Deutsche Feldpostbriefe in Kriegs- und Nachkriegszeit 1914-1933, Essen (Klartext) 1997.

113 | Dülffer, Krumeich (Hg.), Der verlorene Frieden, S. 11.

114 | Gerd Krumeich, Einleitung, in: Jost Dülffer, Gert Krumeich (Hg.), Der verlorene Frieden. Politik und Kriegskultur nach 1918, Essen (Klartext) 2002, S. 11f.

115 | Gerd Krumeich, The First World War in the History of the Weimar Republic, in: Lothar Kettenacker, Torsten Riotte (Hg.), The Legacies of Two World Wars. European Societies in the Twentieth Century, New York, Oxford (Berghahn) 2011, S. 77-89, S. 81. Die berühmte Studie im Aufrag der Carnegie-Stiftung aus dem Jahr 1923 liest Krumeich als die Analyse einer illusionären Umarbeitung der Geschichte, die tiefe Spuren in der deutschen Kollektivpsyche hinterlassen habe: »In general, the Germans undewent an ›emotional brutalization‹. They had become a ›people of wrath‹.«

dern auch Jugendliche,[116] waren unter den Begriffen Krieg, Niederlage und Rache weniger organisatorisch als mental miteinander verbunden, und so sei die emotionale Einstellung der Brutalität in Deutschland entstanden.

Gegen die Simplifizierung eines komplexen Prozesses zu einer monokausalen Wirkungskette sind auch Einwände aufgrund von Empirie erhoben worden.[117] Nicht alle Soldaten waren abgestumpft und verroht. Lässt sich das Verhalten der jungen Männer in der Uniform der Polizeiregimenter, die Browning beschreibt, als Brutalisierung verstehen? Auch erleichterte die ideologische Dehumanisierung von Juden und Slawen unter die Schwelle des Menschseins das Morden.

Wichtiger ist das methodische Problem. Aus kulturgeschichtlicher Perspektive kommt es darauf an, den Rahmen nicht zu schmal anzulegen. Ich schlage vor, den Begriff der Brutalisierung fallen zu lassen und durch eine Begrifflichkeit zu ersetzen, in der histoische Kotinuität erfasst, Reduktion vermieden und das Emergente der Verhaltensweise beschrieben werden können: *Grausamkeit.*

Grausamkeit hat eine lange Geschichte, in der Aggression und Angst verbunden sind. Es bedeutet eine Störung des reduktionistischen Denkens, wenn gezeigt werden kann, dass das Grausame, anders als Brutalität, keine unwandelbare Qualität ist, sondern in anderen Kulturen und zu anderen Zeiten etwas anderes ist.[118] Die Massaker der Kriegsgeschichte des 20. Jahrhunderts lassen sich in einen Grausamkeitsdiskurs und damit in einen mentalitätsgeschichtlichen Horizont stellen. Dadurch werden die Massaker nicht erklärt. Sie lassen sich nicht erklären. Es ist eine Illusion, eine Erklärung für sie zu finden. Kulturgeschichte behandelt bewegliche und adaptive Dispositionen und Situationen und langfristige Bedingungen, in denen individuelle und gesellschaftliche Einstellungen, das Kriegserlebnis und öffentlicher Kriegsdiskurs zusammenwirken. Im Horizont des Begriffs Grausamkeit entstehen Zusammenhänge und Abhängigkeiten, die es erlauben, das Unerklärte in ein Netzwerk aus Begriffen, Bildern und kulturellen Praktiken einzuordnen und das Verstehen in einer anhaltenden Bewegung zu umkreisen.

116 | Thomas Koebner, Rolf-Peter Janz, Frank Trommler (Hg.), »Mit und zieht die neue Zeit«. Der Mythos der Jugend, Frankfurt a.M. (Suhrkamp) 1985.

117 | Vgl. Richard Bessel, Germany after the First World War, Oxford (Clarendon Press) 1993.

118 | Es war der Gegenstand von Literatur und Theater (längst vor Antonin Artauds Theater der Grausamkeit) und in einem eingeschränkten Sinn auch der bildenden Kunst.

Deutsche Landser in Belgien 1914: Ereignisse und Diskurse

Ein Beispiel für die Fehlleistung, zu der die Brutalisierungsthese leitet, ist die deutsche Besetzung von Belgien im Herbst 1914. Horne und Kramer weisen zu Recht darauf hin, dass die »German Atrocities«, die Gräuel beim Einmarsch der deutschen Truppen in Belgien, lange Zeit kein Thema in der Geschichtsschreibung waren, obwohl sie, lässt sich ergänzen, bereits während des Krieg zu einem Thema geworden waren.[119] Ein Sprachrealismus, der den Autoren die Bedeutung des Diskurses verschließt, führt ihre Analyse auf den Holzweg der Brutalisierungsthese.

Die Erforschung der Motivationen und des mentalen Kontextes der Handlungen stellt eine zentrale Frage der Kulturgeschichte des Kriegs. Horne und Kramer schreiben aber keine Kulturgeschichte. Sie argumentieren im Rahmen des Reduktionismus, wenn sie das Handeln aus dem Militarismus der Gesellschaft im Deutschen Reich ableiten. Ein Blick auf die Kriegsdiskurse der Epoche wäre erhellend gewesen. Denn er hätte vor dem Missverständnis des Topos als Problem der Nationalgeschichte des Deutschen Reichs bewahrt. Die Quellen sind als Dokumente des Faktischen missverstanden. Die öffentliche britische Anklage war Teil eines zeitgenössischen Diskurses, in dem nicht Militarismus und Brutalisierung, sondern Herrschaft das Leitmotiv bildete. Er hatte seine Wurzeln im Kolonialismus und war ein Beispiel für die Wirkung der Diskurshoheit einer Gruppierung aus politisch Mächtigen, der Medien und nationalistischen Künstlern.

In einem Aufstand von 1857 in Indien gegen die britische Besatzungsmacht waren einige Hundert britische Opfer zu beklagen.[120] Im *Mutterland* verbreiteten Zeitungen Berichte über Inder, die Föten aus den Mutterbäuchen geschnitten und Säuglinge auf Bajonette gespießt hätten. Englische Frauen seien brutal vergewaltigt, gefoltert und verstümmelt worden. Die britische Reaktion in Indien war ein Massaker an Tausenden von Indern. Die zeitgenössischen Kommentare lassen keinen Zweifel, dass die Briten sich vollkommen gerechtfertigt fühlten und die Bestrafung der barbarischen Inder als verdient empfanden.

Salman Rushdie deckt die Funktion des englischen Diskurses auf, wenn er feststellt, dass, wenn Vergewaltigung als eine politische Metapher für das Verhältnis von Kolonisator und Kolonisiertem gebraucht wird, die Vergewaltigung

119 | John Horne, Alan Kramer, Deutsche Kriegsgreuel 1914. Die umstrittene Wahrheit, Hamburg (Hamburger Edition) 2004 (zuerst engl.: German Atrocities, 2001).

120 | Jenny Sharpe, Allegories of Empire. The Figure of Woman in the Colonial Text, Minneapolis (University of Minnesota Press) 1993; vgl. auch die erste umfassende Studie über Literatur für Mädchen aus der Perspektive der Colonial Studies: Michelle Smith, Empire in British Girls' Literature and Culture: Imperial Girls, 1880-1915, New York (Palgrave Macmillan) 2011.

einer Inderin durch einen Engländer oder eine Gruppe von Engländern das Thema sein müsste.[121] Aber der Kriegsdiskurs handelt nicht von historischer Wahrheit oder moralischer Gerechtigkeit. Er dient, heute wie zur Zeit von Assurbanipal, der Identitätsstiftung durch Verschiebungen. Die Umkehrung der Verhältnisse entsprach dem Eigenbild der Kolonisatoren und dem korrespondierenden Bild der grausamen Wilden, die bestraft werden müssten, um das eigene Selbst zu schützen.

Was Marc Bloch nach dem Ersten Weltkrieg über Falschmeldungen und Gerüchte sagt, trifft ungeschmälert auf die verbreiteten Meldungen von der kolonialen Front zu,[122] und in den Beschreibungen der deutschen Soldaten von 1914 lässt sich leicht der Spiegel dieser Berichte aus der Kolonie erkennen. Sie lassen sich als Projektion und Übertragung aus dem Kolonialdiskurs des 19. in den Kriegsdiskurs des frühen 20. Jahrhundert dechiffrieren. Aggression und Vergewaltigung der Verhältnisse wirken in beiden Diskursen. Die britischen Schilderungen der Taten indischer Barbaren wiederholten sich bis in einzelne Bilder und Details der Gräuel in den britischen Schilderungen der Taten der deutschen Hunnen in Belgien.

Die Bilder und Berichte von den grausamen Indern konnten nach 1914 nicht reaktiviert werden. Denn die Inder kämpften an der Seite der Briten. Nun gab es einen anderen Feind, auf den die Bilder der Grausamkeit projiziert werden konnten. Die Hunnen auf der anderen Seite des Kanals ersetzten die Wilden des Kolonialdiskurses. Die Propagandabilder setzten einen langanhaltenden Diskurs über den Krieg und den Feind in Gang. Während der Pariser Friedensverhandlungen wurde er erneut belebt, um die Öffentlichkeit an die deutschen Gräueltaten in Belgien von 1914 zu erinnern. Das Ziel, anti-deutsches Ressentiment für die französische Politik der Nachkriegszeit zu mobilisieren, war offensichtlich. Er ist bis heute nicht vergessen.

Im Sinn einer reduktionistischen politischen Geschichte verfolgt die Studie über deutsche Kriegsgräuel in Belgien die Absicht, »schwerwiegende Anschuldigungen gegen das deutsche Heer« zu bestätigen. So wird der Rahmen, in dem die Frage nach Schuld, die immer schon beantwortet ist, bevor sie gestellt wird, nicht verlassen. Betrachtet man die Kriegsgräuel unter der Frage der nationalen Schuld, gerät man in die von Baumgarten benannte Falle des Selbstgerechten durch vorgängiges moralisches Urteil. Die Frage nach der Funktion von Mentalität wird damit verhindert. Wird Mentalität aus dem Netz des Diskurses gelöst, aus vorangehenden Ereignissen abgeleitet und moralisch beurteilt, schrumpft sie zu einer Ursache in einem Ursache-Wirkungs-Verhältnis, das vom Wert-

121 | Salman Rushdie, Outside the Whale, in: Granta (Penguin) 11, 1983.

122 | Bloch, Falschmeldungen im Krieg, S. 187-211.

urteilsdenken der Urheber gelenkt wird.[123] Die deutsche Gesellschaft war zweifellos durch Militarismus geprägt. Das wurde nicht erst im Ersten Weltkrieg sichtbar und war in der kritischen Literatur, populär durch Heinrich Manns Roman *Der Untertan* (1914/1918), ein offenes Thema.[124] Entdeckt die Kulturgeschichte ihn im Handeln unter den Bedingungen des Kriegs von 1914 wieder, so liefert sie ein Beispiel dafür, dass sie ihre Aufgabe darin sieht zu bestätigen, was die politische und militärische Geschichtsschreibung mit ihren Methoden bereits herausgearbeitet hat und dieses Ergebnis zu bestätigen.

Gräueltaten im Krieg sind ein Problem der europäischen Kultur, das als Problem der Nationalgeschichte nicht analysiert werden kann. Es gibt keinen Zweifel an Grausamkeiten deutscher Soldaten 1914 gegen die Bevölkerung Belgiens. Solange das Thema der »German Atrocities« aber im nationalen Rahmen behandelt wird, ist die Chance der Kulturgeschichte vergeben. Dabei eignet sich dieser Diskurs wie wenig andere für eine Analyse, die über die nationalen Grenzen hinausgeht und Europa im Griff der Grausamkeit als Teil der Kriegsordnung beschreibt. Nicht die Brutalisierung deutscher Soldaten, sondern das Problem der Grausamkeit im Krieg der Moderne muss als Erkenntnisproblem gestellt werden. Der Blick auf die Wechselwirkung von nationaler Perspektive und Universalisierung befreit aus der Frage nach moralischer Wertung. Sie ist zirkulär. Aus einer Engführung von Europäisierung oder Universalisierung und spezifischer Nationalperspektive entsteht Erkenntnis über Gewalt und ihren nationalen und internationalen Diskurs. Nur wenn die Grausamkeiten des deutschen Heeres unter dem Gesichtspunkt der anthropologischen Disposition und kulturellen Prägung analysiert werden, lassen sich Einsichten in den Krieg und seine Gewalt gewinnen.

Es soll angefügt werden, dass Bilder der Kriegsgräuel auf beiden Seiten der Front eingesetzt wurden. Deutsche Geschichten über die mordlüsternen Belgier und vor allem Belgierinnen sowie katholischen Priester, die deutsche Soldaten hinterrücks erschossen, ihnen die Augen ausstachen und sie in Kellern quälten, waren nicht weniger blutrünstig und von der Idee der moralischen

123 | Dieses Forschungsinteresse führt zu einer spezifischen Perspektive auf die Dokumente und erlaubt es zum Beispiel, den *Bryce Report* zur Stützung der Schuldthese heranzuziehen. Dieser Bericht, der seit 1915 in riesigen Auflagen als Broschüre in der englischsprachigen Welt vertrieben wurde, ist aber vollkommen unglaubwürdig, insbesondere da die dem Bericht der Parlamentskommission zugrundeliegenden Transkriptionen von Aussagen belgischer Flüchtlinge bei Kriegsende auf mysteriöse Weise verschwanden und nie mehr aufgetaucht sind.

124 | Das Standardwerk ist: Jost Dülffer, Karl Holl (Hg.), Bereit zum Krieg. Kriegsmentalität im wilhelminischen Deutschland 1890-1914. Beiträge zur historischen Friedensforschung, Göttingen (Vandenhoeck & Ruprecht) 1986.

Diskreditierung des Gegners besessen.[125] Der Unterschied bestand darin, dass die Gerüchtemacher in London die Hoheit über einen weltweiten Diskurs hatten, aber ihre Kollegen in Berlin sich nur an die Öffentlichkeit der Mittelmächte wenden konnten. Auch war ihre Geschichte weit weniger überzeugend, da sie vom Leid der Aggressoren kündete, die sich schlecht für die Opferrolle eigneten, nicht von dem der Kinder und Frauen, die unter Soldaten litten.

Dieser durchsichtigen Politik auf beiden Seiten der Front darf die Kulturgeschichte nicht folgen. Sie muss sich hüten, zum Gefangenen der Kriegsdiskurse zu werden und muss Diskurs als Diskurs und Propaganda als Propaganda erkennbar machen und darf sie nicht mit Ereignisgeschichte vermischen.

Der Begriff der Grausamkeit

Kriegsdiskurse der Moderne zeigen, dass sich Reste der Metaphysik gegen den Skeptizismus erhalten und mit rationalem Kalkül verbinden. C. Wright Mills spricht für die Gegenwart von einer *militärischen Metaphysik*, in der er eine Mentalität entdeckt, die die internationale Wirklichkeit als grundlegend militärisch auffasst.[126] Das von militärischem Denken durchtränkte Bild der Wirklichkeit stammt aus der Zeit des Ersten Weltkriegs. In die hoch rationale Planung von Krieg schlich sich ein Kreislauf von Angst, Gewalt und Grausamkeit ein, der neue Angst hervorbrachte, die wiederum nicht mit Vernunft bewältigt werden konnte. Es liegt nahe, in diesem unverstandenen Zusammenwirken eine Verbindung zur Metaphysik des vormodernen Kriegs zu suchen.

Weder philosophische noch soziologische oder ethnologische Forschungen haben zufriedenstellend aufklären können, »was Grausamkeit als weithin verfemte Praktik so ubiquitär, kulturell anpassungsfähig und zugleich so zerstörerisch macht«.[127] Das Ziel der Grausamkeit ist nicht das Töten. Ist Grausamkeit, wie Schaub mutmaßt, eine von Rechtfertigungen und Wahrheitsdiskursen durchzogene »Verletzungsmacht«? Sie ist die Folge eines Mangels an Einfühlung, aber sie wird mit dem Wissen des verursachten Leidens ausgeführt und rational (oder durch Rationalisierung) begründet und ist daher nicht

125 | Bloch, Falschmeldungen im Krieg, stellt die Debatten der Zeit als »misstönende Symphonie aus Tratsch und Schwindel« über Belgier als »blutrünstigen Bestien« zusammen (S. 200).

126 | C. Wright Mills, The Causes of World War Three, New York (Simon and Schuster) 1958. »Military metaphysics« ist für ihn »the cast of mind that defines international reality as basically military.«

127 | Mirjam Schaub, Grausamkeit und Metaphysik, in: dies. (Hg.), Grausamkeit und Metaphysik. Figuren der Überschreitung in der abendländischen Kultur, Bielefeld (transcript) 2009, S. 28.

ohne eigene psychische Beteiligung. Ist Grausamkeit instrumentell oder selbst das Ziel? Sofsky bezeichnet sie selbst mit guten Gründen als das Ziel.[128]

Der Begriff der Grausamkeit bezeichnet eine komplexe psychosoziale Struktur. Grausamkeit ist von Destruktivität dadurch unterschieden, dass sie er sich ausschließlich auf Lebendiges, Mensch oder Tier, richtet, also von einem angenommenen Seelenleben des Opfers ausgeht. Im Unterschied zur Brutalität wird Grausamkeit gezielt und mit einem hohen Anteil an rationaler Planung ausgeübt. Grausamkeit richtet sich auf einen Gegner, dem seine Hilflosigkeit bewusst ist oder bewusst gemacht wird. Sie zielt auf den Objektverlust des Opfers. Grausamkeit löst eine Reaktion des Opfers aus, die der Täter nicht ignoriert. Das Quälen erzeugt Existenzangst und hält das Leben auf der Schwelle zum Exitus. Der Tod des Opfers ist nicht das Ziel des grausamen Handelns, sondern die Todesangst. Sie löst einen inneren Widerstand (er mag noch so gering sein) aus, und der sadistische Täter zieht daraus Befriedigung.

Aus phänomenologischer Sicht ließe sich sagen, dass der Mensch stets grausam handeln könne, aber nicht müsse. Aber diesen Menschen in einer offenen Situation vor einer freien Entscheidung gibt es nicht. Menschen handeln stets in konkreten Zusammenhängen, und die lassen eine Wahl selten zu. Grausamkeit ist keine subjektive, selbstbestimmte Handlung. Die Entscheidung zur Grausamkeit ist auch von Umständen abhängig, die sich der subjektiven Beeinflussung entziehen. Sie lässt sich nicht aus der Motivation der Täter allein verstehen, sondern macht Annahmen über das soziale und kulturelle System nötig. Grausamkeit als ein Syndrom verschiedener, aufeinander bezogener Handlungen verstärkt sich ohne die Intervention einer externen Autorität selbst und führt zu einem System, das sich mit Ritualen und vorwiegend nichtsprachlichen Zeichensystemen zu institutionalisieren sucht.

Für eine zielgerichtete, instrumentelle Gewalt, das haben Debatten um die Vivisektionen der Tierexperimente seit dem 17. Jahrhundert exemplarisch demonstriert, lassen sich im System rationaler Argumente stets Begründungen formulieren, selbst wenn sie nicht allgemein konsensfähig sind. Gewalt ist nicht abzuschaffen. Sie ist nötig, um den Frieden zu schützen. Der philosophische und moralische Konsensus der Moderne besagt jedoch, dass Grausamkeit sich unter keinen Umständen durch praktische oder theoretische Vernunft begründen lässt. Sie steht in einem unversöhnlichen Gegensatz zur Aufklärung und der Idee einer rationalen Zivilisation,[129] und sie ist ein unerwünschter Fremdkörper in der Moderne, der sich mit Werten nicht versöhnen lässt.

---

128 | Wolfgang Sofsky, Zeiten des Schreckens. Amok, Terror, Krieg, Frankfurt a.M. (Fischer) 1989.

129 | Zum Problem von Moderne und Grausamkeit/Gewalt vgl. Joas, Knöbl, Kriegsverdrängung.

Grausamkeit hat eine besonders abstoßende Intentionalität, die das Opfer einbezieht, es mit dem Gefühl erniedrigt, zu Recht betroffen zu sein und eigene Schuld im Leid zu büßen. Sie ist nicht die primitive Praktik der Brutalität, sondern eine Entwürdigung, die »Körper und Seele in die Spaltung (und Selbstauslöschung) treibt«.[130] Bion spricht vom Gegenteil einer psychoanalytischen Kur. Denn das Wissen über das Unbewusste des anderen wird zum eigenen Vorteil ausgebeutet. Der Gegner soll mit Phantasien der Angst so sehr beschäftigt sein, dass er keine rationale Entscheidung fällen kann.[131] Einen problematischen, wenngleich bedenkenswerten Zugang zum Problem der Grausamkeit schlägt Derrida vor. Er versteht Grausamkeit als einen »verworrenen und rätselhaften« Begriff, einen »Herd des Obskurantismus«,[132] aber weist ihm eine elementare Rolle in der Psyche und in der Geschichte zu. Der Todestrieb als Grausamkeit und der Bemächtigungstrieb als Herrschaft seien unlösbar miteinander verflochten. Grausamkeit liege grundsätzlich außerhalb von Rationalitätsstrukturen und sei in keine Ökonomie des Lebens einzubauen. Sie sei aber einer der »ursprünglichsten Antriebe« menschlichen Handelns, da sie an das »Wesen des Lebens« und den Willen zur Macht (im Verständnis von Nietzsche) gebunden sei.[133] »Grausamkeit gibt es. Grausamkeit wird es gegeben haben, vor jeder Darstellung in einer Person, bevor ›grausam‹ zum Attribut, und noch eher, bevor es zur Verfehlung von jemandem wird.«[134] Die Psychoanalyse suche die Grausamkeit in einer bodenlosen Tiefe. In Folge der Bindung von Grausamkeit an die Natur sei es sinnlos, sie moralisch zu bewerten. »Was *more geometrico* zu denken bleibt, wäre [...] der Wandel der Grausamkeit – oder wenigstens die neuen geschichtlichen Gestalten einer alterslosen Grausamkeit, genau so alt und zweifellos älter als der Mensch.«[135] Grausamkeit als ein integrales Moment des Todestriebs sei Teil der Natur und es sei daher verfehlt, sie abzuschaffen zu wollen. In der Geschichte des Menschen sei sie ständig wirksam gewesen: »Es gibt nur Unterschiede [...] in der Modalität, der Qualität, der Intensität, der Aktivität oder Reaktivität innerhalb *derselben* Grausamkeit.«[136] Es habe keinen Sinn, sich von der Grausamkeit der destruktiven Triebe befreien zu wollen, denn, wie Freud in seinem Brief argu-

130 | Schaub, Grausamkeit und Metaphysik, S. 28.

131 | Bion, The »War of Nerves«,, S. 181.

132 | Jacques Derrida, Seelenstände der Psychoanalyse. Das Unmögliche jenseits einer souveränen Grausamkeit. Frankfurt a.M. (Suhrkamp) 2002 (zuerst Paris 2000), S. 21. Teile dieses gedruckten Vortrags sind anregend, aber die Argumentation ist verworren und lässt entscheidende Fragen im Dunkel von Andeutungen.

133 | Derrida, Seelenstände der Psychoanalyse, S. 70, 77.

134 | Derrida, Seelenstände der Psychoanalyse, S. 96.

135 | Derrida, Seelenstände der Psychoanalyse, S. 75.

136 | Derrida, Seelenstände der Psychoanalyse, S. 77.

mentiert, Menschen lassen sich für den Krieg begeistern, weil »etwas in ihnen wirksam ist, ein Trieb zum Hassen und Vernichten [...]«.[137] Derrida schließt sich an und meint, dass ohne Grausamkeit das Leben zu Ende wäre. Diese Thesen sind für eine Gruppe von Theoretikern repräsentativ. Grausamkeit übe seit je eine Faszination aus und »stürmt auf die Sinne ein [...], setzt auf die Sinne – auf die Sinne des Opfers, aber nicht weniger auf die Sinne des Grausamen, der Zuschauer und anderer [...]«. Sie inszeniert Schauspiele: »Jeder soll die Gehängten, Geräderten und Gekreuzigten schon von weitem sehen [...].«[138] Diese Grausamkeit strebe weiterhin nach Macht, die sich zum Rausch steigern könne.[139] Wenn es eine anthropologische Disposition zur Grausamkeit geben sollte, so hat sich die Zivilisierung der Gesellschaften nicht gegen die Verwirklichung dieser Disposition durchsetzen können. Sie fordert als Atavismus ein Daseinsrecht in den aufgeklärten Gesellschaften. Es gibt eine kulturelle Bändigung von Grausamkeit, die Phasen durchläuft und Gesellschaften unterscheidet, aber sie verschwindet nicht.[140] Krieg entfernt die Hemmungen gegenüber der Disposition und macht sie funktional. So war zum Beispiel das Wissen über die emotionale Bedeutung von Verdun für die Franzosen die Grundvoraussetzung für Falkenhayns Grausamkeit, diesen heiligen Ort zu benutzen, um die französische Nation auf diesen Ort so zu konzentrieren, dass sie dort *ausgeblutet* werden könnte.

5.1 Angst und Grausamkeit

Kein Ereignis gleicht dem Krieg, wenn es darum geht, dass der Mensch den Menschen fürchtet. An der Angst im Krieg hat Grausamkeit einen entscheidenden Anteil. Ich will zunächst die komplexe Beziehung der Angst zu den Formen von Grausamkeit im Krieg knapp vorstellen.

Die kulturgeschichtliche Analyse des Kriegs profitiert von der Unterscheidung zwischen Furcht und Angst. »Die Angst vor dem eigenen Tod oder dem Tod eines Mitglieds der Gruppe führt unmittelbar dazu, den Verursacher dieser Angst selbst töten zu wollen. Todesangst und Töten hängen unmittelbar

137 | Freud, Warum Krieg?, S. 280.

138 | Trutz von Trotha, Dispositionen der Grausamkeit. Über die anthropologischen Grundlagen grausamen Handelns, in: ders. (Hg.), On Cruelty. Sur la cruauté. Über Grausamkeit, Köln (Rüdiger Köppe) 2011, S. 122-147, hier S. 130.

139 | Vgl. von Trotha, Dispositionen der Grausamkeit, S. 122-147.

140 | Antonin Artauds Theater der Grausamkeit ist mit der Grausamkeit gesellschaftlichen Wahrnehmens und Handelns nur indirekt verbunden. Wenn in seiner Vorstellung das Theater der Raum ist, in dem Negation, Anarchie und Chaos als die bestimmenden Kräfte des Daseins vorgeführt werden, so kehrt er die Bedeutung von Grausamkeit für ein ästhetisches Projekt um.

zusammen [...]. Im direkten Kampf [...] auf Leben und Tod wird aus der Angst vor dem eigenen Tod der Furor maßloser Gewalt.«[141] Dieser psychische Mechanismus ist in allen Kriegen zu beobachten. Angst ist jedoch ein Gefühl im geschichtlichen Wandel. Sie muss in einem weiteren Rahmen als ein Gefühl verstanden werden, das dem Krieg der Moderne zugrunde lag, nicht die Furcht vor dem Tod, sondern die Angst vor der Gefährdung der Existenz.

Es ist ein Zeichen der Neuzeit, dass sie einen Krieg hervorbringt, der den Menschen ungerichtete Angst einflößt. Das früheste Beispiel, wenn wir der Literatur in dieser Hinsicht trauen dürfen, ist der Dreißigjährige Krieg. Die Lyrik des Barock ist Zeugnis der vom Krieg ausgelösten Angst, in der Welt zu sein. Das Ende der Glaubensgewissheit führte in dieser Zeit zu einer geschichtlichen Situation, in der Krieg zum Auslöser einer diffusen Weltangst wurde. Nicht alle folgenden Kriege führten zu einer existenzielle Bedrohung. Die *Kabinettskriege* des 18. Jahrhunderts gingen, soweit wir den Quellen trauen dürfen, am emotionalen Leben der Bevölkerung vorbei. Aber die Verbindung aus Grausamkeit und Angst verschwand nicht mehr.

Grausamkeit und Körper – Täter und Opfer beim Quälen

Grausamkeit wird am Körper ausgeübt. Die grausame Handlung ist die praktische Anwendung des Wissens von der Verletzbarkeit der Psyche durch die Verletzung des Körpers. Den Zusammenhang stellt bereits Freud her. Die erogene Zone des Partialtriebs Gewalt sei die Haut.[142] Wenn Brutalisierung aus einem individuellen Adaptionsprozess folgt, so bezeichnet Grausamkeit, analytisch wie ontisch, eine Kombination aus anthropologischer Disposition und kultureller Prägung zu einem Verhaltensmuster, dessen Psychodynamik den Körper des Opfers und den des Täters einschließt und den anderen zwingt zu reagieren sowie den Regeln von Körperkommunikation zu folgen.

Eine zunächst überraschende Verbindung, die Grausamkeit für eine Kulturgeschichte insbesondere aufschlussreich macht, besteht zu den Sinnen. Aus dem Gehör und aus dem Blick lässt sich ein Zusammenhang von Grausamkeit mit der emotional gelenkten Wahrnehmung ableiten. Ihr Ursprung sind starke Emotionen wie Hass oder Sadismus. Freud wies auf den Zusammenhang von Grausamkeit und lustvollem Sehen hin. Von Trotha spricht von einer Fas-

141 | Herberg-Rothe, Der Krieg, S. 119f.

142 | Sigmund Freud, Drei Abhandlungen zu Sexualtheorie, Studienausgabe, Bd. V, hg. von Alexander Mitscherlich, Frankfurt a.M. (Fischer), S. 1904f. Freuds Thesen diskutiert Sophie de Mijolla-Mellor, Approche psychanalytique de la cruauté, in: Lothar Kettenacker, Torsten Riotte (Hg.), The Legacies of Two World Wars. European Societies in the Twentieth Century, New York, Oxford (Berghahn) 2011, S. 105-121.

zination, die von der Grausamkeit ausgehe.[143] Der Krieg schafft einen gesellschaftlichen Raum, in dem Grausamkeit praktiziert wird und zu einer negativen Identifikation führt. Von Trotha versteht die Grausamkeit des modernen Kriegs als das extreme Beispiel für die Beseitigung aller Einschränkungen im Verhältnis zur Macht, die letztlich auf die Macht zu töten hinauslaufe, die stärkste denkbare Emotion, die sich an den Anfang der Kriegsdarstellungen zurückverfolgen lässt. Grausames Handeln liefert aus dieser Perspektive eine Wunscherfüllung für die Sinne. Diese Form der Grausamkeit ist ein Thema der Literatur und wird oft in andere Zeiten oder an ferne Orte verlegt, etwa das Volksfest aus Anlass einer Hinrichtung in Döblins *Wallenstein* oder die Hinrichtung in Andrics *Die Brücke über die Drina.*

Ein Einschnitt im 18. Jahrhundert: Grausamkeit, Moral und Gewissen

Es gibt keine Gesellschaft ohne Grausamkeit, auch wenn die Praktiken sich extrem unterscheiden (etwa zwischen Kannibalen und Buddhisten). Die Grausamkeit hat – im Unterschied zur Brutalität – eine Geschichte und lässt sich an die Anfänge der menschlichen Zivilisation zurückverfolgen. Sie ist in Jahrtausende von empirischer und mentaler Geschichte eingelassen. Die physischen Akte der Grausamkeit werden mit veränderten Zeiten anders erfahren.

Ein bedeutender, vermutlich der tiefste Einschnitt in der Bewertung der Grausamkeit war die europäische Aufklärung, die sie zu einem Gegenstand theologischer und ethischer Theorie machte. Grausamkeit und die durch sie ausgelöste Lust stehen seit dem 18. Jahrhundert oben auf der Skala der Ethiken als eine zu eliminierende Verhaltensweise. Die Aufklärung setzte sich zum Ziel, grausame Tötungen, Folter und sadistische Quälerei von Mensch und Tier aus den europäischen Gesellschaften zu verbannen.

Im 17. Jahrhundert begann unter Philosophen, Theologen und Medizinern ein Diskurs über Grausamkeit, der sich im 18. Jahrhundert intensivierte, nicht zuletzt über menschliche Grausamkeit an Tieren. Der Grausamkeitsdiskurs entzündete sich an der Tierquälerei und verdammte die Grausamkeit gegenüber Tieren, um sie als eine generelle Haltung gegenüber dem Leben aus der Welt zu schaffen. Der Grausamkeit gegen die Tiere sollte ein Ende gesetzt werden, um zum Ende der Grausamkeit unter Menschen beizutragen. Eine Sensibilisierung gegenüber der Grausamkeit hat dieser Diskurs erreicht.

In aufgeklärten Zivilisationen findet eine gezielte Erziehung der Gefühle und moralische Stigmatisierung der Grausamkeit statt. Keine aufgeklärte

143 | Trutz von Trotha, On Cruelty. Conceptual Considerations and a Summary of an Interdisciplinary Debate, in: ders. (Hg.), On Cruelty. Sur la cruauté. Über Grausamkeit, Köln (Rüdiger Köppe) 2011, S. 1-67, bes. S. 5f.

Kultur würde nicht bestreiten, Grausamkeit zu praktizieren. In Europa ist sie durch Gesetz verboten (Tierschutz) und wird nur an verborgenen Orten praktiziert (Tierzucht und -verwertung). Täter sind sich des moralischen Verstoßes bewusst, und die Opfer empfinden sich als Objekte von unethischem Handeln. Grausamkeit wird dem Gegner zugeschrieben und dem Eigenen allenfalls für eine überwundene Vergangenheit zugestanden.

Innerhalb des Sozialdarwinismus diente die Apotheose des Ursprünglich-Grausamen aber zur Rechtfertigung des Kriegs unter den Völkern. In einem anderen Argumentationsrahmen führt Barbara Ehrenreichs Interpretation der kriegerischen Grausamkeit als Fortsetzung von archaischen Blutritualen diese Gedanken bis in die Kriege der Gegenwart weiter.

Aus der Zivilisationskritik entstand im frühen 20. Jahrhundert ein Kult der Grausamkeit, der sich aus der Bewunderung des Primitivismus ergab. Thomas Manns Versuch *Betrachtungen eines Unpolitischen* (1918) verbindet das Zauberwort des deutschen Diskurses der Zeit, Kultur, gerade mit dem Grausamen, mit dem aztekischen Kriegsgott Vitzliputzli (Huitzilopochtli), Menschenopfern und Blutritualen. Diese Kultur müsse gegen die flache westliche Zivilisation verteidigt werden, die ihr nach der Existenz trachte. Der Krieg sei dadurch gerechtfertigt. In Frankreich waren es Idole und Masken aus Afrika, die über die Bewunderung primitiver Kulturen die Ideale der Zivilisation zurückwies und das Grausame in einem neuen Licht erscheinen ließ. Soweit ich sehe, haben nur Thomas Mann und einige Künstler in Deutschland die Neubewertung der Grausamkeit im Primitivismus für die Bestimmung der eigenen Kultur herangezogen. Ein Blick in die Geschichte der Zivilisationen macht deutlich, dass es keinen objektiven Maßstab für die Beurteilung von Grausamkeit gibt. Zeiten und Zivilisationen unterscheiden sich durch die Arten der Grausamkeit ebenso wie die Reaktionen. Aus der ethnologischen Literatur wissen wir, dass Verhaltensweisen, die wir als grausam bezeichnen wie Kopfjagd und Kannibalismus, nicht immer und nicht überall als grausam empfunden werden und metaphysisch begründet sein können. Ethnologen beschreiben, wie die Gewalt mancher Stammeskonfrontationen in einen *Zirkel* der Reproduktion von Grausamkeit führt, aus dem jede der beiden Seiten einen Vorteil zu ziehen sucht. Wie Schmerz nicht stets gleich, sondern je nach Umständen intensiver oder weniger heftig empfunden wird, so wird auch Grausamkeit von Tätern wie Opfern unterschiedlich erlebt und bewertet, im Frieden wie im Krieg. Frühe Kriegsbilder zeigen unverhohlen grausame Handlungen am Gegner. Wurden diese Handlungen in unserem Verständnis des Wortes als grausam empfunden? Das ist unwahrscheinlich. Das Empfinden wie das Verständnis von Grausamkeit hat extremen Wandlungen unterlegen.[144] Die Helden der Mythen in Kleinasien und Griechenland schrecken vor keiner Grausamkeit zurück, und auch die Götter handeln durchweg grausam an Mensch und Tier. Grausamkeit bedeutet bei Homer etwas anderes als bei Nero oder Vicomte de Turenne, dem Verwüster der Pfalz. Grausamkeit verschiedener Zeiten unterscheidet sich.

Nach dem Eigenbild hat die Moderne, ihr Ziel, Grausamkeit zu bewältigen, erreicht. Das ist, wie die Geschichte des Kolonialismus, die Lager des 20. Jahrhunderts oder der Umgang mit Tieren zeigen, eine Selbsttäuschung. An der Einschätzung tauchten im 19. Jahrhundert erhebliche Zweifel auf. Nietzsche stellt einen Zusammenhang von Grausamkeit und dem modernen Gewissen her. Grausamkeit gehörte einmal, spekuliert er, zu den ältesten Festfreuden der Menschheit, bevor sie unterdrückt wurde. Die Zivilisation habe die Freude an der Grausamkeit domestiziert und in das Diktat das Gewissen umgebildet. Im Gewissen vernehme der Mensch nicht die Stimme Gottes, sondern trete in einen Kontakt mit dem verbotenen Instinkt der Grausamkeit, der sich ins eigene Innere gewendet habe, da er in der Zivilisation der Moderne sich nicht mehr nach außen ausleben dürfe. Das Innenleben der verbotenen Grausamkeit werde zum Ursprung des schlechten Gewissens, das den Einzelnen in Handlungsunfähigkeit versinken lasse. Das Subjekt müsse daher die Sublimierung des Triebs zur Grausamkeit überwinden, um wieder Souveränität und Autonomie zu gewinnen. Nach der langen Phase der Zivilisierung könne der Mensch in der Gegenwart wieder das »souveräne Individuum« werden, das von der »Sittlichkeit der Sitte wieder loskomme« und seinem eigenen, unabhängigen Willen folge.[145] Die Kriegsgeschichte des 20. Jahrhunderts bestätigt Nietzsches Analyse und macht Angst vor seiner Schlussfolgerung.

Grausamkeit und Krieg

Grausamkeit, in der gesellschaftlichen Praxis wie in der Imagination, wird von der moralischen Bewertung als böse verworfen. Das macht eine Beziehung des Begriffs zum Krieg schwierig, da er moralische Bewertungen außer Kraft setzt und den Gedanken einer gerechtfertigten Grausamkeit möglich macht. Gehören Handlungen, die im Zivilleben als grausam disqualifiziert werden, unter den Bedingungen des Kriegs zur Normalität?

144 | Freud, Lorenz und ihre Schulen gehen davon aus, dass Aggression und Todestrieb eine verdrängte anthropologische Größe sind, die sich unter den gelockerten Verhältnissen in Kriegsgesellschaften ausleben. Andere psychologische Theorien betonen dagegen den gesellschaftlichen Charakter des aggressiven und destruktiven Handelns als Folge von narzisstischen Kränkungen, Verlusten und Versagungen.

145 | Nietzsche, Genealogie der Moral, S. 293.

Die Frage der Kulturgeschichte des Kriegs kann nicht sein: War oder ist ein bestimmtes Handeln grausam?, sondern: Wie wird Grausamkeit von bestimmten Gesellschaften und zu bestimmten Zeiten definiert und praktiziert? Entspricht das Handeln Einzelner oder von Gruppen den ethischen Normen der Zeit, zum Beispiel das industrielle Töten von Tieren in einer Umwelt, die Grausamkeit verurteilt? Oder, um beim Krieg zu bleiben: Wie bewertet eine Gesellschaft, die sich für zivilisiert hält, ihre grausamen Taten auf dem Schlachtfeld oder an gefangenen Gegnern?

Wie fundamental die Bewertung von Grausamkeit für die europäischen Gesellschaften im 20. Jahrhundert war, zeigte sich an den Bildern und Geschichten über die Kriegsführung nach 1914, als beide Seiten versuchten, den Gegner moralisch zu diskreditieren. Dafür war der Vorwurf der Grausamkeit das geeignetste Mittel. Die deutsche Propaganda arbeitete am Bild der Kolonialtruppen an der Westfront. Sie konnten in zweifacher Weise benutzt werden, als primitive Wilde, die mit dem Messer zwischen den Zähnen in deutsche Unterstände vordrangen und dort grausam wüteten, und als Beweis für die Hypokrisie der Alliierten, die ihre Zivilisierung betonten, während sie sich einer *schwarzen Flut* bedienten und die Eingeborenen die schmutzige Arbeit des grausamen Tötens machen ließen. Die britische Propaganda tat alles, um die deutschen Truppen nicht nur als Angreifer darzustellen, sondern die Soldaten mit Grausamkeit zu assoziieren. Sie wurden porträtiert als die Ausführenden eines anachronistischen, feudalen *Systems der Grausamkeit*. Damit wurde den Soldaten der Status der Zivilisation abgesprochen, und sie wurden zu Repräsentanten einer Ordnung, die ihr Prinzip der Grausamkeit unter der irreführenden Bezeichnung *Kultur*, auch im Englischen und Französischen oft mit »K« geschrieben, zu tarnen suchte.

Tradition

Die Geschichte der Grausamkeit ist nicht identisch mit der Geschichte des Kriegs. Aber die Kulturgeschichte des Kriegs kann nicht ohne die der Grausamkeit geschrieben werden. Sie beginnt mit den frühen Kriegsbildern in Armenien und Assyrien und endet nicht mit den Bildern aus Abu Ghraib.

Strittig ist, ob in der Moderne eine andere Form der Grausamkeit zur Wirkung kommt: Entspringt sie der Emotionalität, also Hass oder Sadismus, oder der Gefühllosigkeit? Bilden Lusterwartung oder Desensibilisierung und Indifferenz gegenüber dem Leben die Voraussetzungen des grausamen Handelns als kulturelle Haltung?

Die Kriegsgeschichte liefert Beispiele für beides. Evidenz spricht seit dem Ersten Weltkrieg für die These der Indifferenz: Grausamkeit wird zum Charakteristikum einer Kultur der Wissenschaft und Technologie. Diese Grausamkeit ist Teil einer ethischen Abstinenz in der Folge der Verwissenschaftlichung. Sie gehört zum Streben nach absoluter Kontrolle über die Natur, das seit dem 18. Jahrhundert ein Element der Rationalisierung geworden ist. Die mit wissenschaftlicher Kühle verbundene Bereitschaft zur Grausamkeit hat ihre Wurzeln in einer Tendenz, die moderne Wissenschaft der Ethik zu entziehen und den experimentierenden Wissenschaftler zum Idol zu erklären.

Eine andere Moderne kennt dagegen noch immer die Emotionen. Seit dem 18. Jahrhundert stand der Zusammenhang von Verlusterfahrung und Angst dem Selbstverständnis der Epoche als Selbstermächtigung und Triumph der Wissenschaft und Technologie entgegen und führte in einen psychosozialen Mechanismus: Ursprüngliche Angstabwehr wurde zur Aggression. Angst löste Gewalt aus, die unter bestimmten Bedingungen in Grausamkeit führte, die schließlich um ihrer selbst willen ausgeübt wurde. Grausamkeit lässt sich in einem Kreislauf sehen, der darauf angelegt ist, Frustration zu kompensieren, Stärke vorzutäuschen und Gefühle unbeschränkter Macht auszuleben.

Ein Feindbild wird konstruiert, das es ermöglicht, die Angst aus der Anonymität zu lösen und auf handelnde Menschen zu projizieren.[146] In diesem Bild ist der Feind mächtig, aber doch verwundbar, grausam aber mit Grausamkeit besiegbar. Günther Anders und eine Reihe kritischer Intellektueller sprachen vom Hass, der vor 1914 und mit gesteigerter Intensität nach dem Ende des Ersten Weltkriegs als Handlungsmotivation zu beobachten gewesen sei. Das Gefühl, das diesen Autoren vorschwebt, wäre genauer zu untersuchen. Es kann kein Zweifel bestehen, dass es Zeichen von Hass auf beiden Seiten der Front gegeben hat. Ernst Lissauers *Hassgesang* gegen England und die Zeile: »Wir haben nur einen einzigen Hass, wir lieben vereint, wir hassen vereint, wir haben nur einen einzigen Feind [...]« wurden schnell bekannt. Aber es macht vorsichtig, dass sie von der Propaganda eilig aufgenommen und verbreitet wurde. Wie viel Rhetorik der Unaufrichtigkeit steckte in diesen Äußerungen? Waren sie repräsentativ? Es wäre zu einfach, solche Tiraden auf die Frustration eines abgelehnten Kriegsfreiwilligen zu schieben. Die Frage nach dem Hass in diesem Krieg (und in anderen Kriegen) kann nicht als individualpsychologisches Problem behandelt werden. Aber, was nicht selten geschieht, den Krieg als einen Ausbruch von Hassgefühlen zu erklären, ist mehr als voreilig.

Hannah Arendt bemerkt ein anderes Gefühl, das nicht an der Oberfläche des Handelns wahrgenommen werden konnte.[147] Sie vergleicht die Nachkriegsjahre mit den Lebensverhältnissen einer Strindberg-Familie, in der trotz des Anscheins von Stabilität die Schwankungen von Stimmungen und Emotionen herrschten und ständig gekämpft werde, um die Angst zu unterdrücken. Wenn

146 | Heinz Dieter Kittsteiner, Die Angst in der Geschichte und die Re-Personalisierung des Feindes, in: Sabine Eickenrodt u.a. (Hg.), Übersetzen, Übertragen, Überreden, Würzburg (Königshausen und Winter) 1999, S. 145-162.

147 | Arendt, Elemente und Ursprünge totaler Herrschaft, S. 266f.

es niemanden gibt, der für die eigene Misere verantwortlich gemacht werden kann, werde ein Feind erfunden, in der Familie wie in der Gesellschaft. Die Anklage soll nicht auf das Selbst zurückfallen. So denke sich die Eigenliebe einen Feind aus, der gehasst werden kann. Die Kriegsphantasie ermögliche, einen Verursacher zu benennen. Psychologie und Psychoanalyse haben für diese Frage differenziertere Beschreibungsmodelle entwickelt.

Der Erste Weltkrieg setzte zweifellos heftige Emotionen wie Hass und Angst frei und erzwang eine Transformation in Aggression. Sie bildete die Bedingung für die Wiederkehr einer Grausamkeit, die für überwunden gehalten worden war. Die Wurzeln dieser Angst reichten in die Belle Époque.[148] Die bürgerliche Gesellschaft des 19. Jahrhunderts zeichnete ihr Eigenbild gern aus der Sorglosigkeit der Aristokratie, die das Leben als Feier und Geselligkeit auffasste. Aber Angst brütete unter der Oberfläche, vage und selten offen ausgesprochen, im Diskurs der Zeit jedoch nicht zu überhören. Er zeigte die andere Seite der strahlenden Epoche: eine panische Reaktion auf die Verluste durch die Rationalisierung. Angst ist nicht aristokratisch und auch keine proletarische Eigenschaft. Sie untergrub das Leben der Mittelklasse, der Bürger und Kleinbürger, für die die Identifikation mit ihrer Gesellschaft und die daraus bezogene Identität lebensnotwendig waren. Sie lebten in der Angst, die von den Verlusten der Moderne ausgelöst wurde und hatten zugleich Angst, den sich ständig beschleunigenden Zug der modernen Zeit zu verpassen. Das vage Gefühl, die Zeit laufe aus, und an ihrem Ende erfülle sich kein Versprechen, warte kein Beginn, sondern das Nichts,[149] war die Grundlage der bürgerlichen Angst. Die Angst der Epoche entsprang einer Ahnung von einem kommenden Desaster. Ein Gefühl der Angst vor Krieg war in den Jahrzehnten vor dem ersten Schuss von 1914 latent vorhanden.[150]

---

148 | Joachim Radkaus Analyse des nervösen Zeitalters legt viele sozialpsychologische Grundbedingungen der Jahre von Bismarck zu Hitler frei. Seine Grundbestimmung ist nur bedingt plausibel. Die mangelnde Verankerung in der eigenen Zeit waren Folgen einer panischen Stimmung der Epoche, die von Bürgern, Kleinbürgern und Arbeitern (soweit sie für einen Luxus wie Stimmung die Zeit hatten) weitgehend geteilt wurden, aber von der Oberfläche der Belle Époque des Adels und Großbürgertums übertüncht wurde. Angst entlud sich im Krieg, und Nerven, Hysterie, Ennuie, Erschöpfung und Migräne, Symptome des nervösen bürgerlichen Fin des Siècles, verschwanden auf den Schlachtfeldern.

149 | Klaus Vondung, Die Apokalypse in Deutschland, München (dtv) 1988.

150 | Patrick Bormann, Furcht und Angst als Faktoren deutscher Weltpolitik 1897-1914, in: ders., Thomas Feinberger, Judith Michel (Hg.), Angst in den internationalen Beziehungen, Göttingen (Vandenhoeck) 2010, S. 71-92; Alma Hannig, Angst und die Balkanpolitik Österreich-Ungarns vor dem Ersten Weltkrieg, in: ebd. (Hg.), Angst in den internationalen Beziehungen, Göttingen (Vandenhoeck & Ruprecht) 2010, S. 93-114.

Die Angst brauchte keine reale Gefahr, und sie entzog sich, wie alle starken Emotionen, der Einsicht und Kontrolle. Anders gesagt: Die Feier des Schönen war eine Technik des Ausweichens und unterband die Auseinandersetzung mit der Angst. Nicht nur das Entstehen der Psychoanalyse macht offensichtlich, dass *Belle Époque* ein Pseudonym für das panische Zeitalter war, in dem die Furcht vor Gefahren, die wir im Nachhinein gut abschätzen können, eine unverhältnismäßige Bedeutung gewann. Geringfügige Anlässe reichten aus, um Daseinsangst entstehen zu lassen. Georg Lukács sprach von dieser Epoche als Zeit der *metaphysischen Obdachlosigkeit* und prägte damit eine Formel für das Lebensgefühl im Europa der zerfallenen Glaubenssysteme.

Ein Grundgefühl, das Vertrauen in die Zukunft, ging verloren. Das ist von Zeitzeugen oft betont und von Stefan Zweig und Joseph Roth einfühlsam beschrieben worden. Arthur Schnitzler, Psychologe und Kenner der seelischen Abgründe, stellte der Zeit die Diagnose. Seine Dramen und Prosa machen die panische Epoche an individuellen Schicksalen sichtbar und spürbar, indem sie von den Zusammenbrüchen, Bankrotten, Selbstzerstörungen, Selbstmorden der scheinbar Erfolgreichen und Glücklichen berichten, die alle, gemeinsam mit dem Erzähler, von Anfang an eine Ahnung vom dünnen Eis haben, auf dem sie sich elegant bewegen, und den Abgrund spüren, gegen den sie vergeblich kämpfen. Der Zusammenbruch der großen Welt bereitet sich in den kleinen Schicksalen vor, die, aus der Distanz von über 100 Jahren betrachtet, wenig Gewicht zu haben scheinen. Aber in allen wirken die Abwesenheit von Vertrauen und die Grausamkeit des Alltagslebens. Musils Roman *Törless* führt mit der Kadettenanstalt in einen Raum der Lebensangst pubertierender Zöglinge vor und zieht die Linie weiter zur Grausamkeit. In diesem Roman bleibt es bei der Grausamkeit an Seele und Körper einer (Versuchs-)Person. Für seinen großen Roman galt das Motto: Alle Linien führen in den Krieg.

Zugleich sorgte Angst auch für eine Faszination. Krieg erzeugt *Angstlust.* Auf den Schlachtfeldern machten Einzelne, Gruppen und Nationen die Erfahrung, dass es keine Grenzen gibt – außer den selbst gesetzten. Diese Entgrenzung setzt, folgt man Michael Balints Theorie der Gleichzeitigkeit gegensätzlicher Emotionen, Angstlust frei. Angstlust (im Englischen *Thrill*) entsteht, wenn das Gefühl von Sicherheit und Bindung verloren geht und der Flug der Emotionen ins Grenzenlose, Unbekannte und Ungesicherte beginnt. Eine »Mischung von Furcht, Wonne und Hoffnung angesichts einer äußeren Gefahr« nennt Balint »das Grundelement aller Angstlust«.[151] In dieser ambivalenten Emotion ist eine psychische Distanz wichtig, um die Spannung aus-

151 | Michael Balint, Angstlust und Regression, Stuttgart (Klett-Cotta) 1999; vgl. Deistler, Vogler, Einführung in die Dissoziative Identitätsstörung; Hantke, Trauma und Dissoziation (1999).

halten und genießen zu können. Lässt sie sich nicht erhalten, setzt Panik ein, die Ausgangslage für Grausamkeit und Dissoziation.

5.2 Systemische Grausamkeit

Grausames Handeln am Feind wurde in Kriegen der Vormoderne als durch diesen selbst gerechtfertigt behandelt, nicht anders als das Töten. Diese Begründungsstrategie wurde durch die Aufklärung zersetzt, kam aber im 20. Jahrhundert zurück. Wenn Feindbilder und selbst Massaker aus der Angstabwehr, aus dem Grundgefühl der Verteidigung, wie die Philosophien des Ersten Weltkriegs nicht müde wurden zu betonen, der westlichen Zivilisation oder der deutschen Kultur, verstanden wurden, fügten sie sich in eine pathologische Mentalitätsgeschichte des Jahrhunderts ein, in der die eigene Grausamkeit durch die des Gegners gerechtfertigt wurde.

Bilder und schriftliche Quellen zeigen, dass der Amerikanische Bürgerkrieg auch in dieser Hinsicht auf der Schwelle zum industriellen Krieg stand. Er war hoch emotionalisiert, aber emotionale und strukturelle Grausamkeit hielten sich die Waage. Es ist zunächst erstaunlich, dass das moderne Schlachtfeld nicht der typische Ort war, an dem die Disposition zur Grausamkeit sich auslebte.[152]

Nach der ersten Phase des Ersten Weltkriegs breitete sich das Schlachtfeld der modernen Technologie aus und schuf einen Raum der Desensibilisierung. Er war nicht für Gefühle eingerichtet, und Grausamkeit gehörte nicht zu seiner Konstruktion. Der Erste Weltkrieg wurde zum Übungsfeld in Anaisthesis, und das Schlachtfeld war der Raum einer gefühllosen technischen Funktionalität. Sie zog aber eine neue, systemische Grausamkeit nach sich. Gefühllosigkeit und Grausamkeit waren kein Widerspruch. Das industrielle Schlachtfeld bildete die Matrix für eine unpersönliche Grausamkeit des Systems, der Ernst Jüngers Haltung der *Désinvolture* entsprach.

Diese Grausamkeit kann als Eigenschaft der einzelnen Soldaten nicht verstanden werden. Die moralische Verantwortung des einzelnen war suspendiert. Das Freisetzen der Grausamkeit hat in der Tat zum Ende des Gewissens geführt. »Ein Gewissen scheint keiner der Akteure mehr zu besitzen« – bemerkt Heer in seiner Interpretation der Grausamkeiten, die Soldaten an der Ostfront verübten.[153] Grausamkeit lag gleichsam in der Luft und bemächtigte

---

152 | Jürg Helbling geht davon aus, dass der Ursprung des Kriegs in der aus dem gesellschaftlichen Aufbau von Stammesgesellschaften entstehenden Grausamkeit zu finden sei. Jürg Helbling, The tactical use of Cruelty in Tribal Warfare, in: Lothar Kettenacker, Torsten Riotte (Hg.), The Legacies of Two World Wars. European Societies in the Twentieth Century, New York, Oxford (Berghahn) 2011, S. 149-173

153 | Heer, Disposition und Situation, S. 104.

sich des Inneren im Menschen. Sie brauchte kein subjektives Motiv. Ein Raum der Grausamkeit entstand. Er füllte das Innere aus, nicht anders als andere Räume, der Raum einer Kirche, eines Friedhofs oder der Raum der Sektionen im wissenschaftlichen Labor. Das grausame Handeln verselbständigte sich. Betritt diesen Raum, ließe sich Pascal paraphrasieren, und die Grausamkeit wird dich erfassen!

Für die Bellizisten galt das Kriegserlebnis als nicht analysefähig und nicht darstellbar. Es wurde als eine bewirkende Kraft verstanden, die die Schicht der Zivilisation durchbricht und an einen Anfang, der vor der Zivilisierung liege, vorstößt, also eine Erfahrung des Daseins ermögliche, die aus einer ursprünglichen Grausamkeit des Lebens in die Gegenwart gerettet worden sei. Der Kriegsdiskurs entwickelte eine Kultform der Grausamkeit. Ihr wurde Authentizität zugeschrieben, da sie etwas vom wahren Menschen enthülle und Unmittelbarkeit in den Beziehungen von Menschen, d.i. Männern, erhalte. Im Handeln und im Erdulden der Grausamkeit entstehe der maskenlose Mensch. Diese Authentizität stand in Opposition zum vorgeblich Unechten der Friedensordnung. Entscheidet man sich für die Kriegsordnung als Lebensform, erfahre man das authentische Selbst, befreit und als eine Stiftung durch Krieg und Gewalt. Dieses wahre Erlebnis erforderte die Überwindung des Diskurses durch Ritual.

Verlustgefühle führten zu Angst, die in Aggression transformiert wurde, die sich zur Grausamkeit steigerte und eine Macht vortäuschte, die in Wahrheit längst verloren war. Grausamkeit kompensierte einen Verlust, aber sie verstärkte wiederum die Angst vor dem Kommenden, so dass sie einen weiteren Schub der Grausamkeit auslöste. Grausamkeit wurde von machtlosen Männern ausgeübt, denen sie zu Illusionen über sich selbst verhalf.

Ist Grausamkeit eine Brücke für das Eindringen des Kriegshandelns in die Zivilgesellschaft? Die Normalisierung der Grausamkeit im Kriegsdiskurs legt einen Zusammenhang nahe. Er senkt Verbotsschwellen und schafft eine Latenz der Grausamkeit, die jederzeit aufgerufen und in Taten umgesetzt werden kann. Sie schlich sich nach 1918 ins zivile Leben und wurde endemisch. Verdun gab ihr einen Namen, der bis heute verstanden wird. Die Namen anderer Schlachten lassen sich nennen. Die Mechanismen und Zwischenschritte der Transformationen lohnen, aus der Perspektive der Emergenz aufgedeckt zu werden. Grausamkeit sollte eines der wichtigen Themen einer Kulturgeschichte des Kriegs sein.

5.3 Verdun und Folgen

Wir können eine leidenschaftsgetriebene Grausamkeit von einer anderen, distanzierten Grausamkeit, die wir als »strukturelle Grausamkeit« bezeichnen, unterscheiden.[154] Grausamkeit hat sich gleichsam aus dem Inneren der Täter entbunden und ist zur Eigenschaft des Kriegsraums geworden. In ihm wirken keine affektiven Bindungen und moralische Normen, und so entsteht ein Raum der »Dissoziationsmentalität, der die Grenzlinie, die kriegerische Gewalt von systematischer Grausamkeit trennt, auflöst«.[155] Die Annahme, der leidenschaftliche Opfergeist, der zu Beginn des Kriegs beschworen wurde, habe sich mit der seelenlosen Indifferenz der Materialschlachten verbunden, über ein Jahrhundert erhalten und beide hätten sich gegenseitig gestützt, ist nicht weit hergeholt. Ihr Zusammenwirken setzt sich in die Gegenwart fort.

Sucht man nach Orten der Vermittlung von negativen Werten, ist Verdun zentral und Grausamkeit der entscheidende, ins Positive gewendete Negativwert. Grausamkeit wurde von der deutschen Kriegsführung in der Öffentlichkeit popularisiert. Man kann nicht genügend darüber staunen, dass dieser Exzess an Grausamkeit (das Wort wurde nicht gebraucht) mit dem erklärten Ziel, den Gegner *weiß zu bluten*, öffentlich zu einem Kriegsziel erklärt werden konnte. Die mentale Vorbereitung der Schlacht zielte konsequent darauf, das moralisch Böse der Grausamkeit unter einer rationalen Ergebnisethik verschwinden zu lassen. Ein Wort wurde erfunden, das die Grausamkeit zum strategischen Ziel machte: *Blutpumpe*.

Die *Hölle von Verdun* war ein topografischer Ort, der als mentaler Raum erlebt wurde, an dem das grausame Handeln mit einem Schein des Transzendenten überhöht wurde. Bereits im Kriegsdiskurs von 1916 setzte die Gewöhnung der Grausamkeit nicht nur für die Kämpfer ein, sondern auch für die deutsche Öffentlichkeit. Nicht am physischen Ort, sondern im Verdun-Diskurs wurde die als Wert nie explizit bezeichnete Grausamkeit kulturell eingeübt.

Die Schlacht um Verdun ist ein Lehrbeispiel für den Übergang vom Denken in Kategorien der kriegerischen Gewalt in systemische Grausamkeit.[156] Sie stellte eine perverse Art der Beziehung zum Gegner durch Grausamkeit her. Das Kalkül Falkenhayns ging nicht auf, aber weder die Erfolglosigkeit noch die riesigen Verluste änderten etwas im Denken über die praktizierte Grausamkeit als Implikation der Technologie.

Die Frage nach einer systemischen Grausamkeit bezieht sich auf Bedingungen, unter denen die Verbindung von Grausamkeit und Verantwortung

154 | Spreen, Cruelty and Total War, S. 231f., 236.

155 | Spreen, Cruelty and Total War, S. 248.

156 | Die versöhnliche Erzählung, die noch 2001 zu Victor Davis Hanson, Carnage and Culture. Landmark Battles in the Rise of Western Power, New York (Doubleday) 2002, führen konnte, weicht einer zunehmend dunklen Geschichte: Die Machtlosigkeit der Vernunft zeigt sich in der europäischen Geschichte des 20. Jahrhunderts und führte zuletzt Timothy Snyder zu einem Bild, das finsterer nicht vorgestellt werden kann: Bloodlands. Europa zwischen Hitler und Stalin, München (C.H. Beck) 2011.

gelöst wird. Die zahllosen Berichte über die *Hölle von Verdun* liefern Beispiele. Über die christliche Hölle herrscht der Teufel – mit Gottes Zustimmung. Die Grausamkeit der Hölle ist theologisch legitimiert. Der Teufel und seine Gesellen sind von der Schöpfung verworfen und haben einen Ort, der draußen liegt, die Hölle. Das Schlachtfeld von Verdun konnte in diesem Sinn als Hölle erlebt werden. Die Forts wirkten wie ein Ort außerhalb der Schöpfung, und an diesem abgetrennten Ort löste sich das eigenverantwortliche Ich auf. Die Grausamkeit, so empfanden es die Soldaten, war vom Ort diktiert und hatte sich vom verantwortlichen Handeln des einzelnen Soldaten gelöst. Das Problem einer Verantwortung für die Grausamkeit stellte sich nicht, denn Orte haben keine Verantwortung.

Kulturgeschichte sucht in den Verdun-Zeugnissen nicht nach Quellen für die Rekonstruktion von Ereignissen, sondern liest sie als Konstruktionen von Erfahrung mit einem hohen Anteil an Phantasie. Aus der Beziehung zwischen dem Diskurs über die Kämpfe in den Forts und dem Kriegsdiskurs der Nachkriegsgesellschaft lässt sich Einsicht in die Fortwirkung der Grausamkeit in den Nachkriegsmentalitäten gewinnen.

Die Unterscheidung zwischen praktizierter Grausamkeit und dem Grausamkeitsdiskurs muss erhalten werden. Aber die Verbindung zwischen Imagination und Ausführung der Grausamkeit ist eng, und der Kriegsdiskurs trennt oft nicht zwischen Intention und Ausführung. An Beschreibungen in der deutschen und französischen Literatur über die Kämpfe um die Forts von Verdun lässt sich diese Grenzverschiebung zwischen Tat und Absicht, Erinnerung oder Halluzination verfolgen. Damit rücken Angst und Grausamkeit in enge Nähe. Soldaten fürchteten sich vor diesem Ort der Grausamkeit, und Schilderungen zeigen, wie die Angst sich in Aggression verwandelt, die zur Grausamkeit wird.

Wirkte der öffentliche Diskurs in Deutschland als Schule der Nation? Lässt sich eine Institutionalisierung von Grausamkeit in den Diskursen der europäischen Nachkriegsgesellschaften erkennen? Versuche nach 1918, Grausamkeit und existentielle Angst zu bewältigen, waren innerhalb der einzelnen Nationen höchst unterschiedlich. Russland und Deutschland sind Beispiele für Gesellschaften, die mit der Angst kämpften und sie nicht einzudämmen vermochten. Von der Politik offen propagierte Kriegsgewalt rehabilitierte die Disposition zu Grausamkeit und Handlungen der Mitleidlosigkeit.

Seine Kriegserlebnisse, vor allem an der Somme, hat Ernst Jünger zu einem Bild vom Ersten Weltkrieg als Stahlgewitter verarbeitet. Die Gefühllosigkeit gegenüber dem menschlichen Leid und die unerhörte Bedeutung des Materials, der Geschütze, Sprengsätze und Panzer, bildeten den empirischen Grund für Jüngers Bild vom Kampfplatz als industrialisiertes Feld der Grausamkeit. In seiner Sprache kommt Grausamkeit nicht vor, sondern er schreibt über das Grauen, das den Soldaten auf dem Schlachtfeld erfasst. Das Grauen unterscheidet sich von der Angst und ist, wie Rudolf Otto einmal bemerkt, ein »Wittern des Mysteriösen, wenn auch zunächst in der noch rohen Form des Unheimlichen.« Dies *Wittern* spürt die Grausamkeit, die Jünger nicht mit Menschen, sondern mit Stahl und den Kriegsmaschinen assoziiert, die in seiner Wahrnehmung der Front das Menschengemachte übersteigen.

In den westlichen Demokratien bestand ein größeres Bedürfnis als in Deutschland, die Grausamkeit zu verhüllen und ihren Platz im öffentlichen Diskurs zu beschränken. Aber in entscheidenden Situationen waren Clemenceau, ›le tigre‹, oder General Haig, ›Butcher of the Somme‹, bereit, Grausamkeit zu praktizieren und von der Notwendigkeit der Grausamkeit im Krieg zu sprechen. In der öffentlichen Debatte wurde diese Sprache ebenso wenig wie in Deutschland kritisiert.

Während Deutschland und Frankreich Ähnlichkeiten zeigen, hat die Verarbeitung der grausamen Schlachten in Großbritannien zu einem anderen Bild vom Krieg geführt. Mir scheint, dass Großbritannien, wo Angst nur in einer kleinen Gruppe von Intellektuellen und Schriftstellern verbreitet war, die Ausnahme unter den europäischen Nationen bildete.[157] Nicht weniger grausam als die Schlacht um Verdun war die Somme-Offensive, für die das britische Oberkommando die Verantwortung trug. In den 141 Tagen lag der verlustreichste Tag der britischen Kriegsgeschichte. Man schätzt etwa 8000 tote Briten in den ersten 30 Minuten der Schlacht. Ein Grausamkeitsdiskurs hat sich aber in Großbritannien nicht entwickelt. Der Topos der verlorenen Generation, den es in Deutschland und Frankreich nicht gab, sprach von Trauer und arbeitete mit einer Schuld der älteren Generation, so dass das Verantwortungsprinzip auf das Verhältnis der Generationen übertragen wurde.

Für die Selbstdarstellung der Sieger, erstaunlicherweise weniger der Verlierer, war Grausamkeit nach 1918 tabu. Sie wurde nur als Projektion auf den Feind zugelassen. Die Disposition zu Gewalt, Aggression und Mitleidlosigkeit war konstitutiv für das Bild vom Feind, das England und Frankreich entwickelten. Das Bild vom grausamen Feind wirkte in Deutschland und trug zur Angst vor dieser Welt bei, die wiederum auf die Mühlen der Propaganda gelenkt werden konnte: In einer Welt der Grausamkeit kann nur mit Grausamkeit gesiegt werden. Die Konsequenz, die Hitler in *Mein Kampf* und andere militante Nationalisten zogen, war unzweideutig: Nicht das Ethos opferbereiter junger Krieger, sondern der erfahrene Soldat, der seine Pflicht erfüllt und sich der systemischen Grausamkeit des technisierten Schlachtfelds anpasst, handle zeit-

157 | Pat Barker, The Eye in the Door, 1993; Stig Förster, Angst und Panik. »Unsachliche« Einflüsse im politisch-militärischen Denken des Kaiserreiches und die Ursachen des Ersten Weltkriegs, in: Birgit Aschmann (Hg.), Gefühl und Kalkül. Der Einfluss von Emotionen auf die Politik des 19. und 20. Jahrhunderts, Stuttgart (Franz Steiner) 2005, S. 74-85.

gemäß. Das Bild der unerfahrenen Jünglinge in Uniform, die auf Befehl des Oberkommandos im Feuer der erfahrenen Kolonialtruppen bei Langemarck elend starben, hätte zu den Bildern der Grausamkeit gehört, wurde aber zum Heldentod umgedeutet. Das Menschenopfer – auf dem Altar wie auch auf dem Altar des Vaterlands – war stets der Akt von Grausamkeit. An diesen Soldaten hatte die Heeresleitung grausam gehandelt, indem sie sie opferte, *verheizte*, wie es in der Soldatensprache hieß. Die englischen Berufssoldaten mit Kolonialkriegserfahrung, die sie, staunend über so viel Planungslosigkeit, reihenweise erschossen, konnten kein Gefühl für das Grausame haben. Sie sprachen von den *Schoolboy Corps*. In Deutschland wurde das Bild von jungen, im Sturmlauf hingemähten Opfern erfunden, so dass die Bevölkerung ihr Schicksal mit Selbstlosigkeit und dem Stolz auf eine Nation von gläubigen Söhnen in einer (ihnen fremden) Welt der Grausamkeit identifizierte.

Ernst Simmel, der österreichisch-amerikanische Sozialpsychologie Robert Waelder und andere schlossen aus der Erfahrung der Soldaten des Ersten Weltkriegs auf eine mentale Spaltung,[158] die die Bereitschaft zur Grausamkeit erzeuge. Sie werde durch eine gruppendynamische Verzerrung von Wahrnehmung, verbunden mit einem inneren wie äußeren Abwehrkampf gegen die als real empfundene Bedrohung bereitet. Diese Position und die Konflikte der Weimarer Republik wurden durch den Sieg der NS-Ideologie beendet. Nach 1933 änderte sich in Deutschland der öffentliche Diskurs über Grausamkeit. Sie wurde zur Staatsraison geadelt und hatte keine Gegner mehr, die gewagt hätten, offen zu sprechen. Unter den Regeln und sozialen Werten, aus denen dieser Staat seine Legitimation ableitete, war Grausamkeit ein selten offen artikuliertes, aber verdeckt beständig propagiertes Konstitutionselement. Der

158 | Diese These wurde in der Folge des Ersten Weltkriegs von Paul Plaut, Ernst Simmel, Robert Waelder, einem Schüler von Anna Freud, und anderen entwickelt; vgl. u.a. Robert Waelder (Hg.), Ansichten der Psychoanalyse. Eine Bestandaufnahme, Stuttgart (Klett) 1980 (zuerst 1934), bes. ders., Ätiologie und Verlauf der Massenpsychosen. Einige soziologische Bemerkungen zur geschichtlichen Situation der Gegenwart, S. 239-273, hier S. 225; ders., Psychological Aspects of War and Peace, Genf (Geneva research centre) 1939; ders., Psychoanalysis: Observations, Theory, Application. Selected papers of Robert Waelder, New York (International Universities Press) 1967. Frederick Walker, Neurosis and Shell Shock, London (Hodder & Stoughton) 1919; Charles S. Myers, Shell Shock in France, 1914-1918: Based on a War Diary, Cambridge (Cambridge University Press) 2011 (zuerst 1940); Richard Gabriel, The Painful Fields. The Psychiatric Dimension of Modern War, New York (Greenwood Press) 1988; Paul Lerner, Hysterical Men. War, Psychiatry and the Politics of Trauma in Germany, 1890-1930, Ithaca, NY (Cornell University Press) 2003; Michael Roper, The Secret Battle: Emotional Survival in the Great War, Manchester (Manchester University Press) 2009; Doris Kaufmann, Science as Cultural Practice. Journal of Contemporary History, Bd. 34, 1, 1999, S. 125-144.

Krieg der schrankenlosen Grausamkeit im Osten nach 1941 hatte keine Sprache und wurde durch die Litaneien der Ideologie stützend begleitet. Ein wenig überspitzt lässt sich sagen, dass die Ostfront den Grausamkeitsdiskurs der Verdun-Offensive oder der *Operation Michael* (1918) ins Sprachlose steigerte und ins Gigantische überhöhte. Beide Tendenzen führten den Krieg an die Grenze dessen, was bisher als Krieg gegolten hatte.

Grausamkeit hat sich bis in den gegenwärtigen Terrorismus und die Terrorismusbekämpfung erhalten. Zugleich wird Grausamkeit im öffentlichen Diskurs geächtet und als Rückfall in die Vergangenheit ausgegrenzt. Es kam zu der grotesken Situation, dass amerikanische Medien Berichte und Fotos von Folterungen in Abu Ghraib publizierten und der Präsident wiederholt öffentlich feststellte, dass die USA nicht foltern. Die offene Unwahrheit in den Worten des Präsidenten war mit dem Eigenbild leichter zu vereinbaren als das Eingeständnis, Grausamkeit zu praktizieren.

Die Zukunft der Grausamkeit

Mit dem Eindämmen des Kriegs in der Gegenwart sind Gewalt und Grausamkeit nicht bewältigt. Der Krieg ist moralisch geächtet, aber er verschwindet nicht. Er wird ein anderer, schleicht sich in gewandelter Gestalt ins Zivile ein und richtet sich nach innen. Die Rede vom Krieg in den Städten ist metaphorisch, aber damit nicht gegenstandslos. Sie bringt eine Realitätsempfindung der Gegenwart zum Ausdruck. Die Differenz zwischen Mord und Töten im Krieg, Folter und Krieg verwischt. Gewalt und Grausamkeit gehören, denken wir an den Terrorismus, die Präsenz in den Medien oder die Mikro-Kriegsszenen in Großstädten, in die alltägliche Lebenswelt der Gegenwart. Kino und Fernsehen, die Videokultur und die Literatur nehmen am Grausamen teil, selten kritisch und meist affirmativ. Die Schrecken der Grausamkeit haben einen Unterhaltungswert gewonnen. Unter der Camouflage des Internet, der Roboter und intelligenten Maschinen verbreitet sich Grausamkeit. Die Lage ist unübersichtlich. Gezielte Tötung setzt, um noch einmal an die Anfänge zu erinnern, die Geschichte von Kain und Abel fort. Aber sie wird als Krieg erklärt, und das Grausame wird nur auf der Seite der Opfer wahrgenommen.

Die Entwicklungen in Europa und den USA unterscheiden sich in dieser Frage. Dem Verwischen des Unterschieds, dem gleitenden Übergang von Gewalt im Alltag in den Krieg setzt der öffentliche Diskurs in Amerika wenig Widerstand entgegen. Beides wird gleichermaßen verdammt und akzeptiert. Eine Debatte über Grausamkeit gibt es nicht. Die öffentliche Meinung über Folter ist geteilt. Eine kämpferische Minderheit verdammt sie. Aber ein ernsthafter Diskurs findet nicht statt. Präsident Obama ist es in seiner ersten Amtsperiode nicht gelungen, sein Wahlversprechen einzulösen und das grausame Lager Guantanamo aufzulösen. Folter wird weiter praktiziert. In Europa wird Krieg

wird aus einer Perspektive, die das Tötungsverbot und die Stigmatisierung von Grausamkeit in sich aufgenommen hat, betrachtet und verworfen. Die *neuen Kriege* lassen sich nur schwer und der Krieg gegen den Terror gar nicht in den Kriegsdiskurs einfügen.[159] Krieg wird von der Gewalt im zivilen Leben getrennt. Dass es einen Internationalen Gerichtshof für Kriegsverbrechen überhaupt geben kann, ist die Folge: Der Verbreitung und Normalisierung von Gewalt wird der Gedanke des Kriegs als einer eigenen Ordnung gegenüber gestellt. Der Diskurs des Dualismus im 18. Jahrhundert, der in den Kriegen des Industriezeitalters verloren ging, wird auf diese Weise partiell wieder belebt.

Über Jahrhunderte hinweg hat der Kriegsdiskurs Grausamkeiten, Leid und Proteste festgehalten, es ist aber nicht gelungen, grausame Kriege zu verhindern. Die Lage könnte sich in Europa nach 1945 gewandelt haben. Die Friedenskonferenzen seit Den Haag, der Völkerbund, der Briand-Kellogg-Pakt und schließlich die Charta der Vereinten Nationen haben wenig Einfluss auf die Kriege und die Kriegspolitik des Jahrhunderts genommen. Die beiden Weltkriege werden, je intensiver an ihrem Bild gearbeitet wird, desto finsterer und abstoßender. Könnte sich die Idiosynkrasie so gesteigert haben, dass sie sich mit den Ideen der bisher erfolglos operierenden Organisationen verbindet? Ist es denkbar, dass die Erzählungen der unerahnten Grausamkeiten der beiden Weltkriege in Europa einen Abscheu vor dem Krieg entfacht haben? Geht, zumindest in Europa, ein Anti-Kriegs-Gefühl in die Theoriebildung ein, die zu einer Zukunft ohne Krieg beitragen könnte? Womöglich sollte diese Formulierung umgekehrt werden: Hat sich in Europa ein mentaler Raum herausgebildet, der keinen Platz mehr für den Krieg hat?

Grausamkeit und Dissoziation

Wie können wir in der Moderne mit dem Gegensatz von Moral und Normen, die den Krieg verurteilen, einerseits, und einer Praxis, die Gewalt und Grausamkeit freisetzt, andererseits, leben? Die »Apologie der Gewalt«, die im Krieg erfahren werde, hinterlasse Spuren in der mentalen Struktur der Gesellschaft.[160] Um sie zu verstehen, macht Spreen die Dissoziationsmentalität stark und betont einen Zusammenhang von emotionaler und kognitiver Indifferenz mit grausamem Handeln.[161] Mit *Dissoziationsmentalität* bezeichnet er eine mentale Haltung, die es ermöglicht, den Widerspruch im modernen Verhältnis zum Krieg auszuhalten. Er geht davon aus, dass Wissensstrukturen

159 | Kaldor, Neue und alte Kriege; Herfried Münkler, Die neuen und die alten Kriege, Frankfurt a.M. (Suhrkamp) 2011; Münkler, Die neuen Kriege und Münkler, Der Wandel des Krieges. Die *Neuen Kriege* dieser Debatte sind die Kriege der offenen Brutalität.

160 | Spreen, Cruelty and Total War , S. 232.

161 | Spreen, Cruelty and Total War, S. 231-252.

aus Texten, Mythen, Bildern und Kollektivsymbolen einen bemerkbaren Einfluss auf die moralischen Werturteile einer Gesellschaft haben.

Auch von Trotha spricht von der Unvereinbarkeit des Zivilisierungs- und Mäßigungsauftrags für das Verhalten des einzelnen mit den befohlenen Gewaltexzessen im Krieg. Der Krieg sei zu einer »Institution der Grausamkeit« geworden.[162] Die Dissoziationsmentalität ermögliche die mentale Vorbereitung eines Kriegs, in dem die Gesellschaft den Anforderungen kommender Kriege unterstellt werde. Die Mentalität zwischen den Weltkriegen sei geprägt gewesen vom Überschreiten der Grenze, die die moderne Zivilisation der Grausamkeit gezogen habe. Dissoziationsmentalität war nicht nur eine subjektive Reaktion, sondern sie wird aus dieser Sicht zum Teil einer Kriegsordnung, in der ein »kalter Funktionalismus« den Boden für die Beseitigung aller Restriktionen von Gewalt bereitet.[163] Sie sei, argumentiert von Trotha, der geschichtliche Ausdruck des von Popitz so benannten *Syndroms der totalen Gewalt.* Die Abstraktion, objektive Distanz und Gefühllosigkeit als Grundlage von Grausamkeit steht in einer untergründigen Beziehung zum Pathos der historischen Größe.[164]

Einige Kriegsberichterstatter und Fotografen haben die Aufgabe übernommen, eine Ikonografie der Grausamkeit zu entwickeln. Der Anfang war dilettantisch. Zahlreiche Fotos von Trümmerhaufen, zu denen Wohnhäuser und Kirchen in Belgien und Ostfrankreich verwandelt worden waren, zeigen stolze Soldaten in Siegerpose auf den Schutthügeln stehend. Solche Fotos hatten praktische Bedeutung im Krieg: Sie zeigten der eigenen Bevölkerung, wie erfolgreich die deutsche Artillerie am Sieg über den Gegner arbeitete. Sie konnten von den Alliierten in ihrer Propagandaschlacht als Beispiele für die Barbarei des Feindes benutzt werden. In der Geschichte der Grausamkeit füllen sie eine Stelle. Die Fotos führen Grausamkeit vor und machen sie zugleich unsichtbar. Die Faszination durch den Krieg sucht nach der grausamen Tat und wird fündig: Zerstörung und jammervoller Tod der unter Trümmern Verschütteten. Lachende Soldaten auf den Trümmerbergen der Häuser täuschen die Bildbetrachter.

Drastische Beispiele für den Zusammenhang von Grausamkeit und Dissoziation liefert die Kunst. Gemälde und Grafiken von Dix, Grosz, Hofer und

162 | von Trotha, On Cruelty, S. 34.

163 | von Trotha, On Cruelty, S. 34.

164 | Goyas *Desastres de la guerra* dürfte das erste Beispiel im europäischen Kriegsdiskurs sein, das den wechselseitigen Zusammenhang von Dissoziation und Grausamkeit explizit zeigt. Auch Bilder von früheren Kriegen zeigten Grausamkeit, aber sie ließ sich in ein Täter-Opfer-Schema einordnen und Verursachung und Verantwortung waren klar verteilt. Die Erfahrungen mit den Kriegen der Moderne waren die von unklaren Verhältnissen, die in Dissoziation führten.

anderen zeigen die menschlichen Wracks, verstümmelt, verarmt, arbeitslos, deren groteske Deformationen der Dissoziationspsyche den körperlichen Ausdruck geben, alle auf schwer zu beschreibende Weise gleichförmig, vorwiegend in Berlin. Damals entstanden die Bilder dieser Auflösung von Subjektivität, die seit dem Vietnamkrieg als posttraumatisches Stress-Syndrom bezeichnet wird, in nie zuvor gesehenen Figuren der Dissoziation. Sie visualisierten über die körperlichen Wunden und Verstümmelungen das Elend der Seele, für das es nach 1918 keine Elektroschocks oder ähnliche grausame Therapien mehr gab, und auch die Psychoanalyse hatte keine Therapieangebote. Diese Bilder der Grausamkeit verwandelten sich aus Fremdkörpern im Straßenleben in visuelle Normalität. Die äußere Wahrnehmung korrespondierte mit einer inneren Einstellung zu einer Metamorphose des Kriegers. Körper machen pathologische Dissoziation sichtbar und demonstrieren den Gegensatz zum neuen Menschen der Legierung aus Fleisch und Stahl. Es greift zu kurz, diese beiden Körperbilder als Gegensätze von Kriegskritik und Kriegsbejahung einander gegenüberzustellen. Der Begriff der Grausamkeit kann auf den Blick von Künstlern wie Dix oder Friedrichs Fotos angewandt werden und ist mit dem Gefühl des Grauens, von dem Jünger spricht, eng verwandt. Diese Kombination, eine Art struktureller Bildmonismus, erhielt sich bis in die Kriegsfotografie der Gegenwart.

Berichte aus Kriegen von Vietnam bis Irak und Afghanistan zeigen die Gleichzeitigkeit und Wechselwirkungen der beiden Arten von Grausamkeit. Die Wiederkehr der Folter, von der seit einigen Jahren gesprochen werden muss, und Berichte über das grausame Verhalten amerikanischer Soldaten in den jüngsten Kriegen geben keinen Anlass anzunehmen, dass Grausamkeit abgeschafft würde. Sie legen die Vermutung nahe, dass eine systemische Grausamkeit der Kriegsführung weiterhin mit negativer Emotionalität verknüpft ist. Keines der militärischen Erziehungsprogramme scheint geeignet, Abhilfe zu schaffen. Das anhaltende Zusammenwirken von Emotionalität und Gefühllosigkeit wäre eine genauere Untersuchung wert.

6. Der Krieg in Bildern – vom Relief zum Handy

Die Medien der Kriegsgeschichte reichen von Homers Gesängen, Herodots Schriften und Euripides' Theater zu Zeitungsberichten aus Afghanistan und, denken wir an Bilder, zieht sich vom frühen Mesopotamien, Assyrien und Babylonien mit den erzählenden Kriegsreliefs eine allerdings gewundene ikonografische Linie bis ins 19. Jahrhundert und schließlich ins digitale Bild und zu

CNN-Fernsehberichten.[165] Die Bildgeschichte des Kriegs ist mit Spekulationen und Visionen über die Zukunft des Kriegs durchsetzt. Ich kann im Folgenden nur einige Aspekte des Themas herausgreifen.

Das Kapitel über Bilder in der Geschichte des Kriegs reicht zwar weit zurück, ist aber wenig gehaltvoll. Es hat seit dem Ersten Weltkrieg ständig an Bedeutung zugenommen. Dafür sorgen Fotografie, Film und Video. Gleichzeitig mit der Entdeckung der Kulturgeschichte des Kriegs zu Ende des vergangenen Jahrhunderts entwickelte sich der ›iconic turn‹, und beide ergänzten sich. Eine Kulturgeschichte des Kriegs kann nicht aus Bildern geschrieben werden, und sie kann nicht ohne Bilder geschrieben werden. Sie steht am Anfang.

Galten Bilder lange als mängelbehaftete Abbilder von etwas, das allein mit Sprache angemessen erfasst werden könne, verschiebt sich die Gewichtung für unsere Wahrnehmung von Realität zugunsten des Bildes.[166] Die Entwicklung lässt vermuten, dass die neuen Formen von Krieg mit der Medienkultur zunehmend verschmelzen werden. Die Medialisierung ist die bisher extremste Steigerung der Fernwirkung, also der visuellen und emotionalen Entkoppelung von Tätern und Opfern, nach deren Muster auch die neuen Formen der Infokriege wirken ebenso wie der Krieg mit Drohnen.

Die Technik selbst legt diese Verwandtschaft nicht unbedingt nahe: Die Steuerung militärischer Einsätze im Irakkrieg und die Medienberichterstattung bei Terroranschlägen scheinen weit voneinander entfernt zu sein. Aber die Fernwirkung, die zu einer schwindenden Bedeutung der Körper und Unerheblichkeit von Präsenz führt, verbindet beide und hat Auswirkungen, die bisher kaum bedacht worden sind.

165 | Die Wandreliefs aus dem 7. Jahrhundert v. Chr. im Nordpalast und Südwestpalast von Ninive gehören zu den frühesten Kriegsdarstellungen, an denen sich ein europäisches Bild von Krieg zeigt. Territoriale Konflikte, Herrscher, Helden und politische Macht entstehen in diesen Kriegen, neue Dynastien etablieren sich, die frühen Gesellschaften verändern sich unter dem Einfluss von Kriegshandlungen, dem Eingreifen von metaphysischen Kräften, Göttern und Schicksalsmächten. Von der Zerstörung von Ebla (um 2300) zur Zerstörung von Assur und Ninive (um 610) und der Einnahme Babylons (539) zieht sich eine Kette von Kriegen der vorderasiatischen, urbanisierten Kulturen. In Uruk gab es zu Beginn des 3. Jahrtausends die ersten Stadtmauern mit Türmen und wohl auch organisiertes Militär. Politische Legitimation und rudimentäre Formen der Propaganda, die mit dem Krieg als Identitätsstiftung zusammenhingen, gehen auf diese frühen Anfänge der europäischen Zivilisation im Vorderen Orient zurück. Vgl. Ascalone, Mesopotamien, S. 47-53, 186-201.

166 | Gerhard Paul, Aufstand der Bilder. Die NS-Propaganda vor 1933, Bonn (Dietz) 1980; über die suggestive und unmittelbare Wirkung von Bildern, die sich Ideologien wie der NS zu Nutze machen: S. 143.

Kriegsbilder betrachten: Semiotik und hermeneutische Interpretation

Die Vorstellung, Bilder könnten gelesen werden, ist dubios. Denn sie versteht Bilder als Texte. Das sind sie nicht. Aber ein Stückchen kann der Kulturhistoriker auf diesem Weg ins Bild mitgehen, solange er das Ziel nicht vergisst, das auf diesem Weg nicht zu erreichen ist. Für eine Kulturgeschichte des Kriegs ist es wichtig, die »Rhetorik der Bilder« (Barthes) zu verstehen: Welche Bildmittel lassen sich beschreiben, die den Betrachter emotional und kognitiv ansprechen? Es ist aber ebenso wichtig, anderes zu erfahren: Mit welchen Augen wurden diese Bilder betrachtet? Gewiss nicht mit dem uns heute natürlich erscheinenden Blick. Der Blick des Künstlers, die Blicke der Personen im Bild und die Blicke der Betrachter sowie deren Zusammenspiel sind für die Bildgeschichte vom Krieg aufschlussreich. Sie können nicht gelesen werden, sondern erfordern Interpretation.

Interpretation kann Kriegsdarstellungen für die Gewalt in gesellschaftlichen Strukturen ebenso wie als Teil einer Geschichte des Ästhetischen symptomatisch machen. Die Beziehung kann vordergründig sein, wie die Assoziation von Schwein und fettem Kriegsgewinnler in Grosz' Gemälden, die der Auslegung keinen Widerstand entgegensetzen, oder subtil und verborgen wie in Bildern des weiblichen Körpers von Egon Schiele, deren Zusammenhang mit dem Krieg und der Gewalt der Zeit nicht offen liegt, aber auf der Ebene der Formgeschichte deutlich wird.

Außer der Ikonografie gilt es zwei weitere Dimensionen zu erkunden: die der Bildbedeutung und die der kulturellen Bedeutung, also den Geist oder die Atmosphäre einer Zeit im Bild. Unterstellen wir, dass der westlich-europäische Blick, der distanzierte Blick, der empathische Blick, der Kriegerblick oder der weibliche Blick aus unterschiedlichen Einstellungen zu Kunst und Krieg folgen und zu unterschiedlichen Konstruktionsprinzipien und Ikonologien führen, ist die Einbettung der Bilder in gesellschaftliche Kontexte eine Bedingung für das Verständnis von Kriegsbildern. Aber welche Kontexte sind es: die der Zeit des Entstehens oder die der Betrachtung des Bildes, die einer Kriegspartei oder der Opfer?

Die Bildauslegung richtet sich in einer kulturgeschichtlichen Interpretation auf das Bild als Referent und ebenso auf das Bild als Konstruktion. Zeigt das Bild den Krieg oder sehen wir den Krieg eines Bildes, den Krieg als Bild aus dessen spezifischer Perspektive? Der perspektivische Blick des Künstlers und die Blicke eines impliziten und eines expliziten Bildbetrachters sind zu unterscheiden. Gefühle wie Hass, Angst, Begierde, Jubel, Lust, Sadismus oder Gefühllosigkeit stehen in engem Austausch mit Gewalthandeln und Krieg. Der Blick der Künstler macht solche Beziehungen auf seine Weise im Bild sichtbar oder legt sie gemäß eigener Vorstellungen hinein, und das Bild benötigt einen kundigen Betrachter, der die Zeichen richtig erkennt und einordnet. Aber es gibt eine Kriegskunst, in der Gefühle nicht vorkommen: die Schlachtenmalerei.

Im Diskurs geht es um Wertung, und die Kulturgeschichte fragt nach den Kriterien der Bewertung. Sie sind nicht konsistent. Aber sie sind nicht subjektiv im Sinn von willkürlich. Der Begriff der Kontingenz eliminiert solipsistische Subjektivität und beschränkt Zufall. Aber das Dilemma der Wertung kann die Kulturgeschichte nicht lösen.

Kulturgeschichte behandelt die sich über lange Zeiträume erstreckenden Gemeinsamkeiten und wendet sich zugleich gegen die wissenschaftliche Abstraktion im Kriegsbild, indem sie die Besonderheiten des Alltags, der je gegenwärtigen kulturellen Bedingungen und der geschichtlich spezifischen Subjektivität zum Gegenstand ihrer Arbeit erklärt. Sie fasst Krieg als eine spezifische Lebenswelt auf, deren »unwillkürliche Lebenserfahrung« eine spezifische geschichtliche Zeit ausmachen, die freigelegt werden kann, »wenn ihre Verstellungen und Verzerrungen durch geschichtliche Prägungen, die im Normalbewusstsein der heutigen Menschen zu Selbstverständlichkeiten verkrustet sind, auf- und abgearbeitet werden«.[167] Diese Arbeit wird in der Gegenwart am Bild geleistet. Von der Kriegsfotografie des Ersten Weltkriegs über den Fotojournalismus bis zu den verwackelten Handybildern der Gegenwart ist die Frage nach dem Verhältnis von bildlicher Dokumentation zu Verstellungen und Verzerrungen im Bild fundamental für die Ausbildung eines Kriegsbildes.

Bilder zeigen, aber oft wissen wir nicht, was wir sehen, weil das notwendige Wissen verloren gegangen ist. Goyas französischen Soldaten mit einem Säbel vor spanischen Frauen verstehen wir als Sichtbarmachen der Gewaltherrschaft einer Besatzungsmacht, also einer Politik und deren Idee. Zeigt es auch die Körperhaltung eines Soldaten und einer bedrohten Frau von 1808? Was erfahren wir aus dem Blatt über die Körperhaltung? Womöglich gar nichts, weil Goya sie nicht beobachtet hat. Sind wir berechtigt, sie nach unserer heutigen Sehgewohnheit zu beurteilen? Dann wirkt die Konfrontation ein wenig theatralisch, auf alle Fälle unrealistisch. Dürfen wir unseren verstehenden Blick zurück bis zu den Bildern von Ninive bewahren?

167 | Schmitz, S. 19. – Die physiologischen Prozesse bei der Gedächtnisbildung besser zu durchleuchten, könnte zu einem angemesseneren Verständnis der kommunikativen Erinnerung führen. Antonio Damasio knüpft aus einer Anti-Descartes-Position an Spinozas Körper-Geist-Vorstellung an, die sich gegen Reduktionismus wendet und mit der Emergenztheorie kompatibel ist. Er hat Nachfolger gefunden. Neuere neurobiologische Forschungen zeigen Wege, die Psyche und die Struktur ihres Organs Gehirn mit negativer Erinnerung zu verbinden.

Was sagen Bilder über den Krieg?

Die Konstruktion eines Kriegsbilds aus dem Visuellen stellt die Frage: Sind Stein, Metall und andere dauerhafte Materialien oder Museumsarchitektur geeignet, Erlebnisse auszudrücken? Oder sind diese Mittel der subjektiven Dimension von Erinnerung unangemessen und nur geeignet, generelle Aussagen über Krieg zu visualisieren? Leichter zu beantworten ist diese Frage im Hinblick auf zweidimensionale Bilder. Was tut die Ikonografie und was bringt sie für die (An-)Sicht der Überlebenden zum Ausdruck? Wie werden subjektive Wahrnehmung und Emotionen mit kollektiven Erinnerungen in Bildern verbunden, und lässt sich diese Verbindung im öffentlichen Raum herstellen?

Wie für die mentalen Bilder gilt auch für die materialen Bilder: Sie haben einen manifesten Inhalt, der eine große Menge an Informationen enthält, aber der größere Schatz muss gehoben werden. Bilder sind dann aufschlussreich, wenn sie von etwas handeln, von dem sie selbst nicht wissen, dass sie es zeigen. Waffen, Kleidung oder die Körperhaltung eines Soldaten beim Laden der Muskete waren zum Beispiel für den Künstler, aber nicht für den Soldaten, der zuvor gelernt hatte, so selbstverständlich, dass er sie *einfach* und *fraglos*, ohne die Versuchung zu schönen oder anderswie zu verändern, abbildete. Aber sie enthüllen dem gezielt fragenden, späteren Betrachter ein (vergessenes) Körperwissen. Für die Kulturgeschichte des Kriegs werfen Bilder Licht auf Banalitäten, die für das Verständnis vom Kampf vergangener Zeiten unbedeutend sind und zugleich für den späteren Betrachter eine disproportionale Bedeutung gewinnen. Der Betrachter kann Details, etwa in Körperhaltungen, wahrnehmen, die sich erhalten haben und in anderen gesellschaftlichen Situationen weiterwirken oder, ganz im Gegenteil, in der Geschichte des Körpers verschwunden sind. Andererseits ist zu beachten, dass wir stets ein Bild aus einer spezifischen Perspektive und damit eine Interpretation sehen.

Kriegsbilder werden nicht für Kulturhistoriker gemacht. Aber es ist schwer zu sagen, für wen sie gemacht werden und wer sie betrachtet, in wessen Blick sich also der Kulturhistoriker hineinversetzen sollte. Ich will mich der Frage über ihre Funktionen nähern. Die Kulturgeschichte kann zwischen Bildern als Mittel der Kriegsführung und Bildern, die für eine Wirkung in der Gesellschaft gemacht werden, unterscheiden. Bilder als Mittel im Krieg tauchen im engeren Verständnis erst mit der Fotografie auf. Im Ersten Weltkrieg wurden Fotografie (bereits 1914) und Film als Mittel der Kriegführung eingesetzt. Sie wurden von Offizieren in Auftrag gegeben und betrachtet, besser: ausgewertet. Aber nicht nur von ihnen. Die Luftbilder der Aufklärung waren populär und wurden kommerziell vertrieben. Sie produzierten ein spezifisches Kriegsbild, das nicht militärischen Zwecken diente, aber unbeabsichtigt eine eigene Ästhetik entwickelte. Ihre Perspektive von oben ist die der Herrschaft und ersetzt den verloren gegangenen Kommandoort, den Feldherrenhügel. Die Leporellos, die nach 1915 in Labors unmittelbar hinter der Front aus vielen Einzelfotos zu

Panoramen zusammengesetzt wurden, hatten nicht nur einen Wert für die militärische Aufklärung, sondern bedeuteten einen Schub der Abstraktion im Kriegsbild und im Landschaftsbild. Abstrakte Landschaftsmalerei hätte gewiss ohne die vielen veröffentlichten Luftbilder, die in kaum einem Fotoalbum der Zeit fehlten, eine andere Entwicklung genommen. Das ist, gemessen an der Aufgabe dieser Fotos, ein bloßer Nebeneffekt, aber ein sprechendes Detail aus dem systemischen Zusammenhang zwischen Krieg und ziviler Gesellschaft. Wurde die strategische Kriegsfotografie zu einer Schule des abstrahierenden Blicks?

Von anderer Art sind die Bilder vom Krieg, die für die Öffentlichkeit gemacht werden. Bilder vom Krieg Assurbanipals waren Zeugnisse des Triumphs. Sie dienten zweifellos der Selbstdarstellung des Herrschers. Sie wurden nur von den Palastbewohnern und Besuchern gesehen. Über ihre Wirkung wissen wir nichts. Dennoch lassen sich einige Beobachtungen machen. Indem sie Kampf zeigen, ordnen sie ihn mit den Mittels des Bildes: oben und unten, Vordergrund und Hintergrund, rechts und links haben Bedeutung. Zusammenhänge werden hergestellt, Natur einbezogen, Waffen in Aktion gezeigt. Sie erzählen eine Kriegsgeschichte und wirken wie Propaganda und Anleitung zur Vorbereitung kommender Kriege – auf uns und wahrscheinlich auch auf die ersten Betrachter. Auf dieser Ebene des Ikonografischen schaffen sie ein Bild vom Krieg, das sich von Steinzeitbildern, die Menschen mit Waffen zeigen, unterscheidet.

Die Inhalte und Funktionen der Kriegsbilder änderten sich im Lauf der Jahrhunderte. Mit dem Entstehen einer Öffentlichkeit der visuellen Medien und den Strukturen ihrer Kommunikation in der frühen Neuzeit entstand ein neuer Typus von Kriegsbild. Zur Zeit der Türkenkriege wurden Bilder zu einem, womöglich dem wichtigsten Medium für eine populäre Antwort auf die Frage: *Was ist Krieg?* Diese generelle Aussage ist leicht zu machen, aber es gibt viele sich widersprechende Antworten auf die Frage nach der Wirkung von Bildern auf das Kriegsbild.

Bilder als Zeugnisse

Die wenigsten Künstler haben je ein Schlachtfeld gesehen und schufen ihre Bilder weitab von den Kriegsschauplätzen in ihren Ateliers. Es war nicht ihr Ziel, realistische Szenen aus dem aktuellen Kriegsgeschehen zu zeigen. Sie strebten vielmehr nach dem bedeutenden Augenblick. Der kann auf dem Schlachtfeld nicht gesehen werden, sondern wird in zeitlicher und räumlicher Distanz zusammengefügt. Er zieht getrennte Handlungen und Ereignisse in einem Bildrahmen zusammen, so dass der Betrachter durch *Verdichtung* sich ein Bild vom typischen Schlachtfeld und Kriegsgeschehen machen soll. Die Konstruktion eines bedeutenden Augenblicks zeigt und bestätigt das Kriegsbild des Künstlers, das mit der allgemeinen Ansicht vom Krieg seiner Zeit übereinstimmen oder ihr widersprechen mag. Das: ›Ich bin dabei gewesen!‹ entsteht erst mit der Fotografie.

Kriegsbilder konstruieren eine vorgestellte und durch die Mittel der Kunst strukturierte Welt eines Kriegs. Zeigen sie den Krieg? Bilder mit dem Titel *Der Krieg* sind selten. Wir denken an die allegorischen Bilder in Goyas Zyklus, der den Krieg als hässlichen und deformierten Geier zeigt, oder an Kubins plumpes Monster. Das sind Ausnahmen. Bilder zeigen nicht den Krieg, sondern Augenblicke aus einem konkreten Krieg, an denen erst die Interpretation das Generelle des Kriegs sichtbar macht. Wie entsteht das Generelle aus dem abgebildeten Partiellen? Was haben die Künstler von Ninive gesehen? Waren sie überhaupt dabei? Diese Reliefs zeigen viele Details und sie zeigen dem Betrachter auch *den* Krieg – folgt er aus dem Blick dieser Zeit, der Künstler oder des Herrschers oder der Kämpfer oder des Betrachters? Er ist anders als der Krieg der Fotografie des Krimkriegs. Legen wir vielleicht diesen späten Blick in die Wandreliefs hinein? Mit dem Problematisieren von Auswahl, Position, Präsentation, Repräsentation und Rezeption von Bildern befinden wir uns im Zentrum von Kulturgeschichte. Ich will drei Typen von Kriegsbildern herausgreifen und exemplarisch behandeln.

Schlachtengemälde

Schlachtengemälde der Neuzeit entstanden als Auftragsarbeiten. Sie blieben der Öffentlichkeit verborgen, hingen in Schlössern und Adelssitzen und waren nur als seltene Votivbilder in Kirchen zugänglich. Sie streben nicht nach realistischer Abbildung, sondern stellen häufig große historische Schlachten mit den Waffen, Gewändern und Ordnungen der eigenen Zeit dar, wie zum Beispiel eines der ersten Schlachtengemälde, die berühmte *Alexanderschlacht* von Albrecht Altdorfer (1529).[168] Sie entsprechen dem Wissen und dem Kunstverständnis der Zeit, enthalten Allegorien oder Bildzitate und erfordern einen für Zitate und Allegorien geschulten Blick. Sie sind offen perspektivisch und verbergen nicht die Sicht von oben.

Wenn wir sie heute betrachten, wissen wir, dass sie nicht für uns gemacht wurden. Sie enthalten implizite Informationen über Auftraggeber und Maler und die Einstellungen zu Krieg und Kriegsordnung. Wir sehen auf ihnen, was ihre Auftraggeber, Adlige und Kriegsherren, nicht gesehen haben und nicht haben sehen können oder wollen. Altdorfers *Alexanderschlacht* zeigt die Schlacht bei Issus (333 v. Chr.) mit zwei Riesenheeren unter Alexander und

168 | Hein Kähne, Die Alexanderschlacht, München (Prestel) 1998; es ist als das berühmteste Gemälde der Welt bezeichnet worden. Eine Fehleinschätzung, die von der Wertschätzung des Bildthemas geleitet sein dürfte.

Darius. Das Gemälde ist nicht nur aus der Einbildungskraft des Malers entstanden, sondern Altdorfer hat sich aus zeitgenössischen Quellen Wissen verschafft, vor allem Schedels *Weltchronik* (1493). Er zeigt eine Ritterschlacht mit einer unglaublichen Fülle an minutiös ausgeführten Figuren, zu Pferde und zu Fuß, und Details einer Phantasielandschaft mit Felsen, einer Stadt, Zeltlager, dem Meer. Die Griechen tragen weiß-blaue Uniformen und sind von den Persern in roten Gewändern und mit Turbanen leicht zu unterscheiden. All diese wunderbar ausgeführten Details sind phantasiert. Das riesige Bild taucht die Kampfszene in goldenes Licht der Morgensonne. Der untergehende Mond ist auch zu sehen, wohl als Allegorie der in dieser Schlacht, aber ebenso in einem viel allgemeineren Sinn untergehenden Perser.

Das Bild stilisiert den Kampf der Griechen und Perser zur weltgeschichtlichen Bedeutung: der Existenzkampf zwischen Abendland und Orient. Die Perspektive der Frauen in der griechischen Tragödie könnte nicht ferner liegen. In der Bildmitte steht der überproportioniert große Wagen des Darius, der von Alexander verfolgt wird. Der Aufeinanderprall der Heere wird als Teil der göttlichen Weltgeschichte dargestellt und zeigt Schicksal, also Plan, der den beteiligten Menschen verborgen ist, aber vom Maler aufgedeckt wird. Das Gemälde kann als symptomatisch für die lange Tradition von Schlachtenmalerei gelten, die erst im späten 19. Jahrhundert abbricht. Es wurde gemacht und betrachtet von denen, die Geschichte durch Kriege machten. Es zeigt nicht den Krieg von 333 v. Chr., sondern die Idee vom Krieg mit dem Wissen und der Einbildungskraft des 16. Jahrhunderts.

Auch für bekannte holländische Gemälde des 16. und 17. Jahrhunderts, die keine Schlachten, sondern Themen aus der Bibel oder Mythen zeigen wie *Selbstmord Saul, Der Bethlehemische Kindermord, Triumph des Todes, Das brennende Troja* oder *Das Gefühl – Venus und Amor unter Kriegsgerät* der Breughels gelten diese Annahmen. Sie zeigen Kämpfe, Waffen, Rüstungen, Befestigungen, künstliche Landschaften mit Kriegsgerät. Aber es geht nicht um Krieg im heutigen Verständnis. Krieg ist auf eine Weise in Religion und Kultur eingebettet, dass er nicht zum Bildthema wird. Aber wir sehen Krieg, auch wenn der Bildtitel andere Inhalte ankündigt, etwa im Bild *Der Bethlehemische Kindermord,* dessen biblischer Ursprung nicht die geringste Beziehung zu Krieg hat. Krieg ist in eine Heilsgeschichte verflochten, die ihm Transzendenz gibt und am Sinn keinen Zweifel zulässt. Dass es doch auch Zeichen des Zweifels am Töten und Brandschatzen auf diesen Gemälden und damit eine Spannung zu den eigentlichen Kriegsgemälden gibt, soll hier nur angedeutet werden.

Grafiken: Bilder der Bürger und kleinen Leute

Mit den Grafiken des 17. Jahrhunderts setzt eine neue Geschichte des Kriegs ein. Sie liefern Beiträge zu einem Kriegsbild der Bürger und kleinen Leute. Sie wurden von vielen, das heißt für diese Zeit von einigen Betrachtern gesehen. Diese Grafiken stellen die *eigene* Welt dar, ohne den Auftrag eines Adligen, ohne geschichtliche Größe, ohne den Prunk der Rüstungen und leuchtenden Farben, ohne den Herrscher, der alles auf sich als Bildzentrum hin ausrichtet, und ohne Bezug auf Vergangenheit und Heilsgeschichte. Anklage oder die Idee einer Welt ohne Krieg stehen nicht hinter diesen Kriegsdarstellungen. Zeigen diese Grafiken den Krieg der Zeit oder sehen wir die Zeit mit den Augen der Künstler und stellen uns die fremde Welt aufgrund ihrer Kriegsbilder vor? Einen Abbildungsrealismus streben sie nicht an. Den Kampf um Realismus in der Konstruktion eines Kriegsbildes gibt es erst seit dem späten 19. Jahrhundert, und auch dieser Realismus bildete nicht das Kriegsgeschehen ab, sondern zeigte einen perspektivischen Blick.

Die Grafikserien des Dreißigjährigen Kriegs zeigen die Urkonstellation der frühen Neuzeit: buntscheckig uniformierte Söldner mit Waffen und Bauern mit Mistgabeln und Äxten, selten Stadtbürger. Wir sehen Plünderungen von Dörfern und Bauernhäusern, Mord und Totschlag. Auf Blättern von Franck sehen wir auch elegant gekleidete Damen – sind es Huren? – neben Soldaten und provokante Blicke. Andere Blätter zeigen komisch-ironische Situationen. Aus Details, aber auch aus Verzerrungen und Unrichtigkeiten, die wir erkennen, wenn wir etwas über die Zeit wissen, lassen sich Informationen gewinnen: Rückschlüsse auf Einstellungen, vorbewusste Präferenzen und Mentalitäten der Künstler und ihres Publikums. Diese Bilder muss der Betrachter zum Krieg zusammensetzen, und es ist ein anderer Krieg, als ihn die Schlachtengemälde zeigen: Krieg als Teil des Lebens, als Ordnungslosigkeit und Unsicherheit, als Abenteuer und Grausamkeit, Raub und Flucht, Hauen und Stechen und Erdulden, Sterben und Töten, als Leid, Ungleichheit und Tod. Ein *Bilddiskurs von unten* beginnt. Goya führte diese Sicht von unten, die nicht mit der Sicht von Opfern gleichgesetzt werden darf, 200 Jahre später mit großer Suggestionskraft weiter.[169] Otto Dix und andere Künstler setzten die Linie im Ersten Weltkrieg fort. In der Gegenwart reißt sie ab.[170]

6.1 Fotografie, Amateurfotografie und das neue Schlachtfeld

Mit der Fotografie begann eine neue Ära des Kriegsbildes. Waren Kriegsbilder vor der Fotografie auch Kunstwerke, so stellte die Kriegsfotografie den künstlerischen Anspruch nicht oder nur sehr kurze Zeit, im Krimkrieg und zu Beginn des Ersten Weltkriegs. Schlachtgemälde ordnen die Welt nach einem Plan, in dem die eigene Position und das vom Krieg verursachte Leid keine

169 | Goyas Kriegszyklus *Los desastres de la guerra* konnte zu seinen Lebzeiten nicht veröffentlicht werden. Er zeigt nicht nur spanische Opfer der französischen Gewaltherrschaft, sondern auch mordende Frauen.

170 | Was an ihre Stelle tritt, zeigt: Ralf Beil, Antje Ehmann, Serious Games. Krieg – Medien – Kunst. War – Media – Art, Darmstadt (Mathildenhöhe, Hatje Cantz) 2011.

Bedeutung haben. An diesem Bild vom Krieg hat das modernste Medium, die Fotografie, keinen Anteil. Kriegsfotos folgen einem anderen Ziel. Nicht die Ordnung von Welt in einem bedeutenden Augenblick, sondern das Kontingente, die große Zahl und das Serielle sind ihr Prinzip. Die Kulturgeschichte des Kriegs beschäftigt sich mit Bildern und nicht mit Kunstwerken,[171] und so ist die Kriegsfotografie ihr ideales Mittel. Sie betrachtet die Fotografie der Kriegs- und Nachkriegszeiten nicht unter Fragestellungen wie politische Macht, Handlungsfähigkeit von Kriegsherren und Regierungen oder historische Symbolik.[172] Sie entwickelt eigene Fragen wie die nach Emotionen, Lebensbedingungen, Herrschaft oder Grausamkeit. Kulturgeschichte darf aber die künstlerische Dimension, die auch Fotos haben, nicht ignorieren und kann sie für ihre Fragestellungen produktiv machen. Probleme der Ästhetik werden zu Fragen der Wahrnehmung, und die Ästhetik des Hässlichen wird bedeutend.

Die Fotografie hatte es schwer, den bedeutenden Augenblick einzufangen, der im Zentrum der Kriegsmalerei stand und die Sehgewohnheiten über nahezu drei Jahrhunderte bestimmt hatte. Mit der neuen Technik änderte sich der Blick auf Kriegsbilder und das Kriegsbild

Der Mangel an Bedeutung des einzelnen Bildes wurde kompensiert durch *Objektivität*: Die Repräsentation von Wirklichkeit ohne ein sich dazwischen schiebendes Bewusstsein schien das ideale Medium der Dokumentation von Kriegen zu sein. Kriegsfotos werden bis heute als Quellen mit Dokumentationscharakter gedeutet und von der Geschichtsschreibung und gelegentlich von Gerichten benutzt. Sie informieren über die Anwesenheit bestimmter Personen an bestimmten Orten und über Details, Waffen, Kleidung und Verhaltensweisen, und sie sind, mit Kenntnissen betrachtet, ein Gedächtnis einzelner Ereignisse und der materiellen *Produktionsverhältnisse* von Krieg.

Eine ausgedehnte Debatte über den Realitätsstatus von Fotos hat grundsätzliche Zweifel am Vermögen der Fotografie, Abbildungen von Wirklichkeit zu schaffen, genährt. Wir wissen, dass sie unzuverlässige Quellen sind. Ihre Ausschnitte sind perspektivisch, von der Kamera und subjektiven Entscheidungen abhängig und stets fragwürdig. Das gilt für die Kriegsfotografie in gesteigertem Maß. Durch das Arrangement und die Präsentation einzelner Gegenstände, wie Waffen oder Transportmittel, wird das Schlachtfeld oft weniger gezeigt als ästhetisiert oder verklärt. Bilder in Trivialmedien fügen den bekannten Bildern der gegenwärtigen Welt die eines trivialisierten Kriegs hinzu. Sie werden auch unter dem Gesichtspunkt des Unterhaltungswerts gemacht, wollen schockieren oder emotionale Bedürfnisse befriedigen. Begleitet dieses Wissen das Betrachten von Fotos oder wird es vergessen?

---

171 | Auch die Reliefs von Ninive wurden nicht als Kunst hergestellt. Zur Unterscheidung: Belting, Bild und Kult (1990).

172 | Vgl. dazu die Beiträge zu: Dülffer, Krumeich, Der verlorene Frieden (2002).

Kriegsbilder sind seriell

Kriegsbilder sind nicht singulär, sondern Teile von Serien. Das Zusammenstellen noch so vieler und guter einzelner Fotos fügt sich nicht zum Krieg. Kriegsbilder können ohne die Kenntnis der synchronen und diachronen Zusammenhänge und ohne ein vorausliegendes Bild von dem Krieg nicht verstanden werden. Ohne die Konstruktion eines Zusammenhangs bleibt dem Betrachter ein Kriegsbild so fremd wie das einer fremden Kultur. Ohne die kulturellen Kodes zu kennen, die den Zusammenhang herstellen, bleibt der Betrachter ausgeschlossen, und das Verständnis ist bloße Oberfläche.

Das Kriegsbild setzt eine Leistung voraus. Wissen ist erfordert, das nicht aus dem Bild zu gewinnen ist. Nur wer weiß, wonach er sucht, kann finden. Und nur wer weiß, kann beurteilen, was er gefunden hat und kann den Fund mit vorhandenem Wissen vermitteln. Wo kommt das Wissen für die Selektion und das Urteil her? Das Ganze eines Kriegs ist nur in der Vorstellung gegeben.[173] Über Vorstellungen wissen wir etwas nur über den gesellschaftlichen Diskurs. Das einzelne Bild, das für einen individuellen Betrachter viel zu sagen haben mag, bleibt für den Kulturhistoriker stumm. Seine Aussage entsteht erst, wenn es mit anderen Bildern zusammengestellt und zu einer Serie im Netz der zeitgenössischen Produktion und Rezeption gesehen wird. Kriegsbilder gewinnen Bedeutung, wenn und in dem Maß wie der Diskurs sie zu Serien zusammenfügt. Das Prinzip des Seriellen der Kriegsbilder ist Teil des Kriegsdiskurses.

Roger Fenton fuhr mit Assistent und fotografischer Ausrüstung im Planwagen über das Schlachtfeld, war also zweifellos dabei. Seine Fotos wurden aber weniger als authentische Dokumentation verstanden, sondern erfüllten Erwartungen an Kunst. Sie bauten den Krieg in die Ästhetik einer visuellen Mode der Zeit ein: Sie entwarfen ein Bild des Pittoresken in einer exotischen Ferne. Seine Fotosammlung wurde in aufwendigen und teuren Alben an den europäischen Adel verkauft. Seriell waren sie nicht. Aber auch ein authentisches Bild vom Schlachtfeld stellten sie nicht her. Auch im deutsch-französischen Krieg von 1870/71 nahm die Fotografie keine bedeutende Stelle ein. So ließ sich etwa die Beschießung einer Stadt als »dämonisch schönes Schauspiel des Bombardements« und mit einem »Pathos schildern, das von dem Leid der Zivilbevölkerung [...] kaum mehr Notiz nahm«.[174] Der auf diese Weise ge-

173 | Der russische Fotograf Sergey Larenkov stellt in Bildkollagen eine solche Einheit her. Er kombiniert Fotos aus dem Zweiten Weltkrieg mit Fotos desselben Ortes von 2011, etwa der Sturm auf den Reichstag in Berlin mit einem Foto des wiederaufgebauten Reichstags von heute.

174 | Nikolaus Buschmann, Kriegsberichterstattung und öffentliche Kriegsdeutung (1850-1870), in: ders., Horst Carl (Hg.), Die Erfahrung des Krieges. Erfahrungsge-

schilderte Krieg ging in den nationalen Kriegsdiskurs ein, so dass der erzählte Krieg zu einer Angelegenheit der Nation wurde und Bilder als Verbrämung wirkten. Das moderne Kriegsbild braucht das Serielle als Darstellungsprinzip.

Fotografie im Ersten Weltkrieg

Es gibt wenige Felder, auf denen die Diskrepanz zwischen theoretischem Wissen und allgemeiner Ansicht vom Bild so krass ist wie bei der Kriegsfotografie. Die Debatte in der Bildtheorie, die mit dem Realismus der Fotografie aufräumte, hat wenig daran geändert, dass die Erwartung von Dokumentation sich hartnäckig erhalten hat. Der Bildermarkt schürt die Erwartung des Dokumentarischen. Susan Sontag gab der Skepsis Worte, als sie in ihrem ersten Fotobuch vermutete, dass die Kriegsfotografie ihr Ziel verfehle und durch das dokumentarische Bild die Gewöhnung an Krieg zur Folge habe. In ihrem letzten Buch zur Fotografie, *Das Leiden anderer betrachten* (2003), revidierte sie diese Vermutung über die Wirkung von Fotos. Nun stellte sie ihren Appellcharakter heraus: »Das Bild sagt: Setz dem ein Ende, interveniere, handle. Und dies ist die entscheidende, die korrekte Reaktion.«[175] Kriegsfotografie bilde eine »Gemeinsprache für Leiden und Unheil«. Ist diese Revision in Ansehung der Flut an Kriegsfotos der Gegenwart glaubwürdig? Was wäre die *korrekte Reaktion*? Die neuesten Bilder von Gewalt in Kriegen und Aufständen finden sich in Zeitschriften und Hochglanzmagazinen und auf den Titelseiten der großen Tageszeitungen weltweit. Sie sind zum bloßen Schein realistisch, und ihre moralische und aufrüttelnde Wirkung tendiert gegen Null.

Für die Fotografie vor dem Ersten Weltkrieg sind die Fotos des Amerikanischen Bürgerkriegs in dieser Hinsicht signifikant. Es sind Fotos von Berufsfotografen mit kommerziellen Interessen, und ihre Perspektive unterscheidet sich von der der Amateure im Ersten Weltkrieg. Aber der Charakter der Serie zeigt sich zum ersten Mal in der Bildgeschichte.

Der Umschwung kam mit dem Ersten Weltkrieg. Seine Bilder sind vom Charakter des Seriellen geprägt. Es verleiht den Bildern den Charakter des Authentischen. Im Ersten Weltkrieg entstand die Massenfotografie. Anleitungen zum Entwickeln von Filmen im Schützengraben wurden in den entstehenden populären Fotozeitschriften publiziert. Millionen von Fotos wurden nach Hause gesandt und zu Fotoalben zusammengestellt. In den Nachkriegsjahren erschienen eine Reihe von Fotobänden, die mit verschiedenen Konzeptionen des Authentischen experimentierten. Sie machten visuell die Subjektivität des

schichtliche Perspektiven von der Französischen Revolution bis zum Zweiten Weltkrieg, Paderborn (Schöningh) 2001, S. 97-123, hier S. 110.

175 | Susan Sontag, Das Leiden anderer betrachten, München (Carl Hanser) 2003, S. 142-147.

Kriegserlebnisses deutlich und trugen selbst zum Entstehen des Kriegserlebnisses bei.[176] Sie bauten zugleich an einem kollektiven Kriegsbild aus veränderlichen, subjektiven Elementen und durchgehenden Konstanten. Die Fotos sind in den Sammlungen nicht allein durch den Gegentand Krieg verbunden, sondern zeigen formale und thematische Wiederholungen. Das Einzelbild wird austauschbar.

Wiederholungen mit Abweichungen werden als solche durch die Position im System erkennbar, so dass zum Beispiel ein Haufen Schutt durch eine Serie aus gleichen Bildern als Kriegszerstörung kenntlich wird. Diese serielle Kriegsfotografie kann endlos fortgesetzt werden. Die oft beobachtete Tendenz der Fotografie dieses Kriegs zur Abstraktion hat eine Grundlage im Seriellen. Die Serie destruiert »Sinn«, der im erlebten Nachvollzug als Bedeutung der Bilder erfahren wird. Sie transformiert das einzelne Erlebnis in einen Informationsstrom, der über alle Variationen von Bildmotiven und Themen hinweg den Bildzusammenhang erhält. Die meisten Editionen verschleiern gezielt ihre Montagen. Viele Bilder und Bildlegenden sprechen davon, dass auch im Trommelfeuer und den Materialschlachten die *menschliche Größe* sich erhielt und der religiös überhöhte Enthusiasmus des Anfangs nicht spurlos vergangen war, sondern in neuen, und von außen schwer erkennbaren Formen weiterlebte. Die Verbindung von profanem Kult mit dem Seriellen ist bemerkenswert für das Kriegsbild der Moderne. Die Serien und Anordnung von Bildern auf einer Albumseite in Schauweckers Fotosammlung[177] erzählen keine Geschichte, aber sie stellen doch Zusammenhänge durch Regelmäßigkeiten und Wiederholungen her, so dass sie sich im Blick des Betrachters zu einem Ganzen fügen.[178]

In diesen Jahren machte sich auch der Sprach- und Zeitungskritiker Karl Kraus daran, das Emotionale am Kriegserlebnis zu demontieren und benutzte das Serielle als Prinzip der Zeitung. Er schrieb gegen den Sinn als Fälschung der Zeitungen und dokumentarischen Filme und begann, die von den »Kino-

176 | Anton Holzer, Die Bewaffnung des Auges. Die Drei Zinnen oder Eine kleine Geschichte vom Blick auf das Gebirge, Wien (Turia & Kant) 1996; ders., Mit der Kamera bewaffnet. Krieg und Fotografie, Marburg (Jonas) 2003 und bes.: ders., Das Lächeln der Henker. Der unbekannte Krieg gegen die Zivilbevölkerung 1914-1918, Darmstadt (Primus) 2008.

177 | Franz Schauwecker, So war der Krieg. 200 Kampfaufnahmen aus der Front, 1927; So ist der Friede. Die Revolution der Zeit in 300 Bildern, 1928.

178 | Bernd Hüppauf, Zwischen Metaphysik und visuellem Essayismus. Franz Schauwecker: So war der Krieg (1928), in: Thomas Schneider, Hans Wagener (Hg.), Von Richthofen bis Remarque. Deutschsprachige Prosa zum I. Weltkrieg, Amsterdam (Rodopi) 2003, S. 233-248.

nachrichten gelieferten Tatsachen *neu zu montieren*«.[179] Diese Montagen zeigten nicht das *Antlitz des Krieges* (Jünger), sondern eine Serie von Fratzen, von komisch zu grausam. Andere, die Dadaisten oder der »radikale Filmverband«, von dessen Experimenten, übernommenes Bildmaterial zu einer eigenen Wochenschau zusammenzuschneiden, wir nur durch Siegfried Kracauers Bericht (1931) Kenntnis haben (sie fielen der Zensur zum Opfer), benutzten künstlerische Experimente, um Krieg, ohne ihn abzubilden, durch Fotografie und Film als ein Projekt mit Sinn zu desavouieren.

Exemplarisch waren aber auch Bilder, die zu einer negativen Kultform der Grausamkeit beitrugen. Sie verbanden den Krieg mit dem Grotesken und dem Hässlichen des Kapitalismus: bizarre Kriegskrüppel, durch Verfettung deformierte Leiber der Schieber und Kriegsprofiteure, Körper in Uniformen, am Boden liegend oder kauernd, Fratzen, Drahtverhaue und Gräber in der Stadt. Diese Bilder strebten nach einer spezifischen Authentizität und wollten durch abstoßende Bilder der Grausamkeit das Kriegserlebnis als pseudo-religiöse Farce Lügen strafen. Nicht das Leiden für die Nation und nicht die heiligen Wunden der christlichen Leib- und Leidenstradition, sondern die ethisch verworfenen und die ästhetisch verderbten Wunden, die das Auge des Betrachters verletzen und als bildlicher Schrei vernommen werden wollen, wurden nach 1919 zum Kriegsbild. Auch ihnen lag das Mittel des Seriellen, endlose Wiederholung als Prinzip der kapitalistischen Produktion, zu Grunde

6.2 Krise der Dokumentation als Krise der Fotografie

Tausende von Fotos machen die beiden Weltkriege und den Vietnamkrieg zu Zeiten der Grausamkeit. Aber der visuelle Effekt verschleißt. Es ist erschreckend zu beobachten, wie der Furor der Grausamkeit seinen Schrecken und den Dokumentationswert durch wiederholte Abbildung verliert. Das Bild wird zum Zitat von Bildern. Das Serielle führt in die Krise des Dokumentarischen und ist eine Krise der Fotografie. Das Vertrauen in den dokumentarischen Wert der Fotografie ist erschüttert. Darüber hinaus nehmen die Digitalisierung und Techniken der unbegrenzten Manipulierbarkeit von Bildern im Zeitalter der Bilder dem Bild seine Authentizität. Der Verlust kann bereits an Fotos des Ersten Weltkriegs studiert werden. Die Entwicklung ging ungebremst weiter. Aus riesigen Mengen von Fotos, die seit dem Ersten Weltkrieg in Kriegen gemacht worden sind, sucht der Historiker nach repräsentativen Bildern. Aber waren Kriege je so homogen, dass sie typische Bilder hervorbrachten, in denen sie sich erkennen lassen? Fotos sind immer nur repräsentativ für eine selektive Perspektive. Macht die Bildauswahl einen Krieg homogen?

179 | Didi-Huberman, Wenn die Bilder Position beziehen.

Lange Zeit war das Bild des Ersten Weltkriegs in den europäischen Gesellschaften weitgehend homogen. In Deutschland und in Frankreich gab es eine Exegese der Westfront als erstem Krieg des industrialisierten Schlachtfelds und der Soldaten als Arbeiter der Zerstörung. Die Kriegsbilder von Autoren, die politisch und gesellschaftlich durch Welten getrennt waren, ähnelten sich. Barbusse und Zweig, Jünger und Benjamin arbeiteten ein Bild des Kriegs heraus, in dem die Westfront, zugespitzt und verdichtet, exemplarisch war. Im italienischen Kriegsdiskurs determinierten der Krieg der Maschinen, der Luftkrieg und die durch Technik veränderte Wahrnehmung das Bild. Die Fronten im Osten kamen nicht vor.

Das homogene Bild zerfällt seit einigen Jahren. Die Ostfront, der besondere Krieg, den Österreich führte, der Bewegungskrieg in Galizien, die Isonzofront, Caporetto, der Krieg in den Bergen usw. waren Jahrzehnte aus dem Kriegsbild weitgehend ausgeschlossen und wurden nur von wenigen Spezialisten behandelt. Sie werden seit ein paar Jahren wahrgenommen, und zu ihrem Bild trägt die Fotografie entscheidend bei.[180] Mit diesen Erweiterungen ändert sich das Bild vom Weltkrieg als Ganzem und wird spannungsreicher. So kommt, um nur dieses Beispiel zu nennen, die emotionale Grausamkeit zurück ins Kriegsbild. Sie verdrängt nicht die systemische Grausamkeit, sondern ergänzt sie, so dass wir uns mit einem in sich widersprüchlichen Bild abfinden müssen, das aber eine angemessenere Vorstellung von diesem Krieg vermittelt.

Ästhetisierung und Moral

Die erfolgreichsten Kriegsfotografen des 20. Jahrhunderts verfolgten nicht nur das Ziel der professionellen Perfektion, sondern verknüpften sie mit der humanistischen Idee einer moralischen Verantwortung der Fotografen und der Bilder. Ihr Fotorealismus schloss Empathie als Grundlage eines ethischen Auftrags ein. Diese Fotografie lenkte den Blick auf Leid und die Situationen, in denen es entstand. Sie baute auf der Hoffnung auf, Bilder seien stark genug, den Betrachter kognitiv und affektiv zur Stellungnahme zu bewegen und hätten die Macht, die Welt zu verändern, die »korrekte Reaktion« auszulösen, von der Sontag sprach.

Die Verfügungsmacht des Autors über sein Werk und die Enteignung durch den Markt war ein Problem, das sich für Kriegsfotos dieses Anspruchs in besonderer Weise bemerkbar machte. Mit der Gründung der Fotoagentur *Magnum Photos* eröffneten Capa, Cartier-Bresson, Seymour und Rodger im Jahr 1947 ein neues Kapitel in der Geschichte des Fotojournalismus. Das Ziel der Agentur war es, Unabhängigkeit zu gewinnen, die Vermarktung der Bilder

180 | Vejas Gabriel Liulevicus, War Land on the Eastern Front. Culture, National Identity, and German Occupation in World War I, Cambridge (University Press) 2000, S. 26-29.

zu kontrollieren und Fotos einer Bildethik zu unterstellen. Sie wollten die Wirkung des Mediums Fotojournalismus so weit wie möglich selbst bestimmen. Der Fotografie von Kriegen kam dabei eine besondere Bedeutung zu.

Robert Capas Foto des getroffenen und stürzenden loyalistischen Milizionärs im Spanischen Bürgerkrieg nimmt unter den exemplarischen Kriegsfotos eine herausragende Stellung ein. Es ist in den Bilderkanon eingegangen und repräsentiert eine bestimmte, inzwischen verblasste, Ästhetik der Kriegsfotografie. Die Umstände, unter denen es entstanden ist, sind strittig. Nach 30 Jahren Kontroverse ist nur noch sicher, dass es nicht Francis Borrell Garcia, wie lange Zeit angenommen wurde, abbildet. Dennoch verstehen wir das Foto als eine Quelle. Was zeigt, wovon spricht das Bild nach vielen Jahren der Präsenz in der Öffentlichkeit und der langen Debatte über seine Authentizität?

Der Soldat wirft in dem Augenblick, als er von einer Kugel tödlich getroffen wird, so weiß der Betrachter durch Capas Erklärung, die Arme nach hinten, und das Gewehr entgleitet ihm. In diesem Foto, das 1936 entstand, kann man die Quintessenz einer Fotoästhetik sehen. Sie ist gegen das Prinzip des Seriellen gerichtet. Krieg zeigt sich im bedeutenden Augenblick. Der kann nicht mehr zusammengefügt werden, sondern spitzt sich auf einen Augenblick zu: der Tod eines einzelnen (anonymen) Kämpfers. Bild und erläuternder Text sind aufeinander angewiesen, um die extreme Verdichtung durch die Betrachter nachvollziehbar zu machen. Capas Bild erfüllt eine seiner Forderungen: Nähe. Von Capa stammt der Satz: »Wenn deine Bilder nicht gut genug sind – dann bist du nicht nah genug dran!« Diese Fotografie rückt so nahe heran, dass das Bild *gut* im Sinn von *echt* ist und der Betrachter sich als Augenzeuge des abgelichteten Augenblicks fühlen kann.

Augenzeuge von was? Das Foto ist mittlerweile, gemessen an den Fotos der folgenden Kriege, zu einem schönen Bild geworden. Es zeigt einen Körper wie im Flug, und dem Betrachter gelingt es kaum noch, den Blick aus der Bildästhetik zu lösen und das Bild mit massenhaftem Tod, Töten und der Grausamkeit von Krieg zusammenzubringen. In der fotografischen Nähe und der ethischen Einstellung liegt inzwischen ein Problem. Das Bild vom Krieg und die Erwartungen ans Bild haben sich verändert, und so wirkt dieses Fotos wie aus einer anderen Welt.

Anders als Capa und die Fotografen der *Magnum-Agentur* setzte Brecht, ähnlich wie Ernst Friedrichs grausige Fotodokumentation *Krieg dem Kriege* (1924), auf die schockierende Wirkung der seriellen Bilder, um politisch *Position zu beziehen*. Brecht hatte während des Zweiten Weltkriegs ein *Arbeitsjournal* angelegt, in das er Fotos aus Serienproduktionen einklebte. Aus dem Material dieses langjährigen Tagebuch- und Montageprojekts publizierte er 1955 seine *Kriegsfibel* im Eulenspiegel-Verlag, nachdem es verschiedene Verleger abgelehnt hatten und das DDR *Amt für Literatur* verpönte »pazifistische Tendenzen« darin gefunden hatte.[181] Das Buch ist »ein Elementarbuch des visuellen Gedächtnisses [...]«. Man müsse es »aufschlagen und sich selbst mit den Bildern konfrontieren, damit seine anamnetische Arbeit eine Chance bekomme, uns zu erreichen«, kommentiert Didi-Huberman, weil sie von einem Exilanten hergestellt worden sei, der nach dem Zweiten Weltkrieg »feststellen musste, dass die Überlebenden eines Krieges sich arrangieren, um sehr schnell zu vergessen, wem und was sie ihr Überleben und den, wenn auch sehr relativen, Friedenszustand verdankten [...]«. Zehn Jahre nach Kriegsende gab es den für eine Wirkung der Kriegsfotos notwenigen moralischen Kontext bereits nicht mehr. Die Wirkung des schockierenden Fotos hat eine kurze Halbwertzeit.

6.3 Programmatische Unprofessionalität

Die Bildsprache der Kriegsfotografie hat sich verändert. Das Programm *Ästhetik und Moral* ist historisch und Professionalität zu einem Problem geworden. Sie erregt Skepsis und Distanz.

Eine Ausstellung des NRW-Forums in Düsseldorf kann als exemplarisch für das Dilemma der Kriegsfotografie stehen. »Frontline«, so lautete der Titel der Ausstellung, versuchte sich an einer Zusammenstellung, die eher eine Gegenüberstellung war. Die Ausstellung zeigte Fotografien der Magnum-Gründer Capa, Rodger, Seymour, die im spanischen Bürgerkrieg, bei der Landung der Alliierten in der Normandie 1944, im Konzentrationslager Bergen-Belsen kurz nach dessen Befreiung entstanden sind und Filme von Henri Cartier-Bresson.[182] Diesen inzwischen zu Ikonen gewordenen Kriegsbildern wurden Bilder der gegenwärtigen Rebellionen in Tunesien, Ägypten und Libyen von fünf jungen Magnum Fotografen gegenüber gestellt.[183] Entstanden sind diese professionellen Fotos für Zeitungen und Zeitschriften wie *Der Spiegel*, *Time*, *National Geographic* oder *New York Times*.

Die Gegenüberstellung der älteren Fotos mit denen der letzten Jahrzehnte macht grundlegende Unterschiede sichtbar. Das Bewusstsein für die Not-

181 | Bert Brecht, Kriegsfibel, Berlin (Eulenspiegel) 1955. Eine Lizenzausgabe für die Bundesrepublik erschien Frankfurt a.M. (Zweitausendeins) 1968.

182 | *Victoire de la vie*, *L'Espagne vivra* und *Le Retour*. *Frontline* setzen eine Reihe von Ausstellungen fort, die sich mit Reportage-Fotografie von Kriegen und Krisen beschäftigen: *Requiem* (2000) zeigte Arbeiten von 200 Kriegsfotografen, die in Ausübung ihres Berufes ihr Leben ließen; die Ausstellung *Here is New York* (2002) zeigte anonyme Aufnahmen vom Anschlag auf die Twin Towers; und *(Tat)Orte* (2006) zeigte Fotos von Weegee vom täglichen Krieg auf den Straßen, Arnold Odermatt, Enrique Metinides und aus dem LA Police Archiv.

183 | Thomas Dworzak, Dominic Nahr, Moises Saman, Peter van Agtmael, Alex Majo; vgl. Kraut, Sonderausgabe des Museumsmagazins 2011.

wendigkeit der Nähe zum Sujet existiert auch heute noch. Aber ist die junge Generation der *Magnum*-Fotografen den humanistischen Zielen verpflichtet, die Capa zur Forderung nach Nähe trieb? Während die erste Generation der *Magnum*-Fotografen die Kriege in eine Ästhetik einbetteten, um Bilder wie Mahnmale in die Zeit zu stellen, lassen die jüngeren Bilder keinen moralischen Auftrag erkennen.

Seit dem Entstehen der Amateurfotografie der Knipser (Tim Starl hat das Wort eingeführt) an der Westfront gab es eine Spannung zur professionellen Fotografie. Das Verb ›knipsen‹ ist inzwischen verschwunden, und die Erinnerungsfotos des bedeutenden Augenblicks, die für das Fotoalbum gemacht wurden, gibt es nicht mehr. Aber eine Spannung zwischen Amateurfotografie und den professionellen Fotos gibt es weiterhin. Die Amateurfotografie ist jetzt *näher dran*, und ihre wackligen Bilder, die keinen bedeutenden Augenblick konstruieren, versorgen zunehmend den Bildmarkt.

Janina Struk, eine professionelle Fotografin, verfolgt die Frage nach dem Unterschied der professionellen und der Amateurfotos und stellt, wenn auch zögernd, die These auf, dass eine Innenperspektive letztlich nur durch Amateurfotografie erreicht werden könne.[184] »Although the images of the women I took in Kashmir might have conformed to a widely held view of what professional images of suffering are supposed to look like, they revealed nothing at all about the conflict. Neither were they of any local value [...]. Images such as these do not compel us to action, nor do they inform [...].«[185]

Neben die Aufnahmen der professionellen Fotoreporter treten zunehmend die Amateurbilder von Mobiltelefonen, die über Blogs und elektronische Netzwerke simultan mit den Ereignissen Verbreitung finden. Das Internet sorgt dafür, dass mehr Bilder als in jedem früheren Krieg die neugierigen Betrachter weltweit erreichen. Junge Araber waren mit Smartphones und Laptops inmitten von Straßenkämpfen unterwegs, befanden sich vermutlich in höchster Gefahr und sendeten, so vermutet der Betrachter, Videos vom jeweiligen Moment im Aufstand.[186]

Sie knipsen und bloggen ohne die Absicht, bedeutende Momente einzufangen oder Zeitzeugnisse herzustellen, die den Augenblick überstehen. Sie verstehen sich als Augenzeugen und sind unbekümmert um das Problem der Subjektivität. Das Serielle ist nicht Programm, sondern Folge der Technik.

184 | Janina Struk, Private Pictures. Soldiers' inside view of war. London, New York (Tauris) 2011: The Inside view of War, S. 147-176.

185 | Struk, Private Pictures, S. 150.

186 | Eine Blog-Wall, deren Inhalt die Deutsche Welle beisteuerte, führte in der Ausstellung diese neue Medienrealität vor und illustrierte die enge Verflechtung von Handeln an den Krisenherden und den Bildern in Blogs der arabischen Blogger-Szene. Roering, Krieg bloggen (2012).

Ihre Fotografie ist Teil der Krise der Abbildung und liefert mit ihren schlecht gemachten Fotos einen ganz eigenen Beitrag zum Bild vom Krieg. Er ist fern und durch die stümperhafte Wackeltechnik zugleich nahe. Aus der fehlenden Perfektion beziehen sie Authentizität. Ist diese Authentizität eine Täuschung oder gar Manipulation?

Die Frage ist nicht abzuweisen, ob die neue Version des Naturalismus der Handybilder und zittrig unfokussierten Videos womöglich zu einer Verharmlosung von Schreckensbildern und der Gewöhnung an Tod und Töten beiträgt. Diese bringt eine ältere Generation von Kriegsbildern zum Verschwinden. Die Fotos der Kriege und Aufstände der Gegenwart, der Kriegsopfer und Kindersoldaten sind, oberflächlich betrachtet, schockierender als die älteren Bilder. Aber lösen sie Schock aus? Oder nehmen sie an einer Banalisierung teil, bedienen sie das Bedürfnis nach Sensation und Nervenkitzel, der auf ein Konto Krieg im fernen Osten oder im dunklen Afrika verbucht werden kann und in kurzer Zeit verbraucht ist? Sontags Frage nach der »korrekten Reaktion« scheint endgültig zum Anachronismus geworden zu sein oder muss sie mit mehr Nachdruck gestellt werden als je zuvor?

Nach dem Zerfall des Realismus stellt sich das Problem der Kriegsdarstellung in unverminderter Schärfe. Der Medientheoretiker Peter Weibel hat zwei Grundpositionen gegenübergestellt, die das Problem der Bildlichkeit im Verhältnis zum Krieg illustrieren. Er argumentiert mit den ästhetischen Programmen von Peter Handke und Elfriede Jelinek und stellt den narrativen Texten Handkes die sprachlichen und inhaltlichen Destruktionen in Elfriede Jelineks Irak-Kriegsstück *Bambiland/Babel* (2004) gegenüber: »Ist es zielführend, wie Handke zu versuchen, eine poetische, individuelle Gegensprache zur Welt der kollektiven Sprache, der Redenschreiber zu schaffen? Oder muss man wie Jelinek diese kollektiven Bilder aufgreifen und dekonstruieren?«[187] Er plädiert für die Methode Jelinek. Es sei eine Fehleinschätzung zu glauben, es sei weiterhin möglich, eine symbolische Welt zu schaffen, die sich der kollektiven Welt der Bilder entgegensetzen lasse. »Diese Vision müssen wir aufgeben.« Hat sich das narrative Kriegsbild, das in Assyrien mit König Assurbanipal entstand und sich durch die Umkehr der Botschaft vom Triumph in Entsetzen bis ins 20. Jahrhundert erhielt, erschöpft? Welches Bild kann an seine Stelle treten?

Jelineks Texte machen den Versuch, nicht über Gewalt zu sprechen, sondern Gewalt durch Metaphern und die Gestensprache der Bühne zu einem Erlebnis zu machen. Ihre Kunst macht sich gleichsam selbst zu einem Gewaltereignis und zeigt Gewalt nicht, um sie den Betrachtern anschaulich zu machen und nahe zu bringen, sondern geht davon aus, dass die Betrachter

187 | Peter Weibel, Performative Medien. Von der Simulation zum Fake, in: Pia Janke (Hg.), Jelinek (Jahr-)Buch. Elfriede Jelinek-Forschungszentrum 2011, Wien (Praesens Verlag) 2011.

mit ihr vertraut sind. Sie wolle, meint Weibel, »im Vertrauen auf die Kraft der Metaphorik« die Gewalt im Spiel erlebbar machen, ähnlich wie Jüngers Versprechen, den Leser auf einen Horrortripin den Krieg mitzunehmen. Diese Sprach- und Bühnenkunst versuche sich an einer Wiederbelebung des Zauberns und zaubere den abwesenden Krieg auf die Bühne. In einer komplexen *Ästhetik des Ereignisses*, wie Dieter Mersch diese Kunst bezeichnet, macht ihr Drama die Gewalt präsent und aus dem Zuschauer, wenn er bereit ist, sich auf diese Präsenz einzulassen, wird ein Teilnehmer, dessen Kriegserlebnis sich ins Bild verlegt hat.

In die Postmoderne: Krieg ohne Bilder und Krieg um Bilder

Die neuen Kriege der Gegenwart, der Terroristen und Fundamentalisten, als Low-Conflict-Kriege bezeichnet, werden gleichzeitig mit dem Cyberwar ausgefochten. Man muss beide als den Krieg der Gegenwart zusammen denken. Um den Krieg der Gegenwart in eine Kulturgeschichte des Kriegs einzuordnen, ist eine Veränderung in Begrifflichkeit und Methode nötig, die traditionelle Begriffsschranken öffnet und Wortfelder des Heiligen und religiösen Fundamentalismus mit denen der High-Tech-Sprache verbindet.

Terroristen und Fundamentalisten brauchen Bilder und sind bereit, für Bilder zu töten, um den Kampf in die Köpfe von Millionen zu tragen. Die Berichterstattung der Medien dient als strategisches Ziel. Sie verbreiten Bilder der Grausamkeit, um Verunsicherung und Angst zu verbreiten. Bild und Terror sind verknüpft, denn erst die Medien setzten den Kreislauf von Gewalt und Gegengewalt in Gang. Die Bilder der Medien werden von Terroristen geplant als Waffen eingesetzt. Die Fotos von hilflosen amerikanischen Soldaten in Somalia oder der Hinrichtung von Nicholas Berg (ein amerikanischer Geschäftsmann, dessen Enthauptung mit einem Schwert im Mai 2004 im Irak durch ein Video weltweit verbreitet wurde) erreichten Hunderte von Millionen. Berg steckte in einem orangefarbenen Overall, der an die Gefangenen in Guantanamo oder Fotos aus Abu Ghraib erinnerte, wurde in der Position der absoluten Hilflosigkeit vorgeführt. Das Zeichen der Rache des archaischen Rechts als Gegenwelt zum amerikanischen Rechtsverständnis hätte nicht drastischer visualisiert werden können. Das Bild selbst war grausam. Diese Grausamkeit war Ziel und Zweck.

Die Virtualisierung der Gewalt führt insofern ins Irreale, als Millionen sie auf dem Bildschirm verfolgen, als ob sie an einem Computerspiel beteiligt wären. Das im Hinterkopf stets erhaltene Wissen, dass die Menschen auf dem Bildschirm irgendwo in weiter Ferne wirklich töten und sterben, vermittelt nicht mehr als einen zusätzlichen Nervenkitzel. Ist es realistisch anzunehmen, dass diese Realitätserinnerung mehr ist als der Kitzel, von dem in Goethes *Faust* die Rede ist: *hinten in der Türkei*? Inzwischen sind *wir* es selbst, die solche entfernten Kriege führen, von denen wir kaum etwas wissen.[188] Extremer könnte der Gegensatz zum Enthaupten mit dem Schwert nicht sein.

Krieg im Comic

Ich scheue mich nicht, am Ende dieses kurzen Überblicks auf das Kriegsbild im Comic zu verweisen und auch die ironisch-komische Beziehung, die Asterix und Obelix zu Cäsars *De bello Gallico* haben, einzuschließen. Diese Bildgeschichten legen Erinnerungsschichten verschiedener Zeiten frei. Komische Formen der Repräsentation schaffen unangemessene Bilder, um aus dem Problem der Authentizität einen Jux zu machen. Dieses ironisch leichte Bild vom Krieg ist nicht repräsentativ für die Gegenwart, aber es ist bezeichnend, dass es entstehen konnte und über Jahrzehnte erfolgreich blieb.

Eine vergleichbare Wirkung wie Comic-Bilder benutzt seit kurzem die Graphic Novel. Der seit einigen Jahrzehnten anhaltende Erfolg zeugt von einem veränderten Interesse an der Kriegsgeschichte. Comic-Bände zum Ersten Weltkrieg oder zum Bosnienkrieg sind die Symptome des Bedürfnisses nach Erinnerung, ohne von der Last der belasteten Sprache erdrückt zu werden.[189] Ihnen geht es weniger um den Krieg als um das Erfinden einer Kriegsgeschichte, die auf den Erzählungen anderer beruht und das Unsichere, das ein Gerücht hat, in die Kriegserzählung einführen kann. Diese Bildgeschichten erheben nicht den Anspruch zu erzählen, was in der Vergangenheit geschehen ist, sondern was *wir* von der Geschichte erinnern *wollen* und *wie* wir erinnern wollen. Der künstlerische und kommerzielle Erfolg der Werke Art Spiegelmans oder Marjane Satrapis hat den Boden für die Transformation von Krieg in Comic-Bilderfolgen bereitet. *Maus* (ab 1980) und *Persepolis* (2001) zeigen Welten des Überlebens, die durch Film, Fotografie und die dokumentierenden Medien nicht gezeigt werden können. Die Zeichnungen sind spielerisch, aber sie spielen nicht mit den Ereignissen, sondern mit sich selbst, machen sich als Genre sichtbar.

2010 publizierte Guibert einen Comic: die Erinnerungen des US-Weltkriegsveteranen Alan Cope, den er fünf Jahre lang interviewt hatte.[190] Cope kam als 18-jähriger Soldat nach langer Ausbildung im Februar 1945 nach

---

188 | Michael Ignatieff, Virtueller Krieg. Kosovo und die Folgen, Hamburg (EV und Rotbuch) 2001, S. 174.

189 | Jacques Tardi, Jean-Pierre Verney, Elender Krieg. Bd. 1: 1914-1915-1916, Bd. 2: 1917-1918, Zürich (edition moderne) 2009; Joe Sacco, Bosnien, Zürich (edition moderne) 2009.

190 | Emmanuel Guibert, Alans Krieg, Zürich (edition moderne) 2010. Emmanuel Guibert war zuvor an der herausragenden Comic-Reportage *Der Fotograf* beteiligt. Seine Bücher verbinden Zeichnungen mit Fotografie, um das Thema Ärzte im Krieg in Afghanistan einem breiten Publikum vorzuführen.

Frankreich. Er liefert einen nüchternen Bericht aus der bewegten Zeit zu Ende des Kriegs. Es war zu spät, um an Kampfhandlungen beteiligt zu werden. Er fuhr mit seiner Einheit quer durch Europa bis nach Prag und dann zurück nach Bayern, ohne zu verstehen, was (ihm) passierte. Für Cope gab und gibt es keinen Anlass, sich als Held zu fühlen oder Angst zu empfinden. Er ist Teilnehmer und gehört doch nicht dazu, kommt zu spät und schildert Belangloses (einen Mückenstich). Seine Beziehungslosigkeit setzte sich nach der Rückkehr in die USA fort. Einige Jahre später kehrte er nach Frankreich zurück. Die Geschichte endet abrupt mit dem Satz: »Okay, das war's.«

Dieser Krieg ist banal, ohne Schlachten und das Pathos der Landung in der Normandie. Es gibt mal einen Hinweis auf »Leichen und andere verstörenden Dinge«. Aber das bleibt Nebensache im Verhältnis zum banalen Alltag. Die Zeichnungen verstärken den Eindruck der Beziehungslosigkeit und Zufälligkeit der Ereignisse. Der Band enthält Fotos, und sie vermeiden den Eindruck des Dokumentarischen und verstärken stattdessen den des Zufälligen und bedeutungslos Seriellen. Es ist eine Bildgeschichte aus der Erinnerung, die auf das Dramatisieren und Verdichten der Lebenserinnerungen verzichtet. Die von Frank Hurley 1917 beklagte Leere wiederholt sich in diesem Bildbericht. Aber wenn der Fotograf des Ersten Weltkriegs den bedeutenden Augenblick künstlich schuf, so zeigt der Bildbericht aus dem Zweiten Weltkrieg eine Bedeutungslosigkeit des Augenblicks und des einzelnen Lebens. Unter dem Thema Krieg stellen diese Bildgeschichten Alltag her.

7. Raum

Über Jahrtausende fand Krieg in Räumen statt und hatte seine Orte. Namen von Orten rufen die Vorstellung von Kriegslandschaft auf und können Empfindungen auslösen. Stets sind diese Empfindungen räumlich konnotiert. Die Ausstellungen der Kriegsmuseen folgen dieser Konzeption, die den menschlichen Körper im Kriegsraum ins Zentrum des Kriegs rückt,[191] obwohl Raum für die Gesellschaft der Zeit der Beschleunigung immer unbedeutender wurde.

191 | Diese Entwicklung geht merkwürdig spurenlos an den elektronischen Kriegsspielen vorüber, die weder Opfer noch Täter, sondern die Tat zum Thema machen, die sie dem Prinzip der Anonymisierung unterstellen.

Kriegsfilm als Bestätigung des konventionellen Raums

Das Schlachtfeld war über Jahrtausende hinweg ein abgegrenzter, physikalisch-geografisch definierter Raum.[192] Wir können das Schlachtfeld von Gettysburg oder Stalingrad besichtigen, und wenn wir die Lage eines Schlachtfelds nicht mehr wissen, wie das der Schlacht im Teutoburger Wald, sind wir doch sicher, wie es ausgesehen hat und können nach ihm in Wäldern der Gegend suchen. Das Schlachtfeld bot die Versicherung, dass Produktion und Destruktion der menschlichen Kultur Räume brauchten. Bis in die Gegenwart behielten Raum, Orte, Regionen und ihre Topografie, das *Gelände*, ihre Bedeutung für den Krieg. Die Vorstellung vom Krieg wurde durch nichts so geprägt wie durch Literatur und Bilder, zu denen sich im 19. Jahrhundert die Fotografie und im 20. Jahrhundert Film und Video gesellten.

Romane wie *Im Westen nichts Neues*, *Catch-22* oder *Die Nackten und die Toten*, Filme wie *Birth of a Nation* und *Apocalypse Now* oder Picassos *Guernica* haben mehr zum Kriegsbild beigetragen als alle Kriegs- und Militärgeschichte.

Das einflussreichste Medium des 20. Jahrhundert war der Film. Das Kino hatte lange Zeit einen stabilisierenden und konservierenden Einfluss auf die Raumkonzeption im Kriegsbild.

Seit seinem Anfang setzte der Film alle Mittel ein, um Krieg zu einem Raumerlebnis zu machen. Das Maschinengewehrfeuer in Lewis Milestones *All Quiet on the Western Front* (1930) strebte ein möglichst authentisches Kriegserlebnis im Kinosessel an. Auch *Westfront 1918* (1930, Georg Wilhelm Pabst) setzte (den neuen) Ton ein, um das Raumerlebnis der Front zu im Kino zu erzeugen. Im dunklen Kinoraum sollte akustisch der Raum eines Schlachtfelds entstehen. Der Ton zeichnete den Weg vor: Der Kinobesucher sollte durch gewaltsame Akustik in die Lage des hilflos ausgesetzten verzwergten Körpers im Kampf versetzt werden.

Mit den Mitteln des Dokumentarfilms schufen Regisseure von Joris Ivens (Spanischer Bürgerkrieg) bis Pierre Schoendoerffer auf der Leinwand und in den Köpfen der Zuschauer den Kriegsraum. Ivens hat Städte und Landschaften, auch den Himmel Spaniens als Kriegsraum gefilmt. Schoendoerffers Kriegsberichte aus Algerien und noch die späteren Filme über den Indochinakrieg setzten die Tradition des Kriegsfilms, der nach dem Ersten Weltkrieg entstand, fort.[193] Seine Dokumentation *2. Kompanie, 1. Zug, Vietnam 1966* (1967) zeigt den Krieg der Amerikaner nicht aus der Sicht der Soldaten, sondern aus

192 | Bernd Hüppauf, Das Schlachtfeld als Raum im Kopf. Mit einem Postscriptum nach dem 11. September 2001, in: Steffen Martus, Marina Münkler, Werner Röcke (Hg.), Schlachtfelder. Codierung von Gewalt im medialen Wandel, Berlin (Oldenbourg Akademie) 2003, S. 207-233.

193 | *317. Sektion* (1965), *Diên Biên Phú. Symphonie des Untergangs* (1992).

der Perspektive eines außenstehenden Filmerzählers, der die Soldaten nicht beurteilt und den Krieg nicht anklagt, sondern anthropologisch bespricht, beinahe aus der Position des Nirgendwo. Diese Distanz verbirgt, dass der Film ein konventionelles Kriegsbild mit einem fixierten Raum wie einen Behälter entwirft, in dem der französische Indochina-Krieg ebenso wie der Krieg der USA stattfinden konnten. Die Konstruktion wird verborgen, um diesen Krieg der starken Männer wie Natur in einem empirisch gesicherten, stabilen Raum erscheinen zu lassen. Die enge Verbindung von Krieg und Raumerfahrung setzte sich fort, auch in unsere Gegenwart hinein.[194] Noch vor wenigen Jahren führte der Spielfilm *Saving Private Ryan* (1998) dieses Raumempfinden von Krieg weiter.[195]

Dieser Container-Raum verschwindet. Die zahlreichen großen und kleinen Kriege weltweit, die Drogenkriege oder die Kleinkriege in den rechtsfreien Zonen ganzer Kontinente wie Afrika, haben zu einem Lebensgefühl Anlass gegeben, in dem die Inseln der Zivilisation in einer Umgebung sich erhalten, die durch Kriege verwüstet wird. Die Inselräume sind bedroht, in diesem aufgewühlten Meer zu versinken.

Das Meer ist längst da. Krieg sei, schreiben Holert und Terkessidis drastisch, »tief in die Eingeweide der Gesellschaft eingedrungen«. Aus ihrer Sicht bildet der »Neoliberalismus« das Programm für die politische, ökonomische und kulturelle Praxis der Gegenwart, und er ist »selbst eine Praxis und Ideologie des Krieges«.[196] Eine Analyse der Metaphorik öffentlicher Diskurse enthülle, dass der Krieg allgegenwärtig geworden sei. »Unser Alltag, so wird in der medialen Öffentlichkeit ständig suggeriert, ist bloß noch eine Fassade der Normalität – dahinter und darin befindet sich ein Schlachtfeld.«[197] Der »massenkulturelle Krieg« finde gleichzeitig auf zwei Schauplätzen statt: unter kämpfenden Soldaten in fernen Regionen der Welt und als Massenkultur im Alltag des eigenen Raums. Einen Raum, der nicht zugleich ein Schlachtfeld bildet, gibt es in dieser Gegenwartsanalyse nicht mehr.

---

194 | Vgl. u.a. Bernd Wegner, Einführung: Was kann Historische Kriegsursachenforschung leisten?, in: ders. (Hg.), Wie Kriege entstehen. Zum Historischen Hintergrund von Staatenkonflikten, Paderborn (Schöningh) 2000, S. 9-21, hier S. 20.

195 | Der durch Kriegstechnik produzierte Raum – die im Ersten Weltkrieg entwickelten Apparate des Sehens und Hörens sind symptomatisch – kann auch zu einer Distanzierung des Subjekts führen. Berichte über die Wirkung des Blicks durch ein Zielfernrohr sind exemplarisch. Ein Beispiel: Hans Carossa, Rumänisches Tagebuch, in: ders., Sämtliche Werke I, Frankfurt a.M. (Insel) 1962, S. 391-502, hier S. 429-431, berichtet von der Sicht auf den Gegner, der einige Kilometer entfernt sich unbeobachtet glaubt, und der eigenen Einstellung gegenüber der *intimen* Sicht.

196 | Holert, Terkessidis, Entsichert, S. 17.

197 | Holert, Terkessidis, Entsichert, S. 10.

Vorgestellter Raum: Raum der Destruktion und die Konstruktion von Raum

In der Epoche der Industrialisierung Europas erfassten die Prinzipien der industriellen Produktion auch den Krieg und veränderten seinen Raum grundlegend.[198] Diese Veränderung tritt seit einigen Jahren in eine neue Phase ein, die ich am Ende als eine Aufgabe der Kulturgeschichte vorstellen möchte.

Die Schlachtfelder des Ersten Weltkriegs waren wie wenige andere Großräume des 20. Jahrhunderts exemplarisch für Orte und den Raum der Moderne,[199] der sich durch die Phantasie in einen Imaginationsraum (im Verständnis Robert Vischers) verwandelte. Der gründete den Schnittpunkt zweier Tendenzen des Kriegs der Moderne: Er bildete den Raum der Destruktion, wie jeder Krieg zuvor, aber in einer bis dahin unvorstellbaren Dimension, und er war Teil einer Tendenz, die man die Konstruktion eines vorgestellten Raums nennen kann.[200] Die extremen Bedingungen an der Front setzten den Flug der Phantasie in Gang. Verbreitet waren die Schreckensphantasien über eine Kombination von Luftkrieg und Gaskrieg. »Gegen die Angriffe aus der Luft gibt es keine zuverlässige Gegenwehr. Selbst die ›privaten Schutzmaßnahmen‹, die Gasmasken versagen«, schrieb Benjamin. Andere Autoren, die sich den futuristischen Phantasien des kommenden Kriegs hingaben, stimmten zu. Die räumliche Entgrenzung und Totalisierung des Krieges entsprachen einem Konzept der Ortlosigkeit und damit den raumrevolutionären, militärischen Prognosen. »Flugzeuge haben ihren Stützpunkt ›irgendwo auf dem Ozean‹ auf ›Mutterschiffen, die in den Gewässern des Weltmeeres unausgesetzt ihren Standort wechseln, von dort aus starten die Flieger, um ihre giftige Fracht herunter tröpfeln zu lassen‹.«[201] Diese phantastische Konstruktion eines Technoraums entfernt sich vom Erlebnisraum.

Auch Visionen von einem anderen Raum, der die realen Verhältnisse hinter sich ließ, wurden durch die Technik angeregt. Das Flugzeug brachte einen Hauch der Freiheit, des Abenteuers und Entkommens an die Front. Träume

198 | Theodore R. Schatzki, Wolfgang Natter, Paul Jones III (Hg.), Postmodern Contentions. Epochs, Politics, Space, New York (Guilford Publication) 1993; Schatzki, Natter, The Social and Political Body. Zu Naturerfahrung und Kriegssemantik: Reimann, Der große Krieg der Sprachen, S. 82-89.

199 | Alexa Geisthövel, Habbo Knoch (Hg.), Orte der Moderne. Erfahrungswelten des 19. und 20. Jahrhunderts, Frankfurt a.M. (Campus) 2005.

200 | Hüppauf, Räume der Destruktion und Konstruktion von Raum, S. 105-123, vgl. auch: ders., Das Schlachtfeld als Raum im Kopf, S. 207-233.

201 | Sebastian Ostermann, Gaskriegsphantasien, in: Ästhetik & Kommunikation 152: Kriegsvergessenheit in der Mediengesellschaft (Frühjahr 2011), S. 139-144, S. 140f. mit Zitaten von Walter Benjamin, 1925.

nach dem Vorbild von Dädalus und Ikarus regten Hoffnungsphantasien an. Es entstanden auch Phantasien eines den politischen Zwecken entwundenen Raums. Zu den Höhepunkten der literarischen Raumphantasien des Ersten Weltkriegs gehört die Vision einer neuen Welt der Solidarität aller Menschen, die sich in *Le Feu* von Barbusse aus dem Schlamm des Schlachtfeldes erhebt. Die Phantasien über den Raum zwischen Leib und Himmel wurden schwächer, als der Himmel für Kriegszwecke erobert worden war.[202]

Räume der Grausamkeit

Bietet die Kategorie *Raum* sich für den Versuch an, die Grausamkeit aus dem Reduktionsschema zu befreien? Gibt es grausamkeitsaffine Räume? Raum darf nicht negativ als das Objekt der Eroberung durch den Krieg verstanden werden. Aus dem Zerlegen in geografisch-physikalische Einzelheiten ist er nicht zu verstehen. Er muss von Anfang an als eine mental bestimmte Einheit mit geografischer Ausdehnung aufgefasst werden. Nicht die Addition einzelner Grausamkeiten führt zu einem Bild dieser Räume, sondern die einzelne Tat ist immer schon Teil eines umfassenderen Zusammenhangs, der räumlich konstituiert ist. Die USA lagern seit Jahren Folter an bestimmte Orte aus. Das hat nicht nur juristische Gründe.

Ich will die Arbeit von Timothy Snyder als Beispiel für das auch in der Geschichtsschreibung entstehende neue Raumbewusstsein kurz besprechen. Das Innovative seiner Arbeit liegt darin, Kriegshandeln nicht nach Nationen zu ordnen, sondern eine Frage der Militärgeschichte mit einer exemplarischen Frage der Kulturgeschichte zu verbinden und dem Raum eine konstitutive Rolle zuzuschreiben. Er verfolgt die Bindung einer spezifischen Form der Gewalt und Grausamkeit an einen Raum.[203] Dieser Ansatz öffnet die Tür zu einer anthropologisch-psychologischen Fragestellung (die Snyder nicht explizit macht) nach einem vorgestellten Raum, in dem nicht länger Machtpolitik die Politik lenkt (obwohl der Untertitel diese Vermutung nahelegt). Diese Raumkonzeption weist in die Zukunft einer Kulturgeschichte des Kriegs.

Die Verbindung von Raum als einer vorgestellten Region mit Aktionen geplanter Grausamkeit stellt diesen Versuch in einen Horizont außerhalb der Militärgeschichte und erfordert eine Raumtheorie. *Der Osten* ist dann nicht ein physischer, sondern ein imaginierter Raum, den mentale Einstellungen zu

202 | Erhard Schütz, Wahn-Europa. Mediale Gas-Luftkrieg-Szenarien der Zwischenkriegszeit, in: Heinz-Peter Preussler (Hg.), Krieg in den Medien, Amsterdam (Rodopi) 2005, S. 127-148.

203 | Snyder, Bloodlands. Die meisten Kommentare und Rezensionen kamen in Deutschland aus dem Blickwinkel der Militärgeschichte und waren entsprechend zurückhaltend.

einem Raum der Grausamkeit designieren. *Bloodlands*, die Region Polen, Baltikum, Westrussland und Ukraine, in der in wenig mehr als einem Jahrzehnt geschätzte 14 Millionen Zivilisten gewaltsam zu Tode kamen, gibt es nicht als politische, sondern nur als imaginierte Einheit.

Allerdings versäumt die Studie, die Charakteristika dieses spezifischen Raums zu benennen. Geografische, ökonomische und kulturelle Eigenschaften, die zur gedachten Einheit dieses Raums beitragen, müssten herausgearbeitet werden. Die *Bloodlands* bezogen ihre Eigenschaften offensichtlich aus dem Ersten Weltkrieg und seinen emotionalen Nachwirkungen. Wie ist aber zu erklären, dass diese Verräumlichung von Grausamkeit den Osten erfasste, obwohl die härtesten Erfahrungen der Grausamkeit an der Westfront des Ersten Weltkriegs gemacht worden waren? Was prädestinierte den Osten zum Raum der Grausamkeit? Menschen wurden auf Zahlen reduziert, schreibt Snyder, aber das ist eine unspezifische Charakterisierung ohne Erklärungskraft. Die Ostpolitik des NS war dynamisch konzipiert und dachte an die Zukunft in Jahrhunderten, aber Snyders *Bloodlands* sind, im Gegensatz dazu, hierarchisch und statisch konzipiert. Die Truppen und Todessquadronen bewegten sich rasch *vorwärts*, aber das Denken und Handeln des Massenmords ist bei Snyder an einen statisch aufgefassten Raum gebunden, und das dynamische Kriegsgeschehen wird von den Vernichtungsaktionen getrennt. Diese Verbindung müsste jedoch hergestellt werden, damit Raum aus der Starre eines Behälters gelöst wird und zum beweglichen Raum von Grausamkeitspraktiken wird, die einer Grammatik folgen, die sowohl dem zivilen als auch dem militärischen Denken zugrundeliegt.

Auch eine andere umfangreiche Studie konzentriert sich auf eine geografische Region: Litauen unter der deutschen Besetzung. Christoph Dieckmann belegt die Beteiligung der Polizeiregimenter, der Wehrmacht und der Zivilisten, und er macht deutlich, dass Unterscheidungen in den Gewaltexzessen der Region nicht zu machen sind.[204] Dieckmann nennt Begründungen für die Politik der Grausamkeit. Es sind ausnahmslos Rationalisierungen, hinter denen Unausgesprochenes verborgen bleibt. Um dem näher zu kommen, berichtet das Buch nicht aus der Perspektive reduktionistischer Historie, sondern teilt die Berichte unter drei Gruppen auf: Deutsche, Litauer und Juden, denen es aus Tagebüchern, offiziellen Dokumenten, Nachkriegsaussagen (vor Gerichten) viele Stimmen gibt, so dass Raum nach den Prinzipien der Emergenz auftaucht. Dieckmanns Berichte sind eine qualvolle Lektüre über die Grausamkeit der Täter und die Mitleidlosigkeit der Zuschauer, die, im Unterschied zu Snyder, handelnde und leidende Menschen zeigen (vergleichbar mit Saul Friedländers *The Years of Extermination*), aber darüber geht die Frage nach dem

204 | Christoph Dieckmann, Deutsche Besatzungspolitik in Litauen 1941-1944, Göttingen (Wallstein) 2011; Jörg Baberowski, Verbrannte Erde, München (C.H. Beck) 2011.

Zusammenhang von Raum und Grausamkeit verloren. Auch die Frage der Perspektivik, für dieses Projekt fundamental, bleibt unerörtert.

Zu den verstörenden Beobachtungen gehört, dass die untersuchten Räume auch die *Normalität*, seit je ein Effekt von Kriegsbildern, bewahrten: Es wurde getanzt, gefeiert und geheiratet. Was hat aber inmitten von fortgesetzter Normalität die Kämpfe und die Kämpfer, auch die Zivilisten, in diesem Raum im Osten so unerbittlich grausam gemacht? Wie hat Raum zum Nebeneinander von Normalität und grenzenloser Grausamkeit beigetragen? Es ist unvorstellbar, dass im Keller eines Hauses gemordet und in der Belle Etage gefeiert wird. Wo läge der Unterschied zwischen den beiden Räumen Haus und Region? Allein in der Ausdehnung? Lassen sich die Antikultur des Gewaltregimes und ihr Spezialwissen in eine Beziehung zum kulturellen und sozialen Alltagswissen der geografischen Region setzen? Lassen sich nach dem Ende des rassistischen Ausrottungsprogramms der deutschen Besatzung und des politisch motivierten Ausrottungsprogramms der Sowjetunion Folgen in den betroffenen Räumen finden? Das Morden war, wie wir wissen, nach dem Ende des Nationalsozialismus nicht wie ein Spuk verschwunden. Gibt es Hinweise auf verborgene Prozesse der Speicherung im geografischen Raum, der immer auch ein imaginierter Raum ist, auf ein *Gedächtnis der Region*?[205]

7.1 Die Auflösung des Kriegsraums in der Postmoderne – zwischen Schlachtfeld und Smartphone

Die postmodernen Kriege gehen mit einer Entwirklichung des Kriegsraums einher. Sie lässt sich in das Bild konventioneller Kriege zurückverfolgen. Ich will Francis Ford Coppolas Film *Apocalypse Now* (1979) als Beispiel heranziehen. Der Film lässt sich als Spektakel kritisieren. Das wird ihm nicht gerecht. Das ist er, und das ist er nicht. Das Spektakel findet auf der Leinwand statt und war ebenso ein Element des Kriegs. Kriege haben seit diesen Jahren etwas Theatralisches, schaffen die Bühne fürs Spektakel. Der Film ist Teil des Kriegsdiskurses und an einer Veränderung des Kriegsraums beteiligt.

Captain Willard, der Held, Killer und Unschuldslamm in einer Person ist, reist mit einer kleinen Truppe Soldaten in den Dschungel, Richtung kambodschanische Grenze, um US-Offizier Colonel Kurtz zu liquidieren. Der sadistische Kurtz hat sich mit einer folgsamen Einheit in der Wildnis verschanzt, gehorcht keinen Militärbefehlen und richtet von seinem Hauptquartier aus wahre Blutbäder an. Willard hat den Auftrag, den Sadisten zu liquidieren. Je

205 | Die hitzige Kontroverse um die Pogrome von Jedwabne kann in diesem Kontext einer Raumgeschichte gesehen werden: Jan T. Gross, Neighbors: The Destruction of the Jewish Community in Jedwabne, Poland, Princeton, NJ (Princeton University Press) 2001, dt.: Nachbarn. Der Mord an den Juden von Jedwabne, München (C.H. Beck) 2001.

tiefer Captain Willards Boot in den unstrukturierten Raum des Dschungels eindringt, desto unentwirrbarer vermischen sich realer und phantasierter Krieg. Auf ihrem Weg begegnet die Truppe dem rätselhaften Colonel Kilgore, der seine Hubschrauberpiloten ihre Attacken zu den Klängen der »Walküre« fliegen lässt.

Mitten im Dschungel taucht ein aus der Zeit herausgefallenes Zivilisationsparadies des frühen 20. Jahrhunderts auf: großbürgerlicher Stil, Luxus, Konversation des Salons, Tafelsilber, Erotik der europäischen Welt von gestern – ein beziehungsloser Raum inmitten des mörderischen Kriegs. Ihr Amerikaner, sagt ein französischer Aristokrat, kämpft in Vietnam, »für das größte Nichts in der Geschichte der Menschheit«, ein Kampf um die Leere. Wir hören von einem Krieg ohne Sinn, dessen Ziele nicht zu bestimmen sind.

Dissoziation wird in *Apokalypse Now* zum Rausch.[206] Im sicheren Kinosessel sitzend, sehen wir, was der Soldat im Einsatz sah, den Dschungel Südostasiens. Können wir das Erlebnis der Soldaten nachvollziehen? Wir haben nicht ihren Blick und sehen nicht ihr Bild, sondern eines, in dem sie stets vorhanden sind. Der Soldat konnte sich im Dschungel, im Hubschrauber oder in Saigon nicht sehen und hatte nie die Perspektive, die der Filmbetrachter hat, der sich nicht in das Bild versetzen kann. Es bietet ihm keinen Ort an. Die beiden Bilder unterscheiden sich voneinander. Das Bild, das der Soldat im Einsatz sah, kann nie dasselbe sein, das der Kinogänger sieht. Er befindet sich in einem anderen Raum als der Soldat, und so kann er sich nicht identifizieren, obwohl der Film ihn dazu drängt. Er kann sich nicht im Bild sehen, obwohl er mit seinen Gedanken und Gefühlen *bei* den Soldaten sein mag. Das Bild ist keine Erinnerung und keine Phantasie. Was ist es? Erinnerungen sind unzuverlässig und können täuschen. Dies Kinobild kann nicht täuschen. Es zeigt, was es ist. Im Unterschied zur Akustik in den Filmen von Milestone und Pabst, die auf das sinnlos Serielle setzen, macht das Geräusch der Hubschrauberrotoren in Francis Ford Coppolas Film die Szene surreal. Hubschrauber mit tödlicher Fracht, MGs und Bomben, bestückt, fliegen über den Dschungel und die in ihm verborgenen Vietcong und beschallen den Raum mit hoch emotionaler Musik des europäischen Opernhauses. Der Ort des Kriegs wird zum Vorstellungsraum eines theatralischen Erlebnisses: Bayreuth und Dschungel. Starke Emotionen sind der Gegenwart fremd. Im Kunstraum Kino werden sie simuliert. Der Zusammenhang solcher Emotionalität mit sexueller Lust ist oft betont worden, von Psychologen wie von Soldaten.

Der monotone Lärm der Rotorblätter lässt einen unerträglichen akustischen Raum des Irrsinns entstehen. Er mischt sich mit den Walküreklängen zu einem akustischen Horrorraum. Der Irrsinn des Kriegs zeigt sich auch in

206 | Francis Ford Coppola, Apocalypse Now: Full Disclosure. Studiocanal/Arthaus. DVDs. 451 Minuten.

anderen Räumen, am Strand, im Dschungel, im Helikopter, am Frühstückstisch: »Ich liebe den Geruch von Napalm zum Frühstück.«

Aus dem kommerziell verbreiteten Film herausgeschnitten und zwölf Jahre nach der Erstaufführung aus dem Archiv gehoben, werden seit 2001, dem Jahr von 9/11 und dem Beginn des aberwitzigen Kriegs gegen Terror, Sequenzen und zusätzliche Materialien als eine Filmdokumentation vertrieben. Die Dokumentation über den Hintergrund und das Entstehen des Films ist die Wiederholung des Irrsinns vom Krieg im Produktionsprozess. Von den Dokumentationen Ivens oder Schoendoerffers trennt diese Dokumentation eine Welt. Es war kein Fehlgriff, die Dokumentations-DVD unter dem Titel »Heart of Darkness: A Filmmaker's Apokalypse« zu vertreiben. Denn in dem Abgrund aus Beobachtungen und Visionen, Manie und Horrortrip ist die Nähe zu Joseph Conrads Kurz und dem Verschwimmen der Räume und der Auflösung der europäischen Zivilisation in einem dunklen Kontinent stets greifbar. Es ist keine Überraschung, dass dieser Film, dessen Struktur den phantastischen Raum und den Orientierungsverlust der Dissoziationsmentalität in suggestiven Bildern wiederholt, weltweit ins kollektive Unterbewusste eingedrungen ist, während Schoendoerffers Filme uns in den Raum einer untergegangenen Welt führen, der uns fremd geworden ist..

Lokale Kriege – globale Kriege

Die Entwicklung ist über diesen Vorstellungsraum hinweggegangen. Im Hinblick auf den Raum unterscheiden wir in der Gegenwart zwei unterschiedliche Typen von Krieg: einen extrem lokalisierten und einen globalisierten, der keine Beziehung zu konkreten Orten mehr kennt. Politisch sind beide. Man kann von einem Gegensatz der Räume der Grausamkeit zur globalisierten Welt sprechen: In ihr tendieren räumliche Differenzierungen gegen Null. Das implizite Ziel von Cyberwar und Netwar ist die totale Überwindung des Raums. Die Konkretheit von Ort und individuellem Handeln, die selbst in den Nuklearkriegsszenarien noch immer wirkte, geht im elektronischen Krieg verloren. Fragen schließen sich an: Wird es für die neue Form des Kriegs ohne Orte kein Gedächtnis geben? Braucht das kollektive Gedächtnis ebenso einen Raum wie das individuelle Gedächtnis? Macht die elektronische Kriegsführung alles durchsichtig und bereitet der Unerschließbarkeit des Kriegs ein Ende? Bedeutet die Veränderung einen Bruch in der Geschichte der Grausamkeit, Gibt es eine Grausamkeit, die nicht von einem Körper aus geht? ›The target of netwar is the human mind.‹

Der Zweikampf, seit Clausewitz die beliebteste Metapher, wird endgültig gegenstandslos und der Gegner durch Informationssysteme, mit denen sich nicht ringen lässt, ersetzt. Ein signifikanter Unterschied im Cyberwar ist das

Ende der hierarchischen Strukturen durch Dezentralisierung und die Flächigkeit von Netzwerken.[207]

207 | Vgl. einzelne Beiträge zur Sammlung John Baylis, James Wirtz, Eliot Cohen, Colin S. Gray (Hg.), Strategy in the Contemporary World. An Introduction to Strategic Studies, Oxford (Oxford University Press) 2006 u.a. John Ferris, Conventional Power and Contemporary Warfare, in: Baylis, John, James Wirtz, Eliot Cohen, Colin S. Gray (Hg.), Strategy in the Contemporary World. An Introduction to Strategic Studies, Oxford (Oxford University Press) 2006, S. 253-273.

V. Ausblick

1. Der Krieg des gläubigen Tötens kommt wieder und der High Tech War entsteht

Wir erleben in der Gegenwart eine tiefe Zäsur im Krieg. Die Identitätsbildung durch das Miteinander von Ausschluss und Solidarität wirkte im Innersten des Kriegs bis ins 20. Jahrhundert. In der Gegenwart scheint diese Kombination sich aufzulösen. Zeichen eines grundlegenden Wandels im Kriegsbild, das über beinahe 3000 Jahre die Einheit des Kriegs garantiert hat, sind nicht zu übersehen. Es sind nicht nur die astronomischen Kosten, die vom Krieg abhalten, sondern auch der Zweifel an seinem ideellen Nutzen. Die Erwartung, dass Krieg Identität stiftet und in die Zukunft führt, wirkt in einem Teil der Welt nicht mehr.

Der industrialisierte Krieg der Moderne gehört ebenso in die Vergangenheit wie Krieg als Zeit der Geburt von Helden und Märtyrern.[1] Wir werden Zeugen des Endes des Kriegstypus: mechanisierter Krieg und industrialisiertes Schlachtfeld. Die hoch theoretischen Texte der gläubigen Technologen aus Kalifornien sprechen ebenso davon, wie die irren Pamphlete der gläubigen Fundamentalisten. Eine sehr geraffte Diskussion der sich abzeichnenden Kriege im Zeitalter der Elektronik will ich ans Ende stellen.

Die Kombination aus Elektronik und Waffentechnologie gibt den neuen Kriegen die Schubkraft. Aber damit ist der Krieg der physischen Gewalt nicht abgeschafft. Er erweitert sein Operationsfeld und schließt den virtuellen Raum mit ein. Wird sich archaische Gewalt weiterhin in großen geografischen Regionen und in Isolation vom Krieg im Cyberspace abspielen: zwei fundamental unterschiedliche Typen von Krieg mit ihren je eigenen Diskursen an verschiedenen Orten, zur selben Zeit? Die Wahrscheinlichkeit ist groß, dass die neuen asymmetrischen Kriege mit Toten und der Krieg im virtuellen Raum in der absehbaren Zukunft nebeneinander gefochten werden.

Auch den neuen Kriegen kann man sich nicht nähern, indem man nach ihrer Kultur oder ihrer Philosophie fragt. Aber die Frage muss auf einer theo-

1 | Vgl. Sigrid Weigel (Hg.), Märtyrer, München (Wilhelm Fink) 2010.

retisch reflektierten Ebene, auf eine philosophische Weise gestellt werden. Die Empirie gibt keine Antworten.

1.1 Die Neuen Kriege und neue Kriege

Innerhalb kurzer Zeit und überraschend ist das grausame Töten, das einige Zeit endgültig überwunden zu sein schien, zurückgekommen. Eine »Rückkehr zu archaischen Gewaltpraxen, bei der zumeist nur mit Handfeuerwaffen, häufig aber auch bloß mit Messern und Macheten gekämpft wird«, ist festgestellt worden.[2] Viele dieser Kriege dienen der Bereicherung, einige dem Glauben oder der Lust an Terror und Destruktion. Diese Aspekte hatte der Krieg schon immer, nun aber werden sie zur einzigen Grundlage von Kriegen. Keine Kriegsordnung liegt ihnen zu Grunde. Das gibt der Bezeichnung *asymmetrischer* Krieg ihre Berechtigung. Diese abstrakte Bezeichnung darf aber das innere Prinzip nicht verdecken: Es sind Kriege mit furchtbaren Gräueln.

Das Kampffeld dieser Kriege der Ordnungslosigkeit kann heute hier und morgen da liegen, in Bezirken von Städten oder in Afrika. Sie sind terroristisch und zielen auf moralische Destabilisierung, und sie sind nur durch die Verbreitung der Bilder von Zerstörung, Furcht und Schrecken zu erreichen. Es ist immer wieder darauf hingewiesen worden, dass diese Kriege unter der Beteiligung der Weltöffentlichkeit stattfinden: internationale Söldner und Militärberater, Reporter und Kamerateams, freiwillige Kämpfer aus der Diaspora und eine regelrechte Armee internationaler Organisationen, von *Oxfam* und *Ärzte ohne Grenzen* zu UNO-Organisationen wie *UNICEF, OSZE* usw. Diese Beteiligung, unterstützt durch die ständige Präsenz von Bildern in den elektronischen- und Druckmedien, schafft eine globale Kriegsöffentlichkeit, die zu einem Element der Kriege wird.

Durch diese ordnungslosen Kriege sind die aufgeklärten Demokratien überfordert. Ihr juristischer und rationaler Diskurs ist nicht in der Lage, die Konflikte zu erklären, noch trägt er zu ihrer Lösung bei. Der Versuch, die Theorien des ius ad bellum zu reaktivieren und damit die Rechtfertigung des Tötens in einem gerechten Krieg zu beschwören, sind hilflos, denn es gibt den Krieg, für den diese Regeln einst gemacht wurden, nicht mehr. Für Terroristen und militante Fundamentalisten gilt dieses Denken nicht, und sie setzen alles daran, es zu sabotieren. So finden die Kämpfe, um es abstrakt zu formulieren, auf zwei verschiedenen Ebenen statt. Keine herkömmliche Definition von Krieg passt, und jeder Sieg des Westens ist eine Illusion, da er nicht dort ankommt, wo er den gewünschten Effekt haben soll. Orientierungsverlust und Instabilität bilden ein Ziel, so dass die These vom Bewusstsein als dem Ziel

2 | Münkler, Die neuen Kriege, S. 47.

des Kriegs (George J. Stein) auch für den Terrorismus und nicht nur für den *Netwar* gilt.

Der Kosovokrieg von 1999 und der Erste Irakkrieg waren die ersten Kriege, in denen elektronische Kampfmittel systematisch eingesetzt wurden, aber das Töten setzte sich in gewohnter Weise fort. Die Grausamkeit dieser Kriege weckte Erinnerungen an die dunkelsten Kapitel der Kriegs- und Gewaltgeschichte. Grausame Bilder und Berichte gingen um die Welt und widerlegten die Theorien eines blutlosen, raumlosen und emotionslosen Cyberwar.[3] Die neuesten Formen des Kriegs tragen Namen wie Netwar, Cyberwar oder Infowar. Eine Besonderheit ist Lawfare, der die Regeln des internationalen Rechts in Mittel zum Krieg verwandelt – pervertiert, wie die einen sagen oder, aus der Sicht der kleinen und schwachen Nationen, zur Kompensation von Schwäche dient. In diesen Kriegen gibt es keine Leichen. Auch der kommende Krieg der Drohnen gehört in den Kriegstypus des elektronischen Kriegs. Aber er tötet Menschen.

Diese Kriege werden seit einigen Jahren praktiziert – ohne rechtliche Beschränkungen, ohne eine Reflexion der Ethik und ohne einen echten öffentlichen Diskurs. Es sind die Kriege *unserer* Gegenwart, *Wir* führen sie. Aber wer ist dieses *Wir*? Und wissen *wir*, was wir tun und was wir für die nähere Zukunft in Gang setzen? Diese Fragen müssen im Diskurs behandelt werden, und die Aufgabe der Kulturgeschichte besteht darin, den Diskurs kritisch zu begleiten, seine Kategorien zu klären und zu verhindern, dass der Horizont auf die Gegenwart eingeengt wird.

Die Entwicklung von intelligenten Waffen ist eine konsequente Weiterentwicklung von Tendenzen, die seit dem späten 19. Jahrhundert zu beobachten waren. Seit dem späten 20. Jahrhundert kulminiert diese Entwicklung mit der künstlichen Intelligenz. Im Rückblick war sie wahrscheinlich. Es wäre schwer zu erklären, wenn die Militärtechnologie sich von den technisch-sozialen Entwicklungen abkoppeln würde. Trotz der Wahrscheinlichkeit kamen diese neuen intelligenten Waffen als Überraschung und trafen auf eine unvorbereitete Öffentlichkeit. Sie lösten sehr langsam erste Reaktionen aus, zunächst in den USA und in Deutschland mit mehr als zehn Jahren Verzug. Zur Reaktion hat bisher eine Einengung des Blicks auf Einzelaspekte gehört. Zu den festgelegten Bahnen der Debatte gehört die vorhersagbare positive Position des Militärs, der Geheimdienste und der Regierungen. Davon unterscheidet sich die Öffentlichkeit, die autonome Waffen als Bedrohung empfindet. Was wird aus den Gefühlen in diesen neuen Formen des Kriegs? Wird sich der Homo furiosus mit der äußerst sublimierten Form von Gewalt zufrieden geben? Das Bedürfnis nach Feindbildern wird erhalten bleiben und öffentlichen Ausdruck finden. Die Siegeseuphorie wird sich im Verborgenen ausleben. Die triumphale Geste

3 | Howard H. Schack, Desert Storms. The Secret World of Stealth and Intrigue, Bloomington (Writers Club Press) 2000.

König Assurbanipals wird von subtileren Äußerungen der Gefühle überlagert und überdeckt. Können wir darin einen Fortschritt auf dem Weg der Zivilisierung erkennen?

Die Frage: *Was ist Krieg?* wird durch die unaufhaltsame Entwicklung von Cyberwar und Drohnen eine neue Antwort bekommen. Wenn dieser Krieg keinen ausgedehnten Raum mehr hat und die Front sich in der Virtualität verliert, wird die Anwendung von Rechtsprinzipien erschwert. Desto dringender ist eine möglichst umfassende Klärung der moralischen Positionen, die eine Gesellschaft einnimmt, und da dieser Krieg zwangläufig international ist, muss diese Klärung international sein. Kann der öffentliche Diskurs sie beeinflussen? Eine solche Diskussion hat kaum begonnen, und es ist gegenwärtig schwer vorzustellen, wie die USA und die Bundesrepublik, die eine enge technologische Zusammenarbeit pflegen, sich über ethische Fragen der Tötung im Drohnenkrieg verständigen könnten. Die immer wieder beschworene *Wertegemeinschaft* wird getestet, Den Test hat sie bisher nicht bestanden. Die Beteiligung von China und Israel sowie internationaler Organisationen, die NATO, machen das Problem schier unlösbar.

1.2 Ökonomisierung und Eigennutz

Die Entwicklung der neuen Waffen und Waffensysteme lässt sich in die beiden Tendenzen der Gegenwart zur Ökonomisierung[4] und Rechtfertigung des Eigeninteresses einordnen. Das Denken in den Kategorien des Ökonomischen hat alle Lebensbereiche schleichend erfasst und hat auch den Komplex Rüstung und Kriegführung nicht verschont – die gigantischen Ausgaben sprechen nur scheinbar dagegen. Das Prinzip Eigeninteresse wirkt im Krieg der Elektronik und der Drohnen dadurch, dass wir eigenes Leben schonen und das Leben der anderen nehmen. Es ist folgerichtig, für dieses Ziel den technischen Fortschritt einzusetzen. Es ist aber nicht zu übersehen, dass sich mit diesem Prinzip die Kriegführung grundlegend ändert. Gewiss war es seit je das Ziel, die eigenen Soldaten zu schonen und den Gegnern das Leben zu nehmen. Es ist aber ein Unterschied, ob dieses Ziel auf beiden Seiten der Front besteht und durchgesetzt werden kann oder ob eine Seite diese Option gar nicht hat. Man muss sich der Frage stellen, ob die Kriegsordnung von einer minimalen Basis-Fairness ausging. Kriegsgegner waren oft ungleich stark, und von Gleichheit konnte nicht die Rede sein. Krieg ist kein sportlicher Wettkampf. Dennoch: Die totale Verfügung über die Tötungsmacht der einen und die entsprechende

---

4 | Die in den Medien intensiv debattierte Frage nach den hohen Kosten verzerrt die Verhältnisse. Entscheidend sind nicht kurzfristige Ausgaben für Entwicklung und Beschaffung. Es kann kein Zweifel bestehen, dass ein Drohnenkrieg kostengünstiger geführt werden wird als jede andere Art der Kriegführung.

totale Machtlosigkeit der anderen ist eine neue Entwicklung. Sie bildet ein Problem der Moral des Kriegs.

Abb. 9: US-Drohne im Testflug.

Die Frage muss gestellt werden, ob die neue Technik in eine Grenzüberschreitung führt. Damit kann nicht die Waffentechnologie selbst gemeint sein. Technik kennt keine Grenze. Grenzen werden in der Ethik gezogen, um in Verhalten umgesetzt zu werden, und im Recht kodifiziert und sanktioniert.

Krise der Demokratie

Der Beginn der neuen Kriege des elektronischen Zeitalters fällt mit einer Krise der Demokratie zusammen und verschärft sie. Sie ist eine Folge eines Schwundes von Vertrauen in die politischen Institutionen und in die Kompetenz der Berufspolitiker.

Die Globalisierung schränkt demokratische Spielräume ein. Die neue Waffentechnologie ist global und der Versuch, ein Land aus dieser Entwicklung herauszuhalten, wäre aussichtslos. Als Folge der Globalisierung werden Entscheidungen auf wichtigen Feldern wie der staatlich finanzierten oder geförderten Entwicklung der Waffentechnologie außerhalb demokratischer Verfahren getroffen. Hinter dieser Verlagerung stehen Großinvestoren, machtvolle Lobbys, supranationale Organisationen und Großmächte wie die USA und China.

Krieg wird global geplant, kann an allen Enden der Welt geführt werden und lässt sich nach dem Vorbild der Nationalkriege nicht organisieren. Die Internationalisierung des Kriegs schränkt die Entscheidungsfreiheit einzelner Regierungen ein und lässt die Partizipation von Wählern in Nationalstaaten nicht zu. Gegenüber dem Drohnenkrieg und den diversen Formen des Cyberwar ist die Öffentlichkeit in die Rolle des Zuschauers gedrängt.

Zu den Symptomen der Krise gehört der Zerfall der Repräsentation. Es gibt nicht die eine Drohne, sondern nur widersprüchliche Einschätzungen. Drohnen sind vieles für viele. Komplexität und Abstraktion gehören zu den Systemeigenschaften, die eine Beteiligung von Bürgern an Entscheidungsprozessen erschwert. Das gilt in hohem Maß für Waffen im elektronischen Zeitalter und für Cyberwar und Drohnenkrieg. Sie haben ein Niveau der Komplexität erreicht, das eine populäre Repräsentation erschwert und eine Beteiligung an Entscheidungen verhindert. Ist die Folge für die Politik: zurück zur Geheimdiplomatie und zum Staatenkrieg ohne die Beteiligung der Öffentlichkeit, allein durch Entscheidungen der Regierungen? Gegen diese Praxis gab es im 18. Jahrhundert die Zukunftserwartung. Diese Zukunft liegt inzwischen hinter uns. Der Krieg der Elektronik hat sich bisher seinen eigenen Prinzipien folgend entwickelt. Er hat die Mittel bis zur Unkenntlichkeit verändert, etwa im Lawfare, Drohnenkrieg und im Infowar, und der Diskurs droht abgeschafft zu werden. Soll der Kriegsdiskurs nicht auf das Niveau der bestätigenden Bebilderung absinken, braucht er eine Grundlegung, die tiefer reicht als die *Zielbestimmung*, die von Politik und Militär vorgegeben wird, und die Klärung von *Wunsch* und wünschens*wert* einschließt.

Ethik ist nicht das Vorrecht von Experten, sondern ist mit dem öffentlichen Diskurs über Werte und das gesellschaftliche Eigenbild verknüpft. Sie ist in Demokratien nur mit der Beteiligung von Öffentlichkeit zu klären. Demokratie verlangt in einer so elementaren Frage wie der Zukunft des Kriegs einen Willensbildungsprozess. Der soll offen sein und kompetente Fachleute und eine informierte Öffentlichkeit beteiligen. Daran hat es bisher gemangelt.

Mit der Technologie der neuen Kriege entsteht ein Konflikt. Sie ist machbar und politisch gewünscht. Aber sie verstößt offensichtlich gegen die Empfindung der meisten Menschen und widerspricht, dem Gefühl nach, dem Selbstverständnis der Gesellschaft. Das Interesse der Politik steht einem Gefühl der Bürger gegenüber. Das ist nicht bedenklich. Solche Konflikte werden in einer offenen Gesellschaft öffentlich ausgetragen. Sie gehören in die Streitkultur einer Demokratie. Im Hinblick auf die neue Waffentechnologie ist allerdings festzustellen, dass die Positionen nicht gleichberechtigt sind. Die Debatte wird geführt, nachdem Vorentscheidungen gefällt worden sind: für die Entwicklung, den Erwerb und Einsatz der Drohnen.

Sobald es um Fragen der Waffentechnologie geht, ist es kaum möglich, einen offenen Willensbildungsprozess zu organisieren. Die Informationen sind begrenzt, gegen die Machtposition der Industrie scheint kein Kraut gewachsen, und die Verflechtung von Politik und Industrie behindert den Einfluss, den gewählte Repräsentanten auf die Meinungsbildung haben.

Die Präferenz für den Frieden ist die dominante Stimmung in den westlichen Demokratien der Gegenwart. In diese Situation fällt die Entwicklung der Waffentechnologie und leistet einen Beitrag zur Entdemokratisierung. Denn die Frage ist bisher den Experten, eine kleine Gruppe von hoch spezialisierten Forschern, und Berufspolitikern, überlassen worden. Aber die Opposition ist nicht so klar, wie es zunächst scheint. Das ist zum Teil die Folge einer ungeschichtlichen Perspektive, die keine Zusammenhänge mehr wahrnimmt. Auch die Einstellung gegenüber Technik und Fortschritt kommt ins Spiel: anhaltende Fortschrittsgläubigkeit stützt die Position der Technik und das ökonomische Argument. Auch dadurch wird eine Debatte behindert. Insoweit sie überhaupt geführt worden ist, war sie nicht ergebnisoffen, sondern ist in vorgezeichneten Bahnen abgelaufen.

Die Frage nach den Beziehungen zu Krieg und Waffen kann nur angemessen behandelt werden, wenn sie in die Geschichte des Kriegs eingeordnet wird. Der Diskurs, der immer Teil des Kriegs war, wird von Politik und Militär kaltgestellt, und Kriege können unter Ausschluss der Öffentlichkeit geführt werden. Mit Sicherheit sagen können wir, dass wir über elektronische Angriffe wie den der Geheimdienste der USA und Israels auf die Waffenproduktion des Iran und möglicherweise anderer Länder kaum zuverlässige Informationen haben. Wir sind auf Mutmaßungen angewiesen. Diese Grundfrage des neuen Kriegstypus ist offen. Die Zukunft des Diskurses in der künftigen Kriegführung lädt zu Bedenken ein. Die Macht von Exekutive und Militär setzt sich den zweifelnden Fragen der Ethik nicht aus, sondern schafft Tatsachen. Gegen die Kraft ihrer Faktizität hat die Ethik einen schweren Stand.

1.3 Krieg ohne Tote?

Das Zukunftsszenario zeigt einen grenzenlosen Krieg ohne Raum, von geringer Intensität, ohne juristische Regeln, ohne individuelle Verantwortung und ohne Emotion. Konfliktzonen, in denen das Kriegsrecht (wie immer es beschaffen sein mag) gilt, sind nicht mehr geografisch abzugrenzen. Dieser Krieg bietet Tätern, also Regierungen und Geheimdiensten, die Möglichkeit, ihn geheim zu halten oder vor der Weltöffentlichkeit zu verleugnen. Krieg sinkt unter die Schwelle öffentlicher Wahrnehmung. Die Berichterstattung tappt im Dunkel. Denn es ist im Interesse der Exekutiven, die über das Informationsmonopol verfügen, möglichst wenige und widerstreitende Informationen zu verbreiten. Die Aussicht auf einen *Himmel voller Drohnen* ist keineswegs unwahrscheinlich.[5] Es ist zu befürchten, dass wir wenig über diesen Himmel über uns wissen werden und keine Beziehung zu einem moralischen Gesetz in uns herstellen können.

Juristische Fragen

Im Zentrum steht die Erfindung von intelligenten Waffen und deren Folgen. Das juristische und das moralische Problem sind nicht leicht zur Übereinstimmung zu bringen. Als Ausgangspunkt wähle ich Kurt Tucholskys Provokation von 1931: *Soldaten sind Mörder.*

Diese klare These hat sich in eine Begriffsverwirrung aufgelöst; Töten im Krieg, gezielte Tötung, Hinrichtung, staatlich geplanter Mord. Das Wort *Mord* wird für die Tötung durch Drohnen vermieden. Mord war für das traditionelle Handeln der Soldaten im Krieg ein juristisch unangemessenes Wort ist. Trifft es auch im Krieg der Drohnen den juristischen Tatbestand nicht? Stattdessen wird der Begriff *Hinrichtung* benutzt. *Hinrichtung* ist ein unpassender Begriff. Eine Hinrichtung setzt ein Gerichtsverfahren voraus und benötigt einen Henker oder Scharfrichter. Für Deutschland gilt überdies, dass das Grundgesetz die Todesstrafe und damit die Hinrichtung abschafft. Nun gibt es im allgemeinen Sprachgebrauch einen weiteren Begriff der Hinrichtung, die nicht vom Staat sanktioniert wird, etwa in der Hexenverfolgung oder der Lynchjustiz und seit kurzem erneut in der Hinrichtung durch Terrorgruppen. Alle diese Formen des Tötens widersprechen dem gegenwärtigen Rechtsgefühl. Wenn das Töten durch Drohnen keine Hinrichtung sein kann, bleibt der Begriff *gezieltes Töten,* für das es keine Rechtsgrundlage gibt (weder im internationalen Kriegsrecht noch im Zivilleben).

Mit der Begrifflichkeit fehlt dem juristischen Diskurs auch die Beziehung zur Realität dieses Kriegs. Eine Ächtung des Drohnenkriegs käme einem Anschluss an Tucholskys Gleichsetzung vom Töten im Krieg mit Mord gleich. Sie wäre wenig mehr als eine symbolische Geste ohne Folge. Ihr würde die Macht zur internationalen Durchsetzung fehlen.

Das Unbehagen macht deutlich, dass der Diskurs nach einer Grundlegung verlangt, die tiefer reicht als die Zielbestimmung und die Klärung von Wunsch und wünschens*wert* einschließt. Die von Kurt Tucholsky angestoßene Kontroverse, die nach dem Zweiten Weltkrieg wieder aufflammte, wird in der Gegenwart in der Debatte um den Krieg der bewaffneten Drohnen auf neue Weise wieder akut. Das Gefühl, dass mit diesem Töten etwas *nicht in Ordnung* ist, bleibt.

5 | *Die Welt* berichtet über den Einsatz von Drohnen in der zivilen Welt der USA, die zu Sicherheitsbedenken Anlass gibt und durch gezielte, aber dem Überwachten unbekannte Überwachung die elementaren Persönlichkeitsrechte bedroht (22.2.1913).

Eine Debatte über die Prinzipien des Drohnenkriegs hat vor kurzem auch in Deutschland eingesetzt. Die Frage nach dem Recht zu töten muss neu bedacht werden, und das Gefühl, dass mit diesem Töten eine Grenze überschritten wird, hält sich hartnäckig. Der Militärbischof Franz-Josef Overbeck äußert eine negative Vermutung, die weit verbreitet ist: die Befürchtung, dass die Hemmschwelle zu töten, durch den Krieg am Computer, viele 1000 Kilometer vom Waffeneinsatz entfernt, sinkt.[6] Es ist aber unwahrscheinlich, dass die Person am Joystick eine geringe Hemmschwelle gegenüber dem Töten hat. Denn noch sieht dieser Akteur auf einem Monitor potentielle Opfer und dann die Folgen seines Handelns in Bildern mit hoher Auflösung. Er sieht mehr als der Soldat der Artillerie oder aus einem Panzer oder die Crew eines Flugzeugs. Und es fehlt die Erregung, die jeden Soldaten, draußen, vor oder über dem Feind, erfasst und das klare Denken behindert. Die Macht des elektronischen Bildes über Einbildungskraft und Emotionen steht hier in Frage.

Das entscheidende ethische Problem des Drohnenkriegs ist aber nicht das persönliche Wissen und Gewissen des Mannes am Knopf, der die Entscheidung fällt – oder der Vorgesetzten, die hinter ihm stehen mögen. Die Vernunftmoral der persönlichen Verantwortung steht auf verlorenem Posten. Gewalt hat sich verlagert, fort von dem handelnden Einzelnen. Sie zieht sich in die Anonymität von Systemen zurück. Drohnen bilden die Weiterentwicklung der systemischen Gewalt (oder strukturellen Gewalt[7]), die sich seit dem Ersten Weltkrieg auf dem Schlachtfeld zeigt. Diese Tendenz wird verstärkt durch Programme, in denen die Entscheidung über das Töten von Software übernommen wird. Die Mensch-Maschine-Symbiose muss Folgen für die Definition von Verantwortung haben. Die konventionelle Konzeption vom Subjekt kann der Entwicklung zum elektronischen Krieg nicht gerecht werden. Entscheidungen, die an Algorithmen delegiert werden, öffnen keine Fragen nach Verstehen. Doch braucht Verantwortungsmoral eine Begründung, die nicht an Algorithmen delegiert werden kann.

Ethik und Moral: Dürfen Soldaten töten?

Eine Position in der Ethikdebatte argumentiert, dass die neue Waffentechnologie eine neue Form der Kriegsführung hervorbringe, deren Absicht die

6 | »Bei jedem Einsatz sollte es möglichst wenig Tote geben. Ich befürchte nur, dass die Hemmschwelle, Gewalt einzusetzen, durch den Krieg am Computer sinkt. Drohnen dürfen keine Hinrichtungsinstrumente sein. Wir brauchen deshalb höhere ethische Anforderungen an die Soldaten, die diese Computersysteme bedienen.« Franz-Josef Overbeck im Spiegel-Online-Interview vom Freitag, 08.02.2013.

7 | Dierk Spreen, Cruelty and Total War.

gezielte Tötung sei.[8] Sie wird vom internationalen Recht nicht gestattet und Krishnans Schlussfolgerung lautet: internationale Kontrolle und Verbot der gezielten Tötung. Wenn seit 1864 der Schutz von Menschen im Krieg oder in einem anderen internationalen, bewaffneten Konflikt durch Genfer Konventionen festgeschrieben wird, erfordern die neuen Kriege ohne Raum und mit unverantwortlichen Drohnen neue Regeln. Die Erfahrungen des 20. Jahrhunderts mit Verboten, juristischen Beschränkungen des Kriegs und deren internationaler Kontrolle sind aber nicht ermutigend. Kein Waffenmoratorium hat je gewirkt, und dass Giftgas und Nuklearwaffen so selten eingesetzt wurden, verdankt sich keiner Planung und keinen Rechtsnormen, sondern einer Kombination aus Zufall und Eigeninteresse. Das Eigeninteresse (Furcht vor dem Gegenschlag) entfällt bei Drohnen.

Ich will an einen Vorläufer der Debatte in den siebziger Jahren erinnern, die heftige Kontroverse über die Neutronenbombe. Diese Waffe tötet Menschen, aber verursacht nur geringe Materialschäden. Im Unterschied zu herkömmlichen Kernwaffen geben sie den größten Teil ihrer Energie als harte Neutronenstrahlung ab und entwickeln wenig Hitze und eine geringe Druckwelle. Der radioaktive Niederschlag der 1958 entwickelten Waffe ist gering: Der Erfinder, Samuel Cohen, meinte, dass etwa 24 Stunden nach der Explosion das betroffene Gebiet wieder gefahrlos betreten werden könne. Das war ein Irrtum. Aber der kam erst später heraus. Zunächst galt, was Cohen in Interviews noch 50 Jahre später äußerte: Er habe »die vernünftigste und moralischste Waffe entwickelt, die je erfunden wurde«. Ein weiteres Beispiel für die offenbar unausrottbare Vorstellung, der Fortschritt der Waffentechnologie könne den Krieg *humaner* machen: »Es ist die einzige nukleare Waffe der Geschichte, mit der Kriegsführung Sinn macht. Wenn der Krieg vorbei ist, ist die Welt noch intakt.«[9] Von welcher Welt ist die Rede, wenn zuvor Menschen und Tiere ausgerottet wurden? Kann das noch immer dieselbe Welt sein? Diese Worte bringen die äußerste Perversion der Vorstellung vom Krieg als physischem Zweikampf zum Ausdruck: Der Diskurs, den Menschen führen, ist für Krieg und Frieden ohne Bedeutung. Wichtig sind allein die schlichten Alternativen: Leben oder Tod. Diese *vernünftige* Waffe warf die Frage nach der Moral des Tötens auf, und sie erfüllte Menschen mit Angst.

Kann es eine Moral für die neuen Formen des Kriegs mit Drohnen geben oder ist sie gegenüber der politisch-militärischen Machtposition ein bloßer Schein? Auch sie erfüllen Menschen mit Angst. Angst wovor?

---

8 | Armin Krishnan, Gezielte Tötung. Die Zukunft des Krieges, Berlin (Matthes & Seitz) 2012.

9 | Samuel Cohen in der New York Times am 2.12.2010.

1.4 Lawfare

Wenn das Entstehen des Kriegs an seinen geschichtlichen Anfängen wahrscheinlich war, so war das Entstehen von *Lawfare* nach einer Geschichte des Kriegs von etwa 3000 Jahren in hohem Maß unwahrscheinlich. Wer hätte vor wenigen Jahrzehnten vermutet, dass das kodifizierte Recht, hohe Errungenschaft der Zivilisation und zum Schutz zunächst der Stadtbürger in Mesopotamien (und später aller Menschen) erfunden, zu einer Waffe in einem Krieg umgebaut werden würde? Der Krieg war aus denselben gesellschaftlichen Umständen entstanden, die auch zur Entwicklung des Rechts geführt hatten. Beide brauchten Stadtkultur, deren Diskurs und Medien der Aufzeichnung wie Hammurabis *Codex*. Die geschichtlichen Anfänge von Krieg und Recht, man kann vielleicht von einem dialektischen Verhältnis sprechen, unterscheiden sie vom Absolutheitsanspruch der Religion. Sie sind kulturelle Leistungen und Einrichtungen der Stadtkultur. Weder Recht noch Krieg sind offenbart, und sie brauchen keinen göttlichen Ursprung – anders als der Frieden.[10] Die Rechtsordnung und die Kriegsordnung wurden in Europa, trotz ihrer Verbindungen, getrennt gehalten. Das Recht wurde zur Bändigung des Kriegs eingesetzt, und der Krieg wurde als Angriff auf das Recht verstanden.

Lawfare ist die erste politisch-kulturelle Praxis, die sie beide zu verschmelzen sucht. Lawfare ist ein Krieg ohne Schlachtfeld, aber mit Akteuren und Interessen. Auf diesem raumlosen Kriegsschauplatz kann der Frieden verloren werden. Lawfare steht, so will mir scheinen, am Anfang einer Karriere.

Selbst wenn sich diese Praxis als eine Form der Kriegführung nicht durchsetzen sollte, ist diese Verbindung für die Geschichte der Zivilisation von tiefgreifender Bedeutung, und die Erfindung des Kunstwortes in Amerika zu Ende des 20. Jahrhunderts ist ein Signal, das weit über das Linguistische hinausgeht.[11]

Diese Form des Kriegs beendet die jahrtausendealte Wechselwirkung. Der Diskurs ist nicht mehr im Krieg, sondern der Krieg nur noch im Diskurs. *Lawfare* bezeichnet nicht das Verhältnis von Krieg und Recht, nicht das ius in bello der Rechtstradition seit Grotius, sondern die Anwendung des Rechts als einer neuen Form der Kriegsführung. *Lawfare* ist der extensive und offensive Gebrauch von Rechtsmitteln als einer Form der asymmetrischen Kriegsfüh-

10 | Ich weise noch einmal darauf hin, dass dieses Bild vom Frieden nicht universell, sondern spezifisch christlich ist. Antonio Vivaldi hat dem Gedanken eine Motette gewidmet; »Nulla in mundo pax sincera« (RV 630), in der die Worte »sine felle, puro et vera« den Ursprung im Neuen Testament betonen.

11 | Das Wort kombiniert die beiden englischen Wörter Warfare und Law. Da das Deutsche keine Entsprechung des englischen Warfare hat, lässt sich das Kunstwort nicht übersetzen. – Für den ersten Hinweis auf Lawfare danke ich David Bordiehn.

rung, mit Clausewitz gesprochen: die Fortsetzung des Kriegs mit anderen Mitteln. Etwas komplexer hat Charles Durban, einer der Vordenker des Begriffs, Lawfare bestimmt als eine Strategie, das Recht als Substitut für traditionelle militärische Mittel zu gebrauchen oder missbrauchen, um operative Zwecke zu verfolgen. Recht, vor allem das internationale Recht, wird in einem Konfliktfall dazu benutzt, um dem Gegner ernsthaften Schaden zuzufügen, damit auf diese unblutige Weise politisch und militärisch definierte Ziele erreicht werden. Mit dem Recht lassen sich diese Ziele gelegentlich ebenso erfolgreich und sogar effizienter erreichen als mit offener Gewalt. Es ist, und das ist für die ökonomisch bewusste Gegenwart in einer Zeit der horrenden Kostensteigerungen für Waffensysteme wichtig, eine kostengünstige Art der Kriegführung. Lawfare ist eine Form von Waffe, die, so lässt sich eine Bibelsentenz abändern, aus Büchern Schwerter macht. Ciceros *Inter Arma Enim Silent Leges* (52 v. Chr.) wird ins Gegenteil verkehrt. Wäre Cicero unser Zeitgenosse, wäre er gewiss überrascht, in welchem Ausmaß das Recht im Krieg auflebt und in militärischen Operationen, in Palästina und in Afghanistan, im Kampf um die Sympathie und die Herzen, aber ebenso im Kampf gegen den militärischen Gegner, eine wichtige Aufgabe übernimmt.

Akzeptiert man Lawfare als eine Form von Krieg, ist der Wandel radikaler als beim Infowar und Cyberwar, die noch immer Technologie als Waffen benutzen. Für Lawfare dagegen ist der Computer nur noch Mittel zur Informationsübertragung, während der Konflikt im Diskurs ausgetragen und entschieden wird. Die Diskurshoheit war immer schon Ursache für Machtkämpfe, aber im Lawfare entscheidet sie über Sieg und Niederlage. Lawfare verhilft nicht dem Recht zum Sieg, sondern versetzt den internationalen Kriegsdiskurs, der sich des Rechts bedient, in die Position eines virtuellen Schlachtfeldes und macht zum Sieger, wer die Diskurshoheit erringt.

Die Anwendung des Rechts als Waffe in einem Krieg kann unspektakulär sein und etwa in finanzieller Schädigung oder in einer kalkulierten, zeit- und energieraubenden Verstrickung des Gegners in juristische Streitigkeiten bestehen. Ein Beispiel ist das Einfrieren der Finanzmittel von Terroristen oder aggressiven Regierungen als ein Mittel der Kriegführung. Das Mittel benutzten die USA bereits im Weltkrieg gegen Deutschland, und es wird gegenwärtig, verbunden mit Handelsrestriktionen, in den Konflikten im Nahen und Fernen Osten eingesetzt. Im Unterschied zum Heimlichen des Drohnenkriegs und des Netwar sind Sieg und Niederlage in einem solchen Kampf mit hoher internationaler Aufmerksamkeit verbunden. Sie sollen zur Schädigung der Reputation des Gegners und damit zu seiner internationalen Stigmatisierung führen. Er kann von großen und mächtigen Staaten gegen nichtstaatliche Organisationen, die Taliban, terroristische Organisationen und gegen Staaten geführt werden, vor allem kleine und schwache. Er ist als eine Art von Kolonialkrieg verstanden worden, der ohne Kriegserklärung und ohne militärische Gewalt, allein durch die Ausbeutung von Rechtsmitteln, die Unterwerfung von schwachen Nationen erzwingt. Lawfare ist dann das Unternehmen, Länder der Dritten Welt oder indigene Völker in der eigenen Gesellschaft allein durch den Zwang von Gesetzen zu unterwerfen,[12] um ihnen den eigenen Willen aufzuzwingen.

Lawfare kann aber ebenso das Mittel der Machtlosen gegen die Supermacht bilden. In diesem Sinn fragt Charles Dunlap in einem der ersten Beiträge (2001) zu dem Thema, ob Lawfare das Recht zum Schaden der USA in einen unfairen Akt der internationalen Beziehungen verwandle: Lawfare könne als ein Mittel missbraucht werden, argumentiert Colonel Dunlap, amerikanische Werte gegen Amerika zu wenden. »Ist das Recht eher das Problem im modernen Krieg als Teil von Lösungen?«[13] Wird das internationale Recht benutzt, wie der General vermutet, um die Fähigkeit der USA zu internationalen militärischen Eingriffen zu unterminieren? Lawfare wird dann verstanden als Ausbeutung (*Exploitation*) realer, angenommener oder gar inszenierter Fälle von Verletzungen des Rechts durch die USA (Guantanamo, Cuba) von Staaten, die den USA militärisch nicht entgegen treten können, und bildet deren unkonventionelles Mittel zum Kampf gegen die Supermacht.

Dunlaps Sicht ist auf die USA konzentriert. Er geht vom Recht der USA, Krieg zu führen, aus und setzt die Herrschaft der USA mit der Herrschaft des Rechts gleich. Es besteht aber keine Notwendigkeit, Lawfare auf den Missbrauch von Recht zum Schaden der USA zu verengen. Jede Supermacht ist grundsätzlich von dieser Form der Kriegführung bedroht, auch China und die kommenden Großmächte. In einer Welt der asymmetrischen Kriege ist Lawfare eine Form des Kriegs, die im Prinzip jeder Regierung zur Verfügung steht, und die jede Großmacht fürchten muss. Die Theorie des ius ad bellum ist für diesen Krieg ohne Bedeutung. Denn er benutzt das Recht als Waffe. Welche Institution wäre dazu berechtigt zu entscheiden, wo im jeweiligen Einzelfall das Recht läge, den Krieg zu führen? Die UNO wäre nicht der geeignete Ort, und diese Frage kann nicht in den Aufgabenbereich des Internationalen Gerichtshofs gelegt werden.

Die jüngste Kontroverse um Lawfare wurde durch die UNO im Konflikt zwischen Israel und den Palästinensern ausgelöst, und die USA waren mittelbar beteiligt. Die Verteidiger Israels argumentieren, dass die Palästinenser und arabischen Staaten das Recht missbrauchen, um die Weltmeinung zu

12 | Jean und John L. Comaroff über die Afrikapolitik des Westens u.a. in (Hg.), Law and Disorder in the Postcolony (University of Chicago Press) 2006.

13 | Colonel Charles J. Dunlap, Law and Military Interventions. Preserving Humanitarian Values in 21st Century Conflicts, http//people.duke.edu, S. 1; vgl. auch ders., Does Lawfare Need an Apologia?, 2010, http//scholarship.law.duke.edu/faculty; mit ausführlichen Literaturangaben.

beeinflussen und Israel auf diese Weise Schaden zufügen. Die Anerkennung Palästinas durch die UNO werde dazu führen, dass Palästina demnächst die internationalen Gerichtshöfe für seine Zwecke mobilisieren werde.[14] Der Ausgangspunkt des Konflikts lässt sich auf die NGO-Tagung am Rande der ersten Durham Tagung zu Rassismus (2001) zurückverfolgen. Der Vorwurf Israels und der USA war, dass das Recht und der internationale Diskurs missbraucht würden, um Israel als rassistischen und aggressiven Staat zu diskriminieren und international an den Pranger zu stellen. Die Delegationen Israels und der USA entschieden damals, es handle sich um einen Missbrauch des Rechts und verließen die Tagung nach einer heftigen Konfrontation. Das Wort Lawfare wurde 2001 nicht benutzt (es war noch nicht eingeführt), aber inzwischen ist es in der anhaltenden Konfrontation für diesen Konflikt gebräuchlich geworden. Der Mehrheitsbeschluss der UNO Vollversammlung (2012) hat diesen Konflikt wieder belebt. Er wird von der Regierung Israels und von UNO-Kritikern in Amerika als ein Gefecht im anhaltenden Lawfare zwischen Israel und den Palästinensern verstanden.

Die Aufgabe der Kulturgeschichte ist nicht zu entscheiden, welche Seite im Recht ist, Israel und die USA auf der einen oder die arabischen Staaten und der Großteil der Welt auf der anderen Seite. Vielmehr stellen sich ihr die Fragen nach den Mitteln und Strategien in diesem Kampf. Von den Untersuchungen über Falschmeldungen und Gerüchte im Ersten Weltkrieg wissen wir, wie unwichtig die Frage nach wahr oder falsch ist. Entscheidend ist der geschichtliche Moment, das Zusammenspiel von Aufnahmebereitschaft der Adressaten und Semantik der Botschaft. Die erfolgreichen, das heißt die sich oft wie ein Lauffeuer verbreitenden Gerüchte im Ersten Weltkrieg mochten noch so absurd sein und gegen Plausibilität verstoßen, sie waren ein machtvoller Faktor in der Konstruktion von Kriegswirklichkeit in den Köpfen. Lawfare macht den Diskurs zum Schlachtfeld. Israel, um das Beispiel noch einmal anzuführen, kann weitere militärische Konflikte mit seinen arabischen Gegnern gewinnen und Sieger bleiben. Doch der entscheidende Kriegsschauplatz könnte sich verlagert haben. Wenn es den Krieg der Diskurse verliert, könnte es den Krieg verloren haben.

1.5 Unblutiger Krieg im Cyberspace

Wie stellen wir uns den Krieg der Virtualität vor? Gibt es im *Cyberwar* keine Toten mehr? Lässt sich ein Krieg denken, der das Schlachtfeld restlos in die Virtualität verlegt? Durch diesen Krieg wären die durch die Industrialisierung

14 | In einer Untersuchung: Anne Herzberg, NGO, »Lawfare«, The exploitation of Courts in the Arabic-Israeli Conflict, Jerusalem (NGO Monitor) 2008, wird Lawfare als Strategie im *Krieg* gegen Israel interpretiert.

ausgelösten Tendenzen zum leeren Schlachtfeld und zur Abstraktion auf den absoluten Höhepunkt gebracht und würden zugleich ihre Bedeutung verlieren, da es auf Raum und Menschen nicht mehr ankommt. Das moralische Dilemma, in dem sich Bomberpiloten des Zweiten Weltkriegs hoch über deutschen Städten befanden, gehört in eine abgeschlossene Vergangenheit. Im *Cyberwar* kommen Menschen, die sich im Raum befinden und orientieren, nicht mehr vor. Mit seinen künstlichen Kriegswelten hat der Mensch im Krieg sich selbst abgeschafft. Aber was geschieht nach dem Sieg eines Systems? Es ist fraglich, ob das Ziel der totalen Informationsüberlegenheit erreicht, über einen längeren Zeitraum hinweg erhalten und damit ein Sieg ohne die Beteiligung menschlicher Körper errungen werden kann. *The target of netwar is the human mind.* Aber den Geist gibt es nur in lebenden Körpern. Ist es plausibel, überhaupt einen Krieg im Cyberspace anzunehmen? Kann künstliche Intelligenz den Menschen in der Kriegführung überflüssig machen? Die Erfahrungen mit dem praktizierten Netwar säen Zweifel. Es hat eine Zeitlang so ausgesehen, als ob ein Krieg ohne Leichen denkbar würde. Das war eine Illusion, eine der zahlreichen Illusionen der Technologie-Gläubigkeit. Noch nie haben Waffeninnovationen den Krieg *humaner* gemacht oder zu seiner Abschaffung beigetragen.

Enthusiasten des elektronischen Zeitalters haben die Vision vom Ende des Menschen, wie wir ihn aus der Anthropologie kennen, entwickelt. Er hätte sich durch seine eigenen Erfindungen abgeschafft. Der Krieg ist in dieser Vorstellung aufs höchste verwissenschaftlicht und lässt keinen Raum mehr für den Menschen mit einem Gefühlsleben. Die kühnsten Träume der Gründungsväter der Kriegssoziologie wären übertroffen. Comtes Erwartung, dass ein neuer *Typ des sozialen Menschen* den bisherigen Menschen um *einen Grad erheben* werde,[15] wäre durch die Übertragung des menschlichen Bewusstseins auf Maschinen verwirklicht. Aber: Nicht die Abschaffung des Kriegs wäre die Folge, wie Comte erwartete. Vielmehr wurde diese elektronische Technisierung initiiert, um den Krieg der neuen Technologie anzupassen und zu erhalten.

Der Krieg ohne Leichen und ohne ausgedehnten Raum ist auf Grund der bisherigen Erfahrungen jedoch unwahrscheinlich. Da wirkt zunächst ein immanenter Zweifel. Die Masse an permanent aufgezeichneten Bild-, Audio- und Druckdaten ist gigantisch. Riesige Datenbanken, basierend auf einer umfassenden Datensammlung durch elektronische (Infrarot- oder Gigapixel-Kameras) und mechanische Apparate (Satelliten, Drohnen) und deren systematische Speicherung erfordern eine ebenso gigantische Leistung der Auswertung. Kann sie unter Umgehung des menschlichen Bewusstseins geleistet werden? Ohne intelligente Programme zur Auswertung sind sie nichts als aufwendig produzierter Datenmüll, der im grenzenlosen Cyberspace herumliegt. Wie

15 | Auguste Comte, Die Soziologie, hg. von Friedrich Blaschke, Stuttgart (Kröner) 1974, Kapitel 10, 13 u.ö.

kann selegiert und wie ein zusammenhängendes Bild synthetisiert werden? Die klassische Psychologie verstand die Filterfunktion des menschlichen Wahrnehmungsapparats ebenso wie die Fähigkeit zu vergessen als eine elementare Leistung der Evolution für das funktionierende menschliche Umweltverhältnis. Ohne diese *Negativfunktionen* von Auslese und Vergessen geht der Wert der Sinnesreize verloren. Bisher ist es nicht gelungen, ein Computerprogramm mit Urteilsfähigkeit zu schreiben. Künstliche Intelligenz ist nicht in der Lage, ihre eigenen Methoden und Entscheidungen zu beurteilen. Unbegrenzte Datenfülle erzeugt kein Bild der Wirklichkeit, sondern eine Welt, die zu ähnlichen Absurditäten führen dürfte wie in der pathologischen Phantasiewelt aus krankhaft gestörter menschlicher Reizaufnahme. So könnte die letzte Konsequenz aus der menschenlosen Herrschaft der Apparate das Gegenteil der erwarteten fehllosen Repräsentation, nämlich ein Raum der Halluzination sein.

Wie passt der Mensch in dieses System? Wie das letzte Wort über Tod und Töten, erlebten Raum und Körper in der Zukunft der elektronischen Gesellschaft lauten wird, ist offen. Der Cyberwar ohne Ort, Raum und Leichen ist wenig wahrscheinlich. Ohne das Einbeziehen von Menschen ist kein Krieg zu gewinnen. Das noch so ideale Zusammenwirken eines integrierten Systems aus Datensammlung, Kommunikationswegen, Entscheidungszentralen und Waffensystem kann keine Kriegsentscheidung fällen.

Wenn im Cyberwar und Drohnenkrieg keine klare persönliche Verantwortung festgestellt werden kann, ist es eine Aufgabe des öffentlichen Diskurses, das Mensch-Maschine-Problem aus der Abstraktheit der Philosophie und Ästhetik herauszuheben und in den öffentlichen Disput über das Subjekt zu überführen.

Könnte eine größere Herausforderung der Kulturgeschichte gedacht werden? Der technologische Bezugsrahmen schließt den ethischen Diskurs aus, und die Rechtsfragen (auch sie werden selten gestellt) verengen die Perspektive. Innerhalb ihres methodischen Rahmens konstruiert die Kulturgeschichte das Problem anders als die Militärtheorie, die das Mensch-Maschine-Problem seit Jahrzehnten debattiert, ohne die Frage des Todes und des Tötens ernsthaft zu behandeln.

2. Drohnenkrieg – ein Krieg mit Toten

Im Unterschied zu den Cyberspace-Kriegen zielt der Krieg mit bewaffneten Drohnen, der vorläufig letzten Entwicklung der Waffentechnologie, auf das Töten. Wenn es das Ziel des Kriegs ist, Feinde zu töten (es gibt andere Ziele), ist die *gezielte Tötung* unter Vermeidung eigener Verluste hoch effizient. Besonders attraktiv macht sie, dass sie ähnlich wie der Cyberkrieg kaum Hinweise auf den Täter hinterlassen. Es gibt unbeabsichtigte zivile Opfer. Die fortschrittliche Rakete aus einer fortschrittlichen Drohne kostet oft mehr Frauen und Kinder das Leben als bewaffneten Kämpfern. Darin besteht ein Problem, das wohl nicht gelöst werden kann. Es ist durch Kriegsrecht gedeckt und wird unter dem Begriff Kollateralschaden neutralisiert. Das eigentliche Problem des Drohnenkriegs ist grundsätzlicher Art und stellt eine juristische und eine ethische Frage. Das Töten im Krieg der Drohnen setzt das Dilemma fort, das ich anhand von Texten aus dem Ersten Weltkrieg illustriert habe.

Die Drohne ist nicht nur eine waffentechnische Innovation, sondern ist auf dem Weg, eine neue Kriegsstrategie einzuleiten. Die Kombination von Drohnen, elektronisch gesteuerten Schusswaffen und Raketen mit einem globalen Kommunikationsnetz hat das Potential zu einem verdeckten Krieg ohne Ort und Schlachtfeld geschaffen. In Mikroszenen findet der Krieg der Drohnen im Nahen Osten oder in Pakistan und Afghanistan bereits statt. Eine Regierung (im Augenblick allein die der USA) braucht ihre Truppen nicht mehr an einen Kriegsschauplatz zu schicken, sondern bringt, von der Öffentlichkeit unbemerkt, Drohnen auf den Weg. Es gibt Minidrohnen, und eine neue Generation ist in der Entwicklung. Sie können von jedem Ort der Welt an jeden Ort der Welt gesendet werden und werden demnächst große Gebiete 24 Stunden am Tag überwachen und Informationen an eine Zentrale senden. Sie können von der Zentrale gelenkt werden und auch mit Waffen feuern. Software ist in der Entwicklung, die es ihnen erlaubt, selbst durch Computersteuerung zu feuern, sobald ihre Sensoren ein Ziel identifizieren. Das könnte die Zukunft sein, die sich gerade vorbereitet. Ihre technischen Einzelinstrumente sind alle entwickelt.

Die Koordination der neuen Waffe mit Nachrichtensystemen zu einer neuen Kriegsstrategie wird nicht lange auf sich warten lassen, so wie alle großen Innovationen der Waffentechnologie – das treffsichere Gewehr, Kanonen, Dynamit, Maschinengewehr, Panzer, Flugzeug, U-Boot und Hubschrauber – zu ihren Zeiten neue Kriegen eingeleitet haben. Der Erste Weltkrieg war eine Eklipse dieser Entwicklungen. Die Drohne gehört in die Logik dieser Entwicklung, die seit der Industrialisierung Technologie, Strategie und Mentalität in neue Formen des Kriegs überführt, in denen Waffen zunehmend machtvoller werden, sich vom Körper lösen und einen autonomen Status auf dem Schlachtfeld – das selbst verschwindet – gewinnen. Voll computerisierte Drohnen wären die ersten autonomen Waffen. Wie gehen wir mit Waffen um, die töten und über die uns die Verfügungsgewalt zu entgleiten droht?[16]

16 | Der Unterschied zu herkömmlichen Waffen kommt in einem winzigen Detail zum Ausdruck. Waffen hatten Namen, selbst die Atombombe: Fat Man, Little Boy. Keine Drohne wird je einen Namen tragen.

Ist die Drohne das Zentrum einer Waffentechnologie, die eine Dynamik entwickelt, das Völkerrecht außer Kraft zu setzen und die Ethik in eine Zwangslage zu manövrieren, in der sie keine Entscheidungskraft hat, sondern nur noch hinterherrennen kann? Neben die Drohne müssen Computer und Cyberspace gestellt werden. Drohne und Computer gehören zusammen wie im Ersten Weltkrieg die moderne Artillerie und Telekommunikation. Geschütze, die bis an der Horizont schießen konnten, wären ohne Telefone und Aufklärungstechniken nutzlos gewesen, und ebenso ist die Drohne kein isoliertes Instrument, das je nach Interessenlage eingesetzt werden kann, sondern sie gehört in ein Netz aus Technik, Kommunikation und Einstellungen zu Krieg und Töten. Sie ist, nachdem sie einmal ihren Platz in diesem Netz eingenommen hat, nicht mehr loszukriegen und wirkt gegen das Prinzip der Demokratie.

Abb. 10: Montage der europäischen Neuron-Drohne in Istres bei Dassault Aviation, 2011. Länge: 9,30 m, Spannweite: 12,50m, Startgewicht: 6500 kg mit 1500 kg Ladung, Geschwindigkeit: Mach >0,8. Geringe Wärmestrahlung soll das System nahezu unsichtbar machen. Große Drohnen, zum Beispiel Pegasus oder Reaper, sind bis zu 11 Meter lang, haben Flügel mit einer Spannweite von ca. 20 Metern, tragen bis zu 2200 kg Last und können ohne Tanken bis zu 30 Stunden in der Luft bleiben. Mini-Surveillance-Drohnen sind ca. 1 Meter lang, wiegen ca. 15 kg und können von einer Person transportiert und gestartet werden

Furcht vor Drohnen. Töten Drohnen?

Drohnen, die von der Politik als zukunftsweisende und lebensschonende, also humane Waffe propagiert werden, machen Angst. Es ängstigen sich nicht nur potentielle Opfer. Es wird berichtet, dass in Regionen, in denen das US-Militär Drohnen einsetzt, Menschen Angst haben, die Häuser zu verlassen. Das lässt sich nachvollziehen. Aber die Drohne macht auch denen Angst, deren Leben sie schonen soll. Die Reaktion auf die Ankündigung des Verteidigungsministeriums, die Bundeswehr mit Drohnen zu bewaffen, war negativ und hat Protest ausgelöst. Er beruht, zeigt sich in Gesprächen und Interviews, zweifelsohne auf einem Gefühl von Angst. Angst wovor?

Diese Angst richtet sich auf die Ursache eines Gefühls und ist die Furcht vor etwas. Die eingeführte Unterscheidung zwischen Objekt und Ursache ist hilfreich für das Verständnis des Gefühls. Wir müssen die *Ursache* der negativen Gefühle vom *Objekt* der Emotion unterscheiden. Für die Angst ist die Drohne das Objekt, nicht die Ursache. Das Gefühl der Angst wehrt sich gegen das Objekt der Vorstellung, die Drohnen. Aber die Drohnen sind keine Bedrohung des eigenen Lebens. Die Ursache muss auf einer anderen Ebene gesucht werden. Die Unterscheidung ist für die Klärung des öffentlichen Diskurses grundlegend.

Der Satz: ›Ich habe Angst vor Drohnen‹ bedeutet etwas anderes als: ›Ich habe Angst, seit ich weiß, dass die Bundeswehr Drohnen kaufen will.‹ Auf diesen Unterschied kommt es an, wenn wir klären wollen, worüber wir reden, genauer: Wovon der Ethik-Diskurs handeln soll. Der erste Satz führt in die Frage nach dem Objekt und der zweite Satz in die Frage nach der Ursache der Angst. Ich kann mich vor Drohnen nicht fürchten, wenn ich nicht weiß, was Drohnen sind und was sie im Unterschied zu anderen Waffen tun. Ich kann dennoch Angst empfinden, weil das Militär mit Drohnen ausgestattet wird, ohne genauere Kenntnis von Drohnen zu haben und ohne zu erkennen, wovor ich Angst empfinde. Dann ist die Ursache meiner Angst mit dem Objekt (der Drohne) zwar irgendwie verbunden, wird aber sehr viel weiter sein und viele andere Objekte einschließen. Es kann sein, dass ich Angst habe, seitdem ich von Drohnen weiß, ohne mir bewusst zu sein, dass ich unter Kriegsangst leide, die von dem Wissen der Existenz von Drohnen lediglich verstärkt wird. Ich mag dann jedem, der mich der generellen Kriegsangst bezichtigt, mit Überzeugung und gutem Gewissen widersprechen. Wovor fürchte ich mich dann? Was ist das Objekt meiner Angst, das den Namen Krieg trägt? Nicht die Drohnen. Die Tatsache, dass ich Kriegsangst empfinde, ist die Ursache meiner dunklen Stimmung, und mein Wissen von Drohnen ist das Objekt meiner Gefühle. Können wir uns darüber einigen, worüber wir einen Moraldiskurs führen wollen: über Kriegsangst, die durch die (geplante) Anschaffung von Drohnen verstärkt oder ausgelöst wird, oder über Drohnen? (Die unzutreffende Vermutung über das

Senken der Hemmschwelle vor dem Töten durch den Krieg der Drohnen ist ein Beispiel für die Vermischung der beiden Ebenen.)

Wenn wir davon ausgehen, dass Emotionen angemessen oder weniger angemessen sein können, lässt sich die Frage nach der Angemessenheit nur stellen, wenn Emotionen im Hinblick auf bestimmte Objekte betrachtet werden. Nur in einer solchen Relation kann eine Emotion als angemessen beurteilt werden. Man kann sich nicht vor allem fürchten oder über alles freuen. Wenn jemand sagt, er fürchte sich vor Drohnen, müssen Fragen gestellt werden wie: Was haben die Drohnen im Vergleich mit anderen Waffen an sich, das Dir Angst macht? Töten Drohnen grausam? Töten Drohnen zu viele Nichtkombattanten? Senken Drohnen die Hemmschwelle zu töten? Verstößt das gezielte Töten durch Drohnen gegen das Mordverbot? Wenn es auf solche Fragen keine überzeugenden Antworten gibt, ist nicht zu verstehen, warum Drohnen Angst und nicht eher Hoffnung auf einen Krieg mit wenig Toten auslösen.

Auf dieses Gefühl kommt es, denke ich, wesentlich an. Denn wir spüren, dass die Rationalisierung des Kriegs der Drohnen als Humanisierung des Kriegs unangemessen charakterisiert wird. Sie ist, sagt ein Gefühl, unwahr. Das lässt sich nicht beweisen, hat aber dennoch Gewicht. Juristisch ist der Konflikt nicht zu entscheiden. Der Drohnenkrieg macht Gegner zu rechtlosen Objekten, denen keine Gegenwehr und keine juristische Verteidigung zugestanden wird. Er wird dennoch ausgeführt und ist, allem Anschein nach, nicht zu stoppen. Töten Drohnen oder töten Menschen hinter den Drohnen oder ist die Unterscheidung von Mensch und Maschine obsolet? Ist die Zivilisation der Gegenwart dabei, ein Mischwesen aus Mensch, Maschine und Software zu entwickeln, für dessen Krieg das Bild vom Zweikampf unpassend ist und der einen neuen ethischen Kriegsdiskurs erfordert, der die Konzeption des verantwortlich handelnden Subjekts überwindet?

Können wir auf den Ethik-Diskurs in der Philosophie hoffen? Die Vernunftmoral hat in den Kriegen der Vergangenheit vor diesem Problem versagt, wie die Reaktionen der Philosophie auf Kriegsausbrüche oder auf Tucholskys Angriff auf die Kriegsmoral demonstrierten. Die Grundlage kann keine juristische Erwägung und keine reine Operation des Verstandes bilden. Ich denke, dass die Geschichte der mentalen Einstellungen zum Krieg einen anderen Weg nahelegt.

3. Gefühlsmoral

Die Kulturgeschichte des Kriegs kommt nicht um das Problem der Vernunftethik herum, und so enden diese Überlegungen mit Hinweisen auf eine alternative Konzeption von Ethik: Gefühlsmoral. Können Emotionstheorien herangezogen werden, um zu einem angemesseneren Verständnis von Werten zu gelangen und damit unserer Einstellung zum Krieg zu ändern? Wenn Emotionen »eine enge Verknüpfung zu Werten zugeschrieben wird«,[17] kann eine Erziehung im Hinblick auf Krieg von einer Kultivierung der Gefühle einen praktischen Gewinn ziehen und ihn dem Menschen unterwerfen.

Eine Gefühlsmoral muss ausgearbeitet werden, um der Herausforderung durch die neuen Kriege zu begegnen. Solange Regierungen und Organisationen sich das Recht nehmen, internationale Konflikte mit Gewalt zu lösen, befinden sich Vernunftargumente gegen Drohnen in einer hoffnungslosen Position. Terroristische Fundamentalisten und religiöse Fanatiker lassen keine Wahl. Den Krieg der Drohnen kann man als die Komplementärentwicklung eines Kriegs der Algorithmen zum Töten der offenen und demonstrierten Grausamkeit verstehen. Die kühlen Todesmaschinen der technologisch hoch entwickelten Gesellschaften und die heiße Grausamkeit der Fundamentalisten sind aufeinander bezogen. Die einen erklären das Recht, sich gegen Terroristen zu verteidigen, und die anderen fordern das Recht, sich gegen den Imperialismus der gefühllosen und überzeugungslosen Technokraten zu wehren. Drohnen, wird in Medien kolportiert, bilden eine wesentliche Motivation für Hass auf Amerika und die Rekrutierung von Kämpfern der Terrorbrigaden gegen *den Westen*, der mit emotionsloser Technologie identifiziert wird. Die Frage nach der Wertung von Waffen muss im Rahmen von Ethik und im Rahmen des Rechts getrennt behandelt werden. Bedeutung und Wertung von Waffen und nun der Drohnen folgen aus zweckrationalem Kalkül aber ebenso aus Werten und Emotionen. Gehen wir davon aus, dass Emotionen intentional sein und in die Welt eingreifen können, so können sie ein bestimmtes Wissen über Waffen produzieren, das über das Generelle, wie ein vages Gefühl der Gefahr, hinausgeht. Sie können als Ratgeber unsere Entscheidungen lenken. Diese Grundfrage der Emotionen im Verhältnis zur Ethik des Kriegs wird selten bedacht. Aber unter den gegebenen Diskursverhältnissen, in denen es für jede begründete Position nur gute Argumente gibt, ist sie, will ich argumentieren, die einzige Hoffnung, in dieser Debatte eine Position zu finden.

Die wissenschaftlich-technische Revolution hat ihre Orientierung verloren und kein Empfinden mehr dafür, wo der Fortschritt das Humane ins Gegenteil verkehrt, und in diese fatale Entwicklung gehört der Drohnenkrieg. Im wissenschaftlichen Zeitalter und auf dem industrialisierten Schlachtfeld sind die Emotionen nicht verschwunden. Der *Sinn für Gefühle* (Shaftesbury) kann belebt werden und könnte für die Probleme der Ethik im Drohnenkrieg eine epistemische Funktion einnehmen. Die Geschichte des Kriegs im 19. und 20. Jahrhundert legt nahe, den Weg, den Kant vorzeichnete, zu verlassen. Die Vernunftmoral hat sich gegenüber dem Krieg bisher als machtlos erwiesen.

---

17 | Anja Berninger, Sabine Döring, Einleitung (zu Teil VI) in: dies. (Hg.), Philosophie der Gefühle, Frankfurt a.M. (Suhrkamp) 2009, S. 433-438, hier S. 438.

Ohne Gefühl gibt es keine Ethik und Moral, argumentierten zuerst die schottischen Moralphilosophen. In der Gefühllosigkeit gehen die Maßstäbe verloren. Moral werde durch Gefühle bestimmt, argumentierte zu Beginn der Aufklärung Shaftesbury, in Opposition zu Hobbes Kriegstheorie, in *An Inquiry Concerning Virtue* (1699/1711). Ohne Emotion und Mitgefühl könne es keine Moral geben. Moral erfordere, in Analogie zum Sinn für das Schöne, einen *Sinn* für das Moralische. Er spricht von einer *moralischen Architektur,* in der Triebe wie Selbsterhaltung mit den Gemütsbewegungen ausbalanciert werden müssen, soll ein moralisch denkender und handelnder Mensch entstehen. David Hume, und sein Freund Adam Smith assistierte mit einem großartigen Traktat *Theory of Moral Sentiments* (1759), schloss sich an. Die anhaltende Herausforderung der *Theorie der moralischen Gefühle* ist ein Beleg dafür, dass die Bedeutung der Gefühle für das Problem der ethischen Wertung keine Frage des moralischen 18. Jahrhunderts war.

Ende des 19. Jahrhunderts argumentierte der Populärphilosoph Eduard von Hartmann gegen einen methodischen Reduktionismus, der ein Gefühlsprinzip, etwa Mitleid, Mut, Ehre, Stolz oder Patriotismus, zur Grundlage von Ethik macht. Hartmann begründete in der Nachfolge Shaftesburys, dass Gefühle zusammenwirken und, im Unterschied zur Vernunftmoral, eine tiefere, im Unbewussten liegende Grundlage für moralisch verantwortliches Handeln liefern. Er machte den Begriff der *Gefühlsmoral* populär.[18] Hartmann, der Philosoph des Unbewussten, wehrt sich gegen die Unterkomplexität der Theoriebildung seiner Zeit, der die Prinzipien der Kausalität und Objektivität den Zugang zum Verständnis der moralischen Welt verstellten. Er nennt das Gefühl »den Unterbau der Sittlichkeit [...], aus dessen innerer Wärme sich stets von neuem das sittliche Leben verjüngt«. Ihm stellt er die Reflexion des abstrakt schematisierenden Verstandes« gegenüber.[19] Das Gefühl in Hartmanns *Gefühlsmoral* wirkt als »Bindeglied zwischen Vorstellung und Wille« (Schopenhauers Begriffe), und er bezeichnet es auch als den »Unterbau« der Sittlichkeit und als »die letzte dem Bewusstsein direkt erreichbare Tiefe der Seele«. Das Gefühl sei eine »Quelle« der Sittlichkeit.

Hartmanns Gefühlsmoral war lange vergessen. Die Gründe lagen in seiner Schrift und im philosophischen Diskurs, der sich den Fragen der Gefühle verweigerte. Die Zeit für das Anknüpfen an dieser philosophischen Tradition von Shaftesbury bis Hartmann und die Belebung der Gefühlsmoral scheint

18 | Eduard von Hartmanns Hauptwerk, das in drei Auflagen bis nach dem Ersten Weltkrieg erschien, trägt den Titel *Phänomenologie des sittlichen Bewußtseins* (1879); die zehn Kapitel über Gefühlsmoral sind separat gedruckt: Eduard von Hartmann, Die Gefühlsmoral, hg. von Jean-Claude Wolf, Hamburg (Felix Meiner) 2006.

19 | von Hartmann, Die Gefühlsmoral, S. 29f.

gekommen zu sein.[20] Hermann Schmitz' *Neue Phänomenologie* versucht die Einbindung der Philosophie der Gefühle in die Theorie der Gegenwart. Da kann der Diskurs über das ethische Problem des Tötens im Krieg anknüpfen.

Wenn der Ursprung des Kriegs einen Hinweis auf seine Bewältigung geben kann, so wird sie nicht durch Religion und nicht durch das Verbot der physischen Gewalt erwirkt werden, sondern nur durch veränderten Diskurs, verändertes Denken und Fühlen. Krieg ist ein Teil der Kultur. Das ist Stoff für die Kulturgeschichte. Ihr letztes Kapitel kann noch nicht geschrieben werden.

20 | Ich will nicht versäumen, darauf hinzuweisen, dass Hartmanns inhaltliche Aussagen über den Krieg aus einer kriegsverherrlichenden Position gemacht und vollkommen unangemessen sind.

Literatur

1. Theorie und Methode

Adorno, Theodor W., Gesellschaftstheorie und empirische Forschung, in: Theodor W. Adorno, Gesammelte Schriften Bd. 8: Soziologische Schriften I, hg. von Rolf Tiedemann, Frankfurt a.M. (Suhrkamp), 1980, S. 538-547.

Adorno, Theodor W., Minima Moralia. Reflexionen aus dem beschädigten Leben, in: Theodor W. Adorno, Gesammelte Schriften Band 4, hg. von Rolf Tiedemann, Frankfurt a.M. (Suhrkamp) 1980.

Albers, Irena, Anselm Franke (Hg.), Animismus. Revisionen der Moderne, Zürich (diaphanes) 2012.

Anz, Thomas, Psychoanalytische Transformationen antiker Emotionstheorien, in: Claudia Benthien, Hartmut Böhme, Inge Stephan (Hg.), Freud und die Antike, Göttingen (Wallstein) 2011.

Arendt, Hannah, Elemente und Ursprünge totaler Herrschaft, Frankfurt a.M. (Europäische Verlagsanstalt) 1955 (zuerst engl.: New York 1951).

Assmann, Aleida, Erinnerungsräume. Formen und Wandel des kulturellen Gedächtnisses, München (C.H. Beck) 1999.

Assmann, Aleida, Gedächtnis als Leitbegriff der Kulturwissenschaften, in: Lutz Musner, Gotthart Wunberg (Hg.), Kulturwissenschaften. Forschung – Praxis – Positionen, Wien (WUV-University-Verlag) 2002, S. 27-45.

Assmann, Jan, Das kulturelle Gedächtnis. Schrift, Erinnerung und politische Identität in frühen Hochkulturen, München (C.H. Beck) 2007.

Bachmann-Medick, S. Doris, Cultural Turns. Neuorientierung in den Kulturwissenschaften, Reinbek (Rowohlt) 2006.

Balint, Michael, Angstlust und Regression, Stuttgart (Klett-Cotta) 1999.

Battenfeld, Katja, Cornelia Bogen, Ingo Uhlig, Patrick Wulfleff (Hg.), Gefühllose Aufklärung: Anaisthesis oder die Unempfindlichkeit im Zeitalter der Aufklärung, Bielefeld (Aisthesis) 2012.

Baumgarten, Otto, Politik und Moral, Tübingen (Mohr Siebeck) 1916.

Bayle, Dictionnaire historique et critique (1697).

Becker, Ernst Wolfgang, Zeiterfahrung zwischen Revolution und Krieg. Zum Wandel des Zeitbewusstseins in der napoleonischen Ärai, in: Nikolaus

Buschmann, Horst Carl (Hg.), Die Erfahrung des Krieges. Erfahrungsgeschichtliche Perspektiven von der Französischen Revolution bis zum Zweiten Weltkrieg, Paderborn (Schöningh) 2001, S. 67-95.

Begemann, Christian, Furcht und Angst im Prozess der Aufklärung. Zur Literatur und Bewusstseinsgeschichte des 18. Jahrhunderts, Frankfurt a.M. (Athenäum) 1987.

Belting, Hans, Bild und Kult. Eine Geschichte des Bildes vor dem Zeitalter der Kunst, München (C.H. Beck) 1990.

Berger, Peter L., Thomas Luckmann, Die soziale Konstruktion von Wirklichkeit. Eine Theorie der Wissenssoziologie, Frankfurt a.M. 1972 (zuerst: 1970).

Bion, Wilfred, Transformationen, übers. Erika Krejci, Frankfurt a.M. (Suhrkamp) 1997.

Bloch, Marc, Falschmeldungen im Krieg. Überlegungen eines Historikers, in: ders., Aus der Werkstatt des Historikers. Zur Theorie und Praxis der Geschichtswissenschaft, hg. von Peter Schöttler, Frankfurt a.M., New York (Campus) 2000, S. 187-211.

Böhme, Hartmut, Gernot Böhme, Das Andere der Vernunft. Zur Entwicklung von Rationalitätsstrukturen am Beispiel Kants, Frankfurt a.M. (Suhrkamp) 1983.

Bormann, Patrick, Thomas Freiberger, Judith Michel (Hg.), Angst in den internationalen Beziehungen, Göttingen (Vandenhoek & Ruprecht) 2010.

Bosbach, Franz, Angst und Politik in der europäischen Geschichte, Dettelbach (Röll) 1999.

Bredekamp, Horst, Theorie des Bildakts. Frankfurter Adorno-Vorlesungen 2007, Berlin (Suhrkamp) 2010.

Bredekamp, Horst, Michael Krois (Hg.), Sehen und Handeln, Berlin (Oldenbourg Akademie) 2011.

Buddeus, Allgemeines historisches Lexikon (1709-1714).

Caruth, Cathy (Hg.), Trauma. Explorations in Memory, Baltimore (Johns Hopkins University Press) 1995.

Chartier, Roger, Jacques Le Goff, Jacques Revel (Hg.), Die Rückeroberung des historischen Denkens. Grundlagen der neuen Geschichtswissenschaft, Frankfurt a.M. (S. Fischer) 1990 (zuerst: Paris 1978).

Coetzee, John Maxwell, Elizabeth Costello. Acht Lehrstücke. Frankfurt a.M. (S. Fischer) 2004.

Collingwood, Robin George, The Principles of History. And other Writings in Philosophy of History, hg. von William H. Dray, W. Jan van der Dussen, Oxford u.a. (Oxford University Press) 1999.

Collingwood, Robin George, The Idea of History, hg. von Jan van der Dussen, Oxford (Oxford University Press) 2005.

Comte, Auguste, Die Soziologie, hg. von Friedrich Blaschke, Stuttgart (Kröner) 1974.

Coveney, Peter, Roger Highfield, Frontiers of complexity. The Search for Order in a Chaotic World, New York (Faber and Faber) 1996.

Crane, Tim (Hg.), The contents of Experience. Essays on Perception, Cambridge 1992.

Daston, Lorraine, Peter Galison, Objectivity, New York (Zone Books) 2007.

Davis, Whitney, Masking the Blow: The Scene of Representation in Late Prehistoric Egyptian Art, Berkeley, Oxford (University of California Press) 1992.

de Mijolla-Mellor, Sophie, Approche psychanalytique de la cruauté, in: Lothar Kettenacker, Torsten Riotte (Hg.), The Legacies of Two World Wars. European Societies in the Twentieth Century, New York, Oxford (Berghahn) 2011, S. 105-121.

Deistler, Imke, Angelika Vogler, Einführung in die dissoziative Identitätsstörung – Multiple Persönlichkeit, Paderborn (Junfermann) 2005.

Delumeau, Jean, Angst im Abendland. Die Geschichte kollektiver Ängste im Europa des 14.-18. Jahrhunderts, Reinbek (Rowohlt) 1989.

Dennett, Daniel, Content and Consciousness, London (Routledge & Keegan Paul), New York (Humanities Press) 1969.

Dennett, Daniel, Douglas R. Hofstadter, The Mind's I. Fantasies and Reflections on Self and Soul, New York (Basic Books) 1981 (dt.: Einsicht ins Ich. Fantasien und Reflexionen über Selbst und Seele. 5. Aufl., Stuttgart [Klett-Cotta] 2001).

Derrida, Jacques, Seelenstände der Psychoanalyse. Das Unmögliche jenseits einer souveränen Grausamkeit, Frankfurt a.M. (Suhrkamp) 2002 (zuerst: Paris 2000).

Didi-Huberman, Georges, Wenn die Bilder Position beziehen. Das Auge der Geschichte I., München (Wilhelm Fink) 2011.

Dilthey, Wilhelm, Erster Abschnitt: Die Tatsachen des Bewußtseins (»Die Breslauer Ausarbeitung«), in: ders., Ausarbeitung zum Zweiten Band der Einleitung in die Geisteswissenschaften, Gesammelte Schriften, Bd. 19, hg. von Helmut Joach, Frithjof Rodi, Göttingen (Vandehoeck & Ruprecht) 1982, S. 58-173.

Dilthey, Wilhelm, Ideen über eine beschreibende und zergliedernde Psychologie (1894), in: ders., Gesammelte Schriften Bd. V. Die geistige Welt. Einleitung in die Philosophie des Lebens. Erste Hälfte, hg. von Georg Misch, Göttingen (Vandenhoeck & Ruprecht) 1990, S. 139-240.

Dilthey, Wilhelm, Der Aufbau der geschichtlichen Welt in den Geisteswissenschaften, Gesammelte Schriften Bd. VII, hg. von Bernhard Groethuysen, Göttingen (Vandenhoeck & Ruprecht) 1992.

Dilthey, Wilhelm, Die Einbildungskraft des Dichters. Bausteine für eine Poetik, in: ders., Die Geistige Welt. Einleitung in die Philosophie des Lebens,

Zweite Hälfte. Abhandlungen zur Poetik, Ethik und Pädagogik. Gesammelte Schriften Bd. VI, Göttingen (Vandenhoeck & Ruprecht) 1994, S. 103-241.

Doidge, Norman, The Brain That Changes Itself, New York (Viking) 2007.

Dünne, Jörg, Stephan Günzel (Hg.), Raumtheorie. Grundlagentexte aus Philosophie und Kulturwissenschaften, Frankfurt a.M. (Suhrkamp) 2006.

Dworzak, Thomas, Dominic Nahr, Moises Saman, Peter van Agtmael, Alex Maj, Kraut, Sonderausgabe des Museumsmagazins 2011.

Elias, Norbert, Studien über die Deutschen. Machtkämpfe und Habitusentwicklung im 19. und 20. Jahrhundert, Frankfurt a.M. (Suhrkamp) 1994.

Endreß, Martin, Entgrenzung des Menschlichen. Zur Transformation der Strukturen menschlichen Weltbezuges durch Gewalt, in: Wilhelm Heitmeyer, Hans-Georg Soeffner (Hg.), Gewalt. Entwicklung, Strukturen, Analyseprobleme, Frankfurt a.M. (Suhrkamp) 2004, S. 174-201.

Esposito, Fernando, Mythische Moderne, Aviatik, Faschismus und die Sehnsucht nach Ordnung in Deutschland und Italien, München (Oldenbourg) 2011.

Fiedler, Peter, Dissoziative Störungen und Konversion, Weinheim (Beltz) 1999.

Fischer, Joachim, Der Dritte. Zur Anthropologie der Intersubjektivität, in: Wolfgang Essbach (Hg,), Identität und Alterität in Theorie und Methode, Würzburg (Ergon) 2001, S. 103-136.

Fisher, Charles, Amnesic States in War Neurosis. The Psychogenesis of Fugues, in: Psychoanalytic Quarterly 14, 1945, S. 437-468.

Fisher, Charles, E.D. Joseph, Fugue with Awareness of Loss of Personal Identity, in: Psychoanalytic Quarterly 18, 1949, S. 480-493.

Foucault, Michel, Überwachen und Strafen. Die Geburt des Gefängnisses, Frankfurt a.M. (Suhrkamp) 1976.

Foucault, Michel, Archäologie des Wissens, Frankfurt a.M. (Suhrkamp) 1981.

Foucault, Michel, Von der Freundschaft als Lebensweise. Michel Foucault im Gespräch, Berlin (Merve)1984.

Foucault, Michel, Schriften in vier Bänden. Dits et Ecrits, hg. von Daniel Devert u.a, Bd. IV, 1980-1988, Frankfurt a.M. (Suhrkamp) 2001.

Franke, Anselm, Sabine Folie (Hg.), Animismus. Moderne hinter den Spiegeln, Köln (Walther König) 2011.

Freud, Sigmund, Warum Krieg?, in: ders., Studienausgabe, Bd. IX, hg. von Alexander Mitscherlich, Frankfurt a.M. (S. Fischer) 1974. S. 271-286.

Freud, Sigmund, Zeitgemässes über Krieg und Tod, in: ders., Studienausgabe, Band IX, hg. von Alexander Mitscherlich, Frankfurt a.M. (S. Fischer) 1974, S. 33-60.

Freud, Sigmund, Aus der Geschichte einer infantilen Neurose. (›Der Wolfsmann‹). Studienausgabe Bd. VIII, hg. von Alexander Mitscherlich, Frankfurt a.M. (S. Fischer) 1996, S. 125-234.

Freud, Sigmund, Drei Abhandlungen zur Sexualtheorie. Studienausgabe, Bd. V, hg. von Alexander Mitscherlich, Frankfurt a.M. (S. Fischer) 1996, S. 37-134.

Frevert, Ute u.a., Gefühlswissen. Eine lexikalische Spurensuche, Frankfurt a.M., New York (Campus) 2011.

Fritz, Volkmar, Die Stadt im alten Israel, München (C.H. Beck) 1990.

Fromm, Erich, Anatomie der menschlichen Destruktivität, Reinbek (oRowohlt) 1977.

Gabriel, Markus, An den Grenzen der Erkenntnistheorie. Die notwendige Endlichkeit des objektiven Wissens als Lektion des Skeptizismus, Freiburg, München (Karl Alber) 2008.

Gadamer, Hans-Georg, Wahrheit und Methode, Tübingen (Mohr Siebeck) 1990 (zuerst: 1960).

Gapp-Bauß, Sabine, Eine ganzheitliche Betrachtung des Heilungsprozesses bei Dissoziationen, in: Claudia Fliß, Claudia Igney (Hg.), Handbuch Rituelle Gewalt, Lengerich (Pabst Science Publishers) 2010, S. 349-364.

Gawlick, Günter, Lothar Kreimendahl (Hg.), Pierre Bayle, Historisches und kritisches Wörterbuch, Darmstadt (Wissenschaftliche Buchgesellschaft) 2003.

Geertz, Clifford, Dichte Beschreibung. Beiträge zum Verstehen kultureller Systeme, Frankfurt a.M. (Suhrkamp) 1983.

Geisthövel, Alexa, Habbo Knoch (Hg.), Orte der Moderne. Erfahrungswelten des 19. und 20. Jahrhunderts, Frankfurt a.M. (Campus) 2005.

Giddens, Anthony, Leben in einer posttraditionalen Gesellschaft, in: Ulrich Beck, Anthony Giddens, Scott Lasch (Hg.), Reflexive Modernisierung, Frankfurt a.M. (Suhrkamp) 1996, S. 113-194.

Gilles Deleuze, Félix Guattari, Anti-Ödipus. Kapitalismus und Schizophrenie I, Frankfurt a.M. (Suhrkamp) 1998.

Girard, René, La Violence et le sacré, Paris 1972 (dt.: Das Heilige und die Gewalt, Frankfurt a.M. [S. Fischer] 1994).

Girard, René, Gewalt und Religion: Gespräche mit Wolfgang Palaver, Berlin (Matthes & Seitz) 2010.

Girgensohn, Karl, Der seelische Aufbau des religiösen Erlebens. Eine religionspsychologische Untersuchung auf experimenteller Grundlage hg. von Werner Gruehn, Gütersloh (Bertelsmann) 1930 (zuerst: Leipzig 1921).

Graf, Friedrich, Die Nation – von Gott erfunden? Kritische Randnotizen zum Theoriebedarf der historischen Nationalismusforschung, in: Gerd Krumeich, Hartmut Lehmann (Hg.), »Gott mit uns«. Nation, Religion und Gewalt im 19. und frühen 20. Jahrhundert, Göttingen (Vandenhoeck & Ruprecht) 2000, S. 285-317.

Greshoff, Rainer, Strukturtheoretischer Individualismus, in: G. Kneer, M. Schroer (Hg.), Soziologische Theorien. Ein Handbuch, Wiesbaden (Verlag für Sozialwissenschaften) 2009, S. 445-467.

Greve, Jens, Annette Schnabel (Hg.), Emergenz. Zur Analyse und Erklärung komplexer Strukturen, Berlin (Suhrkamp) 2011.

Grewe, Wilhelm, Epochen der Völkerrechtsgeschichte, Baden-Baden (Nomos) 1988.

Günzel, Stephan (Hg.), Raumwissenschaften, Frankfurt a.M. (Suhrkamp) 2009.

Günzel, Stephan (Hg.), Lexikon der Raumphilosophie, Darmstadt (Wissenschaftliche Buchgesellschaft) 2012.

Halbwachs, Maurice, Das Gedächtnis und seine sozialen Bedingungen, Frankfurt a.M. (Suhrkamp) 1985.

Hantke, Lydia, Trauma und Dissoziation. Modelle der Verarbeitung traumatischer Erfahrungen, Berlin (Wissenschaftlicher Verlag) 1999.

Hastedt, Heiner, Gefühle. Philosophische Bemerkungen, Stuttgart (Reclam) 2005.

Hebb, Donald Olding, The Organization of Behavior. A Neuropsychological Approach, New York (Wiley) 1949.

Heidegger, Martin, Was ist Metaphysik?, in: Heidegger, Martin, Wegmarken, Gesamtausgabe Bd. 9, Frankfurt a.M. (Vittorio Klostermann) 1987.

Heidegger, Martin, Sein und Zeit, Tübingen (Niemeyer) 2006.

Heinlein, Michael, Die Erfindung der Erinnerung. Deutsche Kriegskindheiten im Gedächtnis der Gegenwart, Bielefeld (transcript) 2010.

Heintz, Bettina, Emergenz und Reduktion. Neue Perspektiven auf das Makro-Mikro-Problem, in: Kölner Zeitschrift für Soziologie 56, 2004, S. 1-31.

Heitmeyer, Wilhelm, Hans-Georg Soeffner (Hg.), Gewalt. Entwicklung, Strukturen, Analyseprobleme, Frankfurt a.M. (Suhrkamp) 2004.

Huber, Michaela, Trauma und die Folgen. Trauma und Traumabehandlung, Teil 1, Paderborn (Junfermann) 2009.

Huber, Michaela, Multiple Persönlichkeiten. Überlebende extremer Gewalt. Ein Handbuch, Paderborn (Junfermann) 2010.

Hübner, Reales Staats- Zeitungs- und Conversationslexicon (1709-1714).

Hüppauf, Bernd, The Historical Novel and a History of Mentalities. Alfred Döblin's Wallenstein as an Historical Novel, in: The Modern German Historical Novel, hg. von David Roberts, Philip Thomson, New York, Oxford (Berg) 1991, S. 71-96

Hüppauf, Bernd, Klaus Vieweg (Hg.), Skepsis und literarische Imagination, München (Wilhelm Fink) 2003.

Husserl, Edmund, Ideen zu einer reinen Phänomenologie und phänomenologischen Philosophie. Gesammelte Werke, Husserliana Bd. III,1, Den Haag (Martinus Nijhoff) 1976.

Iselin, Historisch- und geographisches Allgemeines Lexikon, Basel (3. Aufl. 1742-1744).

Jablonski, Johann Th., Allgemeines Lexikon der Künste und Wissenschaften. Von neuem durchgesehen, verbessert und stark vermehret von Johann Joachim Schwaben, 2 Bd., Königsberg, Leipzig 1767 (1. Aufl. 1721).

Jäger, Herbert, Makrokriminalität. Studien zur Kriminologie kollektiver Gewalt, Frankfurt a.M. (Suhrkamp) 1989.

Jauss, Hans Robert, Kleine Apologie der ästhetischen Erfahrung, Konstanz (Universitäts Verlag) 1972.

Jauss, Hans Robert, Ästhetische Erfahrung und literarische Hermeneutik, Frankfurt a.M. (Suhrkamp) 1982.

Jünger, Ernst, Über den Schmerz, Werke Bd. 7, Essays I, Betrachtungen zur Zeit, Stuttgart (Klett) 1980 (zuerst: 1934), S. 143-191.

Jürgens-Kirchhoff, Annegret, Agnes Matthias (Hg.), Warshots. Krieg, Kunst und Medien, Weimar (Datenbank für Geisteswissenschaften) 2006.Kant, Mutmasslicher Anfang der Menschengeschichte, in: Kant, Werke, Bd. 9,1, hg. von Wilhelm Weischedel, Wiesbaden (Insel) 1964.

Kasten, Ingrid, Einleitung, in: Unverfügbarkeit, Paragrana, Bd. 21, 2012, Heft 2, S. 11-22.

Kaufmann, Doris, Science as Cultural Practice. Journal of Contemporary History, Bd. 34, 1, 1999, S. 125-144.

Keller, Reiner, Wissenssoziologische Diskursanalyse. Grundlegung eines Forschungsprogramms, Wiesbaden (Verlag für Sozialwissenschaften) 2005.

Kittsteiner, Heinz Dieter, Die Angst in der Geschichte und die Re-Personalisierung des Feindes, in: Sabine Eickenrodt u.a. (Hg.), Übersetzen, Übertragen, Überreden, Würzburg (Königshausen und Winter) 1999, S. 145-162.

Kleine Encyklopedie oder Lehrbuch aller Elementarkenntnisse, Halle, 1780.

Knaller, Susanne, Harro Müller, Authentisch/Authentizität, in: Karlheinz Barck u.a. (Hg.), Ästhetische Grundbegriffe, Bd. 7, Stuttgart, Weimar (Metzler) 2000.

Knaller, Susanne, Harro Müller (Hg.), Authentizität. Diskussion eines ästhetischen Begriffs, München (Wilhelm Fink) 2006.

Knieper, Thomas, Marion G. Müller (Hg.), Authentizität und Inszenierung von Bilderwelten, Köln (Herbert von Halem) 2003.

Kocka, Jürgen, Thomas Nipperdey (Hg.), Theorie und Erzählung in der Geschichte. Beiträge zur Historik, Bd. 3, München (dtv) 1979.

Kocka, Jürgen, Bewegung in der Geschichtswissenschaft, in: Merkur 707, Februar 2008, S. 142-147.

Koebner, Thomas, Rolf-Peter Janz, Frank Trommler (Hg.), »Mit uns zieht die neue Zeit«. Der Mythos der Jugend, Frankfurt a.M. (Suhrkamp) 1985.

Köhler, Wolfgang, Werte und Tatsachen, Berlin, Heidelberg (Springer) 1968 (zuerst engl.: The Place of Value in a World of Facts, 1938).

Koselleck, Reinhart, »Erfahrungsraum« und »Erwartungshorizont« – zwei historische Kategorien, in: Reinhart Koselleck, Vergangene Zukunft. Zur Semantik geschichtlicher Zeiten, Frankfurt a.M. (Surhkamp) 1995, S. 349-375.

Koselleck, Reinhart, Formen und Traditionen des negativen Gedächtnisses, in: Volkhard Knigge, Norbert Frei (Hg.), Verbrechen erinnern. Die Auseinandersetzung mit Holocaust und Völkermord, Bonn (Bundeszentrale) 2005 (zuerst: München [C.H. Beck] 2002).

Krippendorf, Ekkehart, Staat und Krieg. Die historische Logik politischer Unvernunft, Frankfurt a.M. (Suhrkamp) 1985, 3. Aufl. 1987.

Kruse, Volker, Transnationale Vergesellschaftungen, Weltkriege und Container-Nationalstaat, in: Ästhetik & Kommunikation 152: Kriegsvergessenheit in der Mediengesellschaft (Frühjahr 2011), S. 131-138.

Kuckenburg, Martin, Als der Mensch zum Schöpfer wurde. An den Wurzeln der Kultur, Stuttgart (Klett-Cotta) 2001.

Latour, Bruno, Die Hoffnung der Pandora. Untersuchungen zur Wirklichkeit der Wissenschaft, Frankfurt a.M. (Suhrkamp) 2002.

Latour, Bruno, Elend der Kritik. Vom Krieg um Fakten zu Dingen von Belang, Zürich, Berlin (Diaphanes) 2007.

Latour, Bruno, On the modern Cult of the Factish Gods, Durham (Duke University Press) 2011.

Lebeuf, Annie, Les principautés kotoko, (Centre national de la recherche scientifique) Paris 1969.

Lebeuf, Annie, Jean Paul, Les arts des Sao. Cameroun, Tchad, Nigeria, Paris (Chêne) 1977.

LeDoux, Joseph, Das Netz der Gefühle. Wie Emotionen entstehen, München (Hanser) 1998 (zuerst engl.: The Emotional Brain. The mysterious underpinnings of Emotional Life, New York [Simon and Schuster] 1996).

Leo, Heinrich, Studien und Skizzen zu einer Naturgeschichte des Staats, Halle 1833.

Lerner, Paul, Hysterical Men. War, Psychiatry and the Politics of Trauma in Germany, 1890-1930, Ithaca, NY (Cornell University Press) 2003.

Lethen, Helmut, Versionen des Authentischen: sechs Gemeinplätze, in: Hartmut Böhme, Klaus R. Scherpe (Hg.), Literatur und Kulturwissenschaften. Positionen, Theorien, Modelle, Reinbek (Rowohlt) 1996, S. 205-223.

Losurdo, Domenico, Heidegger and the Ideology of War. Community, Death, and the West, Amherst (Humanity Books) 2001 (zuerst: La communita, la morte, l'Occidente. Heidegger e l'ideologia della guerra, 1991).

Lüderitz, Susanne, Wenn die Seele im Grenzbereich von Vernichtung und Überleben zersplittert. Auswirkungen auf Behandlungskonzepte der dissoziativen Identitätsstörung, Paderborn (Junfermann) 2005.

Luhmann, Niklas, Sinn als Grundbegriff der Soziologie, in: Jürgen Habermas, Niklas Luhmann, Theorie der Gesellschaft oder Sozialtechnologie. Was leistet die Systemforschung?, Frankfurt a.M. (Suhrkamp) 1971, S. 25-100.

Luhmann, Niklas, Soziale Systeme. Grundriss einer allgemeinen Theorie, Frankfurt a.M. (Suhrkamp) 1984.

Luhmann, Niklas, Macht, Stuttgart (Enke) 1988.

Luhmann, Niklas, Ökologische Kommunikation. Kann die moderne Gesellschaft sich auf ökologische Gefährdungen einstellen?, Wiesbaden (VS Verlag für Sozialwissenschaften) 2008 (zuerst: 1986).

Lukács, Georg, Die Zerstörung der Vernunft. Irrationalismus zwischen den Revolutionen, Bd.1., Darmstadt (Luchterhand) 1973.

Lycan, William G., Consciousness and Experience, Cambridge (MIT Press) 1996.

Lyotard, Jean-François, Heidegger and »the Jews«, Minneapolis, London (Minnesota University Press) 1990 (zuerst: Heidgger et les juifs, 1988).

Maier, Charles S., A Surfeit of Memory? Reflections on History, Melancholy and Denial, in: History & Memory, Vol. 5, Nr. 2 (Fall/Winter 1993), S. 136-152.

Malabou, Catherine, Ontologie des Akzidentiellen. Über die zerstörerische Plastizität des Gehirns, Berlin (Merve) 2011.

Mann, Thomas, Betrachtungen eines Unpolitischen, in: ders., Große kommentierte Frankfurter Ausgabe. Werke, Briefe, Tagebücher, Bd. 13, Frankfurt a.M. (S. Fischer), 2009.

Maresch, Rudolf, Niels Werber (Hg.), Raum, Wissen, Macht, Frankfurt a.M. (Suhrkamp) 2002.

Margalit, Avishai, The Ethics of Memory, Cambridge (Harvard University Press) 2002.

Maturana, Humberto R., Francisco J. Varela, Autopoiesis and Cognition. The Realization of the Living, Boston (D. Reidel) 1980.

Maturana, Humberto R., Francisco J. Varela, Der Baum der Erkenntnis. Die biologischen Wurzeln des menschlichen Erkennens, München (Goldmann) 1990.

McMahan, Jeff, Kann Töten gerecht sein? Krieg und Ethik, Darmstadt (WBG) 2010 (zuerst: Killing in War, Oxford [Oxford University Press] 2009).

Meier-Seethaler, Carola, Gefühl und Urteilskraft. Ein Plädoyer für die emotionale Vernunft, München (C.H. Beck) 1997.

Melzer, Yehuda, Concepts of Just War, Leiden (A. W. Sijthoff) 1975.

Merleau-Ponty, Maurice, Phänomenologie der Wahrnehmung, Berlin (de Gruyter) 1966 (zuerst: Phénoménologie de la perception, 1945).

Mersch, Dieter, Medientheorien, Hamburg (Junius) 2006.

Metzinger, Thomas, Ganzheit, Homogenität und Zeitkodierung, in: Thomas Metzinger (Hg.), Bewußtsein. Beiträge aus der Gegenwartsphilosophie, Paderborn (Mentis) 1995, S. 595-639.

Metzinger, Thomas, Subjekt und Selbstmodell. Die Perspektivität phänomenalen Bewusstseins vor dem Hintergrund einer naturalistischen Theorie mentaler Repräsentation, Paderborn (Mentis) 1999.

Meyer, Thomas, Identitätspolitik. Vom Missbrauch kultureller Unterschiede, Frankfurt a.M. (Suhrkamp) 2002.

Moréri, Luis, Le grand Dictionnaire (Lyon 1674).

Mulder, Theo, Das adaptive Gehirn. Über Bewegung, Bewusstsein und Verhalten, Stuttgart (Thieme) 2006.

Münkler, Herfried, Machiavelli. Die Begründung des politischen Denkens der Neuzeit aus der Krise der Republik Florenz, Frankfurt a.M. (Europäische Verlagsanstalt) 1982.

Münkler, Herfried, Thomas Hobbes, Frankfurt a.M., New York (Campus) 2001.

Mynarek, Hubertus, Die neue Inquisition. Sektenjagd in Deutschland. Mentalität – Motivation – Methoden kirchlicher und staatlicher Sektenbeauftragter, Marktheidenfeld (Das Weiße Pferd) 1999.

Nagel, Thomas, Die Grenzen der Objektivität. Philosophische Vorlesungen, Stuttgart (Reclam) 1991.

Nagel, Thomas, Der Blick von nirgendwo, Frankfurt a.M. (Suhrkamp) 1992 (zuerst: TheView from Nowhere, 1981).

Nagel, Thomas, Wie ist es, eine Fledermaus zu sein?, in: Peter Bieri (Hg.), Analytische Philosophie des Geistes, Königstein (Beltz) 2007 (1.Aufl 1981), S. 261-276.

Nagel, Thomas, Mind and Cosmos. Why the Materialist Neo-Darwinian Conception of Nature is Almost Certainly False, New York (Oxford University Press) 2012.

Nef, John U., Western Civilization since the Renaissance. Peace, War, Industry, and the Arts, New York (Harper & Row) 1963.

Nehrings historisch-politisch-juristisches Lexicon (1725).Nietzsche, Friedrich, Genealogie der Moral, in: Kritische Studienausgabe Bd. 5, München (de Gruyter, dtv) 1980, S. 245-412.

Nijenhuis, Ellert R.S., Somatoforme Dissoziation. Phänomene, Messung, theoretische Aspekte, Paderborn (Junfermann) 2006

Nowosadtko, Jutta, Erfahrung als Methode und als Gegenstand wissenschaftlicher Erkenntnis. Der Begriff der Erfahrung in der Soziologie, in: Nikolaus Buschmann, Horst Carl (Hg.), Die Erfahrung des Krieges. Erfahrungsgeschichtliche Perspektiven von der Französischen Revolution bis zum Zweiten Weltkrieg, Paderborn (Schöningh) 2001, S. 27-50.

Pauen, Michael, Gerhard Roth (Hg.), Neurowissenschaften und Philosophie. Eine Einführung, München (Wilhelm Fink) 2001.

Paul, Gerhard, Aufstand der Bilder. Die NS-Propaganda vor 1933, Bonn (Dietz) 1980.

Park, Katharine, Lorraine Daston (Hg.), The Cambridge History of Science, Vol. 3, Cambridge (University Press) 2007.

Pethes, Nicolas, Kulturwissenschaftliche Gedächtnistheorien, Hamburg (Junius) 2008.

Pirker, Ulrike Eva, Mark Rüdiger, Christa Klein, Thorsten Leiendecker, Carolyn Oesterle, Miriam Sénécheau, Michiko Uike-Bormann (Hg.), Echte Geschichte. Authentizitätsfiktionen in populären Geschichtskulturen, Bielefeld (transcript) 2010.

Plamper, Jan, Geschichte und Gefühl. Grundlagen der Emotionsgeschichte, München (Siedler) 2012.

Prince, Morton, The Dissociation of a Personality. A Biographical Study in Abnormal Psychology, New York (Longmans and Green) 1906, (Oxford University Press) 1978.

Putnam, Frank W., Diagnose und Behandlung der dissoziativen Identitätsstörung. Ein Handbuch, Paderborn (Junfermann) 2003

Reemtsma, Jan Philipp, Im Keller, Reinbek (Rowohlt) 1998.

Reemtsma, Jan Philipp, Die Gewalt spricht nicht. Drei Reden, Stuttgart (Reclam) 2002.

Reemtsma, Jan Philipp, Vertrauen und Gewalt. Versuch über eine besondere Konstellation der Moderne, Hamburg (Hamburger Edition) 2008.

Riemann, Grundformen der Angst. Eine tiefenpsychologische Studie, München, Basel (Ernst Reinhardt) 9. Aufl., 1975 (39. Auflage 2009).

Rizzolatti, Giacomo, Laila Craighero, The mirror neuron system, in: Annual Review of Neuroscience 27, 2004, S. 169-192.

Rizolatti, Giacomo, Corrado Sinigaglia, Friedrich Griese, Empathie und Spiegelneurone. Die biologische Basis des Mitgefühls, Frankfurt a.M. (Suhrkamp) 2008.

Salles, Catherine, Chronik der alten Kulturen, Stuttgart (Theiss) 2009 (zuerst: Paris 2006).

Sarasin, Philipp, Geschichtswissenschaft und Diskursanalyse, Frankfurt a.M. (Suhrkamp) 2003.

Sawyer, R. Keith, Emergenz Komplexität und die Zukunft der Soziologie, in: Jens Greve, Annette Schnabel (Hg.) Emergenz. Zur Analyse und Erklärung komplexer Strukturen, Frankfurt a.M. (Suhrkamp) 2011, S. 187-213.

Scarry, Elaine, The Body in Pain. The Making and Unmaking of the World, New York, Oxford (Oxford University Press) 1985 (dt.: Der Körper im Schmerz. Die Chiffren der Verletzlichkeit und die Erfindung der Kultur, Frankfurt a.M. [S. Fischer] 1992).

Schatzki, Theodore R., Wolfgang Natter, Paul Jones III (Hg.), Postmodern Contentions: Epochs, Politics, Space, New York (Guilford Publication) 1993.

Schatzki, Theodore R., Wolfgang Natter, The Social and Political Body, New York (Guilford Publication) 1996.

Schaub, Mirjam, Grausamkeit und Metaphysik, in: dies. (Hg.), Grausamkeit und Metaphysik. Figuren der Überschreitung in der abendländischen Kultur, Bielefeld (transcript) 2009.

Schmidt, Siegfried J., Geschichten und Diskurse. Abschied vom Konstruktivismus, Reinbek (Rowohlt) 2003.

Schmitt, Carl, Der Begriff des Politischen. Text von 1932 mit einem Vorwort und drei Corollarien, Berlin (Duncker & Humblot) 1963.

Schmitthenner, Paul, Krieg und Kriegführung im Wandel der Weltgeschichte, Wildpark-Potsdam (Akademische Verlagsgesellschaft Athenaion) 1930.

Schmitz, Hermann, Leib und Gefühl. Materialien zu einer philosophischen Therapeutik, Bielefeld (aisthesis) 2008.

Schmitz, Hermann, Kurze Einführung in die Neue Phänomenologie, Freiburg, München (Alber) 2009.

Schultz, Tanjev, Alles inszeniert und nichts authentisch? Visuelle Kommunikation in den vielschichtigen Kontexten von Inszenierung und Authentizität, in: Thomes Knieper, Marion G. Müller (Hg.), Authentizität und Inszenierung von Bilderwelten, Köln (Herbert von Halem) 2003, S. 10-24.

Schumann, Dirk, Politische Gewalt in der Weimarer Republik 1918-1933. Kampf um die Straße und Furcht vor dem Bürgerkrieg, Essen (Klartext) 2001.

Schumpeter, Joseph A., Capitalism, Socialism, and Democracy, New York, London (Harper) 1942 (dt.: Kapitalismus, Sozialismus und Demokratie. Einführung von Eberhard K. Seifert, Stuttgart [UTB] 7. Auflage 1993).

Schürmann, Volker, Die Unergründlichkeit des Lebens. Lebens-Politik zwischen Biomacht und Kulturkritik, Bielefeld (transcript) 2011.

Schütz, Alfred, Thomas Luckmann, Strukturen der Lebenswelt, Neuwied (Luchterhand) 1972.

Schütz, Alfred, Der sinnhafte Aufbau der sozialen Welt. Eine Einleitung in die verstehende Soziologie, Frankfurt a.M. (Suhrkamp) 1972 (zuerst: Wien [Springer] 1932).

Seeher, Jürgen, Hattuscha-Führer. Ein Tag in der hethitischen Hauptstadt, Istanbul (Phoibos) 2011.

Siedler, Reinhard, Sozialgeschichte auf dem Weg zu einer historischen Kulturwissenschaft?, in: Geschichte und Gesellschaft 20, 1994, S. 445-468.

Simmel, Ernst, Zweites Koreferat, in: Sigmund Freud, Zur Psychoanalyse der Kriegsneurosen, Leipzig, Wien (Internationaler Psychoanalytischer Verlag) 1919, S. 42-60.

Simmel, Georg, Hauptprobleme der Philosophie, Leipzig (Göschen) 1911.

Simmel, Georg, Soziologie. Untersuchungen über die Formen der Vergesellschaftung, Frankfurt a.M. (Suhrkamp) 1992.

Soeffner, Hans-Georg, Auslegung des Alltags – Alltag der Auslegung. Zur wissenssoziologischen Konzeption einer sozialwissenschaftlichen Hermeneutik, Frankfurt a.M. (Suhrkamp) 1989.

Soeffner, Hans-Georg, Die Ordnung der Rituale. Die Auslegung des Alltags 2, Frankfurt a.M. (Suhrkamp) 1992.

Sofsky, Wolfgang, Traktat über die Gewalt, Frankfurt a.M. (S. Fischer) 2005.

Sofsky, Wolfgang, Zeiten des Schreckens. Amok, Terror, Krieg, Frankfurt a.M. (S. Fischer) 1989.

Soja, Edward, Postmodern Geographies. The Reassertion of Space in Critical Theory, London (Verso) 1998.

Sontag, Susan, Das Leiden anderer betrachten, München (Carl Hanser Verlag) 2003.

Sontag, Susan, Regarding the Pain of other, New York (Farrar, Strauss und Giroux) 2003.

Sontheimer, Kurt, Antidemokratisches Denken in der Weimarer Republik, München (dtv) 1978.

Spitzer, Manfred, Vorsicht Bildschirm! Elektronische Medien, Gehirnentwicklung, Gesundheit und Gesellschaft, München (dtv) 2006.

Spitzer, Manfred, Digitale Demenz. Wie wir uns und unsere Kinder um den Verstand bringen, München (Droemer Knaur) 2012.

Stephan, Achim, Emergenz in kognitionsfähigen Systemen, in: Michael Pauen, Gerhard Roth (Hg.), Neurowissenschaften und Philosophie, München (Wilhelm Fink) 2002, S. 123-154.

Stephan, Achim, Emergenz. Von der Unvorhersagbarkeit zur Selbstorganisation, Paderborn (mentis) 2007.

Supik, Linda, Dezentrierte Positionierung. Stuart Halls Konzept der Identitätspolitiken, Bielefeld (transcript) 2005.

Tappenbeck, Inka, Phantasie und Gesellschaft. Zur soziologischen Relevanz der Einbildungskraft, Würzburg (Königshausen und Neumann) 1999.

Taylor, Charles, The Ethics of Authenticity, Cambridge (Harvard University Press) 1991.

Temesvari, Cornelia, Roberto Sanchino Martinez (Hg.), »Wovon man nicht sprechen kann...«. Ästhetik und Mystik im 20. Jahrhundert. Philosophie, Literatur, Visuelle Medien, Bielefeld (transcript) 2010.

Thies, Christian, Die Krise des Individuums. Zur Kritik der Moderne bei Adorno und Gehlen, Reinbek (Rowohlt) 1997.

Toffler, Alvin, Heidi Toffler, War and Antiwar. Survival at the Dawn of the 21st Century, Boston (Little, Brown & Co) 1993.

Trilling, Lionel, Sincerity and Authenticity, Cambridge (Harvard University Press) 1972 (dt.: Das Ende der Aufrichtigkeit, München [Hanser] 1980).

Trotha, Trutz von, Dispositionen der Grausamkeit. Über die anthropologischen Grundlagen grausamen Handelns, in: ders. (Hg.), On Cruelty. Sur la cruauté. Über Grausamkeit, Köln (Rüdiger Köppe) 2011, S. 122-147.

Trotha, Trutz von, On Cruelty. Conceptual Considerations and a Summary of an Interdisciplinary Debate, in: ders. (Hg.), On Cruelty. Sur la cruauté. Über Grausamkeit, Köln (Rüdiger Köppe) 2011, S. 1-67.

van der Hart, Onno, Ellert R.S. Nijenhuis, Kathy Steele, Das verfolgte Selbst. Strukturelle Dissoziation und die Behandlung chronischer Traumatisierung, Paderborn (Junfermann) 2008.

Vondung, Klaus, Die Apokalypse in Deutschland, München (dtv) 1988.

Waelder, Robert, Psychological Aspects of War and Peace, Genf (Geneva research centre) 1939.

Waelder, Robert, Psychoanalysis. Observations, Theory, Application. Selected papers of Robert Waelder, New York (International Universities Press) 1967.

Waelder, Robert (Hg.), Ansichten der Psychoanalyse. Eine Bestandsaufnahme, Stuttgart (Klett) 1980 (zuerst: 1934).

Weibel, Peter, Performative Medien. Von der Simulation zum Fake, in: Pia Janke (Hg.), Jelinek (Jahr)Buch. Elfriede Jelinek-Forschungszentrum 2011, Wien (Praesens Verlag) 2011, S. 155-168.

West, Louis Jolyon, Dissociative Reaction, in: Alfred M. Freeman, H.I. Kaplan, B.J. Sadock (Hg.), Comprehensive Textbook of Psychiatry, Baltimore (Williams und Wilkins) 1975, S. 885-889.

Winter, Alison, Memory. Fragments of a Modern History, Chicago und London (The University of Chicago Press) 2012.

Woolf, Virginia, Mrs. Dalloway, New York (Harcort Brace) 1925.

Zeki, Semir, Inner Vision. An Exploration of Art and the Brain, New York (Oxford University Press) 1999.

2. Allgemeines zu Krieg und Kriegstheorie

Addington, Larry H., The Patterns of War Through the Eighteenth Century, Bloomington (Indiana University Press) 1990.

Alain, Mars oder die Psychologie des Krieges, Frankfurt a.M. (S. Fischer) 1977 (zuerst frz.: Mars ou la guerre jugée, 1936).

Ascalone, Enrico, Mesopotamien. Sumerer, Assyrer und Babylonier, Berlin (Parthas) 2005 (zuerst Mailand 2005).

Attack. Kunst und Krieg in den Zeiten der Medien, Kunsthalle Wien, Steidl 2003.

Audoin-Rouzeau, Stéphane, La guerre des enfants. 1914-1918, Paris (Colin) 1993.

Babbington, Anthony, Shell-Shock. A History of Changing Attitudes to War Neurosis, London (Leo Cooper) 1997.

Bähr, Karl, Bellum iustum, Heidelberg 1948.

Barron, Stephanie, Eckart Gillen (Hg.), Kunst und Kalter Krieg. Deutsche Positionen 1945-1989, Köln (DuMont) 2009

Baylis, John, James Wirtz, Eliot Cohen, Colin S. Gray (Hg.), Strategy in the Contemporary World. An Introduction to Strategic Sudies, Oxford (Oxford UP) 2006.

Behrenbeck, Sabine, Der Kult um die toten Helden. Nationalsozialistische Mythen, Riten und Symbole 1923-1945, Köln (sh Verlag) 1996.

Beier de Haan, Rosmarie, Jan Werquet (Hg.), Feinde? Bilder von den ›Anderen‹ in Deutschland und Frankreich seit 1871, Dresden (Sandstein) 2009.

Beil, Ralf, Antje Ehmann (Hg.) Serious Games. Krieg – Medien – Kunst . War – Media – Art, Darmstadt (Mathildenhöhe, Hatje Cantz) 2011.

Benfy, Christopher, A Tale of two Iliads, in: Simone Weil, Rachel Bespaloff, War and the Iliad, übersetzt von Mary McCarthy, New York (New York Review Books) 2003, S. XII-XV.

Bergmann, Klaus, Gerhard Schneider (Hg.), Gegen den Krieg, 2 Bde., Düsseldorf (Schwann) 1982.

Beyrau, Dietrich, Michael Hochgeschwender, Dieter Langewiesche (Hg.), Formen des Krieges. Von der Antike bis zur Gegenwart, Paderborn (Schöningh) 2007.

Bion, Wilfred R., The »War of Nerves«. Civilian Reactions, Morale, and Prophylaxis, in: Emanuel Miller (Hg.), The Neuroses in War, New York (Macmillan) 1943, S. 180-200.

Bormann, Patrick, Furcht und Angst als Faktoren deutscher Weltpolitik 1897-1914, in: Patrick Bormann, Thomas Feinberger, Judith Michel (Hg.), Angst in den internationalen Beziehungen, Göttingen (Vandenhoeck & Ruprecht) 2010, S. 71-92.

Börner, Lars, Als die »männergleichen« Amazonen kamen, in: Historisches Museum der Pfalz, Speyer (Hg.), Amazonen. Geheimnisvolle Kriegerinnen, Speyer 2010, S. 16-25.

Bräker, Ulrich, Lebensgeschichte und natürliche Abenteuer des Armen Mannes im Tockenburg, in: Bräkers Werke in einem Band, hg. von Hans-Günther Thalheim, Berlin, Weimar (Aufbau) 1966, S. 83-294 (zuerst: 1789).

Brecht, Bert, Mutter Courage und ihre Kinder, in: ders., Gesammelte Werke 4, Stücke 4, Frankfurt a.M. (Suhrkamp) 1967.

Brecht, Bertolt, Anhang zur Kriegsfibel, Große kommentierte Berliner und Frankfurter Ausgabe Bd. 12, Gedichte 2. Sammlungen 1938-1956, bearbeitet von Jan Knopf, mit einem Anhang, Berlin, Weimar, Frankfurt a.M. (Suhrkamp) 2000, S. 270-281.

Breymeier, Ursula, Bernd Ulrich, Karin Wieland (Hg.), Willensmenschen. Über deutsche Offiziere, Frankfurt a.M. (S. Fischer) 1999.

Brock, Thomas, Arne Homann, Schlachtfeldarchäologie. Auf den Spuren des Kriegs, Stuttgart (Konrad Theiss) 2011 (Sonderheft 2/2011 der Zeitschrift Archäologie in Deutschland).

Bröckling, Ulrich, Disziplin. Soziologie und Geschichte militärischer Gehorsamsproduktion, München (Wilhelm Fink) 1997.

Brüggemann, Michael, Hartmut Weßler, Medien im Krieg. Das Verhältnis von Medien und Politik im Zeitalter transnationaler Konfliktkommunikation, in: Frank Marcinkowski, Barbara Pfetsch (Hg.), Politik in der Mediendemokratie. Politische Vierteljahresschrift, Sonderheft 42, Wiesbaden (VS Verlag) 2009, S. 635-657.

Bryce, Trevor, The Kingdom of the Hittites, Oxford (Clarendon Press) 2005.

Busch. Ralf (Hg.): Megiddo – Tell el-Mutesellim – Armageddon. Biblische Stadt zwischen Krieg und Frieden, Neumünster (Wachholtz) 2002.

Buschmann, Nikolaus, Horst Carl (Hg.), Die Erfahrung des Krieges. Erfahrungsgeschichtliche Perspektiven von der Französischen Revolution bis zum Zweiten Weltkrieg, Paderborn (Schöningh) 2001.

Buschmann, Nikolaus, Horst Carl, Zugänge zur Erfahrungsgeschichte des Krieges, in: Nikolaus Buschmann, Horst Carl (Hg.), Die Erfahrung des Krieges. Erfahrungsgeschichtliche Perspektiven von der Französischen Revolution bis zum Zweiten Weltkrieg, Paderborn (Schöningh) 2001, S. 11-26.

Buschmann, Nikolaus, Kriegsberichterstattung und öffentliche Kriegsdeutung (1850-1870), in: Nikolaus Buschmann, Horst Carl (Hg.), Die Erfahrung des Krieges. Erfahrungsgeschichtliche Perspektiven von der Französischen Revolution bis zum Zweiten Weltkrieg, Paderborn (Schöningh) 2001, S. 97-123.

Bußmann, Klaus, Heinz Schilling (Hg.), 1648. Krieg und Frieden in Europa, Ausstellungskatalog Münster/Osnabrück 1998.

Cannadine, David, War and Death, Grief and Mourning in Modern Britain, in: Joachim Waley (Hg.), Mirrors of Mortality. Studies in the Social History of Death, London (Europa Publ.) 1981, S. 187-242.

Carman, John, Anthony Harding (Hg.), Ancient Warfare. Archaeological Perspectives, Phoenix Mill (Sutton Publishing) 1999.

Chivers, Christopher John, The Gun, New York (Simon and Schuster) 2010.

Cipolla, Carlo M., Segel und Kanonen. Die europäische Expansion zur See, Berlin (Wagenbach) 1999.

Clausewitz, Carl von, Vom Kriege. Hinterlassenes Werk. Frankfurt a.M. u.a. (Ullstein) 2003 (zuerst: 1832).

Clausewitz, Carl von, Theorie vom Krieg, in: Handbuch Kriegstheorien, hg. von Thomas Jäger, Rasmus Beckmann, Wiesbaden (SV Verlag für Sozialwissenschaften) 2011.

Coates, A. J., The Ethics of War, Manchester (Manchester University Press) 1997.

Comaroff, Jean, John L. Comaroff (Hg.), Law and Disorder in the Postcolony (University of Chicago Press) 2006.

Cornelißen, Christoph, Lutz Klinkhammer, Wolfgang Schwentker, Nationale Erinnerungskulturen seit 1945 im Vergleich, in: Christoph Cornelißen, Lutz Klinkhammer, Wolfgang Schwentker (Hg.), Erinnerungskulturen. Deutschland, Italien und Japan seit 1945, Frankfurt a.M. (Fischer) 2003

Cornelißen, Christoph, Roman Holec, Jiri Pesek (Hg.), Diktatur, Krieg, Vertreibung. Erinnerungskulturen in Tschechien, der Slowakei und Deutschland seit 1945, Essen (Klartext) 2005.

Coupe,William A., The German Illustrated Broadsheet in the 17th Century, 2 Bde., Baden-Baden (Librairie Heitz) 1967.

Daniel, Ute (Hg.), Augenzeugen. Kriegsberichterstattung vom 18. zum 21. Jahrhundert, Göttingen (Vandenhoeck & Ruprecht) 2006.

David, Saul (Hg.), Die Geschichte des Krieges. Vom Altertum bis heute, München (Dorling Kindersley) 2010.

Davie, Maurice R., The Evolution of War. A Study of its Role in Early Societies, New Haven (Yale University Press) 1929.

Deist, Wilhelm, Bemerkungen zur Entwicklung der Militärgeschichte in Deutschland, in: Thomas Kühne, Benjamin Ziemann (Hg.), Was ist Militärgeschichte?, Paderborn (Schöningh) 2000, S. 315-323.

Delbrück, Hans, Geschichte der Kriegskunst. Das Altertum, Hamburg (Nikol Verlag) 2003.

Delbrück, Hans, Geschichte der Kriegskunst. Die Neuzeit, Hamburg (Nikol Verlag) 2003.

Deutsche Militärgeschichte in sechs Bänden, hg. von Militärgeschichtliches Forschungsamt, Herrsching (Pawlak Verlag) 1983.

Die Hethiter und ihr Reich – das Volk der 1000 Götter, Stuttgart (Theiss) 2002 (Ausstellungskatalog zu Die Hethiter. Das Volk der 1000 Götter vom 18. Januar bis 28. April 2002 in der Kunst- und Ausstellungshalle der Bundesrepublik Deutschland in Bonn).

Die Kriegsordnung des Markgrafen zu Brandenburg-Ansbach und Herzogs zu Preußen Albrecht des Älteren, Königsberg 1555. Im Auftrag des Militärgeschichtlichen Forschungsamtes, Potsdam, und in Zusammenarbeit mit dem Deutschen Historischen Institut Warschau, hg. von Hans-Jürgen Bömelburg, Bernhard Chiari, Michael Thomae, Braunschweig (Archiv Verlag) 2006.

Dietze, Anita, Walter Dietze (Hg.), Ewiger Friede? Dokumente einer deutschen Diskussion um 1800, Leipzig, Weimar (Gustav Kiepenheuer), München (C.H. Beck) 1989.

Dower, John, Cultures of War. Pearl Harbor, Hiroshima, 9/11, Iraque, New York (Norton) 2010.

Dülffer, Jost, Martin Kröger, Rolf-Harald Wippich, Vermiedene Kriege. Deeskalation von Konflikten der Großmächte zwischen Krimkrieg und Erstem Weltkrieg (1856-1914), München (Oldenbourg) 1997.

Echternkamp, Jörg, Wolfgang Schmidt, Thomas Vogel, Perspektiven der Militärgeschichte. Raum, Gewalt und Repräsentation in historischer Forschung und Bildung, München (Oldenbourg) 2010.

Ehrenreich, Barbara, Blutrituale. Ursprung und Geschichte der Lust am Krieg, Reinbek (Rowohlt) 1999.

Edzard, Dietz-Otto, Geschichte Mesopotamiens. Von den Sumerern bis zu Alexander dem Großen, München (C.H. Beck) 2009.

Ehrenreich, Barbara, Blutrituale. Ursprung und Geschichte der Lust am Krieg, Reinbek (Rowohlt) 1999.

Eissler, Kurt, Die Seele des Rekruten. Zur Psychopathologie der US-Armee, in: Kursbuch 67: Militär, Berlin (Rotbuch) 1982, S. 9-29.

Engels, Friedrich, Ausgewählte militärische Schriften, hg. von Günter Wisotzki, Bd. 1, Berlin (Ministerium für nationale Verteidigung) 1958, Bd. 2, Berlin (Deutscher Militärverlag) 1964.

Eser, Albin, Dürfen Soldaten überhaupt töten?, in: Frankfurter Allgemeine Zeitung, 27.12.2011.

Evans, Martin, Ken Lunn (Hg.), War and Memory in the 20th Century, Oxford, New York (Berg) 1997.

Falk, Walter, Der kollektive Traum vom Krieg. Epochale Strukturen in der deutschen Literatur zwischen Naturalismus und Expressionismus, Heidelberg (Carl Winter) 1977.

Feldman, Gerald D., Armee, Industrie und Arbeiterschaft in Deutschland 1914-1918, Berlin (Dietz) 1985.

Ferrill, Arther, The Origins of War. From Stone Age to Alexander the Great, London u.a. (Thames & Hudson) 1985.

Ferris, John, Conventional Power and Contemporary Warfare, in: Baylis, John, James Wirtz, Eliot Cohen, Colin S. Gray (Hg.), Strategy in the Contemporary World. An Introduction to Strategic Studies, Oxford (Oxford University Press) 2006, S. 253-273.

Fisher, C., Amnestic States in War Neurosis. The Psychogenesis of Fugues, in: Psychoanalytic Quarterly 14, 1945, S. 437-468.

Fleming, Hans Friedrich von, Der vollkommene Teutsche Soldat welcher die gantze Kriegs-Wissenschafft, insonderheit was bey der Infanterie vorkommt, ordentlich und deutlich vorträgt, Leipzig 1726, Faksimile mit einer Einleitung von W. Hummelberger, Osnabrück 1967.

Fornasier, Jochen, Ein Sieg wie kein anderer? – Athens Triumph über die Amazonen, in: Historisches Museum der Pfalz, Speyer (Hg.), Amazonen. Geheimnisvolle Kriegerinnen, Speyer 2010, S. 52-57

Förster, Stig, »Vom Kriege«. Überlegungen zu einer modernen Militärgeschichte, in: Thomas Kühne, Benjamin Ziemann (Hg.), Was ist Militärgeschichte?, Paderborn (Schöningh) 2000, S. 265-281.

Franck von Donauwörth, Sebastian, Das Krigbüchlin des Friedes wider den Krieg. 1539.

Freedman, Lawrence, The Revolution in Strategic Affairs, Oxford (Oxford University Press) 1998.

Frevert, Ute, Die kasernierte Nation. Militärdienst und Zivilgesellschaft in Deutschland, München (C.H. Beck) 2001.

Friedrich, Thomas (Hg.), Das Lesebuch vom Krieg. Militarismus und Antimilitarismus 1900-1945, Berlin (Litpol) 1982.

Fritzsche, Peter, A Nation of Fliers. German Aviation and Popular Imagination, Cambridge (Harvard University Press) 1992.

Funck, Markus, Militär, Krieg und Gesellschaft, in: Thomas Kühne, Benjamin Ziemann (Hg.), Was ist Militärgeschichte?, Paderborn (Schöningh), S. 157-174.

Gabriel, Richard, The Painful Fields. The Psychiatric Dimension of Modern War, New York u.a. (Greenwood Press) 1988.

Geyer, Michael, Eine Kriegsgeschichte, die vom Tod spricht, in: Thomas Lindenberger, Alf Lüdtke (Hg.), Physische Gewalt. Studien zur Geschichte der Neuzeit, Frankfurt a.M. (Suhrkamp) 1995, S. 136-161.

Gutjahr, Ortrud, Der andere Kampfplatz. Der Trojanische Krieg und seine Beziehungsmuster im Gedächtnis der Literatur, in: Waltraud Wende (Hg.), Krieg und Gedächtnis. Ein Ausnahmezustand im Spannungsfeld kultureller Sinnkonstruktionen, Würzburg (Königshausen und Neumann) 2005, S. 92-120.

Hamburger Institut für Sozialforschung (Hg.), Eine Ausstellung und ihre Folgen. Zur Rezeption der Ausstellung »Vernichtungskrieg. Verbrechen der Wehrmacht 1941 bis 1944«, Hamburg 1999.

Hämmerle, Christa, Von den Geschlechtern der Kriege und des Militärs. Forschungseinblicke und Bemerkungen zu einer neuen Debatte, in: Thomas Kühne, Benjamin Ziemann (Hg.), Was ist Militärgeschichte?, Paderborn (Schöningh) 2000, S. 229-262.

Hankel, Gerd, Das Tötungsverbot im Krieg. Ein Interventionsversuch, Hamburg (Hamburger Edition) 2011.

Hanson, Victor Davis, Carnage and Culture. Landmark Battles in the Rise of Western Power, New York (Doubleday) 2002.

Harth, Dietrich, Dietrich Schubert, Ronald Michael Schmidt (Hg.), Pazifismus zwischen den Weltkriegen. Deutsche Schriftsteller und Künstler gegen

Krieg und Militarismus 1918-1933, Heidelberg (Heidelberger Verlagsanstalt) 1985.

Häßler, Hans-Jürgen, Heiko Kauffmann (Hg.), Kultur gegen Krieg, Köln (Pahl-Rugenstein) 1986.

Helbling, Jürg, The tactical use of Cruelty in Tribal Warfare, in: Lothar Kettenacker, Torsten Riotte (Hg.), The Legacies of Two World Wars. European Societies in the Twentieth Century, New York, Oxford (Berghahn) 2011, S. 149-173.

Herberg-Rothe, Andreas, Der Krieg. Geschichte und Gegenwart, Frankfurt a.M., New York (Campus) 2003.

Herzberg, Anne, NGO »Lawfare«. The exploitation of Courts in the Arabic-Israeli Conflict, Jersualem (NGO Monitor) 2008.

Herzog, Chaim, Mordechai Gichon, Battles of the Bible. A Military History of Ancient Israel, Barnsley (Greenhill Books) 2006 (zuerst: 1997; dt.: Die biblischen Kriege, München [Langen Müller] 1998).

Hettling, Manfred, Kriegserlebnis, in: Gerhard Hirschfeld, Gerd Krumeich, Irina Renz (Hg.), Enzyklopädie Erster Weltkrieg, Paderborn (Schöningh) 2004, S. 638f.

Heuser, Beatrice, Den Krieg denken. Die Entwicklung der Strategie seit der Antike, Paderborn (Schöningh) 2010.

Hirsch, Alfred, Rousseaus Traum vom ewigen Frieden, München (Wilhelm Fink) 2012.

Historisches Museum der Pfalz, Speyer (Hg.), Amazonen. Geheimnisvolle Kriegerinnen, Speyer 2010.

Hobart, F. W. A., Das Maschinengewehr. Die Geschichte einer vollautomatischen Waffe, Stuttgart (Motorbuch Verlag) 1973.

Hobohm, Martin, Machiavellis Renaissance der Kriegskunst, Berlin (K. Curtius) 1991.

Hobsbawm, Eric, Das Zeitalter der Extreme. Weltgeschichte im 20. Jahrhundert, München (dtv) 1998.

Holert, Tom, Mark Terkessidis, Entsichert. Krieg als Massenkultur im 21. Jahrhundert, Köln (Kiepenheuer) 2002.

Holzer, Anton, Die Bewaffnung des Auges. Die Drei Zinnen oder Eine kleine Geschichte vom Blick auf das Gebirge, Wien (Turia & Kant) 1996.

Holzer, Anton, Mit der Kamera bewaffnet. Krieg und Fotografie, Marburg (Jonas) 2003.

Hondrich, Karl Otto, Wieder Krieg, Frankfurt a.M. (Suhrkamp) 2002, zuvor mit leicht veränderter Gewichtung: Hondrich, Lehrmeister Krieg, Reinbek (Rowohlt) 1992.

Howard, Michael, The Causes of War, in: ders., The Causes of War and other Essays, Cambridge (Harvard University Press) 1984, S. 7-22.

Hüppauf, Bernd, Hurleys Optik. Über den Wandel von Wahrnehmung und das Entstehen von Bildern in der kollektiven Erinnerung des Weltkriegs, in: Knut Hickethier, S. Zielinski (Hg.), Medien/Kultur. Für Friedrich Knilli zum Sechzigsten, Berlin 1991, S. 113-130.

Hüppauf, Bernd, Räume der Destruktion und Destruktion des Raums, in: Krieg und Literatur/War and Literature, Vol. III, Nr. 5/6, 1991, S. 105-123.

Hüppauf, Bernd, The emergence of modern war imagery in early photography, in: History and Memory, Vol. 5, No 1, Summer 1993, S. 130-151.

Hüppauf, Bernd, Der entleerte Blick hinter der Kamera, in: Hannes Heer, Klaus Naumann (Hg.), Vernichtungskrieg. Verbrechen der Wehrmacht, Hamburg (Hamburger Edition) 1995 (in englischer Übersetzung: Emptying the gaze – framing violence through the viewfinder, in: Hannes Heer, Klaus Naumann [Hg.], War of Extermination. The German Military in World War II, New York/Oxford 2000 [Berghahn], S. 345-380; auch in: New German Critique 72, 1997, S. 3-44).

Hüppauf, Bernd, Das Schlachtfeld als Raum im Kopf. Mit einem Postscriptum nach dem 11. September 2001, in: Steffen Martus, Marina Münkler, Werner Röcke (Hg.), Schlachtfelder. Codierung von Gewalt im medialen Wandel, Berlin (Oldenbourg Akademie) 2003, S. 207-233.

Husemann, Dirk, Als der Mensch den Krieg erfand. Eine Spurensuche, Ostfildern (Thorbecke) 2005.

Ignatieff, Michael, Virtueller Krieg. Kosovo und die Folgen, Hamburg (EV und Rotbuch) 2001.

Joas, Hans, Krieg und Werte. Studien zur Gewaltgeschichte des 20. Jahrhunderts, Weilerswist (Velbrück) 2000.

Joas, Hans, Wolfgang Knöbl, Kriegsverdrängung. Ein Problem in der Geschichte der Sozialtheorie, Frankfurt a.M. (Suhrkamp) 2008.

Jürgens-Kirchhoff, Annegret, Schreckensbilder. Krieg und Kunst im 20. Jahrhundert, Berlin (Reimer) 1993.

Kaeupper, Richard W., Chivalry and Violence in Medieval Europe, New York (Oxford University Press) 1999.

Kähne, Hein, Die Alexanderschlacht, München (Prestel) 1998.

Kaldor, Mary, Neue und alte Kriege. Organisierte Gewalt im Zeitalter der Globalisierung, Frankfurt a.M. (Suhrkamp) 2007.

Kaufmann, Stefan, Counterinsurgency and Human Terrain. Zum cultural turn in der Kriegführung, in: Ästhetik & Kommunikation 152: Kriegsvergessenheit in der Mediengesellschaft (Frühjahr 2011), S. 41-49.

Keegan, John, Joseph Darracott, The Nature of War, London (Jonathan James) 1981.

Keegan, John, The Face of Battle: A Study of Agincourt, Waterloo, and the Somme, New York (Penguin) 1983 (dt.: Das Antlitz des Krieges: Die Schlachten von Azincourt 1415, Waterloo 1815 und an der Somme 1916, 2. Auflage [Campus] 2007).

Keegan, John, A History of Warfare, New York (Vintage) 1994 (dt.: Die Kultur des Krieges, Reinbek [Rowohlt] 1997).

Keeley, Lawrence H., War before Civilization. The Myth of the Peaceful Savage, New York (Oxford University Press) 1996.

Keen, Maurice (Hg.), Medieval Warfare. A History, Oxford (Oxford University Press) 1999.

Kempowski, Walter, Wer will unter die Soldaten?, München (Hanser) 1976.

Kleemeier, Ulrike, Grundfragen einer philosophischen Theorie des Krieges. Platon-Hobbes-Clausewitz, Berlin (Akademie) 2002.

Knittermeyer, Hinrich, Von Wesen und Wirklichkeit des Krieges, Bremen (NS-Gauverlag Weser-Ems) 1942 (Die Wittheit, Heft 1).

Knoch, Habbo, Die Tat als Bild. Fotografien des Holocaust in der deutschen Erinnerungskultur, Hamburg (Hamburger Edition) 2001.

Koselleck, Reinhart, Der Einfluss der beiden Weltkriege auf das soziale Bewusstsein, in: Wolfram Wette (Hg.), Der Krieg des kleinen Mannes. Eine Militärgeschichte von unten, München, Zürich (Piper) 1992, S. 324-343.

Krishnan, Armin, Gezielte Tötung. Die Individualisierung des Kriegs, Berlin (Matthes & Seitz) 2012.

Krumeich, Gerd, Kriegsgeschichte im Wandel, in: Gerhard Hirschfeld, Gerd Krumeich, Irina Renz (Hg.), »Keiner fühlt sich hier mehr als Mensch...«. Erlebnis und Wirkung des Ersten Weltkriegs, Essen (Klartext) 1993, S. 11-24.

Krumeich, Gerd, Militärgeschichte für eine zivile Gesellschaft, in: Christoph Cornelißen (Hg.), Geschichtswissenschaften. Eine Einführung, Frankfurt a. M. (Fischer) 2000, S. 178-193.

Krumeich, Gerd, Sine ira et studio? Ansichten einer wissenschaftlichen Militärgeschichte, in: Thomas Kühne, Benjamin Ziemann (Hg.), Was ist Militärgeschichte?, Paderborn (Schöningh) 2000, S. 91-104.

Kühne, Thomas, Benjamin Ziemann, Militärgeschichte in der Erweiterung. Konjunkturen, Interpretationen, Konzepte, in: dies., Was ist Militärgeschichte?, Paderborn (Schöningh) 2000, S. 9-46.

Kühne, Thomas, Benjamin Ziemann (Hg.), Was ist Militärgeschichte?, Paderborn (Schöningh) 2000.

Las Casas, Bartolomé de, Kurzgefaßter Bericht von der Verwüstung der Westindischen Länder, hg. von M. Sievernich, Frankfurt a.M. (Insel) 2006.

Lasson, Adolf, Das Kulturideal und der Krieg, Berlin (Neelmeyer) 1868.

Latzel, Klaus, Vom Kriegserlebnis zur Kriegserfahrung. Theoretische und methodische Überlegungen zur erfahrungsgeschichtlichen Untersuchung von Feldpostbriefen, in: Militärgeschichtliche Mitteilungen, 56, 1997, Heft 1, S. 1-30.

Lipp, Anne, Diskurs und Praxis. Militärgeschichte als Kulturgeschichte, in: Thomas Kühne, Benjamin Ziemann (Hg.), Was ist Militärgeschichte?, Paderborn (Schöningh) 2000, S. 211-228.

Machiavelli, Niccolo, Die Kunst des Krieges, in: ders., Gesammelte Werke in einem Band, hg. von Alexander Ulfig, Frankfurt a.M. (Zweitausendeins) 2006, S. 711-85.

Macksey, Kenneth, Technology in War. The Impact of Science on Weapon Development and Modern Battle, London (Arms and Armoiur Press) 1986.

McRandle, James H., The Antique Drums of War, Texas (Texas University Press) 1994.

Miller, Emanuel (Hg.), Neuroses on War, New York (Macmillan) 1943.

Mills, C. Wright, The Causes of World War Three, New York (Simon and Schuster) 1958.

Mommsen, Wolfgang J., Der Topos der Unvermeidbarkeit des Kriegs. Außenpolitik und öffentliche Meinung im Deutschen Reich im letzten Jahrzehnt vor 1914, in: ders., Der autoritäre Nationalstaat, Verfassung, Gesellschaft und Kultur im Deutschen Kaiserreich, Frankfurt a.M. (Fischer) 1992, S. 380-406.

Mommsen, Wolfgang J., Die Geschichtswissenschaft am Ende des 20. Jahrhunderts, in: Christoph Cornelißen (Hg.), Geschichtswissenschaft im Geist der Demokratie. Wolfgang J. Mommsen und seine Generation, Berlin (Akademie) 2010, S. 26-37.

Moritz von Sachsen, Nouvelles Rêveries, 1763, i.e. Die Kriegskunst des Grafen von Sachsen, obersten Feldmarschalls Sr. Allerchristlichsten Majestät aus dem Französischen übersetzt und mit einer Vorrede herausgegeben von Carl August Struensee, Leipzig, Liegnitz 1767.

Münkler, Herfried, Die neuen Kriege, Reinbek (Rowohlt) 2002.

Münkler, Herfried, Der Wandel des Krieges. Von der Symmetrie zur Asymmetrie, Weilerswist (Velbrück) 2006.

Münkler, Herfried, Die neuen und die alten Kriege, Frankfurt a.M. (Suhrkamp) 2011.

Nardin, Terry, The Philosophy of War and Peace, in: Routledge Encyclopedia of Philosophy Bd. 9, 1998, S. 684-691.

Nassehi, Armin, Der Erste Welt-Krieg oder: Der Beobachter als revolutionäres Subjekt, in: Dirk Baecker, Peter Krieg, Fritz B. Simon (Hg.), Terror im System. Der 11. September 2001 und die Folgen, Heidelberg (Carl Auer Systeme Verlag) 2002, S. 175-200.

Newark, Tim, Kriegskunst. Eine illustrierte Geschichte von 3000 v. Chr. bis zum Ende des 19. Jahrhunderts, München (Bassermann) 2010 (zuerst: The Grammar of Warfare, East Sussex [Ivy Press] 2009).

Nowak, Tadeusz Marian, Die polnische Fassung der Kriegsordnung Albrechts vor dem Hintergrund der preußisch-polnischen Beziehungen, in: Die

Kriegsordnung des Markgrafen zu Brandenburg-Ansbach und Herzogs zu Preußen Albrecht des Älteren, Königsberg 1555. Im Auftrag des Militärgeschichtlichen Forschungsamtes, Potsdam, und in Zusammenarbeit mit dem Deutschen Historischen Institut Warschau, hg. von Hans-Jürgen Bömelburg, Bernhard Chiari, Michael Thomae, Braunschweig (Archiv Verlag) 2006, S. 29-38.

Nowosadtko, Jutta, Krieg, Gewalt und Ordnung. Einführung in die Militärgeschichte, Tübingen (edition diskord) 2002.

Overbeck, Franz-Josef, Spiegel-Online-Interview, Freitag, 08.02.2013.

Palmer, Svetlana, Sarah Wallis (Hg.), Intimate Voices of War, London (Simon & Schuster) 2003.

Paul, Gerhard, Bilder des Krieges – Krieg der Bilder: Die Visualisierung des modernen Krieges, München (Wilhelm Fink) 2004.

Perlmutter, David D., Visions of War. Picturing Warfare from the Stone Age to the Cyber Age, New York (St. Martin's Press) 1999.

Pieken, Gorch, Matthias Rogg (Hg.), Militärhistorisches Museum der Bundeswehr. Ausstellung und Architektur, Dresden (Sandstein) 2011.

Plessner, Helmut, Über das Verhältnis zwischen Krieg und Frieden, in: ders., Gesammelte Schriften V: Macht und menschliche Natur, Frankfurt a.M. (Suhrkamp) 1981.

Preusser, Heinz-Peter (Hg.), Krieg in den Medien, Amsterdam, New York (Rodopi) 2005.

Quast, Bruno, Sebastian Francks ›Krigbüchlin des Frides‹. Studien zum radikalreformatorischen Spiritualismus, Basel (Bibliotheca Germanica 31) 1993.

Preusser, Heinz-Peter, Perzeption und Urteilsvermögen, in: Heinz-Peter Preusser (Hg.), Krieg in den Medien, Amsterdam, New York (Rodopi) 2005, S. 9-34.

Ramsey, Paul, The Just War. Force and Political Responsibility, New York (Charles Scribner's Sons) 1968.

Raths, Ralf, Vom Massensturm zur Stosstrupptaktik. Die deutsche Landkriegstaktik im Spiegel der Dienstvorschriften und Publizistik, Freiburg (Rombach) 2009.

Raulff, Ulrich, Politik als Passion. Hans Delbrück und der Krieg in der Geschichte, in: Hans Delbrück, Geschichte der Kriegskunst im Rahmen der politischen Geschichte, Bd. 1, Das Altertum, Vorwort zur Neuauflage, Berlin (Walter de Gruyter) 2000, S. IX-XLVI.

Raulff, Ulrich, Geschichte und Erziehung, in: Ulrich Borsdorf u.a. (Hg.), Die Aneignung der Vergangenheit. Musealisierung und Geschichte, Bielefeld (transcript) 2004, S. 105-128.

Reimann, Aribert, Der große Krieg der Sprachen. Untersuchungen zur historischen Semantik, Essen (Klartext) 2000.

Roering, Johanna, Krieg bloggen. Soldatische Kriegsberichterstattung in digitalen Medien, Bielefeld (transcipt) 2012.

Rogers, A.P., Law on the Battlefield, Manchester (Manchester University Press) 2004.

Rogg, Matthias, Die Kriegsordnung Albrecht des Älteren von Brandenburg, Herzog in Preußen, in: Die Kriegsordnung des Markgrafen zu Brandenburg-Ansbach und Herzogs zu Preußen Albrecht des Älteren, Königsberg 1555. Im Auftrag des Militärgeschichtlichen Forschungsamtes, Potsdam, und in Zusammenarbeit mit dem Deutschen Historischen Institut Warschau, hg. von Hans-Jürgen Bömelburg, Bernhard Chiari und Michael Thomae, Braunschweig (Archiv Verlag) 2006, S. 19-27.

Rollenhagen, Georg, Froschmeusler. Der Krieg der Frösche und Mäuse, hg. von Dietmar Peil, Frankfurt a.M. (Fischer) 1989 (zuerst: 1595).

Ruloff, Dieter, Wie Kriege beginnen. Ursachen und Formen, München (C.H. Beck) 2004.

Rushdie, Salman, Outside the Whale, in: Granta (Penguin) 11, 1984.

Schachner, Andreas, Hattuscha. Die Hauptstadt der Hethiter. Die Suche nach dem sagenhaften Großreich der Hethiter, München (C.H. Beck) 2011.

Schenk-Weininger, Isabell, Krieg, Medien, Kunst. Der medialisierte Krieg in der deutschen Kunst seit den 1960er Jahren, Nürnberg (Verlag für moderne Kunst) 2004.

Schikorsky, Isa, Kommunikation über das Unbeschreibbare. Beobachtungen zum Sprachstil von Kriegsbriefen, in: Wirkendes Wort 1992, 2, S. 295-314.

Schild, Georg, Anton Schindling (Hg.), Kriegserfahrungen – Krieg und Gesellschaft in der Neuzeit, Paderborn (Schöningh) 2010.

Schmidbauer, Wolfgang, Der Mensch als Bombe. Eine Psychologie des neuen Terrorismus, Reinbek (Rowohlt) 2003.

Schmitthenner, Paul, Politik und Kriegführung in der neueren Geschichte, Hamburg (Hanseatische Verlagsanstalt) 1937.

Schneider, Barry R., Lawrence E. Grinter, Battlefield of the Future. 21st Century Warfare Issues. Maxwell Air Force Base, Alaska (Air University Press) 1995.

Schneider, Thomas (Hg.), Kriegserlebnis und Legendenbildung. 3 Bde., Osnabrück (Rasch) 1999.

Schnur, Roman, Weltfriedensidee und Weltbürgerkrieg 1791/1792, in: Roman Schnur, Revolution und Weltbürgerkrieg. Studien zur Ouvertüre nach 1798, Berlin (Duncker & Humblot) 1983, S. 11-32.

Senghaas, Dieter, Europa 2000. Ein Friedensplan, Frankfurt a.M. (Suhrkamp) 1990.

Sesslen, Georg, Markus Metz, Krieg der Bilder – Bilder des Krieges: Abhandlung über die Katastrophe und die mediale Wirklichkeit, Berlin (Klaus Bittermann) 2002.

Seume, Johann Gottfried, Christian August Clodius, Mein Leben. Johann Gottfried Seume. Nebst Fortsetzung von C.A.H. Clodius, Stuttgart (Reclam) 1961.

Sharpe, Jenny, Allegories of Empire. The Figure of Woman in the Colonial Text, Minneapolis (University of Minnesota Press) 1993.

Showalter, Dennis E., Militärgeschichte als Operationsgeschichte. Deutsche und amerikanische Paradigmen, in: Thomas Kühne, Benjamin Ziemann (Hg.), Was ist Militärgeschichte?, Paderborn (Schöningh) 2000, S. 115-127.

Smith, Michelle, Empire in British Girls' Literature and Culture: Imperial Girls, 1880-1915, New York (Palgrave Macmillan) 2011.

Spreen, Dierk, Cruelty and Total War. Political-Philosophical Preconditions of the Dissociation Mentality, in: Trutz von Trotha, Jakob Rösel (Hg.), On Cruelty, Köln (Rüdiger Köppe) 2011, S. 231-252.

Spreen, Dierk, Wider die Kriegsvergessenheit in der Sozialwissenschaft, in: Ästhetik & Kommunikation 152: Kriegsvergessenheit in der Mediengesellschaft (Frühjahr 2011), S. 33-40.

Spreen, Dierk, Cruelty and Total War. Political-Philosophical Preconditions of the Dissociation Mentality, in: Trutz von Trotha, Jakob Rösel (Hg.), On Cruelty, Köln (Rüdiger Köppe) 2011, S. 231-252.

Stein, George J., Information Warfare, in: Airpower Journal, Volume XIV, No. 1, Spring 1995.

Steinweg, Rainer (Hg.), Der gerechte Krieg. Christentum, Islam, Marxismus, Frankfurt a.M. (Suhrkamp) 1995.

Stephan, Cora, Das Handwerk des Krieges, Berlin (Rowohlt) 1998.

Stietencron, Heinrich von, Jürgen Rüpke (Hg.), Töten im Krieg, Freiburg (Alber) 1995.

Stocker, Gerfried, Christine Schöpf (Hg.), Infowar, Wien, New York (Springer) 1998.

Struk, Janina, Photographing the Holocaust. Interpretations of the Evidence, London (Tauris) 2003.

Struk, Janina, Interview, The Guardian, Thursday 20 January 2005.

Struk, Janina, Private Pictures. Soldiers' inside view of war, London, New York (Tauris) 2011.

Sun Tzu, Über die Kriegskunst (aus dem Chinesischen von Klaus Leibnitz), Darmstadt (Wissenschaftliche Buchgesellschaft) 1989, auch: Wahrhaft siegt, wer nicht kämpft. Die Kunst des Krieges, hg. von Thomas Cleary, München (Piper) 2001.

Thiemeyer, Thomas, Die Fortsetzung des Kriegs mit anderen Mitteln. Die beiden Weltkriege im Museum, Paderborn (Schöningh) 2010.

Torbjörn, Tännsjö, Zur Ethik des Tötens. Neue Anstösse zur Reflexion eines umstrittenen Problems, Münster (Lit) 2006.

Verweyen, Johannes Maria, Der Krieg im Lichte großer Denker, München (Ernst Reinhardt) 1916.

Virilio, Paul, Krieg und Fernsehen, Frankfurt a.M. (Fischer) 1997.

Wachtler, Günther (Hg.), Militär, Krieg, Gesellschaft. Texte zur Militärsoziologie, Frankfurt a.M. (Campus) 1983.

Wallhausen, Johann Jacobi von, Kriegskunst zu Fuß, darinnen gelehret und gewiesen werden: 1. Die Handgriff der Mußquet unnd deß Spiesses, jedes insonderheit. 2. Das Exercitium, oder wie man es nennet, das Trillen, mit einem Fähnlein ganz perfect, gedruckt zu Oppenheim/bey Hieronymo Gallero, in Verlegung Johann-Theod, De Bry, Oppenheim, 1615 (2. Auflage Frankfurt a.M. 1630).

Walzer, Michael, Just And Unjust Wars. A Moral Argument With Historical Illustrations, New York (Basic Books) 2006.

Wegner, Bernd, Einführung: Was kann Historische Kriegsursachenforschung leisten?, in: ders., Wie Kriege entstehen. Zum Historischen Hintergrund von Staatenkonflikten, Paderborn (Schöningh) 2000, S. 9-21.

Wegner, Bernd (Hg.), Wie Kriege entstehen. Zum historischen Hintergrund von Staatenkonflikten, Paderborn (Schöningh) 2000.

Wegner, Bernd, Wozu Operationsgeschichte?, in: Thomas Kühne, Benjamin Ziemann (Hg.), Was ist Militärgeschichte, Paderborn (Schöningh) 2000, S. 105-113.

Weibel, Peter, Günther Holler-Schuster (Hg.), M_ars. Kunst und Krieg, Ostfildern-Ruit (Hatje Cantz) 2003.

Weigel, Sigrid (Hg.), Märtyrer-Porträts. Von Opfertod, Blutzeugen und heiligen Kriegen, München (Wilhelm Fink) 2007.

Weigel, Sigrid, Märtyrer, München (Wilhelm Fink) 2010.

Weil, Simone, L'Iliade, ou le poème de la force, Cahiers du Sud 1940.

Weil, Simone, Rachel Bespaloff, War and the Iliad, übersetzt von Mary McCarthy, New York (New York Review of Books) 2003.

Wells, Donald A., An Encyclopedia of War and Ethics (Greenwood Publications) 1996.

Wer will unter die Soldaten. Deutsche Soldatenlieder. Illustriert von Fritz Kredel, Leipzig (Insel) 1938.

Wette, Wolfram (Hg.), Der Krieg des kleinen Mannes. Eine Militärgeschichte von unten, München (Piper) 1995.

Wette, Wolfram, Militarismus in Deutschland. Geschichte einer kriegerischen Kultur, Frankfurt a.M. (Fischer) 2011 (zuerst: Darmstadt [Wissenschaftliche Buchgesellschaft] 2008).

Wright, Quincy, A Study of War, Chicago (Chicago University Press) 1942.

Ziemann, Benjamin, Einleitung, in: Benjamin Ziemann (Hg.), Perspektiven der Historischen Friedensforschung, Essen (Klartext) 2002.

Ziemann, Benjamin, Perspektiven der Historischen Friedensforschung, in: Benjamin Ziemann (Hg.), Perspektiven der Historischen Friedensforschung, Essen (Klartext) 2002, S. 13-39.

Zwach, Eva, Deutsche und Englische Militärmuseen im 20. Jahrhundert. Eine kulturgeschichtliche Analyse des gesellschaftlichen Umgangs mit Krieg, Münster (Lit) 1999.

3. Einzelne Kriege

Anonym, Die Abwehr im Stellungskrieg, in: Erich Ludendorff (Hg.), Urkunden der Obersten Heeresleitung über deren Tätigkeit 1916-18, Berlin (Berliner Verlag) 1918, S. 604-640.

Arndt, Johannes, Der Dreißigjährige Krieg 1618-1648, Stuttgart (Reclam) 2009.

Ashworth, Tony, Trench Warfare 1914-1918. The Live and Let Live System, London (Holmes & Meier) 1980.

Baberowski, Jörg, Verbrannte Erde, München (C.H. Beck) 2011.

Barker, Pat, The War Trilogy: Regeneration (1992), The Eye in the Door (1993), The Ghost Road (1995), New York (Plume, Penguin Group).

Baron, Richard, Der deutsche Krieg und Sieg in Frankreich 1870-1871, Oppeln 1871.

Barton, Peter, The Somme. A new panoramic perspective, London (Constable) 2006 (In association with the Imperial War Museum).

Bartov, Omer, The Eastern Front 1941-1945, London (Palgrave Macmillan) 1985.

Bartov, Omer, Hitlers Wehrmacht. Soldaten, Fanatismus und die Brutalisierung des Krieges, Reinbek (Rowohlt) 1995.

Bartov, Omer, Murder in our midst. The Holocaust. Industrial Killing and Representation, New York (Oxford University Press) 1996.

Barudio, Günter, Der Teutsche Krieg. 1618-1648, Frankfurt a.M. (Fischer) 1985.

Bäumer, Gertrud, Zwischen den Zeiten, in: Die Frau, 26 Heft 3, Dezember 1918, S. 69-72.

Baumgarten, Otto, Der Krieg und die Bergpredigt, Berlin (C. Heymann) 1915.

Baumgarten, Otto, Friedenspredigt. Gehalten in der Universitätsaula Kiel, 13. Juli 1919, in: Evangelische Freiheit. Monatshefte 19, Heft 8, August 1919, Tübingen (Mohr Siebeck) August 1919, S. 232-239.

Becker, Anette, Stéphane Audoin-Rouzeau, Understanding the Great War, New York (Farrar, Strauss and Giroux) 2002.

Becker, Jean Jacques, 1914: Comment les Francais sont entres dans la Guerre, Paris 1977.

Bernhardi, Friedrich von, Deutschland und der nächste Krieg, Stuttgart (Cotta) 1912.

Bessel, Richard, Germany after the First World War, Oxford (Clarendon Press) 1993.

Bimböse, Christoph, Die Geusen. Freiheitskampf zu Meer und zu Lande, in: Sebastian Buciak (Hg.), Asymmetrische Konflikte im Spiegel der Zeit, Berlin (Köster) 2008, S. 220-234.

Böhme, Klaus (Hg.), Aufrufe und Reden deutscher Professoren im Ersten Weltkrieg, Stuttgart (Reclam) 1975.

Bopp, Petra, Fremde im Visier. Fotoalben aus dem Zweiten Weltkrieg, Bielefeld (Kerber) 2009.

Bopp, Petra, Sandra Starke, Fremde im Visier. Fotoalben aus dem Zweiten Weltkrieg. Katalog zur Ausstellung im Stadtmuseum Oldenburg, 20.6.-13.9.2009. Bielefeld (Kerber) 2009.

Brakelmann, Günter, Krieg und Gewissen. Otto Baumgarten als Politiker und Theologe im Ersten Weltkrieg, Göttingen (Vandenhoeck & Ruprecht) 1991.

Brecht, Bert, Kriegsfibel, Berlin (Eulenspiegel) 1955. Lizenzausgabe für die Bundesrepublik, Frankfurt a.M. (Zweitausendeins) 1968.

Brentz, Johannes, Wie sich die Prediger und Leien verhalten sollen, so der Türck das Deutsche Land überfallen würde, Handschrift, Wittenberg, 1537. (Staatliche Museen zu Berlin, Handschriftenabteilung, Inv. Nr. Ui 2134 R)

Bryce, James: Report of the Committee on Alleged German Outrages, London 1915.

Burkhardt, Johannes, Der Dreißigjährige Krieg, Frankfurt a.M. (Suhrkamp) 1992.

Bußmann, Klaus, Heinz Schilling (Hg.), 1648. Krieg und Frieden in Europa. (Ausstellungskatalog: Münster/Osnabrück 1998), München 1998.

Carossa, Hans, Tagebuch im Kriege. Rumänisches Tagebuch, Leipzig (Insel Verlag) 1943.

Chaldej, Jewgeni, Der bedeutende Augenblick. Eine Retrospektive. (Ausstellung Jewgeni Chaldej – Der Bedeutende Augenblick, im Martin-Gropius-Bau Berlin am 8. Mai 2008 eröffnet) Leipzig (Neuer Europa Verlag) 2008.

Chaldej, Jewgeni, Kriegstagebuch, hg. von Ernst Volland, Heinz Krimmer, Berlin (Das neue Berlin) 2011.

Chang, Iris, The Rape of Nanking. The forgotten Holocaust of the 20th Century, New York (Basis books) 1997.

Coppola, Francis Ford, Apocalypse Now: Full Disclosure. Studiocanal/Arthaus. DVDs. 451 Minuten.

Cornelißen, Christoph, Lutz Klinkhammer, Wolfgang Schwentker, (Hg.), Erinnerungskulturen. Deutschland, Italien und Japan seit 1945, Frankfurt a.M. (Fischer) 2003.

Cornelißen, Christoph, Roman Holec, Jiri Pesek Hg.), Diktatur, Krieg, Vertreibung. Erinnerungskulturen in Tschechien, der Slowakei und Deutschland seit 1945, Essen (Klartext) 2005.Cru, Jean-Norton, Wo ist die Wahrheit über den Krieg? Eine kritische Studie mit Berichten von Augenzeugen, Potsdam (Müller & Kiepenheuer) 1932.

Daniel, Ute, Der Krimkrieg 1853-1856 und die Entstehungskontexte medialer Kriegsberichterstattung, in: Ute Daniel (Hg.), Augenzeugen. Kriegsberichterstattung vom 18. zum 21. Jahrhundert, Göttingen (Vandenhoeck & Ruprecht) 2006, S. 40-67.

Daniel, Ute, Der Krieg der Frauen 1914-1918. Zur Innenansicht des Ersten Weltkriegs in Deutschland, in: Gerhard Hirschfeld, Gert Krumeich, Irina Renz (Hg.), »Keiner fühlt sich hier mehr als Mensch...«. Erlebnis und Wirkung des Ersten Weltkriegs, Essen (Klartext) 1997, S. 131-149.

Deist, Wilhelm, Der militärische Zusammenbruch des Kaiserreichs. Zur Realität der »Dolchstoßlegende«, in: Ursula Bittner (Hg.), Das Unrechtsregime. Internationale Forschungen über den Nationalsozialismus. Bd. 1: Ideologie, Herrschaftssystem, Wirkung in Europa, Hamburg (Christians) 1986, S. 101-129.

Deist, Wilhelm, Verdeckter Militärstreik im Kriegsjahr 1918?, in: Wolfram Wette (Hg.), Der Krieg des kleinen Mannes. Eine Militärgeschichte von unten, München (Piper) 1992, S. 146-167.

Denholm, Decie (Hg.), Behind the lines. One Woman's War, 1914-1918. The letters of Caroline Ethel Cooper, Sydney (Collins) 1982. (übersetzte Auszüge in: Bernd Hüppauf (Hg.), Ansichten vom Krieg, vergleichende Studien zum Ersten Weltkrieg in Literatur und Gesellschaft, Königsstein [Athenäum-Hain-Hanstein] 1984.)

Dieckmann, Christoph, Deutsche Besatzungspolitik in Litauen 1941-1944, Göttingen (Wallstein) 2011.

Die Türken vor Wien. Europa und die Entscheidung an der Donau 1683. Ausstellungskatalog, Wien (Museen der Stadt Wien) 1983.

Dom, Misia Sophia, »In Wolken über Sacre Cœur... Paris«. Visionen vom und Visionen am Kriegsschauplatz in literarischen Auseinandersetzungen mit der (West-)Front, in: Ralf Georg Bogner (Hg.), Internationales Alfred-Döblin-Kolloquium Saarbrücken 2009: Im Banne von Verdun, Bern u.a. (Peter Lang) 2010, S. 99-130.

Dülffer, Jost, Karl Holl (Hg.), Bereit zum Krieg. Kriegsmentalität im wilhelminischen Deutschland 1890-1914, Beiträge zur historischen Friedensforschung, Göttingen (Vandenhoeck & Ruprecht) 1986.

Dülffer, Jost, Gerd Krumeich (Hg.), Der verlorene Frieden. Politik und Kriegskultur nach 1918, Essen (Klartext) 2002.

Eickhoff, Sabine, Anja Grothe, Bettina Jungklaus (Hg.), 1636. Ihre letzte Schlacht, Berlin (Theiss) 2012.

Eksteins, Modris, Rites of Spring. The Great War and the Birth of the Modern Age, Boston (Houghton Mifflin Co.) 1989 (dt.: Tanz über Gräben, Reinbek [Rowohlt] 1990).

Erasmus von Rotterdam, Die Klage des Friedens (übersetzt von Kurt Steinmann), Frankfurt a.M. (Insel) 2001.

Englund, Peter, Die Verwüstung Deutschlands. Eine Geschichte des Dreißigjährigen Kriegs, Stuttgart (Klett-Cotta) 1998.

Erasmus von Rotterdam, Süß scheint der Krieg den Unerfahrenen, übersetzt von Brigitte Hannemann, München (Christian Kaiser) 1987.

Figes, Orlando, Krimkrieg. Der letzte Kreuzzug, Berlin (Berlin Verlag) 2012.

Flemming, Thomas, Ulf Heinrich (Hg.), Grüße aus dem Schützengraben. Feldpostkarten im Ersten Weltkrieg aus der Sammlung Ulf Heinrich, Berlin (be-bra verlag) 2004.

Foerster, Stig, Im Reich des Absurden. Die Ursachen des Ersten Weltkriegs, in: Bernd Wegner (Hg.), Wie Kriege entstehen, Paderborn (Schöningh) 2000, S. 211-252.

Förster, Stig, Angst und Panik. »Unsachliche« Einflüsse im politisch-militärischen Denken des Kaiserreiches und die Ursachen des Ersten Weltkriegs, in: Birgit Aschmann (Hg.), Gefühl und Kalkül. Der Einfluss von Emotionen auf die Politik des 19. und 20. Jahrhunderts, Stuttgart (Franz Steiner Verlag) 2005, S. 74-85.

Frank, Rudolf, Der Schädel des Negerhäuptlings Makaua. Kriegsroman für die junge Generation, Potsdam (Müller und Kiepenheuer) 1931.

Französische Grausamkeiten. Auszüge aus Vernehmungen heimgekehrter Kriegsgefangener, Tübingen (H. Laupp) 1920.

Fröschle, Ulrich, »Vor Verdun«. Zur Konstitution und Funktionalisierung eines »mythischen« Orts, in: Ralf Georg Bogner (Hg.), Internationales Alfred-Döblin-Kolloquium, Saarbrücken 2009. Im Banne von Verdun, Bern u.a. (Peter Lang) 2010, S. 255-275.

Fussell, Paul, The Great War and Modern Memory, 2. Aufl., London, Oxford, New York (Oxford University Press) 1977.

Garnier, Claire, Laurent Le Bon (Hg.), »1917«, Kunst und Krieg im Centre Pompidou, Ausstellungskatalog: Metz 2012.

Gethmann, Daniel, Das Narvik-Projekt. Film und Krieg, Bonn (Bouvier) 1988.

Goebel, Stefan, The Great War and Medieval Memory. War Remembrance and Medievalism in Britain and Germany 1914-1940, New York (Cambridge University Press) 2007.

Gollbach, Michael, Die Wiederkehr des Weltkriegs in der Literatur. Zu den Frontromanen der späten zwanziger Jahre, Kronberg (Cornelsen Scriptor) 1978.

Göllner, Carl, Turcia III. Die Türkenfrage und die öffentliche Meinung Europas im 16. Jahrhundert, Bukarest, Baden-Baden (Valentin Koerner) 1978.

Gray, Chris Hables, Postmodern War. The new politics of conflict, New York (Guilford Press/Routledge) 1997.

Groener, Wilhelm, Lebenserinnerungen. Jugend, Generalstab, Weltkrieg, hg. von Friedrich Freiherr Hiller von Gaertringen, Göttingen (Vandenhoeck & Ruprecht) 1957.

Gross, Jan T., Neighbors: The Destruction of the Jewish Community in Jedwabne, Poland, Princeton, NJ (Princeton University Press) 2001 (dt.: Nachbarn. Der Mord an den Juden von Jedwabne. München [C.H. Beck] 2001).

Guibert, Emmanuel, Alans Krieg, Zürich (edition moderne) 2010.

Guoqi, Xu, Strangers on the Western Front. Chinese Workers in the Great War, Cambridge (Harvard University Press) 2011.

Gutman, Israel, Bella Gutman (Hg.), Das Auschwitz Album. Geschichte eines Transports, Göttingen (Wallstein) und Jerusalem (Yat Vashem) 2002.

Hannig, Alma, Angst und die Balkanpolitik Österreich-Ungarns vor dem Ersten Weltkrieg, in: Patrick Bormann, Thomas Feinberger, Judith Michel (Hg.), Angst in den internationalen Beziehungen, Göttingen (Vandenhoeck & Ruprecht) 2010, S. 93-114.

Harney, William Edward, Bill Harneys War. Introduced by Manning Clark, South Yarra (Currey O'Neil) 1983.

Heer, Hannes, Disposition und Situation. Überlegungen zur Mentalität des deutschen Landsers im Rassenkrieg, in: ders.,Tote Zonen. Die deutsche Wehrmacht an der Ostfront, Hamburg (Hamburger Edition) 1999, S. 97-119.

Heinemann, Ulrich, Die verdrängte Niederlage. Politische Öffentlichkeit und Kriegsschuldfrage in der Weimarer Republik, Göttingen (Vandenhoeck & Ruprecht) 1983.

Herdan-Zuckmayer, Alice, Das Kästchen. Die Geheimnisse einer Kindheit, Frankfurt a.M. (Fischer) 1984.

Hirschfeld, Gerhard, Gerd Krumeich, Irina Renz (Hg.), »Keiner fühlt sich hier mehr als Mensch…«. Erlebnis und Wirkung des Ersten Weltkriegs, Essen (Klartext) 1993, Frankfurt a.M. (Fischer) 1996.

Hirschfeld, Gerhard u.a. (Hg.), Kriegserfahrungen. Studien zur Sozial- und Mentalitätsgeschichte des Ersten Weltkriegs, Essen (Klartext) 1997.

Hirschfeld, Gerhard, Gerd Krumeich, Irina Renz (Hg.), Enzyklopädie Erster Weltkrieg, Paderborn (Schöningh) 2004.

Hirschfeld, Gerhard, Gerd Krumeich, Irina Renz, Die Deutschen an der Somme. Krieg, Besatzung, Verbrannte Erde, Essen (Klartext) 2006.

Hirschfeld, Gerhard, Die Stuttgarter Weltkriegsbücherei, 1914-1918, in: Barbara Korte, Silvia Paletschek, Wolfgang Hochbruck (Hg.), Der Erste Weltkrieg in der populären Erinnerungskultur, Essen (Klartext) 2008, S. 47-58

Hirschfeld, Gerhard, Wozu eine ›Kulturgeschichte‹ des Ersten Weltkriegs?, in: Arnd Bauerkämper, Elise Julien (Hg.), Durchhalten! Krieg und Gesellschaft im Vergleich 1914-1918, Göttingen (Vandenhoeck & Ruprecht) 2010, S. 31-53.

Hirschfeld, Gerhard, The Spirit of 1914, in: Lothar Kettenacker, Torsten Riotte (Hg.), The Legacies of two World Wars. European Societies in the Twentieth Century, New York, Oxford (Berghahn) 2012, S. 29-40.

Höfert, Almut, Den Feind beschreiben. »Türkengefahr« und europäisches Wissen über das Osmanische Reich, Frankfurt a.M. (Campus) 2003.

Holzer, Anton, Fotografie und Propaganda im Ersten Weltkrieg, Darmstadt (Primus) 2007.

Holzer, Anton, Das Lächeln der Henker. Der unbekannte Krieg gegen die Zivilbevölkerung 1914-1918, Darmstadt (Primus) 2008.

Horne, John, Alan Kramer, Deutsche Kriegsgreuel 1914. Die umstrittene Wahrheit, Hamburg (Hamburger Edition) 2004 (zuerst: German Atrocities, 2001).

Hüppauf, Bernd, Ansichten vom Krieg. Vergleichende Studien zum Ersten Weltkrieg in Literatur und Gesellschaft, Königstein (Athenäum-Hain) 1984.

Hüppauf, Bernd, Über den Kampfgeist. Ein Kapitel aus der Vor- und Nachbereitung des Ersten Weltkrieges, in: Anton-Andreas Guha, Sven Papcke (Hg.), Der Feind, den wir brauchen oder muss Krieg sein?, Königstein (Athenäeum) 1985, S. 71-98.

Hüppauf, Bernd, War and Death. The Experience of the First World War, in: Mira Crouch, Bernd Hüppauf (Hg.), Essays on Mortality, Sydney (The University of NSW Press) 1985, S. 65-88.

Hüppauf, Bernd, Versuchte Aufklärung über Krieg und Frieden. Arnold Zweigs ›Der Streit um den Sergeanten Grischa‹ und Howard Fasts ›The Hessian‹, in: Walter Veit u.a. (Hg.), Antipodische Aufklärungen, Frankfurt a.M., Bern (Lang) 1987, S. 14-154.

Hüppauf, Bernd, The Birth of fascist man from the spirit of the front, in: John Milfull (Hg.), The attractions of Fascism. Social Psychology and Aesthetics of the ›Triumph of the Right‹, New York u.a. (Berg) 1990, S. 45-76.

Hüppauf, Bernd, Kriegsfotografie an der Schwelle zum Neuen Sehen, in: Bedrich Loewenstein (Hg.), Geschichte und Psychologie. Annäherungsversuche, Pfaffenweiler (Centaurus) 1992, S. 205-234.

Hüppauf, Bernd, Schlachtenmythen und die Konstruktion des »Neuen Menschen«, in: Gerhard Hirschfeld, Gerd Krumeich, Irina Renz (Hg.), »Keiner fühlt sich hier mehr als Mensch...«. Erlebnis und Wirkung des Ersten Weltkriegs, Essen (Klartext) 1993, S. 43-84.

Hüppauf, Bernd, Zwischen Metaphysik und visuellem Essayismus. Franz Schauwecker: So war der Krieg (1928), in: Thomas Schneider, Hans Wagener (Hg.), Von Richthofen bis Remarque. Deutschsprachige Prosa zum I. Weltkrieg, Amsterdam (Rodopi) 2003, S. 233-248.

Hüppauf, Bernd, Fliegerhelden des Ersten Weltkriegs. Fotografie, Film und Kunst im Dienst der Heldenbildung, in: Zeitschrift für Germanistik XVIII, 3/2008, S. 575-595.

Hurley at War. The Photography and Diaries of Frank Hurley, Sydney 1986.

Jäckh, Ernst (Hg.), Der Große Krieg als Erlebnis und Erfahrung, Bd.1: Das Erlebnis, Gotha 1916.

Jahr, Christoph, Gewöhnliche Soldaten. Desertion und Deserteure im deutschen und britischen Heer 1914-1918, Göttingen (Vandenhoeck & Ruprecht) 1998.

Jasper, Andreas, Zweierlei Weltkriege? Kriegserfahrung deutscher Soldaten in Ost und West 1939 bis 1945, Paderborn (Schöningh) 2012.

Jones, Heather, Violence against Prisoners of War in the First World War. Britain, France, and Germany 1914-1920, Cambridge (Cambridge University Press) 2011.

Jünger, Ernst, Das Wäldchen 125, in: ders., Tagebücher 1. Der Erste Weltkrieg, Stuttgart (Ernst Klett) 2010.

Kaes, Anton, Shell Shock Cinema. Weimar Culture and the Wounds of War Shell Shock (Princeton University Press) 2011.

Kagan, Donald, The Peloponnesian War, New York (Viking Penguin) 2003.

Keller, Ulrich, The Ultimate Spectacle. A Visual History of the Crimean War, Amsterdam (Gordon and Breach) 2001.

Kettenacker, Lothar, Torsten Riotte (Hg.), The Legacies of Two World Wars. European Societies in the Twentieth Century, New York, Oxford (Berghahn) 2011.

Kienitz, Sabine, Der Krieg der Invaliden. Helden-Bilder und Männlichkeitskonstruktionen nach dem Ersten Weltkrieg, in: MGZ 2001, S. 367-402.

Kluth, Eckhard, Kriegsgewalt zwischen historischer und allegorischer Darstellung. Plünderungen in der flämischen Malerei zur Zeit des Achtzigjährigen Krieges, in: Klaus Bußmann, Heinz Schilling (Hg.), 1648. Krieg und Frieden in Europa. (Ausstellungskatalog: Münster/Osnabrück 1998), München 1998, Textband 2, S. 539-546.

Kocka, Jürgen, Klassengesellschaft im Krieg. Deutsche Sozialgeschichte 1914-1918, Göttingen (Vandenhoeck & Ruprecht) 1973.

Kracauer, Siegfried, Ginster, Frankfurt a.M. (Suhrkamp) 1990.

Krassnitzer, Patrick, Die Geburt des Nationalsozialismus im Schützengraben. Formen der Brutalisierung in den Autobiographien von nationalsozialistischen Frontsoldaten, in: Jost Dülffer, Gert Krumeich (Hg.), Der verlorene Frieden. Politik und Kriegskultur nach 1918, Essen (Klartext) 2002, S. 119-148.

Kreis Ostprignitz-Ruppin (Hg.), Museum des Dreißigjährigen Krieges, Wittstock, Dosse, o.J.

Krumeich, Gerd, Einleitung, in: Jost Dülffer, Gert Krumeich (Hg.), Der verlorene Frieden. Politik und Kriegskultur nach 1918, Essen (Klartext) 2002.

Krumeich, Gerd, The First World War in the History of the Weimar Republic, in: Lothar Kettenacker, Torsten Riotte (Hg.), The Legacies of Two World Wars. European Societies in the Twentieth Century, New York, Oxford (Berghahn) 2011, S. 77-89.

Kruse, Wolfgang, Die Kriegsbegeisterung im Deutschen Reich. Entstehungszusammenhänge, Grenzen und ideologische Strukturen, in: Marcel van der Linden, Gottfried Mergner (Hg.), Kriegsbeginn und mentale Kriegsvorbereitung, Berlin (Duncker & Humblot) 1991, S. 73-87.

Kruse, Wolfgang, Krieg und Klassenheer. Zur Revolutionierung der deutschen Armee im Ersten Weltkrieg, in: Geschichte und Gesellschaft 22, H. 4, Militärgeschichte Heute, 1996, S. 530-561.

Kruse, Wolfgang, Krieg und nationale Integration. Eine Neuinterpretation des sozialdemokratischen Burgfriedensschlusses. 1914/1918, Essen (Klartext) 1999.

Kruse, Wolfgang, Der Erste Weltkrieg, Darmstadt (Wissenschaftliche Buchgesellschaft) 2009.

Kuby, Erich, Mein Krieg. Aufzeichnungen aus 2129 Tagen, Berlin (Aufbau) 1999.

Kwiet, Konrad, Auftakt zum Holocaust. Ein Polizeibatallion im Osteinsatz, in: Wolfgang Benz, Hans Buchheim, Hans Mommsen (Hg.), Der Nationalsozialismus. Studien zur Ideologie und Herrschaft, Frankfurt a.M. (S. Fischer) 1993, S. 191-208.

Langer, Herbert, Hortus Bellicus. Der Dreißigjährige Krieg. Eine Kulturgeschichte, Gütersloh (Prisma) 1978.

Langer, Herbert, Kulturgeschichte des Dreißigjährigen Kriegs, Gütersloh (Kohlhammer) 1982.

Latzel, Klaus, Deutsche Soldaten – nationalsozialistischer Krieg? – Kriegserlebnis – Kriegserfahrung 1939-1945, Paderborn (Schöningh) 1998.

Leed, Eric J., No Man's Land. Combat and Identity in World War I, Cambridge (University Press) 1979.

Leese, Peter, Shell Shock. Traumatic Neurosis and British Soldiers of the First Work War, New York (Palgrave Macmillan) 2002.

Lipp, Anne, Meinungslenkung im Krieg. Kriegserfahrungen deutscher Soldaten und ihre Deutung 1914-1918, Göttingen (Vandenhoeck & Ruprecht) 2003.

Liulevicus, Vejas Gabriel. War Land on the Eastern Front. Culture, National Identity, and German Occupation in World War I, Cambridge (University Press) 2000.

Lukács, Georg, Arnold Zweigs Romanzyklus über den imperialistischen Krieg 1914-1918, in: Arnold Zweig. Materialien zu Leben und Werk, hg. von Wilhelm von Sternburg, Frankfurt a.M. (S. Fischer) 1987, S. 136-169 (zuerst: Moskau 1939).

Luther, Martin, Ob kriegsleutte auch ynn seligem stande seyn kuenden (1526), in: D. Martin Luthers Werke. Kritische Gesamtausgabe (Weimarer Ausgabe) Bd. 19, Weimar (Hermann Böhlaus Nachfolger) 1897, S. 623-662.

Luther, Martin, Eine Heerpredigt widder den Tuerken (1529), in: D. Martin Luthers Werke. Kritische Gesamtausgabe (Weimarer Ausgabe), Bd. 30, Weimar (Hermann Böhlaus Nachfolger) 1909, S. 160-197.

Luther, Martin, Widder die stürmenden Bawren (1525), in: D. Martin Luthers Werke. Kritische Gesamtausgabe (Weimarer Ausgabe) Bd. 18, Graz (Akademische Druck- und Verlagsanstalt) 1964, S. 357-361.

Maag, Georg, Wolfram Pytha, Martin Windisch (Hg.), Der Krimkrieg als erster europäischer Medienkrieg. Kultur und Technik, Bd. 14, Münster (Lit) 2010.

Maierhofer, Waltraud, Hexen, Huren, Heldenweiber. Bilder des Weiblichen in Erzähltexten des Dreißigjährigen Kriegs, Köln (Böhlau) 2005.

Matschke, Klaus-Peter, Das Kreuz und der Halbmond. Die Geschichte der Türkenkriege, Darmstadt (Wissenschaftliche Buchgesellschaft) 2004.

Miksch, Hans, Der Kampf der Kaiser und Kalifen. Der jahrhundertelange Kampf zwischen dem Abendland und dem Weltreich der Osmanen, Bonn (Bernard & Graefe) 1992.

Milger, Peter, Gegen Land und Leute. Der Dreißigjährige Krieg, München (Bertelsmann) 1998.

Mosse, George L., Fallen Soldiers. Reshaping the Memories of the World Wars, New York (Oxford University Press) 1990.

Müller, Hans-Harald, Der Krieg und die Schriftsteller. Der Kriegsroman der Weimarer Republik, Stuttgart (Metzler) 1986.

Münch, Philipp, Bürger in Uniform. Kriegserfahrungen von Hamburger Turnern 1914-1918, Freiburg (Rombach) 2009.

Myers, Charles S., Shell Shock in France, 1914-1918: Based on a War Diary, Cambridge (Cambridge University Press) 2011.

Ostermann, Sebastian, Gaskriegsphantasien, in: Ästhetik & Kommunikation 152: Kriegsvergessenheit in der Mediengesellschaft (Frühjahr 2011), S. 139-144.

Parker, Geoffrey, Der Dreißigjährige Krieg, Frankfurt a.M., New York (Campus) 1987.

Peters, Jan (Hg.), Ein Söldnerleben im Dreißigjährigen Krieg. Eine Quelle zur Sozialgeschichte, Berlin (Akademie Verlag) 1993.

Pöhlmann, Markus, »Dass sich ein Sargdeckel über mir schlösse.« Typen und Funktionen von Weltkriegserinnerungen militärischer Entscheidungsträger, in: Jost Dülffer, Gerd Krumeich (Hg.), Der verlorene Frieden. Politik und Kriegskultur nach 1918, Essen (Klartext) 2002, S. 149-170.

Pressel, Wilhelm, Die Kriegspredigt 1914 in der evangelischen Kirche Deutschlands, Göttingen (Vandenhoeck & Ruprecht) 1967.

Projektgruppe ›Trench Art – Kreativität des Schützengrabens‹ (Hg.), Kleines aus dem Großen Krieg. Metamorphosen militärischen Mülls. Zur Ausstellung im Haspelturm des Schlosses Hohentübingen, 26. April-16. Juni 2002, Tübingen 2002.

Prümm, Karl, Die Literatur des Soldatischen Nationalismus der 20er Jahre. Gruppenideologie und Epochenproblematik. 2 Bde., Kronberg (Scriptor) 1974.

Raths, Ralf, Die Überlegenheit der Verteidigung. Die Entwicklung der deutschen Defensivkonzepte im Grabenkrieg, in: Thomas Jäger, Rasmus Beckmann (Hg.), Handbuch Kriegstheorien, Wiesbaden (Springer Fachmedien) 2011, S. 396-404.

Reeb, Hans-Joachim, Der Golfkrieg 1991. Theorie des medialen Krieges, in: Thomas Jäger, Rasmus Beckmann (Hg.), Handbuch Kriegstheorie, Wiesbaden (VS Verlag für Sozialwissenschaften) 2011, S. 466-475.

Reimann, Aribert, Semantiken der Kriegserfahrung und historische Diskursanalyse. Britische Soldaten an der Westfront des Ersten Weltkriegs, in: Nikolaus Buschmann, Horst Carl (Hg.), Die Erfahrung des Krieges, Paderborn (Schöningh) 2001, S. 173-194.

Richert, Dominique, Beste Gelegenheit zum Sterben. Meine Erlebnisse im Kriege 1914-1918, hg. von Angelika Tramitz, Bernd Ulrich, München (Knesebeck) 1995.

Ricketts, Harry, Strange Meetings. The Poets of the Great War. London (Chatto & Windus) 2010.

Rohwer, Jürgen, Hildegard Müller (Hg.), Neue Forschungen zum Zweiten Weltkrieg: Literaturberichte und Bibliographien, Koblenz (Bernhard & Graefe) 1990.

Roper, Michael, The Secret Battle. Emotional Survival in the Great War, Manchester (Manchester University Press) 2009.

Sacco, Joe, Bosnien, Zürich (edition moderne) 2009.

Sassoon, Siegfried, Wilfred Owen, Poems, London (Chatto & Windus) 1920.

Schack, Howard H., Desert Storms. The Secret World of Stealth and Intrigue, Bloomington (Writers Club Press) 2000.

Schauwecker, Franz, So war der Krieg. 200 Kampfaufnahmen aus der Front, 1927.

Schauwecker, Franz, So ist der Friede. Die Revolution der Zeit in 300 Bildern, 1928.

Schmidt, Georg, Der Dreißigjährige Krieg, München (C.H. Beck) 6. Aufl. 2003.

Schöning, Matthias, Versprengte Gemeinschaft. Kriegsroman und intellektuelle Mobilmachung in Deutschland 1914-1933, Göttingen (Vandenhoek & Ruprecht) 2009.

Schütz, Erhard, Wahn-Europa. Mediale Gas-Luftkrieg-Szenarien der Zwischenkriegszeit, in: Heinz-Peter Preussler (Hg.), Krieg in den Medien, Amsterdam (Rodopi) 2005, S. 127-148.

Silkin, Jon (Hg.), First World War Poetry, New York (Penguin) 1979.

Snyder, Timothy, Bloodlands. Europa zwischen Hitler und Stalin, München (C.H. Beck) 2011.

Southard, Elmer Ernest, Shell-shock and other neuropsychiatric problems presented in five hundred and eighty-nine case histories from the war literature 1914-1918, Boston (W.M. Leonhard) 1919.

Städtische Kunstsammlungen Augsburg (Hg.), Krieg. Viel Ehr, viel Elend. Ausstellung zum 40. Jahrestag der Zerstörung Augsburgs, Augsburg 1984.

Tardi, Jacques, Jean-Pierre Verney, Elender Krieg. Bd. 1: 1914-1915-1916, Bd. 2: 1917-1918, Zürich (edition moderne) 2009.

Teske, Gunnar, Bürger, Bauern, Söldner und Gesandte. Der Dreißigjährige Krieg und der westfälische Frieden in Westfalen, Münster (Ardey) 1998.

Thomas, Adrienne, Die Kathrin wird Soldat, München (Goldmann) 1988.

Traverso, Enzo, Im Bann der Gewalt. Der europäische Bürgerkrieg 1914-1939, München (Siedler) 2007.

Tucholsky, Kurt, Wir im Museum, in: ders., Unser Militär! Schriften gegen Krieg und Militarismus, Reinbek (Rowohlt) 1960, S. 342-347.

Ulrich, Bernd, Benjamin Ziemann, Das soldatische Kriegserlebnis 1914-1918 im internationalen Vergleich. Hagen 1995.

Ullrich, Volker, Kriegsalltag. Hamburg im Ersten Weltkrieg, Köln (Prometh) 1987.

Ulrich, Bernd, Nerven und Krieg – Skizzierung einer Beziehung, in: Bedrich Loewenstein (Hg.), Geschichte und Psychologie. Annäherungsversuche, Pfaffenweiler (Centaurus) 1992, S. 163–192.

Ulrich, Bernd, Die Augenzeugen. Deutsche Feldpostbriefe in Kriegs- und Nachkriegszeit 1914-1933, Essen (Klartext) 1997.

Ulrich, Bernd, Benjamin Ziemann (Hg.), Krieg im Frieden. Die umkämpfte Erinnerung an den Ersten Weltkrieg. Frankfurt a.M. (Fischer) 1997.

Ulrich, Bernd, Die Kriegspsychologie der zwanziger Jahre und ihre geschichtspolitische Instrumentalisierung, in: Inka Mülder-Bach (Hg.), Modernität und Trauma. Beiträge zum Zeitenbruch des Ersten Weltkrieges, Wien (Universitätsverlag) 2000, S. 63-78.

Überegger, Oswald, Zwischen Nation und Region. Weltkriegsforschung im interregionalen Vergleich. Ergebnisse und Perspektive, Innsbruck (Universitätsverlag Wagner) 2004.

Ungern-Sternberg, Jürgen von, Wolfgang von Ungern-Sternberg, Der Aufruf »An die Kulturwelt!«. Das Manifest der 93 und die Anfänge der Kriegspropaganda im Ersten Weltkrieg, Stuttgart (Franz Steiner Verlag) 1996.

Vaccaro, Tony, Entering Germany. 1944-1949, Köln (Taschen) (2001).

van der Linden, Marcel, Gottfried Mergner, Kriegsbegeisterung? Zur Massenstimmung bei Kriegsbeginn, in: Marcel van der Linden, Gottfried Mergner (Hg.), Eine Welt voll Feinden. Der Große Krieg 1914-1918, Frankfurt a.M. (Fischer) 1997, S. 159-166.

Verhey, Jeffrey, The Spirit of 1914. Militarism, Myth, and Mobilization in Germany, Cambridge (Cambridge University Press) 1996 (dt: Der ›Geist von 1914‹ und die Erfindung der Volksgemeinschaft, Hamburg [Hamburger Edition] 2000).

Vondung, Klaus (Hg.), Kriegserlebnis. Der Erste Weltkrieg in der literarischen Gestaltung und symbolischen Deutung der Nationen, Göttingen (Vandenhoeck & Ruprecht) 1980.

Walker, Frederick, Neurosis and Shell Shock, London (Hodder & Stoughton) 1919.

Wegner, Bernd, Kriegsgeschichte – Politikgeschichte – Gesellschaftsgeschichte. Der Zweite Weltkrieg in der westdeutschen Historiographie der siebziger und achtziger Jahre, in: Rohwer, Jürgen, Hildegard Müller (Hg.), Neue Forschungen zum Zweiten Weltkrieg: Literaturberichte und Bibliographien, Koblenz (Bernhard & Graefe) 1990, S. 102-129.

Wette, Wolfram, Die Wehrmacht. Feindbilder, Vernichtungskrieg, Legenden, Frankfurt a.M. (S. Fischer) 2002.

Wilkomirski, Binjamin, Bruchstücke. Aus einer Kindheit 1939-1948, Frankfurt a.M (Suhrkamp) 1995.

Winter, Jay, The Experience of World War I, New York (Oxford University Press) 1989.

Winter, Jay, Sites of Memory, Sites of Mourning. The Great War in European Cultural History, Cambridge (Cambridge University Press) 1995.

Winter, Jay, Remembering War. The Great War between Memory and History in the 20th Century, New Haven (Yale University Press) 2006.

Winter, Jay, Britain in the wake of the Great War, in: Lothar Kettenacker, Torsten Riotte (Hg.), The Legacies of Two World Wars. European Societies in the Twentieth Century, New York, Oxford (Berghahn) 2011, S. 130-139.

Wrobel, Ignaz (i.e. Kurt Tucholsky), Der bewachte Kriegsschauplatz, Die Weltbühne, Nr. 31, 1931, S. 191.

Zamoyski, Adam, 1812. Napoleons Feldzug in Russland, München (C.H. Beck) 2012.

Zegenhagen, Evelyn, Schneidige deutsche Mädel. Fliegerinnen zwischen 1918 und 1945, Göttingen (Wallstein) 2007.

Ziemann, Benjamin, Front und Heimat. Ländliche Kriegserfahrung im südlichen Bayern 1914-1923, Essen (Klartext) 1997.

Ziemann, Benjamin, Enttäuschte Erwartungen und kollektive Erschöpfung, in: Jörg Duppler, Gerhard P. Gross (Hg.), Kriegsende 1918. Ereignis, Wirkung, Nachwirkung, München (Oldenbourg) 1999, S. 165-182.

Abbildungsverzeichnis

Personenverzeichnis

Kursive Zahlen beziehen sich auf Namen in Anmerkungen.

C

L

M

N

S

W

X

Y

Z

Das Register hat David Bordiehn *zusammengestellt.*

Histoire

TORBEN FISCHER, MATTHIAS N. LORENZ (HG.)
Lexikon der »Vergangenheitsbewältigung« in Deutschland
Debatten- und Diskursgeschichte des Nationalsozialismus nach 1945 (3., überarbeitete und erweiterte Auflage)

Januar 2014, 398 Seiten, kart., 29,80 €,
ISBN 978-3-8376-2366-6

ALEXA GEISTHÖVEL, BODO MROZEK (HG.)
Popgeschichte
Band 1: Konzepte und Methoden

April 2014, ca. 250 Seiten,
kart., ca. 29,80 €,
ISBN 978-3-8376-2528-8

MARTIN KNOLL
Die Natur der menschlichen Welt
Siedlung, Territorium und Umwelt in der historisch-topografischen Literatur der Frühen Neuzeit

Mai 2013, 464 Seiten, kart.,
zahlr. Abb., 39,80 €,
ISBN 978-3-8376-2356-7

Leseproben, weitere Informationen und Bestellmöglichkeiten finden Sie unter www.transcript-verlag.de

Histoire

Steffen Bender
Virtuelles Erinnern
Kriege des 20. Jahrhunderts in Computerspielen
2012, 264 Seiten, kart., zahlr. Abb., 29,80 €,
ISBN 978-3-8376-2186-0

Morvarid Dehnavi
Das politisierte Geschlecht
Biographische Wege zum Studentinnenprotest von ›1968‹ und zur Neuen Frauenbewegung
Mai 2013, 410 Seiten, kart., 34,90 €,
ISBN 978-3-8376-2410-6

Nora Hilgert
Unterhaltung, aber sicher!
Populäre Repräsentationen von Recht und Ordnung in den Fernsehkrimis »Stahlnetz« und »Blaulicht«, 1958/59-1968
September 2013, 466 Seiten, kart., zahlr. Abb., 44,80 €,
ISBN 978-3-8376-2228-7

Günal Incesu
Ankara – Bonn – Brüssel
Die deutsch-türkischen Beziehungen und die Beitrittsbemühungen der Türkei in die Europäische Gemeinschaft, 1959-1987
Februar 2014, ca. 330 Seiten, kart., ca. 32,80 €,
ISBN 978-3-8376-2500-4

Oliver Kühschelm, Franz X. Eder, Hannes Siegrist (Hg.)
Konsum und Nation
Zur Geschichte nationalisierender Inszenierungen in der Produktkommunikation
2012, 308 Seiten, kart., zahlr. Abb., 31,80 €,
ISBN 978-3-8376-1954-6

Patrick Ostermann, Claudia Müller, Karl-Siegbert Rehberg (Hg.)
Der Grenzraum als Erinnerungsort
Über den Wandel zu einer postnationalen Erinnerungskultur in Europa
2012, 266 Seiten, kart., 29,80 €,
ISBN 978-3-8376-2066-5

Peter Stachel, Martina Thomsen (Hg.)
Zwischen Exotik und Vertrautem
Zum Tourismus in der Habsburgermonarchie und ihren Nachfolgestaaten
Dezember 2013, ca. 280 Seiten, kart., ca. 32,80 €,
ISBN 978-3-8376-2097-9

Jutta Stalfort
Die Erfindung der Gefühle
Eine Studie über den historischen Wandel menschlicher Emotionalität (1750-1850)
Juli 2013, 460 Seiten, kart., 36,80 €,
ISBN 978-3-8376-2327-7

Cécile Stephanie Stehrenberger
Francos Tänzerinnen auf Auslandstournee
Folklore, Nation und Geschlecht im »Colonial Encounter«
Mai 2013, 344 Seiten, kart., 32,80 €,
ISBN 978-3-8376-2284-3

Swen Steinberg, Winfried Müller (Hg.)
Wirtschaft und Gemeinschaft
Konfessionelle und neureligiöse Gemeinsinnsmodelle im 19. und 20. Jahrhundert
November 2013, ca. 400 Seiten, kart., ca. 34,80 €,
ISBN 978-3-8376-2406-9

Leseproben, weitere Informationen und Bestellmöglichkeiten finden Sie unter www.transcript-verlag.de